船舶电站与高压电力系统

主　编　高兴斌
主　审　张均东

大连海事大学出版社

图书在版编目(CIP)数据

船舶电站与高压电力系统 / 高兴斌主编. — 大连 : 大连海事大学出版社, 2019.11(2023.12 重印)
ISBN 978-7-5632-3888-0

Ⅰ.①船… Ⅱ.①高… Ⅲ.①船用电站—高等职业教育—教材 Ⅳ.①U665.12

中国版本图书馆 CIP 数据核字(2019)第 257580 号

大连海事大学出版社出版

地址:大连市黄浦路523号 邮编:116026 电话:0411-84729665(营销部) 84729480(总编室)
http://press.dlmu.edu.cn E-mail:dmupress@dlmu.edu.cn

大连天骄彩色印刷有限公司印装	大连海事大学出版社发行
2019 年 11 月第 1 版	2023 年 12 月第 4 次印刷
幅面尺寸:184 mm×260 mm	印张:23.75
字数:581 千	印数:2001~3000 册

出版人:刘明凯

责任编辑:苏炳魁	责任校对:宋彩霞
封面设计:张爱妮	版式设计:张爱妮

ISBN 978-7-5632-3888-0 定价:67.00 元

内容提要

本书共两篇,分为九个项目,主要内容有:船舶电力系统及配电装置认知、同步发电机及自动电压调整器管理、同步发电机组的并车及负荷分配调整、船舶轴带发电装置管理、船舶应急电源系统管理、船舶电站自动化系统认知、高压电气基础、船舶高压电气设备及安全保护、船舶高压电安全操作维护。

本书内容结合了大量的实船电站现代化技术和设备,并包含了大量的设备图片,还附有二维码,扫描后可观看电站实操的视频,方便“理实一体化”教学的开展,以达到更好的学习效果。

本书附录部分还有船电、轮机专业与电站相关的课程标准,以供教学参考。

内容提要

前 言

习近平总书记在党的二十大报告中对“实施科教兴国战略，强化现代化建设人才支撑”提出了新的要求。航运业的发展离不开掌握现代船舶技术的高技能人才队伍，而高技能人才的培养离不开职业教育的支撑。新百年、新征程，发展职业教育的重要性和紧迫性，在党的二十大报告里表述得很清晰：“统筹职业教育、高等教育、继续教育协同创新”。高质量的职业教育体系，不是某一类的教育体系所能完全替代的。保证职业教育质量的重要基础之一，就是符合特定工作岗位基础知识和基本技能要求的教材。

为有效履行经修正的《1978 年海员培训、发证和值班标准国际公约》（STCW 公约）等国际公约，进一步规范海船船员培训行为，确保船员培训质量，交通运输部编制了《海船船员培训大纲（2021版）》，并于 2021 年 10 月 1 日起施行。该培训大纲对 2016 版进行了修订，对其中的船舶电站和高压电气设备部分也进行了优化和深化，增强了对相关设备操作、运维工作岗位知识和技能的具体要求，联系新技术、新设备也更加紧密。但现有的船舶电站及高压电教材均不能全面符合新版培训大纲要求。

本书以培养合格的船舶电站和高压电气设备高技能人才为目标，对上一版进行了认真的修订和内容增补，使其内容能够涵盖《1978 年海员培训、发证和值班标准国际公约》（STCW 公约）和《海船船员培训大纲（2021 版）》中有关海船电子电气员、轮机员在船舶电站及高压电力系统方面的所有要求，还增加了电站及自动化设备实例学习、电站设备故障分析及排除案例等对实船电站工作具有很强指导性的内容。本书采用项目化、任务驱动的新模式进行编写，内容丰富而全面，其中的“船舶高压电力系统”部分，首次涵盖了高压电技术基础、船舶高压电气设备及保护装置、高压电气测试、安全防护设备及安全操作等完整内容，自成体系，满足船舶高压电专项培训的要求。本书可用于船舶电子电气技术专业、轮机工程技术专业的船舶电站及自动化、船舶高压电力系统的教学，海船电子电气员、轮机员适任培训，也可作为其他相关专业和船舶工程技术人员的参考书籍。

在本书编写过程中，我们加强了与设备生产企业、航运企业及其他航海类院校的交流合作，多次外出调研，收集信息和最新技术资料；企业人员还参与了本书的审定，进一步突出校企合作、工学结合的编写特色。

韩加卓编写了项目一中的任务七、八，付继武编写了项目二中的任务七，高兴斌负责其他各部分的编写和全书的修改和统稿。本书由高兴斌主编，张均东教授主审。

特别感谢在编写过程中，中国海事服务中心、大连海事大学轮机学院、上海海事大学商船学院、中国远洋海运集团、青岛远洋船员职业学院的各位领导、专家及老师给予的大力支持和帮助，感谢吴庚申、林叶春、王日亭、陈爱玲、刘运新、付继武等同志的悉心指导。

本书符合轮机、船电两个专业的培训大纲和教学标准要求，在目录和标题中，不带星号的部分供两个专业使用，带星号的部分供船电专业使用。

由于编者水平有限，本书中难免有欠妥之处，希望有关航海类院校、培训机构的广大师生、船员兄弟以及业内同行给予批评指正，谢谢！

编　者
2022 年 11 月

目　录

第一篇　船舶电站

第二篇　船舶高压电力系统

第一篇

船舶电站

项目一　船舶电力系统及配电装置认知

项目描述

电能是现代船舶的主要能源，属于二次能源。船舶发电机组把一次能源(燃油能量)转换成电能，用电设备再将电能转换成需要的机械能、热能等。电能的转换、输送和分配简单、经济、便于控制，且利于实现生产过程的自动化。船舶电力系统是船舶系统中极为重要的组成部分，而电力的分配和控制离不开配电装置，要掌握船舶电站技术，就要从船舶电力系统和配电装置的认知开始。

学习目标

1. 掌握船舶电力系统的有关概念、组成和要求；
2. 熟悉船舶配电装置及自动空气断路器的分类、结构和工作原理；
3. 掌握船舶电力系统继电保护的原理和设置方法；
4. 了解船舶电力系统的故障及其应急处理。

工作任务

1. 识读船舶电力系统或供、配电系统图；
2. 进行船舶配电装置及自动空气断路器的操作、维护和故障排查；
3. 进行船舶电力系统继电保护装置的管理和故障排查。

实施方案

1. 根据项目学习目标，分析和研讨各工作任务要求，明确知识和技能部分的学习内容，并结合混合式教学，学习相关知识材料；

2. 拟定工作计划，分解工作任务，明确学习目标，制订项目实施计划；

3. 根据实船电站设备操作说明书、船舶电力系统或供配电系统图等，并结合实训室电站设备，在教师指导下展开工作任务；

4. 对项目完成情况进行评估，针对不足之处进行分析改进。

任务一　船舶电力系统概述及工作环境影响

一、船舶电力系统组成及船舶电站

1. 船舶电力系统的组成

船舶电力系统是船舶系统中极为重要的组成部分，它与船舶其他系统均有连接，且其供电的连续性、可靠性和供电品质直接影响着船舶运行的安全性、经济性和生命力。

船舶电力系统主要由电源、配电装置、电网与负载四部分组成。如图 1-1 所示为某现代化远洋船舶的交流电力系统单线图（直流电力系统在图中未画出）。该船电力系统各组成部分介绍如下：

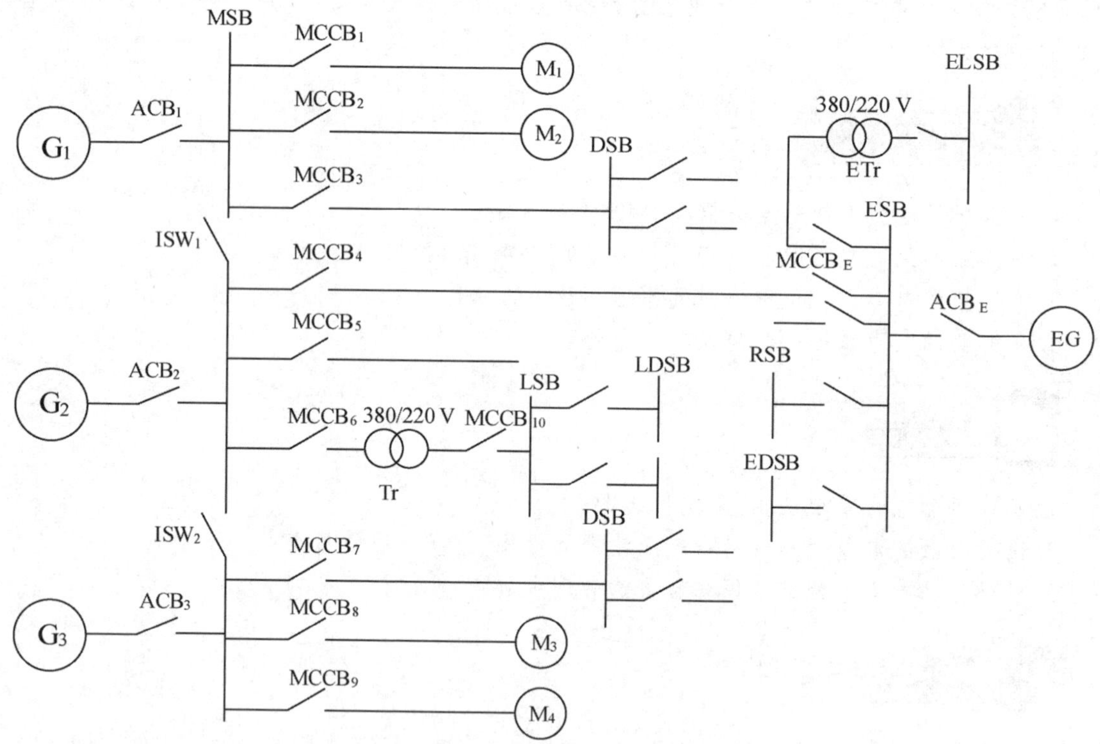

图 1-1　某现代化远洋船舶的交流电力系统单线图

$G_{1,2,3}$—主发电机；EG—应急发电机；ACB—发电机主开关；ACB_E—应急发电机主开关；MSB—主配电板；ESB—应急配电板；$MCCB_i$—配电开关；M_i—电动机；DSB—分配电板；RSB—无线电分配电板；$MCCB_E$—应急配电联络开关；ISW_i—隔离开关；LSB—照明配电板；ELSB—应急照明配电板；LDSB—照明分配电板；EDSB—应急分配电板；Tr—照明变压器；ETr—应急照明变压器

电源：电源是将机械能、化学能等能源转变成电能的装置。船上常用的电源装置是柴油发电机组和蓄电池。该船电站设有三台柴油发电机组，其柴油机由压缩空气起动；另有一台应急

柴油发电机组,其柴油机由自备 24 V 蓄电池起动。该船还设有通用 24 V 蓄电池两组。

配电装置:配电装置是对电源和负荷进行分配、监视、测量、保护、转换、控制的装置。配电装置可分为主配电板、应急配电板、分配电板(动力、照明)、蓄电池充放电板等。

电网:电网是全船电缆电线的总称。电网是发电机、主配电板、应急配电板、蓄电池充放电板、分配电板和负荷之间的中间环节,是将各种电源的电能输送到负荷端的媒介。

负荷:船舶负荷大体可分成舱室机械、甲板机械、船舶照明、通导设备及其他用电设施,按电源电压分为动力负荷和照明负荷两类。该船电站为低压船舶电站,为交流电源,供电参数是 380/220 V,50 Hz。

2. 船舶电站

船舶电力系统中发电机组及其控制、配电装置和辅助设备相对集中布置,称为船舶电站。船舶电站相当于人体的心脏,是船舶电力系统的核心。从设备的角度看,它由原动机、同步发电机及开关电器、保护装置、测量仪表、控制设备等构成;从系统的角度看,它由原动机调速系统与同步发电机调压系统或由整流与逆变系统组成。由于负荷的频繁切换、工况的变化、外界环境的影响及负载的变动等,船舶电站要及时处理各种变化信号,以保持电力系统电压和频率的稳定性,保证船舶电力系统正常工作。船舶电站设备的稳定性是其控制和管理的重点,也是一个技术难点。

现代船舶电站以最大限度地维持不间断供电为目标。随着船舶吨位增大、电气化程度提高以及电力推进等船电新技术的应用,船舶电站设备的性能和供电指标也随之有了很大提高,强化了承受各种突变负荷的能力;大功率、高电压的高参数船舶电力系统应用也日趋广泛,容量可达几十兆瓦,电压可达 3~11 kV,为船舶电站技术提供了进一步的发展空间。大型电力推进船舶(如破冰船、工程船等)可采用将船舶电力推进的主电源与船舶辅助动力、照明电源两者合一的交流电力推进联合电力系统,使其具有更大的经济性和机动性。

二、船舶电力系统的特点、工作环境影响及基本要求

由于船舶是一个孤立的活动于海洋上的独立体,所以船舶电力系统与陆上电力系统相比有很大差异,主要有以下几个方面:

1. 船舶电站容量较小

陆上电网容量一般在几百万至几千万千瓦,单机容量大多在数十万千瓦。一般远洋船舶主电站大多装有 3~4 台发电机,低压发电机单机容量一般为 400~800 kW。

由于船舶电站容量较小,而某些大负载容量可与单台发电机容量相比,所以当这样的负载起动时对电网将造成很大的冲击(电压、频率跌落均很大),因而对船舶电力系统的稳定性提出了较高的要求。如船用发电机调压器、原动机调速器的动态特性与陆上发电机组相比具有较高的指标要求,有强行励磁的能力,发电机组应能承受较大的过载能力。另外,船舶工况变动也较频繁,因此对自动控制装置的可靠性也提出了较高的要求。

2. 船舶电网输电线路短

与陆上数千公里高压输电网络相比,船舶发电机端电压、电网电压、负荷电压大多是同一个电压等级,所以输配电装置较陆上系统简单。由于船舶容积的限制,电气设备比较集中,电

网长度不长并都采用电缆连接，所以对发电机和电网的保护比陆上系统要简单，一般只设置有发电机过载及外部短路的保护，电网的保护和发电机的保护通常共用一套装置。

3. 船舶电气设备工作环境恶劣

船舶电气设备工作条件比陆地恶劣得多，环境条件对电气设备的运行性能和工作寿命有严重影响。

(1)船舶受到严重的冲击和振动，会造成电气设备损坏、接触不良或误动作。

(2)持续的倾斜和摇摆，破坏了电器部件的受力平衡，导致设备误动作或损坏。

(3)环境温度高，会造成电机出力不足，绝缘加速老化。

(4)相对湿度高则会使电气设备绝缘受潮、发胀、分层及变形等，使绝缘性能降低，并且会使金属部件加速腐蚀、镀层剥落。

(5)盐雾的存在、霉菌的生长和油雾及灰尘粘结都能使电气设备绝缘下降、工作性能受到影响。由此可见，船用电气设备必须满足“船用条件”的要求。

为了确保船舶电气设备的寿命及动作的可靠性，除非另有规定，所有船舶电气设备均应在表 1-1、表 1-2 所列环境条件下正常工作。

表 1-1　环境温度条件

介质	部位	温度(℃)	
		无限航区	除热带海区以外的有限航区
空气	围蔽处所内	0~45	0~40
	温度超过 45 ℃(或 40 ℃)或低于 0 ℃的处所内	按这些处所的温度	按这些处所的温度
	开敞甲板	-25~45	-25~40
水		32	25
适用于电子设备的环境空气温度上限为 55 ℃			

表 1-2　船舶倾斜角条件

设备组件	倾斜角(°)			
	横向		纵向	
	横倾	横摇	纵倾	纵摇
应急电气设备、开关设备、电气及电子设备	22.5	22.5	10	10
上述之外的设备、组件	15	22.5	5	7.5
必须考虑横摇和纵摇同时出现的最恶劣情况，自动断路器在 45°情况下能够正常工作				

除非国际标准中另有说明，由主电力或应急电力系统供电的电气设备应能在表 1-3 列出的电压和频率偏离额定值的波动情况下可靠工作。

表 1-3 电压和频率波动表

设备		参数	稳态(%)	瞬态	
				(%)	恢复时间(s)
一般交流设备		电压	+6～-10	±20	1.5
		频率	±5	±10	5
由直流发电机供电或经整流器供电的直流设备		电压	±10	-	-
		电压周期性波动	5	-	-
		纹波电压	10	-	-
由蓄电池供电的设备	充电期间接于蓄电池	电压	+30～-25	-	-
	充电期间不接于蓄电池	电压	+20～-25	-	-
船舶轴带发电机频率变化限值		频率	±5.5	±10	5

三、船舶电力系统的基本参数

船舶电力系统的基本参数是指电流种类(电制)、额定电压和额定频率的等级。它们决定了电站工作的可靠性和电气设备的重量、尺寸、价格等。

1. 电制的选择

由于电源有直流电源与交流电源之分,因此船舶也相应有直流电力系统船舶与交流电力系统船舶,习惯上把它们称为直流船与交流船。在 20 世纪 50 年代以前所建造的船舶,绝大部分是直流船,而后随着科学技术的发展,在 20 世纪 60 年代以后建造的船舶主要是交流船,20 世纪 70 年代后除特种工程船舶外,几乎都采用交流电力系统。近年来由于电力电子技术的发展,太阳能等绿色能源应用于船舶,需要整流和逆变单元,船舶既有直流电力系统,又有交流电力系统,称之为混合电制船舶。

交流船舶的电气设备在维护、保养等方面工作量比直流船要少得多,且交流电机结构简单、体积小、重量轻、运行可靠,其相应控制设备也简单。交流船舶又分成单相交流电、三相三线绝缘系统与三相四线系统等几种形式。当采用三相三线绝缘系统时,照明网络与动力网络没有电的直接联系,因此对地绝缘电阻低的照明网络基本上不影响动力网络。采用交流电制后,船舶的造价和维修费用也有明显的降低。

2. 额定电压的选择

船舶电力系统额定电压的大小直接影响到电力系统中所有电气设备的重量和尺寸、价格等技术经济指标和人身安全问题。

电力输送过程中会产生电压降、电压损耗和电压偏移,因此要求船舶发电机电压为同等级的电动机电压加 5%并取整,如电动机电压为 380 V 时,选取发电机电压为 400 V。根据额定电压确定电气设备的最大工作电压(指电气设备在大于等于 120%U_N 时仍可长期工作而不损坏的电压值)。提高电压可减小电缆和电器元件的导电截面,明显降低线路损耗,但对电气设备的绝缘和安全方面的要求更高,且高压设备价格高。

目前远洋船舶低压主电站动力电网额定电压采用 380 V(400 V)或 440 V(460 V)标准，照明电网额定电压采用 220 V(230 V)或 110 V(100 V)标准，临时应急照明电网与弱电电网一般采用 24 V(直流)标准。大型船舶及工程船的电站容量已达数万千瓦，这类船舶多采用 3.3 kV、6.6 kV 等高电压的等级标准。

3. 额定频率的选择

交流船舶电力系统的额定频率均选用陆上的标准等级，有 50 Hz 与 60 Hz 两种标准，通信导航设备除外，如陀螺仪为达到较高的电机转速常采用中频电源。

提高频率在一定范围内可提高自动化系统动作的快速性，可减少电机、变压器、换能器、自动化元件的重量和尺寸，但对电缆以及电力系统中其他元件却有相反的作用。频率的提高还存在诸如需要与之相配套的专用中频电机、电器和仪表，需要制造高速机械装置和高速轴承与电机配套，导致交流阻抗、损耗增大等问题，另外由于高速运行，机械噪声也会较大。

四、船舶电气设备的典型参数和工作方式

为保证船舶电气设备正常安全地工作，运行中满足其典型电气参数以及工作方式的要求至关重要。

1. 电压参数

系统标称电压：标称电压通常指的是电源开路输出电压，也就是不接任何负载、没有电流输出的电压值，因此也可以认为这是该电源输出电压的上限。系统标称电压用以标志或识别系统电压的给定值。

而前述的额定电压是由制造厂对电气设备在规定的工作条件下所规定的电压。对于交流电气设备，这两个电压都是有效值或者称为均方根值。

2. 电流参数

额定电流：是指电气设备在额定电压下，按照额定功率运行时的电流；也可定义为电气设备在额定环境条件(环境温度、安装条件、工作方式等)下可以正常工作的电流。电气设备正常工作时的电流不应超过它的额定电流。

峰值电流：是表示最大荷载时的电流值，一般是指交流电在稳定工作时的电流和时间的函数关系图中正弦波的峰值，其还在额定电流的范围内。

额定短时耐受电流：也叫热稳定电流，是指在规定的短时间内，断路器或者其他电气设备能够承受的电流的有效值。它的大小等于额定短路电流，时间一般为 3 s 或者 4 s。

额定峰值耐受电流：是指在规定的使用和性能条件下，开关和控制等电气设备能够承载的额定短时耐受电流第一个大半波的电流峰值，等于 2.5 倍额定短时耐受电流。该参数考虑的是电气设备发生短路时机械应力的稳定性。

3. 额定功率及功率因数

额定功率：电气设备的额定功率是指正常工作时输出的最大功率，交流电气设备的额定功率取决于其额定电压、额定电流及功率因数。若用电器的实际功率大于额定功率，则用电器可能会损坏。

功率因数：在交流电路中，电压与电流之间的相位差(Φ)的余弦叫作功率因数，用符号

$\cos\Phi$ 表示；在数值上，功率因数是有功功率和视在功率的比值，即 $\cos\Phi = P/S$。功率因数的大小与电路的负荷性质有关，如白炽灯泡、电阻炉等电阻负荷的功率因数为 1，具有电感性负载的电路功率因数小于 1。功率因数是电力系统的重要技术数据，可以用于衡量电气设备效率的高低：功率因数低，说明电路用于交变磁场转换的无功功率大，从而降低了设备的利用率，增加了线路供电损失。

4. 防护等级

IP 防护等级系统是由 IEC 所起草的。其功能是将电气设备按照防尘防湿的特性加以分级。IP 防护等级由两个数字组成，第一个数字表示电器离尘、防止外物侵入的等级，防止外物是指工具、人的手指等均不可接触到电器内的带电部分，以免触电；第二个数字表示电器防湿气、防水侵入的密闭程度，数字越大表示其防护等级越高。两个标示数字所表示的防护等级如下：

第一个标示特性号码（数字）所指示的防护程度，具体如表 1-4 所示。

表 1-4　IP 防护等级第一个数字含义

第一个标示数字	防护等级	定义
0	没有防护	对外界的人或外物无特殊防护
1	防止大于 50 mm 的固体物侵入	防止人体（如手掌）因意外而接触到电器内部的零件；防止较大尺寸（直径大于 50 mm）的外物侵入
2	防止大于 12 mm 的固体物侵入	防止人的手指接触到电器内部的零件；防止中等尺寸（直径大于 12 mm）的外物侵入
3	防止大于 2.5 mm 的固体物侵入	防止直径或厚度大于 2.5 mm 的工具、电线或类似的细小外物侵入而接触到电器内部的零件
4	防止大于 1.0 mm 的固体物侵入	防止直径或厚度大于 1.0 mm 的工具、电线或类似的细小外物侵入而接触到电器内部的零件
5	防尘	完全防止外物侵入，虽不能完全防止灰尘进入，但侵入的灰尘量并不会影响电器的正常工作
6	防尘	完全防止外物侵入，且可完全防止灰尘进入

第二个标示特性号码（数字）所指示的密闭程度，具体如表 1-5 所示。

表 1-5　IP 防护等级第二个数字含义

第二个标示数字	密闭等级	定义
0	没有防护	没有防护
1	防止滴水侵入	垂直滴下的水滴(如凝结水)对电器不会造成有害影响
2	倾斜 15°时仍可防止滴水侵入	当电器由垂直倾斜至 15°时,滴水对电器不会造成有害影响
3	防止喷洒的水侵入	防雨或防止从与垂直面的夹角小于 60°的方向所喷洒的水进入电器造成损害
4	防止飞溅的水侵入	防止各方向飞溅而来的水进入电器造成损害
5	防止喷射的水侵入	防止来自各方向喷射出的水进入电器内造成损害
6	防止大浪的侵入	防止装设于甲板上的电器,因大浪的侵袭而造成损坏
7	防止浸水时水的侵入	能确保电器浸在水中一定时间或在一定的标准水压下能确保不因进水而造成损坏

5. 工作方式

工作方式又称为定额,主要分成连续 S_1、短时 S_2 和断续 S_3 三种。定额为连续的电气设备,在额定负载范围内,允许长期持续使用。短时或断续工作的电气设备,则必须按其运行时间与运行加停止时间之比的相对持续系数(一般铭牌上给出)来确保运行时间。

我国短时工作方式的标准工作时间有 15 min、30 min、60 min、90 min 等四种。周期性断续工作是指在恒定负载下电气设备按相同的工作周期运行,每个周期包括工作和停歇交替进行,但时间都比较短;在工作时间,其温升达不到稳定温升;而在停歇时间,其温升也降不到零。常用负载持续率(每个周期内工作时间占整个周期时间的百分比)来衡量周期性断续工作,我国规定标准的负载持续率有 10%、25%、40%和 60%四种。

五*、船舶电站容量的确定和发电机组台数的选择

不仅设计人员要掌握正确合理计算船舶电站容量,其对于运行管理人员来说也很重要。它可以帮助机舱管理人员深入了解船舶电站的特点,根据船舶运行工况的不同,相应改变电力系统的运行方式,充分发挥电站的功能,使电力系统更安全、更可靠、更经济地运行。

海上运输船舶一般均采用三类负荷法来确定电站的容量。通常船舶在每一工况下其负荷的变化相对是不太大的,三类负荷法就是将全船所有用电设备按照船舶不同工况下的使用情况划分为三类,分别进行计算各自的用电量,进而获得电站总用电量,并据此来确定发电机的容量及台数。

1. 船舶运行工况及用电设备的分类

船舶运行工况一般可分为:航行工况、进出港工况(狭窄航道航行工况)、停泊工况、装卸

货作业工况及应急工况。

研究船舶各种运行工况的目的是要找出船舶的最大用电量、最小用电量和经常用电量，从中找出用电规律。

在按船舶运行工况进行计算时，为方便起见通常还将全船负荷按用途和系统进行分类。一般用电设备可分成：

动力装置用辅机：为船舶主机、副机、锅炉服务的辅机，如海水泵、淡水泵、滑油泵、燃油泵、分油机、空压机、锅炉给水泵等。

甲板机械：起货机、锚机、绞缆机、舵机等。

舱室辅机：消防泵、压载泵、舱底泵、生活用水泵等。

冷藏通风机械：冰机、空调装置、通风机等。

机修机械：车床、钻床、电焊机等。

照明及生活用电设备：各类照明灯具、电灶、电热器具、风扇等。

无线电通信、导航设备。

其他设备：如侧推器等。

2. 电站容量确定与发电机组台数选择的原则

电站容量的确定与发电机组台数的选择一般应从下面几个方面来考虑：

(1)满足船舶在各项运行工况下用电量的需求。

(2)每台发电机组的最高负荷为85%(柴油发电机组)。

(3)必须设有备用发电机组，其容量应在其中最大容量发电机组损坏时仍能满足航行和应急状态时的用电需求。

(4)一般应选用同容量、同型号的发电机组，这样并联运行稳定，可互为备用，在管理、维修、保养方面比较方便。

(5)使用的发电机组台数应尽可能少些，但也不能太少，使发电机长期轻载运行而不经济，一般选用三台发电机组。

3. 三类负荷法确定电站容量

(1)三类负荷的划分

计算船舶在某工况下的全船负荷时，需要先将负荷按此工况下的使用情况分为三类：

①第Ⅰ类负荷：连续使用的负荷。

②第Ⅱ类负荷：短时或重复短时使用的负荷。

③第Ⅲ类负荷：偶然短时使用的负荷或按操作规程可在电站高峰负荷时间以外使用的负荷。

三类负荷的分法与船舶运行工况有关。如作为按短时工作制设计制造的锚机、绞缆机、电动机，在进出港、靠离码头工况中是连续使用的，因此算作第Ⅰ类负荷。消防泵平时大多用于冲洗甲板，属于偶然使用的设备，但在船舶着火应急工况中是连续使用的，所以算作第Ⅰ类负荷。

(2)电动机负荷的计算

现代船舶大部分电能为电动机所消耗，但不同的电动机用于不同的工况，因此在计算全船电力负荷时，对于电动机负荷不能简单地把电动机的额定功率加起来。

①电动机利用系数 K_1

电动机有额定功率，电机拖动的机械设备也有额定功率，电动机与机械设备功率匹配比例不是 1：1，通常电动机的功率应略大于机械设备的功率而留有一定的功率储备，因此电动机的利用系数

$$K_1 = \frac{P_2}{P_1}$$

式中，P_1——电动机额定功率；

P_2——机械设备的额定功率。

②机械负荷系数 K_2

每一台辅机大多不是在满负荷下运行的，因此实际使用功率 P_3 是小于额定功率 P_2 的，所以机械负荷系数

$$K_2 = \frac{P_3}{P_2}$$

一般机械的轴功率可由产品样本查得，机械负荷系数可根据轮机专业或舾装专业提供的设备实际使用数据来确定。

③电动机负荷系数 K_3

$$K_3 = \frac{P_3}{P_1} = K_1 \cdot K_2$$

④电动机以额定功率运行时从电网吸收的功率 P_4

$$P_4 = \frac{P_1}{\eta_n}$$

式中，η_n——电动机在额定功率时的效率。

⑤电动机实际消耗的功率 P_5

$$P_5 = \frac{P_3}{\eta} = K_3 \frac{P_1}{\eta}$$

式中，η——电动机在 P_3 功率时的效率。

交流鼠笼式电动机在低负荷时效率较差，η 可从电机生产厂家提供的电动机特性曲线上查得。

⑥无功功率 Q_5 的计算

对于交流电动机，计算出 P_0 后还应求出无功功率

$$Q_5 = P_5 \tan\varphi$$

式中，φ——电动机的实际功率因数角。

异步电动机的功率因数随电动机的负荷降低而显著下降，因此 P_3 时的 $\cos\varphi$ 亦需从电动机的特性曲线上查出。

(3)负荷系数和同时工作系数 $K_{0\mathrm{I}}$、$K_{0\mathrm{II}}$ 的确定

负荷系数和同时工作系数的确定对计算结果影响很大，但得到精确值也是非常困难的，一般都是通过大量的调查研究、对同类型船舶进行比较分析来获得近似值。

对第Ⅰ类负荷，考虑到各辅机和用电设备最大负荷的不同时性，同时工作系数 $K_{0\mathrm{I}}$ 通常可选 0.8~0.9；对第Ⅱ类负荷，可按该负荷平均使用时间与工作周期之比来估算，一般同时工作

系数 $K_{0Ⅱ}$ 在 0.3 左右。

(4)计入电网损耗 5%，算出某工况下需发电机供给的总功率

$$总有功功率\ P_{\Sigma} = (K_{0Ⅰ}P_{Ⅰ} + K_{0Ⅱ}P_{Ⅱ}) \cdot 1.05 \tag{1-1}$$

$$总无功功率\ Q_{\Sigma} = (K_{0Ⅰ}Q_{Ⅰ} + K_{0Ⅱ}Q_{Ⅱ}) \cdot 1.05 \tag{1-2}$$

式中，$P_{Ⅰ}$、$P_{Ⅱ}$——该状态下第Ⅰ和第Ⅱ类负荷的总有功功率；

$Q_{Ⅰ}$、$Q_{Ⅱ}$——该状态下第Ⅰ和第Ⅱ类负荷的总无功功率。

第Ⅲ类负荷在计算时可不计入，但应注意高峰负荷状态下，可能短时需要的最大负荷

$$P_{max} = P_{\Sigma} + P_{Ⅲ} \tag{1-3}$$

式中，$P_{Ⅲ}$——该状态下第Ⅲ类负荷的总有功功率。

(5)负荷表的编制步骤

①根据轮机、舾装等专业提供的数据选择电动机和电气设备，并计算各电动机和电气设备的额定所需功率。

②根据船舶类型选择所需计算工况，确定各工况下所需使用的电动机、电气设备和其使用情况，并进行分类。

③确定负荷系数，并计算各用电设备的实际使用功率。

④计算每一工况下各类负荷的总功率。

⑤按其同时工作系数 $K_{0Ⅰ}$ 和 $K_{0Ⅱ}$ 并计及电网损耗 5%，确定各状态所需电站功率。

⑥根据上述计算，选择发电机组的功率和数量，并核算各工况下发电机的负荷百分率。一般来说发电机应有 10%~20%的储备功率，最后用 P_{max} 来校验发电机的过载能力是否满足。

思考题

1. 请根据船舶电力系统的单线图说明其组成。
2. 船舶电力系统的基本参数有哪些？
3*. 如何进行船舶电站容量的确定和发电机台数的选择？

任务二　船舶配电装置

一、船舶配电装置及主配电板

所谓配电装置就是用来接收和分配电能的电气装置，包含开关电器、保护电器、自动化设备、测量仪表、连接母线和其他辅助设备。其具有对电力系统进行控制、测量、保护和调整等功能。

1. 船舶配电装置分类

按用途分类如下：

(1)主配电板:用来控制和监视主发电机的工作,并对全船电网进行配电。

(2)应急配电板:用来控制和监视应急发电机的工作,并对应急电网进行配电。

(3)充放电板:用来控制和监视充电设备,对蓄电池进行充、放电及对低压直流电网进行配电。

(4)岸电箱:船舶停靠码头或厂修时接岸电用。

(5)分配电箱:向成组的用电设备进行配电,按用电性质可分为电力、照明、无线电、通信导航等多种不同的类型。

另外,可以按照工作电压分为低压配电板和高压配电板(开关柜),任务二中学习的均为低压配电装置。

2. 船舶主配电板

船舶主配电板一般由发电机控制屏、负载屏、并车屏、汇流排(母线)组成。

(1)主配电板的功能

①根据需要接通或断开电路(手动或自动)。

②当电力系统发生故障时,保护装置能按要求动作,切除故障设备或网络,或发出报警信号。

③测量和显示运行中各个电气参数,如电压、电流、功率、功率因数等。

④能对电站的电压、频率,以及并联运行的各发电机组的有功、无功功率进行调整。

⑤能对电路状态、开关状态以及偏离正常工作状态进行信号显示。

图 1-2 所示为某现代化远洋货船电站主配电板,其各组成屏介绍如下:

图 1-2　某现代化远洋货船电站主配电板

(2)发电机控制屏

主要功能有发电柴油机的起动与停车(含应急停车)、频率及电压控制、发电机主开关合分闸控制及运行参数监测和保护等。发电机控制屏主要由测量仪表及其转换开关、指示灯、发电机主开关、发电机保护及并车控制装置、调速开关(有些会放在并车屏)、其他转换开关、发电机励磁装置等部分组成。

该船发电机控制屏共有三块,分别是一、二号柴油发电机控制屏和轴带发电机控制屏。其中柴油发电机控制屏的上部面板如图 1-3 所示。

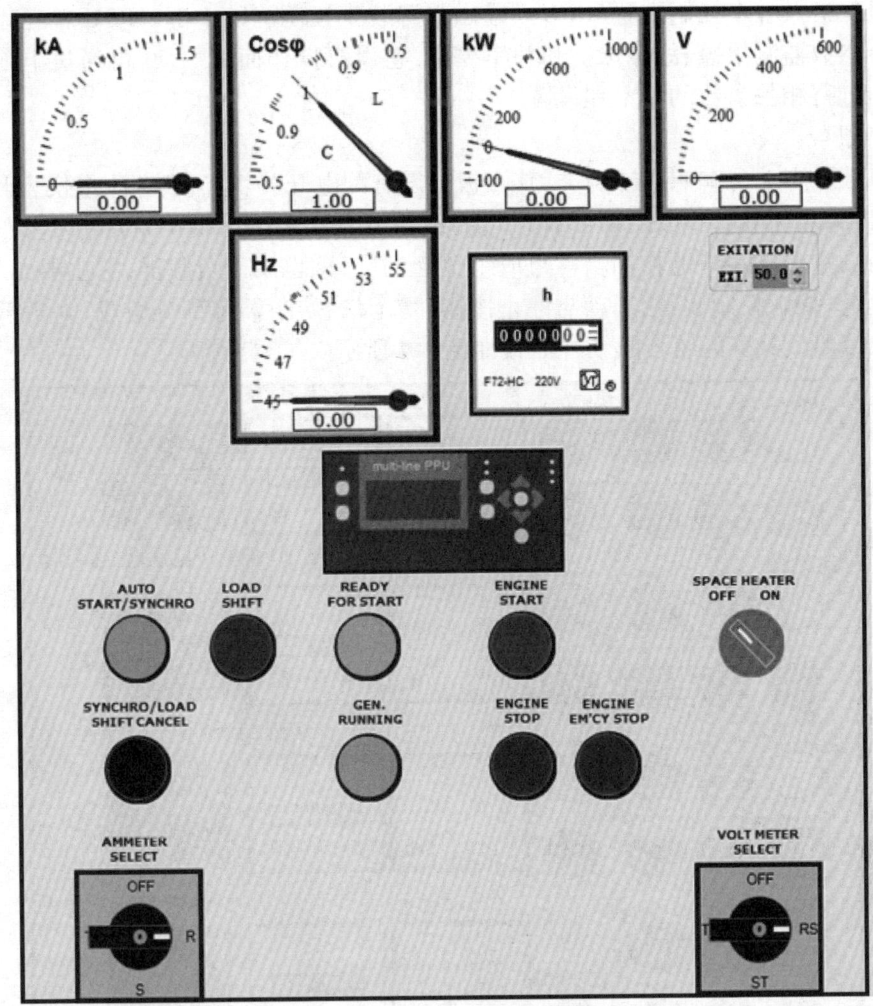

图 1-3　发电机控制屏上部面板

其上有测量仪表及其转换开关，通过电流表和转换开关可以测量发电机三根引出线中任一根的线电流，通过电压表和转换开关可以测量发电机三根引出线中任两根线间的线电压。另外通过频率表、功率表、功率因数表可以分别测量该发电机的频率、功率及功率因数值。

各种操作按钮和转换开关多位于发电机控制屏的中部，以便于操作。发电柴油机的起动和停止按钮分别为绿色和红色；另外设有应急停止按钮一个，用于在紧急状态下应急停止柴油机，它可以在发电机主开关未断开的状态下停止柴油机，进而可能引起全船跳电，为防止误操作，此开关上设有塑料保护罩。考虑到并车操作的方便，柴油机油门调节开关和合（分）闸按钮集中设置于并车屏上。黄色旋钮开关（带指示灯）用于发电机在停机状态下接通或断开发电机内部的烘潮加热器。另外设有并车和解列按钮（带指示灯）两个，用于在半自动模式下进行自动的并车—均功调频和转移负荷—解列操作。

发电机的主开关一般位于发电机控制屏的下半屏，可以采用带电动操作装置的塑壳式自动空气断路器，大型船舶电站一般用框架式断路器。主开关主要用于接通与断开发电机主电路，并对发电机过载、短路、失欠压进行保护。

发电机保护及并车控制装置（PPU）、励磁装置装于控制屏的中部。PPU 单元用于该台发电机的运行参数监测报警、故障保护和并车控制，它设有操作面板一块，可通过上面的液晶显示板和按钮进行相关参数的显示和设置。

（3）负载屏

普通负载屏有动力和照明屏两类，其面板上设有配电开关、电流表等测量仪表及其转换开关等，在动力和照明屏上一般还都设有各自的绝缘监测装置。大功率及部分重要的辅机（如服务主机的一些水、油泵）的控制箱常组成组合起动屏，这也属于负载屏，它主要由配电开关、负载起动继电-接触控制装置、起动与停止按钮、指示灯、熔断器等部分组成，大负载通常还装有电流表。该船负载屏的组合起动屏面板如图 1-4 所示。

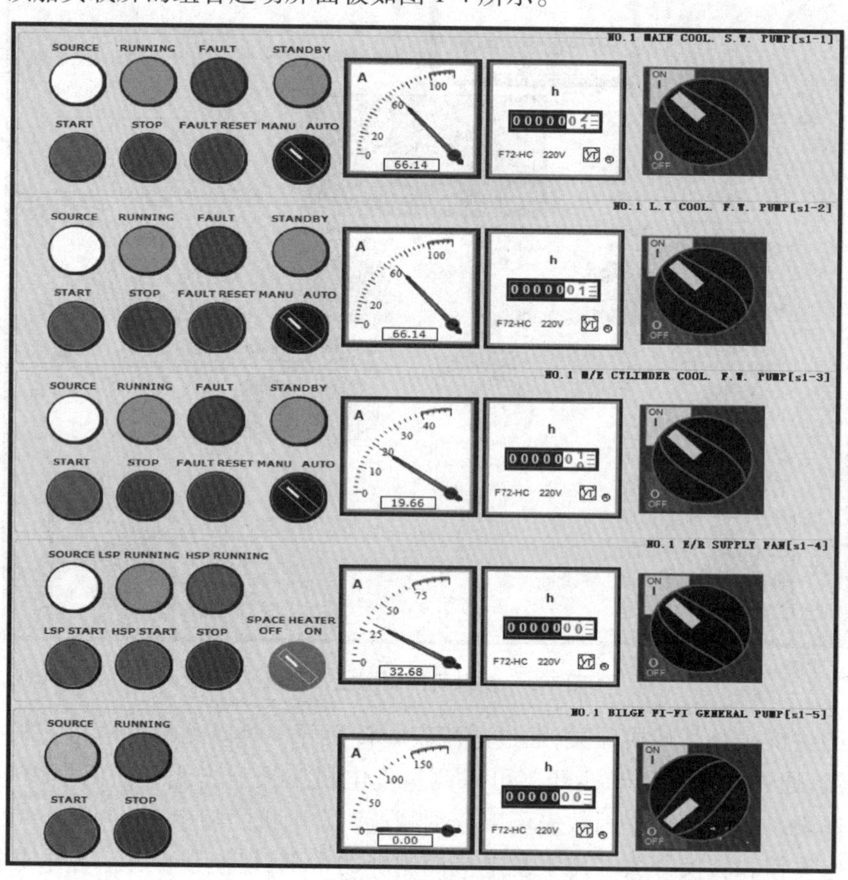

图 1-4　负载屏的组合起动屏

负载屏上配电开关大多采用的是塑壳式自动空气断路器，某些船舶的一些大负载或重要负荷也有采用框架式自动空气断路器的，如图 1-2 中左负载屏最下端的侧推装置配电开关就是框架式的。

照明变压器供电开关、应急配电板供电开关、岸电开关一般也都设置于动力负载屏上。

（4）并车屏

并车屏主要由频率表（电网、待并机）、同步表与同步指示灯及其转换开关、调速开关、合（分）闸按钮等部分组成。在这一屏上可以对各台发电机组进行调频、合闸、转移负荷、分闸等操作。电站的监测报警和自动化装置也装在并车屏的中上部,该屏中部有状态及报警指示灯,报警蜂鸣器,消声、消闪、试灯、警报复位等按钮。

该船并车屏上部面板如图 1-5 所示。由图可见并车屏上测量仪表有双指针的电压表和频率表(电网、待并机)、同步表、灯光明暗式同步灯(同步表下面的两盏灯)。左下角的待并机选择转换开关,在手动准同步并车操作中用来选择待并机的发电机组。

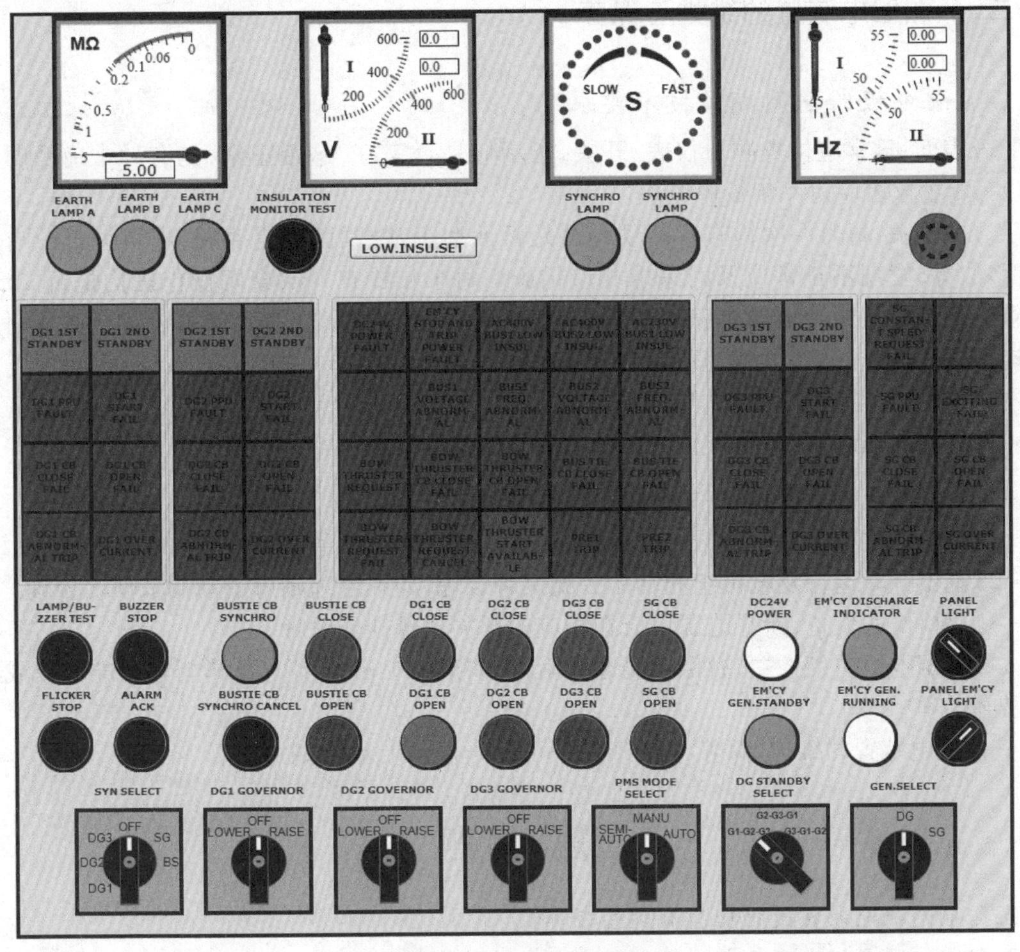

图 1-5 并车屏上部面板

合(分)闸按钮(带指示灯)用于手动的合(分)闸操作,分别为绿色和红色;其中红色指示灯在发电机组运行后电压建立但主开关未合闸时亮,绿色指示灯在发电机组运行且主开关合闸后亮。柴油机油门调节开关可以调节发电机的频率,它有加、减两个方向,调节结束手松开后,调节手柄在复位弹簧作用下会自动回到中位(停止位)。另外电力管理系统控制模式选择开关有手动、自动、半自动三个位置,后两者的区别在于能否自动起、停发电柴油机。备用机组顺序选择开关中,柴油发电机组选择开关有两个位置,用于选择在自动状态下一、二号柴油发电机组的优先顺序;柴油-轴带发电机组选择开关也有两个位置,用于选择在自动状态下柴油-轴带发电机组的优先顺序。

(5)汇流排

主配电板的汇流排一般位于配电板内部最上方,它横跨主配电板中的各个屏,将它们连为一体。汇流排及其连接件是用铜质材料制作的,最大允许温升为 45 ℃。

三相电分别为 R、S、T,其汇流排的颜色:第 1 相为绿色,第 2 相为黄色,第 3 相为褐色或棕色,接地线为黄绿双色。三相汇流排的排序为从左往右或从上往下、从前到后(从配电板的正面看)。由于汇流排是裸露的铜排,在使用中要特别注意防止短路。

二、船舶配电装置的维护与保养

1. 主配电板维护周期及技术要求

(1)表面:日常应检查测量仪表、开关、指示灯是否完好,是否正常,如有异常应及时修复或更换,测量仪表应每 4 年校验一次。

(2)主开关:每月一次检查各活动零件是否活动正常,紧固件是否松动,可调部分有无变形或移位等,发现不正常应及时采取相应措施。每半年检查一次合闸操作机构是否灵活、可靠;清洁灭弧罩及栅片上的烟灰;保持触头表面光洁;检查过载、失压保护装置及其延时装置(机构)是否正常可靠。过载、短路、欠压整定值每 4~5 年校验一次。

逆功率继电器也应每 4~5 年校验一次。

(3)充磁起压装置:每半年检查一次隔离二极管等设施,防止倒流。

2. 运行中船舶主配电板的日常管理

(1)观察配电板上仪表读数,做好记录。

(2)观察并联运行发电机组间功率分配是否合理,如不合理则可手动调节使之合理。

(3)对检修的设备,断开电源后应在相应的开关上悬挂告示牌。

(4)主配电板前、后、左、右保持畅通无阻,板前至少 1 m 范围内及其上方不准堆放或悬挂任何杂物。

其他配电装置的维护、保养与日常管理可参照主配电板要求执行。

思考题

1. 船舶的配电装置按照功能有哪些分类?

2. 船舶主配电板由哪几部分组成?各部分的功能又是什么?

实训任务

在主配电板设备现场指出其组成部分,说明上面主要开关、仪表、指示灯的操作方法或作用。

任务三　同步发电机的继电保护

船舶电站是现代船舶的心脏，其中的同步发电机是船舶电站中最重要的设备，保护发电机不被损坏是船舶安全航行的重要保证。船舶电站保护装置要快速、敏捷、正确地对扰动及故障做出响应。自动断路器是实现发电机保护的重要装置，此外，为进一步加强保护、提高供电品质、尽量保持电网连续供电，船舶电力系统中还设有相应的继电保护装置。

一、电力系统的继电保护

1. 继电保护概述

继电保护是对电力系统中发生的故障或异常情况进行检测，从而发出报警信号，或直接将故障部分隔离、切除的一种重要安全保护措施，属于反事故自动化措施。其保护对象包括发电机、变压器、输电线路、母线等。

电力系统继电保护技术的发展经历了四个阶段，即从电磁式保护装置到晶体管式保护装置、集成电路继电保护装置，再到微机型继电保护装置。因在其发展过程中曾主要用有触点的继电器来保护电力系统及其元件，所以得名“继电保护”。近年来，随着电子技术、计算机技术、通信技术的飞速发展，人工智能技术如人工神经网络、遗传算法、模糊逻辑等相继在继电保护领域得到应用，继电保护技术也在向计算机化、网络化、一体化、智能化方向发展。

传统的电磁感应式保护装置有体积大、磁饱和、铁磁谐振、绝缘结构复杂、动态范围小、使用频带窄、消耗大量铜材、远距离传输造成电位升高等缺点，已难以满足现代船舶电力系统发展的要求。因此，采用低功率、紧凑型、多功能和自诊断的以微处理器为核心的数字保护装置是现代船舶自动化技术水平的标志，这对船舶电力系统保护的可靠性具有重要意义。

目前，已在船舶电力系统中广泛应用以微处理器为基础的微机型继电保护装置，如 SIEMENS SIPROTEC、WOODWARD MFR、DEIF PPU、SCHNEIDER VAMP 系列保护继电器等综合了发电机、电动机和变压器所必需的保护功能，还拥有大量的附加功能，给出的测量值能及时显示运行状态、可存储的状态指示和故障记录，便于进行全面的故障分析。

数字式继电保护装置采用系统集成和统一的设计，采用高效率的 32 位微处理器，大规模集成电路的应用极大地降低了电子元器件的数量，且多带有较大的、易读的显示器，满足电磁兼容标准。其软件设计采用面向对象的高级编程语言和方法，并通过连续的自检系统以确保软件的可靠性。保护单元通过用户编程逻辑接口，允许用户利用可编程序逻辑实现自己所需的自动化功能（或内部联锁功能），还可生成自定义的逻辑和信息。针对电站不同的要求，可做相应的调整，可进行功能配置和保护双重化，不用的功能可通过编程屏蔽。船舶电力系统常见的数字式（微机型）继电保护装置如图 1-6 所示。

2. 继电保护装置的组成

整套的继电保护装置一般由测量电路、逻辑电路和输出电路三大基本部分构成，如图 1-7

所示。

(a) WOODWARD MFR3

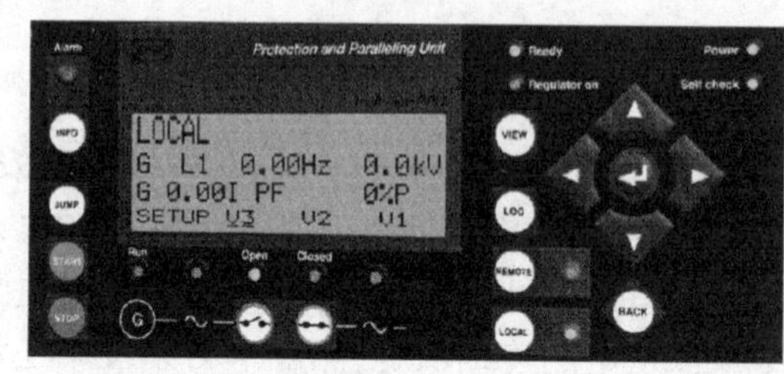

(b) DEIF PPU

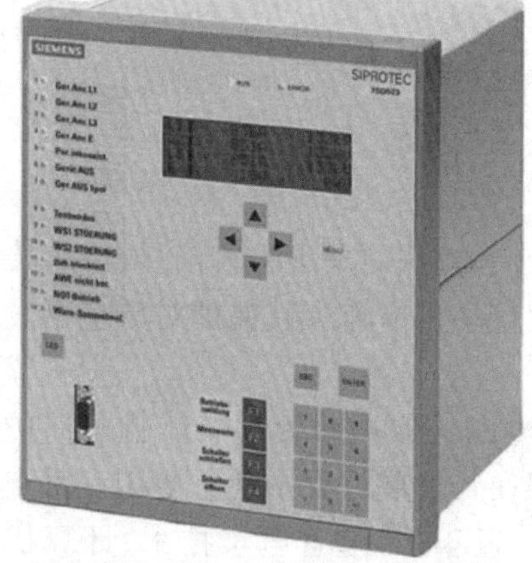

(c) SIEMENS SIPROTEC4-7UM62

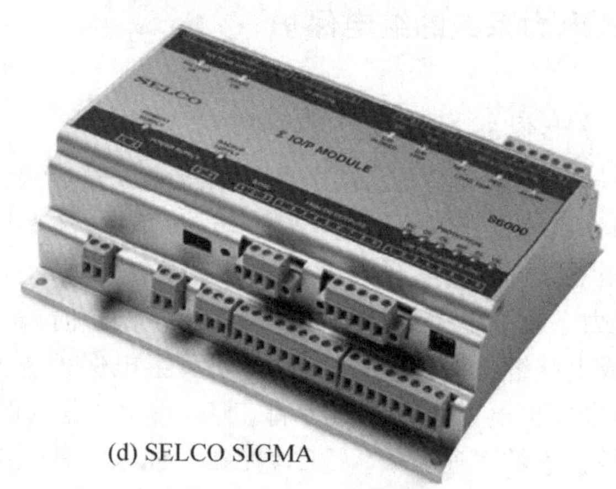

(d) SELCO SIGMA

图 1-6　船舶电力系统常见的数字式(微机型)继电保护装置

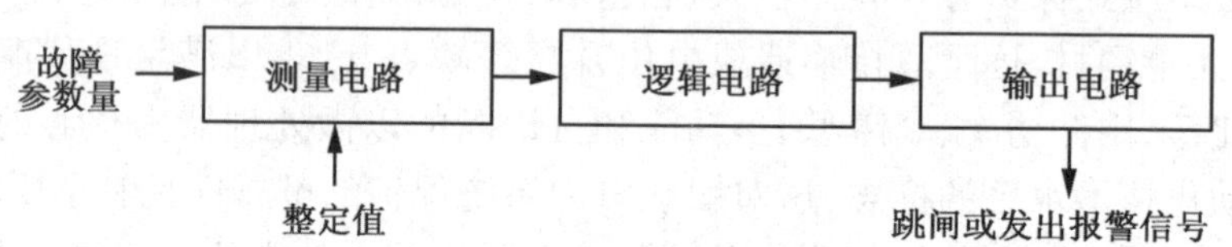

图 1-7　继电保护装置基本构成

(1)测量电路(电路参数的监测)

用以对电力系统的电气参数(电流、电压、频率、功率等)的变化进行监测,如果运行参数达到整定值,则测量电路就起动,向逻辑电路送去信号。

监测应该灵敏,能够检测系统参数的瞬态变化,而检测的数值误差要小,以避免影响保护装置下一步的判断和决策。

(2)逻辑电路

保护装置应具有区分电力系统正常和不正常状态并具有做出决定的功能。它能够从电力系统中的电气参数上鉴别正常和不正常的状态,根据保护的要求,进行综合判断,决定装置是否动作。若保护装置应该动作,逻辑电路就向输出部分送去信号。

(3)输出电路

输出电路根据保护装置的任务,对超过允许极限的故障采取紧急保护措施,并尽可能做到最小范围的故障切除;或者发出对不正常状态的预警和报警信号,及时向操作值班人员报告可能发生的故障,以便采取适当的有效措施防止故障的发生和蔓延。

3. 继电保护装置的基本要求

继电保护装置为了完成它的任务,必须在技术上满足选择性、速动性、灵敏性和可靠性四个基本要求。对于作用于继电器跳闸的继电保护,应同时满足四个基本要求,而对于作用于信号以及只反映不正常的运行情况的继电保护装置,这四个基本要求中有些可以降低。

(1)选择性

选择性就是指当电力系统中的设备或线路发生短路时,其继电保护仅将故障的设备或线路从电力系统中切除;当故障设备或线路的保护或断路器拒动时,应由相邻设备或线路的保护将故障切除。

(2)速动性

速动性是指继电保护装置应能尽快地切除故障,以减少设备在大电流、低电压运行的时间,降低设备的损坏程度,提高系统运行的稳定性。

对于反应不正常运行情况的继电保护装置,一般不要求快速动作,而应按照选择性的条件,带延时地发出信号。

(3)灵敏性

灵敏性是指电气设备或线路在被保护范围内发生短路故障或不正常运行情况时,保护装置的反应能力。

(4)可靠性

可靠性包括安全性和信赖性,是对继电保护最根本的要求。安全性要求继电保护在不需要它动作时可靠不动作,即不发生误动;信赖性要求继电保护在规定的保护范围内发生了应该动作的故障时可靠动作,即不拒动。继电保护的误动作和拒动作都会给电力系统带来严重危害。

二、船舶发电机的继电保护

1. 船舶发电机继电保护的故障形式

船舶同步发电机的继电保护针对的是发电机的各种不正常运行状态,主要有:过载、外部短路、欠压、频率不正常和逆功率等。

船舶同步发电机本身内部也有可能产生故障,例如定子绕组的相间短路、单相绕组层间短路、单相绕组接地,发电机转子绕组的匝间短路、转子绕组接地等。但由于船舶发电机属于低压系统,即电压不高,而且又定期检查,船舶发电机内部故障出现的机会极少,另外发电机到主配电板之间的电缆也比较短,故均不专设保护装置。

关于运行发电机出现过电压的情况,对于不可控自励发电机,从调压器工作原理中可看出几乎不可能产生;对于带电压校正器 AVR 的发电机,在励磁分流可控硅失控等情况下是完全可能产生的,在这种情况下,可考虑在电压超过 15%~20%时延时 2~3 s 切除主开关。因过电压故障情况较少,所以目前非自动化电站的船上几乎都不使用过电压保护;而具有自动电力管理系统的电站或由高压电经变压器降压获得低压电的电站,一般均设有过电压保护功能。

对频率不正常运行的保护问题，由于频率下降显然影响系统中机械的正常运行，但这些将转而引起主机油压降低、循环水压力降低等故障，从而会很快报警通知值班人员采取措施；频率下降，对机械和电动机（拖动位能性负载除外）本身也无过热等不良影响；频率升高的可能性不大，且原动机本身已具有飞车保护，故亦可不予考虑保护。

故各国船级社对船舶发电机的保护均只设有四种基本保护形式：过载保护、外部短路保护、欠压保护和逆功率保护。

对于具有自动电力管理系统的电站，除船级社规定的各项保护功能外，一般大多还具有欠频、电压过高等报警、处理功能。

2. 船舶发电机继电保护的实现方式

通常这些保护装置一般都是以中断供电的方式来实现保护的。但如保护特性选择不合理，往往会造成不必要的电源中断，这就与我们所要求的系统能连续供电有矛盾，中断供电显然对电气设备起到了保护作用，但在不至于引起发电机等电气设备损坏或不至于引起事故时，保证连续供电是矛盾的主要方面，这时就不应偏重于保护设备，而使系统产生不必要的或不允许的中断供电，影响航行安全。当事故可能引起发电机等主要电气设备严重损坏时，这时保护这些设备就转化为矛盾的主要方面，保护装置就应该动作，从长远来看，这样也是为了更有效地保证航行的安全。

在大多数情况下，故障或不正常运行都是暂时性的。当不正常运行在一定数量之内和在一定时间之内时，可以认为是允许的，因为设备允许有一定的过载能力，而且不正常运行也不会立刻引起破坏性事故，因此在一般情况下，保护装置首先应能避开暂时性的故障和非正常的运行状态，以保证连续供电。在这里，“数量”和“时间”这两个概念对发电机的保护是十分重要的。

3. 发电机的过载保护

电站运行中，如果出现发电机容量不能满足负载的要求或并联运行的机组负载分配不均匀等情况，都可能造成发电机过载。过载呈现形式，不是电流过载就是功率过载。对发电机而言为电流过载，功率过载是对原动机而言的。长期的电流过载会使发电机过热而引起绝缘老化和损坏；长期的功率过载会导致原动机的寿命缩短和部件损坏。

对于交流同步发电机承受电流过载的能力，各国船级社大多都规定应能在功率因数滞后0.5下承载150%的额定电流2 min，且能近似地输出额定电压。所以对船用发电机而言，完全允许承受一定时限的过载而不要求立即跳闸。

从外部系统的要求方面来看，发电机过载保护应是带时限的。例如，当大电机起动或多台电动机同时起动时，起动电流可能会超过发电机电流额定值，但此时发电机的过载保护装置不应动作，而应该从时间上避开这种暂时的过载现象。起动过程一般不超过10 s。若在远离发电机处发生短路，短路电流也可能超过发电机过载电流的整定值，但为了保证保护装置动作的选择性，也应该从时间上避开这种情况，先让下一级的分路开关动作，这段时间一般仅为几十到一百多毫秒。因此对发电机的过载保护装置来说，必须有一个合理的时间来鉴别过载的性质，以避开暂时性的过载状态。

对于过载保护，船级社大多都规定整定在过电流的10%~50%，且必须以不超过2 min的延时使发电机断路器脱扣；通常船级社建议整定在发电机额定电流的125%~135%，延时15~

30 s 断路器分断。

尽管有延时保护，但过载时间一长必将导致保护装置动作而中断供电。当电站具有分级自动卸载（又称优先脱扣）功能时即可弥补这方面的不足，使中断供电的可能性降到最低。发电机过电流小于 110%I_N 时通过延时确认，发出声光报警，卸除部分非重要的负载，减小发电机负载电流。一般根据船舶电站发电机的容量和台数，考虑非重要负载的性能和大小，分级脱扣卸载的各级脱扣是利用延时的时间差来实现的。例如，长延时脱扣器的延时为 20 s 时，若分 3 级脱扣，延时时间一般整定为：

（1）第 1 级脱扣延时为 5 s。

（2）第 2 级脱扣延时为 10 s。

（3）第 3 级脱扣延时为 15 s。

发电机过载保护主要是由自动空气断路器中过流脱扣器（热脱扣器）、电子脱扣器来承担，也可以通过外接的继电保护装置来实现。

4. 发电机的外部短路保护

发生短路的原因不外乎是导线绝缘老化、受机械及生物（如老鼠）的损伤、误操作、维护不周及导电物品不慎掉在裸导体或汇流排上。短路时产生的短路电流对电力系统的设备和运行有巨大的破坏作用，因此要求保护装置正确、可靠、快速而有选择性地断开故障点。外部短路的短路点在电网的发电机主开关之外，故障时短路电流将流过主开关，故可以使用断路器内的脱扣装置进行保护。相对应的内部短路是指发电机输出端子以内，以及输出端子至主配电板主开关之间的电网部分，如前所述由于发生这种短路的可能性小，故在低压电力系统中一般不设内部短路保护。

通常在离发电机较远处短路时，短路电流相对较小，这时希望负载开关动作，而不是发电机主开关动作使船舶电网中断供电，故主开关需有一短延时时间以避开负载开关的动作。当短路发生在发电机近端时，会产生巨大的短路电流，这时必须立即切断发电机的供电电路，故保护装置应瞬时动作。

对于短路保护，船级社大多都规定应整定为大于 50% 的过电流，但整定值应小于稳态短路电流，它必须具有一短暂延时以适应系统选择性保护要求。通常船级社建议整定短路保护动作值为发电机额定电流的 200%～250%，延时时间最长为 0.6 s（交流）。

发电机外部短路保护主要由自动空气断路器中过流脱扣器（电磁脱扣器）、电子脱扣器来承担，也可以通过外接的继电保护装置来实现。

5. 发电机的欠压保护

调压器失灵或发电机外部短路故障尚未切除或发生严重欠频，均可能产生电压下降的情况。

发生欠压故障，势必导致发电机励磁电流激增至最大励磁电流值，一般为大于等于两倍额定励磁电流值，若不把处于欠压状态下的发电机切除，势必会烧毁发电机的转子励磁绕组。

发电机在欠压情况下运行将引起电动机电流增加，电动机转矩下降，从而导致电机发热、绝缘老化损坏，这对电动机的运行是不利的。

发电机欠压保护的任务就是当发电机电压低于一定值时，将使发电机主开关合不上闸或从电网上自动断开。欠压保护实际上还是一种短路保护的后备保护，因为短路时必定会发生欠压现象，因此欠压保护需要有一短延时以便与短路保护相区别。

系统中如有大电动机起动或突加较大负荷，也可能引起电压的下降，这属于暂时的正常现象，欠压保护不应动作，所以欠压保护同样需要有延时。

对于欠压保护，船级社大多都规定拟并联运行的发电机，其断路器应设有欠电压保护装置，以防止在发电机不使用时其断路器闭合。如发电机电压下降至额定电压的35%～70%，则发电机断路器必须自动断开。欠电压保护装置必须有一与短路保护相协调的短延时。

发电机欠压保护同样主要是由自动空气断路器中失压脱扣器来承担的，也有些电子脱扣器具备失压保护功能。

6. 发电机的逆功率保护

同步发电机的逆功率运行，是指该同步发电机不是发出有功功率，而是从电网吸收有功功率。同步发电机出现逆功率运行的原因是，当几台同步发电机并联运行时，若其中一台发电机的原动机发生故障，例如燃油中断或发电机与原动机的联轴节损坏等，将使该台发电机不但不能输出有功功率，反而从电网吸收功率即成为同步电动机运行。出现这种情况可能会使并联运行中的其他发电机发生过载；当由于原动机故障致停机保护、燃油中断而造成发电机逆功率时，发电机带动原动机继续运转，则可能会损坏原动机。

当同步发电机并车操作时，若待并机在负差频下或滞后相位差下合闸，这时待并机组在并车瞬间会出现逆功率，这是允许的，此时的逆功率保护不应动作，因此逆功率保护同样需要有一定的延时时间。

对于逆功率保护，船级社大多都规定原动机为柴油机时逆功率整定值在发电机额定功率的8%～15%间某一区域，原动机为汽轮机时为2%～6%间某一区域；延时时间在3～10 s间整定。

发电机逆功率保护主要由逆功率继电器来承担，此外DEIF PPU等数字式继电保护装置也有逆功率保护的功能。

自动电力管理系统通常也均具有过载、短路、欠压、逆功率保护及分级卸载等各项保护功能，但整定值(或延时时间)均小于(或先于)框架式自动空气断路器等常规保护设备，故常规保护装置可作为后备保护设施，这样电站的安全用电得到了进一步保证。

三、逆功率继电器

1. 电磁式逆功率继电器工作原理

逆功率继电器是专门的船舶发电机逆功率保护器件，一般安装于发电机控制屏内。逆功率保护继电器有电磁式(GG-21感应型、寺崎CW型)、电子式(晶体管型、集成电路型)和数字式(微机型)。CW型逆功率继电器外观如图1-8所示。曾广泛采用的GG-21型感应式逆功率继电器，其结构原理及相量分析图如图1-9所示。

在图1-9(a)中，该逆功率继电器的铝质圆盘固定在一根转轴上，轴上的齿轮对与动触头相连，圆盘上方的铁芯绕有电流线圈，通过经电流互感器后的发电机输出电流；圆盘下方的铁芯绕有电压线圈，经电压互感器后连接在发电机的电压端。电压线圈和电流线圈产生的磁通均在铝盘中感应出涡流，载流铝盘在磁场中受到力矩作用而产生转动。经对图1-9(b)的相量

图 1-8 CW 型逆功率继电器结构原理图和相量分析图

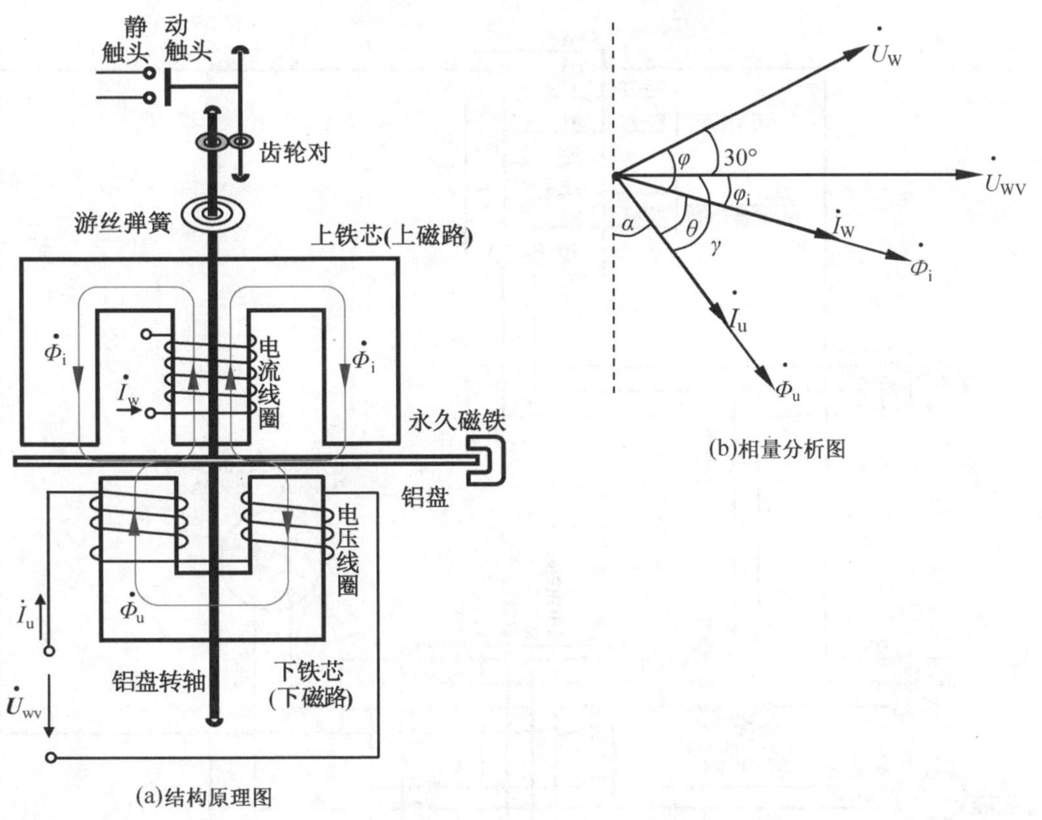

图 1-9 GG-21 逆功率继电器结构原理图和相量分析图

U_w—W 相电压；U_{wv}—WV 线电压；I_w—W 相电流；I_u—U_{wv} 在电压线圈中产生的电流；Φ_i—I_w 在电流线圈产生的磁通；Φ_u—I_u 在电压线圈产生的磁通；γ—电压线圈阻抗角；α—继电器内角；θ—磁通相位差角；$\varphi_i=\varphi-30°$；$\alpha=90°-\gamma$；$\alpha=30°$(GG-21 型)；合成转矩 $M\propto\Phi_u\Phi_i\sin\theta\propto U_wI_w\sin\theta\propto\cos\varphi$

图分析，电磁合成转矩 M 与发电机的有功功率成正比，且方向取决于发电机是否输出功率：发电机输出功率时($P>0$ 时，$90°>\varphi>0°$，$M>0$)，铝质圆盘要向顺时针方向转动，但因有一止挡块挡住而不能转动；当发电机出现逆功率（$P<0$ 时，$180°>\varphi>90°$，$M<0$）且大于设定值时，M 克服了游丝弹簧的反作用力矩，铝盘向逆时针方向转动，轴上齿轮带动继电器动触头移动，达到整定时间后，将两个静触头连通，从而使自动空气断路器中的失压脱扣器动作，将发电机主开关跳闸。

2. 电磁式逆功率继电器的接线及调整

GG-21 型继电器要求按 30°接线方式接线（当 $\cos\varphi=1$ 时，加到继电器上的电流和电压之间的相位差为 30°；I_U—U_{UW}，I_V—U_{VU}，I_W—U_{WV}），才能保证该继电器旋转铝盘的合成力矩 M 与功率 P 成正比。

该电磁感应式逆功率继电器动作值整定分为粗调与细调，粗调是通过改变电流线圈的抽头实现的，细调是通过调整游丝弹簧的反作用力矩实现的。电磁感应式逆功率继电器延时时间的调整是通过改变止挡块的位置来实现的。该逆功率继电器保护电路接线图如图 1-10 所示。当逆功率保护动作之后，必须对逆功率继电器进行复位，之后才能对发电机主开关进行合闸。

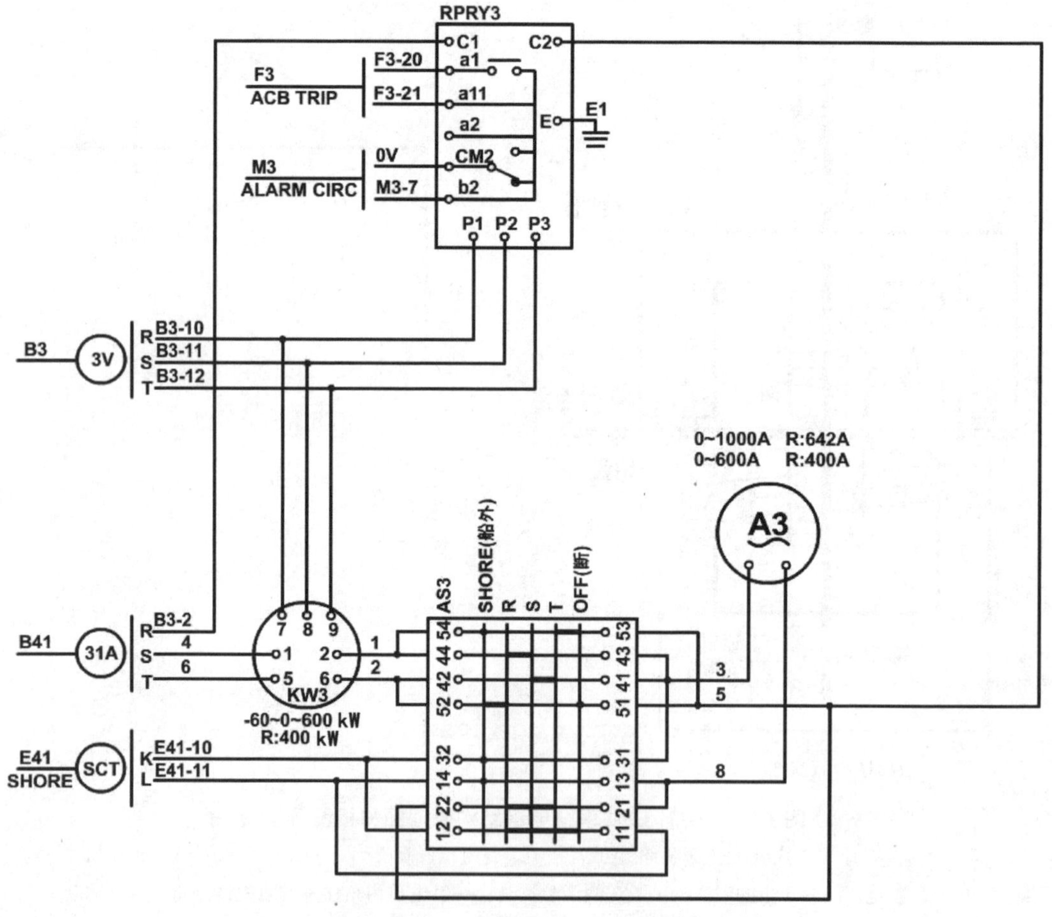

图 1-10 逆功率继电器保护电路接线图

3. 其他逆功率继电保护装置

电子式逆功率继电器［如 OMRON K2WR-R-S5，SIEMENS ZFG92（SRG）］的功率检测环节

大多运用相敏整流原理方法来测量逆功率，然后再加上放大、比较、定时及继电器输出等环节实现逆功率继电保护。

数字式逆功率保护装置（如 PPU、GPU、SIPROTEC 等）在现代船舶上的应用越来越多。逆功率由电流和电压的正序分量计算得到，不对称系统故障不会降低其保护精度。数字式保护装置还有正向功率保护功能，监视发电机产生的有功功率（有助于发电机的起动和停止过程），监视发电机超过限定值和低于限定值情况，提供增机和减机信号，也可用于使空转的电动机停车。

思考题

1. 什么是船舶电力系统的继电保护装置？请说明它是如何对电力系统进行保护的。

2. 按照中国船级社要求，对船用发电机应设哪些基本保护？又分别是由什么设备进行保护的？

实训任务

对发电机的逆功率保护装置进行保护值和动作时间设定。

任务四　船舶自动空气断路器

自动空气断路器也称为自动空气开关，一般用于非频繁地接通和断开电路。此设备有框架式与塑壳式两种类型，船舶发电机主开关大多采用框架式，配电开关大多采用塑壳式。自动空气断路器在电力系统正常运行时作为接通和断开主电路的开关电器，在不正常运行时对主电路进行过载、短路和失欠压保护，自动切断电路。所以，框架式自动空气断路器既是一种开关电器，又是一种保护电器。

一、框架式自动空气断路器

框架式自动空气断路器过去也称为万能式自动空气断路器或万能式空气开关，“自动”是指此设备除可以手动合、分闸外，还可以自动合、分闸；“空气”是指触点分断后的绝缘物质为空气；断路器就是电路中的开关。

框架式自动空气断路器一般包括：触头系统、灭弧装置、自由脱扣机构、合闸操作传动机构和脱扣器（失压、分励、过流脱扣器），有的还具有锁扣装置。如图 1-11 所示为框架式自动空气断路器方框图。

框架式自动空气断路器按照主电路及控制电路的连接方式可分为固定式、抽屉式两种类型：固定式，主电路及控制电路的连线直接接在开关本体上；抽屉式开关结构分为本体和框架两部分，电路连线接在框架上，再通过框架和本体之间的接触连接送入本体部分。后者的优点

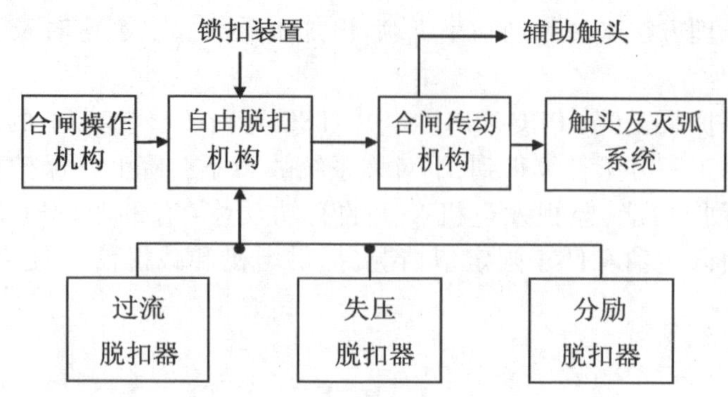

图 1-11　框架式自动空气断路器方框图

在于可以在汇流排不断电的情况下(发电机主开关有一侧是连在汇流排上的),将开关本体部分抽出进行维修。但要注意,只有在开关已经断开时才可抽出开关本体。

根据抽屉式断路器主电路和控制电路的连接状态,有主、控制电路均连接的“连接位”,主电路断开而控制电路连接的“试验位”,主、控制电路均断开的“断开位”;其中“试验位”断路器与主电路的连接断开来控制电路接通,便于进行各种断路器的通断操作和保护测试,断路器的合分闸不会产生主电路大电流的通断。如图 1-12 所示为三菱 AE-SS 型固定式、抽屉式框架式自动空气断路器外观图,其中左下为抽屉式断路器的本体部分,右下为框架部分,两部分各有 6 个主电路导体和连接头用于主电路连接。

1. 框架式自动空气断路器操作面板

框架式自动空气断路器一般安装于配电板内部,进行遥控的合分闸操作(自动操作),但为了在应急状态下手动操作面板,一般会在配电板的门板上开口,将其操作面板露出来。如图 1-13 所示为日本寺崎公司 TERASAKI TemPower ACB 的操作面板,其中:弹簧的储能状态指示为“charged/discharged”,合分闸指示为“ON/OFF”,位置指示为“conn. /test /isolated”。

2. 框架式自动空气断路器内部结构

(1)触头、灭弧系统

接触系统由触头系统和灭弧室组成。触头系统一般由两到三组触头组成。断路器闭合时通过的额定电流由主触头承担,为了避免主触头在断开电流时被电弧灼伤,除主触头外还设有弧触头,大容量开关有的还设预接触头(又称副触头)。它们的闭合顺序是先接通弧触头,再接通预接触头,最后接通主触头;分闸时刚好相反,先断开主触头,再断开预接触头,最后断开弧触头。这样的顺序可保证主触头不被电弧灼伤。

主触头由银钨合金制成,具有良好的耐磨性和抗熔焊性。为使动、静触头具有良好的接触,大容量断路器的每极(每相)触头分成 4~8 个触点(如 ABB 的 F1S 1250 系列 ACB 分成 4 个)。触头系统的设计应保证有足够的电动稳定性,具有电动力补偿,即短路电流所产生的电动力不是减弱而是加强触头的压力。

除主触头外,断路器还配有通过机械结构与主触头联动的多组常开及常闭辅助触头,用于控制电路。

灭弧室通常采用栅片灭弧方式,上部有冷却电弧和限制飞弧距离的灭弧栅,灭弧室外壳采用胶木压制件,强度很高,灭弧室内壁衬有耐电弧的绝缘材料板,相间隔板不仅将各极分隔,而

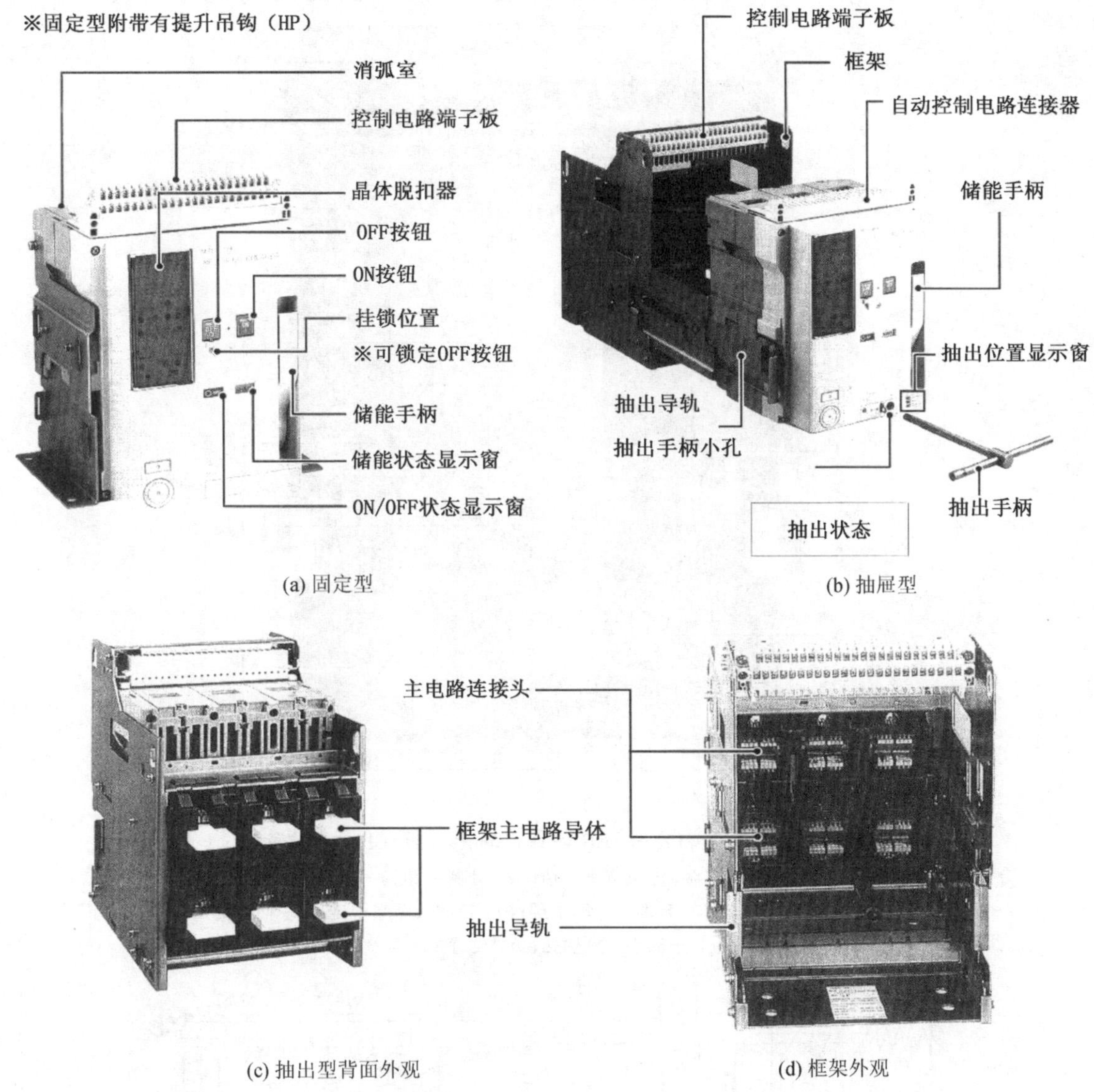

(a) 固定型　　(b) 抽屉型

(c) 抽出型背面外观　　(d) 框架外观

图 1-12　三菱 AE-SS 型固定式、抽屉式框架式自动空气断路器外观图

且将机构与触头系统隔开。当开关触头断开燃弧时，电弧沿弧触头向上运动逐渐变长，使电弧电阻迅速提高而熄灭；另一方面拉长的电弧进入灭弧栅片，被分割成许多小段，加之栅片本身的传热作用，使电弧的温度迅速降低，以至熄灭。

（2）脱扣器

①过流脱扣器、失压脱扣器和分励脱扣器

脱扣器分机械式和电子（微处理器）式两大类。

机械式脱扣器主要有过流脱扣器、失压脱扣器、分励脱扣器，如图 1-14 所示。其中失压脱扣器的保护可在 35%～70%额定电压范围内整定。为了避免在电网电压瞬时波动下产生误动作（如较大电动机起动时），还要求在欠压情况下带有 0～3 s 的延时。分励脱扣器在线圈通电

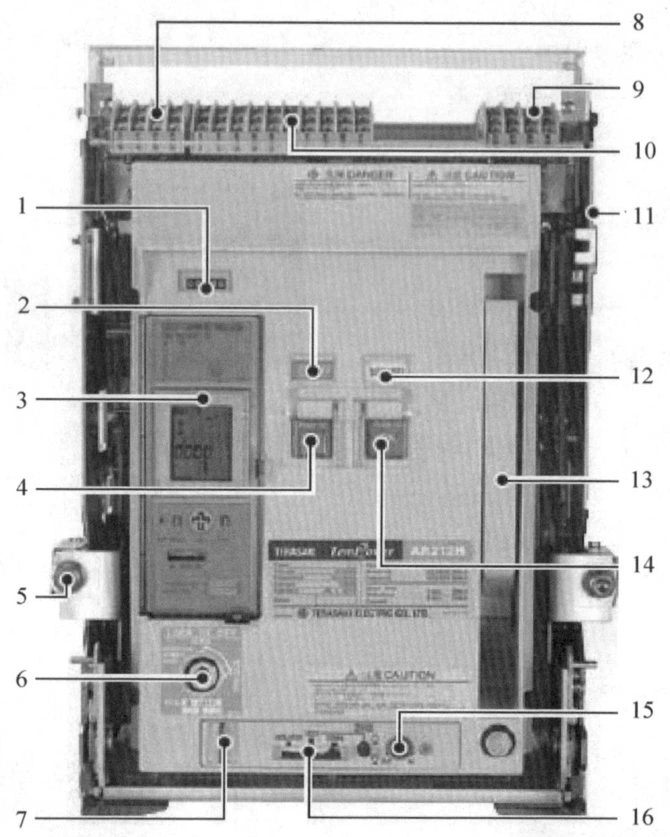

图 1-13　日本寺崎公司 TERASAKI TemPower ACB 的操作面板

1—合分闸循环计数器;2—合分闸指示器;3—过流脱扣器;4—分闸按钮;5—断路器本体固定螺丝;6—键锁装置;7—位置挂锁;8—位置开关端子排;9—辅助触点端子排;10—控制线路端子排;11—抽出支架;12—储能状态指示器;13—储能手柄;14—合闸按钮;15—摇出手柄插孔;16—位置指示器

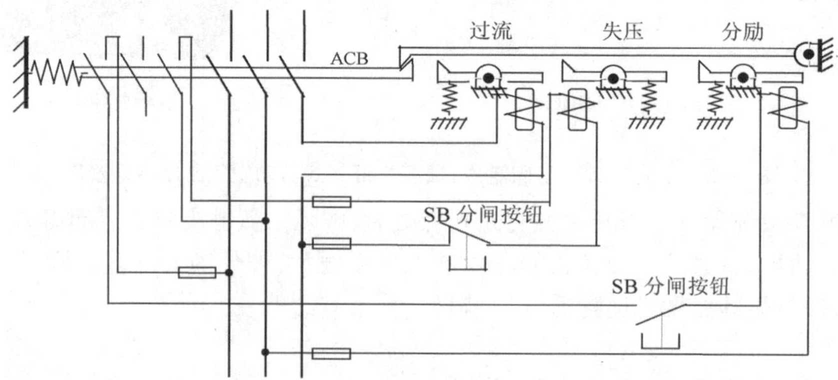

图 1-14　过流脱扣器、失压脱扣器、分励脱扣器示意图

时跳闸。由图可知分励、失压脱扣器可用于远距离操纵跳闸。

如图 1-14 所示过流脱扣器是作瞬时动作短路保护用的,属于电磁脱扣器,但其实质上没有电磁线圈,而是利用主电路中通电导线(扁铜板)产生的磁场起作用的,一般作特大短路(发电机近端短路）瞬时动作保护用。在有些小型塑壳式断路器中，还设有利用双金属片原理动作的热脱扣器，其工作原理与热继电器类似，保护动作需要热积累，有一定的动作延时，属于反时限特性，一般作过载保护长延时动作用。有些断路器同时具有电磁脱扣器和热脱扣器，称为复式脱扣器。

②电子脱扣器

机械式脱扣器动作值和延时难调节、功能单一，故现在船用框架式自动空气断路器均设有电子脱扣器。它是由电子线路组成的，具有过载、短路、特大短路、欠压保护特性，同时还具有过载预报警或分级卸载控制功能。断路器内置电流、电压互感器测量并提供保护所需的电流和电压信号，经各自判别电路判别、延时（或不经延时）后加到输出电路上，其形式一般是晶闸管或继电器，再通过执行元件（分励脱扣器或失压脱扣器）分断主开关。

电子脱扣器多已经实现模块化设计，便于整体更换。现多采用微处理器组成，动作值和延时的设定可通过面板电位器或按键的操作完成。微处理器脱扣器功能强大，具有精度高、使用方便等优点，可在装置运行期间进行检查和保养工作以减少停工时间。此外，装置的设计和运行成本较低。

③电子脱扣器保护电路实例

如图 1-15 所示为 DW-98 型自动空气断路器工作原理图，保护功能包括过电流的三段保护及欠压延时保护，其工作原理分析如下：

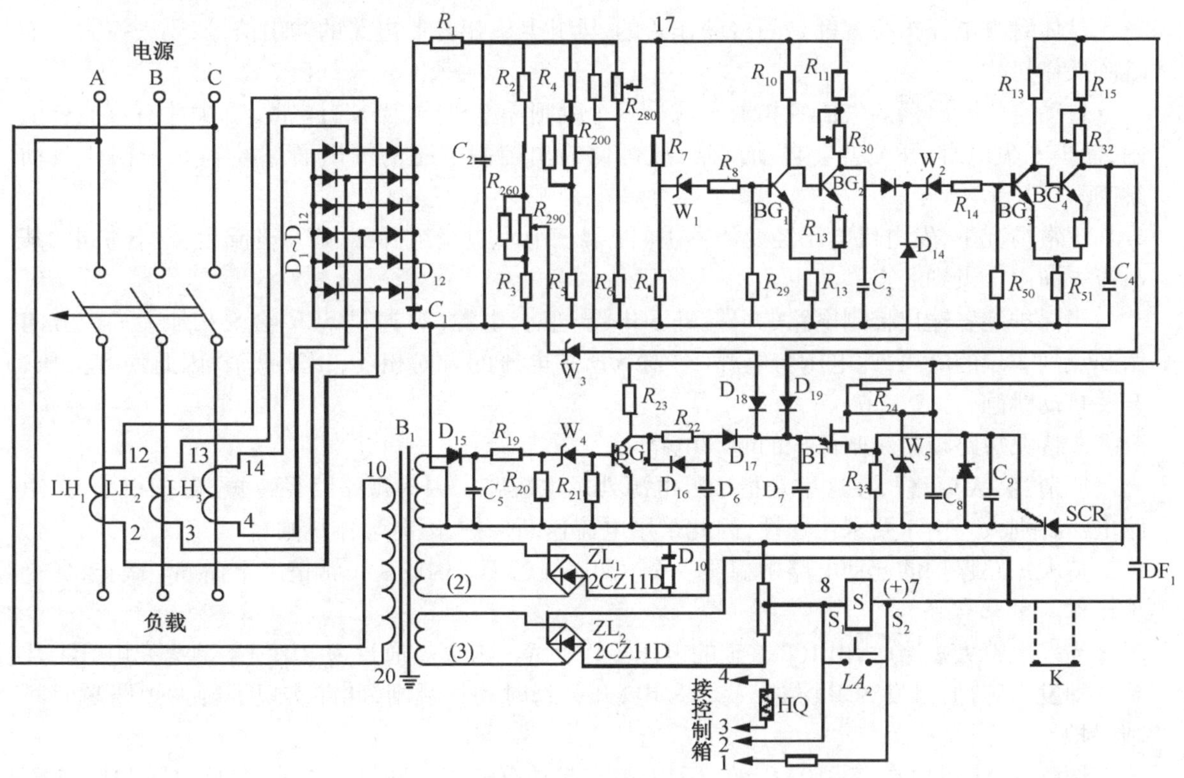

图 1-15　DW-98 型自动空气断路器电路工作原理图

A. 过电流保护

过电流保护由过电流保护的电压和整流滤波回路、输出控制电路、特大短路瞬时跳闸保护的起动电路、短路短延时跳闸保护的起动和时限电路及过载长延时保护的起动电路和时限电路等组成。

a. 过电流保护的电压形成和整流滤波回路

发电机的三相电流分别经三个电流互感器 $LH_1 \sim LH_3$ 进行检测，经 $D_1 \sim D_{12}$ 进行整流，由 C_1、C_2、R_1 滤波之后，通过三组并联的分压器，将电流信号变换成与发电机的电流信号成正比的直流电压控制信号。

第一组分压器 R_2、R_{26}、R_3 为特大短路瞬时跳闸保护的信号检测电路；第二组分压器 R_4、R_{27}、R_5 为短路短延时保护的信号检测电路；第三组分压器 R_{28}、R_6 为过载长延时保护的信号检测电路。

b. 输出控制电路

半导体脱扣器总的出口电路由单结晶体管 BT 和可控硅 SCR 组成无触点出口电路。欠压延时、特大短路瞬时、短路短延时和过载长延时跳闸保护的动作信号分别通过二极管 D_{17}、D_{18} 和 D_{19} 来起动同一个输出控制电路。

只要上述保护其中之一动作，就会使触发器发出脉冲，触发 SCR 导通，即通过该输出控制电路发出跳闸控制信号。

晶体管继电保护装置都是间接动作式的，因此其输出控制电路的输出信号，要去控制一个跳闸操作机构。

自动空气断路器的失压脱扣器 S 就是一个跳闸操作机构，当 S 有电时，开关才有可能合上闸，而当 S 失电时，开关就会自动跳闸，故可使输出控制电路的输出通过控制 S 来操作自动跳闸。

正常情况下，发电机电压经变压器 B_1 的第三个副边绕组降压、ZL_2 整流后，对 S 供电，其电流方向由 7 点到 8 点。

当保护装置输出控制电路的可控硅 SCR 导通时，电源(2)通过 SCR 给 S 又加上一个方向由 8 点到 7 点的电压，此电压与电源(3)对 S 所加电压的方向相反，相互抵消，因此使 S 失压，开关自动跳闸。

c. 特大短路瞬时跳闸保护的起动电路

所谓“特大短路”，在这里是指接近电源处发生短路。因为短路路径特短，阻抗很小，故短路电流特别大。由于要求快速性，因此采用电流速断保护，瞬时动作跳闸。

特大短路保护的起动电路由稳压管 W_3 和二极管 D_{18} 构成。正常情况下由 W_3 截止，保护不动作。

当发生特大短路时，由 R_{26} 整定的电压足以使 W_3 击穿。通过 D_{18}，使 C_7 迅速充电，BT 几乎立即发出脉冲，触发 SCR 导通，使 S 失电，开关瞬时动作跳闸，此即实现了特大短路瞬时跳闸保护。

调整 $R_{26/1}$，可以在 $(5\sim10)I_N$ 的范围内整定起动电流值。这里的 I_N 是指脱扣器 $LH_1 \sim LH_3$ 的额定电流，而不是开关或发电机的额定电流。例如：DW98-400 型开关的脱扣器额定电流的规格为 100 A、150 A、250 A、300 A、400 A。DW98-600 型开关为 500 A、600 A。因而，在选择电流变换器 LH 时，要考虑到 LH 额定电流与发电机额定电流的相互配合。

d. 短路短延时跳闸保护的起动和时限电路

在离电源较远处发生短路时，发电机也会出现较大电流，根据保护选择性的要求，首先应由发生短路那一级的保护装置动作。若该保护装置失灵、拒绝动作或动作迟缓了，发电机的短路短延时保护作为前一级保护的后备保护才动作，故它们需要有一个延时时限上的配合。

短路短延时保护的起动电路和时限电路，主要由稳压管 W_2，晶体管 BG_3、BG_4 构成的射极耦合触发器式起动电路及充电延时电容 C_4 组成。短路短延时保护的控制信号从检测环节的 R_{27}、R_5 输出，经 D_{14}、W_2、R_{14} 加到作为监控器 BG_3 的基极上。

在正常情况下，电流小于短路短延时的起动电流整定值，由分压器输出的电压低于稳压管 W_2 的击穿电压值时，W_2 截止，BG_3 无基极电流，亦截止，BG_4 饱和导通，C_4 上电压甚低，D_{19} 截止，故输出控制电路不工作。

当发生短路时，电流增大，由 R_{27} 整定输出的直流控制电压使 W_2 击穿，于是 BG_3 导通，BG_4 截止。由 BG_4 的工作电源经电阻 R_{16}、R_{32} 对 C_4 充电。当 C_4 上的电压使 D_{19} 正向导通后，C_4 与 C_7 并联而被充电。电容被充电达 BT 峰点电压的时间，即为时限电路的延时时间。当充电达 BT 峰点电压时，BT 发出脉冲，一触发 SCR 导通，使 S 失压，开关跳闸，从而实现了短路短延时跳闸保护。

对短路短延时保护，调整 $R_{27/1}$ 的动触点，可在 $(3\sim5)I_N$ 的范围内整定起动电流值。调整 R_{32} 的大小，可在 0.2~0.6 s 范围内整定延时时限，保护具有定时限特性。

e. 过载长延时保护的起动电路和时限电路

过载长延时跳闸保护的起动电路和时限电路，主要由稳压管 W_1，晶体管 BG_1、BG_2 构成射极耦合触发器式起动电路及电阻 R_{11}、R_{30}、电容 C_3 构成的充电延时电路组成。

发电机过载信号由电位器 $R_{28/1}$ 整定的电压取得。这一电压，一方面作为 BG_1、BG_2 直流工作电源，另一方面又经电阻 R_7 和 R_8 进行分压，并从 R_8 上取出电压信号加到起动电路的 W_1 和 BG_1 基极上。

对过载长延时保护，调整 $R_{28/1}$ 的动触头，可以在 $(1.0\sim2.5)I_D$ 的范围内整定过载起动值。当起动值整定在 $1.2I_D$ 时，调整 R_{30} 的动触头，可在 5~30 s 之间整定长延时的时间。

在发电机正常工作时，R_8 上的电压较低，稳压管 W_1 是截止的，BG_1 无基极电流，也处于截止状态，BG_2 饱和导通，保护装置不动作。

当出现过载时，R_8 上的电压升高，使 W_1 击穿，BG_1 饱和导通，BG_2 截止。这时，从 $R_{28/1}$ 上取得的电压信号，经 R_{11}、R_{30} 直接对 C_3 充电。C_3 上的电压按指数规律上升，进行延时。当 C_3 上的电压上升到足以击穿 W_2 时，延时完毕。W_2 被击穿后，同短路短延时保护动作过程一样，开关跳闸，从而实现了过载长延时保护。

长延时的信号是经过短延时信号的通道送出去的，但长延时的时间远大于短延时的时间，因此长延时的时间主要决定于 C_3 充电电路的时间常数；同时 C_3 充电的电源电压是由过电流信号变换过来的，是随过载的大小而成正比变化的电压，因此虽然 C_3 充电电路的时间常数不变，但延时不是定时限的，过载小时延时时间长，过载大时延时时间短，这就使过载长延时保护具有反时限特性。

B. 欠压延时保护

发电机电压经变压器 B_1 降压，并经 ZL_1 整流，R_{24}、C_8 阻容滤波，稳压管 W_5 稳压之后，作为晶体管直流稳压工作电源。由图 1-15 可见，发电机电压 U_{AC} 经变压器降压，再经二极管 D_{15}

整流，电容 C_5 滤波，电阻 R_{19}、R_{20} 分压后，在 R_{20} 上取出与发电机电压成正比的直流电压控制信号加到后面的起动电路上。欠压保护的起动电路和时限电路，由稳压管 W_4、晶体管 BG_5 和充电延时电容 C_6、C_7 等组成。

当发电机工作于正常电压时，R_{20} 上的电压可以使稳压管 W_4 击穿，晶体管 BG_5 处于饱和导通状态，因而其时限电路的延时电容 C_6 被短路。BG_5 集电极电位约为 0.3 V，故 D_{17} 不能导通。此时，输出控制电路不输出欠压信号。

当发电机电压低于欠压保护起动电压整定值，例如达 $65\%U_e$ 时，R_{20} 上的电压低到不足以击穿稳压管 W_4，晶体管 BG_5 截止，工作电源通过电阻 R_{22}、R_{23} 对 C_6 和 C_7 并联充电，电容充电达单结晶体管 BT 的峰值电压所需的时间，就是欠压保护的延时时间。

DW-98 半导体脱扣器的欠压延时分 0.5 s、1 s、3 s、5 s 四种可供选择，延时完毕，通过输出控制电路，发出欠压延时保护跳闸信号，使开关跳闸，实现发电机欠压延时保护。

(3) 自由脱扣机构

自由脱扣机构有三个功能：将手柄或电动合闸部分的操作传递给触头系统；当合闸操作完成后，维持触头系统处于接通位置；保护部分动作能够使它自由脱扣。为了实现这些功能，不同型号的开关有不同构造的自由脱扣机构，但一般都含有四连杆机构。

如图 1-16 所示为四连杆动作示意图：图 1-16(a) 为合闸位，四连杆机构处于稳定状态，中间的两节连杆在同一直线上；图 1-16(b) 为脱扣位，合闸后分励线圈得电，衔铁向上顶动中间的两节连杆，稳定状态被破坏，在弹簧力作用下触头分开；图 1-16(c) 为再扣位，脱扣后向右拉动第四节连杆，使中间两节再次处在同一直线上，四连杆机构又处于刚性连接的稳定状态（这个动作就是通常说的“复位”），再向左推动第四节连杆时，即可再次合闸。应该注意的是，只有处于“再扣”（或称“复位”）状态自动空气断路器才能合闸，这是能合上闸的先决条件之一；“脱扣”时必须先复位，再合闸。有的断路器只有当主弹簧储能结束，自由脱扣机构才完成“再扣”，如 DW-95 型；有的断路器是当跳闸时主触点完全分离后自动完成“再扣”的，如 AH 型。

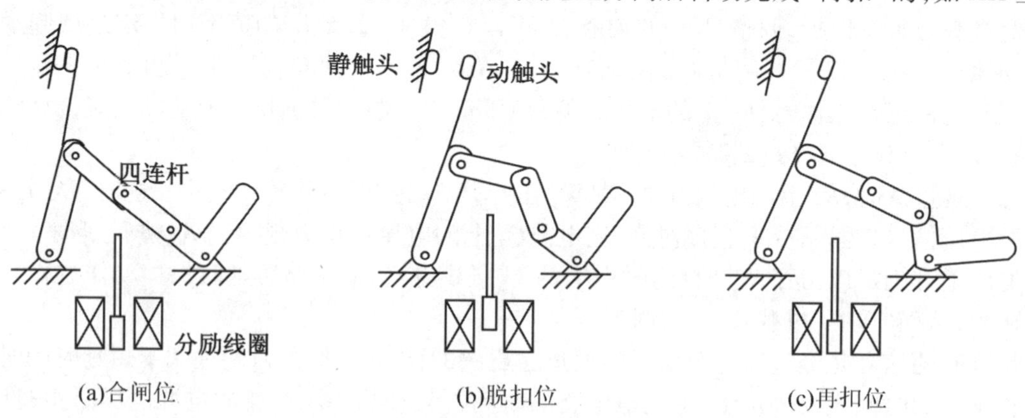

图 1-16 自由脱扣机构四连杆动作示意图

(4) 操作机构

断路器操作机构是断路器本身附带的合闸、跳闸操作及传动机构，用来使断路器合闸、维持闭合状态或使断路器跳闸、维持脱开状态。船用断路器是用弹簧预储能机构进行合闸操作的。采用预储能弹簧机构可以快速合闸，并且使断路器合闸动作时间与操作无关。储能式操作机构通过操作杆或电动机使弹簧机构预先拉长、张紧，在合闸时通过机械式（按钮/锁扣）或机电式进行释放。

框架式自动空气断路器有三种合闸操作方式：手动合闸操作方式、电磁铁合闸操作方式及电动机合闸操作方式。一般船用框架式自动空气断路器大多采用按钮合闸操作，但其内部实际合闸操作机构不是电磁铁形式就是电动机形式，但大多保留手动操作方式备用。不论哪一种操作方式，大多是首先使断路器内部的合闸主弹簧储能（合闸操作后使弹簧储能或分闸操作后使弹簧储能），并使自由脱扣机构“再扣”，然后利用已储能的弹簧释放能量使主触头快速闭合；也有利用电磁铁动作的冲击力快速合闸的（如 AH 型电磁铁合闸机构），即合闸动作的时间与个人操作无关，仅与断路器内部结构有关。储能弹簧除可以电动储能外，也可手动操作，但不同开关操作方法差别很大，可查阅断路器的操作手册。

发电机主开关断路器的动作时间对相应的计算机控制有影响，尤其在自动并车时会对捕捉合闸指令提前量产生影响。断路器电气特性说明书中一般给出断路器动作时间，包括断路器的分断时间、合闸时间、弹簧储能时间和燃弧时间，如 ABB Megamax F1S 的分断时间最大为 30 ms，合闸时间为 45～60 ms，燃弧时间为 10～15 ms，TERASAKI TemPower ACB 的合闸时间最大为 80 ms，弹簧储时间最大为 10 s，总分断时间为 30 ms。

①如图 1-17 所示为寺崎 AH 型框架式自动空气断路器电磁铁操作型自由脱扣机构、合闸操作机构原理图。由图 1-17（a）可见该操作机构中连接杠杆 4（共三组）焊接在主轴 5 上，两边的连接杠杆上装有分闸弹簧 6，中间的连接杠杆 4 与连杆 15 及连杆 14、连杆 14 与脱扣杆 12 间均相铰连，4、15、14、12 组成了四连杆机构。机构处于合闸位置时，脱扣杠杆 13 顶住脱扣杆 12 与连杆 14 相铰连的活动转轴，连杆 14 与连杆 15 相连接的活动转轴被合闸掣板 21 限制，形成图 1-17（b）合闸位置。

触头在闭合位置时的触头弹簧力、分闸弹簧拉力及再扣弹簧拉力已具备了分闸条件。当给出分闸信号时，脱扣指逆时针转动，拨动掣子 19 顺时针转动，引起脱扣杠杆 13 顺时针转动，自由脱扣机构被瓦解，断路器脱扣跳闸，如图 1-17（c）所示。由于再扣弹簧 7 的拉力作用，连杆 14 与连杆 15 之间的转轴受力，杠杆 14 和掣子 19 在各自复位弹簧力作用下复位如图 1-17（d）所示，即机构处在复位再扣状态。

电磁铁合闸操作是由动铁芯导杆 10 向上运动，推动合闸连杆 11 完成闭合操作。电磁铁产生的冲击力合闸，其动作时间约为 130 ms。

②如图 1-18 所示为 AH 型框架式自动空气断路器电动机操作型自由脱扣机构、合闸操作机构原理图。除驱动方式不同外，操作原理与电磁铁型相同，其动作时间约为 100 ms。

手动储能：往复拉动手柄 8，通过储能连杆 28、30、31 及棘爪 27 使棘轮 25 顺时针转动，连杆 26 向下运动，带动合闸储能杠杆 31 顺时针转动，将储能弹簧 21 拉伸，当脱扣杠杆 13 复位至再扣位置，弹簧储能完毕，为再次合闸做好了准备，其位置如图 1-18（d）所示。一旦得到按钮合闸信号，储能弹簧 21 释放。此时棘轮转动使连杆 26 升至最高位置，合闸连杆 10 向上运动，连杆 9 便顺时针转动，推动四连杆机构快速合闸。

电动机储能：储能电机的工作电压为其额定电压的 85%～110%（交流）或 75%～110%（直流）。依靠电动机（电动机为额定短时工作制式）的曲柄轴拨动电动储能杠杆 23 往复运动，通过棘爪 24 使棘轮转动来实现。电动机连续操作 15 次后应冷却 20 min 以上。断路器脱开后，线路无故障，电动机将立即起动直至弹簧储能完成。

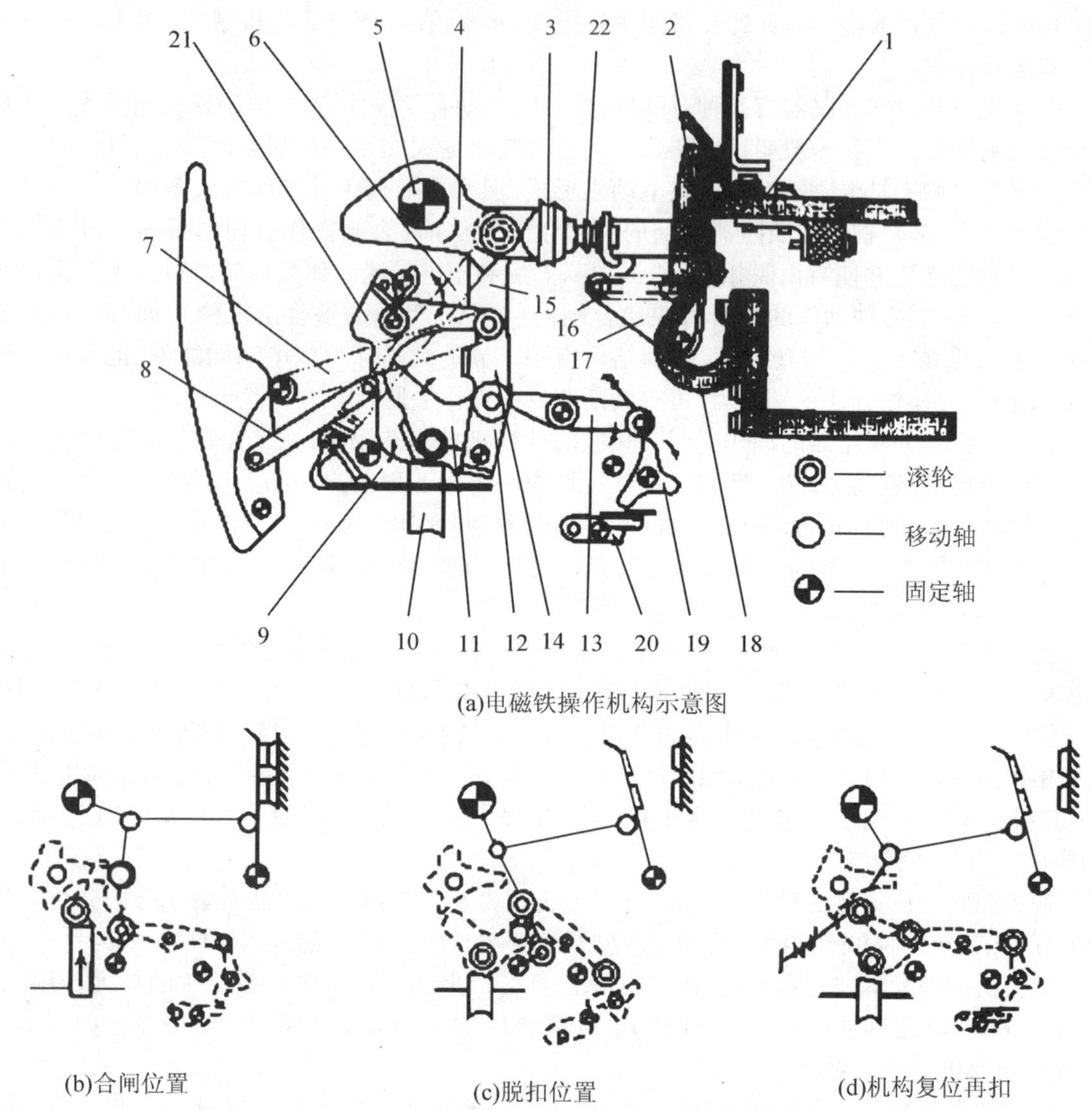

(a)电磁铁操作机构示意图

(b)合闸位置

(c)脱扣位置

(d)机构复位再扣

图 1-17 寺崎 AH 型框架式自动空气断电器电磁铁操作机构原理图

1—静触头；2—动触头；3—绝缘拉杆；4—连接杠杆；5—主轴；6—分闸弹簧；7—再扣弹簧；8、9、11—合闸连杆；10—动铁芯导杆；12—脱扣杆；13—脱扣杠杆；14、15—连杆；16—触头弹簧；17—触头支架；18—软连接；19—掣子；20—脱扣指；21—合闸掣板；22—触头拉杆

慢合闸功能：若调整触头参数时可以使用慢速合闸功能，此时将储能机构右侧的小拨块向上抬起，顶在合闸弹簧杠杆 29 的缺口处，按住断路器上合闸按钮，然后将手柄 8 向下扳动，触头将慢速闭合。

(5)锁扣装置

锁扣装置有两种：

一种锁扣是，即使发生短路，断路器也不会跳闸。如 DW-95，发生紧急情况时，为了不间断供电，有时不得不采取宁可使电气设备受到损伤也要保证供电，这时可将框架式自动空气断路器的锁扣装置拉出放在“锁”的位置，把脱扣器锁住。

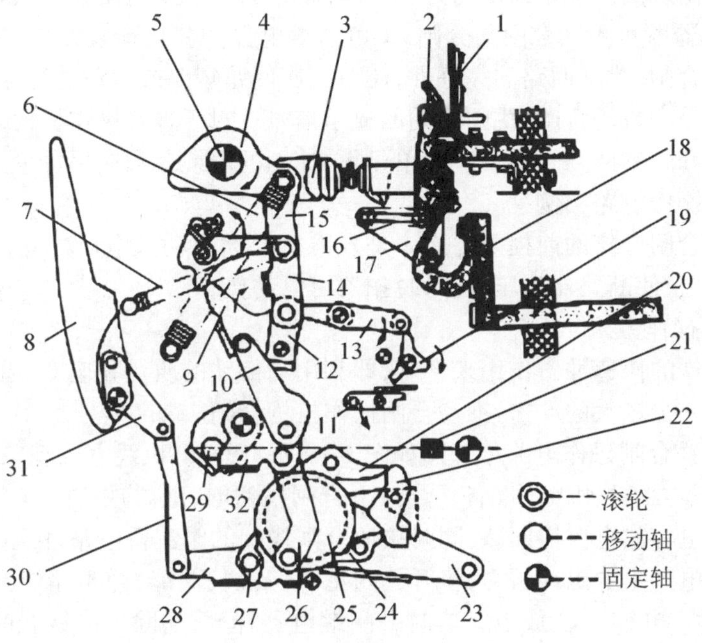

(a)电动机操作机构示意图

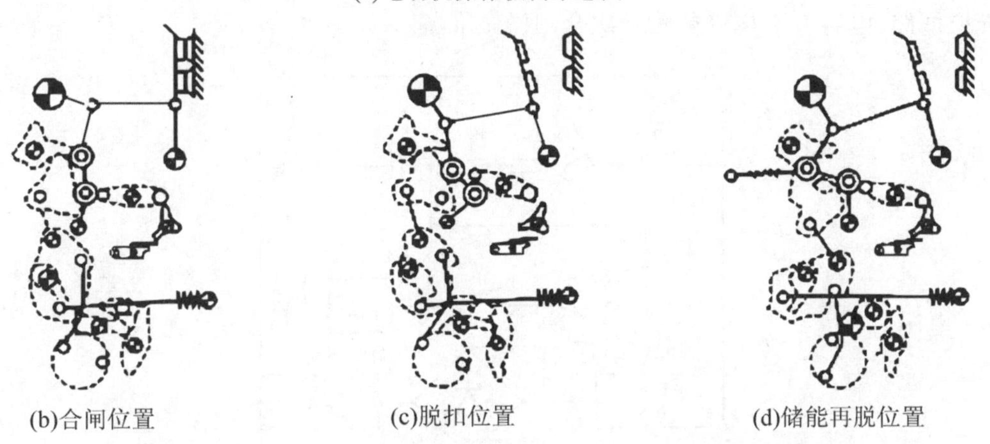

(b)合闸位置　(c)脱扣位置　(d)储能再脱位置

图 1-18　AH 型框架式自动空气断路器电动机操作机构原理图

1—静触头;2—动触头;3—绝缘拉杆;4—连接杠杆;5—轴;6—分闸弹簧;7—复位弹簧;8—手柄;9、10—合闸连杆;11—脱扣指;12、13—脱扣杠杆;14、15—连杆;16—触头弹簧;17—触头支架;18—软连接;19—掣子;20—储能止动销;21—储能弹簧;22—储能钩;23—电动储能杠杆;24、27—棘爪;25—棘轮;26—连杆;28—手动储能杠杆;29—合闸弹簧杠杆;30、31—储能连杆;32—连接杠杆

另一种锁扣是,一旦锁住,断路器就不能合闸,如 ABB 公司的 F1S 系列、Merlin Gerin 公司的 M 系列等 ACB,这是为了防止误合闸操作而导致严重的机、电设备故障而设置的。

(6)断路器操作电路

①断路器操作电路基本要求

断路器操作机构中的合闸、跳闸线圈是按短时工作制设计的,故在合闸、跳闸完成后应自动解除命令脉冲,切断合闸、跳闸回路,以防止合闸、跳闸线圈长时间通电。合闸、跳闸电流脉冲一般应直接作用于断路器的合闸、跳闸线圈,但电磁操作机构的合闸线圈电流很大,须通过合闸接触器接通合闸线圈。无论断路器是否带有机械闭锁,都应有防止多次合闸、跳闸的电气“防跳”措施。断路器既可手动合闸与分闸,又可由继电保护和自动装置自动合闸与跳闸。应能监视控制电源及合闸、跳闸回路的完好性,还对二次回路短路或负荷进行保护。应有反映断路器状态的位置信号和自动合闸、跳闸不同的显示信号。对于弹簧操作机构,应有弹簧是否拉紧到位的监视回路和闭锁回路。接线应简单可靠,使用的电缆芯数应尽量少。

②断路器合闸操作电路实例

发电机主开关合闸操作的前提条件之一是发电机起动成功且电压建立,发电机线电压加在断路器接线端子上,使断路器失压,同时脱扣器得电动作。

A. 电磁铁合闸操作方式

采用电磁铁衔铁的快速冲击作用来合闸,即利用动衔铁的质量和速度,通过电磁合闸柱销对四连杆机构产生一个较大的冲击,推动合闸操作机构合闸。

DW-95 型电磁铁合闸操作电路原理图如图 1-19 所示,发电机线电压经二极管整流、RC 回路充电,电容 C 充满电为合闸做好准备。当按下合闸按钮时,电磁铁合闸继电器动作,切除电容充电回路而接通电容放电保持回路,同时接通合闸线圈的整流桥电路,使电磁铁线圈通电动作。电磁铁线圈得电产生电磁冲击力,将开关内主弹簧拉长储能,弹簧储能到位,自由脱扣机构处在“再扣”位置。电容 C 快放电完毕时合闸继电器释放,切除电磁铁线圈桥式整流电路,电磁铁线圈断电,此时储能主弹簧“复位”使断路器主触点闭合。合闸继电器断电,又接通电容 C 充电回路,电容 C 充电储能为下次合闸操做准备。

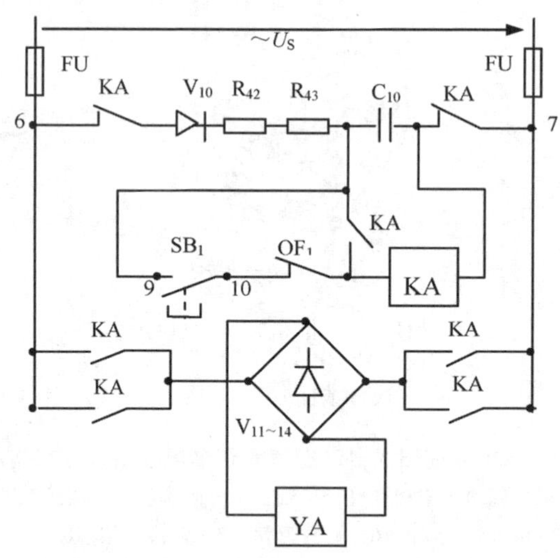

图 1-19 DW-95 型电磁铁合闸操作电路原理图

SB_1—合闸按钮;YA—电磁铁线圈;QF_1—空气开关副触头;KA—辅助继电器

寺崎 AH 型断路器操作电路原理图如图 1-20 所示,发电机建立电压后,按下合闸按钮,合闸继电器动作,合闸线圈通电,快速推动合闸机构合闸。合闸后,自动开关的辅助常开触点闭合,合闸继电器失电触点断开,从而使合闸线圈断电,电磁吸力消失,合闸动衔铁恢复原样,准备下次合闸。电磁铁合闸操作方式的电磁铁线圈通电,储能弹簧被拉长储能;电磁铁线圈断电,储能弹簧被“复位”合闸,属于“合闸储能”方式。

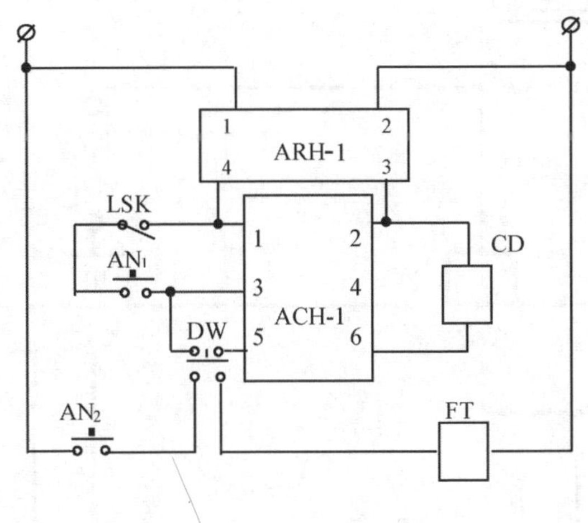

图 1-20　寺崎 AH 型断路器操作电路原理图

ARH-1—电合闸整流装置；ACH-1—电合闸控制装置；DW—空气开关副触点；CD—空气开关电磁铁线圈；FT—分励脱扣线圈；AN_1—合闸按钮；AN_2—分闸按钮；LSK—其他联锁开关

B. 电动机合闸操作方式

如图 1-21 所示为寺崎 AT 型框架式自动空气断路器电动机储能合闸控制线路图。发电机起动成功、电压建立，则 VRy 闭合。发电机线电压一端经断路器端子Ⅰ至内部接线端子 R 再至电动机 M，然后至储能开关的常闭触点，之后经内部端子 D 回到断路器端子Ⅱ，最后经外部常开触点 VRy 回到电源的另一端。因此电动机转动，合闸主弹簧拉长储能，直至储能到位，储能开关动作，其常闭触点（b_1）打开，切除电动机电源，电动机停止转动；弹簧储能到位的同时，自由脱扣机构也就再扣，为合闸做好准备。

需合闸时，只要按下合闸按钮 PB，电源经外部连锁触点、合闸按钮后通到断路器接线端子Ⅲ，到达内部端子 C，经储能合闸继电器 HC 的常闭触点后通过内部端子 B，再经过断路器本身常闭辅助触点（AUX. SW）加到止动销释放线圈 LRC，然后通过储能开关已闭合的常开触点（a）经过端子 D、断路器端子Ⅱ回到电源的另一端。因此 LRC 动作，止动销释放，储能弹簧复位，框架式自动空气断路器合闸。

若主弹簧未储能就按下合闸按钮，则电源一端经Ⅲ到达内部端子 C 后，通过储能开关常闭触点（b_2）连到内部端子 A 后加到继电器线圈 HC 上，然后经内部端子 D 通到Ⅱ回到电源的另一端。防未储能合闸继电器 HC 动作，其常闭触点断开、常开触点闭合，因此止动销释放线圈 LRC 不可能通电，从而防止框架式自动空气断路器的合闸操作。

分析该控制线路可知，每次主开关合闸操作之后，由于储能弹簧释放，前述的储能开关再次动作，其常闭触点（b）闭合，接通电动机电源，故电动机自动开始运行直至弹簧储能到位为止，属于“分闸储能”方式。

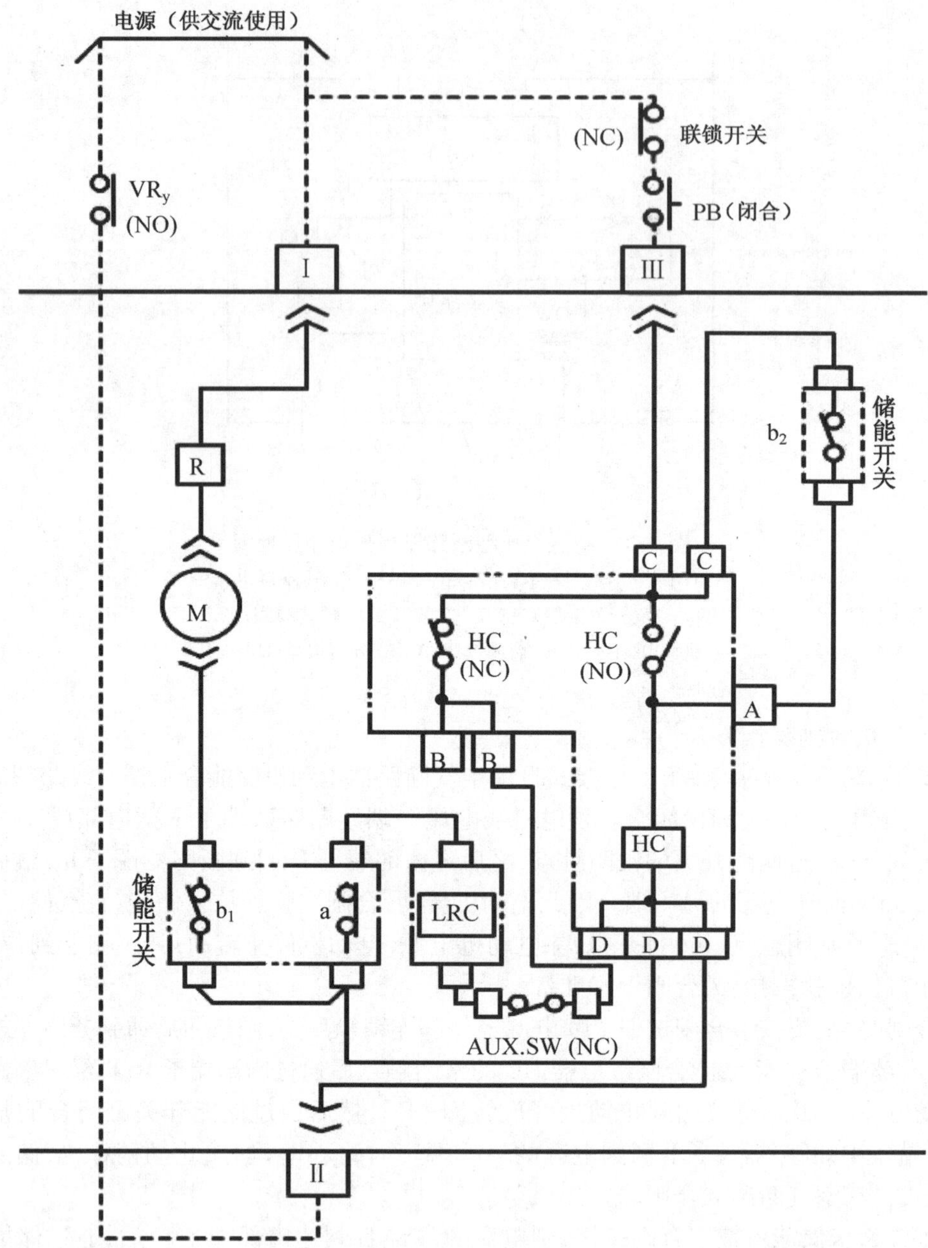

图 1-21　寺崎 AT 型框架式自动空气断路器电动机储能合闸控制线路图

二、塑壳式自动空气断路器

1. 塑壳式自动空气断路器概述

塑壳式自动空气断路器也称为塑壳式(装置式)自动空气开关。由于内部一般都带有过流脱扣器,可以在主电路短路时自动跳闸,起到类似熔断器的保护作用,其又被称为无熔断器式开关,如图 1-22 所示为寺崎 TemBreak MCCB。

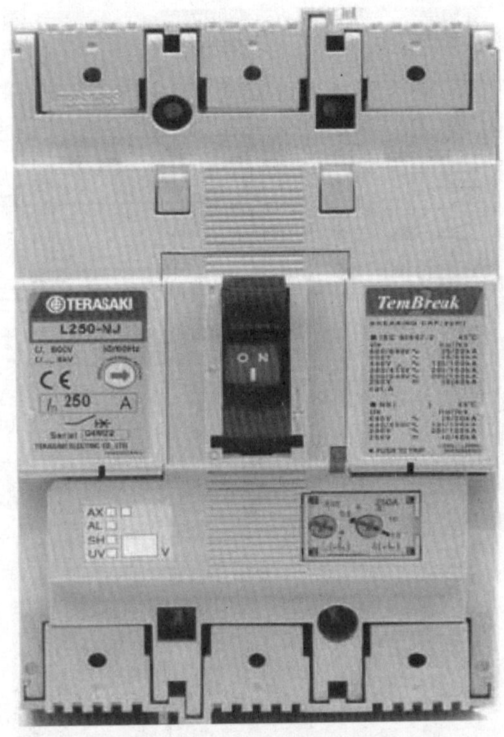

图 1-22　寺崎 TemBreak MCCB

MCCB 与母线的连接方式有固定连接与接插连接两种形式，其中接插式类似于抽屉式连接的框架式开关，结构上也分为开关本体和底座两部分：前者用于通断电路，后者用于连接引线。正常工作中用螺丝把开关本体固定在底座上，须拆卸开关时只要松开固定螺丝，本体部分就可轻松取下，使得在配电板带电时开关的维修和更换都很方便。但要注意其拆装都必须在开关主触点断开的状态下进行。

MCCB 结构虽简单，同样具有触头系统（但无预接触头）、灭弧装置、自由脱扣机构，也可具有过载、短路和失压保护，但通常一只开关只带过载或短路保护一种功能，当然也可采用既有过载又有短路保护的复式脱扣器。过载保护一般采用热脱扣器，短路保护采用电磁脱扣器。有些 MCCB 还配有失压脱扣器或分励脱扣器。现代某些产品带有固态继电器的或微机控制的过电流保护装置，类似于前述的电子脱扣器。

2. 塑壳式自动空气断路器的操作

塑壳式断路器一般使用面板上的手柄进行合分闸手动操作。MCCB 操作手柄有四个位置：合闸位、分闸位、脱扣位与复位位。MCCB 因保护或远距离操纵而引起自动跳闸后，再合闸时应先将手柄拉到复位位，使自由脱扣机构“再扣”，然后才可合闸。MCCB 操作手柄的位置和指示如图 1-23 所示。

有些 MCCB 为实现自动合闸、分闸操作，在 MCCB 上安装电动操作装置，其内部有合闸用的电磁铁或电动机，如图 1-24 所示。

有些 MCCB 的操作手柄安装在配电板门上，称为 DMH，如图 1-25 所示。MCCB 合闸时门打不开，只有 DMH 手柄扳到 OFF 位，MCCB 断开后门才能打开。

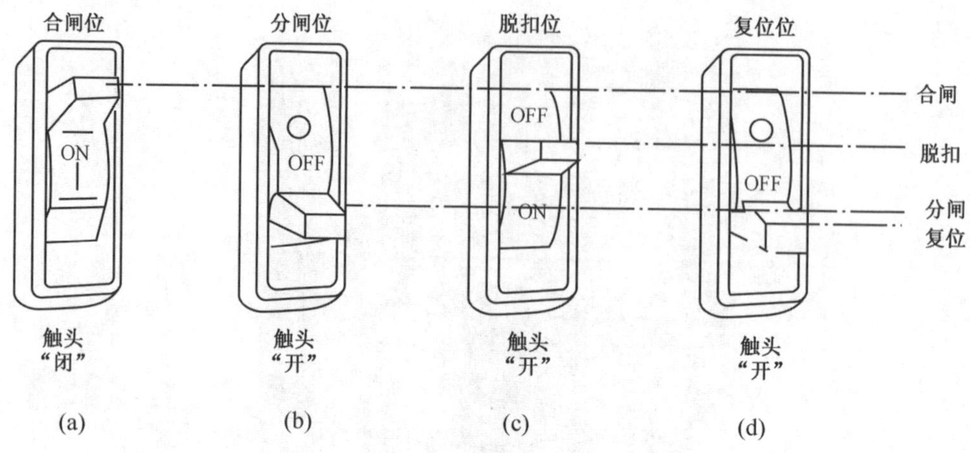

图 1-23　MCCB 操作手柄的位置和指示

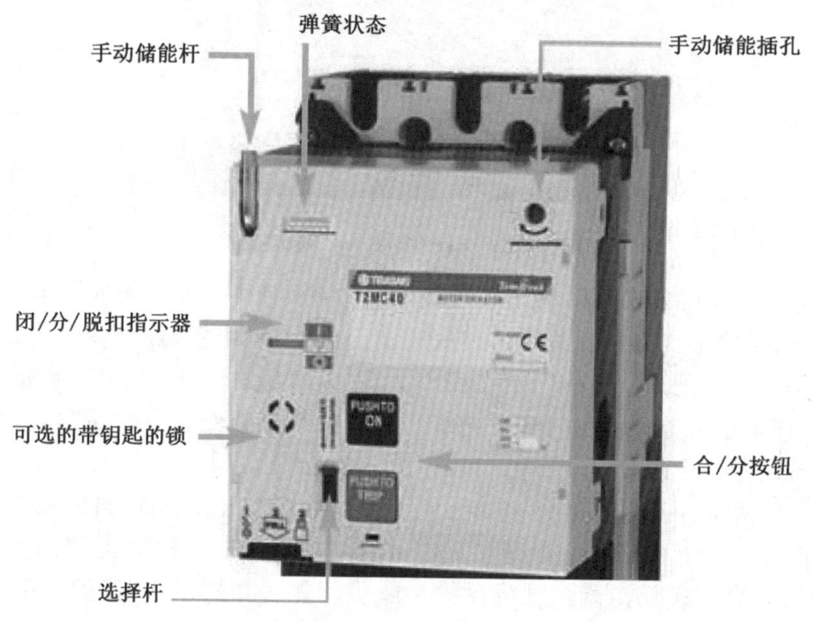

图 1-24　电动机操作的 MCCB

MCCB 不同时具有失压脱扣器 UVT 和分励脱扣器 SHT，有些 MCCB 具有 UVT，如岸电开关、主配电板与应急配电板的联络开关用 UVT 实现联锁；有些 MCCB 内部有 SHT，把多个开关的分励线圈并联在一起，采用遥控通电的方法就可实现它们的遥控切断，当然也可用 UVT 遥控切断。MCCB 的 SHT 或 UVT 还用于分级卸载中切除次要负载。有些开关还会加装常开或常闭的辅助触点用于控制电路。现代产品的辅触点、UVT、SHT 多已实现模块化设计，可以很方便地在开关内部加装。

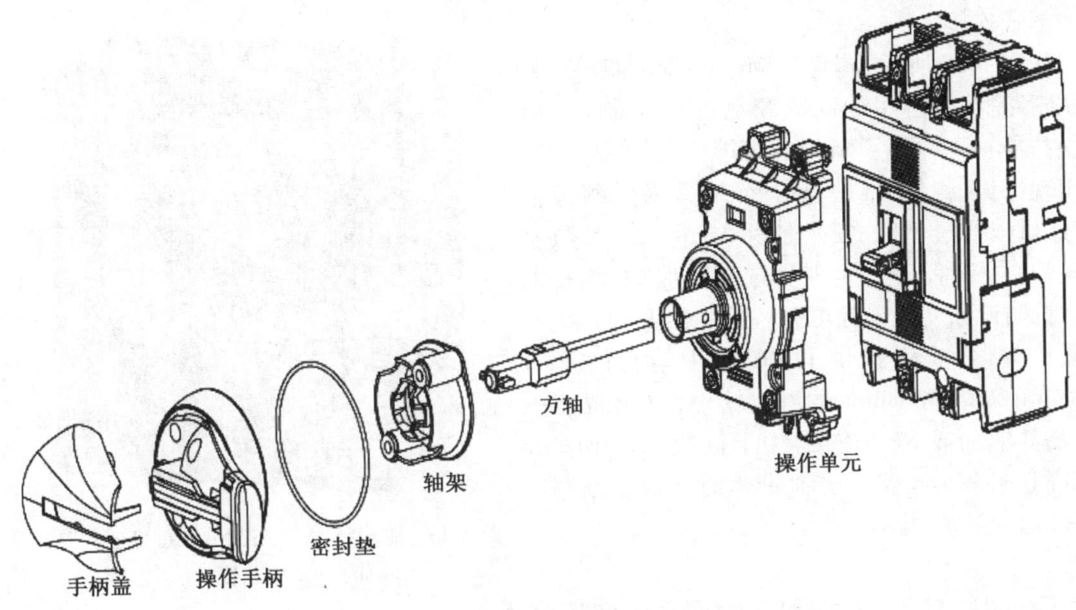

图 1-25　DMH 型 MCCB 结构图

三、智能型断路器

智能型断路器不仅有万能式,也有塑外式。其智能化功能一般通过基于微处理器控制的电子脱扣器实现,除了三段保护和单相接地等故障保护之外,还表现在以下几个方面:

(1)额定电流的选择,过载电流、短路短延时电流、瞬动短路电流和动作时间的选择。

(2)各相运行电流、电压以及整定试验、故障和运行状态和类别指示功能。

(3)试验功能。它是断路器还未连接线路前对断路器可靠性的试验,可设定脱扣或不脱扣试验。电子脱扣器此时使用辅助电源。

(4)故障记忆功能。智能脱扣器使断路器跳闸后,可记住发生故障(过载、短路或接地等)的状态和类别,有助于线路的检修。

(5)热记忆功能,智能脱扣器过载或短路短延时脱扣后,在其未断电前具有模拟双金属片特性的热记忆功能:设置过载能量时间为 30 min 释放结束,短延时能量时间为 15 min 释放结束,则断路器过载或短路短延时脱扣;故障排除再合闸后,如果时间为 30 min 或 15 min 内再发生过载、短路短延时故障,脱扣时间会相应地变短。

(6)MCR(Making Circuit Release)接通分断保护,主要用在线路故障情况下合闸时(断路器的脱扣器接上电的瞬间)。电子脱扣器具有低倍数短路电流分断断路器的功能,以防止断路器在小于整定值(短路电流)时投入,切断时间过长引起损坏断路器,其设定电流可根据用户要求而定。

(7)自诊断功能,当断路器内部的环境温度达到上限值,如为 80 ℃,或微处理器本身出故障时会发出报警。

(8)负载监控功能。

(9)通信接口功能。除了 USB 数据有线连接外,新型电子脱扣器还可以采用蓝牙、NFC 等无线形式连接。

图 1-26　施耐德 MTZ 系列智能型低压断路器及 Micrologic X 控制器(面板左侧)

如图 1-26 所示,施耐德 Masterpact MTZ 系列低压断路器选配 Micrologic X 智能化控制器(电子脱扣器),即构成了新型的智能空气断路器,除可实现保护、测量、维护与诊断、有线及无线通信外,还可以通过下载、安装各种 Micrologic X 数字化模块(控制程序),实现可选配的保护、测量以及维护与诊断功能。除可进行控制器上的人机界面操作外,厂家还提供了 PC 机中运行的 Eco-Structure Power Comission 调试软件,以及智能手机(需要蓝牙或 NFC 连接)中运行的 EcoStructure Power Device App 控制软件,极大地提高了断路器设置、运行维护、排查故障的效率。

四、船舶自动空气断路器管理与维护修理

1. 船舶自动空气断路器技术资料

正确进行船舶自动空气断路器的操作、测试、维护保养和故障排查等离不开其相关技术资料,除了通过断路器铭牌读取信息和参数外,所用断路器型号、规格和接线,操作、维护和检测方法,故障排查指导及流程可以查询船舶配电板完工图说明书中的 ACB Circuit Diagram & Ratings、ACB Operation, Maintenance & Inspection、ACB Troubleshooting Guide & Flowcharts 等手册。

在自动空气断路器铭牌上,有断路器型号、工作方式、额定参数等重要信息,有些还包括保护设定值、保护特性曲线等其他参数和信息。

(1)国产低压断路器的型号

国产低压断路器型号按照国标要求,由字母和数字组成,分别代表不同的含义,其形式为 ABx-yC/zmn,其中 A、B、C 为大写字母,x、y、z、m、n 为数字,其含义分别是:

①产品名称代码,低压断路器为 D。

②结构形式代码,万能式为 W,塑壳(装置)式为 Z。

③设计序号,其中第一位是 1 表示陆用型,是 9 代表船用型。

④额定电流值。

⑤派生代号码,L 为漏电保护,M 为密封型,P 为电动操作,X 为限流式。

⑥极数,三极可不标。

⑦脱扣器代号,0 为无脱扣器,1 为热脱扣器,2 为电磁脱扣器,3 为复式脱扣器。

⑧辅助机构代号。

如断路器型号 DW-98-500/3,为船用低压万能式自动空气断路器,其额定电流为 500 A,带复式脱扣器;型号 DZ91-100/3,为船用低压塑壳式自动空气断路器,其额定电流为 100 A,带复式脱扣器。

(2)低压断路器额定参数

额定电压是断路器所在系统的最高电压,额定电压指的是线电压。

额定电流是在规定的使用和性能条件下能持续通过的电流有效值,同样也为线电流。

额定短路开断电流是在规定的使用和性能条件下断路器能开断的最大短路电流,常以千安(kA)为单位。

额定接通能力,即发生短路故障时断路器能承受的最大短路电流值。

2. 框架式自动空气断路器的维护要求

框架式自动空气断路器的维护要求主要有7条:

(1)自动空气断路器在使用前应将各电磁铁工作表面(如失压脱扣器电磁铁吸合面)的防锈油漆或油脂擦净,以免影响开关的动作值。

(2)每隔一段时间(如每月或至少一个季度),应清除落于断路器表面及零件上的灰尘和黑烟,注意绝缘零件表面的清洁,以保证断路器绝缘良好与防止绝缘性能变坏。

(3)操作机构在使用一段时间后(如每次清洁后),在传动机构部分应涂润滑油,以改善活动机构的磨损。

(4)各部分的螺钉、螺栓均应紧固,不应有松动。如有磨损或损坏的零件,应及时更换。

(5)灭弧室在因短路分断后或较长时期(如每半年)使用后,应清除灭弧室内壁和栅片上的金属颗粒和黑烟灰。长期未使用的灭弧室(如配件)在需使用前应先烘一次,以保证良好的绝缘。

(6)断路器主触头使用一定次数后,如触头表面发现有毛刺、金属颗粒等,应当拆卸主触头,用200号细砂纸打磨以保证良好的接触。如打磨后的触头厚度为原来的1/3以下,须更换触头,且动、静触头应同时更换。

(7)定期检查各脱扣器的电流整定值和延时时间,特别是半导体脱扣器,应定期用试验按钮检查其动作情况。

3. 船舶自动空气断路器故障分析处理

断路器故障分为机械类故障和电气类故障,处理其故障的原则一般是先机械后电气。断路器故障外部表现为断路器不能合闸、断路器不能分闸、合闸误闭锁、分闸误闭锁、断路器误跳闸等。不同断路器还有自己的特殊故障。

断路器不能合闸和/或不能分闸的原因:合闸操作位置选择不对、没有合闸电源(如合闸熔断器、控制熔断器熔断或接触不良)、合闸电源电压过低、控制回路断线、合闸线圈或合闸回路继电器烧坏、操作继电器故障、控制按钮触点接触不良、断路器辅助触点接触不良、直流接触器触点接触不良、操作机构故障、操作手柄失灵。

断路器误动作的原因:保护误动,保护值整定错误;电流、电压互感器回路故障,二次回路绝缘不良;直流系统发生两点接地,操作机构压力下降至不足以维持锁扣压力。

断路器储能完毕后,在没有合闸命令和不明原因情况下动作合闸的主要原因:合闸轴的扣锁扣合量变小或合闸扣轴弯曲变形,使扣锁位置发生变化而锁不住。应调整扣合量或更换变形的合闸扣轴。

断路器储能电机不动作、合闸弹簧不能自动储能的原因:没有电源、行程开关失灵、二次接线松动、电机损坏。应检查电源是否正常、储能开关是否损坏、储能回路行程开关是否正确切换、接线是否松动;将电机接线拆下,按说明书检查其电阻是否正常,如损坏则更换。

断路器合闸后，操作机构储能电机开始工作，但弹簧储能后，电机仍运转不停的原因多为行程开关失灵。

断路器触头有异常氧化物或异味，主要是由于触头接触面处理不当、螺丝紧固不当引起的。应将触头接触面的氧化物去除但不能破坏其表面镀层，之后可以适量涂抹抗腐蚀性复合电力脂；适当紧固螺丝，主触头闭合时的电阻不超过 100 μΩ。接触面密合情况不能以螺栓的松紧做判断，应以塞尺检查为准。

如图 1-27 所示为某船发电机主开关 ACB 的控制电路图。

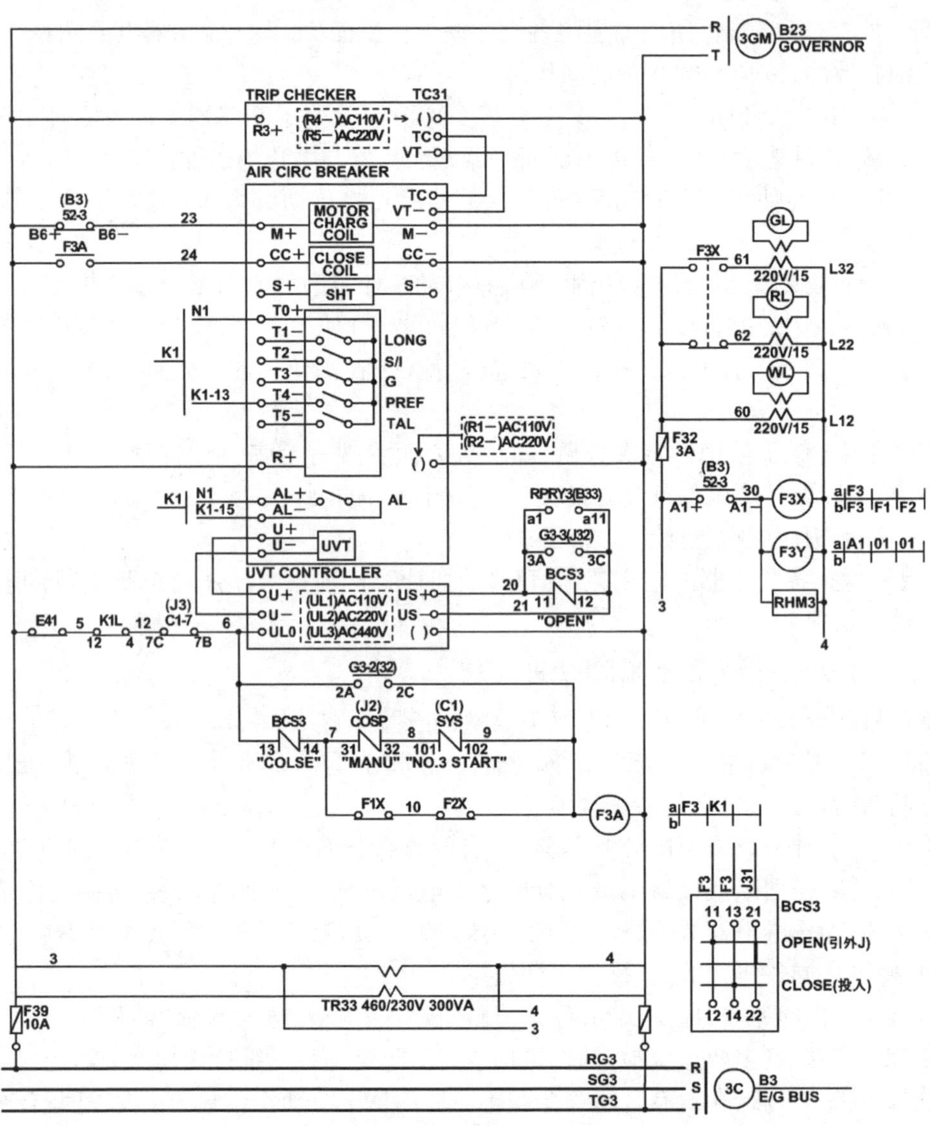

图 1-27　某船发电机主开关 ACB 的控制电路图

思考题

1. 自动空气断路器有哪两种类型？
2. 框架式自动空气断路器由哪几个组成部分？
3. 电子脱扣器是自动空气断路器的重要保护部件，它的主要保护功能是什么？
4. 塑壳式断路器如何能够作为发电机主开关来实现自动的合分闸控制？

实训任务

1. 进行框架式断路器及带电动操作装置塑壳式断路器的手动合、分闸操作。

2. 进行自动空气断路器电子脱扣器的保护参数设置及功能测试。

3. 分析自动空气断路器合不上闸的原因，并检查排除该故障。

任务五　船舶电网及其绝缘监测

一、船舶电网

船舶电网是船舶电力系统的重要部分，它由船舶电缆、导线、配电装置、监测和保护设备以一定的连接方式组成。船舶发电机组产生的电能通过船舶电网输送到各个用电设备。随着船舶大型化的发展、自动化水平的提高，船舶电站容量急剧上升，电力电子装置应用增多，船舶电网的复杂性增强，且需要具有更高的经济性和可靠性，在发生故障或局部破损情况下，仍能保证对负载的连续供电，并将故障影响限制在最小的范围之内。船舶用电负载中具有冲击性和波动性的负载较多，起动和运行中会产生大量谐波，引起船舶电网的电压、电流波动、闪变、波形畸变及三相不平衡等问题，降低供电质量，因此提高船舶电网电能质量对保证船舶的安全性和经济性具有重要意义。

1. 船舶电网的母线形式

船舶电网的中心，即船舶电力系统发、配电的中心是主配电板的主汇流排，又被称作母线。

根据船舶电力系统中发电机、用电负载布置的不同，从母线的数量上看，有单母线和双母线形式；从母线的分段情况来看，有母线分段和母线不分段两种形式。因此船舶电站的母线有四种形式：单母线不分段、单母线分段、双母线不分段、双母线分段。

在分断的母线中，一般是采用开关把母线分隔开的，也可以说是通过开关将这两段母线连接起来的，故此开关被称为母联开关。母联开关一般采用如下形式：三个各自独立的隔离器、三相隔离开关、三相断路器。采用隔离器虽然节省空间，但必须在无负载或已断电条件下，使用绝缘手柄才能进行分合操作；使用三相隔离开关操作比较简单、价格又便宜，分断信号可以用位置开关来发出，但是不许带负载操作，且只能由人工完成；采用断路器操作起来较方便，可实现自动操作，且能通断负载电流和短路故障电流，但体积较大，价格较贵。

2. 船舶电网的线制

对低压三相交流船舶而言，电网主要采用三相三线绝缘系统，此外还有中性点接地的三相四线系统与利用船体作中性线回路的三相三线系统，如图 1-28 所示。

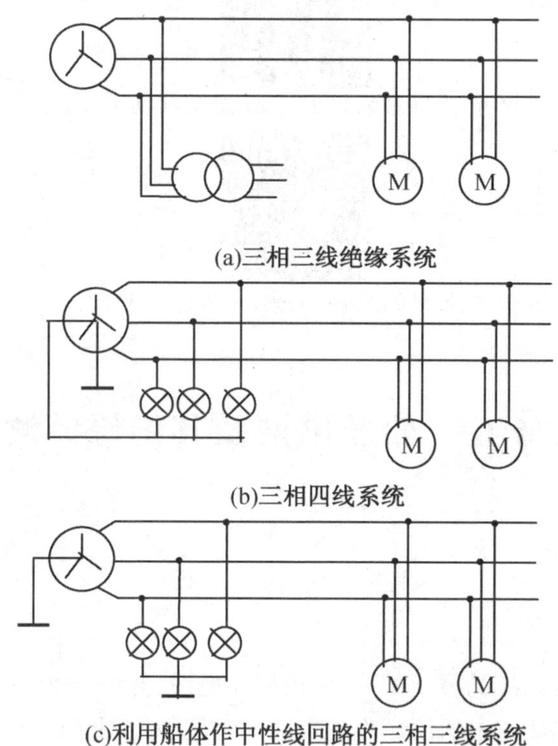

图 1-28　三相交流系统船舶电网线制

其中三相三线绝缘系统应用最为普遍。这种方式安全可靠，照明电网与动力电网间没有电的直接联系，互相影响小；电网对地绝缘好的时候，工作人员不小心碰到电网任一根线时，不至造成触电伤亡事故；发生单相接地时，并不形成短路，仍可维持电气设备的继续运行。

三相四线系统不是绝缘系统，工作人员碰到任一根电网端线时容易发生触电伤亡事故，且当发生单相接地故障时即形成短路故障，有可能会发生跳电事故，因而船舶较少采用。

利用船体作中性线回路的三相三线系统，因船体流过较大电流，易发生人员触电伤亡事故，是一个极不安全的系统，因此需经船级社认可后方能建造。

3. 船舶电网的供电网络

船舶电网可分为供电网络与配电网络两种形式。

供电网络是指主发电机与主配电板之间、应急发电机与应急配电板之间、主配电板与主配电板之间及主配电板与应急配电板之间的电气连接网络。一般低压电商船大多采用单主电站的供电网络，如图 1-29 所示。

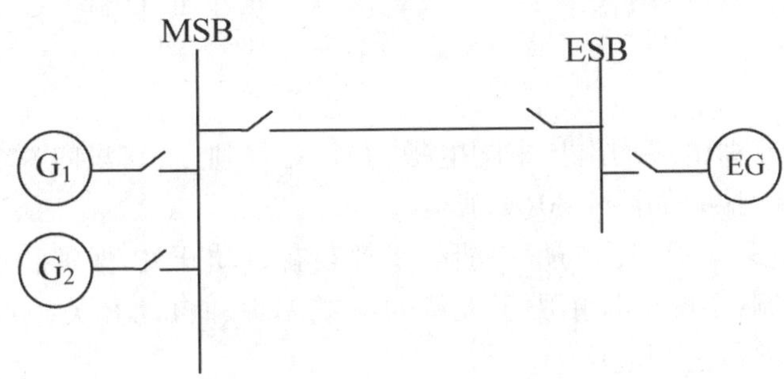

图 1-29　单主电站的供电网络

4. 船舶电网的配电网络

配电网络是指主配电板及应急配电板到用电设备之间的网络。通常称主配电板与分配电盘之间、主配电板和其直接供电负载之间的网络为一次配电网络，而分配电盘到各用电负荷之间的网络为二次配电网络。

(1) 船舶配电网络分类

根据供电电源和用电设备的不同，船舶配电网络可分为：

①主电网

主电网是由主配电板供电的那部分电网，包括动力电网和照明电网，其中主动力网络输送的电能约占全船电能的 70%，一般 0.6 kW 以上的电热装置及 1 kW 以上的探照灯也是由动力网络供电，这些设备可由主配电板直接供电，也可由分配电盘供电。主照明电网通常由主配电板供电给照明变压器，经降压后再返回到主配电板中的照明负载屏，通过屏上的配电开关配电给各照明分配电箱，最后由照明分配电箱配电给各路照明灯具或其他用电器具。当配备的照明变压器容量足够大时，较大功率的加热器具、探照灯也有从照明电网供电的。

②应急电网

当船舶主电站因故不能供电时，应急发电机将通过应急配电板及应急电网向船上部分特别重要的设施供电。应急电网也包括应急动力电网和应急照明电网，前者负载有舵机、应急消防泵、应急空压机等机械设备，后者有重要自控设备、通导设备及应急照明等。正常情况下，应急电网由主配电板经两者间联络开关供电，如图 1-29 所示。

③临时应急电网

一般是由通用蓄电池经充放电板供电的网络。供电给重要部位的应急照明，配电板前后、应急出入口、艇甲板等处的最低照明，重要的自控及安保设备、水密门操作等。

④弱电电网

弱电电网是向机舱自动化控制系统、无线电通信设备、各种导航仪器、船内通信设备及报警系统供电的网络。它包括低压直流电网和特殊中频交流电网，需要配备专用蓄电池和变流电路或变流机组。

(2)船舶配电网络的接线方式

船舶配电网络中电缆的连接方式称为接线方式。在设计电力系统时应根据用电设备的具体要求和整个电力系统的供电可靠性、经济性、灵活性以及操作方便等,合理地确定其接线方式。低压电商船的一次配电网络通常均采用放射式(馈线式)供电;二次配电网络中动力电网也是采用放射式供电,照明电网大多采用干线式供电。此外还有树干式、混合式和环式等其他的接线方式。

①放射式

放射式接线的所有馈电线均出自主配电板,并且各自独立,它只向一个分配电盘或用电设备供电,又称为馈线式,接线如图 1-30(a)所示。

其特点如下:从主配电板引出的每一馈电线都装有自动开关,保护和控制都集中在主配电板,便于集中管理、控制;主配电板集中了大量的电缆端头和自动开关,不仅增加电缆消耗量,而且使主配电板的尺寸也需相应增大。

②树干式

树干式接线以主发电机馈电的主汇流排作为主干,由主汇流排向各分配电盘供电,配电网络像倒伏大树分布。这种接线方式在过去老式船上应用比较普遍,如图 1-30(b)所示。

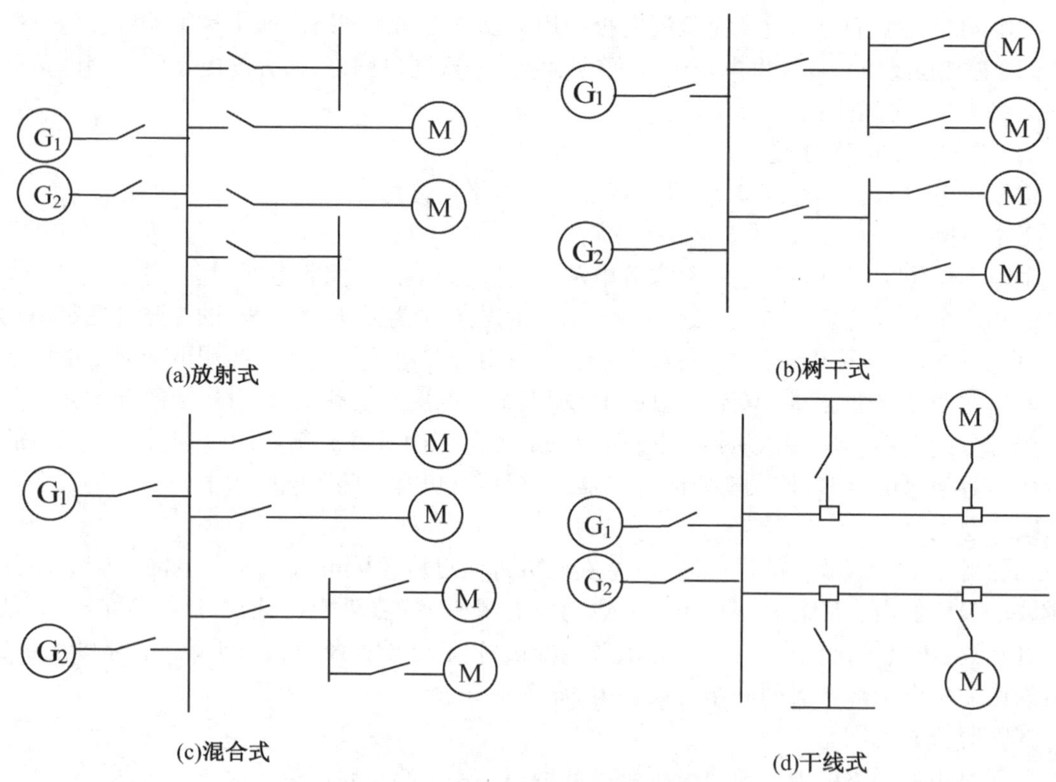

图 1-30　一次配电网络接线方式示意图

这种方式电缆的总长度比放射式短,主配电板开关数量与尺寸也比较少;便于增加新的负载;主要供电开关均在一个控制场所,便于集中控制;保护装置简单,整定、检修和维护容易;与环式和放射式比较投资少。

③混合式

混合式接线方式是放射式和树干式的混合,配电网络中一部分的分配电箱或负载采用放射式接法,另一部分的分配电箱则采用树干式或多级放射式接法。通常,前者是功率较大或较重要的负荷,后者是功率较小或较次要的负荷,如图 1-30(c)所示。

混合式接线的优点是局部线路发生故障不致影响整个电力系统,只要合理配置,可以保证重要负载有较高的供电可靠性。另外,混合式接线技术成熟、应用基础好、结构简单,已成为目前船上应用最广泛的一种接线方式。

④干线式

照明电网还普遍采用干线式供电,干线式是由配电板引出几根干线电缆,所有用电设备由串接在干线上的分接线盒供电,如图 1-30(d)所示。这种方式配电板尺寸小,耗用电缆少,造船成本低;缺点是当干线馈电电缆发生故障时,这条干线供电的所有用电设备均要停电,因此供电可靠性差。干线式在小型船舶动力配电网络中也可以见到。

此外,在低压电商船上较少见的是环形接线方式,环式接法中的发电机主汇流排常采用双母线方式,两条母线与各分配电板汇流排通过自动开关串接成环状,负载分别由各分配电板的汇流排引出,如图 1-31 所示。

环式接线方式的特点:每个负载双路供电,可靠性高,生命力强;电压损耗和功率损耗比较小;保护须加装方向元件,造价高,维修、保养复杂。如果其保护的整定值配合不当,容易发生误动作,反而造成停电事故。实际上,船舶环式配电网络多采用“开口”方式运行,即船舶电网的设计虽是环式接线方式,但在运行中却将闭环的特定点切断,形成开环,电力系统需要时再合上切断点形成闭环,这样可以简化线路的管理和保护,减少闭环的某些不良影响。

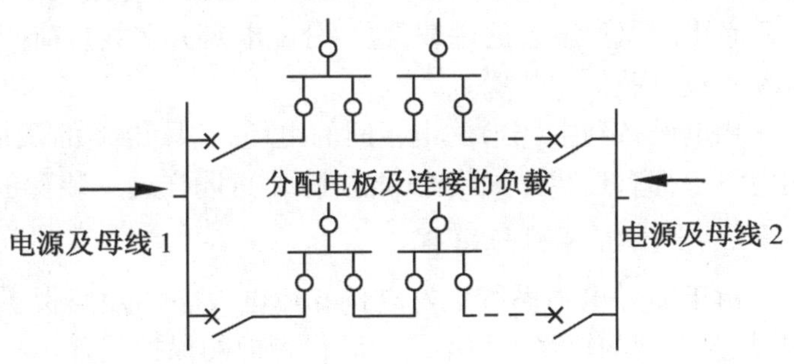

图 1-31　环形接线方式

环式接线方式的可靠性大幅度提高,但设备复杂成本高,因此只有在对供电要求高的军舰和客船的配电网络及部分船舶高压电力系统中才使用此接线方式供电。

5. 船舶重要负载的供电方式及确保供电连续性措施

船舶电力负载按重要程度可分为重要负载、次要负载等。所谓重要负载是指维持推进、操舵和船舶安全所必需的设备,如主机滑油泵、冷却水泵、舵机、锚机、主机控制装置、导航装置、无线通信装置、各种报警装置等。对这些重要负载要在配电方式上采取以下的措施,确保供电连续、可靠:

(1)由主配电盘直接供电,如舵机、锚机、消防泵等。

(2)对于特别重要的负载,如舵机、航行灯控制箱等要由两路供电,一路来自主配电板,一路来自应急配电板,两路电缆尽量远离或分别走船舶的两舷。

(3)由双母线或分段母线供电,有些重要设备有两台(套)互为备用,可以分别接在分段母线两侧,当母线发生故障又不及时排除时,可起动接在正常母线段的设备,保证重要设备的连续运行,如主机滑油泵、冷却水泵等。

(4)将次要负载由一个或两个专用开关控制,当发电机过载时自动分级卸载装置自动卸掉部分次要负载,以保证重要负载的连续供电。

二、船舶电网的保护

对电网的保护是指系统发生过载、短路时对电缆的保护。

1. 船舶电网的过载保护

由于低压电商船电力系统为单主电站形式,船舶电网大多是放射形馈线式配电网络,馈电线截面又都是与发电机及用电设备的容量相配合的,故对船舶电网的过载保护,一般不需要特殊考虑和装设专门的保护装置。

发电机与主配电板间的供电网络,这一段电缆截面是按发电机额定容量选择的,电缆过载即发电机过载,所以这一段电缆过载保护由发电机过载保护装置来兼承。

各级配电板间的电缆,如主配电板到分配电盘间的电缆,它们过载的可能性较小。这是因为它们的截面是按分配电盘上所有负荷电流并考虑同时工作系数计算得到的,个别负荷的过载不致引起这段电缆的过载,这一分配电盘大多数负荷同时过载的可能性几乎没有,所以这段电缆不设过载保护装置。

用电设备到主(分)配电板间的电缆,这段电缆的截面是按用电设备的额定容量选择的,用电设备都有过载保护装置(舵机除外),同样这一装置也对电缆起过载保护作用。

2. 船舶电网的短路保护

由于船舶电力系统中发电机和用电设备的短路保护装置都尽量设在靠近电源侧的出线端,故对电网的短路保护不需要装设专门的保护装置。

船舶电网短路保护的最重要问题是指保护装置的选择性,也即当故障发生时保护装置只切除故障部分电路,前一级保护装置不应动作,这样就保证了其他没有故障的设备能继续正常运行。

对电网的短路保护,由于保护选择性的要求,对各级开关保护动作值可按时间原则,也可按电流原则来整定。如图 1-32 所示为船舶电网短路保护示意图。

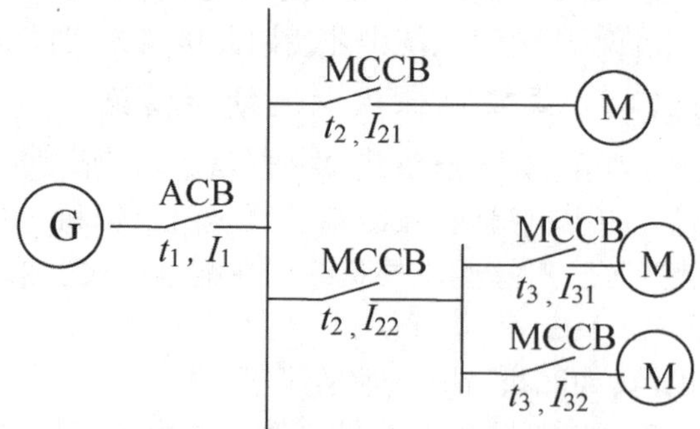

图 1-32　船舶电网短路保护示意图

按时间原则整定，则应有：

$$t_1 > t_2 > t_3$$

根据时间原则，流过短路电流的开关中最靠近短路点的一级动作时间应最短，以达到既能迅速切除故障线路，又能保证不误切除正常线路的选择性动作的目的，其关键在于正确选择前后两级保护动作的时间差。

按时间原则整定的选择性保护系统，其保护性能较可靠，原则上可应用于任何电力系统。

按电流原则整定，则应有：

$$I_1 > I_2 > I_3$$

按电流原则整定的优点是发生短路时动作迅速，但船舶电网线路较短，即使按短路电流计算书给出的数据来整定动作电流值，由于是近似计算且不可能对整个电力系统中所有的节点都进行计算，所以电网中任何地点发生短路时，短路电流在大多数场合下总是大大超过所有保护电器的动作电流值。因此，实际上按电流原则整定，在船舶电网中并不总能获得选择性保护。

采用电流原则的选择性保护的优点是短路时动作迅速，其动作时间仅决定于保护装置的固有动作时间，通常约为 0.1 s；缺点是常常受开关断流容量的限制，并容易受到外界因素的干扰，级间协调也较困难，故其往往用于容量不大的船舶电力系统中。容量较大或比较重要的电网目前都采用动作比较可靠的时间原则作选择保护，这也要求船舶电力系统保护用的自动开关和断路器应具有足够多的延时规格，以供保护设计时选用。

为了确保电网短路保护的选择性，由主配电板到各用电设备，应限制保护级数，对动力负载，不得多于 4 级；对照明负载，不得多于 5 级。

三、船舶电网绝缘监测

1. 船舶电网对地绝缘电阻的测量与监测

船舶低压电网通常都是采用中性点绝缘的三相三线制形式，因此电力网中任何一点单相接地均属于不正常状态。虽然这种状态在短时间内不致出现问题，但是未接地的两线对地已是线电压。接地故障发生后，一方面会影响人身安全，另一方面若再有一相接地，则形成线间短路；或因短路保护装置动作跳闸切除接地故障电路而造成跳电；或因另一相接地不良而造成打火，若周围有易燃物品，则会引起船舶着火的恶性事故。因此接地故障是一种潜伏性的事故状态，必须及时发现予以消除。为此，船舶在主配电板上装设有电网绝缘监测装置，常见的绝缘监测装置有“接地灯”（也称为“地气灯”）、配电板式兆欧表、电网绝缘监测仪等几种类型。

（1）接地灯

接地灯接线如图 1-33 所示。

图 1-33（a）为平时灯不亮。检测电网绝缘时按下按钮，若三个灯一样亮，说明电网三相线路对地绝缘是相同的；若其中一个灯不亮，另两个灯比原来亮，说明不亮的一相已发生接地故障，这是由于接地故障发生时，接地相上指示灯电压等于 0 V，另两相指示灯上电压已由原来的相电压转变成线电压，所以指示灯的亮度比原来亮；若其中一个灯不亮，另两个灯不比原来亮，说明不亮的指示灯灯泡坏了或者按钮触点接触不良，这是由于当指示灯泡坏了或该相按钮触点接触不良时，另两相指示灯相当于串接在线电压上，这时指示灯上的电压已由原来的相电

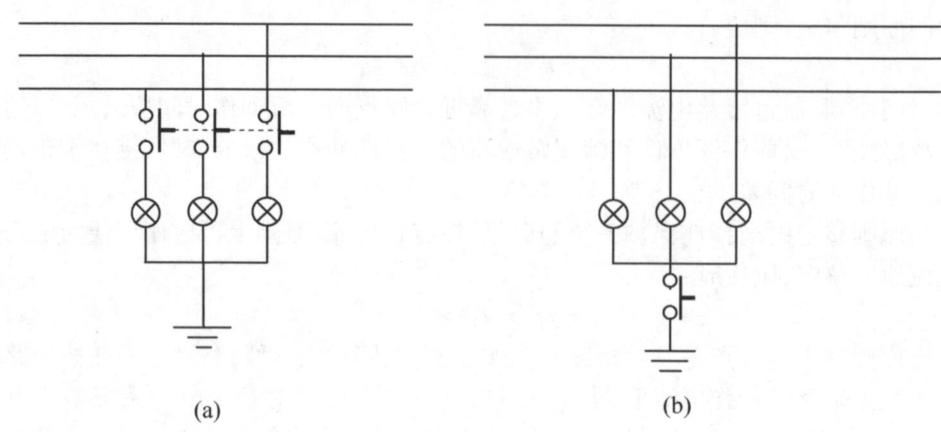

图 1-33　接地灯

压转变成线电压的一半；若其中一个指示灯的亮度比其他两个灯的亮度暗，说明较暗的指示灯那一相对地绝缘比其他两相对地绝缘要低，这是由于三相电路不对称（对地绝缘电阻不一致）导致中性点偏移。

图 1-33（b）为指示灯平时一直亮。检测电网绝缘时按下按钮，若三个灯一样亮，说明电网三相线路对地绝缘是相同的；若其中一个灯不亮，另两个灯比原来亮，说明不亮的一相已发生接地故障；若其中一个指示灯的亮度比其他两个灯的亮度暗，说明较暗的指示灯那一相对地绝缘比其他两相对地绝缘要低；若按钮未按，已有一个灯不亮，说明该指示灯灯泡已坏。

图 1-33（b）中方案可以及时发现灯泡损坏，要比图 1-33（a）中方案更易判断绝缘故障而不易出错，故现在建造的船舶大多采用图 1-33（（b）的形式。

对于接地灯，当电网三相绝缘均不太好时（三相同幅度降低），接地灯仍指示为三个灯亮度正常且相同，易使操作人员做出电网对地绝缘非常好的错误判决。

（2）配电板式兆欧表

鉴于测量船舶电网绝缘是在电网有电情况下进行的，故不能使用便携式兆欧表。配电板式兆欧表的原理线路如图 1-34 所示。

这种兆欧表由直流表头（MΩ 或 kΩ）与附加装置（整流电源）组成。通过转换开关可分别测量 380 V（440 V）动力电网和 220 V（110 V）照明电网绝缘电阻。

当测量照明电网对地绝缘时，将转换开关从 0 V 位打到 220 V 位，从附加装置正端流出的直流电流经转换开关到 220 V 照明电网，再经照明电网对地的绝缘电阻流到测量表头的正端，最后流回附加装置的负端。动力电网对地绝缘的测量同照明网络。电网对地绝缘电阻越低，表头指针偏转就越大，当一相接地时，表头指针偏转最大，指示绝缘电阻值为 0 Ω。

虽然兆欧表的一端接电网的任一相，但所测的绝缘电阻却是三相电网总的绝缘电阻，这是因为：对动力电网而言，发电机内部三相绕组是按星形连接的；对照明电网而言，照明变压器二次侧绕组也是连在一起的（通常按三角形连接），故对直流测量电流而言，只要接一相即可测三相对地的绝缘电阻。

（3）船舶电网绝缘监测仪

船舶电网绝缘监测仪是由半导体电子电路组成的监测报警系统，可以连续监测船舶电网对地绝缘状况，大多连接有兆欧表。这一配电板式兆欧表是连续测量电网对地绝缘电阻的，一

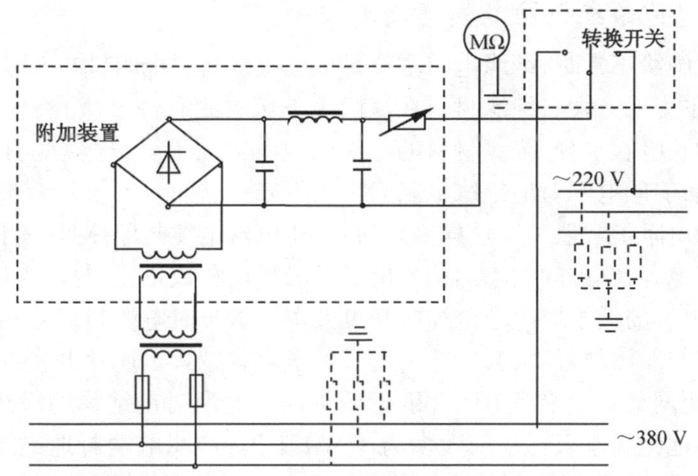

图 1-34　配电板式兆欧表原理图

旦电网的绝缘电阻低于设定值并经过延时，绝缘监测仪即发出声光报警，同时可通过该兆欧表查看当前的绝缘电阻值。

如图 1-35 所示为某船绝缘监测线路图，包括地气灯、配电板式兆欧表和绝缘监测报警装置。报警信号来自兆欧表，通过接线送至主配电板报警系统。

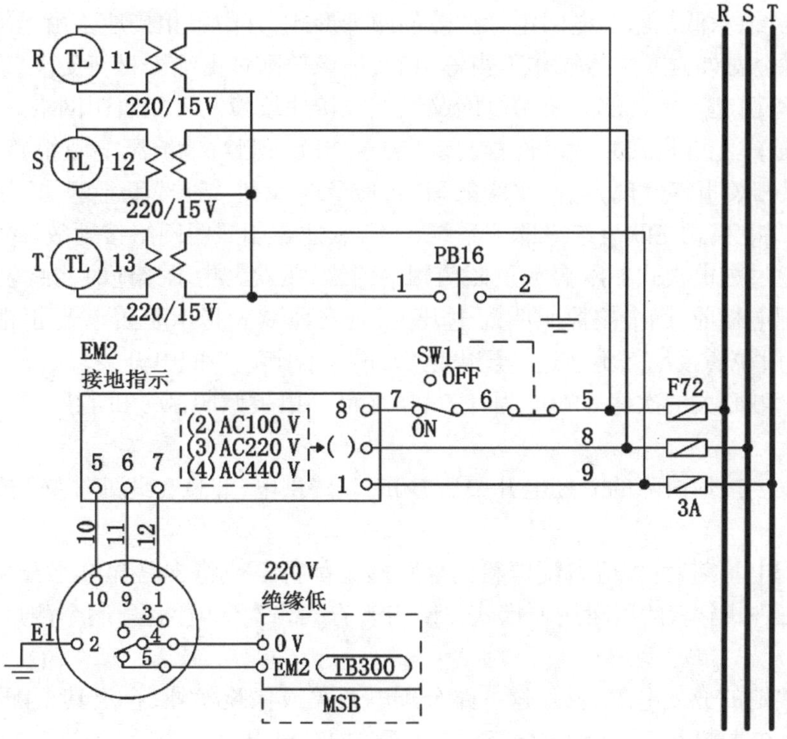

图 1-35　某船绝缘监测线路图

2. 船舶电网对地绝缘电阻的实质及要求

船舶电网对地绝缘正常时,绝缘电阻主要是电缆绝缘材料电阻,取一小段电缆绝缘材料测量,其绝缘电阻几乎为无穷大。绝缘材料在显微镜下可看到有许多微孔,一旦绝缘材料受潮,由于毛细管现象微孔吸收水分,绝缘材料的绝缘电阻就大大下降,这就说明了为什么下雨天、风浪天、冲洗甲板后船舶电网对地绝缘电阻会大大下降。

电网对地绝缘电阻正常值可以这样来理解:由于电网电缆与船体是平行敷设的,电缆芯线与船体之间构成了电容,电容的大小与构成电容的极板面积成正比、与两个极板间的距离成反比,所以这一分布电容的大小取决于电缆的长度及电缆敷设时电缆与船体间的距离,即船舶电网电缆越长或电缆与船体越紧凑,其对地所构成的电容就越大。通常电容越大,其漏电阻就越小,这就是船舶照明网络对地绝缘电阻一般远低于动力电网对地绝缘的缘故。现代海上运输船舶的动力电网对地绝缘电阻正常值大多为 1 MΩ 上下,照明电网对地绝缘电阻正常值大多为 0.4~0.8 MΩ,某些船舶甚至更低,也有部分船舶正常值仅仅只有 0.1 MΩ。

对于新建造的船舶,各船级社大多已规定:用于电力、电热和照明的绝缘配电系统,不论是一次还是二次配电网络,均应设有连续监测装置,用以监测相对于船体的绝缘电阻,且在绝缘电阻异常低时发出声光信号。当对船体的绝缘电阻一旦下降至每伏电源电压 100 Ω 以下时必须触发报警装置。

3. 船舶电网单相接地及绝缘低故障的排查

单相接地及绝缘低是船舶电网绝缘故障的两种形式,其中单相接地多由电缆、线圈绝缘破损,端子脱落碰金属外壳或维修操作不当等引起;绝缘低则多由绝缘材料受潮、线盒进水、绝缘材料过热老化等引起。一大部分船舶电网绝缘低或接地故障发生在照明网络。在机舱值班巡视中相关人员通过配电板式兆欧表检查发现(装有连续监测对地绝缘电阻报警装置的声光报警时,也可通过相关报警发现)电网绝缘故障后,应及时找到接地或低绝缘点,排除故障,消除隐患。下面以配电板式兆欧表绝缘监测系统为例,叙述船舶照明网络接地故障点的查找过程。

(1)首先通过配电板式兆欧表测量照明网络绝缘,兆欧表指示接地时兆欧表指示为 0。

(2)在主配电板前,逐个拉掉照明配电开关,查看兆欧表指示是否恢复正常值,若兆欧表指示仍为 0,一般说明接地点不在这一配电区域,故应合上这一配电开关。

(3)断开区域开关的次序一般应为:船员居住区—甲板照明区—机舱照明区—驾驶台通、导设施。

(4)找到发生接地故障的分配电开关后,切断该路供电,并且在此处挂好“检修勿合闸”警告牌。

(5)在分配电箱前,首先应将配电箱内保险丝全部拆下或将支路配电小开关全部拉下,这样各个支路间互相隔离,然后运用便携式兆欧表来查找二次配电网络,逐个测量分支电路对地绝缘状况。

(6)找到接地的分支电路后,除这一路分配电开关或保险丝外,合上其余配电小开关或装上其余保险丝,在主配电板前合上这一路配电开关向其供电。

(7)在查找具体接地点时,应从中间接线盒(如两个房间中间的)断开,来测量判断是哪一小区域(如房间)接地。

(8)由于小区域(房间)中只有有限的几个供电点,一般不超过 5 个点,应逐一检查每个供电点。主要检查插座、可以移动的电器，若不是，则接着查找灯头、插头、开关部分引线，以及其内部状况，经过这些检查仍找不到接地点时，应检查接线盒至用电器间电缆，这就需要通过拆卸墙壁板、天花板来逐一查找，直至找到接地故障点，排除之。

四、船舶电网实例

如图 1-36 所示为某船主配电板动力、照明电网单线图，主配电板面板布置参见图 1-2。我们要熟悉某船的船舶电网，首先要对其主电路的连接有一个了解，通过图 1-36 的单线图可以看出：它绘制的是主配电板中动力、照明主电路部分的连接情况。为简化图纸，三相的电路绘成了单线图，图中包括汇流排、汇流排的连接和隔离开关、发电机主开关、岸电开关、负载开关及其连接线等内容。尤其值得注意的是图中元器件、汇流排母线和电缆均按照主配电板内各屏（每屏又分为上半屏、下半屏）的实际位置来画，并标有相关的电气参数，便于我们把图和实物联系起来。

1. 双母线结构的动力电网单线图

该船电力系统属于分段式双母线结构，通过其单线图我们来对其做一个分析：

主配电板设有一、二号发电机和轴带发电机，共三台发电机。从单线图可以看到，双母线是汇流排 1 和汇流排 2，其中前者在主配电板上部从左到右横跨 6 个屏，它又是分段母线，通过同步屏上部手动操作的隔离开关 QS 分为 1A、1B 两段；汇流排 2 在主配电板中部，从同步屏开始往右，共横跨 4 个屏，在右负载屏上给侧推装置（右负载屏下半屏第二排断路器）供电。在同步屏下部的汇流排连接开关 BS CB 将两段母线连接起来，该断路器可以实现带负荷通断电，且具有准同步并车功能。汇流排 1A、1B 和 2 通过主开关 DG1 QF、DG2 QF 和 SG QF 各连接一、二号柴油发电机和轴带发电机。

主配电板右负载屏下半屏第一排断路器中有应急配电板供电开关，再通过应急配电板（单线图中未画出）上的联络开关可以实现由主配电板向应急配电板的单向供电。当主配电板失电后，联络开关自动断开，确保以上供电的单向性。在应急情况下，应急发电机起动运行，并通过其主开关向应急配电板供电。

轴带发电机既可以与一或二号发电机并联运行，也可以在汇流排连接开关 BS CB 断开的状态下单独给汇流排 2 供电。

主配电板内设有一、二号两台照明变压器（单线图中未画出），应急配电板（单线图中未画出）则设有一台应急照明变压器，用于提供 220 V 的照明电压。值得注意的是主配电板两台照明变压器分别由汇流排 1A、1B 供电，保证母线一侧发生故障无法正常供电时，可以切换到另一侧供电。

主配电板左负载屏上半屏第一排断路器是岸电开关，用于给船舶电力系统提供岸电，它与发电机主开关是互锁的。

主配电板左负载屏下半屏是组合起动屏，图中画出了三台电动机起动箱。实船的负载屏上有大量的机舱辅助设备起动箱，是在船舶低压动力负载屏中占比最高的。一般为主、辅机服务的重要辅助机械（主要是各种油、水泵）会设置两台，且分别由汇流排 1A、1B 供电。

2. 照明电网单线图

图 1-36 中照明电网单线图在右负载屏的上半屏，主要的用电负载是各处的照明设备以及

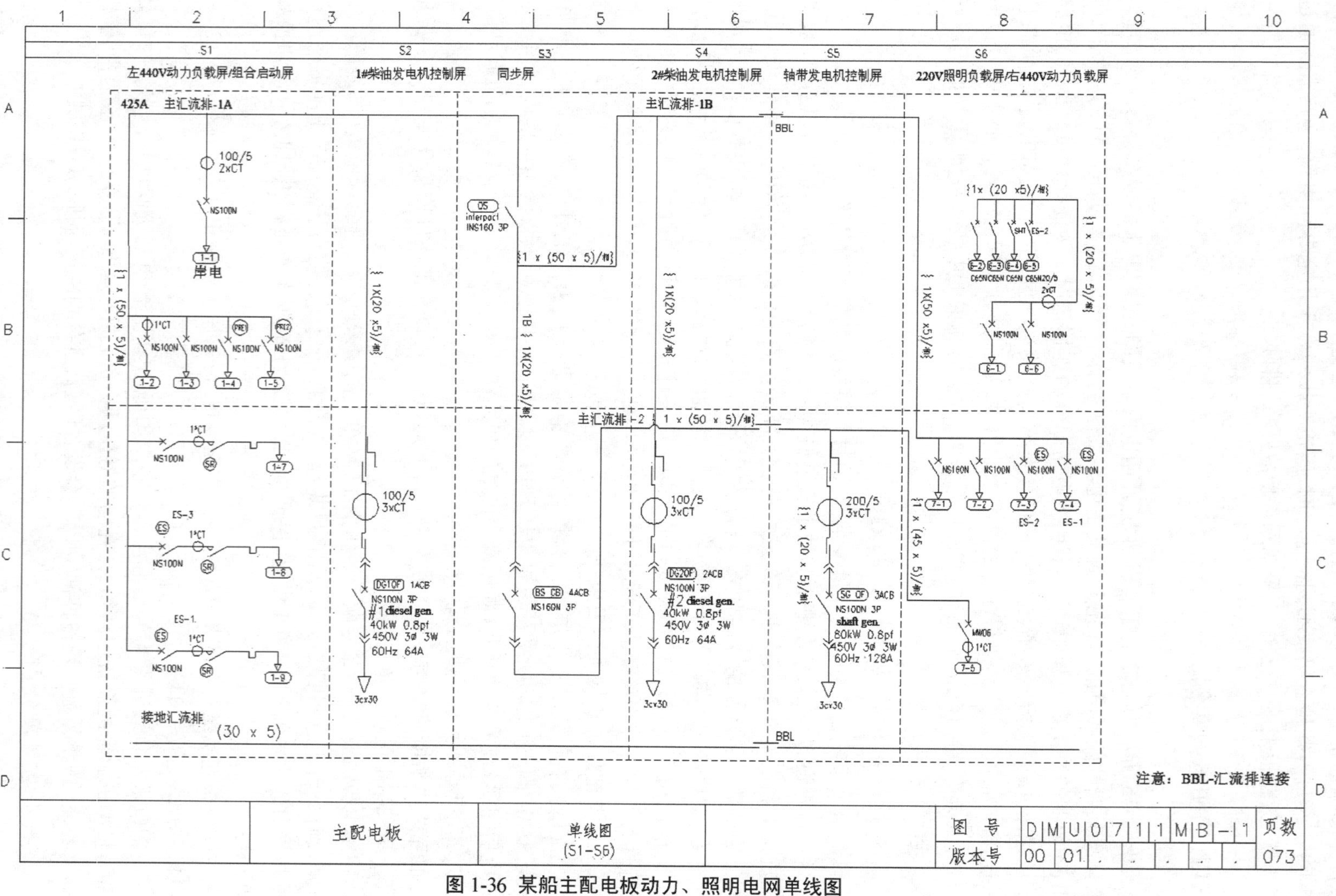

图 1-36 某船主配电板动力、照明电网单线图

部分自动控制设备、通信导航设备。主配电板的负载开关将电能送至分布在船舶各处的分配电盘,再通过分配电盘上的配电开关送至各处的用电负载。照明负载多为单相,而主配电板送至分配电盘的是三相电,因此需要合理地通过双极断路器分配三相电能至各路负载,以保证三相负载整体平衡。

思考题

1. 船舶的配电网络有哪几种接线方式?各自有何特点?
2. 三相绝缘系统的船舶电网是如何进行绝缘监测的?其中哪个可以实现连续监测?
3. 参看图 1-36 某船舶主配电板的单线图,说明其分段式双母线的连接。

实训任务

1. 通过地气灯及配电板式兆欧表,判断船舶电网的绝缘情况。
2. 进行船舶照明电网单相接地及绝缘低故障的排查。

任务六　岸电供电系统

船舶进船坞维修时或某些船舶长期靠港停泊时,可以用陆地的电源来供电,称为“岸电”。陆上电源先通过电缆接到岸电箱,确认三相电源相序正确之后,合上岸电箱里的开关,电源到达主配电板动力负载屏上岸电开关的岸电一侧;岸电开关的另一侧接在汇流排上,断开发电机主开关再合上岸电开关,船舶即切换为岸电供电。主配电板上有岸电的红、绿色指示灯,红灯表示岸电已经供到岸电开关的岸电侧,但开关是分闸的;绿灯则表示开关合闸,岸电已供至汇流排。

随着绿色船舶技术的发展及节能减排要求的提高,为减少船舶自行发电对停泊码头的污染,自美国洛杉矶港开始,出现了应用于大量集装箱船等现代化船舶的高压岸电 AMP 系统,使用于船舶正常靠港作业期间,一般为高压供电,系统组成和换接与传统岸电有许多不同。本任务学习的是传统的低压岸电供电系统。

一、岸电箱

为方便连接岸电电缆,岸电箱通常位于主甲板层。其内部主要有岸电接线柱、自动空气断路器、熔断器及其他保护装置(如负序继电器)等,还有连接船壳的接地接线柱,用于连接三相四线制岸电电缆的零线。岸电箱面板上设有岸电电源指示灯(指示岸电电缆已经通电)、相序指示灯(或指示器)、电压表或电度表等。

岸电电缆通电后如发现相序接反,需要停电之后对换两相接线。一般岸电箱内电缆的接线和相序更换由岸上的电工操作。如图 1-37 所示的某船岸电箱中,有互换两相接线的两个自动空气断路器,可以很方便地通过切换开关来改变岸电的相序,但如果两个开关同时接通则会造成电源短路,所以在两个开关之间设有机械互锁保护装置,防止它们同时合闸。另外欠压缺相监测继电器可以在岸电电源发生欠压、缺相故障时给出脱扣指令,通过连接在其输出端的岸电箱里两个开关的失压线圈,进行保护跳闸。

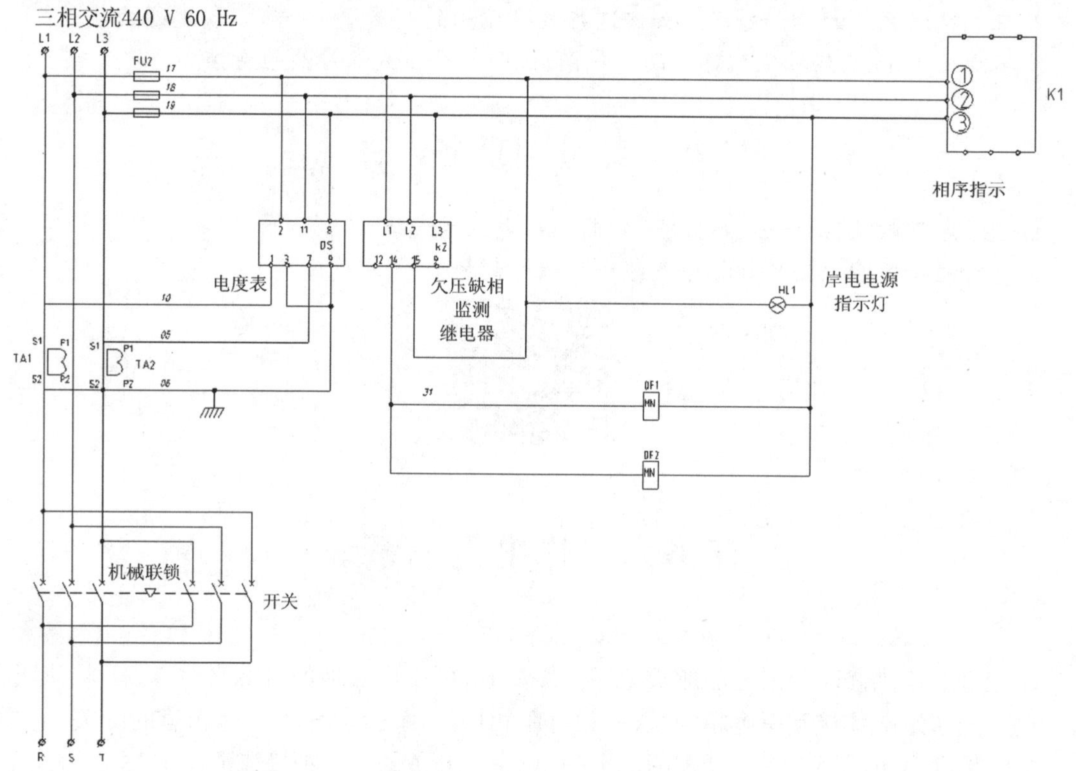

图 1-37 某船岸电箱线路图

二、换接岸电操作

(1)进厂坞修时,将岸上电力电缆接在岸电箱的岸电接线柱上,合上岸上配电开关,岸电电源指示灯亮。

(2)由岸电箱上的相序测定器测定岸电相序,若为相序指示灯,则两个指示灯的明暗关系与岸电箱上标识相一致时,说明岸电与船电相序一致;否则即相序不一致。相序一致则合上岸电箱里的开关。若为负序继电器,则当相序不一致时,岸电箱上开关合上即跳闸。

(3)在主配电板前,当岸电指示灯亮时,表明岸电已送到岸电开关,这时分断发电机主开关,电网失电后立即将岸电开关合上。由于更换过程中船舶电网会失电,故应提前将电站的主、应急配电板工作模式转为手动,并通知驾驶台提前关闭重要的通信导航设备,防止突然失电冲击而损坏设备。

三、接岸电注意事项

(1)接岸电时岸电与船电的电流种类应一致。

(2)接岸电时岸电的额定频率、额定电压应与船电相一致。

(3)当岸电为三相四线制时,需将岸电的中性线接在岸电箱上接船体的接线柱上。只有船体与岸电中性线相连后,才可接通岸电。

(4)合上岸电箱上开关,只有当岸电相序与船电相序一致时才可到主配电板前进行转接岸电操作。

(5)船舶接岸电时严禁船舶发电机合闸供电,只有在岸电切除后发电机才可合闸供电;同样船电供电时严禁岸电开关合闸供电。

(6)经船级社认可,某些船舶设有船电与陆上电源并车设施,这仅仅是为了转移负载,仅允许船上供电系统和岸上电网做短暂的并联运行。

值得注意的是:对于三相三线绝缘系统的船舶,换接三相四线制的岸电后,船舶动力电网对地已不是一个绝缘系统,故应关闭电网绝缘监测仪,以免不停报警。若此时测量动力电网对地绝缘,绝缘电阻指示必为0。

四、相序测定器工作原理

1. 相序判断方法

在接入岸电时,必须保证岸电相序与船电相序一致;否则船上的三相异步电动机将反转,其他与相序有关的设备也将会不正常运行。相序测定器就是判断相序的一种最简单、最实用的设备,一般采用相序指示灯的形式,相序测定器原理如图1-38(a)所示。相序测定器电路的

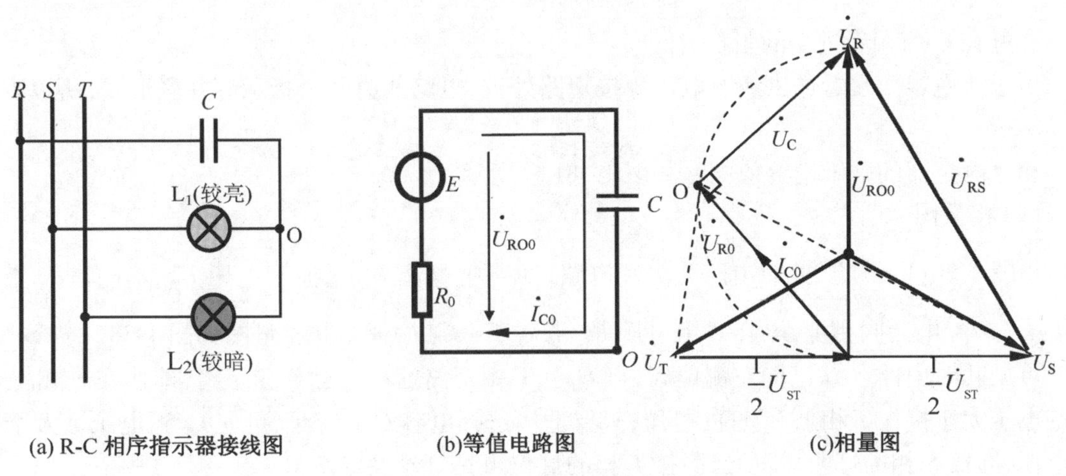

(a) R-C 相序指示器接线图　(b)等值电路图　(c)相量图

图1-38　相序测定器原理

三相负载是不对称的,由于中性点的偏离而造成了两个指示灯上的电压不一致,当接电容 C 的一相设定为R相时,则灯较亮的一相为S相,灯较暗的一相为T相。指示灯采用白炽灯泡

明暗区别显著，标识亮的灯呈明显发光，标识暗的灯仅可见到灯丝发红。有些岸电箱上相序测定器在电容支路中串接一个常开按钮，当岸电送至岸电箱但按钮未按下时，两个指示灯亮且亮度相同；按钮按下后，一个灯亮，一个灯暗，若两个灯的明暗关系与岸电箱上标识的明暗一致，说明相序一致。

相序测定器也有采用电感与两个指示灯构成的，与采用电容相反，此时中心点向右侧偏移，O'点轨迹在电压相量的右半圆周上，因此当电感接 R 相时，灯较亮的一相为 T 相，灯较暗的一相为 S 相。

采用负序（逆序）继电器检测电网相序，当岸电相序正确、三相电压对称时，负序继电器的输出电压为 0，将此电压加在岸电箱里开关的分励脱扣线圈上，此时可以合闸供电；当岸电电源相序不一致或断一相时，负序继电器有电压输出，岸电箱里开关由于分励脱扣，故合不上闸。

2. 相序测定器的工作原理

该电路形式运用戴维南定理分析较为方便。

（1）戴维南等值电路

①电容 C 两端的开路电压 $\dot{U}_{\mathrm{RO0}}$

从电容两端看进去，开路电压 $\dot{U}_{\mathrm{RO0}}$ 为

$$\dot{U}_{\mathrm{RO0}} = \dot{U}_{\mathrm{RS}} + \dot{U}_{\mathrm{SO}} = \dot{U}_{\mathrm{RT}} + \dot{U}_{\mathrm{TO}} \tag{1-4}$$

此时两个指示灯 L_1、L_2 串接在线电压 U_{ST} 间，由于两指示灯采用的是同型号同规格的产品，故电阻相同为 R。

$$\dot{U}_{\mathrm{SO}} = \frac{1}{2}\dot{U}_{\mathrm{ST}} \tag{1-5}$$

因此

$$\dot{U}_{\mathrm{RO0}} = \dot{U}_{\mathrm{RS}} + \frac{1}{2}\dot{U}_{\mathrm{ST}} \tag{1-6}$$

②电容 C 两端看进去的阻抗 R_0

由于从电容两端看进去所有电压源按短路处理，电路成为两个指示灯并联形式，所以阻抗 $R_0 = 1/2R$。

相序测定器的戴维南等值电路如图 1-38（b）所示。

（2）相量图

由图 1-38（b）可见，此时电路为容性电路，回路中电流 $\dot{I}_{\mathrm{C0}}$ 超前于电压 $\dot{U}_{\mathrm{RO0}}$，电阻 R_0 上电压 $\dot{U}_{\mathrm{RO}}$ 与 $\dot{I}_{\mathrm{C0}}$ 电流同相位，电容 C 上电压 $\dot{U}_{\mathrm{C}}$ 滞后于电流 $\dot{I}_{\mathrm{C0}}$90°，其相量图如图 1-38（c）所示。

可见此时中性点 O 已向左侧偏离，点 O 至 T 相距离远小于至 S 相距离，即接在 S 相上 L_1 灯的电压大于接在 T 相上 L_2 灯的电压，只要适当选择电容 C 的容量，可使 L_1 上电压远大于 L_2 上电压，即接 S 相的灯明显发光，而接 T 相的灯仅可见灯丝发红。

相序测定器也有采用电感和两个指示灯构成的，与采用电容相反，此时中心点向右侧偏移，O'点轨迹在电压相量的右半圆周上，因此当电感接 R 相时，灯较亮的一相为 T 相，灯较暗的一相为 S 相。

五、岸电开关控制电路实例

船电与岸电的互锁，也称联锁。其实现的方案很多，大多数是通过各自主开关的失压脱扣器实现的，也有采用分励脱扣器形式及其他诸如切断合闸信号等方式的，如图 1-39 所示为岸电开关（SC）控制线路图。

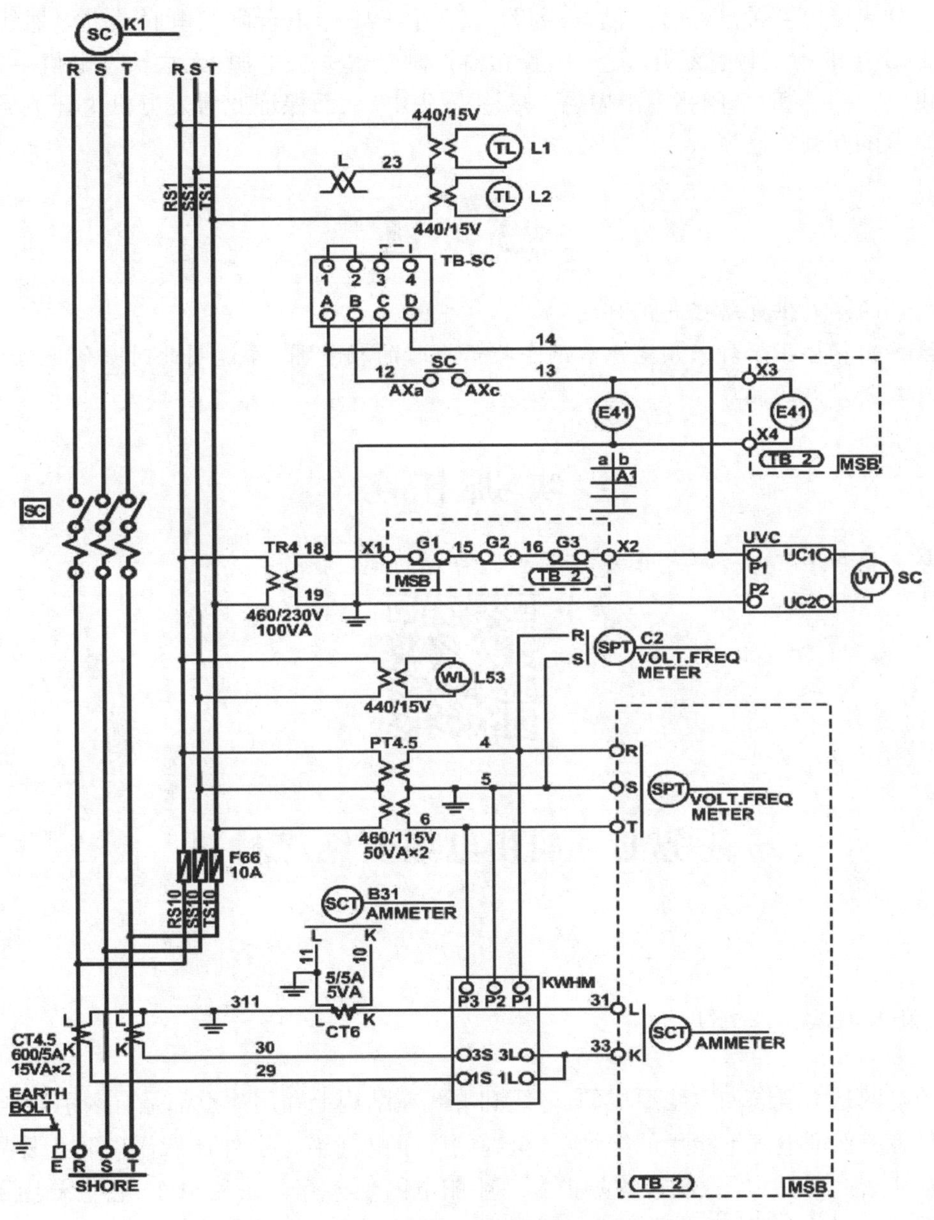

图 1-39　岸电开关（SC）控制线路图

图 1-39 中包括岸电电源指示，岸电电压、电流、频率显示，岸电相序指示（采用电感和两个指示灯的方式），岸电与船电的互锁等多部分的控制电路。在图 1-39 中 SC 是岸电开关，UVT

是岸电开关失压脱扣器电磁线圈，UVC 是失压脱扣器供电电源装置，G_1、G_2、G_3 分别为 No. 1～3 发电机主开关常闭辅触点，E41 是岸电合闸供电联锁继电器线圈。由此图分析可知，任意一台发电机合闸供电时，G_1、G_2、G_3 常闭辅触点断开，UVC 失去电源，无法提供岸电开关 SC 的 UVT 电源，故此时岸电开关无法合闸。

前面图 1-27 所示为某船发电机主开关控制电路图。其中 3A 是发电机组合闸指令继电器，BCS3 是发电机组合闸-分闸转换开关，COSP 是系统自动-手动转换开关，SYS 是同步表转换开关。如果岸电开关已经合闸供电，则图 1-39 中 E41 岸电合闸供电联锁继电器线圈得电，其在图 1-27 中的常闭触点断开，使失压脱扣器控制装置失去电源，无法给发电机主开关的失压线圈供电，与此同时合闸指令继电器 F3A 线圈失电，从而保证此时发电机主开关无法合闸，实现船岸电的互锁控制。

思考题

1. 船舶的岸电供电路径是怎样的？

2. 请画出相序指示灯采用电感和两个指示灯时的相量图，并说明此时如何通过指示灯的明暗情况判断岸电的相序。

实训任务

在岸电箱和主配电板岸电开关处进行船、岸电的换接操作。

任务七　船用电缆及绝缘材料

一、船用电缆的结构

船舶电网是由电缆和电线组成的，电缆和电线在结构上和用途上都是有区别的，电线的芯线外层只覆有保证电气绝缘用的绝缘层，电缆则除了电气绝缘层外还有用以防止外界各种因素（如火、水、油、机械力等）危害的防护套。船舶电网绝大部分采用电缆，它主要用于配电板和用电设备之间的电能输送，而电线主要用作电气设备的内部接线和部分生活舱室的照明线路。由于船舶工作的环境条件恶劣，所以船用电缆在机械强度、绝缘性能和防护性能等方面比陆用电缆有更高的技术要求。

电缆由导电芯线、电气绝缘层、防护套三部分组成，船用电缆一般还附加有金属铠装或其他铠装。导电芯线有单芯、双芯、三芯和多芯等种类，一般都是用电解铜制成。单芯电缆的结构如图 1-40 所示。绝缘层有天然橡胶、丁苯-天然橡胶、丁基橡胶、聚氯乙烯、有机硅橡胶等。护套和铠装用来保护电缆免受机械损伤，同时防止水、盐雾、油雾等的侵蚀，主要材料有氯丁橡胶、金属编制套（铠装）、尼龙编制套。

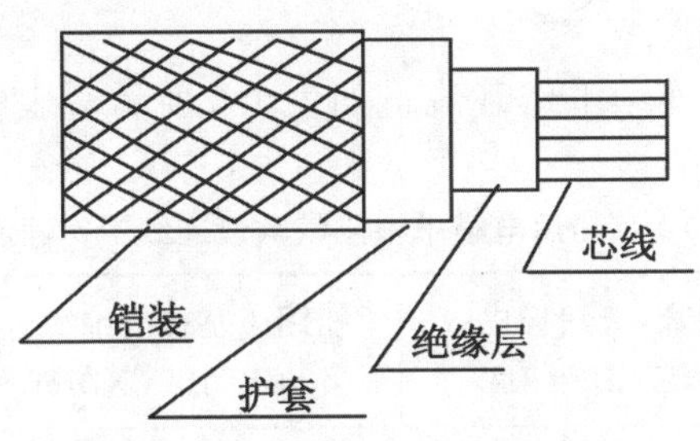

图 1-40　船用电缆的结构

二、船用电缆的分类及常用型号

船用电缆有多种分类，型号很多，现介绍主要的几种，前面的缩写为其型号：

（1）CHF：船用橡皮绝缘非燃性橡套电缆。

（2）CHFR：船用橡皮绝缘非燃性橡套软电缆。

（3）CHY：船用橡皮绝缘耐油橡套电缆。

（4）CHY-31：船用橡皮绝缘耐油橡套镀锌钢丝编织电缆。

（5）CHY-32：船用橡皮绝缘耐油橡套镀锡铜丝编织电缆。

（6）CV：船用橡皮绝缘塑料护套电缆。

（7）CQ：船用橡皮绝缘裸铅包电缆。

（8）CXDHF：船用丁基橡皮绝缘非燃性橡套电缆。

型号中 C 代表船用，HF 代表非燃性橡套，HY 代表耐油橡套，R 代表软性，V 代表聚氯乙烯，31 代表镀锌钢丝编制网，32 代表镀锡铜丝编制网，XD 代表丁基橡皮，Q 代表铅包。

三、船用电缆的选择

船上电缆严重老化或损坏时应及时更换，大面积更换应由船厂进行，局部更换或增加设备需要另加电缆时，可由船上人员自行敷设。

选择电缆时应注意：

1. 选择电缆型号

根据使用的场合选择合适型号的电缆，如是否耐油，是否需要非燃性，是否需要铠装、固定敷设还是连接移动设备，是否要求屏蔽等。

2. 根据用电设备的电流和敷设条件选择芯线的截面积

小电流电缆主要考虑电缆的机械强度，大电流电缆主要考虑电缆的载流量。电缆单芯截面积一般不要小于 2.5 mm^2。

根据载流量确定船用电缆的芯线截面积时，电缆的允许最大载流量应大于其最大可能工作电流，以保证温升不超过允许值。根据负载的工作制、电源种类、电缆芯数、负荷的实际情况，充分考虑负载设备是连续工作制还是断续工作制、电源是交流还是直流、负载的同时工作系数等因素，计算出负载工作电流，确定电缆的最大工作电流，再查电缆的连续工作载流量表即可确定电缆的截面积。

船用电缆单根空气敷设连续工作载流量如表 1-6 所示。表中截面积单位为 mm^2，载流量单位为 A，环境温度为 45 ℃。

表 1-6　船用电缆单根空气敷设连续工作载流量

种类 / 载流量(A) / 截面积（mm^2）	船用丁苯-天然橡皮绝缘电缆 CHF CHY			船用丁基橡皮绝缘电缆 CXDHF CXDHY			船用塑料绝缘电缆 CVV CVNV		
	单芯	双芯	三芯	单芯	双芯	三芯	单芯	双芯	三芯
0.8	17	14	11	19	15	13	11	8	7
1.0	19	15	12	22	17	14	12	10	9
1.5	24	20	16	26	23	18	16	13	12
2.5	31	26	21	35	30	24	21	19	18
4.0	41	35	28	46	39	32	29	27	25
6.0	51	43	35	57	48	40	35	33	30
10	69	58	48	77	65	53	57	50	39
16	92	78	64	103	87	65	57	50	39
20	107	92	75	119	102	85	85	74	61
25	122	104	87	135	116	96	100	82	68
35	153	129	108	167	140	117	120	100	85
50	194	169	138	216	187	152	150	124	102
70	236	200	164	263	222	183	190	152	127
95	295	250	200	331	282	225	230	184	156
120	334	285	235	373	318	262			
150	380		274	425		293			

确定电缆芯线截面积时还要注意如下几点：

（1）发电机至总配电板的连接电缆，依据发电机的额定电流来选择。

（2）电动机的连接电缆应按电动机的额定电流来选择。

（3）分配电板的连接电缆应考虑负荷系数及同时工作系数，但要有一定的余量。

（4）单或双芯电缆的截面积应大于 1.0 mm^2，多芯电缆每芯的截面积应大于 0.8 mm^2，以满足机械强度的要求。

（5）为了敷设方便，截面积大于 25 mm^2 的电缆宜采用单芯电缆；截面积大于 120 mm^2 时，则宜采用两根较小截面积电缆并联的方式来代替。

(6)三相交流线制中,原则上采用三芯电缆。若截面积较大,可采用单芯电缆或多根三芯电缆并联使用的方式。但不宜采用有金属护套的电缆,以防止涡流发热。

(7)进入蓄电池室的连接电缆应采用单芯电缆,以利于接线。

(8)选择多芯电缆时,应留有备用芯线。一般实用电缆为 2~4 芯时,备用 1 根;实用电缆为 5~17 芯时,备用 1~3 根;实用电缆为 18~48 芯时,备用 3~5 根。

(9)信号电缆不能与控制电缆、电力电缆等共用一根多芯电缆,以防止相互干扰。

3. 电缆截面积的修正

电缆的标称载流量是电缆在标准环境温度下确定的。由于电缆所处环境温度、工作条件的差异及电缆穿管、捆扎等的影响,电缆的实际温度往往很高,如果电缆仍按其标称载流量工作,则会导致电缆过热而不能正常工作,故应对所选用电缆的截面积进行适当的修正。

(1)周围环境温度的修正

①一些船舶工作的环境温度经常低于标准环境温度,处于该温度下电缆的实际负载电流可适当提高。

②一些经常处于机舱、热管附近的电缆,其实际环境温度大大高于标准环境温度,处于该温度下电缆的实际负载电流要有所降低。

(2)穿管电缆截面积的修正

①当穿管长度小于 1.3 m 时,可不修正。

②当穿管长度大于 1.3 m 时,散热条件明显恶化,则有公式

$$S \geqslant 1.25S_N \tag{1-7}$$

式中,S 为实际电缆截面积,m^2;S_N 为标称电缆截面积,m^2;1.25 为修正系数。

(3)成束电缆敷设时的修正

当长度超过 3 m、有 6 根以上电缆且同时在一起敷设时即为成束电缆敷设。随着船舶电气化程度的提高,电缆用量不断增加,该方法应用越来越广泛。几十根乃至上百根电缆紧密地靠在一起,势必造成电缆散热的恶化,电缆能通过的负载电流比标称负载电流小了很多,所以必须进行修正。其修正公式为

$$I \leqslant 0.85 \times I_N \tag{1-8}$$

式中,I 为实际电缆载流量,A;I_N 为标称电缆载流量,A;0.85 为修正系数。

四*、电力系统线路压降的计算

当负载电流通过电缆时,由于电缆本身有电阻,就会在电缆上产生功率损耗,使导线发热,同时电缆的首末端间电压将发生变化。在计算电网的电压时常常应用“电压降落”“电压损耗”“电压偏移”这样三个概念来说明沿线电压变化的情况。

电压降落的定义是:电网始端和末端的电压相量差。

电压损耗的定义是:电网始端和末端电压绝对值的差。

电压偏移的定义是:电网中某点的实际电压与该网络额定电压的差,可以用伏表示,也可以用对额定电压的百分数表示。

船舶电力系统线路压降计算的目的就是验算所选择电缆的电压降是否在规定的范围内。根据中国船级社《钢质海船入级规范》的规定，当电缆在正常工作条件下承载最大电流时，从主配电板或应急配电板的总线到任何安装点的电压降，应不超过额定电压的6%；由蓄电池供电，其电压不超过50 V者，可增加至10%。可见，船舶电网设计选择的电缆不仅应满足承载最大工作电流的要求，还应使电压降满足规范的要求；否则，将影响用电设备的正常工作。

对于动力电网，其导线粗、阻抗小，根据允许通过的电流选择电缆截面积后，电压降一般均能符合规范的要求，故往往仅验算两个电压降最严重的情况（路线最长、电流最大、导线不粗时）。

对于照明网络，尤其是超低压网络，其额定电压低，虽电压降绝对值不大，但电压降的百分比却不小，因此对这些网络的电缆截面积选择时，只要电压降能满足要求，允许通过的电流一般也均能满足。所以，通常根据电压降来选择电缆截面积，然后对允许通过的电流进行校验。

1. 单相集中负载交流电网电压损失的计算

如图1-41（a）所示为单相集中负载交流电网。其中，$\dot{U}_1$ 为配电盘总线电压，$\dot{U}_2$ 为受电器端电压；R 及 X 分别称为电缆的电阻和电抗；$\dot{I}$ 为负荷电流。如图1-41（b）所示为该电路相量分析图。由图可得，电压降是 $\dot{U}_1$ 与 $\dot{U}_2$ 的相量差，由于单相导线有两股，故 $2\dot{I}Z=\dot{U}_1-\dot{U}_2$；而电压损失则是 $\dot{U}_1$ 与 $\dot{U}_2$ 的代数差。

在工程计算中，$\dot{U}_1$ 的大小可近似地用它在 $\dot{U}_2$ 上的投影 od 表示，所以电压损失可近似的用 ad 线段来表示。

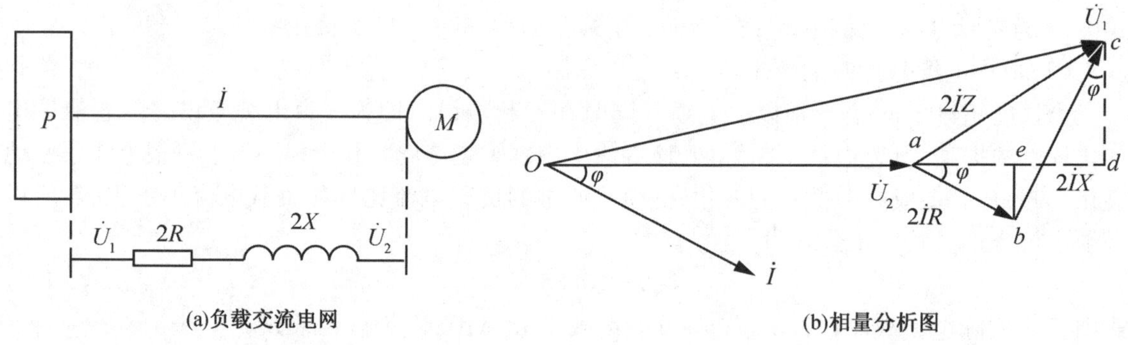

图1-41　单相集中负载交流电网及电路相量分析图

由于船舶电网的距离较短，当电缆的截面积较小时，电缆的电阻值远大于电抗值，故电抗可以忽略不计，即

$$\Delta U \approx 2IR\cos\varphi = \frac{2IL}{\gamma \cdot S}\cos\varphi \tag{1-9}$$

用百分率表示为

$$\Delta U\% = \frac{2IL}{\gamma \cdot S}\cos\varphi \times 100\% \tag{1-10}$$

当负荷功率的千瓦数已知时，则

$$\Delta U\% = \frac{2PL}{\gamma \cdot SU}\cos\varphi \times 10^5\% \tag{1-11}$$

2. 三相集中负载交流电网电压损失的计算

三相集中负载的电压损失计算公式，可在单相集中负载的电压损失计算公式的基础上加以修正得到。由于三相负载一般都是对称均衡的(如电动机负载)，各相电压的电压损失也是相等的。三相电路中的线电压损失等于相电压损失的$\sqrt{3}$倍。另外，单相电路的计算公式中，线路长度要乘系数 2，而对于三相线路该系数应改为 1，有

$$\Delta U_{线} = \sqrt{3}\Delta U_{相} = \sqrt{3}(U_{a1} - U_{a2}) = \sqrt{3}I(R\cos\varphi + X\sin\varphi) \tag{1-12}$$

若不计电缆中电抗，则

$$\Delta U_{线} = \sqrt{3}IR\cos\varphi = \frac{\sqrt{3}IL}{\gamma S}\cos\varphi \tag{1-13}$$

用百分率表示为

$$\Delta U_{线}\% = \frac{\sqrt{3}IL}{\gamma S}\cos\varphi \times 100\% \tag{1-14}$$

当负荷功率的千瓦数为已知时，则

$$\Delta U_{线}\% = \frac{PL}{\gamma SU}\cos\varphi \times 10^5\% \tag{1-15}$$

式中，P 为三相功率，kW；S 为导线截面积，mm^2；γ 为导电率，铜在 20 ℃时的导电率 $r_0 = \frac{54m}{(\Omega \cdot mm^2)}$；$U_{线}$为线电压，V。

五*、船用电缆敷设的主要规则

1. 电缆敷设的一般要求

(1)安装和敷设电缆应尽量避免摩擦和不适当的挤压，电缆托架和链接附件应确保牢靠，如无法避免电缆和电缆托架之间的摩擦，可以增加铅皮或者橡胶垫保护。

(2)所有的电缆应尽可能地被安放在牢固的镀锌钢或者不锈钢托架上，并用不锈钢喷塑扎带或者不锈钢包塑扎带将其固定在托架上(生活区可用尼龙扎带)，电缆不能碰触到任何锋利的边缘，同时，为了不损伤电缆，应尽可能地保证每条扎带绑紧的力度相同，扎带留的余量及朝向相同，以保证美观整洁。

(3)以电缆外径为准的电缆总截面积不得超过电缆管及贯穿件截面积的 40%，在电缆托架上低压电缆及通信电缆敷设高度不能超过 70 mm，高压动力电缆敷设高度不能超过 100 mm。在电缆拉敷过程中，应保证电缆的拉敷半径，对于信号电缆及低压电缆，转弯半径为大于等于 6 倍电缆直径；对于高压动力电缆，转弯半径为大于等于 8 倍电缆直径。

(4)由于单芯电缆在通过高压交流电的情况下会产生较强的电磁场，如果敷设在铁磁材料的托架上，铁磁材料的托架切割磁力线，磁滞作用会产生涡流，从而损伤电缆。所以，应尽量避免使用动力单芯电缆，如无法避免，电缆应以“品”字形敷设，以尽可能地减小涡流产生的热量对电缆的影响。由于短路电流和接地故障引起的强电力作用，单芯电缆应紧固在可承受此

强电磁力的托架上(电缆托架为非铁磁材料材质),在电力作用1 s内,紧固件不可损伤电缆。

(5)电缆禁止油漆。

(6)不同电压等级的电缆应有不同颜色的外护套,例如:红色——高压电缆;灰色——仪表、控制和通信;蓝色——本质安全电缆;黄绿——接地电缆;黑色——其他所有电缆。

2. 不同区域电缆的拉敷规则

(1)露天甲板及桅杆上的电缆安放在不锈钢电缆托架上或者厚度为6 mm以上的镀锌钢托架上并增加相应的保护罩以防止机械损伤,或者放在内壁光滑的电缆管内。安装在露天甲板上的用电缆管保护的水平敷设电缆每隔2 m应留排水孔,以保证管路内没有积水。安装在桅杆上的电缆,其托架保护罩高度为0.3~1.0 m,安装电缆管的高度至少要为2 m。

(2)电缆应尽可能放置在安全的地方。电缆原则上不能安装在高温、高湿的地方,如辅锅炉和焚化炉及热水井的正上方,若不可避免,至少隔开500 mm的空间,同时对在热水井附近的电缆增加白铁皮保护。

(3)工作区域敷设的电缆可能受到机械损害,应用与托架同种材质的盖板、镀锌钢管或者柔韧金属电缆管保护。电缆不可穿过压载水舱、油舱,若不可避免,应在全封闭电缆管内敷设。电缆穿过危险区域时应用气密装置保护。

(4)管路不能平行安装于电缆托架正上方,如不可避免,则必须保证电缆上方的管路不会因受损而泄漏;否则,必须以金属盖板、镀锌钢管或者柔韧金属电缆管保护。

(5)敷设在货物区、货舱口、露天甲板等处的电缆,即使是铠装型电缆,也应以金属罩、结构型材、电缆管或其他类似方式进行保护,使其有足够强度对电缆进行保护。金属保护装置应保证电气的连续性,并与船体有效接地。非金属保护装置应能阻燃,膨胀管或类似装置其安装位置应易于接近和便于维护。

3. 不同类型电缆的拉敷规则

(1)重要及应急设备用电缆和电线应尽可能地远离A类机械处所及其围壁以及其他具有高度失火危险的区域,除非这些设备在A类机械处所内。这些重要及应急设备或系统包括:火警探测及通用报警系统、灭火系统、防火门系统的控制及动力和显示;水密门系统的控制及动力和显示;应急照明系统、公共广播系统、应急切断系统的控制。当实际可行时,所有这些电缆的敷设应使他们不因相邻处所失火所引起的舱壁变热而导致失效。

(2)仪表和通信电缆的敷设应与动力电缆尽量分开,如不可避免敷设在同一托架上应分开绑扎,隔开50 mm;变频电缆应单独敷设在非铁磁材料的电缆托架上。

(3)本安电缆应单独绑扎;信号电缆应为屏蔽型,以避免周围环境存在的电磁干扰;建造规格书或规范中规定的双套系统的电缆应尽量不敷设在同一防火分隔区内。

(4)具有不同材质外护套的电缆,如果捆扎在一起可能破坏其他电缆外护套,则不能捆扎在一起。

4. 电缆接地规则

(1)所有动力电缆金属护层(编织层或铠装层)两端应连接到船体上,所有电缆护层的导电连续性在电缆全长、接点、电路分支处都应得到保证。

(2)特殊带高方均根波纹因数的直流电缆及单芯交流电缆应提供一端接地。

(3)金属护层、编织层和铠装层可以通过填料函接地,填料函应用有效的金属接点紧紧连接到接地设备外壳上；控制、电子、通信及仪表电缆的屏蔽层通常仅一端接地；双屏蔽电缆仅一端接地时，另一端的金属层应彼此隔离。船舶电网通常都采用中性点绝缘的三相三线绝缘系统，电网中任何一点单相接地均属于不正常状态。电网的接地或绝缘低故障均是由电气设备或电网的绝缘损坏引起的。

六、电缆屏蔽的用途及规则

屏蔽电缆是在电缆周围屏蔽绝缘来减少电磁干扰的一种特殊电缆，可以使外界电磁辐射及磁场辐射直接入地而对内层电线不产生干扰。一般屏蔽电缆有两层屏蔽层，网状编织线是防磁场辐射的，铝箔层是用来防电磁辐射的。屏蔽层一定要接地，才能起到良好的屏蔽作用。外界的频率较高的电磁场在穿过屏蔽层时，会产生涡流而损耗掉。

一般频率较高、信号电平较低的线路，需采用屏蔽电缆，如计算机通信及网络电缆、模拟量传输电缆、有线电视同轴电缆等。此外，变频器至电机引线、有干扰地方的低压电源电缆等也要有屏蔽。船用电话电缆则常采用双芯对绞式的结构，其目的是防止串音干扰，因双芯线所感受到的干扰信号相同，属共模信号，能得到放大电路的有效抑制。

某些场合允许镀锡。屏蔽层的表面覆盖密度应符合标准或满足使用者要求，屏蔽层应用镀锡铜丝编织或缠绕，如屏蔽外应加挤护套，则屏蔽允许采用软圆铜丝编织或缠绕。为了防止线芯或线对之间的内干扰，可生产各对线芯与线芯的屏蔽，即分屏，然后在各组屏蔽层之外再加一层屏蔽，即总屏，叫分屏总屏电缆。也可以在多组电线之外加一层屏蔽即总屏电缆，其一般用作计算机电缆和热电偶用补偿电缆。

为保证屏蔽电缆的有效屏蔽，其使用规则如下：

(1)确保电缆具有足够能满足应用要求的屏蔽层。在中等嘈杂环境中，仅铝箔就可提供足够的保护；在更嘈杂的环境中，应考虑使用编织层或铝箔编织层屏蔽。

(2)使用适用的电缆。需要反复挠曲的电缆通常使用螺旋绕包屏蔽层而非编织层；需避免在挠曲电缆上仅采用铝箔屏蔽，因为连续挠曲会撕裂铝箔。

(3)请确保电缆连接的设备正确接地。尽量使用接地线，并检查接地点和设备之间的连接，消除噪声取决于低电阻接地通道。

(4)大多数接头设计允许360°端接屏蔽层，要确保接头提供与电缆相等的屏蔽效果，例如许多接口都提供镀金塑料、铸锌或铝背壳。

(5)将电缆的一端接地，这可以消除噪声引起的接地环路感应。

七、船用绝缘材料

绝缘材料的主要作用是隔离带电的或不同电位的导体，使电流能按预定的方向流动。绝缘材料大部分是有机材料，其耐热性、机械强度和寿命比金属材料低得多。

电工绝缘材料分气体、液体和固体三大类。固体绝缘材料按其应用或工艺特征又可划分为六类，如表1-7所示。

表 1-7　固体绝缘材料的分类

分类代号	分类名称	分类代号	分类名称
1	漆、树脂和胶类	4	压塑料类
2	浸渍纤维制品类	5	云母制品类
3	层压制品类	6	薄膜、黏带和复合制品类

1. 绝缘漆

(1)浸渍漆主要用来浸渍电机、电器的线圈和绝缘零部件，以填充其间隙和微孔，提高它们的电气及力学性能。

(2)覆盖漆有清漆和瓷漆两种，用来涂覆经浸渍处理后的线圈和绝缘零部件，在其表面形成连续而均匀的漆膜，作为绝缘保护层，以防止机械损伤以及受大气、润滑油和化学药品的侵蚀。

(3)硅钢片漆用来覆盖硅钢片表面，以降低铁芯的涡流损耗，增强防锈及耐腐蚀能力。

2. 其他绝缘制品

其他绝缘制品是指在电机电器中作为结构、补强、衬垫、包扎及保护用品的辅助绝缘材料，包括浸渍纤维制品、层压制品、压塑料、云母制品、薄膜和薄膜复合制品、绝缘包扎带等。

3. 绝缘子

绝缘子主要用来支持和固定导线。船舶常用低压架空线路用绝缘子，有鼓形绝缘子和蝴蝶形绝缘子两种，用于在电压 500 V 以下的交、直流架空线路中固定导线，如配电盘汇流排固定，图 1-42 所示即为低压绝缘子。

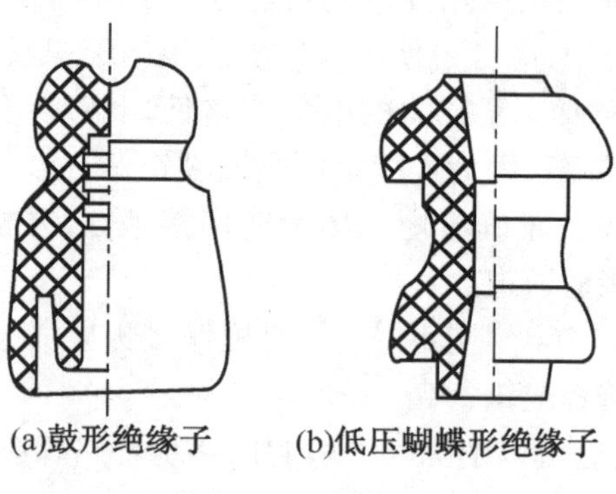

(a)鼓形绝缘子　(b)低压蝴蝶形绝缘子

图 1-42　低压绝缘子

思考题

1. 如何进行船用电缆的选择？

2*. 在船用电缆的敷设中，一般有哪些要求？

3. 为保证屏蔽电缆的有效屏蔽作用，在使用中有哪些规则要求？

任务八　全船停电原因判断及其应急处理

全船停电是一种严重事故,直接威胁船舶的航行安全。作为船舶电气管理人员,在全船停电的情况下要迅速采取正确的应急措施,尽快恢复供电,并避免由此引起更严重恶性事故发生(如船舶处在进出港、狭窄水道、特大风浪等场合失电会引发船舶失控)。正确地判断失电原因对下一步的应急处理至关重要。造成船舶电网失电的原因有很多,但总的来说可分为三大类:

(1)发电机主开关 ACB 故障。ACB 故障分为 ACB 机械故障和 ACB 电气故障,ACB 电气故障又包括电气控制元件故障及整定值设定不准确等。

(2)发电机组机械、电气故障。机械故障包括柴油机故障、调速器故障、燃油系统故障、润滑系统故障、冷却水系统故障等;电气故障包括发电机故障、调压器故障、调频调载装置故障等。

(3)操作不当。多数发生在常规电站系统,如在进行并车操作时发生逆功率,或者未观察在网运行机组的负荷率时贸然起动大负荷设备。

一、船舶电网失电后的应急处理

除主开关 ACB 自身故障外,全船停电的原因多是故障保护致使 ACB 跳闸。在失电后的复电过程中,要确保恢复供电不会再次引发机电故障,甚至损坏设备。如主配电板汇流排短路跳电后,再次合闸供电也就意味着再次发生严重短路,可能会烧坏发电机。所以失电后的正确应急措施是在保证机电设备安全的前提下,尽快恢复电网供电。

船舶电站按其管理方式可分为常规电站和具有自动电力管理系统的电站。由于管理方式的不同,尽管都是船舶电网失电,对于常规电站的处理与具有自动电力管理系统电站的处理,两者有较大的不同。

1. 对于具有自动电力管理系统电网失电后的处理

(1)除短路保护导致主开关跳闸断电外,对于其他各种机、电故障致使主开关跳闸,自动电力管理系统均能自动处理,不需要值班轮机人员加以干涉,值班人员仅需按照报警指示故障进行相应检查、排除处理即可。

(2)若电网突然失电,除警报声外所有设备均停止运行,此时值班人员切忌起动机组、合闸供电,首先应查看报警指示,警报必指示发电机短路,控制系统自动切换至非自动状态(即自动功能阻塞、闭锁状态)。此时应在应答后到主配电板后面仔细检查汇流排是否发生短路,找到短路点排除后或确认主配电板没有发生短路(船舶电网短路保护的选择性整定不当)才可按复位按钮,系统即恢复至自动状态、解除阻塞,此时值班人员可遥控起动值班机组投入电网运行。

2. 常规电站电网失电后的处理

(1)并车操作时发生电网跳电

首先检查原运行机组与待并机组的机、电状况，由于并车操作不当，发电机主开关不是短路保护跳闸就是逆功率保护跳闸，通常绝大多数两台机组多为短路保护跳闸（合闸条件不满足，巨大的冲击环流造成两机跳闸）。复位过流继电器、逆功率继电器（视具体发电机控制屏而定，有些不需要），一切正常时合上其中任一台机组的主开关，然后按功率大小及重要性逐级起动各类负荷，待发电机组承载相当负荷时再将另一台机组按并车条件进行并车操作。

（2）运行机组因机械故障跳闸造成电网失电

这类故障发生后，机组均已自己停机。首先应答警报、消声，报警装置或指示滑油失压或指示超速等机械故障，然后起动备用机组，待转速、滑油压力、电压正常后即可合闸供电，之后按功率大小及重要性逐级起动各类负荷，最后检修故障机组。

（3）单机运行时起动大负荷或几乎同时起动几个较大负荷（如用船上起货机进行装卸货作业）导致发电机过载跳闸、电网失电

若机舱报警则先应答警报、消声，复位过载保护装置（视具体发电机控制屏而定，有些不需要），然后合上发电机主开关，再按功率大小及重要性逐级起动各类负荷投入运行，之后起动备用发电机组，待一切正常后按并车操作要求进行并车投入电网并联运行，最后再起动大负荷投入运行。

（4）运行机组因发电机短路或失压保护跳闸造成电网失电

常规电站大多无此报警功能，若机组仍在运行但电压很低或没有电压，说明是失压保护跳闸，则应停止这一台机组，然后起动备用机组投入电网运行，最后再检查故障机组的发电机调压器；若机组仍在运行且电压正常，说明可能是短路保护跳闸，则应检查主配电板汇流排是否短路，排除短路故障后或确认主配电板没有发生短路故障后即可合闸供电。

（5）运行机组主开关误动作跳闸或因船舶电网选择性保护不良而跳闸造成电网失电

因无此报警功能，按上述短路保护处理方案检查，确认配电板没有发生短路后才可合闸供电。

（6）燃油供给故障（如调速器失灵、中断燃油等）致主开关跳闸造成电网失电

基本上均没有这类监测报警点，主开关仍系失压保护跳闸。故障现象是事先无其他症状，伴随着转速下降而跳闸停机。检查燃油供给系统，确信系统无故障后起动备用发电机组投入电网运行，然后检修故障机组的调速器等燃油供给系统。

二、发电机主开关跳闸的原因判别

根据发电机主开关跳闸发生的时机和故障现象，可以判断保护跳闸的原因，并进一步采取正确的应对措施。发电机的特大电流外部短路故障可以采用排除法判别，即排除了过载、欠压、逆功率等各种常见故障后还找不到跳闸原因的，可以考虑此时的原因是短路引起跳闸，当然也可能是主开关本身故障或误动作。

1. 发电机过载保护的判别

发电机过载主开关跳闸一般发生在发电机运行在较大负荷下，在不查看发电机实际功率时起动大负荷运行，如起动空压机、压载泵等后致使发电机过载而跳闸；也可能发生在并联运行时，其中一台机组因机电故障保护立即跳闸，而分级卸载装置失灵或卸载后仍过载致使运行机组出现过载而发生保护跳闸等场合；或在负荷波动频繁工况下，利用船舶起货机进行装卸货

作业，不打招呼突然增开几台起货机后引起过载保护跳闸。

2. 发电机欠压保护的判别

发电机欠压保护跳闸主要发生在调速器及燃油系统或调压器出现故障时。单机运行时，调速器及燃油系统故障导致欠压保护跳闸的判断依据是先出现转速下降（这可从柴油机声音听到），后发生跳闸、停机；调压器故障导致欠压保护跳闸的判断依据是先出现电压下降（这可从照明灯的亮度变化看出），后发生跳闸，但不停机。有时当起动大负荷时伴随着转速、电压的迅速降低而发生发电机主开关跳闸，但跳闸后电压、转速即相应恢复正常，这是由于调速器动态特性不好导致欠压保护跳闸。欠压保护跳闸与过载保护跳闸的区别主要在于：起动大负荷时跳闸为欠压保护跳闸，起动大负荷后一段短时间内发生跳闸为过载保护跳闸（具有反时限特性的过载保护）。

3. 发电机逆功率保护的判别

发电机逆功率保护跳闸主要发生在并车操作合闸时刻掌握不当导致待并机组合上后跳闸；或并联运行时，主要在刚并上车，负荷分配操作调节方向反了，或并联时其中一台柴油机调速器损坏或燃油中断等场合会发生逆功率保护跳闸。

一般并联运行的两台机组中一台因故跳闸后，另一台也会接着由于过载而跳闸，造成全船停电。

4. 发电机外部短路故障的判别

这里指的是按规范要求的对发电机特大电流外部短路保护，即发电机电流大于等于 $200\%I_N$ 时主开关跳闸这一故障的判别。

（1）对于具有自动电力管理系统的电站：当发生发电机主开关跳闸、主电网失电除报警外机舱没有其他任何反应且报警指示的是短路保护时，说明这时发生了发电机外部短路故障。

（2）对于常规电站：当发生发电机主开关跳闸，这一跳闸不是发生在同时起动几台大负荷时，不是出现在利用船上起货机进行装卸货作业时，不是出现在先出现转速下降后发生主开关跳闸（从柴油机的声音可得到判别）时，也不是出现在先发生电压下降后再跳闸（从照明灯的亮度可得到判别）时，即首先应排除过载、欠压、逆功率保护跳闸，这时一般可断定发生了发电机外部短路故障，但也有可能是主开关本身故障误动作引起跳闸。

思考题

1. 船舶电网失电造成全船停电之后，要在保证机电设备安全的前提下尽快恢复供电，应该采取怎样的应急处理措施？

2. 发电机的保护会造成主开关跳闸、全船停电，此时应如何判断保护跳闸的原因？

实训任务

进行发电机主开关跳闸、全船停电的应急处理操作。

任务九* 船舶电力系统电弧防护及短路分析

短路是船舶电力系统的严重故障，巨大的短路电流会对电气设备、线路造成严重破坏。电弧是造成短路的重要原因，其瞬时的高温和高压爆燃也严重威胁人身及设备安全。此外，开关电器在分断大电流过程中也会产生电弧，造成触头烧蚀、电流分断困难。电弧的产生、灭弧及防护装置是船舶电力系统学习中的重要内容之一。

一、电弧产生过程及灭弧、防护装置

开关电器的基本功能就是能够在所要求的短时间内分合电路，即起所谓开关的作用。机械式开关设备是用触头来开断电路电流的，在空气中开断电路时，只要电压超过 12～20 V，被开断的电流超过 0.25～1 A，在触头间隙（也称弧隙）中通常产生一团温度极高、发出强光且能够导电的近似圆柱形的气体，这就是电弧。一直到电弧熄灭、触头间隙成为绝缘介质后，电流才会被分断。

电弧的实质是一种自持的气体放电现象，其本身就是一束游离的气体，以等离子体状态存在。如图 1-43 所示为电弧放电。电弧由阴极区、阳极区和弧柱区三个部分组成。

图 1-43 电弧放电

电弧的危害主要体现在以下几个方面：

（1）电弧的存在延长了开关电器开断故障电路的时间，加重了电力系统短路故障的危害。

（2）电弧产生的高温，将使触头表面熔化和蒸发，烧坏绝缘材料，对充油电气设备还可能造成着火、爆炸等危险。

（3）由于电弧在电动力、热力作用下能移动，很容易造成飞弧短路和伤人或引起事故的扩大。

1. 电弧的产生及熄灭

当开关电器断开时，绝缘介质（低压电器一般为空气）会由绝缘状态变成导电状态。介质的放电现象是在电场、热、光的作用下，介质里的中性质点产生自由电子、正离子、负离子的结果，这种现象称为游离作用。在介质中产生的游离作用达到一定程度时，介质将被击穿，从而产生电弧放电。

(1)电弧的产生

断路器断开过程中电弧是这样形成的：

①热电子发射

当断路器的动、静触头分离时，触头间的接触压力及接触面积逐渐缩小，接触电阻增大，使接触部位剧烈发热，导致阴极表面温度急剧升高而发射电子，形成热电子发射。

②强电场发射

开关电器分闸的瞬间，由于动、静触头的距离很小，触头间的电场强度就非常大，使触头内部的电子在强电场作用下被拉出来，就形成强电场发射。

③碰撞游离

从阴极表面发射出的电子在电场力的作用下高速向阳极运动，在运动过程中不断地与中性质点（原子或分子）发生碰撞。当高速运动的电子积聚足够大的动能时，就会从中性质点中打出一个或多个电子，使中性质点游离，这一过程称为碰撞游离。

④热游离

弧柱中气体分子在高温作用下产生剧烈热运动，动能很大的中性质点互相碰撞时，将被游离而形成电子和正离子，这种现象称为热游离。

在外加电压作用下，间隙介质被击穿，形成电弧。弧柱导电是靠热游离来维持的。

(2)电弧的去游离形式

电弧的熄灭即去游离过程，包括复合和扩散两种形式：

①复合

复合是正、负带电质点相互结合变成不带电质点的现象。由于弧柱中电子的运动速度很快，约为正离子的1 000倍，所以电子直接与正离子复合的概率很小。一般情况下，电子碰撞中性质点时，先被中性质点捕获变成负离子，然后再与质量和运动速度相当的正离子互相吸引而接近，交换电荷后成为中性质点。还有一种情况就是电子先被固体介质表面吸附后，再被正离子捕获成为中性质点。

②扩散

扩散是弧柱中的带电质点逸出弧柱以外，进入周围介质的现象。扩散有三种形式：

A. 温度扩散。由于电弧和周围介质间存在很大温差，电弧中的高温带电质点向温度低的周围介质中扩散，减少了电弧中的带电质点。

B. 浓度扩散。这是因为电弧和周围介质存在浓度差，带电质点就从浓度高的地方向浓度低的地方扩散，使电弧中的带电质点减少。

C. 利用吹弧扩散。在断路器中采用高速气体吹弧，带走电弧中大量的带电质点，以加强扩散作用。

(3)影响去游离作用的因素

在进行电气设备灭弧、设计灭弧装置时，要重点考虑影响去游离的因素，主要有：

①电弧温度

电弧是由热游离维持的,降低电弧温度就可以减弱热游离,减少新的带电质点的产生,同时也减小了带电质点的运动速度,加强了复合作用。通过快速拉长电弧,用气体或油吹动电弧,或使电弧与固体介质表面接触等,都可以降低电弧的温度。

②介质的特性

电弧燃烧时所在介质的特性在很大程度上决定了电弧中去游离的强度,这些特性包括:导热系数、热容量、热游离温度、介电强度等。这些参数值越大,则去游离过程就越强,电弧就越容易熄灭。

③气体介质的压力

气体介质的压力对电弧去游离的影响很大。因为气体的压力越大,电弧中质点的浓度就越大,质点间的距离就越小,复合作用越强,电弧就越容易熄灭。

而在高度的真空中,发生碰撞的概率减小,抑制了碰撞游离,但扩散作用却很强,因此真空也是很好的灭弧介质。

④触头材料

触头材料也会影响去游离的过程。当触头采用熔点高、导热能力强和热容量大的耐高温金属时,减少了热电子发射和电弧中的金属蒸汽,有利于电弧熄灭。

除了上述因素以外,去游离还受电场电压等其他因素的影响。

2. 交流电弧的特性及熄灭

由于船舶电力系统大量采用交流电,故交流电弧是灭弧的重点。在交流电路中,电流瞬时值随时间变化,因而电弧的温度、直径以及电弧电压也随时间变化,电弧的这种特性称为动特性。由于弧柱的受热升温或散热降温都有一定过程,跟不上快速变化的电流,所以电弧温度的变化总滞后于电流的变化,这种现象称为电弧的热惯性。

交流电弧在交流电流自然过零时将自动熄灭,但在下半周随着电压的增高,电弧又重燃。如果过零后,电弧不发生重燃,则就此熄灭。一般与直流电弧相比,交流电弧更容易熄灭。

3. 船舶电力系统的灭弧措施及装置

根据电弧的特点和去游离作用原理,船舶电力系统中常采用的灭弧措施和装置是:

(1)提高触头的分闸速度

迅速拉长电弧,有利于迅速减小弧柱中的电位梯度,增加电弧与周围介质的接触面积,加强冷却和扩散的作用。因此,现代高压开关都采取了迅速拉长电弧的措施灭弧,如采用强力分闸弹簧,其分闸速度可达 16 m/s 以上。

(2)采用多断口

在开关电器中,每一相有两个或多个断口(触点)相串联。在熄弧时,多断口把电弧分割成多个相串联的小电弧段。多断口使电弧的总长度加长,导致弧隙的电阻增加;在触头行程、分闸速度相同的情况下,电弧被拉长的速度成倍增加,使弧隙电阻加速增大,提高了介质强度的恢复速度,缩短了灭弧时间。

采用多断口时,加在每一断口上的电压成倍减少,降低了弧隙的恢复电压,亦有利于熄灭电弧。在要求将电弧拉到同样的长度时,采用多断口结构显著减小了触头行程,也就减小了开关电器的尺寸。

(3)吹弧

用新鲜而且低温的介质吹拂电弧时,可以将带电质点吹到弧隙以外,加强了扩散,由于电弧被拉长变细,弧隙的电导下降。吹弧还使电弧的温度下降,热游离减弱,复合加快。按气流的产生方法不同,吹弧可分为用油气吹弧、用压缩空气或六氟化硫(SF_6)气体吹弧、用产气管吹弧等;按照吹弧方向的不同,其可分为纵吹、横吹、纵横吹等。

(4)灭弧装置及灭弧材料

①灭弧装置

常用的金属栅灭弧罩装置采用短弧原理,利用将电弧分为多个串联的短弧的方法来灭弧。由于受到电磁力的作用,电弧从金属栅片的缺口处被引入金属栅片内,一束长弧就被多个金属片分割成多个串联的短弧。如果所有串联短弧阴极区的起始介质强度或阴极区的电压降的总和永远大于触头间的外施电压,电弧就不再重燃而熄灭。采用缺口铁质栅片是为了减少电弧进入栅片的阻力,缩短燃弧时间。如图 1-44 所示为金属栅片灭弧原理。

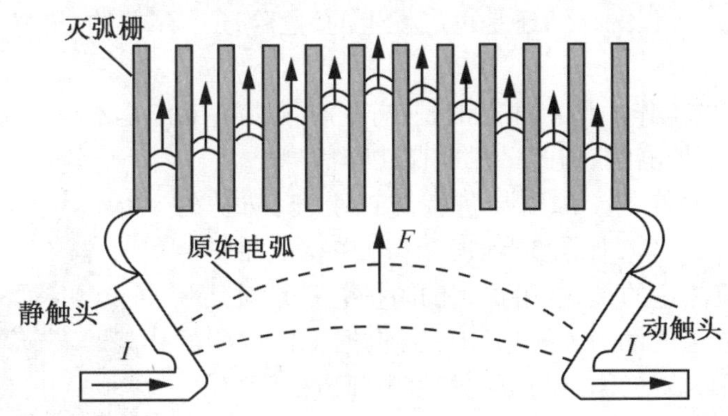

图 1-44　金属栅片灭弧原理

狭缝式灭弧装置的灭弧片是由石棉水泥或陶土制成的,可利用固体介质的狭缝、狭沟灭弧。触头间产生电弧后,在磁吹装置产生的磁场力作用下,将电弧吹入由灭弧片构成的狭缝中,把电弧迅速拉长的同时,使电弧与灭弧片内壁紧密接触,对电弧的表面进行冷却和吸附,产生强烈的去游离。

石英熔断器也是利用固体介质的狭缝、狭沟灭弧。其熔丝熔断时,在石英砂的狭沟中产生电弧。由于受到石英砂的冷却和表面吸附作用,电弧迅速熄灭,同时,熔丝气化时产生的金属蒸汽渗入石英砂中遇冷而迅速凝结,大大减少了弧隙中的金属蒸气,使得电弧容易熄灭。

②采用耐高温金属材料作触头

触头材料对电弧中的去游离也有一定影响,用熔点高、导热系数和热容量大的耐高温金属触头,可以减少热电子发射和电弧中的金属蒸汽,从而减弱游离过程,有利于熄灭电弧。

③采用优质灭弧介质

灭弧介质的特性,如导热系数、电强度、热游离温度、热容量等对电弧的游离程度具有很大影响,这些参数值越大,去游离作用就越强。高压开关广泛采用压缩空气、六氟化硫气体、真空等作为灭弧介质。

4. 电弧对人身的伤害及防护

电弧故障是一种不可预测的偶发事故。与大多数人非常熟悉的火灾情况相比,电弧故障是一种突发事件，在一个非常短的时间内高度集中释放能量，因而可能对附近工作人员造成致命的危害。电弧对人的主要伤害包括电击伤害、电弧火球烧伤、强光伤害、爆炸冲击、辐射热造成的衣物燃烧等。

据统计，半数以上报告至OSHA（美国职业安全健康委员会）和电弧相关的受伤案例，都是由工作者的衣物燃烧所引起的。因此，评估特定工作环境下的危险程度，为劳动者提供合适的电弧个人防护装备（PPE）已成为欧美国家普遍的安全标准要求。抗衡电弧热效应的个人防护用品可以提供更多的逃离时间和降低烧伤程度，从而提高事故受害者的生存率。但同时需要强调的是，穿戴个人防护用品永远都不能代替对安全操作规范的重视。

电弧事故的危害是严重的，无论是从经济上还是从生命代价上考虑，其后果都是昂贵的。无论是高压还是低压电气设备，故障电弧是偶发事件，对维护操作工作人员来说是防不胜防的，单单强调执行操作规程也是不够的。为防止故障电弧可能造成的伤害，应注意以下几点：

（1）严格执行操作规程。这是必不可少的，但应该注意，在各种环境及心情不佳的情况下，发生误操作等违反规程的事情还是可能发生的，危险还是存在的，最好在不带电的情况下工作。

（2）尽量避免带电工作。值得注意的是：有些时候带电工作是不可避免的，或者只是本间隔停电，而旁边间隔是带电的，因此一样地存在着危险。

（3）穿戴电弧防护装备。常用装备有防护手套、防护外套、防护面罩及防护眼镜等，如图1-45所示，这些装备在发达国家已广泛应用。应注意的是，这里提到的防护装备是对某一工作环境有针对性地选用的。实际应用中要根据工作场所的电压等级、短路电流大小、工作点与可能发生电弧点的距离等，计算出工作人员可能受到的辐射强度，然后选择相应防护等级的装备，才能有效地达到防护作用。所以在电弧防护方面，制定安全措施的目标是消除所有的危险源，对于与电相关的工作，意味着首先考虑的是避免带电工作。如果不能避免，就必须对特定的工作环境进行危险评估，为劳动者提供合适的个人防护装置。

图1-45　电弧防护装备

二、船舶电力系统短路分析

1. 船舶电力系统的短路

所谓“短路”是指电力系统正常运行情况以外的相与相之间或相与地（或中性线、四线制系统）之间的接通。在三相船舶电力系统中短路的基本形式有：三相短路、两相短路、两相两点接地短路及单相接地短路（四线制系统），其中三相短路属于对称短路，其他为非对称短路。由于船舶电力系统是中性点非直接接地，短路故障的形式主要是各种相间短路；而在中性点接地的陆用电力系统中，以一相对地的短路故障形式最多，约占全部的90%。

电力系统在发生短路故障时，系统的总阻抗减小（减小的程度视短路点在系统中的位置而异），因而各支路的电流也较正常运行情况增大很多倍，而系统内各点的电压也将下降很多，在故障点附近更为严重。

短路故障分为“金属性短路”和“电弧短路”。在发生短路的地点，通常产生一种阻抗，该阻抗由电弧的电阻和短路电流从一相至另一相或从一相至地所经过的元件的阻抗所组成。电弧具有电阻的特性，因此电弧短路电流比金属性短路电流小，尤其在低压电力系统中，电弧电压占电源电压的百分值较大，电弧短路电流会比金属性短路电流小很多，所以在短路分析中一般都注重讨论金属性短路的情况。

短路故障发生时必将引起电网的电压、频率的大大下降，由于旋转机械惯性的作用，电动机的转速在短路瞬间仍保持原有转速，此时异步电动机运行在再生制动状态下，因此电网中除运行发电机组外，所有运行的异步电动机也均向短路系统电路供电，即这些异步电动机也都是短路电流的供给源。

2. 产生短路故障的原因与后果

(1)电力系统产生短路故障的原因主要有：

①绝缘的自然老化和机械损伤引起电气设备载流部分的绝缘损坏。

②误操作引起的短路。

③其他因素引起的短路，如雷电、老鼠、鸟类等造成短路。

(2)短路故障所造成的后果

船舶电力系统中主配电板的汇流排或某一干线发生短路，在汇流排或此干线上将出现比正常电流大许多倍的短路电流。即使短路时所经历的时间很短，很大的短路电流也将可能造成如下破坏：

①电动力引起的破坏。短路时，在流过短路电流的导体上会产生很大的电动力，由于电动力与导体中流过的电流的平方成正比，短路电流极大值的出现将会引起电气设备及汇流排的机械损坏。

②热负载引起的破坏。通电导线产生的热量 Q 与电流的平方成正比($Q = 0.24I^2Rt$)。根据电源容量的大小与短路点距电源装置的距离，短路电流的大小在很大范围内变化，有时可达额定电流的数十倍，因此将会引起流经短路电流的导体、电气等设施产生不容许的发热，时间长了会引起电气设备的烧损及火灾。

③短路电弧引起的破坏。实际短路情况并不总是金属性短路，常常发生的是非金属性短路，因此在短路点有短路电弧产生，从而可能会引发火灾事故或由短路电弧烧毁电气设备的事故。

④大的短路引起电网电压大大下降。电网电压大大降低将会影响用电设备的正常工作，过低的电网电压会造成电动机停止运转。

显而易见，短路故障必将直接影响船舶的正常航行，甚至危及安全。

3. 短路电流的特性分析

短路电流的特性分析是电力系统分析的重要内容之一，它为电力系统的规划设计和选择电工设备、整定继电保护、分析事故过程提供了有效手段。

从一个稳定状态转变为另一个稳定状态时，在两者之间存在着过渡期。船舶电力系统属于有限容量电源供电网络，当发生短路时，作为电源的发电机内部也发生暂态过程，并不能保持其端电压和频率不变。一般讲，由于发电机转子的惯量较大，在分析短路电流时可以近似地认为转子保持同步转速，即频率保持恒定，但通常应考虑发电机的电磁暂态过程。

当发生短路时，船舶电力系统从正常的稳定状态过渡到短路的稳定状态，一般需 3~5 s。在这一暂态过程中，短路电流的变化很复杂，含有衰减的非周期分量及周期分量。在短路后约半个周波（频率 50 Hz 时为 0.01 s）时将出现短路电流的最大瞬时值，称为冲击电流 i_{sh}。它会产生很大的电动力，其大小可用来校验电气设备在发生短路时机械应力的动稳定性。

短路电流次暂态值 I_z 是指短路瞬时，短路电流周期分量为最大幅值时所对应的有效值。此值通常用于继电保护的近似整定和校验断路器的额定断流量。

稳态短路电流 I_∞ 是短路电流过渡过程结束后的对称短路电流均方根值。稳态短路电流的长时间作用会对绕组或引线、断路器主触头等产生热效应。此值通常用来校验电气和线路中载流部分的热稳定性。对于无限大容量电源系统如出现三相短路，则 $I_\infty = I_z$。

4. 电气设备的短路耐受强度

船舶电气设备必须能够耐受最大至额定短路电流所产生的机械应力和热效应，为此需要进行强制性的短路耐受强度试验，以测试是否达到短路耐受能力的要求。

对于进线单元中带有短路保护器件的成套电气设备，在短路耐受强度测试中，设备与给定的预期短路电流值相对应的电流应持续流通，直到保护器件切断为止。对于进线单元中不带短路保护器的成套设备，应该在指定保护器件的电源侧，以预期电流进行所有的短路耐受额定值、动应力和热效应的验证。如果制造厂给出了额定短时耐受电流、额定峰值耐受电流、额定限制短路电流或额定熔断短路电流的值，则该预期电流应与制造厂给出的值相等。

5. 短路电流的计算

（1）计算短路电流的目的

船舶电力系统计算短路电流的目的主要有：

①校验所选用的配电开关电器（如自动空气断路器）的断流容量与接通容量。

②校验汇流排、支持绝缘子等电器元件的电动力稳定性。

③给电力系统短路选择性保护的整定提供数据。

（2）船级社对短路电流计算的要求

在计算最大预期短路电流时，应考虑到满足最大需要功率的、且可能并联连接的所有发电机，以及需同时运行的所有电动机。

在具体计算中，一般应包括下列各处短路的电流：

①发电机输出端短路。

②主汇流排短路。

③应急配电板、区配电板以及分配电盘的汇流排短路。

④电力和照明变压器次级短路。

对于交流系统，在缺乏精确数据的情况下，主汇流排处的短路电流可假定如下：

满足最大功率的、且可能并联连接的所有发电机额定电流的 10 倍，加上需同时运行的所有电动机额定电流的 3 倍（对称均方根值），短路回路的功率因数假定为 0.1。

（3）船舶电力系统短路电流计算方法

计算船舶交流电力系统短路电流的方法很多，这些计算公式的理论推导条件不同，计算方法的难易不等，得到的计算结果有所差异。但众所周知，目前所应用的短路电流计算公式，都是一些近似的计算式。

①IEC 方法

IEC(国际电工委员会)第 363 号出版物推荐的短路电流计算方法是目前国际上广泛使用的一种方法。这种计算方法比较容易,且对于发电机短路电流的计算值精度也较高。不足之处是在计算电动机短路电流时,不论短路点在何处,都按电动机的总额定电流的 4 倍(计算对称有效交流分量)和 8 倍(计算非对称最大峰值短路电流)来计算,故在馈电线端短路时误差较大,计算结果偏大。

②等效发电机方法

这种方法计算复杂,但计算值精度较高。特别是实船电力系统中电动机很多时,若分别计算每台电动机在汇流排短路点的短路电流,则显得特别复杂。除特殊情况(例如大容量电动机或离汇流排较远的电动机)外,一般情况都假定一台与多台电动机等效的电动机特性来计算,因此等效的电动机特性将影响计算值的精度。

③日本"电气协同研究会"精密计算方法

这种方法计算值的精确度与等效发电机法差不多,但计算方法比等效发电机法复杂,对电动机短路电流计算,也存在类似等效发电机方法的不足。

④阻抗百分比方法

这种方法计算比较简单,但计算精度较差,得到的结果偏大,这是因为在计算发电机短路电流和电动机短路电流时,都忽略了交流分量的衰减。

⑤图解方法

这种方法计算比较容易,计算依据与等效发电机方法相同。该法在理论上是合理的,但存在的问题是由于忽略了电路的电阻分量,则计算电流值和 n(非对称最大峰值短路电流与对称有效交流短路电流的比值)值偏大;为了求出交流分量的衰减率 d,应该提高曲线图的精度;在汇流排短路时,把电动机短路电流考虑为 $I_{sym}=4I_M$,$I_{pmax}=8I_M$,亦不够精确。

⑥美国海军标准计算方法

由于这种方法计算所求的是三相平均非对称有效值和最大非对称有效值,当选用断路器时,若断路器的切断性能中额定切断容量用对称有效值表示,额定接通容量用非对称最大峰值表示,则用本方法求得的值应进行换算。

思考题

1. 船舶电力系统产生电弧的原因有哪些?一般常采用的灭弧措施有哪些?
2. 如何做好电弧危害的防护工作?
3. 三相三线制船舶电力系统中,短路的形式有哪些?
4. 根据短路电流的特点,测试电气设备的短路耐受能力需要考虑哪些电流值?

项目二 同步发电机及自动电压调整器管理

船舶电力系统的主要电源形式是同步发电机,保持其正常运行对船舶的航行安全至关重要。同步发电机的管理、维护保养和故障维修也是船舶电子电气工作的重要内容。作为电力系统的基本参数,电网电压需要维持在额定值上,保持电压的恒定也是供电质量的重要指标之一。但实际上电网电压总是经常变动,由于船舶电网容量小,变动尤为严重。为了保证电力系统的正常运行,同步发电机自动电压调整器(调压器)起着十分重要的作用。自动电压调整器是发电机极为重要的组成部件,要管理好船舶发电机,就要从调压器的学习开始。

1. 掌握发电机自励起压及电压调整的概念;
2. 熟悉同步发电机常用调压器的分类、特点和工作原理;
3. 掌握无刷发电机励磁系统的工作原理;
4. 掌握船舶同步发电机的结构及维护保养注意事项;
5. 了解船舶发电机及调压器的故障排查基本方法。

1. 识读船舶同步发电机及调压器的图纸资料;
2. 进行船舶同步发电机调压器的设置和调整;
3. 进行船舶同步发电机的运行管理、测试及维护保养。

1. 根据项目学习目标,分析和研讨各工作任务要求,明确知识和技能部分的学习内容,并结合混合式教学,学习相关知识材料;

2. 拟定工作计划,分解工作任务,明确学习目标,制订项目实施计划;

3. 根据实船发电机操作说明书、相关线路图等,并结合实训室电站设备,在教师指导下展开工作任务;

4. 对项目完成情况进行评估，针对不足之处进行分析改进。

任务一　同步发电机自动电压调整器认知

任何一个电力系统，必须维持在额定电压下运行，因此保持电压的恒定是供电质量的重要指标之一。但是由于各种影响因素的作用，实际的电网电压总是经常变动的，船舶电网容量小、影响作用大，所以电压变动更为严重。为了保证电力系统的正常运行，同步发电机自动电压调整器会随着发电机端电压波动自动调整励磁电流大小，以维持电压稳定，这在船舶电力系统中起着十分重要的作用。

一、自动电压调整器的作用

根据船舶电力系统正常运行的要求，自动电压调整器(调压器)应具有下述两个作用：

1. 电压控制

对于同步发电机来说，在负载电流变化时，电枢反应的影响将使发电机的端电压发生变化，尤其是感性电流、大的负载电流会使发电机端电压明显下降。太强的电枢反应将使网上用电设备不能正常运行(如电压下降过大，会引起电动机因电磁转矩急剧下降，导致堵转，继电器、接触器因铁芯磁力减小造成释放等)，因此需要自动调压器来调整发电机的端电压，即相应调整发电机励磁电流，以保持端电压的恒定。

2. 无功功率调节和分配控制

同步发电机并联运行时，只要在网并联运行的发电机的电势不相等，在网上运行的发电机定子绕组间就会产生环流，引起无功功率分配不均匀。对并联运行发电机改变其励磁电流时，感应电动势和定子电流随之变化，此时这台发电机承担的无功负荷也随之变化，起到调节作用。通过自动调压器来调整发电机的电势，可以减小机组间的环流，使并联运行机组合理而稳定地分配无功功率。

二、对调压器的基本要求

为了保证供电质量，对自动电压调整器总的基本要求是：简单可靠；灵敏度高而稳定；静态、动态特性好；具有一定的强行励磁能力；合理而稳定地分配无功功率等。

1. 静态和动态特性

对自动电压调整器的静态特性，各船级社指标基本相同。静态特性可这样表述：原动机在额定转速下运行时，交流发电机连同其励磁系统，应能在负荷自空载至额定负载范围内，且其功率因数为额定值的情况下，保持其静态电压的变化值在额定电压的±2.5%以内。应急发电机可允许为±3.5%以内。

对动态特性各船级社的指标有一些微小差别,但可这样表述:当发电机在额定转速且电压接近额定值(CCS 指标)或额定电压(GL 指标)下运行时,如突加或突卸60%额定电流及功率因数不超过0.4(滞后)的对称负载,当电压跌落时,其瞬态电压值应不低于额定电压的85%;当电压上升时,其瞬态电压值应不超过额定电压的120%,而电压恢复到与最后稳定值(CCS 指标)或额定值(GL 指标)相差3%以内所需的时间,则不应超过1.5 s。

图2-1中 U_{min} 及 U_{max} 为发电机电压静态时最小与最大值;U'_{min} 及 U'_{max} 为发电机突加、突卸负荷电压突变时最小与最大值;$t_1 = t'_1 - t_0$,是指电压衰减到与最后稳定值相差3%时所需的时间(CCS 指标);$t_2 = t'_2 - t_0$,是指电压衰减到与最后额定值相差3%时所需的时间(GL 指标)。

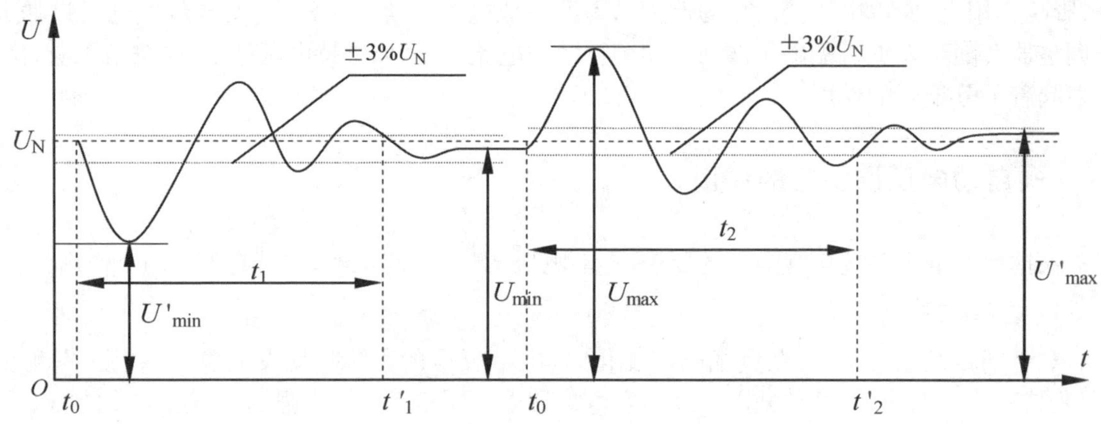

图2-1　电压调整过程曲线

2. 无功分配

各船级社对无功分配指标基本相同,可这样表述:如输出功率相同的发电机并联运行,则当有功负载平均分配时,其每台发电机的无功负载与其按比例分配值的偏差不应超过其额定无功功率的10%。

在不同定额的发电机并联运行时,假设有功功率按比例分配,则无功负载与其按比例应分配值之差不应超过下列两值中较小者:

(1)最大发电机额定无功功率的10%。

(2)最小发电机额定无功功率的25%。

3. 强行励磁

电力系统的特点之一是过渡过程非常快。当负载突变或发生短路时,电压会突然下降很多。这将给电力系统的运行带来许多问题,甚至可能使电力系统丧失稳定。因此,从提高发电机并联工作稳定性和电动机运行稳定性以及继电保护装置动作的准确性等动态稳定性的观点出发,要求调压器的动作要迅速。

从短路保护的选择性要求出发,也要求调压器在发电机运行中一旦发生外部短路,能在短路瞬间提供足够大的励磁电流,以保证有足够大及持续时间的发电机短路电流,供负载开关过流脱扣跳闸。对此有关船级社(如 GL)规定:当接线端子三相短路时,静态短路电流应为不小于3倍也不大于6倍的额定电流,发电机及其励磁机必须能承受此静态短路电流2 s而无损坏。中国船级社也有类似的规定。

综上所述,均要求调压器要有强行励磁能力。强行励磁能力通常可用强行励磁倍数和发电机电势最大上升变化率来描述。

4. 电磁兼容性

电磁兼容性是描述电气设备在规定的电磁环境中有效工作的能力。对励磁装置的电磁兼容性要求主要体现在不干扰其他设备的正常工作这一方面。

5. 自励起压性能

自励起压性能是对自励类型的励磁装置的要求,保证发电机依靠剩磁从静止起动后能迅速、顺利地发出规定的电压。

三、调压器的分类

船舶同步发电机自动调压器的类型很多,但不论何种调压器,都是通过调整发电机的励磁电流来调整其端电压和并联运行时承担的无功功率的。按调节原理,调压器可分成三种类型。

1. 按扰动(负载)进行调节

它是按发电机电压波动的主要原因,即电流的大小及其功率因数来对发电机励磁电流进行调节的。这类装置属于开环调节系统,根据工作原理分析,这类装置存在"静态特性较差、动态特性较好"的特点。这类装置的静态电压调整率一般为±(3%~5%),最好也只能达到±2%。不可控相复励调压器就属于这种类型。

2. 按负反馈(电压偏差)进行调节

它是按发电机输出电压的偏差ΔU来对发电机励磁电流进行调节的。这类装置属于闭环的反馈调节系统,在理论上可做到无静态偏差,但由于并联运行的需求,实际调压器应是一个有差系统。这类装置的电压调整静态精度高,现在静态电压调整率一般均在±1%以内,有的已达到±0.5%以内。其缺点是动态特性不如按扰动进行调节的装置。可控硅调压器就属于这种类型。

3. 按复合原理进行调节

它是按扰动与电压偏差的综合信号进行调节的,即同时按发电机的电流大小及其功率因数和发电机输出电压偏差来对发电机励磁电流进行调节。这类调压器将上述两种调压器结合在一起,所以同时具有上述装置的各自优点,克服了各自的不足之处,即调压器的静态特性与动态特性都很好。可控相复励调压器就属于这种类型。

思 考 题

1. 船舶同步发电机的电压自动调整器的作用是什么?船级社对其有哪些技术要求?

2. 根据调节原理的不同,船舶发电机的调压器可分为哪些类型?

任务二　自励起压及不可控相复励调压器

在相复励调压器中，同步发电机的励磁电流来自于发电机端电压与负载电流，是经静止的整流元件整流成直流的励磁电流。为分析问题方便起见，我们把励磁电流 I_E 整流前的交流电流，也称为励磁电流 $\dot{I}_E$。励磁电流 $\dot{I}_E$ 中来自发电机端电压的部分，称为电压分量（自励分量）$\dot{I}_{EU}$；来自负载电流的部分，称为电流分量（复励分量）$\dot{I}_{EI}$。由于这两个分量的叠加方式不同，在实际调压器中，存在三种形式：电流叠加、电势叠加与电磁叠加。如图 2-2 所示为这三种

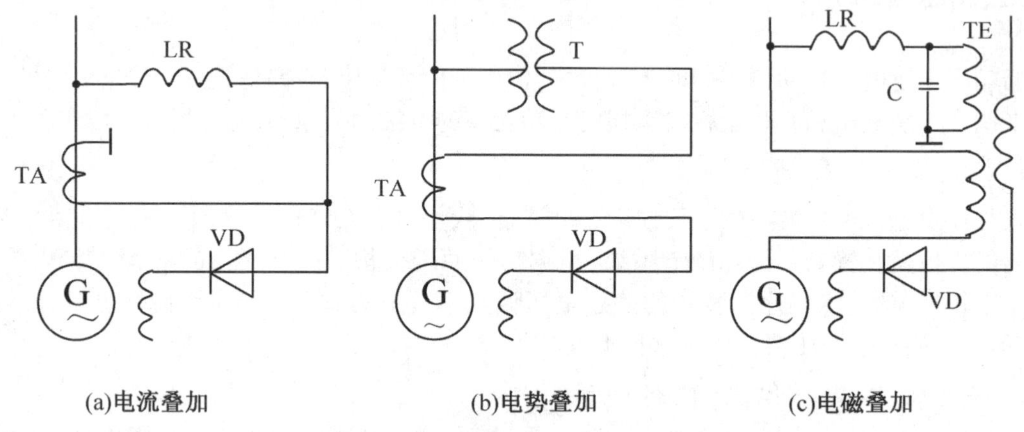

(a)电流叠加　(b)电势叠加　(c)电磁叠加

图 2-2　不可控相复励调压器三种叠加方式单线原理简图

叠加方式的单线原理简图。这三种形式在现代远洋船舶中均有应用，我国基本采用的是电流与电磁叠加的形式。

一、同步发电机的自励起压及恒压基本原理

1. 自励起压基本原理

如图 2-3 所示为不可控相复励装置自励回路的单相原理图。图 2-4 为自励起压特性曲线图，图中曲线 1 为同步发电机的空载特性曲线 $U_0 = f(I_E)$；曲线 2 为自励回路的理想励磁特性曲线 $I_E = f(U_G)$，又称为场阻线。起压过程中发电机空载，且转速保持额定值不变。

发电机转子铁芯通常采用硅钢片，因此当磁场强度达到一定值时，磁路趋于饱和。由于存在有磁滞现象，发电机的空载特性曲线雷同于磁滞曲线，如图 2-4 中曲线 1 所示。该特性线的一个重要特点是励磁电流 I_E 为 0 时，由于转子铁芯的剩磁作用，输出电压 U_0 不为 0，即不过原点。

自励回路是一个非线性电路，在起压过程中其阻抗是变化的，因此实际的励磁特性曲线如图 2-4 中曲线 2 所示。自励回路的阻抗由整流二极管的正向导通电阻、碳刷与滑环的接触电阻（若为有刷发电机）及励磁绕组的直流电阻所组成。起压初始阶段因剩磁电压所产生的励

磁电流很小，故整流二极管的正向电阻和碳刷与滑环的接触电阻都呈高阻状态；当电压开始建立时，也即励磁电流较大时，却呈低阻状态，因此实际的励磁特性曲线如图 2-4 中曲线 2 所示。该特性线的特点是发电机输出电压 U_0 为 0 时，加在励磁回路上获得的励磁电流 I_E 为 0，即通过原点。当对发电机未采取任何调整措施时，从图 2-4 中可知，励磁特性曲线 2 与发电机空载特性曲线 1 存在三个交点 A、B、C，其中 A 点与 C 点是稳定运行点。由于发电机起压过程电压由低变高，在经过 C 点时，C 点是稳定点，发电机电压维持在此点的电压值上不再升高，故起压失败。

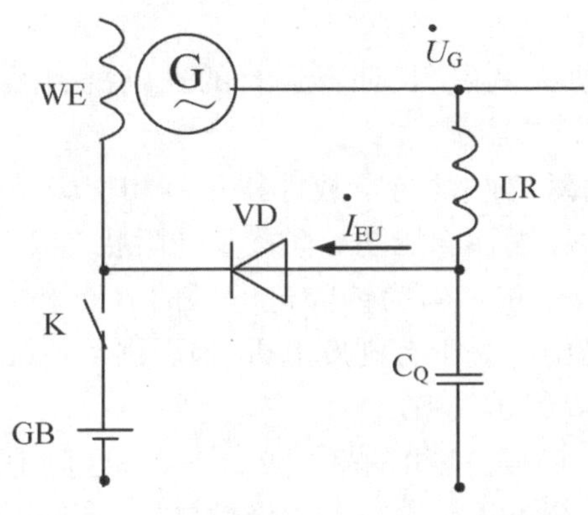

图 2-3　不可控相复励装置自励回路的单相原理图

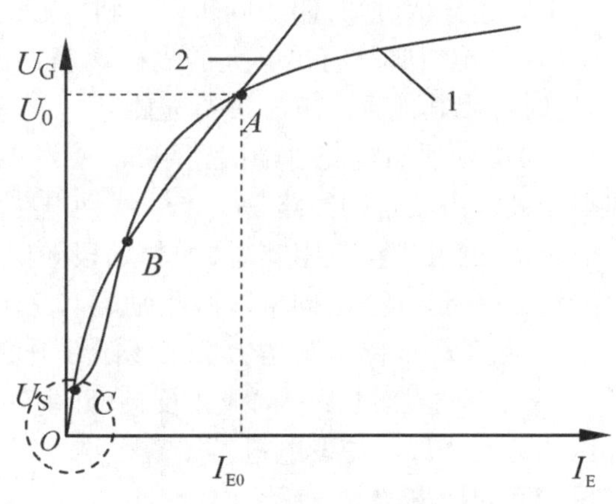

图 2-4　自励起压特性曲线图

同步发电机自励起压过程的详细分析如图 2-5 所示（图 2-4 中虚线圆部分的放大）。由于磁滞现象，在转子磁极上留有剩磁。当发电机组起动时，发电机定子绕组将感生剩磁电压 U_S，U_S 加在自励回路上，经过整流在发电机励磁绕组 WE 中产生励磁电流 I_1，I_1 在发电机定子绕组中感生电压 U_1，U_1 通过自励回路在 WE 中又产生 I_2，I_2 又感生更高的电压 U_2，如此循环，构成正反馈，直至到达 C 点。此时电压升至 U_C，而 U_C 所能产生的励磁电流为 I_C，I_C 产生的磁场能感生的电压正好为 U_C，故发电机电压升至 U_C 就不再上升。若由于某种原因的扰动，发电机的电压升高为 U_3，则电压 U_3 所能产生的励磁电流为 I_4，维持 U_3 需要的励磁电流为 I_3，I_4 小于 I_3，因此发电机电压势必下降至 U_4，同理经一系列正反馈，发电机电压必降至 U_C 才停下来；若扰动使发电机下降，与刚分析的起压时升压过程相同，电压必升至 U_C 才停下来。由上可看出 C 点是一个稳定的运行点。同样分析可得出 A 点也是稳定的运行点，而 B 点由于受到扰动电压变化之后，不能再次回到该点停下来（电压受扰动升高后，会继续升高到 A 点停下来；降低后则继

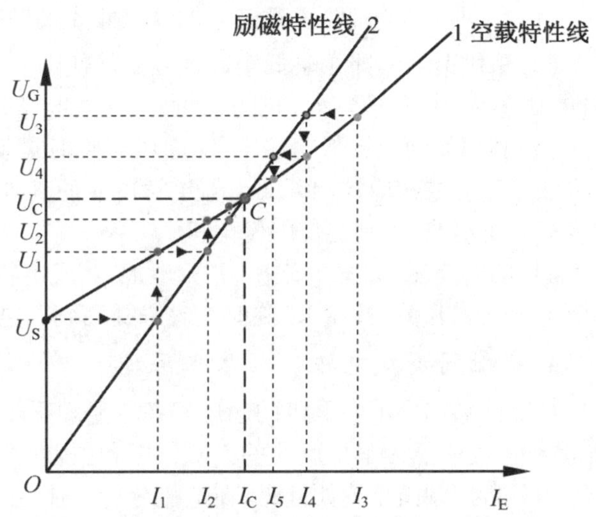

图 2-5　自励起压过程的详细分析

续降低，到 C 点停下来），故 B 点是不稳定的运行点。

由此可见，由于 C 点的存在，对于同步发电机不采取一定措施时，电压的建立是不可能的。从特性曲线图中可见，只有消除了 B 与 C 两个交点，尤其是低压的稳定点 C，发电机才能顺利地起压。为了保证同步发电机顺利建压，可通过提高发电机的空载特性曲线，即有足够大的剩磁电压 U_S 来消除 B 点和 C 点，或通过改变励磁特性曲线斜率，使之向右、向下倾斜来消除 B 点与 C 点。

2. 船舶同步发电机自励起压的条件

由前述分析可知，船舶同步发电机自励起压的条件是：

(1)发电机必须有足够大的剩磁。新造的发电机无剩磁，长期不运行的发电机剩磁也消失，这时可用其他直流电源进行充磁。

(2)必须适当整定自励回路阻抗，使发电机的励磁特性线与空载性线正好相交于空载额定电压处。由于自励回路是一个非线性电路，如前述原因在起压初始阶段呈高阻状态，以后随着电压增加，又都呈低阻状态，即起始段较陡，后段较平坦。但为消除低电压的 B 点和 C 点，一般均需降低场阻线，即采取减小励磁回路阻抗的措施。对于有刷发电机，当碳刷滑环接触严重不良时，励磁回路电阻增大造成场阻线升高，会造成起压失败。

(3)自励起压过程中构成正反馈，即剩磁的极性与励磁绕组的极性必须一致，这也是自励起压的必要条件。如发电机转子磁极维修后，在励磁绕组接线中将电源极性接反，将无法形成正反馈而起压失败。

3. 船舶同步发电机自励起压的措施

(1)在同步发电机转子磁极上加恒磁插片来提高剩磁电压 U_S。

(2)采用谐振法即在略低于额定频率处使励磁回路发生谐振而达到减小励磁回路电阻的目的，如图 2-3 中接电容 C_Q 的方法，通过该电容与移相电抗器构成 LC 振荡电路。

(3)利用复励电流帮助起压，即起压时临时短接主电路或利用升压变压器来起压。这两种方法是建立在相应控制开关电器绝对可靠的基础上的，电压一旦建立应立即切除升压变压器或打开主电路；否则会烧毁发电机。

(4)临时充磁，如图 2-3 中 GB 蓄电池，当发电机靠本身建压失败时，通过主配电板发电机控制屏上充磁开关(按钮 K)临时充磁来提高剩磁电压，从而达到建压的目的。

4. 船舶同步发电机恒压基本原理

自励回路解决了发电机的起压问题。船舶同步发电机建立了空载电压后，在负载下运行时，其端电压必然因电枢反应的去磁作用和内阻压降的影响而降低，因此必须采取恒压措施。

为分析问题简单方便起见，在电机分析中往往忽略定子绕组的直流电阻，从而得到图 2-6 所示的隐极同步发电机简化相量图。图 2-6 中 $\dot{E}$ 为发电机电势，$\dot{U}_G$ 为发电机端电压，$\dot{I}_G$ 为发电机电流，X_S 为发电机同步电抗，φ 为发电机功率因数角。由相量图可得

$$\dot{E} = \dot{U}_G + j\dot{I}_G X_S \tag{2-1}$$

设发电机磁路未饱和，则 E 与励磁电流 I_E 成正比，即有

$$\dot{E} = K_E \dot{I}_E = \dot{U}_G + j\dot{I}_G X_S$$

故

$$\dot{I}_E = \frac{\dot{U}_G}{K_E} + j\dot{I}_G \frac{X_S}{K_E} \qquad (2\text{-}2)$$

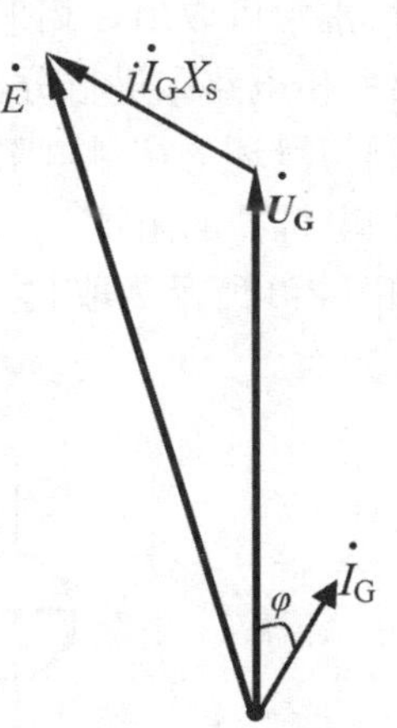

图 2-6　隐极同步发电机简化相量图

可见，若励磁电流 $\dot{I}_E$ 不变，则发电机端电压 $\dot{U}_G$ 将随着负载电流 $\dot{I}_G$ 的变化而变化。为了保持发电机电压 U_G 恒定，必须使励磁电流 $\dot{I}_E$ 按式(2-2)的关系随 $\dot{I}_G$ 的变化而变化。这种按负载电流、端电压以及它们间相位关系进行调节的励磁方式称为相复励。因此不可控相复励调压器，只要按式(2-2)的关系设计元器件，即可保持发电机电压恒定。

二、电流叠加相复励调压器

1. 原理线路图

电流叠加相复励调压器原理图如图 2-7 所示：

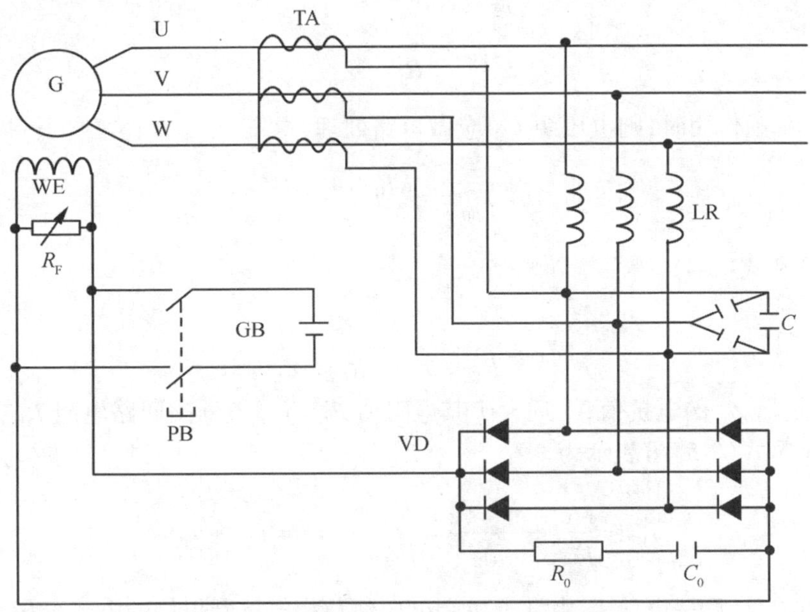

图 2-7　电流叠加相复励调压器原理图

TA 为电力电流互感器，反映发电机负载电流 $\dot{I}_{EI}$（大小与相位），以进行相复励调压。

LR 为移相电抗器，将发电机电压产生的电流移相 90°，作为电压分量 $\dot{I}_{EU}$，进行自励起压。

VD 为三相桥式整流器，将交流侧叠加得到的励磁电流 $\dot{I}_E$ 整流成直流励磁电流 I_E。

WE 为励磁绕组，R_F 为磁场分流即放电电阻，GB 为蓄电池，PB 为充磁按钮，3 个 C 为谐振电容，R_0C_0 为浪涌保护。

2. 线路分析

如图 2-7 所示的线路是一个三相电路。在分析三相电路中，当线路为三相对称星形接法电路时，常常可取出一相来进行分析。将励磁回路作为一个电阻性三相星形接法的负载时，就可取出一相电路来进行分析。图 2-8 中，R_E 是励磁回路等效电阻（整流桥 VD 的正向导通电阻、碳刷与滑环的接触电阻及发电机转子绕组电阻所组成），K 是 TA 电流互感器的变比，Z_L 是 LR 移相电抗器的阻抗。

如图 2-8 所示为取其一相的等值电路图，这里我们运用叠加原理来求解：

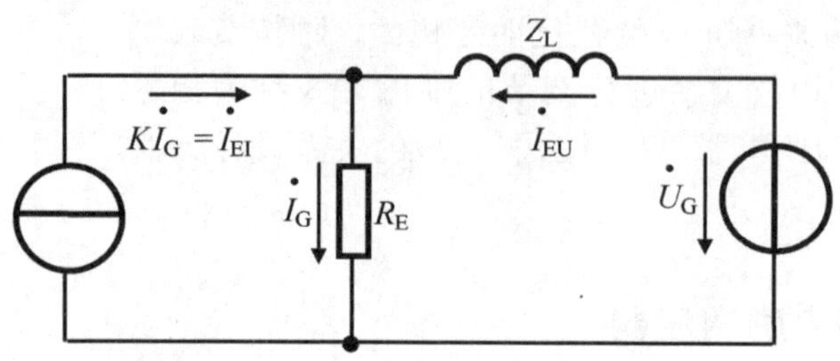

图 2-8　电流叠加相复励装置等值电路图

电压源 $\dot{U}_G$ 单独作用时，则电流源 $\dot{I}_G$ 应做开路处理，即 $\dot{I}_G=0$，得

$$\dot{I}_{EU0}=\frac{\dot{U}_G}{R_E+Z_L} \tag{2-3}$$

电流源 $\dot{I}_G$ 单独作用时，则电压源 $\dot{U}_G$ 应做短路处理，得

$$\dot{I}_{EI0}=\frac{K\dot{I}_G Z_L}{R_E+Z_L} \tag{2-4}$$

由式（2-3）和式（2-4），得

$$\dot{I}_E=\frac{\dot{U}_G}{R_E+Z_L}+\frac{K\dot{I}_G Z_L}{R_E+Z_L} \tag{2-5}$$

因移相电抗器 Z_L 的电抗值 X_L 远大于其电阻值 R_L 与等效励磁回路电阻 R_E 之和，可忽略这两个电阻，于是式（2-5）可表示为

$$\dot{I}_E\approx\frac{\dot{U}_G}{jX_L}+\frac{K\dot{I}_G Z_L}{jX_L}=\frac{\dot{U}_G}{jX_L}+K\dot{I}_G=\dot{I}_{EU}+\dot{I}_{EI} \tag{2-6}$$

由式（2-6）可见，励磁电流 $\dot{I}_E$ 由发电机端电压经移相电抗器提供的电压分量 $\dot{I}_{EU}$ 与由电流互感器提供的电流分量 $\dot{I}_{EI}$ 所组成。

3. 相量分析

如图 2-9 所示为相复励调压器恒压原理相量分析图，其中图 2-9（a）表示当负载电流大小发生变化，而负载功率因数保持不变时的情况。当负载电流值增加时，励磁电流中的电流分量值从 $\dot{I}_{EI1}$ 增加至 $\dot{I}_{EI2}$，励磁电流值相应地从 $\dot{I}_{E1}$ 增加至 $\dot{I}_{E2}$，从而补偿了负载电流的增加使发电机主磁场扭曲的电枢反应而引起的电压下降。这种按负载电流大小进行补偿的方式称为电流复励。

图 2-9（b）表示当负载电流大小不变，而负载功率因数发生变化时的情况。当负载功率因

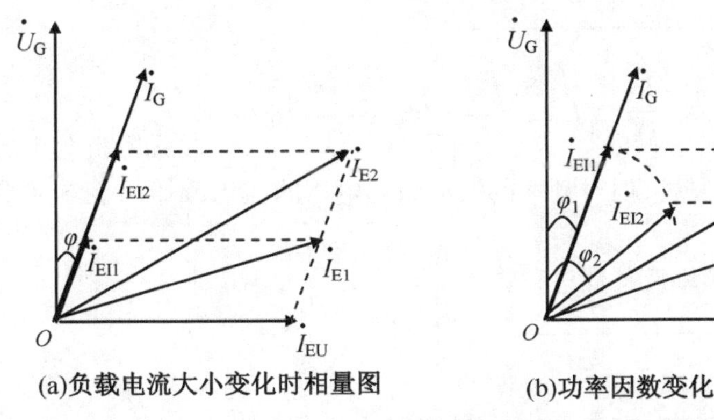

图 2-9　相复励调压器恒压原理相量分析图

数下降时,负载功率因数角从 φ_1 增大至 φ_2,但负载电流分量值不变($\dot{I}_{EI1}=\dot{I}_{EI2}$),励磁电流值相应从 $\dot{I}_{E1}$ 增加至 $\dot{I}_{E2}$,从而补偿了负载功率因数下降使发电机主磁场去磁的电枢反应引起的电压下降,这种按负载功率因数大小进行补偿的方式称为相补偿。

当负载电流大小或功率因数向相反方向变化时,按上述相量分析,同样可得到励磁电流会做出相应变化。

实际情况下,负载电流大小与负载功率因数都发生变化,相复励调压器按上述两种叠加后的方式进行调节。

4. 移相电抗器 LR 的作用

由图 2-8 和图 2-9,以及式(2-6)分析得出:

(1)如果无 LR 移相电抗器,即 $Z_L=0(X_L=0)$时,电流分量 $\dot{I}_{EI}=0$,$\dot{I}_E$ 与负载电流无关,即 $\dot{I}_E=\dot{I}_{EU}=\dfrac{\dot{U}_G}{R_E}$,没有电流复励作用。由式(2-6)看出,复励阻抗 Z_L 还有限制 $\dot{I}_{EU}$ 大小的作用。

(2)如果 $Z_L=R_L$ 为纯电阻,则只能进行电流复式励磁,不能实现相位补偿(功率因数补偿)。

(3)如果 $Z_L=jX_c$ 为纯电容,则 $\dot{I}_{EU}$ 超前 $\dot{U}_G$ 90°, $\dot{I}_{EU}$ 需要反接,以实现相复励,但频率反补偿。

(4)只有 $Z_L=jX_L$ 为纯电感,线性电抗器才能实现相复励和频率补偿。

所以称 Z_L 为复励阻抗。由于 jX_L 使励磁电流的电压分量 $\dot{I}_{EU}$ 滞后移相 90°,所以 Z_L 又被称为移相电抗器。

5. 频率变化的影响

复励阻抗为电抗器的相复励装置,对频率变化引起电压的波动具有一定的补偿作用。发电机频率增大会引起发电机电动势升高($E=4.44fW\Phi$),频率增加同样会引起复励阻抗的电抗值 X_L 增加($X_L=\omega L$)。从式(2-6)可知,这将导致励磁电流的电压分量减小,也即合成后的励磁电流 $\dot{I}_E$ 减小,最终使发电机电势回落而保持发电机电压基本不变。

复励阻抗为线性电抗器时的频率补偿过程:

$$f\uparrow \longrightarrow U_G\uparrow$$

$$f\uparrow \longrightarrow 2\pi fL = X_L\uparrow \longrightarrow \frac{\dot{U}_G}{jX_L} = \dot{I}_{EU}\downarrow \longrightarrow \dot{I}_E\downarrow \longrightarrow U_G\downarrow$$

当复励阻抗为电容器时,同样具有移相作用,可以实现相复励,但对频率的波动引起电压的变化,不但不起补偿作用,反而起反作用,使电压变化更厉害。

复励阻抗为电容器时的频率反补偿过程:

$$f\uparrow \longrightarrow U_G\uparrow$$

$$f\uparrow \longrightarrow \uparrow\frac{1}{2\pi fC} = X_C\downarrow \longrightarrow \uparrow\frac{\dot{U}_G}{-jX_C} = \dot{I}_{EU}\uparrow \longrightarrow \uparrow\dot{I}_E\uparrow \longrightarrow \uparrow U_G\uparrow$$

6. 温度变化的影响

由式(2-5)可知,当环境温度升高后,励磁回路等效电阻 R_E 会升高,从而减小励磁电流,降低发电机端电压,而且没有补偿作用,这也是造成相复励装置调压精度较低的原因之一。

7. 电流叠加相复励装置恒压理论依据

比较式(2-2)与式(2-5)得,只要在设计电抗器时,使 $Z_L = K_E - R_E$,设计电流互感器时,使 $K = \frac{jX_S}{Z_L}$,则两式就相等,说明电流叠加线路可以实现保持电压恒定所需要的相复励。

三、相复励装置参数的调整

相复励系统参数可按电压分量与电流分量两个方面来进行调整。发电机空载电压可通过电压分量来调整,发电机带负载后的电压可通过电流分量来调整。

当发电机空载电压偏低时,说明励磁电流的电压分量偏小,则应增加电压分量来进行调整。由于电压分量 $I_{EU} \approx U_G/jX_L$,因此应减小 X_L 的值,即通过减少移相电抗器的匝数来进行粗调,当调整到最接近额定电压值的匝数时,再可通过增加电抗器的气隙来进行细调,直至调到该装置的最佳空载精度。所谓气隙实际是电抗器铁芯间的间隙,这一间隙通常是由若干层绝缘的玻璃纤维薄片叠加而成的。

当发电机负载电压偏低时,说明励磁电流的电流分量偏小,则应增加电流分量来进行调整。由于电流分量 $I_{EI} \approx KI_G$,其中 I_G 是由负载所决定的,所以只能改变电力电流互感器的变比 K;电力电流互感器的原边一般只有两三匝,没有抽头可供调整,因此应减少电流互感器的副边匝数来增大 K 值,即增加电流分量值来调整负载电压。因匝数抽头有限,故只能粗调,若电压不能令人满意,则尚可通过三相副边匝数不对称调整法来进行进一步的调整。

四*、不可控相复励装置存在的问题与改进措施

不可控相复励调压器存在的主要问题是调压精度低,静态指标一般只能达到±3%。带有电压曲折绕组的电磁叠加相复励调压器,如图 2-10 所示,其精度能达到±2. 5%。

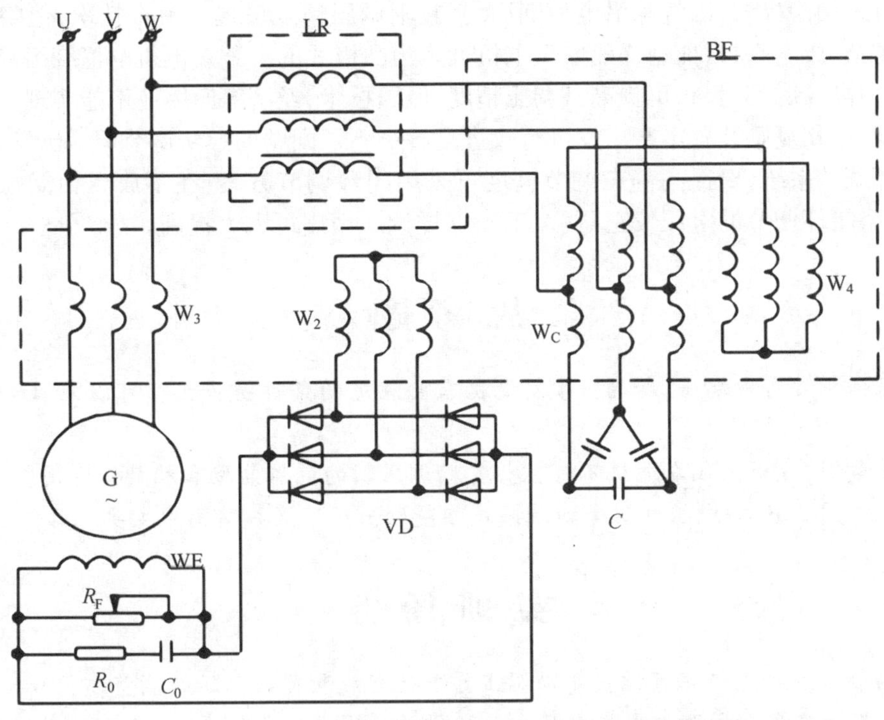

图 2-10　四绕组电磁叠加谐振式相复励恒压装置线路图

BF 为四绕组三相相复励变压器，装有四套绕组，W_1 和 W_4 反串连接于移相电抗器 LR 之后，提供励磁电压分量，其中 W_1 叫电压绕组，W_4 叫电压曲折绕组；W_3 串接在发电机输出线路上，流过负载电流，提供励磁电流分量，W_3 为电流绕组；电压与电流分量通过电磁方式进行叠加，由变压器的副边绕组 W_2 输出励磁电流，故 W_2 叫作输出绕组。

C 为三角形接法的三相谐振起励电容，它和移相电抗器的三相电感构成谐振电路，其谐振频率在额定频率附近，通过该 LC 电路的谐振来快速提高自励起压过程中的励磁电流值，加快发电机的建压速度。

W_1 和 W_4 其实是同一个线圈的两个部分，即线圈中部有一个抽头，一部分匝数是 W_1，另一部分匝数是 W_4。W_1线圈总是和滞后一相铁芯上的 W_4 线圈反向串联，这样每相的电压分量都是由两个相邻相供电。曲折绕组 W_4 的主要作用是进一步加强功率因数变化时的相补偿作用。

不可控相复励装置的精度仅达到船级社规定的最低标准，已不能满足现代船舶的要求。

相复励调压器调压精度低的主要原因：相复励装置元器件的参数是按式(2-2)进行设计的，忽略了定子电阻及漏磁，这对电压调节是有影响的；忽略了凸极式同步发电机气隙沿电枢圆周不均匀，电枢反应在纵轴方向变化较大；发电机磁路有一定的饱和现象，不是线性的，即发电机的电势 E 与励磁电流 I_E 不成正比关系，这也就与式(2-2)的推导不相吻合；由于发电机磁路饱和的影响，其端电压越低，所需励磁电流越大，而不是成比例地增大。这从理论上说明了相复励调压器在设计上就存在着先天的调压精度低的问题。

针对电流叠加相复励装置调压精度低的现象(在低功率因数时存在欠励，高功率因数时存在过励)，电磁叠加相复励装置采取了前述的带曲折绕组方案，调压精度仅提高 0.5%。若船舶发电机采用隐极式，因气隙沿电枢圆周均匀，则调压精度可提高一个挡次，但隐极发电机制造工艺复杂、成本高，目前远洋船舶发电机大多为凸极式的。若发电机电枢绕组采用超导材料、铁芯采用高导磁率材料，可提高其调压精度，但因技术、经济等原因还不能实现。

因此，仅从相复励装置本身出发进行改进是解决不了问题的。从调节原理出发，相复励装置属于开环调节系统，要提高静态调节精度可采用闭环调节方案，在不放弃相复励装置情况下，再加一个闭环调节的电压校正器（AVR），这样调压精度可大大提高。

思考题

1. 为保证正常自励起压，船舶同步发电机需要满足的条件是什么？可以采取哪些对应的措施？

2. 画相量图，分析船舶发电机不可控相复励调压器的电流复励和相补偿作用。

3. 请分析图 2-10 四绕组电磁叠加谐振式相复励恒压装置线路图中主要元器件的作用。

实训任务

1. 对船舶同步发电机不可控相复励调压器进行空载和负载电压的调整。

2. 分析及排查船舶同步发电机起压失败故障的原因。

任务三* 可控硅调压器

可控硅（晶闸管，SCR）调压器是按负反馈原理设计的，其被测量与被调量均是发电机的端电压，根据偏差情况进行励磁调节，故属于闭环调节系统（反馈控制系统）。由可控硅组成的可控整流器可以通过控制 SCR 导通角的方法来精确调整输出的直流励磁电压值。可控硅调压器的基本工作原理如图 2-11 所示，它主要由测量比较环节、PID 调节器、移相电路、触发脉冲形成电路、晶闸管整流电路组成。它也是通过调节发电机励磁电流来调节端电压的，但作用原理与不可控相复励大不相同。

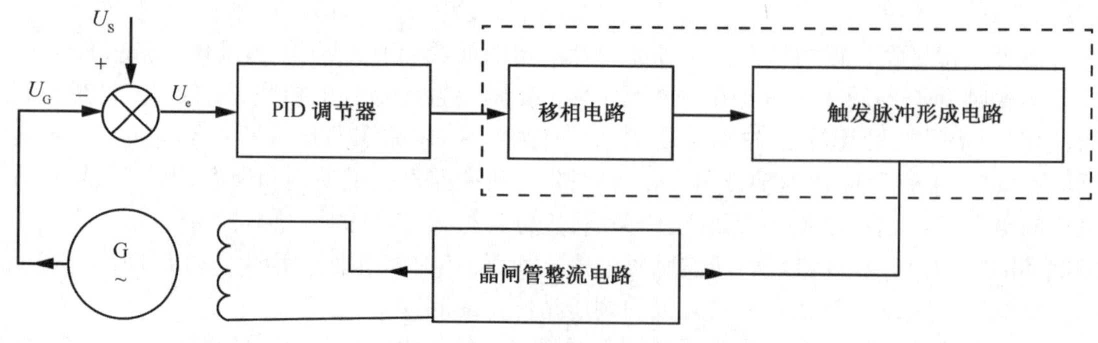

图 2-11 可控硅调压器原理框图

一、可控硅自动励磁装置的基本环节

1. 测量环节

测量环节中的测量电路一般采用单相测量整流、三相测量三相整流、三相测量六相整流、三相测量十二相整流等方法，测量和整流的相数越多，所获得的电压越平稳。实际测量电路一般采用三相变压器降压、整流、滤波，或者直接取自发电机端电压经电阻分压、整流、滤波后得到与端电压成比例的直流电压信号。

采用变压器方案的好处是调压器直流电子电路部分与发电机交流侧间没有电的直接联系，调压器的干扰信号相对较少，但体积较大；采用电阻分压形式的调压器体积较小，但交流信号会进入到直流的电子电路中，从而会影响调压器的调压精度，调压器电子电路中需设有交流滤波电路用以滤掉交流成分，因此调压器的负担较重。

典型的形式是采用变压器降压、整流和滤波，如图 2-12 所示，测量电路的 R、S、T 端子接发电机三相输出端，输出直流电压 $U_{G\,DC}$ 正比于发电机端电压。

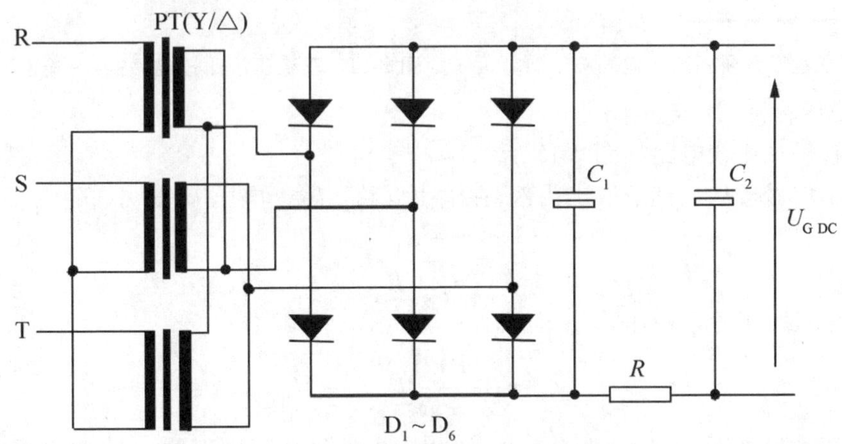

图 2-12　SCR 调压器中测量电路图

2. 比较电路

比较电路将发电机端电压实际值与额定值（给定值、基准值）相比较，得到一个反应偏差大小及方向的直流电压信号。由于电子电路形式的多样，这部分有采用双稳压管桥式比较电路的，也有采用单稳压管桥式比较电路的，前者稳定性较好。

（1）双稳压管桥式比较电路

双稳压管桥式比较电路如图 2-13 所示。图中两个稳压管的参数应一致，即稳压值应相等，温度系数应相同，两个电阻阻值相等。因此这种比较电路得出的电压偏差信号 U_e 不受温度变化的影响，故精度较高。输入信号来自测量电路的输出，比较电路的输出可以从上到下取出，也可从下到上取出，主要取决于后续电路的要求。

按从上到下取出输出信号 U_e 为例，双稳压管桥式比较电路的原理如下：

输出开路时，当输入电压 $U_{G\,DC}$ 小于稳压管 D_Z 稳压值时，稳压管未导通，A 点为 0 电位，B 点电位等于输入电压电位

$$U_e = -U_{GDC} \tag{2-7}$$

当输入信号大于等于稳压管稳压值时，此时

$$U_e = U_R - U_Z = U_{GDC} - 2U_Z \tag{2-8}$$

输出电压波形如图 2-14 中曲线 1 所示；当输出信号从下到上取出时，输出信号电压波形如图 2-14 中虚线 2 所示；当考虑到输出负载的影响时，实际输出信号如图 2-14 中曲线 3 所示。

调压器的工作点，可以取在 A 点，也可定在 B 点，同样取决于后续电路的要求。

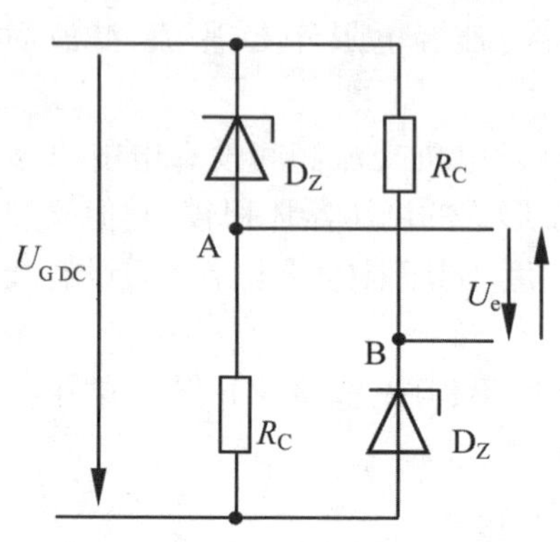

图 2-13　双稳压管桥式比较电路

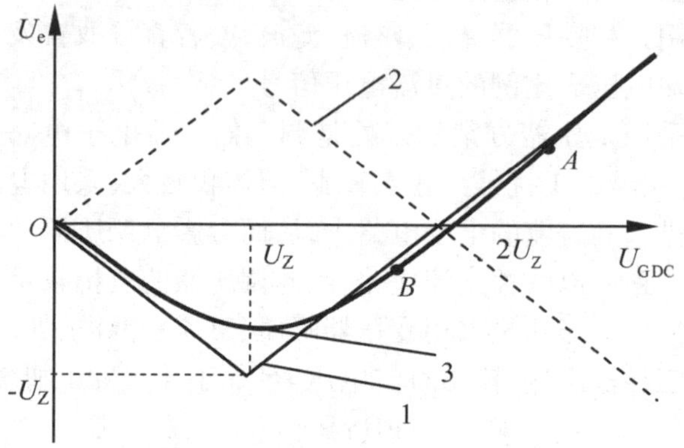

图 2-14　双稳压管比较电路输入-输出波形

(2)单稳压管桥式比较电路

单稳压管桥式比较电路如图 2-15 所示。

同样输出信号按从上到下取出为例，在输出开路当输入电压 U_{GDC} 小于稳压管稳压值时

$$U_e = \frac{-R_1}{R_1 + R_2} U_{GDC} \tag{2-9}$$

当输入信号大于等于稳压管稳压值时

$$U_e = \frac{R_2}{R_1 + R_2} U_{GDC} - U_2 \tag{2-10}$$

输出电压波形如图 2-16 中曲线 1 所示；当输出信号从下到上取出时，输出信号电压波形如图 2-16 中虚线 2 所示；当考虑到输出负载的影响时，实际输出信号如图 2-16 中曲线 3 所示。

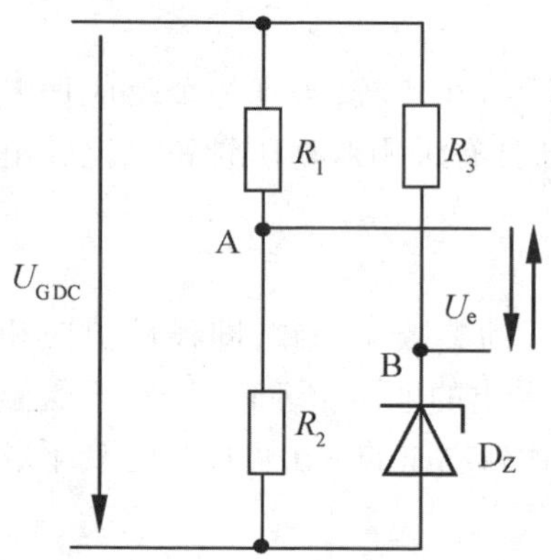

图 2-15　单稳压管桥式比较电路

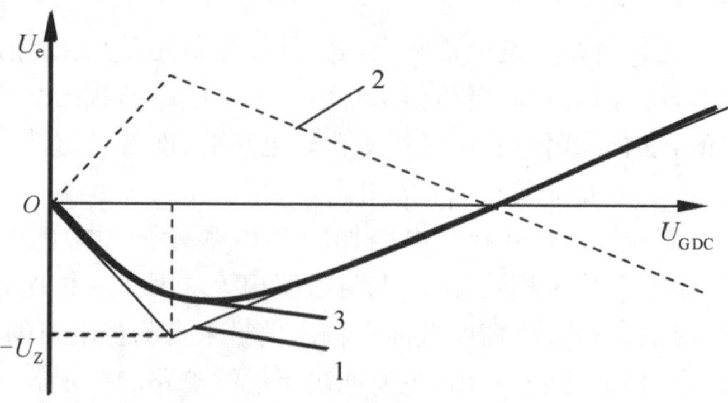

图 2-16　双稳压管比较电路输入-输出波形

3. 误差信号调节环节

现代调压器中误差信号调节环节基本上均采用由运算放大器构成的 PID 调节器。可以采用一只运算放大器构成 PID 调节器，也可用三只运算放大器分别由 P 调节、I 调节及 D 调节组成。实际应用中，往往在此基础上再增加一些电子元器件，组成性能优良的 PID 调节器。该环节的输入是偏差信号 U_e，输出是控制量 U_E。

4. 移相电路

作为移相电路，调压器中常见的移相电路有可控电阻（晶体管放大电路）移相电路与交（正弦波或锯齿波）直流垂直叠加移相电路，此外阻容移相桥电路、单稳态移相电路也有一定应用。船舶发电机调压器中移相电路大多仍为模拟电子电路，但要求高精度的大型设备大多已采用集成电路计数式移相电路。

5. 触发脉冲形成电路

触发脉冲形成环节的形式是多种多样的。其总体上可分成模拟式触发电路与计数式触发电路两大类。模拟式触发电路的优点是线路比较简单，抗干扰能力强，但控制精度相对较低。

触发脉冲形成电路形式是多样的，通常包括触发脉冲的产生与脉冲放大两部分。常见的触发脉冲产生电路有单结晶体管组成的自激振荡器（大多与可控电阻移相电路相结合）、阻塞振荡器、阈值电路加脉冲变压器（大多与交直流垂直叠加移相电路相结合）、光电耦合触发电路，以及采用模拟集成触发器等多种形式。如图 2-17 所示为由可控电阻移相电路及单晶管自激振荡器构成的触发脉冲形成电路原理图。

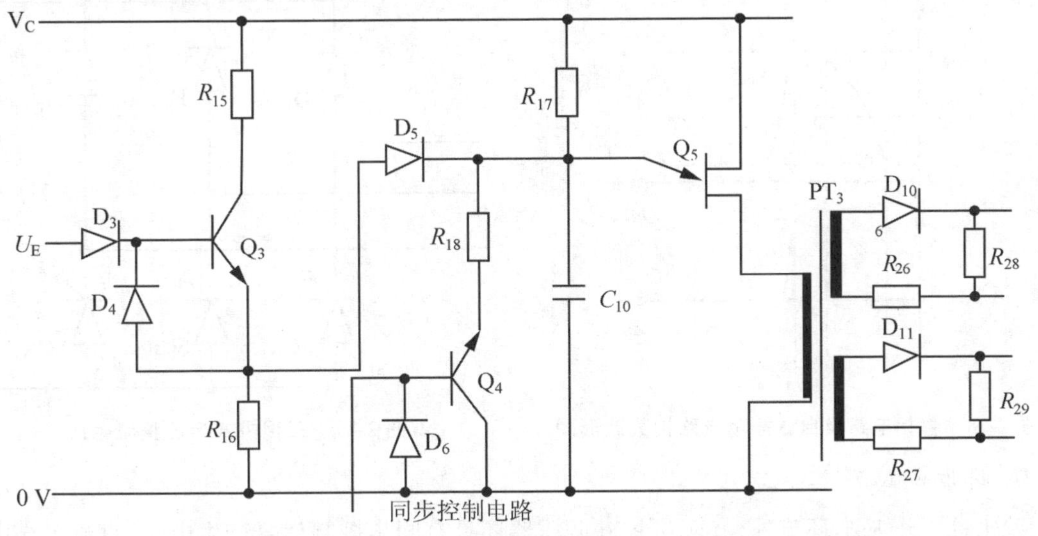

图 2-17　由可控电阻移相电路及单晶管自激振荡器构成的触发脉冲形成电路原理图

来自误差信号调节环节的信号 U_E 经 D_3 加到作为可变电阻的 Q_3（放大型/比例型三极管）的基极上，U_E 增加，Q_3 导通程度增大；反之，导通程度下降。来自同步电路的同步控制信号为“1”时，Q_4（开关型三极管）饱和导通，此时 U_{R16} 被限制在较低电平，其数值大小是由 Q_3 的集电极电流、R_{16} 与 R_{18} 并联电阻阻值所决定。当同步控制信号为“0”时，Q_4 截止，U_{R16} 电压由 Q_3 的集电极电流与 R_{16}、C_{10} 所决定；Q_3 发射极上的电压 U_{R16} 就是电容 C_{10} 的可控预充电电源电压，电容 C_{10} 充电快慢取决于其充电电源 Q_3 的集电极电流，即取决于发电机偏差电压的大小。由图可知，电容 C_{10} 有两个充电电源，一个是恒定的直流电源经 R_{17} 对电容充电，一个是取决于偏差电压大小的 U_{R16} 上的预充电电压。由于 C_{10} 的预充电回路中只有一个元件 D_5（隔离二极管），当 D_5 导通时其正向电阻趋于 0，因此预充电回路的充电时间常数也趋于 0，所以体现在 U_{C10} 上预充电电压有一个飞跃。在由单结晶体管 Q_5（双基极二极管）组成的自激振荡器中，当电容上电压 U_{C10} 被充电至 Q_5 的峰值时，Q_5 瞬间导通，C_{10} 放电，在 Q_5 第一基极上发出一个正脉冲后 Q_5 即截止，这一脉冲经脉冲变压器 PT_3（脉冲变压器）放大后经 D_{10}、D_{11} 加到晶闸管的触发极，触发晶闸管导通。

如图 2-18 所示为移相电路及自激振荡电路相关波形图，是图 2-17 电路中相关波形图。随着误差信号 U_E 增加，R_{16} 上电压从 U_{R16} 增加至 U'_{R16}，电容 C_{10} 充电充到 Q_5 的峰值电压 U_{Q5C} 的时间提前到达，因此触发脉冲就提前发出。触发信号电压的形式有正弦波、尖脉冲、方脉冲、强触发脉冲及脉冲列等几种。

6. 晶闸管整流电路

可控硅整流电路主要有单相半控整流桥电路、三相半控整流桥电路、单相半波可控整流电路、三相半波可控整流电路四种。其中单相整流电路元件少、结构简单，但交流侧三相负载不平衡、直流侧输出电压脉动大；而三相整流电路的特点正好相反。一般大容量的励磁电路多用三相整流，而小容量的励磁电路，包括无刷发电机则采用单相整流，即大多采用三相桥式半控整流电路，电路形式如图 2-19 所示。容量不大的发电机常采用单相桥式半控整流电路。

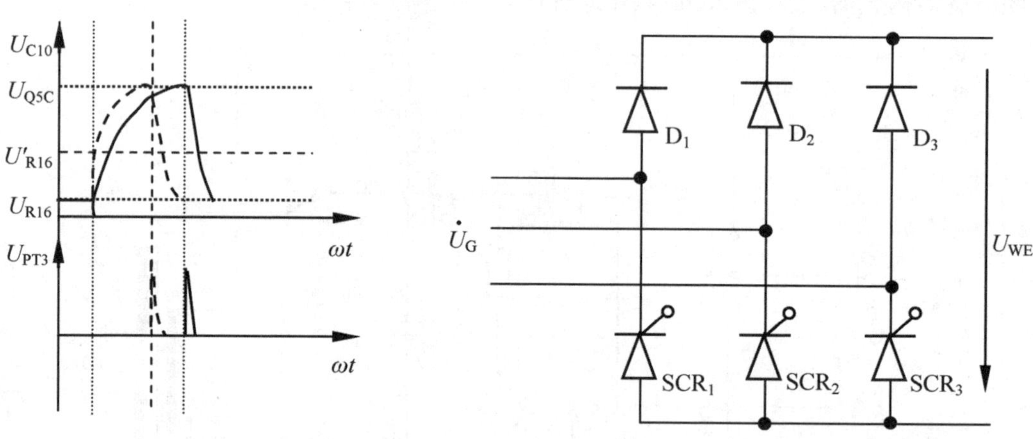

图 2-18　移相电路及自激振荡电路相关波形图

图 2-19　三相桥式半控整流电路

7. 同步电路及其他环节

除上述 6 个基本环节外，实际可控硅调压器还具有同步控制信号产生电路、直流工作电源电路等环节。对于晶闸管整流电路需要注意：移相、触发电路输出的触发脉冲必须与可控硅整流主电路的交流电压（发电机的端电压）保持同步，同步信号保证触发脉冲在 SCR 阳极电压为正半周时发出，才能达到精确控制可控硅导通角，进而精确调整励磁电流的目的，所以同步电路是可控硅调压器中的一个重要环节。常见的同步电路多是由发电机的输出交流电压降压之后再输入比较器电路获得同步信号的。

二、可控硅调压器调节过程

可控硅调压器调节过程可以图 2-12、图 2-13、图 2-17、图 2-19 为例，其中比较电路采用双稳压管形式，输出电压 U_e 取自从上到下的信号，即曲线 1 所示特性，工作点定在 B 点。

各种因素的影响导致发电机端电压变化，例如，负荷增大时，发电机电枢反应的影响导致发电机的端电压下降，由测量环节测出的电压信号 $U_{G\,DC}$ 也下降，则比较电路输出的误差信号 U_e 随之下降；再经误差信号调节环节后的调节信号电压 U_E 随之上升（误差信号一般加在运算放大器的反相输入端，变化方向取决于后续移相电路的要求），Q_3 导通程度增加，U_{R16} 上升，电容 C_{10} 预充电电压上升；再经过放大、移相与触发电路，触发脉冲提前发出，可控硅导通角增大，发电机励磁电流增大，使发电机端电压回升。

可控硅调压器由于采用了负反馈闭环调节，故调压精度较高，但动态特性比不可控相复励装置要差一些。此外，在输出电压波形、强励磁能力、电路过载能力方面也有不足，这些不足限制了它的应用。

思考题

1. 根据图 2-11 所示的可控硅调压器原理框图，说明当发电机端电压下降之后其调压过程。

2. 根据图 2-17 所示的由可控电阻移相电路及单晶管自激振荡器构成的触发脉冲形成电路原理图，说明当来自误差信号调节环节的信号 U_E 增加之后，该电路调节过程。

任务四　可控相复励调压器

一、可控相复励调压器的概念

不可控相复励调压器具有结构简单、工作可靠、管理方便、价格便宜、调节迅速、动态特性好的优点，但调压精度差。不可控相复励装置的输入信号是发电机的负载电流，输出的是发电机的励磁电流。经移相电抗器引入发电机的端电压，用于产生发电机空载电压所需的励磁及带负载后的相复励作用，而不参与发电机带负载后的电压调整。不可控相复励装置的被测量是发电机的负载电流，被调量是发电机的端电压，属于按扰动调节原理设计的开环调节装置。由于只能测量调节对象的主要扰动（负荷），不能对所有的干扰因素都加以测量，逐一给予补偿，所以它的静态特性较差。

可控硅自励恒压装置调压精度高、静态特性好，但响应速度慢。这两种调压器各有自己的优、缺点，其缺点限制了它们的广泛使用。为了进一步改进发电机调压的效果，把两者结合起来，以便更好地发挥它们的优点，改进它们的缺点，这就是可控相复励自励恒压装置的设计思路。

因此,在不可控相复励装置的基础上,加上一个按发电机的端电压偏差来进行电压校正的装置——电压校正器 AVR。它的被测量是发电机的负载电流与发电机的端电压,同时按照发电机的负载电流和端电压偏差来调节励磁电流的大小,进而调整发电机的端电压,所以它是按复合调节原理设计的自励恒压装置,属于闭环加开环的调节系统,因此它的动、静态特性均很好。

可控相复励调压器与可控硅调压器的静态精度均很高,20 世纪 80 年代后建造的船舶发电机采用这两种调压器的,其静态指标大多均已达到±1%以内,20 世纪 90 年代某些产品的静态电压调整率已达到±0.5%以内。相对而言,可控相复励系统的动态性能要好于可控硅调压器。

可控相复励装置中,相复励和可控硅这两部分控制励磁电流的作用是一种相减的关系:相复励装置输出的励磁电流处于过励状态,即励磁电流值大于转子励磁线圈所需,然后由 AVR 对其进行分流控制,将其中的一部分旁路不流入转子励磁线圈,而是在分流电阻上消耗掉,从而达到控制励磁电流、稳定端电压的目的。需注意的是:由于相复励装置处于过励状态,当 AVR 控制的分流电路出现故障而无法分流时,发电机会出现过电压的故障。

二、电压校正器 AVR 主要控制(校正)方式

1. 对相复励装置的输出进行分流控制

AVR 分流控制一般有四种方式,分别如图 2-20 中(a)~(d)所示。

如图 2-20(a)所示,直流侧分流:由电压校正器的输出信号去控制并联在励磁绕组两端的晶闸管进行分流。使用这种方式时 SCR 一旦导通,由于其接在励磁整流电路的直流侧,一直处于正偏置状态,SCR 较难关断,需另加一套 SCR 切断电路。这种设备结构复杂且容量大、成本高,因此船舶发电机较少采用。

如图 2-20(b)所示,用直流励磁控制的交流侧分流:由 AVR 输出信号去控制励磁旁路用的饱和电抗器的磁化程度,以改变饱和电抗器的电抗值。分流励磁电流用的饱和电抗器上设有直流控制绕组,AVR 输出的直流信号输入该绕组,控制电抗器铁芯的磁化饱和程度:直流信号增强时,铁芯内的直流磁场也增强,铁芯饱和度上升,相当于该电抗器的电感值降低。饱和电抗器上另装有三相交流绕组,其与三相整流电路是并联关系,两者分配相复励装置提供的总励磁电流;当饱和电抗器电感值下降时其感抗同时下降,此时就能分流更多的励磁电流。对于这种方式,由于有饱和电抗器及其附加保护装置,所以电压校正器体积大、成本也高,并且对周围的电子设备有电磁干扰存在。目前前两种分流方法已逐渐被后两种取代。

如图 2-20(c)所示,交流侧分流:由 AVR 的输出信号去控制并联在励磁整流器交流侧某两相上的 SCR。该方式的优点是晶闸管导通后在电压过零时可自行关断,且控制信号与电源的同步问题也易获得解决。这种方式在 20 世纪 80 年代及以后建造的船舶发电机用得较多。

如图 2-20(d)所示,半波分流,又称直流侧对交流侧分流:这种方式是用一只 SCR 与三相桥式整流电路中的一个整流元件反向并联,因此称为半波分流型,同样 SCR 导通后在其偏置电压过零时又自行关断。该分流方式的分流范围比(c)大一倍,它获得的直流励磁电流波形也更平稳些。目前船舶发电机用得较多是图 2-20(c)、(d)两种形式。

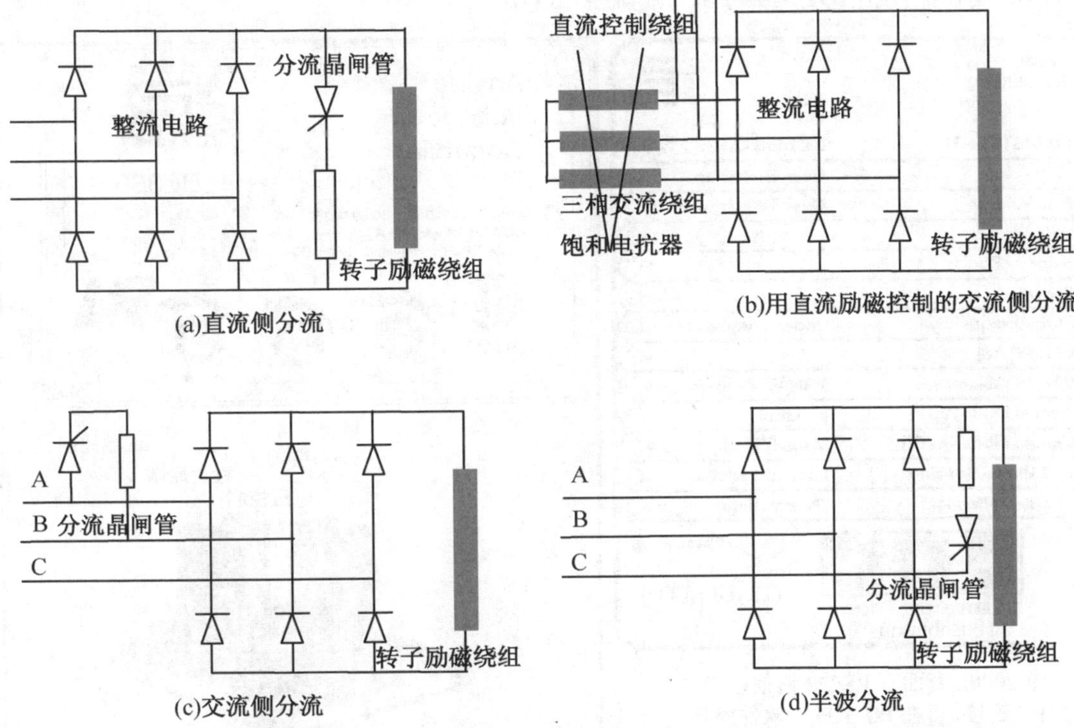

图 2-20　AVR 分流控制原理图

2. 控制电力电流互感器(或相复励变压器)的变比

该方法与前述的 AVR 分流控制有较大的差别,如图 2-21 所示,与第二种分流方式中所用的饱和电抗器类似。它在电力电流互感器(或相复励变压器)中增设了一套直流控制绕组,由 AVR 输出的直流信号控制电力电流互感器(或相复励变压器)铁芯的磁化程度,从而控制电力电流互感器(或相复励变压器)的变比 K。

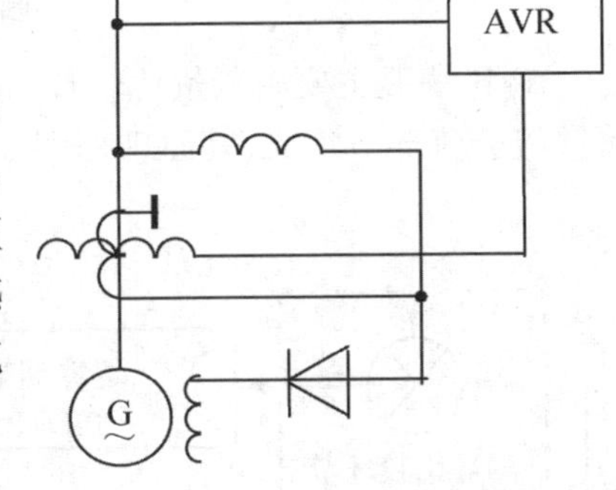

图 2-21　AVR 控制电力电流互感器变比

如果 AVR 输出的控制电流增强,铁芯饱和程度增加,则原边线圈中的交流电压引起的副边线圈中的感生电动势减小,相当于变压器原副边间的耦合程度减小,变比增大;反之当直流信号减弱时,变压器原副边间的耦合程度增强,变比减小。所以电力电流互感器(或相复励变压器)的变比 K 是可控的。由于互感器(变压器)中励磁磁势已不能忽略,变比 K 已不再等于原边匝数比副边匝数。AVR 通过电压偏差来控制变比,从而调节发电机的励磁电流,精确控制端电压。

三、电压校正器 AVR 的原理简介

AVR 多种多样,按采用的元器件可分成电磁式和电子式两大类,电子式的又分为模拟式和数字式,如图 2-22 所示。20 世纪 80 年代以后建造的船舶大多采用的是电子式 AVR。无刷发电机所用的电子式 AVR 由于功率小,包括分流 SCR 在内的所有元件都设置在一块印刷电

路板上。现在船舶上多使用数字式(微机型)AVR。

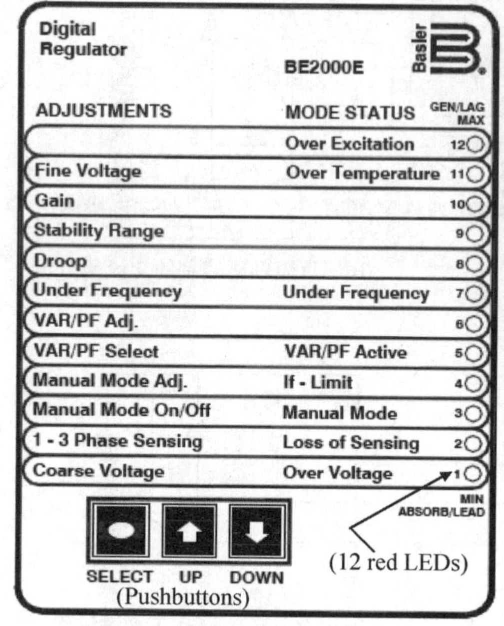

BE2000E 背面有 RS232 通信接口与 PC 连接,可在 PC 上进行软件操作

(a)数字式 AVR

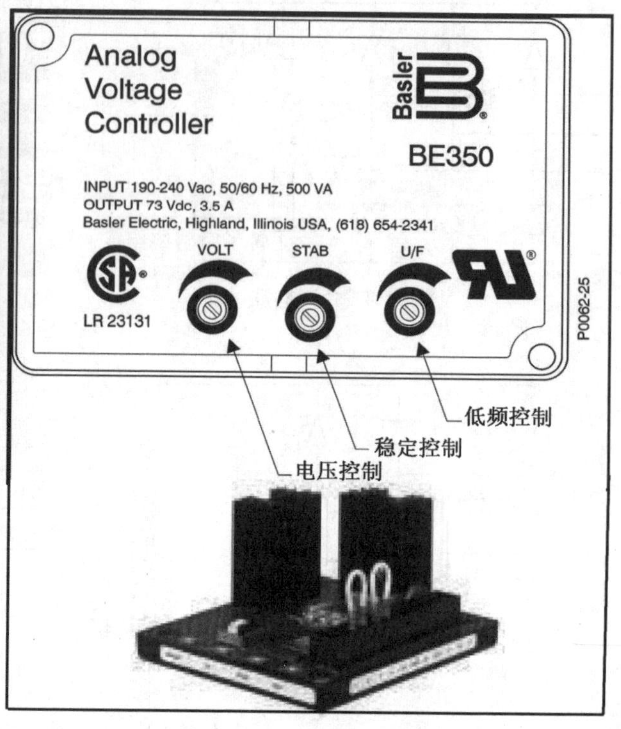

(b)模拟式 AVR

图 2-22 BASLER 电子式 AVR

AVR 一般主要由测量比较环节,误差信号调节环节,放大、移相、触发脉冲形成环节,晶闸管整流分流环节组成,其原理框图如图 2-23 所示。

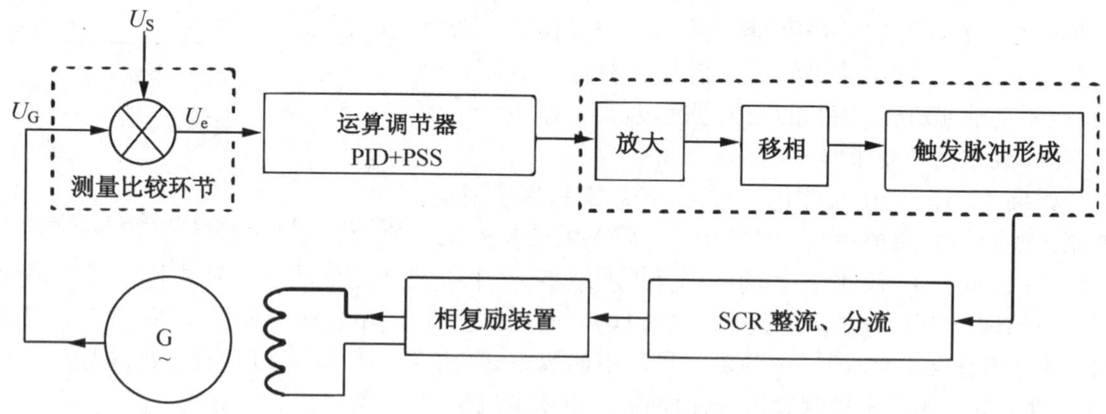

图 2-23 电压校正器 AVR 原理框图

由原理框图可见,AVR 的原理与可控硅调压器的原理相类似,且它们各环节电路的形式也相似。唯一差别在于可控硅调压器输出的是发电机励磁电流,而可控相复励调压器中 AVR 输出的是控制电流,不是动力电流,所以相对功率不大,故大多数 AVR 中的晶闸管整流电路采用的是单相桥式半控整流电路或一支分流用晶闸管形式。

PSS(power system stabilizer)电力系统稳定器为 AVR 的附加信号，补偿单纯以电压为信号的 AVR 产生负阻尼，增加正阻尼，使发电机在静态稳定极限之外运行，以平息振荡。

由于相复励部分通常处于过励状态，自动电压校正器 AVR 的输出往往随着发电机端电压的升高而增大(控制电流增大或分流用触发脉冲提前发出)。对于可控硅调压器，由于输出发电机励磁电流，它的输出随着发电机端电压的升高而相应减小，从而达到调整发电机端电压的目的。所以当发电机端电压发生变化时，两者对 SCR 触发脉冲相位的移相方向正好相反。例如，当发电机端电压偏小时，AVR 应将 SCR 触发脉冲相位前移使其导通角增大，提高发电机励磁电流；而可控硅调压器却将 SCR 触发脉冲相位后移使其导通角减小，同样达到增大发电机励磁电流、提高端电压的目的。

思考题

1. 简述可控相复励调压器的工作原理。与不可控相复励调压器和可控硅调压器相比，它具有什么特点?

2. 在可控相复励调压器中，相复励和可控硅两部分控制励磁电流的作用是什么关系?有哪几种“组合”方式?

3. 对于可控相复励调压器，当发电机端电压偏小时，AVR 是如何控制 SCR 进行励磁分流的?

任务五　无刷发电机励磁系统

前述三种自励恒压同步发电机的励磁电流都是由发电机自身定子绕组发出的交流电得到的，需通过碳刷和滑环引入发电机的励磁绕组，这种励磁系统属于自励式。由于碳刷与滑环磨损的碳粉既脏又会导致发电机绝缘下降，需要经常维护、清洁保养，且产生的电火花会导致电磁波干扰，解决这一问题的措施是同步发电机采用无刷励磁系统。无刷发电机的励磁电流由交流励磁机提供，属于他励形式。20 世纪 80 年代中期以后的船舶发电机已全部采用无刷发电机的形式。

一、无刷同步发电机的组成

无刷同步发电机通常由同步发电机、中频交流励磁机和旋转整流器组成。交流励磁机的转子、旋转整流器与发电机转子在同一根轴上，故无刷发电机的轴向尺寸较长。通常同步发电机采用旋转磁极式，交流励磁机采用旋转电枢式。由于是同轴旋转，这样交流励磁机发出的中频交流电经同轴的旋转整流器整流成直流电，再送至同轴的发电机励磁绕组，取代了碳刷与滑环。

无刷发电机的不足之处是励磁系统的电磁惯性大，故动态特性相对较差。为了提高动态特性，采取的措施是交流励磁机采用中频频率。由于受发电机尺寸及所需励磁功率的制约，大多数船用无刷发电机励磁机的频率为100~150 Hz,额定励磁容量仅为发电机额定容量的3%。另外无刷发电机对旋转整流器的要求较高,这是由于整流器需承受离心力,所以对其制造和安装工艺有一定的要求,为此需采用平面压接型硅整流二极管。

二、无刷励磁方式

交流励磁机提供发电机励磁电流,无刷发电机的调压器(即励磁机的调压器)提供的又是励磁机的励磁电流;交流励磁机是一个放大系数很大的环节,励磁机的输出功率远小于发电机,所以,无刷发电机的调压器功率很小。无刷发电机的调压器一般都安装在发电机控制屏内。目前船用无刷发电机主要采用的方式是直接可控励磁和可控复励励磁两种,如图2-24和图2-25所示。

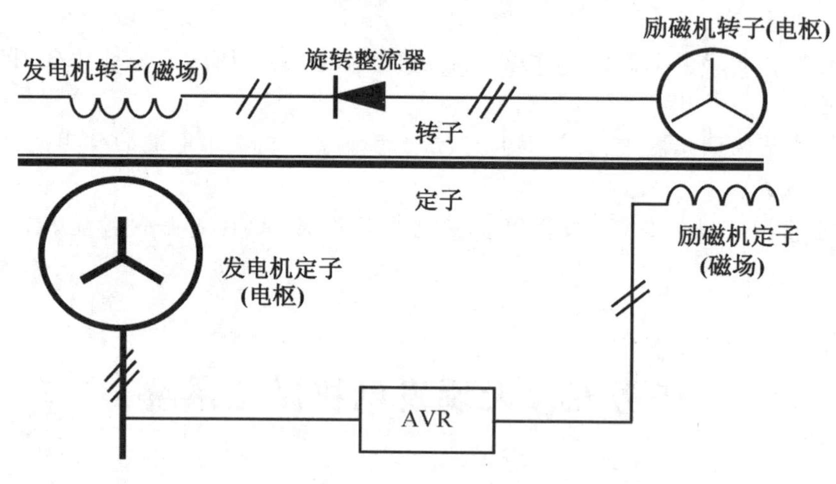

图2-24　直接可控励磁方式

1. 直接可控励磁

如图2-24所示,励磁机的励磁电源直接来自发电机的出线端。发电机起压时,由转子主磁极的剩磁在发电机电枢绕组中产生剩磁电压,这一剩磁电压通过自动电压调整器AVR对交流励磁机的励磁绕组进行励磁,这样在交流励磁机的电枢绕组中感生出中频的交流电,经旋转整流器整流成直流,作为发电机磁场的励磁电流。这种励磁方式简单方便,但由于它属于闭环调节系统,它是根据发电机端电压的偏差来调节励磁电流的,故动态性能稍差。

2. 可控复励励磁

如图2-25所示,它的特点是交流励磁机有两套励磁绕组WE_1与WE_2。从电力电流互感器的副边获得的与发电机负载电流成正比的二次电流,经整流桥向WE_1绕组提供励磁电流;由发电机的出线端经过自动电压校正器AVR向另一个绕组WE_2提供另一部分的励磁电流(其原理与直接可控励磁方式相同)。励磁绕组WE_1的励磁电流与负载电流的大小成正比,即具有电流复励的作用,是根据扰动来调节电压的开环系统,因而动态性能优良。由于增设了电力电流互感器,因此相应成本要增加,同时体积也大些,但它相比有刷相复励的电力电流互感器要小得多。

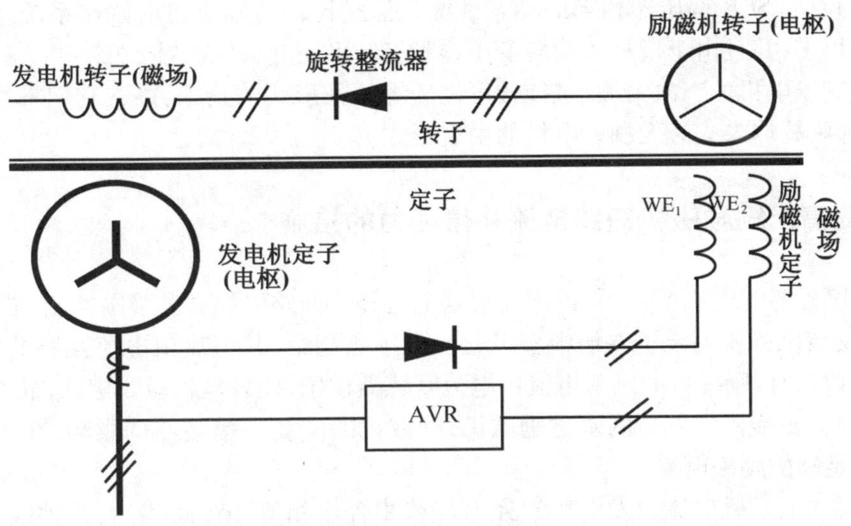

图 2-25　可控复励励磁方式

前述两种励磁方式中 AVR 的形式通常是可控硅调压器和可控相复励调压器两种类型。当采用的是可控相复励形式时，动态特性要好些。

3*. 旋转可控整流励磁

如图 2-26 所示，这种系统中定子、转子的电枢和磁极绕组与第一种方式类似，但其旋转整流器采用可控硅 SCR 整流，电压校正器 AVR 则输出触发脉冲，再由附加的旋转整流器传入转子去控制 SCR 的导通角，进而控制发电机励磁电流的大小。励磁机的励磁电流来自发电机的

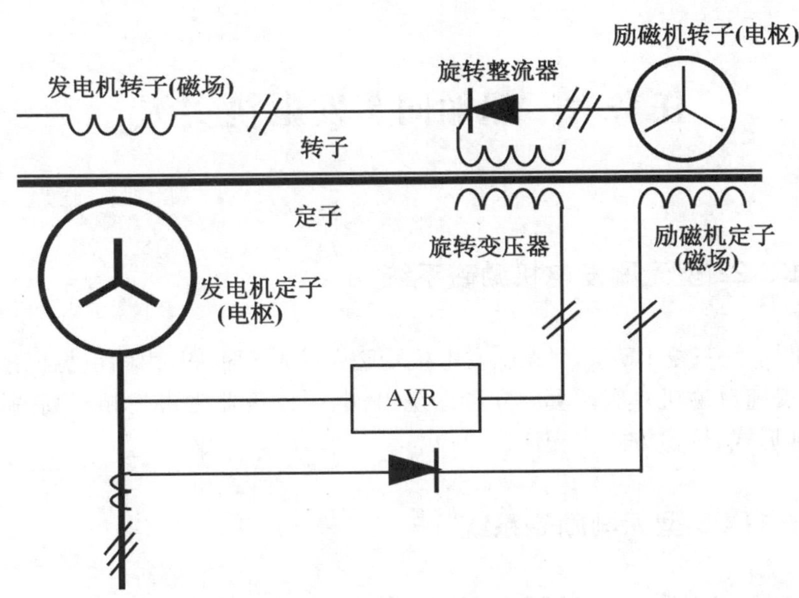

图 2-26　旋转可控整流励磁方式

端电压，再经整流后获得。由于该装置中的 AVR 直接调节发电机的励磁电流，而不像前述两种装置先调节励磁机的励磁电流，这就免去了励磁机这个电磁惯性元件对调压器动态性能的

影响，达到与有刷 SCR 调压器相当的动态性能。但相比调节励磁机的励磁系统，该装置输出功率值要大得多，并且由于增加了旋转变压器和旋转可控硅，系统结构复杂。

对于无刷发电机的三次谐波、带旋转可控硅等几种形式的励磁方式，它们不是工艺复杂，就是成本太高，故均未成为无刷发电机的主流形式。

三*、提高无刷励磁机短路电流补偿能力的措施

因无刷励磁系统电磁惯性大，需增加短路电流补偿回路以提高其强励性能，措施有：

(1)在交流励磁机的定子磁场中多设置一个励磁绕组，其电流由电流互感器经整流后直接供给。在短路时，励磁机的励磁电流由电流互感器供给，使发电机有足够的强励能力。

(2)采用高效能磁铁制造的永磁励磁机，励磁机的磁场不受短路的影响，在短路时，励磁机仍能供给足够的励磁电流。

(3)励磁机的励磁电流由发电机端经电抗移相合成相复励线路供给，这种线路具有相复励自励恒压装置一样的强励性能。

(4)交流励磁机定子励磁电流采用发电机内的谐波绕组供电。当发电机短路时，谐波绕组产生的电势升高，大大增强了发电机的强励作用。

思考题

1. 画简图说明目前船用无刷发电机常采用的两种励磁方式的工作原理。

2. 船舶无刷励磁系统有什么优、缺点？

任务六　船舶同步发电机实例

一、三菱 BE-22 型无刷发电机励磁系统

如图 2-27 所示为三菱 BE-22 型无刷发电机励磁系统原理框图，由图可见该系统属于可控复励励磁方式，交流励磁机具有两套独立励磁绕组，电压校正器为可控相复励调压器，相复励部分为电流叠加形式，校正方式为交流侧分流。

二、西门子 1FC5 型无刷励磁系统

西门子的 1FC5 无刷发电机是国内较早引进技术生产的发电机类型，应用也较多。

如图 2-28 所示为西门子 1FC5 无刷发电机励磁系统线路图，系统中设置发电机 G 和励磁机 EX 各一台，调压器为可控相复励式，并且通过 SCR 进行半波分流。相复励部分采用三绕组的电磁叠加形式(励磁电流的电流分量和输出共用一个中间设有抽头的绕组 W_2)。图 2-28 中

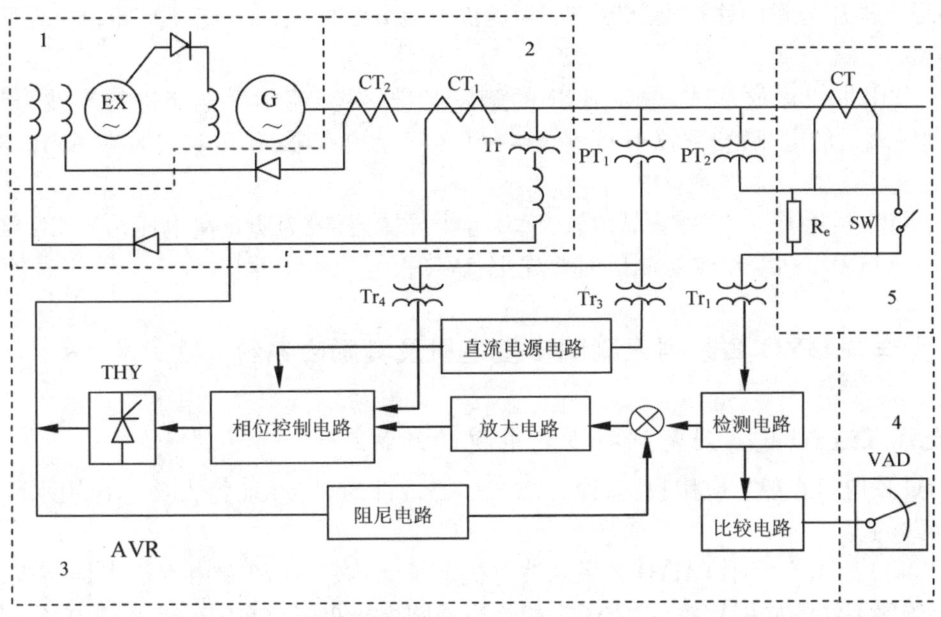

图 2-27　三菱 BE-22 型无刷发电机励磁系统原理框图

1—无刷发电机；2—电流叠加相复励装置；3—电压校正器 AVR；4—整定发电机电压可变电阻；5—环流补偿电路

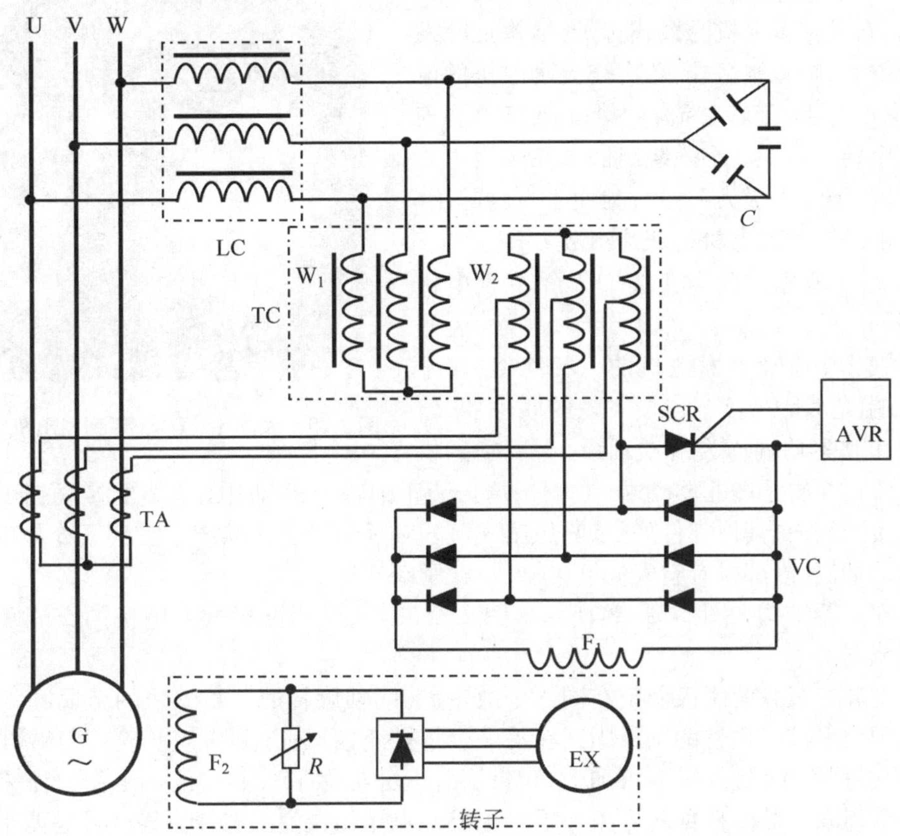

图 2-28　西门子 1FC5 无刷发电机励磁系统线路图

的LC为提供电压分量的移相电抗器，TA为提供电流分量的电力电流互感器，TC为两分量电磁叠加用的变压器。

AVR采用集成运放形式，输出SCR的触发脉冲，对交流励磁电流进行半波分流控制。AVR控制励磁机的电流，功率较小，分流用的SCR容量也有限，SCR被安装在AVR印刷电路板上。

由于AVR板上有运放电路、晶体管、SCR等半导体器件，为防止高电压击穿PN结造成元件损坏，在进行发电机绕组绝缘测试时要先把AVR板上的接线拆开。

三、大洋TAIYO F系列无刷同步发电机及其励磁系统

1. 大洋TAIYO F系列无刷同步发电机的结构

TAIYO发电机在船上应用较广，冷却方式多是内部通风冷却（特大功率也用水冷），轴承多用滑动式的。

如图2-29所示为大洋TAIYO F系列发电机定子结构，定子机架由钢板焊接而成，定子铁芯由涂上绝缘清漆的硅钢片叠成，定子三相绕组沿圆周分布嵌放在定子铁芯槽内，定子绝缘等级是F级或H级。

如图2-30所示为大洋TAIYO F系列发电机转子结构，它是主发电机隐极式转子，结构上除发电机转子铁芯、励磁绕组外，还有交流励磁机的电枢铁芯、电枢绕组、旋转整流器、冷却风扇等均安装在同一个转子轴上。励磁绕组嵌放在磁极中心两侧的槽内，绝缘等级为F级。为便于自励起压，转子铁芯由高矫顽磁力材料薄片组成。

图2-29　大洋TAIYO F系列发电机定子结构

如图2-31所示为大洋TAIYO F系列发电机整体结构图。

定子铁芯中安放着发电机的三相绕组，转子轴的驱动端（左侧一端）有连接飞轮的联轴器，转子驱动端和非驱动端均为滑动轴承，交流励磁机和旋转整流器在转子的非驱动端（右侧一端），静止励磁装置和引出电缆的接线端子均在发电机上部的接线箱内，其他部件如机架、风扇、端盖、轴承罩等也可从图中看到。冷却空气的进风口在非驱动端侧，内部衬有空气滤网，排风口在驱动端侧。

旋转整流器结构如图2-32（a）所示。图2-32（b）所示为凸极式发电机的交流励磁机转子和旋转整流器。

阴极型硅二极管的阴极固定在同一个散热盘（同轴旋转的与轴绝缘的金属圆盘），称为共阴极组。阳极型硅二极管的阳极固定在另一个散热盘，称为共阳极组。确定每臂硅二极管并联个数，应根据额定励磁电流，再加上20%的裕度，并考虑15%左右的不平衡电流来选择。每臂硅二极管串联个数应根据恶劣条件下产生反向电压的数值来选择。导电环是两个金属半圆形环（J、K），分别接整流输出电压的正、负引出线。压敏电阻是由许多PN结组成的半导体元件，当其两端所加电压在许可值以内时保持截止状态，而其两端电压过高时就会被击穿而导

图 2-30　大洋 TAIYO F 系列发电机转子结构

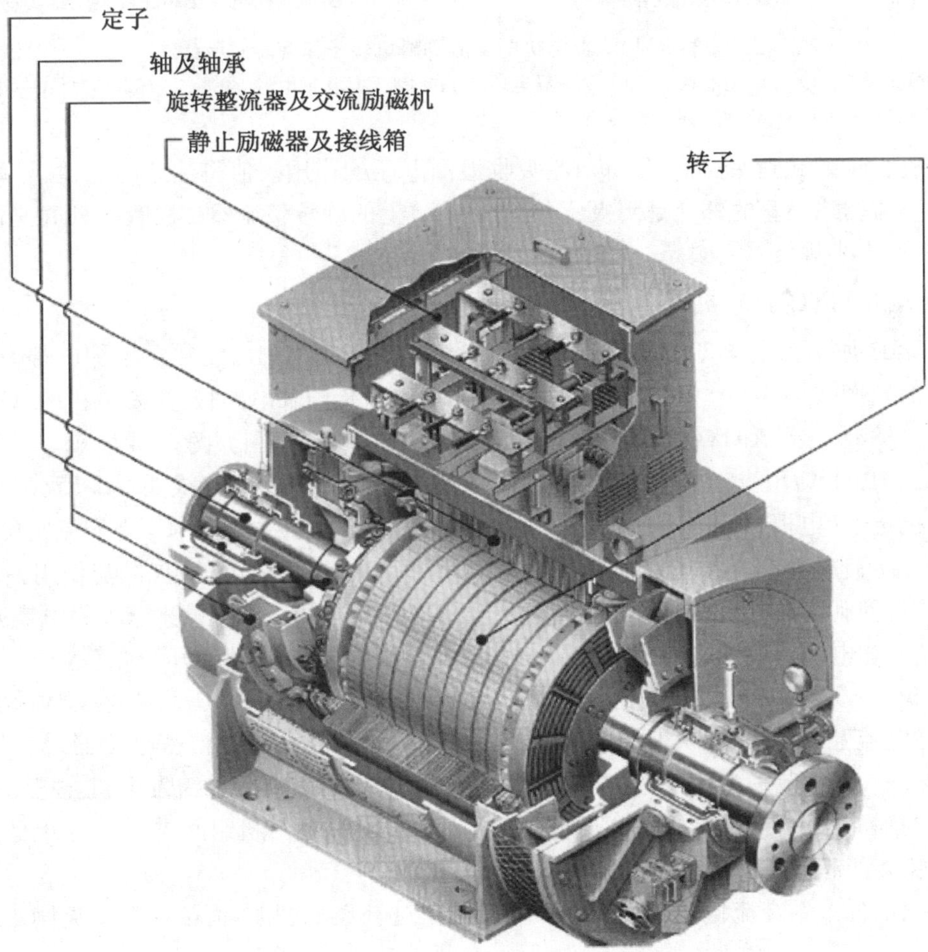

定子

轴及轴承

旋转整流器及交流励磁机

静止励磁器及接线箱

转子

图 2-31　大洋 TAIYO F 系列发电机整体结构图

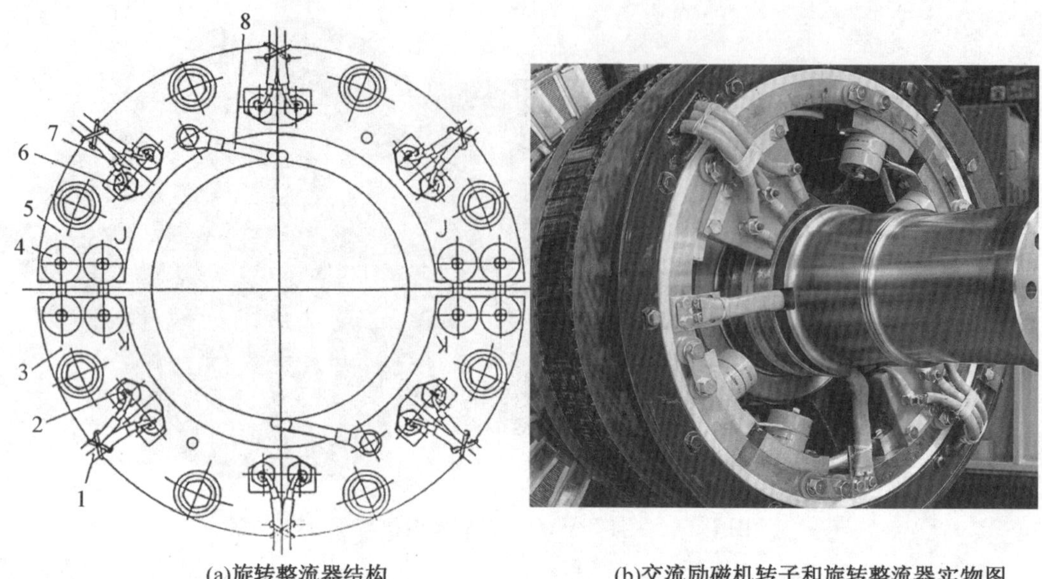

(a)旋转整流器结构　　(b)交流励磁机转子和旋转整流器实物图

图 2-32　凸极式发电机的交流励磁机转子和旋转整流器

1—交流侧(UVW)引线;2—硅整流器(SIG);3—导电环(K);4—半导体压敏电阻(SIC);5—导电环(J);6—硅整流器(BRG);7—锁紧垫圈;8—直流侧引线(J、K)

通,泄放高压,主要起到保护整流二极管、吸收浪涌电压的作用。值得注意的是,在导电环(J)上的旋转整流器二极管的外壳是阴极,而导电环(K)上的旋转整流器二极管的外壳是阳极,但两者的外形、大小规格看上去是一样的,不要混淆。

2. 大洋 TAIYO F 系列无刷同步发电机的励磁系统

如图 2-33 所示为大洋 TAIYO F 系列无刷发电机调压器 AVR(安装在主配电板发电机控制屏的内部),图 2-33(a)为 AVR 外部,图 2-33(b)为 AVR 内部电路板,该发电机的 AVR 属于可控相复励类型,大洋 TAIYO F 系列无刷发电机 AUR 线路原理图如图 2-34 所示。

图 2-34 中的 AVR 线路原理图中,①为交流发电机部分,其实际接线如图 2-35 所示。G 为同步发电机定子(电枢);EX 为交流励磁机旋转电枢;F_1 为旋转主磁极;F_2 为交流励磁机定子(磁场);Si_1 为旋转硅整流器;Si_2 为静止硅整流器;R_{C1} 和 R_{C2} 为放电电阻(续流作用);S_1 和 S_2 为压敏电阻,抑制浪涌电压,避免短路、相位失步等对整流器的过电压冲击;CT 为电流互感器,V 形接线(两相电流差接线),产生电流分量;RT 为移相电抗器,产生电压分量。

图 2-34 中②安装在配电板发电机控制屏的上部,AVR 为自动电压调整器,交流侧分流控制;CCT 为电流互感器,用于无功分配;VR 为控制 AVR 基准电压的精密电位器,被安装在发电机控制屏上,调整范围为±5%U_N,VR 不能开路;ACB AUX. CONT. 为发电机主开关自动空气断路器的辅助触点,当发电机并上车时,该触点闭合,并联运行机组间进行无功分配。

(1)相复励部分

相复励部分采用交流侧电流叠加形式,工作在过补偿(过励)状态。因交流励磁机功率小,采用单相整流电路。移相电抗器 RT 上加 R、T 相间的线电压 $\dot{U}_{RT}$,获得励磁电流中的电压分量 $\dot{I}_{EU}$。由于 R、T 两相电流互感器副边绕组反向连接(V 形接线),R、T 两相电流差为线电

(a) AVR外部

(b)AVR内部电路板

图 2-33　大洋 TAIYO F 系列无刷发电机调压器 AVR

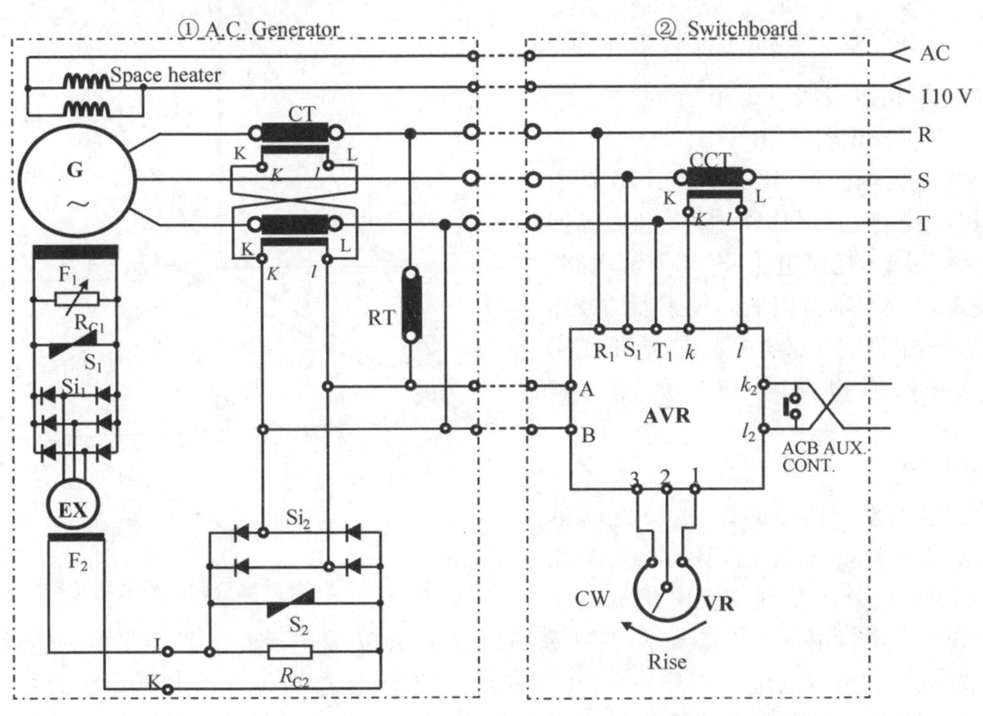

图 2-34　大洋 TAIYO F 系列无刷发电机 AVR 线路原理图

图 2-35 大洋 TAIYO F 系列无刷发电机实际接线

流 $\dot{I}_{RT}$，获得励磁电流中的电流分量 $\dot{I}_{EI}$。$\dot{I}_{EU}$ 与 $\dot{I}_{EI}$ 叠加后流入单相整流桥电路 Si_2，励磁电流 $\dot{I}_E$ 相量图如图 2-36 所示。

(2)电压校正器 AVR

AVR 主要由测量、比较电路，PID 调节电路，相位控制电路(移相电路、触发脉冲形成电路)，同步控制电路，SCR 分流电路，AVR 电源电路等部分组成。校正器的校正方式为交流侧分流形式。大洋 TAIYO AVR 电路印刷电路板 PCB 如图 2-37 所示。

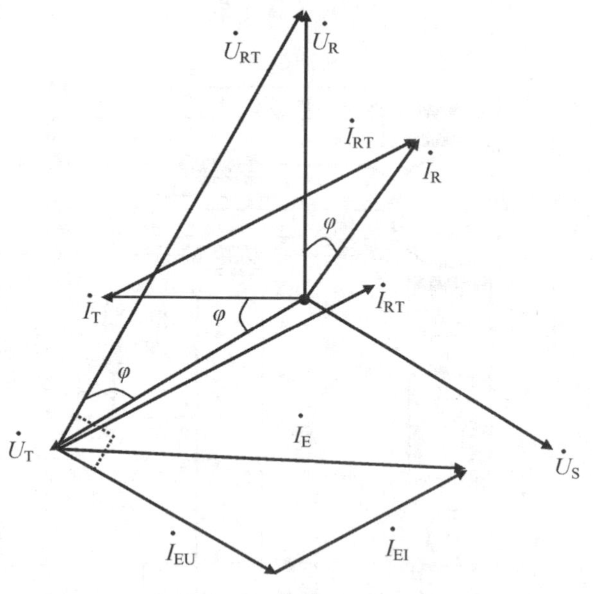

图 2-36 相复励部分励磁电流相量图

①测量电路

检测输入采用典型的 Y/$\triangle_{-11}$ 连接的 PT1 三相变压器降压，经三相桥式 D_1 整流及 R_3、C_1 滤波、分压得到与发电机端电压成正比的直流测量电压 $U_{G\,DC}$。如图 2-34 和图 2-37 所示，lk 是电流互感器 CCT 的副边线圈，流过该台发电机的负载电流；l_2k_2 则由 ACB 辅助触点控制，流过与该台发电机并联的发电机负载电流。它们构成带差动电流互感器(DCT)的环流补偿装置，用于并联机组无功功率的自动分配。

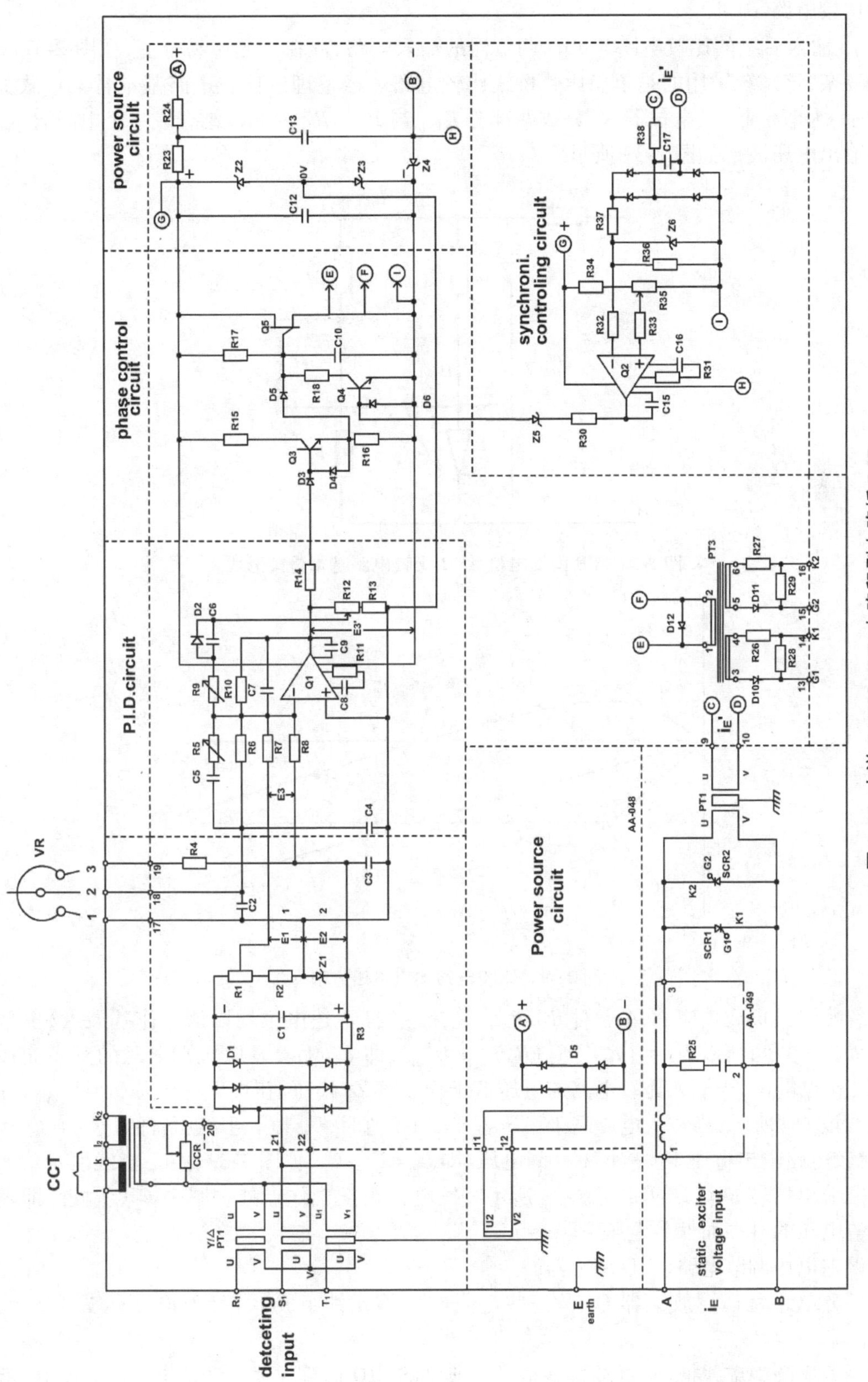

图 2-37　大洋 TAIYO AVR 电路印刷电路板 PCB

②比较电路

$U_{G\,DC}$ 输入后续的比较电路与 PID 调节器的输入电路,混在一起不易分清,在图 2-37 中显得较为复杂,该系统采用的是单稳压管桥式比较电路。经整理后比较电路基本骨架形式如图 2-38 所示,为清楚起见,电位器 R_1 分成两部分 R_{1-1} 与 R_{1-2},R_{1-2} 与 R_2 结合成一个电阻 R'_2。比较电路输出电压波形如图 2-39 所示。

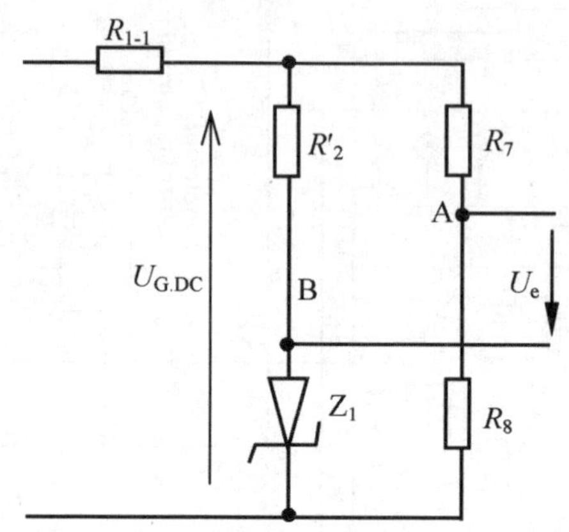

图 2-38　FE 型发电机 AVR 比较电路基本骨架形式

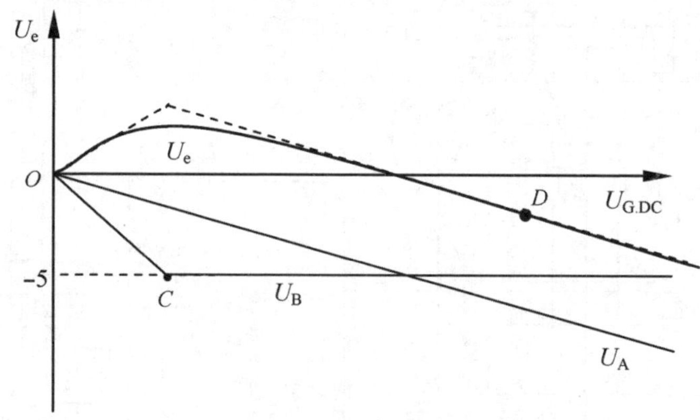

图 2-39　比较电路输出电压波形

在忽略输出负载效应后,A 点对 R_8 与 Z_1 连接点间(下述电位均以该点作基准点)电位就是电阻 R_8 上电压,所以 $U_A = [R_8/(R_7+R_8)] \cdot U_{G\,DC}$,即 U_A 随着发电机端电压的升高而按比例下降。B 点电位,当输入比较电路的电压低于稳压管 Z_1 稳压值时,B 点电位 $U_B = U_{G\,DC}$,如图 2-39 中线段 OC 所示;当输入电压高于稳压管 Z_1 稳压值时,U_B 恒等于稳压管的稳压值约为 5.1 V。比较电路输出电压 U_e 等于 A、B 间电压,即 $U_e = U_A - U_B$,如图 2-39 中 U_e 虚线所示。实际比较电路输出信号如图 2-39 中实线 U_e 所示。发电机正常工作点处在图中 D 点附近,即随着发电机端电压的升高而偏差电压下降。

③误差电压调节电路(PID 调节器)

这部分电路是运算放大器 Q_1 及一些电阻电容等元件组成,如图 2-40 所示为 PID 调节电路。

在不考虑图中虚线框内元件后,这是一个典型的 PID 运算放大器调节电路。改变 R_9 就可

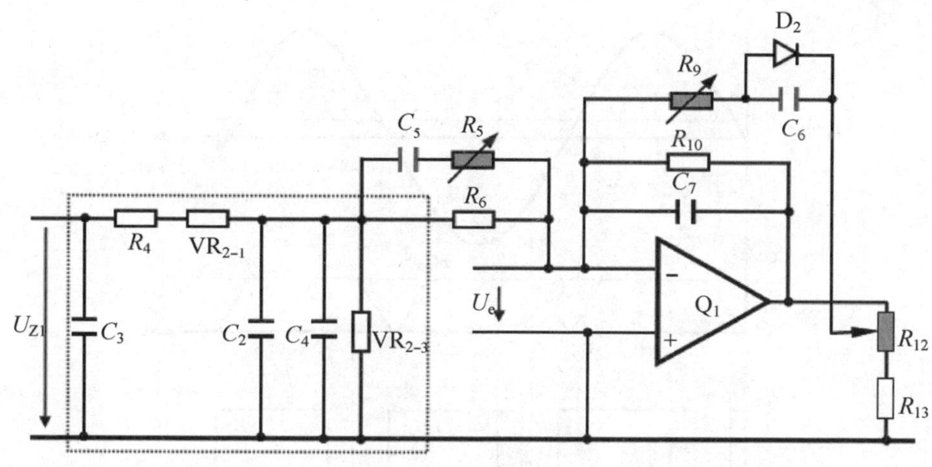

图 2-40　PID 调节电路

以改变积分时间常数(即可以改变发电机的静态电压调整率),改变 R_5 就可以改变微分时间常数(即可整定发电机负荷突变时电压调整的动态特性),改变 R_{12} 即可改变放大器的输出增益(整定调压器灵敏度与稳定性)。输入信号主要来自于比较电路的输出信号 U_e,稳压管 Z_1 稳定电压 U_{Z1} 经虚线框内电路分压后,U_e 和 U_{Z1} 由 R_6、R_5、C_5 组成的复合微分电路后叠加在比较电路的输出信号上形成了一个综合的、具有微分性能的误差输入信号。图 2-40 中电位器 VR 分别画成两个电阻 VR_{2-1} 与 VR_{2-3},安装于发电机控制屏内的 VR 用于整定发电机的端电压。

④相位控制和同步控制电路

如图 2-41 所示为部分电路的相关波形,即相位控制、触发脉冲形成、晶闸管整流等。

如图 2-37 所示,PID 调节器输出的电压控制信号经 R_{14} 加到由 Q_3 所组成的射极输出器上,Q_3 发射极上的电压就是电容 C_{10} 的可控预充电电源,电容充电速度取决于 R_{16} 上电压的高低,即取决于偏差电压的大小。三极管 Q_3 的导通程度具有可变电阻特性,进而控制电容 C_{10} 充电速度,再控制单结晶体管 Q_5 的导通。

同步电路交流信号是电流叠加相复励部分输出的交流励磁电流 $\dot{I}_E$,经 D_{13} 整流 Z_6 稳压后的信号加到由运算放大器 Q_2 构成的电压比较器的反相输入端 U_{Q2-} 上。当反相输入端上输入的同步信号低于正相输入端上恒定电压 U_{Q2+} 时,Q_2 输出高电压信号,稳压管 Z_5 击穿,三极管 Q_4 饱和导通,电容 C_{10} 充电电源被 Q_4 旁通,U_{C10} 等于一个较低的电压 U_{R16};反之,Q_2 输出低电压信号,稳压管 Z_5 截止,Q_4 截止,电容 C_{10} 在 U_{R16} 基础上充电。

由图 2-37 可知,电容 C_{10} 有两个充电电源:一个是恒定的直流电源经 R_{17} 对电容充电,一个是取决于调整电压大小的 R_{16} 上的电压。发电机端电压高,偏差电压 U_e 低(幅值大),经 PID 调节后加到 Q_3 基极上的电压信号也就大,三极管 Q_3 发射极电流增大,所以 U_{R16} 上的电压升高,电容充电充到 Q_5 的峰值电压的时间也就短,触发脉冲就提前发出。

⑤触发脉冲形成电路

这部分电路主要由电容 C_{10}、单结晶体管 Q_5 所组成的自激振荡器及脉冲变压器 PT_3 等组成。当电容 C_{10} 充电电压达到 Q_5 的峰值电压时,单结晶体管 Q_5 输出一个正脉冲信号,再经脉

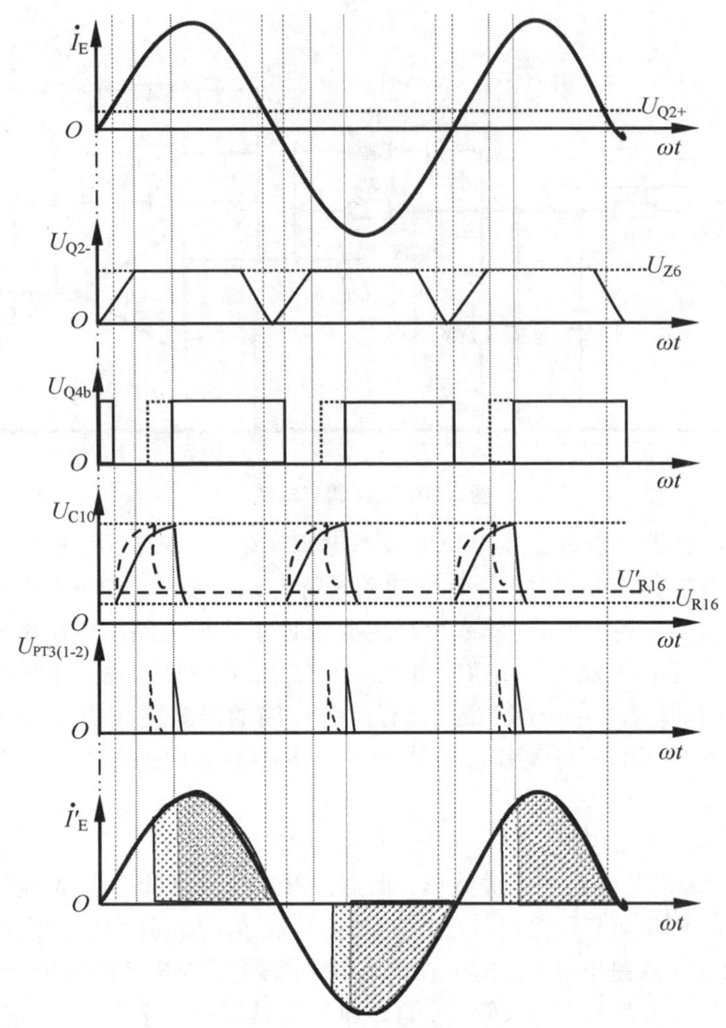

图 2-41　部分电路的相关波形

$\dot{I}_E$—电流叠加相复励输出尚未分流的交流励磁电流；$\dot{I}'_E$—实际交流励磁电流；U_{Q2-}—Q_2 反向输入端电压；U_{Q2+}—Q_2 正向输入端电压；U_{Q4b}—Q_4 基极电压；U_{Z6}—稳压管 Z_6 稳压值；U_{C10}—电容 C_{10} 上充电电压；U_{R16}—电容 C_{10} 预充电电压；$U_{PT3(1-2)}$—脉冲变压器原边脉冲信号电压

冲变压器变换后，触发脉冲同时加到分流晶闸管 SCR_1、SCR_2 的控制极上。

由单结晶体管 Q_5 组成的自激振荡器在发出有效的触发正脉冲后，由于晶闸管 SCR_1 或 SCR_2 的导通，则 C、D 间的电压为 0，Q_2 输出为高电压，Q_4 饱和导通，Q_5 不再发脉冲。

⑥SCR 分流电路

主要由晶闸管 SCR_1 和 SCR_2 组成。无论在相复励输出的交流励磁电流 $\dot{I}_E$ 的正半周或负半周，触发脉冲同时加到互为反向连接的两个晶闸管上，所以在任意一个半周总有一个晶闸管被触发导通，整流前的交流励磁电流 $\dot{I}_E$ 被与 L_1 相串连后的晶闸管所旁路，分流后的 $\dot{I}'_E$ 波形如图 2-41 所示。交流励磁机的直流励磁电流 I_E 在分流期间由励磁绕组 F_2 经电阻 R_C 续流而保持励磁绕组中励磁电流的连续性。

(3)调压器调节过程

①相复励部分的调节过程

当负荷增加时,由于电枢反应的影响至发电机的端电压下降,电流叠加相复励部分调节的结果使交流励磁电流 $\dot{I}_E$ 的幅值增加,经整流后发电机的励磁电流 I_E 增大,从而使发电机端电压得到回升;反之,励磁电流减少,端电压下降。

②电压校正器AVR的调节过程

当负荷增加、电压下降时,测量环节测出的电压 $U_{G\,DC}$ 也下降,经比较电路比较后得到的偏差电压信号 U_e 的绝对值减小($U_e<0$),这一信号经PID调节后输出到移相电路,Q_3 基极、发射极间的电压变小,这样电容 C_{10} 的预充电电压 U_{R16} 也就低,因此 U_{R16} 升至 Q_5 峰值电压的时间就比原先延长,所以触发脉冲滞后发出,SCR导通角小,其分流时间缩短,无刷发电机交流励磁机的励磁电流也就增大,这样发电机的电压就得以回升。

思考题

1. 船舶无刷同步发电机的定子、转子部分各由哪些主要部件组成?

2. 根据图2-28所示的西门子1FC5无刷发电机励磁系统线路图,说明其基本工作原理。

3. 根据图2-34所示的大洋TAIYO F系列无刷发电机AVR线路原理图,说明其励磁及调压控制部分的基本工作原理。

任务七* 船舶同步发电机的管理及维护

一、船舶发电机的日常管理

1. 发电机投入运行前的检查

对于新安装或经过大修及长期停用的发电机,在投入运行前应进行以下的检查工作:

(1)仔细查看发电机内部,不得有杂物存在,防止落入螺钉、工具、抹布等异物。

(2)用大约两个大气压的干燥压缩空气或使用皮老虎清除发电机各部分的灰尘,为避免损伤线圈,不得使用金属吹管。

(3)检查发电机轴承的润滑情况(大型发电机多用滑动轴承),润滑油和润滑脂的质量与数量必须符合维护要求。

(4)检查发电机与其原动机的连接情况是否良好,并且两者的轴线应在同一直线上。

(5)检查转子是否灵活,同时检查轴承质量。

(6)清洁集电环。

(7)检查电刷装置,包括电刷长度,在刷握中活动是否灵活、有无卡阻,有无烧蚀,电刷压力应为 14.7~19.6 kPa。

(8)测量定子和转子线路的绝缘电阻:用 500 V 兆欧表测量,一般不得低于 2 MΩ(中国船级社规定不得小于 0.5 MΩ)。

(9)如果发电机结构允许,可用塞尺测量气隙,其最大最小气隙之差与平均气隙之比不得超过±5%,低速发电机不应超过±10%。

(10)检查励磁接线是否正确,引线是否牢固。

(11)检查各紧固件,有松动者应上紧。

(12)正式运转前应进行试车,使发电机空转运行,达到额定转速后再停机检查转向、转动情况、轴承温度是否符合要求。

2. 船舶发电机运行中的监测

运行中的发电机,应根据主配电板等处仪表的指示情况,对发电机进行监测,以便及时发现不正常现象,消除隐患,保证船舶正常供电。

(1)发电机温升的监测

发电机运行时,铜损、铁损及机械损耗等原因会使其温度升高。发电机各部分的温度等于冷却介质的温度加上其对冷却介质产生的温升之和。发电机温度过高,会加速绝缘材料的老化,缩短发电机使用寿命,甚至会引起烧毁发电机的严重事故,所以对运行中的发电机必须严格限制各部分温度,使其不超过最高允许温度。

无限航区的船舶,环境温度规定为 45 ℃或 50 ℃。当机舱温度升高时,发电机的允许温升相应降低,其允许的最大输出功率也会降低。用埋置在发电机定子槽内或定子绕组端部的测温元件来测取温度,并可加装超温报警装置。日常检查时,手摸发电机外壳可粗略估计发电机温升是否正常,通常只要手摸得上(即手能放上),就说明发电机外壳温度一般不超过 65 ℃,即温升在正常范围内。但要注意的是随着绝缘材料允许温升的提高,一些新型电机正常工作时其外壳温度是很高的。

(2)发电机轴承温度的监测

发电机轴承有滑动轴承与滚动轴承两种类型。滑动轴承形式的发电机,轴承允许温度为 70 ℃。实际轴承温度可通过装于轴承端的温度表来检测。运行中的发电机只要润滑油位在规定范围内、滑油清洁、对中正常,则轴承温度一般不会超过 65 ℃。出现超温时可以从以上几方面查找原因。

滚动轴承形式的发电机,用于小功率场合(如应急发电机),轴承允许温度为 80 ℃,轴承温度一般通过手摸外壳来粗略估计。

(3)发电机电压的监测

运行中的发电机电压应达到额定值。其允许变化范围不应超过额定电压的±2.5%,若端电压过低或过高,将影响船舶电机、电气设备的正常工作,甚至烧坏设备。

由于异步电动机起动电流很大,当大电机或多台电机同时起动时,电网电压会波动,应当注意电压回稳的情况。

(4)发电机功率因数与电网频率的监测

船用交流同步发电机的额定功率因数大多数为 0.8,但实际工作时,负载的功率因数是不断变化的。对于并联运行中的每台发电机,希望它们的功率因数尽可能保持一致,避免它们的无功功率分配不均,影响电网的稳定性。

交流发电机正常运行时，电网频率的波动范围应保证在额定频率的±5%以内。

(5)其他部分的检测与检查

对运行中的发电机还必须检测、检查转子的转动情况、滑环与碳刷工作情况，是否有火花等。

二、船舶发电机的维护保养

做好发电机的维护保养工作，可以有效提高其无故障工作时间，提高设备可靠性，并且及时发现故障隐患。

1. 发电机维护保养时的注意事项

进行发电机日常维护保养时，应注意工作环境附近不应有水、油及污物堆积，不能有腐蚀性气体，以防伤及发电机绕组绝缘。完工后清点工作中所用的工具、抹布等，防止遗漏在发电机内部。

船舶发电机多采用内部通风冷却，在冷却空气的入口装有空气滤网。冷却空气的温度不得过低，以免绕组及其他导电器件上凝结水珠。

发电机如果出现油漆脱落或锈蚀，应及时除锈，并涂以防锈漆；绝缘漆轻度受损时应及时用喷漆补好，但必须先清洁干净。

2. 拆装注意事项

发电机拆装方法与异步电动机大致相同，但由于发电机重量大，拆装时应注意不要碰伤部件。拆卸端盖时，注意不要碰伤凸出在机座外面的定子线圈；取出转子时，要在电机定、转子间垫以纸板，以防损伤铁芯和绕组；在用钢索绑扎转子时，轴颈应用厚胶皮包扎，钢索不得碰到转子轴、风扇、滑环及引线等部分。转子放置时，应放在硬木衬垫上，衬垫放在轴颈或转子的铁芯下面，不得垫在滑环下面，以防滑环被压变形；转子取出后，滑环要用绝缘厚纸包扎起来，以免锈蚀或碰坏。

3. 发电机的烘干

新安装好的同步发电机，在运行前，一般都应进行烘干。如果绝缘电阻满足要求，可以不进行烘干，但运行开始的 24 h 内负荷最好不要超过额定容量的 50%。

凡是运行中的发电机停车检修或停用时间超过规定的限度，绝缘电阻低于规定值，则必须进行烘干。当确定是表面受潮时，可以用带负荷干燥法进行烘干；凡是因淡水或蒸汽管道漏气而浸湿的发电机必须进行烘干；海水浸湿后，根据浸水程度，严重时须先用淡水煮透，去除盐分后再烘干。

烘干的方法很多，在船舶上可采用热风法、带负荷干燥法或短路电流干燥法等。干燥初期应每隔 30 min 测量一次温度和绝缘电阻。当温度稳定后，每隔 1~2 h 测一次。

在干燥后，当线圈冷却到低于 60 ℃时，定、转子绕组的绝缘电阻应不低于 1 MΩ。

4. 空气滤网的清洁

发电机冷却空气进口的滤网一般每 3 个月拆下来清洁一次，同时对发电机内部进行一下清洁和检查。清洁内部时注意防止损伤绕组、引线等部件，不要用棉纱，同时检查旋转整流器或碳刷、滑环的状况。注意工作之前先把这台发电机的控制开关切断，防止工作中其自动起动造成事故。

5. 绝缘电阻的测量

每三个月测量发电机的绝缘电阻，包括定子、转子两部分。为防止测量电压损坏整流器或其他半导体设备，应将整流二极管的阴阳极暂时短接，将电子线路板（如 AVR 板）的接线端子暂时拆下。

6. 发电机轴承的维护与保养

自带润滑的滑动轴承中，油腔的油量应适中，不可过高或过低。运行中不能加油。如果轴承下漏油，应避免溅到绕组上。

润滑油需定期取出样品检查。若油色变暗、混浊、有水或污物，应予以更换。轴承发热严重时，也应更换新油。正常运行 250~400 h，也应换油一次，或至少每半年更换一次。发电机说明书或机身铭牌上都标有滑油标号，注意不要用错标号。

采用滚珠或圆柱轴承的电机，当运行约 2 000 h 后，需更换润滑脂一次。长期停用的发电机使用前，如采用滚动轴承，必须先检查其润滑状态，若原有润滑脂已经硬化变质，必须先将轴承用煤油清洗干净，再填入清洁的润滑脂。润滑脂用量为轴承室空间的 2/3，不可填入过多。

三、船舶发电机调压器故障实例

党的二十大报告指出："科技是第一生产力、人才是第一资源"。近年来，随着我国工业自动化的高速发展，对高技能人才的需求日益旺盛。全国总工会的统计数据表明，我国高技能人才数量从 2016 年底的 4 791 万人增长到 2021 年底的 6 000 万人，但仍供不应求。二十大报告提出要加快建设国家战略人才力量，其中就包括大国工匠和高技能人才队伍的建设。

大国工匠和高技能人才的培养和成长，离不开对一线岗位实践经验的积累和总结。在船舶电站设备的操作、管理和维护的学习过程中，对来自一线的运维、排故案例学习是汲取实践经验的最佳途径。下面就学习几个船舶发电机管理工作中的调压器故障排除实例。

（1）某船有一台带电压调整器的交流发电机经检修后，进行试车，当发电柴油机达到额定转速后，发电机电压只有 15 V。按下充磁按钮，发现电压先下降到零后又回升至 350 V，松开充磁按钮后，电压又回到 15 V。分析其原因是充磁磁场与剩磁磁场极性相反。

同步发电机正常自励起压必须满足：

①要有足够大的剩磁电压，以使自励回路导通。

②剩磁磁场的方向要与主磁场的方向一致。

③适当整定自励回路阻抗，使励磁特性与空载特性配合恰当，正好相交在正常空载额定电压处。

④转速要达到额定转速。

案例中的故障现象显然是由充磁磁场和主磁场极性相反所引起的。如图 2-42 所示：由于发电柴油机已经达到额定转速，在剩磁作用下，发电机起压产生 15 V 电压，额定运行点为 A 点。如果施加充磁电流$+I_C$（其磁场与剩磁磁场极性一致），则会使励磁电路特性曲线 a 移至特性曲线 b 处，此时由于发电机的空载特性曲线 c 高于特性曲线 b，电压会很快建立起来。但如果施加充磁电流$-I_C$（其磁场与剩磁磁场极性相反），则会使励磁电路特性曲线 a 移至特性曲线

d 处，发电机剩磁被消掉（故障现象为发电机电压由 15 V 降至 0 V）；在反向充磁电流的作用下（充磁按钮处于按下状态），发电机建立新的电压，运行点为 C 点，电压表显示为 350 V（电压表测量的是有效值），而当松开充磁按钮后，发电机又会恢复到原来的 15 V 或稍低一点（因消磁的作用）。

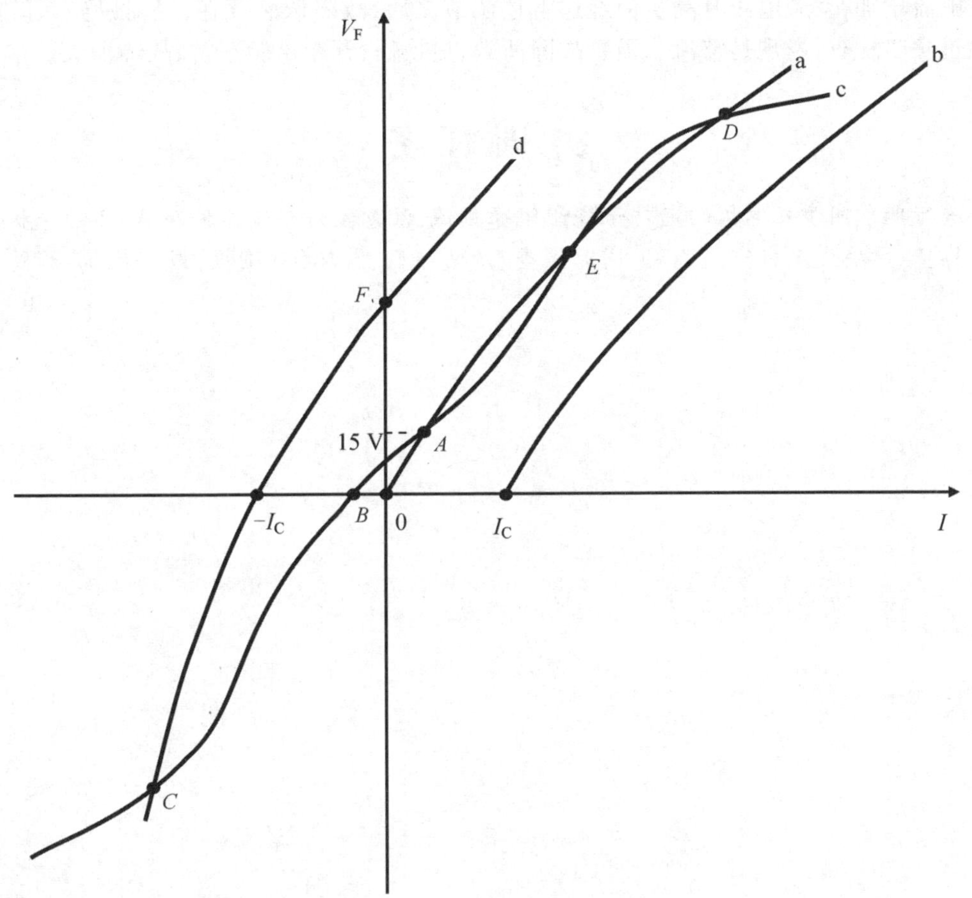

图 2-42　发电机特性曲线

解决方法是调整充磁电源的极性，将发电机调压器板上的“J_+”“K_-”与充磁电源极性正确连接。

（2）某船在靠港装卸货作业时，船舶电站由 1 号、2 号发电机组并联运行供电。作业过程中，突然发生跳电，报警显示为发电机欠压故障。值班轮机员与电机员立即起动 3 号发电机组，并恢复供电。然后对 1 号、2 号发电机组进行了详细的检查，确定是 2 号发电机组空载电压过低引起的。

发电机空载电压偏低的原因有两点：一是发电机（或驱动发电机的原动机）转速未达到额定转速；二是励磁系统发生故障。该船舶电力系统中，同步发电机励磁系统采用的是直流侧晶闸管分流的可控相复励恒压装置，工作原理如图 2-20（a）所示。该励磁系统主要包括两大部分：相复励恒压装置和可控硅直流分流的电压校正器。所谓可控相复励自励恒压装置，就是在按扰动（负载）I_f 进行不可控相复励调压的基础上，又加上了一个按负反馈（发电机输出电压的偏差）ΔU 进行调压的电压校正器。所谓可控，就是指对电压偏差的校正。在此，相复励装置的主要作用是实现自励起压，提高动态电压调整率。电压校正器的作用是负责静态电压调整，进一步提高静态电压调整精度。相复励恒压装置的励磁电流是空载分量和复励分量叠加的结果。空载电压偏低，可以通过增大移相电抗器的气隙（细调）或减少匝数（粗调）来调整，使励磁电流增加，空载电压升高。但经过上述调节之后，故障依然存在，经对励磁系统的各个环节做进一步检查，发现是整流二极管故障所致，更换后，开车试验正常，故障消失。

实训任务

1. 进行船舶同步发电机的定转子绕组绝缘测试，注意做好整流器件及 AVR 的保护。

2. 检查、更换发电机空气滤网，同时检查、清洁碳刷、滑环（有刷机）或励磁机、旋转整流器（无刷机）。

项目三　同步发电机组的并车及负荷分配调整

项目描述

随着船舶吨位的增加和电气化、自动化程度的提高，船舶电站容量在不断增加，因此主电站通常设有三台甚至更多的发电机组。根据船舶不同运行工况所需用电量的不同，可以使用一台、两台或更多的发电机组通过主配电板汇流排（母线）同时向全船负荷供电，这就是通常所说的并联运行。

同步发电机组的并联运行有许多优点：能增加电站的可靠性；能使发电柴油机经常处于最佳运行状态；能使电能得到合理的使用；能减少备用发电机组的数量。

一台发电机组在投入电力系统前，它的某些参数必须要满足一定的要求，才允许进行并车操作，而后进入并联运行。所以，待并发电机组在并车前要通过并车装置进行适当的操作，使这些参数符合并车条件。一台在网发电机组在停机前，则需要进行负荷转移及解列操作。

为了保证并联运行的稳定性，对容量相同的发电机组应能均分电网的有功功率与无功功率，这就要求并联运行机组间应有大体相同的有功负荷外特性与无功负荷外特性。发电机有功负荷外特性实质就是原动机的调速特性，无功负荷外特性实质就是发电机励磁调整特性。因此，需要功率（有功与无功）分配装置的调节来满足这些要求。

学习目标

1. 熟悉发电机并车的条件，掌握均压、自整步概念；
2. 掌握同步发电机的励磁调整特性及对并联运行机组无功功率分配的影响；
3. 掌握同步发电机原动机的调速器工作原理及一次、二次调节的概念；
4. 掌握同步发电机原动机的调速特性及对并联运行机组有功功率分配的影响。

工作任务

1. 进行船舶同步发电机组的并车、均功调频与解列操作；
2. 进行并联运行同步发电机组的无功负荷分配及励磁调整特性调整；
3. 进行并联运行同步发电机组的有功负荷分配及频率调整特性调整。

1. 根据学习目标,分析和研讨各工作任务要求,明确知识和技能部分的学习内容,并结合混合式教学,学习相关知识;

2. 拟定工作计划,分解工作任务,明确学习目标,制订项目实施计划;

3. 根据实船发电机操作说明书及规程并结合实训室电站设备,在教师指导下展开工作任务;

4. 对项目完成情况进行评估,针对不足之处进行分析改进。

任务一　同步发电机组的并车与解列操作

船舶主电网设有多台发电机组对主配电板汇流排(公用母线)供电。将运行发电机通过主开关合闸而接入带电汇流排的操作叫并车;在并联运行状态下,通过发电机主开关分闸使其从汇流排脱开的操作叫解列。有些船舶电站中的汇流排连接开关在其两侧都有电的状态下合闸,也属于并车操作。

发电机组并车操作时,其发出交流电的参数必须满足一定要求,才允许合闸。满足并车条件,在合闸过程中冲击电流不超过允许值,发电机投入电网后也能迅速被拉入同步。所以待并机在并车前要通过并车装置进行适当的调节和操作。并车之后还需要进行均功调频操作,以保证正常的并联运行。解列时也必须先转出待解列机的负荷,才能减小主开关分闸对电网的冲击,维持电网稳定运行。

一、同步发电机的并车条件

1. 理想并车条件

待并发电机组与运行发电机组同步并车操作的理想条件:

(1)待并机组的相序与运行机组(或电网)的相序一致。

(2)待并机组的电压与运行机组(或电网)的电压有效值相等,即电压差为零。

(3)待并机组电压的初相位与运行机组(或电网)电压的初相位相同,即相位差为零。

(4)待并机组的频率与运行机组(或电网)的频率大小相等,即滑差(频差)为零。

并车失败的根本原因是合闸瞬间产生太大的冲击电流,而产生大冲击电流的原因是合闸时,待并发电机与电网(或运行机组)的电压瞬时值之差太大。发电机组安装时,发电机的相序与电网的相序已经保证一致,因此,并车操作就是检测和调整待并发电机组的电压、频率和相位,使之满足上述后三个条件,则待并发电机与电网(或运行机组)的电压瞬时值始终相等,即两个电压相量完全重合,若在此时将待并发电机主开关合闸投入电网(并车操作),则在待并机组与电网(或运行机组)间不会产生冲击电流,并且并车后能保持稳定的同步运行,这是准确同步(准同步)的理想情况。

2. 实际准同步并车条件

实际并车时,除相序外,其他条件不可能达到完全一致。

(1)当仅电压不相等 $\Delta U \neq 0$ 的情况

假定待并机组(G_2)与运行机组(G_1)的频率相等、初相位相同,但电压大小不相等,即 $f_1 = f_2$, $\delta_{10} = \delta_{20}$(即 $\Delta\delta_0 = 0$),但 $U_1 \neq U_2$,设 $U_2 > U_1$。

对三相对称电路,可取其一相电路进行分析。两台机组并车时的单相等效电路如图 3-1(a)所示。

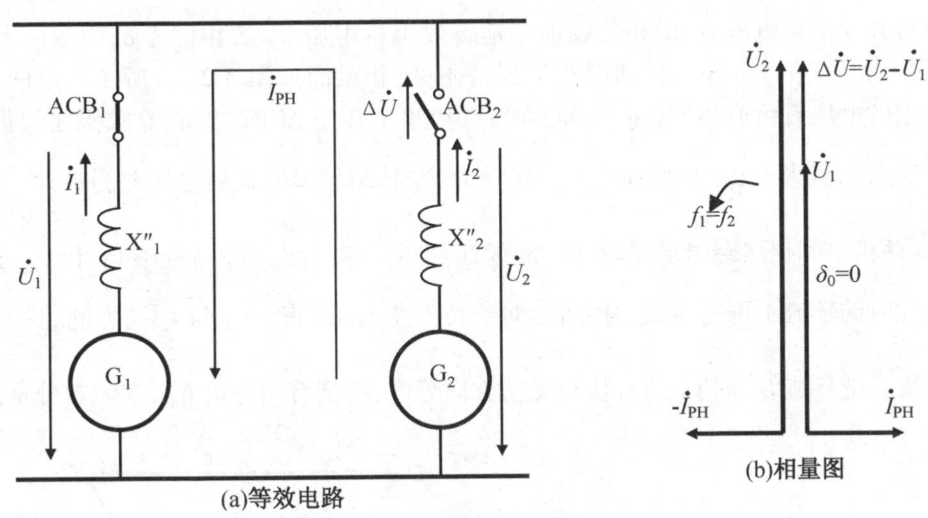

图 3-1　仅电压不等时的并车图

当仅电压不等($U_2 > U_1$)时投入 G_2,则在发电机主开关 ACB_2 动、静主触点两端有电压差存在,即 $\Delta\dot{U} = \dot{U}_2 - \dot{U}_1$,这时合闸,在两台发电机间就会因 $\Delta\dot{U} \neq 0$ 而产生称之为平衡电流的环流 $\dot{I}_{PH}$ 。由于环流经过的回路主要是感抗,故 $\dot{I}_{PH}$ 滞后 $\Delta\dot{U}$ 约 90°,其相量图如图 3-1(b)所示。由于 $\dot{I}_{PH}$ 与 $\dot{I}_2$ 的正方向一致,故对 G_2 来说,$\dot{I}_{PH}$ 相当于 G_2 增加输出了一个感性的滞后无功电流,它产生去磁的电枢反应,将使 G_2 的端电压比并车前的 $\dot{U}_2$ 有所降低;但对运行机组 G_1 来说,$\dot{I}_{PH}$ 与 $\dot{I}_1$ 方向相反,因此 $\dot{I}_{PH}$ 相当于 G_1 减少输出滞后的无功电流,相应的去磁的电枢反应比原先减少了,这样将使 G_1 的端电压比并车前 $\dot{U}_1$ 有所升高。最后使两台发电机组并联运行于同一个电压 $\dot{U}$ 上,这时 $U_1 < U < U_2$。这就是环流对两台发电机产生的"均压"作用;反之,当 $U_2 < U_1$ 时并车,则在发电机主开关 ACB_2 的两端产生的电压差 $\Delta\dot{U}$ 的相位反相,环流产生的电枢反应结果将使待并机组 G_2 的端电压 $\dot{U}_2$ 上升,运行机组 G_1 的端电压 $\dot{U}_1$ 下降,最终使两台发电机组运行于同一个电压上,即 $U_2 < U < U_1$,也是产生均压作用。

可见,$\Delta\dot{U}$ 所产生的环流 $\dot{I}_{PH}$,对两台发电机起均压作用。由于发电机在并车瞬间呈现很小的等值电抗(超瞬变电抗),即使不大的电压差也会产生很大的冲击电流,所以当电压差较大时，合闸瞬间会产生很大的冲击电流（即 $\dot{I}_{PH}=\dfrac{\Delta U}{2X''}$），巨大的冲击电流产生的冲击电动力对两台发电机和电力系统极为不利，且会造成两台发电机的主开关过流跳闸，导致并车失败甚至全船失电，所以并车操作中要注意电压差不得超过±10%额定电压。在船舶电网负载比较平衡的情况下，一般这个条件通过自动调压器来实现。

（2）当仅相位不一致$\delta_0\neq0$的情况

假设待并发电机与电网电压大小相等、频率相等，但相位不一致时并车，即 $U_1=U_2$，$f_1=f_2$，但 $\delta_{10}\neq\delta_{20}$。

如果待并发电机电压 $\dot{U}_2$ 的相位超前于运行发电机电压 $\dot{U}_1$ 的相位为 δ，由于两者频率相等，所以这个相位差δ在并车前任何时刻均保持不变，相量图如图 3-2(a)所示。由图可知，即使两台机组的电压有效值相等，并车瞬间在待并机组主开关 ACB_2 的动、静触头之间仍有电压差 $\Delta\dot{U}=\dot{U}_2-\dot{U}_1$，其大小 $\Delta U=2U\sin\dfrac{\delta}{2}$。当 $\delta=180°$时，$\Delta U=2U$，此时电压差为最大。由于 $\Delta\dot{U}$ 的作用，在两机组间仍然会出现滞后 $\Delta\dot{U}$ 为 90°的平衡电流 $\dot{I}_{PH}$，$\dot{I}_{PH}$ 与电压 $\dot{U}_1$ 和 $\dot{U}_2$ 之间的夹角是 $\dfrac{\delta}{2}$，此时的环流不再是纯无功性质。对于待并机 G_2 而言，$\dot{I}_{PH}$ 与 $\dot{I}_2$ 同方向，是一个滞后的输出电流。把环流 $\dot{I}_{PH}$ 向 $\dot{U}_2$ 的有功和无功方向分解，得到有功分量 $\dot{I}_{PHP}$ 和无功分量 $\dot{I}_{PHQ}$，如

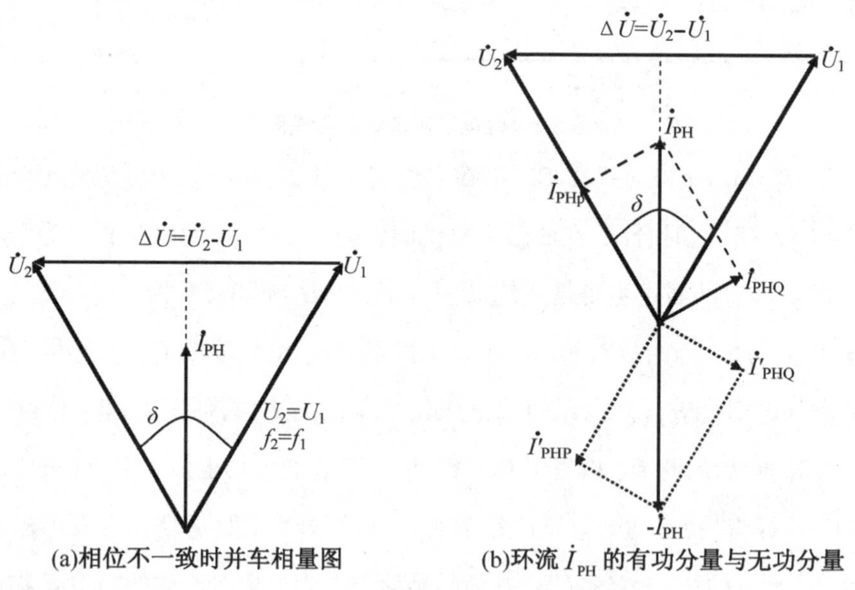

(a)相位不一致时并车相量图　　(b)环流 $\dot{I}_{PH}$ 的有功分量与无功分量

图 3-2　仅相位不一致时的并车图

图 3-2(b)所示。$\dot{I}_{PHP}$ 与 $\dot{U}_2$ 同相，并车瞬间 G_2 输出有功功率，即 G_2 作发电机运行，在其轴上将产生制动力矩，在转轴上出现一个负加速度，使其转速瞬间下降。而环流 $\dot{I}_{PH}$ 对于运行机组 G_1 而言，其方向与 $\dot{I}_1$ 相反，即 $-\dot{I}_{PH}$ 与 $\dot{I}_1$ 同方向。$\dot{I}'_{PHP}$ 与 $\dot{U}_1$ 相位相反，并车瞬间 G_1 吸收有功功率，即 G_1 作电动机运行，在其轴上将产生驱动力矩，也就是在转轴上出现一个正加速度，使其

转速瞬间上升。

这样,在环流 $\dot{I}_{PH}$ 的作用下,并联机组中的一台发电机减速而另一台加速,最终使得并联运行的两台发电机达到相位一致而进入同步运行。环流的有功分量对应的功率称为整步功率,其中超前的发电机输出整步功率,滞后的发电机吸收整步功率。整步功率对应的整步转矩,对于超前发电机而言是阻转矩,使转速下降;对于滞后发电机而言是驱动转矩,使转速上升,最终将两机拉入同相位同步运行。同步发电机内部的这种作用称为“自整步”作用。

由于 $\dot{I}_{PHQ}$ 滞后于 $\dot{U}_2$ 为 90°,$\dot{I}'_{PHQ}$ 滞后 $\dot{U}_1$ 为 90°,故这两个冲击电流中的无功分量均对各自发电机起去磁的电枢反应,从而导致并车后电网电压会发生略微的下降。

如果并车时相位相差较大,则过大的 ΔU 将在并车时产生很大的冲击电流,在发电机轴上也会形成很大的冲击转矩。由于船用同步发电机转子的转动惯量不大,在这种冲击转矩的作用下,两台机组的转子可能会发生扭轴,也可能产生较大幅度的相对摆动(即所谓“振荡”),或者由于自整步作用不足以克服两机组间太大的相位差,终于失步而跳闸。所以准同步并车时的相位差一般要限制在±15°以内。

(3)当仅频率不一致 $\Delta f \neq 0$ 的情况

假定待并机 G_2 与运行组 G_1 电压相等,初相位相同,但频率不相等,即 $U_1 = U_2$,$\delta_{10} = \delta_{20}$,$f_1 \neq f_2$ 时并车。

假定待并机 f_2 大于运行机 f_1,如图 3-3 所示为当仅频率不一致时并车相量图,可以看出,当 $t = 0$ 时刻,两台机组的电压相量是重合的,但经过 Δt 时间后,由于 $f_2 > f_1$,所以 $\dot{U}_2$ 相量超前 $\dot{U}_1$ 相量δ,相位差 $\delta = 2\pi(f_2 - f_1)\Delta t$ 同样产生一个电压差 $\Delta\dot{U}$,其结果同前一种情况类似,也会出现环流。如果并车时两机组的频率相差不大,则自整步的作用能互相拉入同步;但如果两机组间频率相差太大,则由于自整步的作用不够,将造成失步而跳闸,严重时可能会导致全船跳电。所以并车时频率差应控制在±0.5 Hz 以内,通常以±0.25 Hz 为最好。

通过以上分析可知,当并车的任一条件不满足时,发电机间必将产生冲击电流。冲击电流的无功分量起均压作用;有功分量产生的整步转矩起自整步作用。当冲击电流在允许范围内时,它能帮助同步发电机并车,将两台机组拉入同步;但当并车条件超出允许范围时,过大的冲击电流可能会导致并车失败或者使系统电压下降,甚至出现跳电、损坏机组等事故。

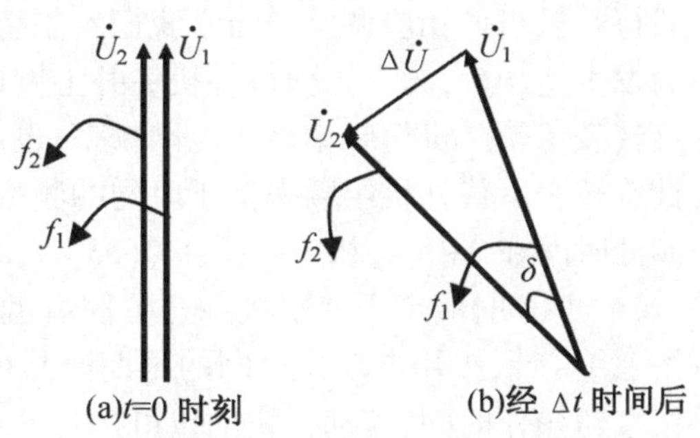

图 3-3 仅频率不等时的并车图

并联运行对原动机的要求如下:

①原动机必须有相同且均匀的角速度

原动机角速度不同将引起并联运行机组的频率不同而产生振荡。如果转速不均匀或调速器灵敏度过高,也会引起振荡。

②原动机具有合适的有差特性(下倾特性)的速度变化率

发电机并联运行稳定,要求在网上的负荷变动时,参与并联运行的各台发电机能按其容量成比例地分担负荷的变量。理想情况下要求各台发电机原动机的速度变化率(调速特性)应该完全一致,实际上调速特性总会有微小的差异,因此要求其速度变化率要合适。

③参与并联运行发电机的各原动机其调速器的灵敏度要适当

调速器的灵敏度过高时,稍微有一点负荷波动也会引起速度的变化,从而由整步功率的作用引起功率接受关系在并联机组间出现,为此又要相应地调节原动机的输入功率,避免造成负荷分配的不稳定,这也是并联时产生振荡的原因之一;反之,如果调速器灵敏度过低,则会使调节速度过于迟缓,使原动机的瞬时速度变化率过大。

二、手动并车操作

手动并车多采用准同步方式。该并车操作就是测量与调整电压、相位、频率三个并车参数,使它们在基本满足条件时合上待并机的主开关,在适当的冲击电流均压和自整步作用下将待并机拉入同步,这种方式通常称为准同步并车。其优点是可避免过大的冲击电流,缺点是操作复杂、并车时间长、需要一定的并车操作经验。

主配电板上的电压表、频率表、同步表或同步指示灯就是测量并车参数的仪表。船用配电板频率测量仪表一般精度较低,因此并车操作中的频差检测往往是通过直接观察同步表来进行的,并按同步表的转向及旋转速度进行待并机组的频率调节。在做手动并车操作时,只要待并机组已起动成功、电压建立,原动机的其他参数一切正常时,即可进行手动并车操作。通常运行机组的各项电参数在并车前都保持在额定数值附近,因此并车时只调整待并机组的参数。

1. 手动准同步并车操作步骤与方法

(1)在主配电板前测看两台机组电压表的数值指示一般均在许可范围内。只要发电机满足船级社规范要求,则电压差一定在±5%以内,因此通常不需要考虑。

(2)打开同步表开关,选择待并机的位置,观看同步表指针旋转方向与旋转速度。

(3)通过发电机控制屏(或并车屏)上调速开关(或调速按钮),按同步表的转向及旋转速度对待并机组做相应调整。通常我们希望待并机在正差频下进行并车,这样并车瞬间一方面不会发生逆功率,另一方面待并机一并上网即承担一定的负荷。对于大多数同步表而言,顺时针旋转表示待并机组频率高于电网频率,也有个别船舶上同步表的转向是反的,即其同步表顺时针旋转表示待并机组频率低于电网的频率。一般调整到同步表指针向快的方向旋转,且转一圈的时间在3~5 s(相应频差在0.33~0.20 Hz),即可准备合闸。

(4)并车时应考虑发电机主开关固有的动作时间。对于采用电磁铁合闸的主开关,一般可按0.1 s计,采用电动机合闸的早期产品可按0.3 s计,较早期的产品可按0.1 s计;再考虑手按按钮操作时间,若动作快的也可按0.1 s计,否则应按0.2~0.3 s计。实际操作时,若动作快则电磁铁合闸的主开关应提前0.2 s进行合闸操作,电动机合闸的主开关应提前0.2 s或0.4 s进行合闸操作。对于顺时针旋转为快的同步表,若同步表指针按钟表分针计算,则同步表转一圈为3 s时,电磁铁应在56 min时果断合闸;当同步表指针转一圈为5 s时,电磁铁应约在57.5 min时果断合闸。综上,因此实际操作时,只要同步表指针转一圈的时间在3~5 s,合闸提前量可掌握:电磁铁合闸操作机构可在57 min时合闸,对于近十几年出厂的如AH、AT及BE等型号的电动机合闸操作机构主开关,提前量同电磁铁合闸操作机构;否则电动机合闸操作机构可在53.5 min时合闸。

(5)并上车后应关闭同步表开关。

(6)进入负载分配与频率调整的操作程序。

进行手动调节时,由于从扳动开关到发电机转速、频率开始变化有一定的时间延迟,为防止过度调节而造成逆功率或频率偏差过大,每次调油门操作的时间不应过长,扳动调速开关的时间应在 1~2 s 之内,采用点动调节。

2. 同步表

同步表又称整步表,是用来指示待并机电压与电网电压间相位差、频率差及其方向的仪表,船用同步表大多采用电磁式或发光二极管式。若待并机的频率超过电网频率,同步表的指针就按顺时针方向旋转,即指针向"快"的方向转;若待并机的频率低于电网频率,则同步表的指针将按逆时针方向旋转,即指针向"慢"的方向转。因此,根据同步表指针转动方向来判断差频的方向。另外,同步表指针是按差频角速度进行旋转的,即指针转一圈的时间就是频差的倒数。相差由指针角度表示,按钟表指针十二点钟为同相位,六点钟为反相位。

(1)电磁式同步表

三线圈电磁式同步表的结构原理示意图如图 3-4 所示。该同步表由定子与转子组成:定子三相绕组通过电压互感器分别接在待并机的 U、V、W 三相电压上,产生受待并机频率影响的旋转磁场;转子铁芯的励磁绕组通过电压互感器接在电网的 R、S 相上,产生按电网频率变化的脉动磁场;在两个磁场的相互作用下,转子在轴上转动。

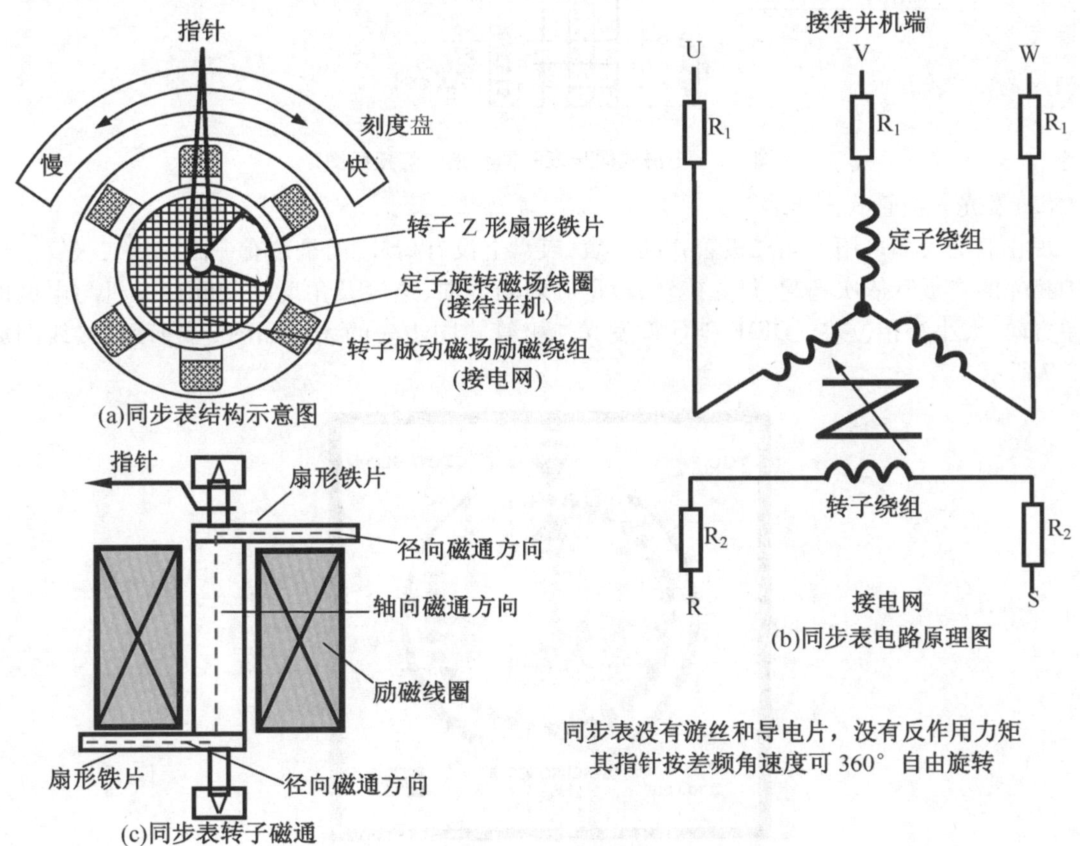

图 3-4　三线圈电磁式同步表结构原理示意图

转子 Z 形芯片具有机械惯性,只能按力矩平均值而转动。频差过大,受惯性影响,指针将不旋转或只做一定微幅摆动;频差过小,受摩擦力矩影响,指针将停止转动。要求频差大于 0.125 Hz 指针才能不停地转动。电磁式同步表和同步指示灯接线图如图 3-5 所示。

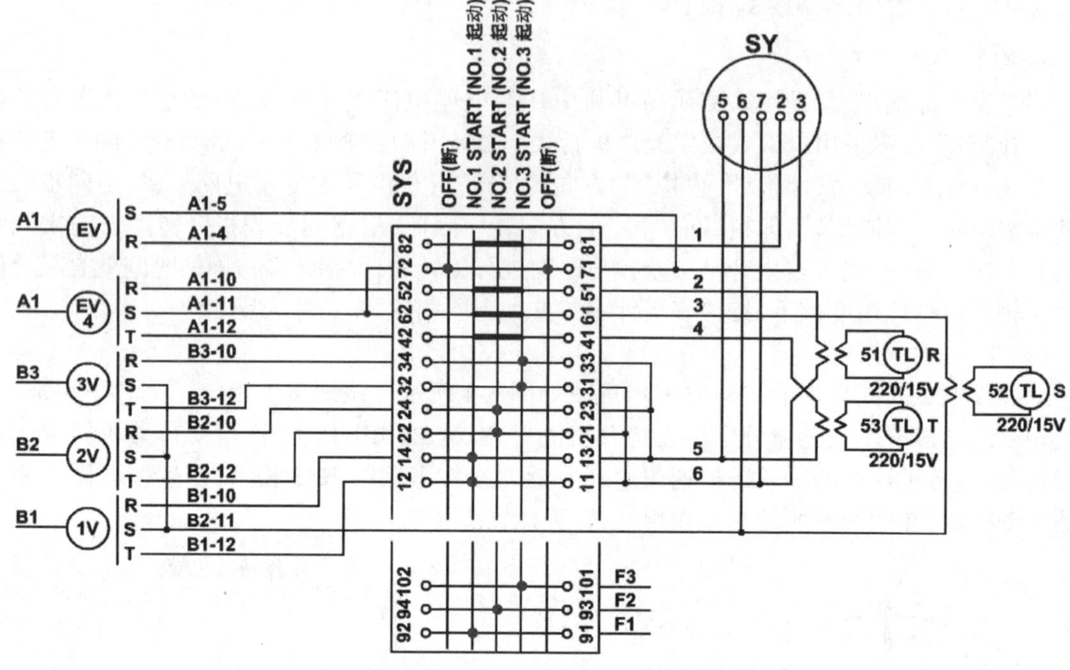

图 3-5　电磁式同步表和同步指示灯接线图

(2)发光二极管式同步表

现在船上大多采用发光二极管式同步表,表盘上没有指针,而是装有一圈发光二极管。使用中相邻的二极管依次亮起,灯光旋转,根据旋转的方向、速度及角度来判断待并机与电网的频差方向、大小和相位差。DEIF CSQ 型发光二极管式同步表的表盘如图 3-6 所示,接线图如图 3-7 所示。

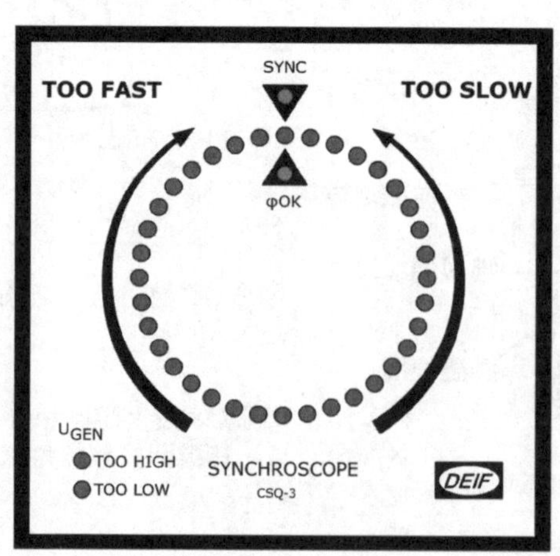

图 3-6　DEIF CSQ 型发光二极管式同步表的表盘

图 3-6 中的同步表盘上，圆周均匀分布有 36 个红色发光二极管，每个代表 10°电角度。上方 12 点钟处为 360°，其中“SYNC”在 12 点钟处，为同步指示的绿色发光二极管。

由图 3-7 可见，这种同步指示器只需接待并机和电网的对应两相，共 4 根接线。

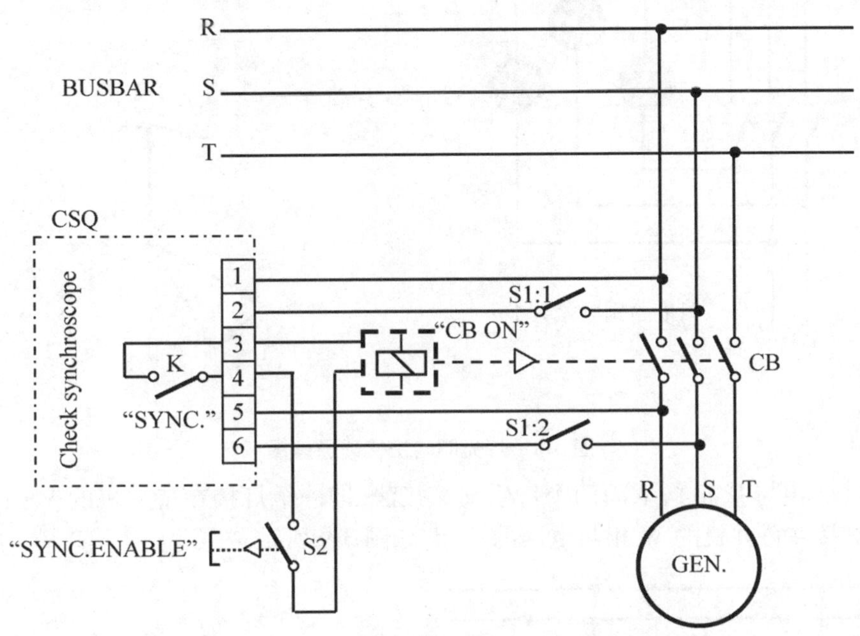

图 3-7　DEIF CSQ 型发光二极管式同步表接线图

3. 同步指示灯法

手动并车除借助同步表进行操作外，也可利用同步指示灯。通常同步指示灯是当作备用的设备，一旦同步表损坏，就可以借助同步指示灯进行并车操作。同步指示灯有两种类型：灯光明暗法与灯光旋转法。

(1)灯光明暗法

灯光明暗法也称为灯光熄灭法，其接线和原理如图 3-8 所示。该方法中每个指示灯均接在待并发电机电压与电网电压的对应相上，因此指示灯上的电压为待并机电压与电网电压间的相位差电压。由于三盏灯明暗同步，故明暗法可以用三盏指示灯，也可用两盏指示灯，甚至一盏指示灯。

当待并机电压 U_G 与电网电压 U_B 间只要电压数值、频率和相位不一致时，指示灯上就有相位差电压。这一相位差电压由于存在频率差，故而其数值大小是在不断变化着的，从而指示灯同时呈现明暗交替变化。频差越大，明暗交替变化也越快，当相位一致时，指示灯上的电压为 0(待并机电压与电网电压数值相等时)。一般指示灯在电压降到其额定电压的 30%～50%时就已经熄灭，因此指示灯熄灭的中间时刻基本上是相位一致的时刻，也就是发电机主开关主触头闭合的时刻。

采用这种方法，从指示灯明暗变化的速度判断差频的大小，调整待并机的频率，直至明暗变化一周在 3～5 s(Δf = 0. 33～0. 20 Hz)，然后捕捉相位一致时刻进行合闸操作。

(2)灯光旋转法

灯光旋转法基本上都采用三个指示灯，按三角形布置。正中上方的一个指示灯接在对应

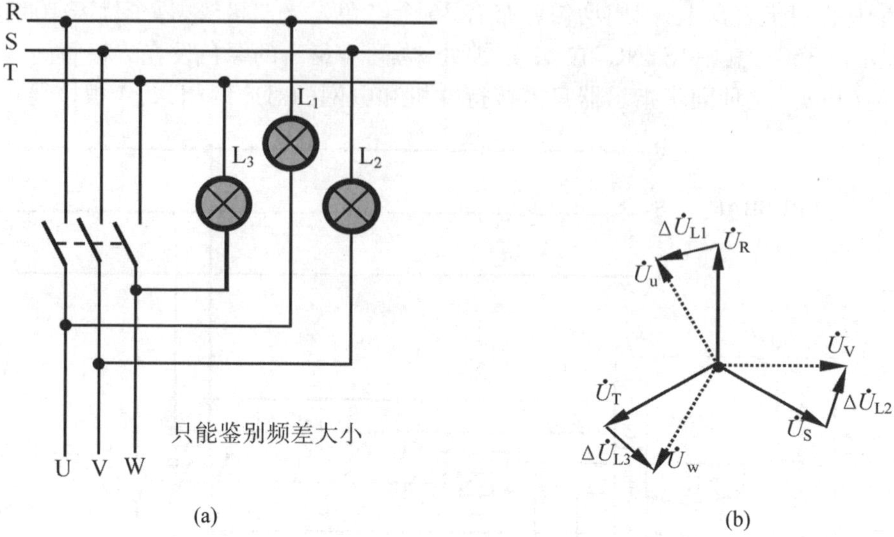

图 3-8 灯光明暗法接线原理图

的第一相上(U 相与 R 相),下面两个灯系交叉接法,即一个灯接在待并机的 V 相与电网的 T 相,另一个灯接在待并机的 W 相与电网的 S 相,如图 3-9 所示。

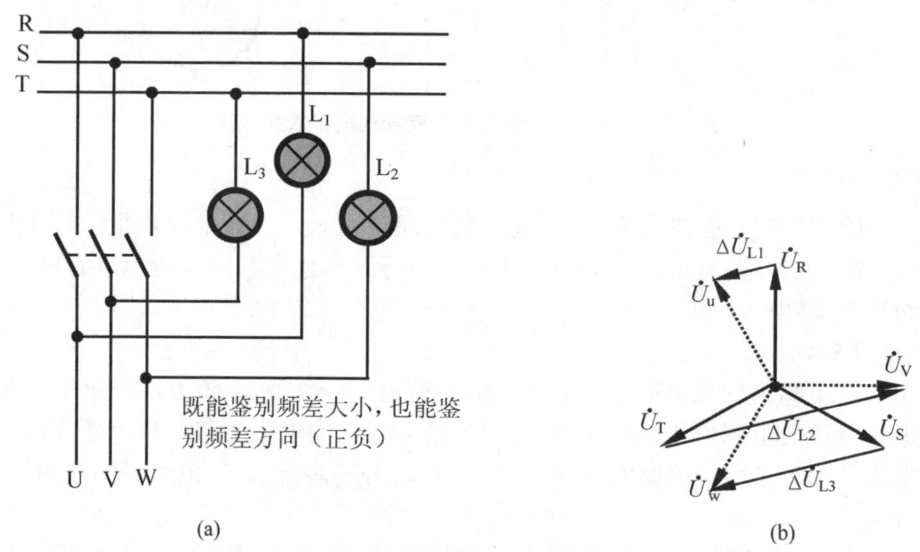

图 3-9 灯光旋转法接线原理图

只要待并机电压与电网电压间频率不相等时,这三个指示灯就会先后出现明暗交替变化,即呈现灯光旋转现象。待并机频率高时,灯光呈顺时针方向旋转;反之呈逆时针方向旋转。当正中上方指示灯熄灭,且下面两个指示灯的灯光变化到亮度相同时,即为相位一致时刻,此时刻即应为发电机主开关主触头闭合时刻。

采用这种方法,可从指示灯旋转方向来判断待并机的频率是高还是低,从旋转速度可判断差频的大小。并车时,调整待并机的频率直至灯光向快的方向旋转,且旋转一圈的时间为 3~5 s,然后再捕捉相位一致时刻,进行合闸操作。

4. 电抗同步并车

电抗同步并车法也称粗同步并车法。这是早期船舶电站针对发电机并车调节装置精度不高采用的一种方法。这种方法的最大优点是对并车三条件的要求不高,甚至可以不考虑,因此深受广大船员欢迎;但其缺点是并车后,若并车电抗器不切除,则当需停这台未切除电抗器的机组时,将会发生主开关跳闸、关闭油门后原动机停不下来的现象,此时发电机成为同步电动机,若处理不当将会发生烧毁电抗器直至烧毁主配电板的事故。

电抗器的电抗值在设计时是按相位差在 180°时计算的,此时冲击电流一般被限制在 1.2~1.8 倍的额定电流,有的并车电抗器仅允许在这样大的电流下工作 3 s,因其磁路不允许饱和,故大多采用空芯式。

电抗同步并车法的原理是待并机首先通过电抗器接入电网,由电抗器来限制并车时的冲击电流,当将待并机拉入同步时,再合上发电机主开关,然后切除并车电抗器。采用电抗并车操作时,理论上可不考虑相位,但实际上当并车瞬间相位差超过 90°时,由于此时有功功率的交换是不够的,即拉入同步的力矩较小,从而使拉入同步的时间拖得较长,这样在较大的冲击平衡电流的作用下就有可能使运行机组的主开关因过载而跳闸,此时将形成只有待并机组经电抗器接入电网,因此电网电压很低,白炽灯发红,当出现这种情况时,应立即合上发电机主开关。所以即使采用电抗并车,最好也在相位差小于 90°时进行操作。

三、手动均功调频

进入负载分配与频率调整操作步骤后,要注意均功时电网频率的变化,可采用双手调节或单手调节。当电网频率保持在额定值,只是两台机的有功功率分配不均匀时,应采用双手调节,即同步调节两台机的油门,功率低的加油门,功率高的减油门,以保持功率转移过程中总油门不变,电网频率才可维持不变;调至两台机功率将要均分时及时停止,防止超调。当两台机的功率不均分,且电网频率也有偏差时,采用单手调节效果更好:如果电网频率高于额定值,应调低功率高的发电机的油门,转移功率的同时也调低电网频率;如果电网频率低于额定值,应调高功率低的发电机的油门,转移功率的同时也调高电网频率。

四、解列操作

解列之前先把待解列机组的负荷降至其额定功率的 5%以下,操作过程中防止其负荷转移过多而出现逆功率。操作可采用双手调节方式,负荷达到要求后及时分闸,并再调整运行机频率至许可范围。

思考题

1. 画相量图并说明在发电机并车合闸过程中,环流(冲击电流)的均压作用和自整步作用。

2. 画接线图和相量图,同时说明通过两种同步指示灯如何进行准同步并车操作。

实训任务

1. 进行发电机手动准同步并车操作(使用同步表及指示灯)。

2. 进行并联运行发电机组的手动负荷转移及分配操作。

3. 进行发电机组的解列操作。

任务二　并联运行发电机组间无功负荷的分配调整

我们知道,发电机并车之后需要进行负荷转移和分配。对于船舶同步发电机,不仅要进行有功负荷的转移和分配,还需要进行无功负荷的转移和分配。下面我们就来分析并联运行船舶同步发电机组之间无功负荷的自动转移和分配调整问题。

从同步发电机的电枢反应原理可知:同步发电机电压的变化主要是由无功负荷的变化而引起的,因此,当船舶同步发电机单机运行时,调整发电机励磁以调整电压,也就是调整发电机输出的无功功率,使之适应电网无功负荷的需要。当船舶同步发电机并联运行时,若所有发电机输出的总无功功率 $\sum Q_f$ 和所有负载消耗的总无功负荷 $\sum Q_z$ 平衡,船舶电力系统的电压保持恒定;若 $\sum Q_f < \sum Q_z$ 时,电压下降;若 $\sum Q_f > \sum Q_z$,电压上升。在并联运行的情况下,各台发电机通过自动或手动方式分别调整励磁,不但可以调整电网的电压,还能进行各台发电机承担无功负荷的分配和调整。并联运行发电机组间无功功率分配的关系,主要由各台发电机调压器的电压调整特性曲线所决定。也就是说,同步发电机间无功功率的自动分配实际是通过调压器自动调整励磁电流,以调整发电机电势的方法来实现的。因此发电机的调压器不仅担负着自动调整电压的任务,同时还担负着自动调整分配无功功率的任务。

一、并联运行发电机组间无功负荷自动分配基本原理

现在我们先来分析两台并联运行发电机组之间无功负荷的转移和分配。当同步发电机并

联运行时,由于各发电机的电势不相等,在发电机之间将产生环流,但是环流的作用与直流发电机不同,直流发电机间的环流会影响有功功率的分配,而交流同步发电机间的环流主要影响无功功率的分配。这一环流与并车瞬间产生的冲击环流的差别在于:并联运行时的环流远小于并车时的环流,因为并联运行时发电机电枢绕组呈现的是同步电抗 X_a,X_a 比并车瞬间的超瞬变电抗 X''_a 大得多。因此并联运行时,环流回路基本上呈纯电感性质,而这一环流基本上是滞后的无功电流。

1. 无功功率的调整是通过改变发电机励磁电流实现的

发电机并联运行时,在网上的各发电机端电压是相同的,但它们的电势随着承担的无功功率的不同而不同,改变发电机的励磁电流也就是改变发电机的电势,进而改变其承担的无功功率。

如图 3-10 所示为两台发电机组并联运行时的相量图。调整前设 1 号发电机电流为 $\dot{I}_{G1}$,其中有功分量为 $\dot{I}_{GP1}$,无功分量为 $\dot{I}_{GQ1}$;2 号发电机电流为 $\dot{I}_{G2}$,是纯有功功率且与 1 号机组承担的有功分量相等,即 $\dot{I}_{G2}=\dot{I}_{GP1}$。此时电网电压为 $\dot{U}$,1 号发电机电势为 $\dot{E}_{01}$,2 号发电机电势为 $\dot{E}_{02}$,图中的 $jX_{a1}\dot{I}_{G1}$、$jX_{a2}\dot{I}_{G2}$ 分别是 1 号发电机与 2 号发电机的同步电抗压降。也就是说调整前有功功率已经均分,而无功功率只有 1 号机组承担,2 号机组尚未承担。当增加 2 号机组的励磁电流,同时减少 1 号机组励磁电流,也即 1 号发电机的电势减小,2 号发电机的电势增加,当调整到两台发电机组的电势相等时,$\dot{E}'_{01}=\dot{E}'_{02}$,从相量图可知,此时电网上的无功功率也已得到均分,$\dot{I}'_{GQ1}=\dot{I}'_{GQ2}$。

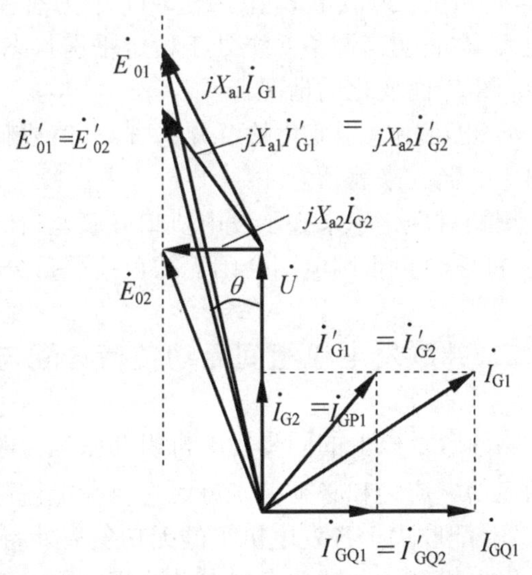

图 3-10　两台发电机并联运行时无功功率调整相量图

励磁电流的改变引起发电机电势相量 $\dot{E}$ 变化的规律,可从由隐极发电机简化相量图推出的有功功率表达式:

$$P=m\frac{E_0U}{X_a}\sin\theta \tag{3-1}$$

中得出。

该式被称作同步发电机的功角特性,其中 θ 是发电机功率角,为其电动势 $\dot{E}$ 和电压 $\dot{U}$ 这两个相量之间的夹角。当式中 P、m、U、f 不变时,$E_0\sin\theta$ 即为常数,故各电势 $\dot{E}$ 的矢端轨迹与 $\dot{U}$ 平行,都在图中的左侧竖向虚线上。

2. 电压调整特性与无功分配关系

同步发电机的电压调整特性是指发电机端电压 U_G 随无功负载电流 I_Q 变化的规律,是发电机调压器的特性线。其通常用 $U_G=f(I_Q)$ 的曲线表示。电压调整特性又称发电机无功负荷外特性，理想的线性化的电压调整特性如图 3-11 所示。

电压调整特性的性能用调差系数 K_Q（或用 K_u）来衡量。K_Q 的含义是当无功电流由零增至它的额定值 $I_{QN}=I_N\sin\varphi_N$ 时，发电机电压产生的相对变化量，即

$$K_Q=\frac{U_0-U_N}{U_0} \tag{3-2}$$

当 $K_Q>0$ 时，$U<U_0$，呈下倾的调压特性；

当 $K_Q=0$ 时，$U=U_0$，呈水平的调压特性；

当 $K_Q<0$ 时，$U>U_0$，呈上翘的调压特性。

其中 $K_Q=0$ 时，$U=U_0$，调压特性呈水平直线，即无差特性曲线，它表明当调整系统处于稳定平衡状态时，被调量 U_G 为恒定数值。图 3-11 中为有差调压特性曲线，它表明当调整系统处于稳定平衡状态时，被调量 U_G 随 I_Q 而变化的情况。

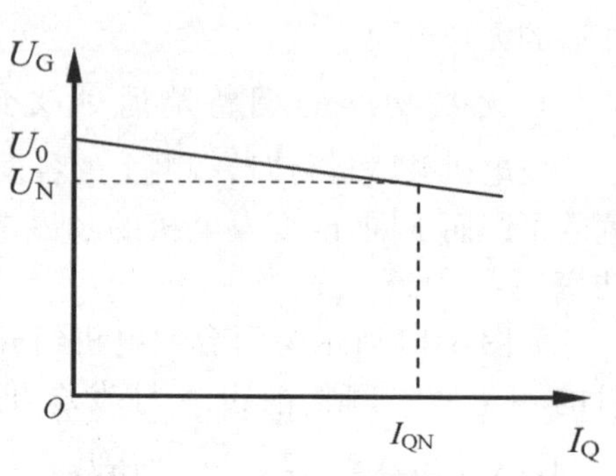

图 3-11　电压调整特性曲线

K_Q 也可用电压变化的百分比、标幺值或特性曲线的斜率等形式来表示。

用相对变化率来表示发电机组并联运行时，调压特性曲线均应呈下倾特性，这样有利于稳定地并联运行；否则电网会因无功负荷严重分配不均而崩溃。通常 K_Q 整定在 3%~5%。

二、并联发电机组间无功负荷分配与电压调整特性的关系

当两台及以上的同步发电机组并联运行时，发电机的端电压都等于母线电压 U_{bus}，它们发出的无功电流之和必须等于母线总负荷电流的无功分量值。并联各发电机组间无功负荷（电流）的分配取决于各发电机组的无功负荷外特性，即由电压调整特性曲线所决定。也就是说，同步发电机组间无功功率的自动分配实际是通过自动电压调整器自动调整励磁电流，以调整发电机电压的办法来实现的。如图 3-12 所示为发电机组并联运行时无功负荷（电流）分配情况，参看此图，并联发电机组间无功负荷分配与电压调整特性的关系具体分析如下：

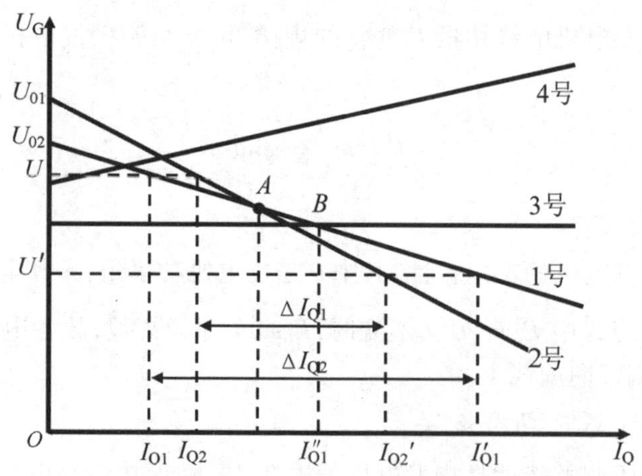

图 3-12　并联运行发电机组间无功负荷（电流）的分配

1. 上翘的电压调整特性无法稳定分配无功负荷

发电机电压调整特性如果是一条上翘线，如图 3-12 中的 4 号机组特性线，将无法稳定分配电力系统的无功负荷，故无法正常工作。

上翘特性线也属于有差调节。但电力系统的无功负荷增加到大于发电机输出无功功率时，电网电压将下降。由于特性线上翘，电压下降时，发电机能够输出的无功功率反而减少了，无法满足电网增加的无功负荷需要，差距进一步增加，电压也进一步下降。此时系统无法达到新的平衡状态，属于不稳定工作状态，无法正常运行；反之，若无功负荷减少，将使电压上升，但发电机输出无功功率是上升的，电压进一步升高，同样是不稳定工作状态。

2. 下倾电压调整特性发电机并联运行时的无功负荷分配

图 3-12 中的 1 号或 2 号机组特性线是下倾线。电力系统的无功负荷增加到大于发电机输出无功功率时，电网电压将下降。由于特性线下倾，电压下降时，发电机能够输出的无功功率将增大，满足电网增加的无功负荷需要，达到新的平衡，电压也将稳定在一个较低值上。此时系统是稳定工作状态，可以正常运行。因此下倾的无功外特性能起到稳定均分无功负荷的作用。

(1) 调差系数对发电机并联运行时无功负荷分配的影响

如图 3-13 所示为两台调压调差系数不同的发电机组并联运行时无功分配情况。由于并联发电机端电压相同，故经过纵坐标轴上此电压点的水平线与机组特性线的交点即为该发电机组工作点，其横坐标值即为该机组承担的无功电流(负荷)值。由图可见，1 号机组的调压调差系数 K_{u1} 小于 2 号机组的 K_{u2}，在电压 U 下，经过纵坐标轴上 U 点的水平线与两特性曲线交点为两台机组的工作点，各自承担 I_{Q1} 与 I_{Q2}，$I_{Q1} > I_{Q2}$；负荷增加后，电网电压降至 U'，此时两台机组工作点下移，各自承担的无功均增加，分别为 I'_{Q1} 与 I'_{Q2}，$I'_{Q1} > I'_{Q_2}$。可见并联运行时，由于两台发电机的电压调整特性曲线不能重合，负荷增加后，调压调差系数较小者特性曲线更高一些(图 3-13 中的 1 号机组)，故其承担的无功较多。

由此分析可见，并联运行时我们希望并联运行的机组应有相同的电压调整特性，即调压调差系数 K_Q 应尽可能相等，以使调压特性曲线相重合，从而无论负荷怎样变化，并联运行中的机组总能稳定地均分无功功率。

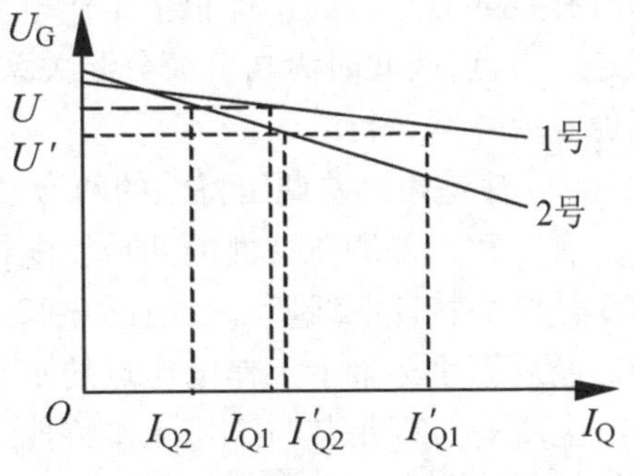

图 3-13　调压调差系数不同时无功负荷的分配情况

(2) 空载电压对发电机并联运行时无功负荷分配的影响

发电机空载电压不一致时对无功负荷分配的影响可从图 3-14 所示进行分析。由图可见由于 2 号机组空载电压 U_{02} 高于 1 号机组空载电压 U_{01}，且两台机组的调差系数相等使两条特性线平行，经过纵坐标轴上工作电压点的水平线与两条特性曲线的交点是发电机组工作点，2 号机组特性曲线由于更高一些，其工作点更靠右侧，即其承担的无功较多。系统中无功负荷较小时，两台机组各自承担 I_{Q1} 与 I_{Q2}，$I_{Q2} > I_{Q1}$；负荷增加后，电网电压下降，两台机组的工作点也下降，输出无功功率均增加，此时两台机组各自承担的无功分别为 I'_{Q1} 与 I'_{Q2}，仍是 $I'_{Q2} > I'_{Q1}$。

由此分析可得，此时仅改变电压调整特性的斜率也实现不了两台机组无功负荷在任意场合下的均分。即使两台机组的特性的斜率被调整至完全相同，即两条特性曲线呈平行状态，无功分配显然也是不均衡的。

(3)调差系数及空载电压均不同的发电机并联运行时无功负荷的分配

若两台并联运行发电机的调差系数及空载电压均不一致，如图 3-12 中的 1 号和 2 号机组特性曲线，当系统中无功负荷较小时电网电压 U 较高，此时 2 号机组的特性曲线位置更高，根据前述方法分析，其承担的无功负荷 I_{Q2} 较大，而 1 号机组承担的无功符合负荷 I_{Q1} 较小，即 $I_{Q2} > I_{Q1}$；但随着系统中无功的增加，电网电压下降为 U'，在两条特性曲线交点 A 的右侧，1 号机组特性曲线位置更高，故 1 号机组承担的无功负荷较多，即 $I'_{Q1} > I'_{Q2}$。但如果两台机组能工作在特性曲线交点 A 上，则两者均分无功负荷。另外我们可以看到，在电网无功负荷增加以后，1 号和 2 号机组承担无功负荷的增量 ΔI_{Q1} 和 ΔI_{Q2} 差别较大。

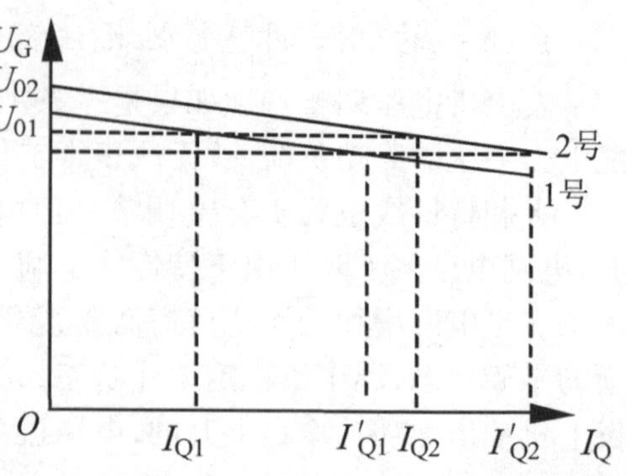

图 3-14 空载电压不同时无功负荷的分配情况

由此分析可得，由于并联机组的调差系数及空载电压均不一致，即特性线差别较大，除了工作在交点外，其他情况均不能均分无功负荷，只能做到电网总负荷增加时，每台发电机输出无功功率也都增加；反之单位负荷减少，每台发电机的输出无功功率也都减少，但如果不调整特性曲线，就不能做到均匀分配。

3. 无差电压调整特性发电机并联运行时的无功负荷分配

(1)两台无差电压调整特性发电机并联运行时无功负荷的分配

两台具有无差电压调整特性的发电机并联运行时，因并联运行发电机的端电压相等，所以这两台发电机组的特性曲线是重合的水平线。如图 3-12 所示中 3 号特性线，因此时水平线上的所有点都是经过纵坐标轴上工作电压点的水平线与两台机组调整特性曲线的交点，即都可能是工作点，故此时无功负荷分配关系不确定，无确定的工作点，I_{Q1} 和 I_{Q2} 的值会随机变化，不能稳定地并联运行。

(2)有差和无差调压特性的两台发电机并联运行时无功负荷的分配

有差和无差调压特性的两台发电机并联运行时无功负荷的分配情况，如图 3-12 中的 1 号和 3 号机组特性曲线所示。由图 3-12 可知，不管无功负荷如何变化，发电机端电压均保持不变。经过纵坐标轴上工作电压点的水平线与 1 号特性线交于 B 点，为 1 号机组的工作点；但水平线上所有点都是其与 3 号无差特性线交点，即都有可能是 3 号机组的工作点。由于经过纵坐标轴上工作电压点的水平线只有一条，其与 1 号机组有差特性曲线交点只有 B 点一个，即 1 号机组所承担的无功负荷为 I_{Q1}''是恒定不变的，余下的无功负荷则由 3 号机组承担，即 $I_{Q3}'' = I_Q'' - I_{Q1}''$，故其工作点也可以确定，系统稳定，两机组可以正常并联运行。但由于电网无功负荷变化时，1 号机组的输出始终不变，3 号机组则承担所有的负荷变化，无法达到均分无功负荷的效果。

4. 结论

由上述分析可知，并联运行机组为了能够稳定地均分电网的无功负荷，应具有相同的下倾

(有差)电压调整特性,即调压调差系数 K_Q 应大于 0 且尽可能相等,空载电压 U_0 也尽可能相等,在理论上可实现调压特性曲线相重合,从而无论负荷怎样变化,并联运行中的机组总能稳定地均分无功功率(各机组额定容量相等时,如不等需按机组容量大小进行比例分配)。但将并联运行的发电机组都做成相同的“$U-I_Q$”特性是不可能的,而通过 AVR 可以比较容易地实现这一点。船舶同步发电机的 AVR 不但能维持端电压基本不变,而且能对其调差系数 K_Q 和空载电压 U_0 进行调整,以达到机组间无功负荷合理分配的目的。

此外,船舶电站一般不采用有差和无差调压特性的发电机并联运行的方式。

三、无功负荷自动分配装置

船舶配电板发电机控制屏上的电流表指示负载电流(有功电流和无功电流),功率表指示有功功率,一般不设无功功率表,可通过功率因数表观察无功的承担情况。但要注意,电流相等并不能说明无功负荷均分。同容量机组并联,在有功负荷均分(相等)的前提下,无功负荷均分表现为电流相等且功率因数相等,如果某台发电机电流偏大或功率因数偏低,则说明其承担的无功负荷更多。无功负荷自动分配装置一般作用于发电机调压器,通过自动调整发电机励磁电流,使并联运行机组均匀分配电网的总无功负荷。

1. 均压线

根据前述分析,多台并联运行发电机组可以调整其调压特性曲线使其完全重合,即可达到均分无功的目的。但不可控相复励调压装置的调压特性曲线不可改变,这种类型的发电机组为了能稳定地并联运行、均分无功负荷,必须采取连接均压线的方法。

(1)直流均压线

同容量、同型号的发电机组并联运行,应用最为广泛的是直流均压线连接,又称转子均压线连接。这种方法是当发电机接入电网时,同时将转子励磁绕组并接在均压线上,如图 3-15 所示,因此并联运行时各机组的转子励磁绕组具有相同的励磁电压,即并联运行的机组有相同的励磁电流,也即发电机的电势相等,从而实现了均分电网的总无功负荷。

直流均压线的优点:能排除并联运行发电机组间调压器特性的差异,无功分配仅与发电机本身励磁特性(励磁电流与发电机电势关系)有关,并联运行时稳定性好。直流均压线连接只解决有功负荷均分时的无功均匀分配,刚并入电网的发电机有功负荷接近于 0,却立即带上了均分的无功负荷。而且作为均压线,电缆的截面较大,均压接触器触头的容量也较大,且分断时直流电弧灭弧更困难。并联机组解列需要转移有功负荷时,无功负荷无法得到转移,因此发电机主开关需在大电流下切断。

(2)交流均压线

不同容量发电机组并联运行时采用的均压线在励磁电路中的交流侧进行连接,其接线方法是在并联运行时,把各发电机相复励移相电抗器的绕组并联起来,如图 3-16 所示。交流均压线对无功负荷分配较好,均压电流小,但并车时冲击电流较大。

直流或交流均压线接触器与主开关设有联动关系(从图 3-15 和图 3-16 可见,这是通过主开关常开辅触点串联均压线接触器线圈实现的),使均压线在主开关闭合时才接通,以减小由电势差引起的冲击电流。因为若先接通均压线,待并发电机的电势往往比运行发电机的电压高很多。

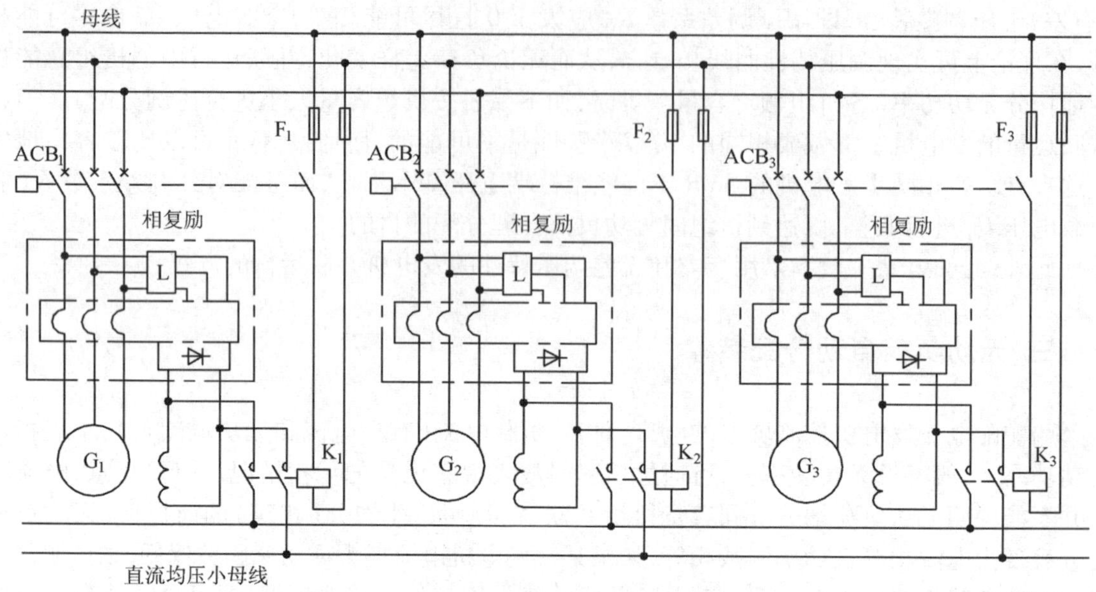

图 3-15　直流均压线电路原理图

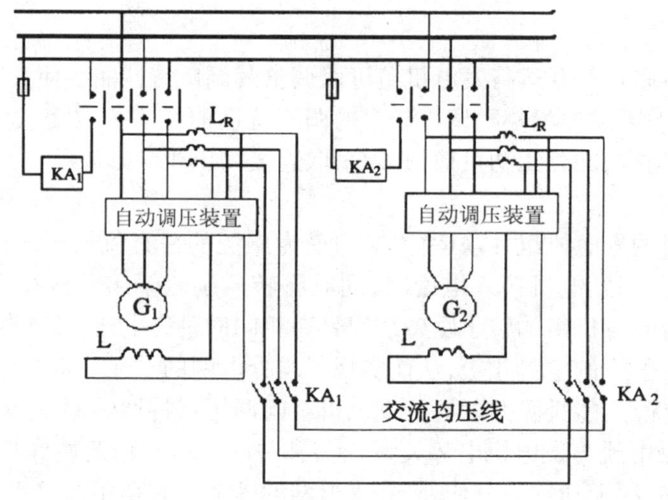

图 3-16　交流均压线接法

2. 发电机调压特性曲线的调整

发电机调差系数 K_Q 决定于调压器系统总的放大系数。实际上，AVR 总的放大系数是足够大的，带 AVR 的励磁系统 K_Q 一般很小，$K_Q \approx 1\%$，近似无差调节，这种特性不利于发电机在并联运行时无功负荷的稳定分配。因此，要使发电机的调压特性曲线具有足够倾斜度，且 K_Q 相同，以均匀分配无功，应增加电流稳定装置，利用电流信号通过 AVR 作用，使无功分配稳定。在不改变 AVR 内部元件结构的条件下，在测量元件的输入量中，除发电机端电压 U_G 外，再增加一个与无功电流 i_Q 成正比的分量，就可获得调整调差系数的效果。

(1)环流补偿装置

环流补偿装置又称电流稳定装置、横流补偿装置、调差系数调正装置等。这种装置主要应用于可控相复励调压装置、可控硅调压装置等系统中。该装置实质上是一个无功电流(功率)检测装置,测得的信号加到调压器上,从而实现改变励磁电流、发电机电势及输出无功功率的目的。调压器加装了这种装置后就可改变电压调整特性曲线的倾斜度,只要调整并联运行机组的调压调差系数 K_Q 基本一致,则并联时就可稳定、均匀地分配电网的无功负荷了。

如图 3-17 所示为单相交流侧环流补偿装置 TZ-250 型的原理图。图 3-17 所示接线方式仅反映发电机无功功率,调差电阻 RP_1 用于改变调压调差系数 K_Q,即"$U-I_Q$"外特性曲线的斜度,但空载电压不变,U_{WU}(单相测量变压器二次侧电压)和 I_V(互感器二次侧电流)在 RP_1 上产生的压降方向相反;平移电阻 RP_2,上下平移"$U-I_Q$"外特性曲线,端电压为常数时,并联运行时调整 RP_2,即可改变无功负荷分配:一般减小 RP_2,调压特性线向下平移,该机组承担的无功负荷减小;反之减小 RP_2,调压特性线向上平移,该机组承担的无功负荷增大。该电路原理分析如下:

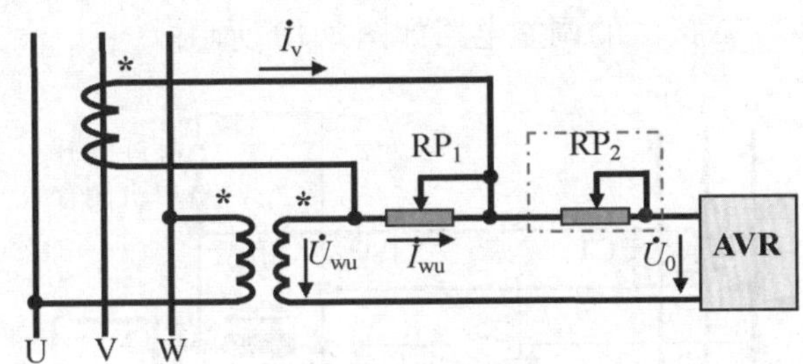

图 3-17　单相交流侧环流补偿装置 TZ-250 型的原理图

由于 $RP_1 << RP_2$,由图可得:

$$\dot{U}_0 = \dot{U}_{WU} - \dot{I}_{WU}R_{P1} + \dot{I}_V R_{P1} \tag{3-3}$$

因电压回路 I_{WU} 很小,即 $I_{WU} << I_V$,所以

$$\dot{U}_0 \approx \dot{U}_{WU} + \dot{I}_V R_{P1} \tag{3-4}$$

如图 3-18 所示为环流补偿原理相量图,$\dot{I}_V$ 对应发电机 V 相电流(互感器二次侧电流),$\dot{I}_{VQ}$ 和 $\dot{I}_{VP}$ 分别为 $\dot{I}_V$ 的无功分量与有功分量,此时环流补偿装置的输出电压为 $\dot{U}_0$。图 3-18 中①为无功不变,有功变化线;②为有功不变,无功变化线。当发电机输出电流中的有功分量不变而无功分量增加时,即发电机的 V 相电流从 $\dot{I}_V$ 变为 $\dot{I}'_V$ 时,补偿装置的输出电压从 $\dot{U}_0$ 变为 $\dot{U}'_0$,电压幅值明显随着无功分量的增加而增加;当发电机输出电流中的无功分量不变而有功分量增加时,即发电机 V 相电流从 $\dot{I}_V$ 变为 $\dot{I}''_V$ 时,补偿装置的输出电压从 $\dot{U}_0$ 变为 $\dot{U}''_0$,电压幅值无明显变化。可见,环流补偿装置输出电压 $\dot{U}_0$ 的大小主要随发电机电流中无功分量的变化而变化。

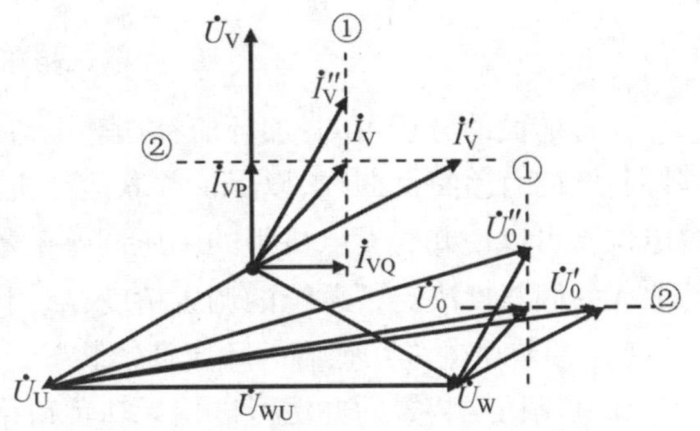

图 3-18　环流补偿原理相量图

环流补偿装置输出的电压信号是加到自动电压调整器的测量环节中的,环流补偿装置输

出的电压信号越大,说明该机组承担的无功功率也越大,这一信号加到调压器的测量环节经调压器调整后使发电机励磁电流做出相应减少的调节。

随着无功负荷的增加,受发电机内部去磁的电枢反应影响将使发电机的端电压下降,作为调压器,其输出将相应增加发电机的励磁电流,以确保发电机的电压不变,当加装上环流补偿装置后,因其调节正好与调压器的调节相反,故发电机静态电压调整特性要低于不装补偿装置时的静态特性。

调整图 3-17 中的 RP_1 可改变调压调差系数 K_Q,这可从 I_v 与 RP_1 的乘积中得出。调整图 3-17 中的 RP_2 可上下平移电压调整特性曲线,也即并联运行时可对无功功率的分配做二次调节。装有 RP_2 的调压器,这个电位器往往位于发电机控制屏的中部,因此可通过调整这一个旋钮来调节并联运行时的无功分配,当然也可整定单机运行时的发电机电压。该调差电路的缺点是有功电流对 AVR 输入电压信号也有影响。

三相测量变压器为 Y/△接法的调差电路如图 3-19 所示。

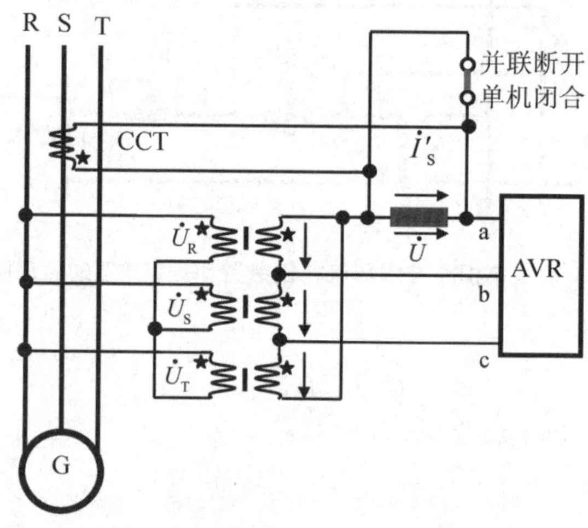

图 3-19　三相环流补偿装置原理图

通过前面的分析可知:加环流补偿等电流稳定装置,可使发电机组的调压特性变为具有足够倾斜度的有差特性曲线,以保证并联运行机组间无功负荷稳定地分配无功;并且通过调整相关电位器可以使并联发电机组的调压调差系数 K_Q 相等,以实现均分无功负荷。当然,调压特性曲线的倾斜度决定了系统的调压精度,K_Q 不能太大,应使发电机电压在允许范围之内。

(2)带差动电流互感器的环流补偿装置

加电流稳定装置的办法可以使无功负荷稳定地均匀分配,但其缺点是将使并联运行时的调压精度降低。为解决此问题,可采用无功负荷自动调整装置,它既可使无功负荷稳定地均分,又可以保证调压的精度。如 CRB 型带有差动电流互感器的环流补偿装置,其原理图如图 3-20 所示,既能对无功进行补偿,又能保证良好的调压精度。其 AVR 输入端引入反映发电机和总无功电流的电压信号。由图可见,差动电流互感器(DCT)的原边接环流互感器 CCT 的副边。DCT 有两个副边绕组 1 和 2。1 绕组接至电压校正器 AVR,与 AVR 中有关元件构成环流补偿装置。并联运行时,DCT 副边的 2 绕组相互串联。

单机运行时,由于 2 绕组被另一台未运行机组的主开关常闭副触点所短路,DCT 铁芯中原

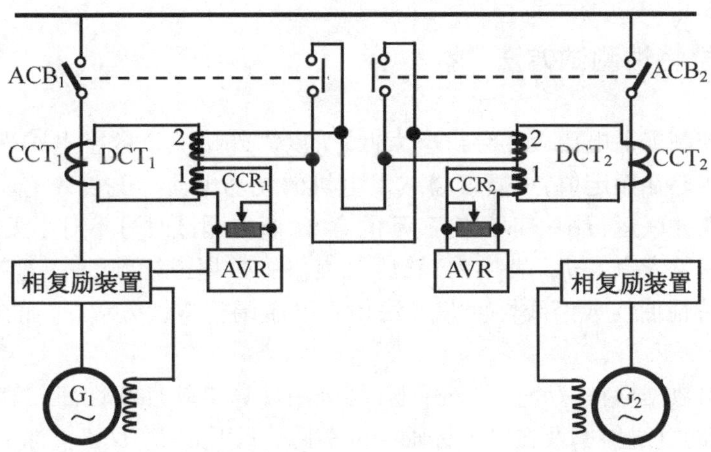

图 3-20　CRB 型带有差动电流互感器的环流补偿装置原理图

边磁势、副边磁势几乎抵消，故 1 绕组无输出且不起作用，所以对单机的调压精度无影响。

并联运行时，两机 DCT 的 2 绕组互为串联，故 1 绕组所感应的是 DCT 的原边磁势与副边 2 绕组的磁势和所产生的电势。

当无功均分时，两台机组间无环流，2 个 DCT 中 2 绕组中电流方向一致，故相当于短路状态，如图 3-21(a)所示。因此 1 绕组均无输出，这时并联运行的发电机组的 AVR 均相当于单机运行时一样调节。当无功均衡时，在 CCT 次级电路中由主要在 DCT 的绕组中流通，不流过环流补偿电路。

当无功分配不均，即发电机电势不等时，两台机组间存在无功环流 $\dot{I}_{PH}$，如图 3-21(b)所示。若 1 号机组承担无功较多些，即 $E_1>E_2$，那么无功环流 $\dot{I}_{PH}$ 将从 1 号机组流出，而流进 2 号机组。此时在 DCT_1 的 2 绕组中感应电流从 k 端流出，在 DCT_2 的 2 绕组中感应电流从 l 端流出。可见，互为串联的 2 绕组中的电流被抵消，因而 2 绕组相当于开路，所以 1 绕组就有输出，输出反映的是发电机电流的大小，经与 AVR 配合后构成的环流补偿装置反映的是发电机所承担的无功功率的大小。这样无功功率承担较多的一台机组将减少励磁电流，无功承担较少的一台机组将增加励磁电流，直到无功功率得到均分为止。

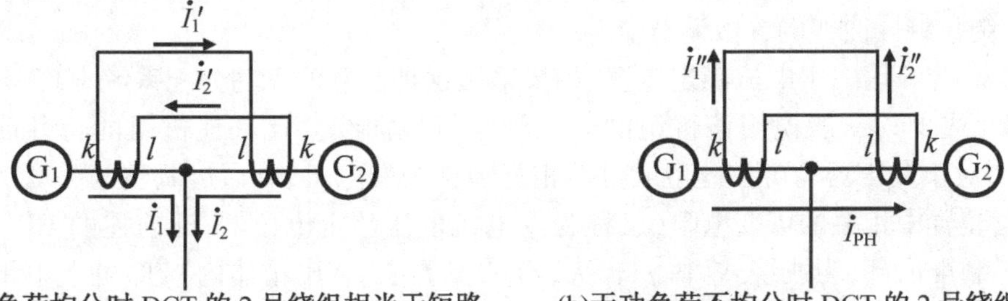

(a)无功负荷均分时 DCT 的 2 号绕组相当于短路　　(b)无功负荷不均分时 DCT 的 2 号绕组相当于开路

图 3-21　带有差动电流互感器的环流补偿装置的等值电路

四、电压调整特性测试方法

鉴于发电机控制屏上电压表的分辨率太低，所以需外接一个数字电压表进行测试。测试时应保持发电机频率在额定值，小幅度增减发电机的无功电流（可按 $5\% I_{QN}$），由于在 $10\% I_{QN}$ 以下的无功电流在并联运行中一般没有实际的意义，所以测试时可不对小无功电流进行测试。将测得的数据逐一填入“U_G-I_Q”表格内，然后对表格中数据或标在“U_G-I_Q”坐标上经线性化后得到电压调整特性曲线或经线性回归方法得到电压调整特性方程，进而在“U_G-I_Q”坐标上绘出相应曲线。

将测得的一组数据标在“U_G-I_Q”坐标上，再运用计算机软件线性回归算法获得电压调整特性方程，由得到的直线斜率及在纵坐标轴上的截距，就可在“U_G-I_Q”坐标上画出电压调整特性曲线。

五、发电机无功功率分配故障排查实例

并联运行中的船舶电站，常会发生并联中的某台机组承担的无功功率比其他机组要多（或要少）的现象。严重的无功分配不均，会造成承担无功负荷大的发电机输出电流偏大（因含有更多的无功电流）、功率因数偏低，不但是线路和绕组发热严重，影响其有功功率输出及带有功负荷的能力，甚至出现在有功功率输出不大的情况下，发电机输出电流过流引起跳闸的故障，故发电机无功功率分配故障排查是船舶电站管理的一项重要工作。

1. 均压线无功分配系统的故障排查

采用均压线并联运行的发电机组，一旦均压连接中断，将会导致无功分配严重不等。发电机组并联运行中，当出现两台功率表指示基本相同而电流表指示相差太大时，即功率因数表指示相差较大，说明均压连接发生中断。此时应检查均压接触器及控制电路，一般应按照检查均压接触器主触点是否烧坏导致未接通、线圈是否烧坏断线或其控制作用的主开关辅触点未闭合导致线圈未通电等的顺序来排查故障。

2. 电流稳定装置无功分配系统的故障排查

（1）电压调整特性曲线的二次调节

环流补偿装置等均属于电流稳定装置，如果采用这种装置的无功分配系统出现分配不均，某台无功过多（或少），一般说明该机组的电压调整特性曲线要比其他机组的特性曲线更高（或低）一些。对于调压器为可控硅型或可控相复励型的发电机，可通过调整为并联运行而设置的环流补偿装置中相关的可变电阻（又称为发电机电压整定电位器，即前述的 RP_2，一般安装在发电机控制屏内部，为线绕式，体积较大，有的安置在 AVR 箱体内），即可上下平移电压调整特性曲线，实现无功功率分配的二次调节。考虑到不要影响到并联运行发电机总的输出无功功率，进而影响到电网电压，所以应在调高无功负荷以承担小的发电机励磁电流（特性曲线向上平移）的同时，同步地调低无功负荷承担大的发电机励磁电流（特性曲线向下平移）。

当几台发电机组并联在母线上运行时，如需要改变某台机组所承担的无功负荷，最好的办法是将这台机组的外特性曲线上下平行移动，即通过前述的 RP_2 进行二次调节。在发电机组

解列时,可以通过二次调节使其外特性曲线向下平移,则这台机组的无功电流减小,甚至减少到零,退出运行时不会对系统发生无功冲击;同理,并车发电机组时可以通过二次调节将其外特性曲线向上平移,直到无功功率达到要求的数值。

(2)调压调差系数调节

如果经过了上述调节,当电网的总无功负荷变化之后,再次出现分配不均(不是无功振荡),则说明并联机组电压调整特性的斜率不一致。参看前面的图 3-13,若无功负荷增加后,某机组承担的更多(或更少),则说明其特性曲线更硬(或更软),即调压调差系数 K_Q 不一致,需要调整 AVR 中相应的电位器(即前述的 RP_1),使该机组的特性与其他机组的特性尽可能相一致,从而实现并联中无功功率的分配趋于均衡。值得注意的是该可变电阻只能在小范围内对电压调整特性做出调整。

(3)环流补偿装置检查

有时发现按上述方法进行调整仍解决不了问题,这可能是由于系统为解决并联运行中无功负荷分配而设置的各种类型环流补偿装置在并联时未能接入。这一环节通常是由发电机主开关中的常闭副触点来实现的,故应检查在主开关这一辅触点合闸后是否断开来加以判定。

思考题

1. 两台并联运行的发电机组若能够稳定地均分无功功率,其电压调整特性需要满足哪些要求?

2. 环流补偿装置属于电流稳定装置的一种,它可以使发电机的调压特性具有足够倾斜度,以均分无功,请简要说明其工作原理。

实训任务

1. 如何判断并联运行的发电机组之间无功功率分配不均匀?
2. 对于采用均压线无功分配装置的发电机组,当出现分配不均时应如何排查故障?
3. 对于采用环流补偿无功分配装置的发电机组,当出现分配不均时应如何排查故障?

任务三　调速器工作原理及频率调整特性

一、频率调整的必要性

船舶电力系统中许多用电设备的运行状况都同电网频率密切相关,频率恒定是衡量电力系统电能质量的重要指标。

船舶电力系统中异步电动机所占的比例很大,其转速和输出功率均与频率有关,某种原因造成电网频率下降时,旋转负载从电网吸收的有功功率将随之下降;当频率上升时,旋转负载吸收的有功功率也随之上升，故船舶电站的总负荷与频率也有很大的关系。

船上的水泵、油泵、风机等在电网频率降低时都减少出力，引起水压、油压、流量变化，导致压力、温度调节系统动作频繁、效率降低。频率降低时，异步电动机、变压器的励磁电流增大，损耗增加，并提高电力系统无功平衡和电压调整的难度。

频率同发电机的转速有严格的关系，而发电机的转速是由作用在其转轴上的转矩（有功功率）平衡关系所决定的。忽略较小的发电机内部机械阻力矩（包括轴承摩擦力矩、冷却风扇驱动力矩等），如果同步发电机的电磁转矩（阻力矩）与柴油机的机械转矩（驱动力矩）保持平衡，则发电机转速恒定不变，频率也保持恒定。电磁转矩反映发电机输出的有功功率，是由电力系统的运行状态决定的，负荷功率的变化会立即引起发电机的电磁转矩即输出功率的相应变化，这种变化是瞬时出现的，而柴油机调速系统的相对延迟（惯性）使柴油机的机械转矩（驱动力矩）变化滞后于发电机电磁转矩的变化，因此严格地维持发电机转速不变或频率不变是不可能的，但把频率对额定值的偏移限制在一个相当小的范围内是必要的，也是可实现的。船舶电网的频率调整由发电机组原动机的调速器装置来实现。按照船级社规定，船舶电网频率的变化，单机运行时应保持在±0.1 Hz 以内，并联运行时应保持在±0.2 Hz 以内。

二*、电力系统负荷的有功功率—频率静特性

当频率变化时，船舶电力系统中的有功负荷也将随之发生变化。电力系统稳态运行时，系统中有功负荷随频率的变化特性称为负荷的静态功率—频率特性，简称为功频静特性。

船舶电力系统的有功负荷与频率的关系可分为以下几类：

（1）与频率变化无关的负荷，如照明、电热器具、整流负荷等。

（2）与频率的一次方成正比的负荷，负荷的阻力矩等于常数的属于此类，如压缩机、往复式水泵、绞缆机、机床等。

（3）与频率的二次方成正比的负荷，如变压器中的涡流损耗。

（4）与频率的三次方成正比的负荷，如通风机、静水头阻力不大的循环泵等。

（5）与频率的更高次方成正比的负荷，如静水头阻力很大的给水泵等。

第（2）、（3）、（4）类负荷在船舶电力系统中占的比例较大，因此整个电力系统的有功负荷与电网频率有密切的关系。

整个系统的负荷功率与频率的关系为

$$P_{\mathrm{D}} = a_0 P_{\mathrm{DN}} + a_1 P_{\mathrm{DN}}\left(\frac{f}{f_{\mathrm{N}}}\right) + a_2 P_{\mathrm{DN}}\left(\frac{f}{f_{\mathrm{N}}}\right)^2 + a_3 P_{\mathrm{DN}}\left(\frac{f}{f_{\mathrm{N}}}\right)^3 + \cdots \tag{3-5}$$

式中，P_{D} 为频率等于 f 时整个系统的有功负荷；P_{DN} 为频率等于额定值 f_{N} 时整个系统的有功负荷，$a_0+a_1+a_2+a_3+\cdots=1$。

式（3-5）被称为电力系统的负荷功率—频率静特性公式，或称为负荷的功频静特性表达式。

当某种原因造成电网频率下降时，总的来看负载从电网吸收的有功功率将随之下降；当电网频率上升时，负载从电网吸收的有功功率将随之上升。当电网频率下降（或上升），意味着原动机提供的机械功率小于（或大于）电网的负荷功率；而频率下降（或上升）又将使总负荷从电网吸收的功率相应减少（或增加）。由此可见，在船舶电力系统中，当功率平衡被破坏而引

起频率变化时，负载吸收功率的变化起着补偿的作用，使系统能在另一个频率值下得到新的平衡。这种现象称为电力系统的负荷调节效应，对电网频率起一定的稳定作用。

频率偏离额定值不大时，电网负荷的功频静特性曲线近似为一条直线，如图 3-22 所示。当系统频率略有下降时，负荷成比例自动减小。由于负荷调节效应的存在，当电力系统功率平衡遭到破坏而引起频率发生变化时，负荷功率的变化起到补偿作用。图 3-22 中直线斜率

$$K_D = \tan\beta = \frac{\Delta P_D}{\Delta f} \tag{3-6}$$

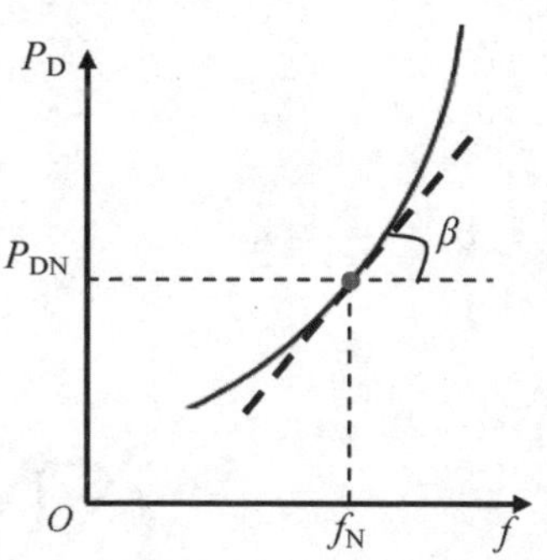

图 3-22　电网有功负荷功频静特性

K_D 称为负荷的频率调节效应系数，其数值取决于全系统各类负荷的比重，不同系统或同一系统不同时刻 K_D 值都可能不同。例如船舶在抛锚状态下，由于船舶辅助机械等使用的电动机基本都已停止运行，电力系统负载以照明和加热设备为主，负荷的功率基本不随电网频率变化，故此时负荷的功频静特性曲线是一条水平直线，$K_D = 0$。该参数是按频率减负荷方案和低频率事故时用一次切除负荷来恢复频率的计算依据。

三、发电机组的调速器及有功功率—频率静特性

船舶发电机组原动机多采用柴油机，其调速器装置根据工作原理、结构和用途不同而有不同的分类。按执行机构分类，船舶柴油机所用的调速器主要有以下类型：

①机械式（离心式）调速器

直接利用飞块产生的离心力去移动油量调节机构以调节柴油机的转速。

②液压（间接作用式）调速器

利用飞块产生的离心力控制一个功率放大元件（称伺服器），再利用其液压作用所产生的更大动力去移动油量调节机构来调节柴油机转速。

③电子调速器

信号监测、调节或执行机构采用电子控制方式的调速器，现在一般都是基于微处理器技术的产品。

1. 发电机组原动机的调速器

（1）发电柴油机离心式调速器

①结构及工作原理

发电柴油机的离心式调速器属于机械式，结构组成如图 3-23 所示，主要包括飞块、滑动套筒及调速弹簧（预紧力弹簧）等；伺服电机通过蜗轮蜗杆式的传动装置，可以调整弹簧预紧力，进而改变油门开度，实现调速的目的。有些调速器为防止调速操作时调节过度，会在涡轮输出部分采用摩擦片传动。

飞块安装在飞块支架上，并通过传动轴由柴油机驱动高速回转。由飞块和预紧力弹簧组成的转速感应元件按力平衡原理工作。当柴油机发出的功率与电网负荷平衡时，力矩平衡，其转速稳定，飞块产生的离心力与调速弹簧的预紧力平衡，油量调节杆也停留在某一供油量位置

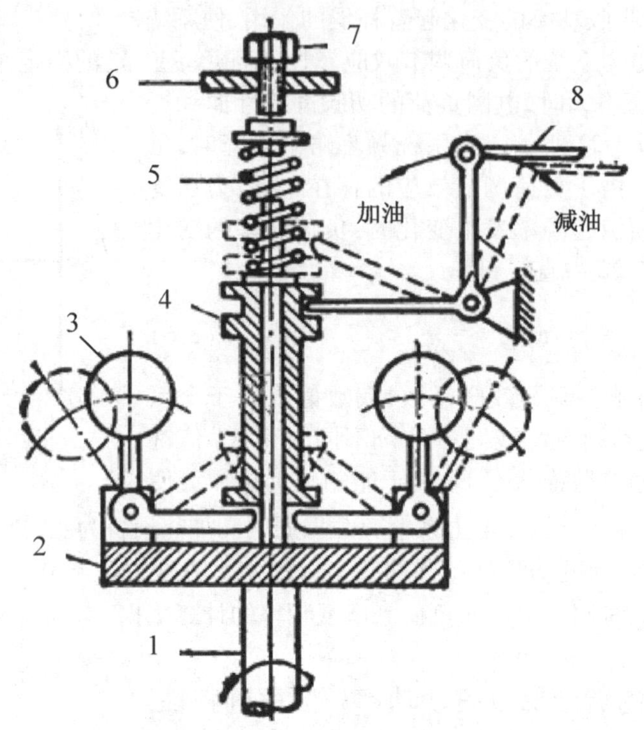

图 3-23　离心式调速器示意图

1—传动轴;2—底座;3—飞块;4—滑动套筒;5—调速弹簧;6—固定部分;7—调速传动部分;8—调油杆

不动,即图 3-23 中实线所示位置。

②转速的一次调节

若电网负荷突然减少,柴油机发出的功率就大于电网负荷而使转速升高,这时飞块的离心力将大于弹簧的预紧力而使套筒上移,通过角杆拉动油量调节杆以减少供油量,使柴油机的转速降低,又使飞块离心力减小,同时,由于弹簧的压缩量被进一步增加,其弹力上升,故在某一较高位置(图 3-23 示虚线位置)飞块的离心力和调速弹簧的弹力达到新平衡,油门开度也在新位置保持不动,达到新的稳定状态,调节过程结束。当外界负荷突然增加时,调速器的动作过程与上述正好相反。

通过分析我们知道,无论电网负荷增减,离心式调速器均可进行调速,但它不能维持柴油机在调速前后的稳定转速不变:调节过程结束后,负荷增加时柴油机转速会有所下降;负荷减少时转速会有所上升,即调节过程是有静差的,这种有差的调节过程称作调速器装置的一次调节。

③转速的二次调节

一次调节产生这种转速静差的根本原因在于感应元件与油量调节机构之间采用了刚性连接,如图 3-23 所示。当负荷减少时供油量相应减少才能保持转速稳定,因此调油杆必须右移减油,这就必然会同时增大调速弹簧的压缩量而使弹力变大,因而与弹簧力平衡的套筒推力以及飞重离心力也相应增加,上述平衡条件只有在柴油机的转速稍高于原转速时才能达到;反之,当负荷增加时,上述平衡条件只有在柴油机的转速稍低于原转速时才能达到。

为了消除一次调节后新稳态的静差，需要配合进行二次调节（通常也称为“频率调整”），即当新稳态转速升高时，进行减小油门操作，通过伺服电机带动传动装置，减小调速弹簧的预紧力，从而可降低柴油机的稳定转速；反之，则需要增加调速弹簧的预紧力。

机械调速器的工作能力较低，其灵敏度和精度均较差，但其结构简单，维护方便，多用于中、小型柴油机。

（2）发电柴油机电子式调速器

如图 3-24 所示为采用电子调速器的柴油发电机组。船舶发电机组常用的 GAC 电子调速系统是由 GAC 电子调速器、转速传感器、执行器等组成的闭环控制系统，可以使发电柴油机在设定值稳定运行。

图 3-24　采用电子调速器的柴油发电机组

GAC 系列电子调速器有多种型号，由美国 Governor America Corporation 制造。它为全电子设计，采用闭环回路控制，能对瞬间的负载变化进行快速和精确的响应，常用于船舶发电机组中柴油机的转速控制。如图 3-25 所示为 ESD5500 型 GAC 电子调速器面板，调速器中的速度控制器采用微机控制的形式。与该调速器匹配的是磁性转速传感器和电子执行器。

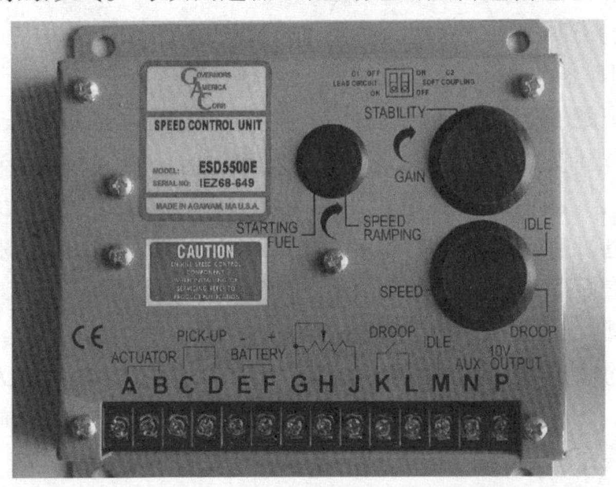

图 3-25　ESD5500 型 GAC 电子调速器面板

磁性转速探头获得柴油机转速信号，它一般安装在靠近柴油机飞轮盘车齿轮的位置，当柴油机转动时轮齿与转速传感器探头之间的距离不断变化引起磁通交变，线圈感应出脉冲电势，一个轮齿通过转速传感器时即感应出一个脉冲电势。传感器探头获得的转速信号送入控制器，经内部线路放大和整形成为一个模拟转速信号。如果不能检测到转速传感器的信号，速度控制器的输出回路会关闭其输出到执行器的控制电流。

执行器采用外置式，它根据比例线圈内控制电流的大小产生不同的偏转角度来控制油门的大小。执行器接插头连线根据电压不同（12 V/24 V）可以接成串联/并联形式。当柴油机运转时，执行器可以从完全关闭位至“满燃油”位进行油门的连续调节。一旦起动，在转速加速程序完成后，柴油机就被调整在其额定工作转速下运行。该调速器具有调整“起动供油量”及“转速上升速率”的功能，可以在调节转速和输出功率的过程中精确控制燃油供量，来改进燃油燃烧情况，降低柴油机冒黑烟的程度。

如图 3-25 所示，在该电子调速器面板上有多个电位器，功能和调节方法如下：

A. 起动供油量 STARTING FUEL：可调节起动时的供油量，进而影响起动时烟量大小。顺时针调节供油量增大，烟度增大，但起动顺利；反之，烟度减小，但起动效果差。

B. 升速速率 SPEED RAMPING：从怠速到全速转速过程中的转速上升速率，升速率越大则时间越短。顺时针调节，升速率减小，时间增长；反之，时间缩短。

C. 调速率 DROOP：柴油机从空载到负载运行时稳定转速的下降率，即调速特性的调差率，主要用于并联运行时改善运行性能。

D. 怠速 IDLE：怠速位时怠速转速值的调节。顺时针调节升速；反之降速。起动成功后的怠速运行可用于柴油机的暖机，防止过快加速负荷太大；而停机前的怠速运行可用于柴油机部件的润滑。

E. 转速 SPEED：全速位时全速转速值的调节。顺时针调节升速；反之降速。

F. 比例增益 GAIN。

G. 稳定度 STABILITY。

对于柴油发电机组性能，电子调速的比机械调速的要优越很多。目前国内外船舶发电柴油机采用电子调速器的越来越多。电子调速不仅可以自动调节油门，而且可以控制燃油燃烧情况和转速升降的速率，具有省油、响应快、控制精确和调整方便等优点。一般大功率的船舶柴油发电机组都使用电子调速器，它可以使柴油发电机组的性能变得更优越和安全。

（3）双脉冲电液调速器

发电机组调速系统属于定值控制系统。一般调速器的调速系统按转速偏差进行反馈控制，若调节仅采用比例控制，则属于有差调节，即当有功功率增大时，所对应的原动机转速略有下降；反之则略有上升。目前，船舶发电机组越来越多采用双脉冲调节器，它接收两个信号：发电机的转速信号和发电机有功功率（主扰动量）信号。它具有良好的调速性能。该调速系统的原理框图，如图 3-26 所示。双脉冲调节器由转速和功率检测环节、综合放大环节、PID 调整环节及电/液转换器等四部分组成。

设转速测量环节的输出电压为 U_n、转速给定电压为 U_{nR}，经比较放大后，其转速偏差为 $K_1(U_{nR}-U_n)$；功率测量环节输出电压为 U_p、功率给定电压为 U_{pg}，经比较放大后，功率偏差值为 $K_2(U_{pg}-U_p)$。当调节终了时，应满足：

$$K_1(U_{nR}-U_n)+K_2(U_{pg}-U_p)=0 \tag{3-7}$$

这种调速系统由于功差信号能参与原动机油门的控制，会降低调速过程中转速的波动范围，提高调速的动态性能。

2. 发电机组的有功功率—频率静特性

当船舶电力系统有功功率平衡遭到破坏而引起频率变化时，原动机调速系统自动改变其油门（喷油量），相应增加或减少发电机的输出功率。至调速器调节过程结束、建立新的稳态

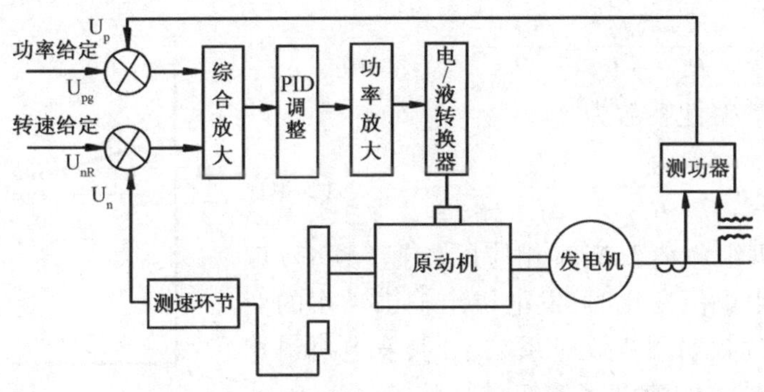

图 3-26　双脉冲电液调速器原理框图

时,发电机组有功功率同频率之间的关系称为发电机组的有功功率—频率静特性(简称发电机组功频静特性、发电机组频率调整特性或发电机有功负荷外特性),它是指发电机频率 f 随发电机有功功率 P_G 变化的规律,即 $f = L(P_G)$ 。当频率 f 用发电机组转速 n 来表示时,该特性又称为原动机的调速特性,即 $n = f(P)$。 频率调整特性(调速特性)如图 3-27 所示,它是由发电柴油机的调速器决定的。

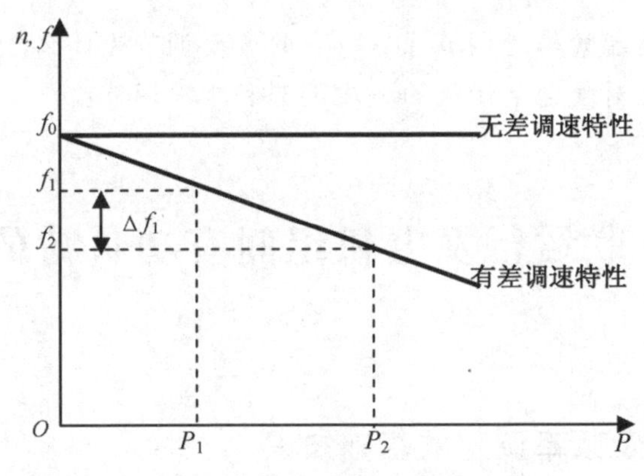

图 3-27　发电机组调速特性

3. 发电机组的调频调差系数

根据前述分析,如果电力系统负荷减小,调速器调整结果使机组输出功率减小,频率高于初始值;反之,负荷增大,发电机组输出功率增加,频率低于初始值。可见这属于有差调节系统。发电机组功频静特性曲线可近似看成一条直线,如图 3-28 所示,有差调节时为倾斜线,无差时则为水平线。

发电机组功频静特性可用功频静特性系数 K_G,也可用调频调差系数 R_f 来衡量,K_G 与 R_f 间是互为倒数关系。鉴于船舶电站装机数量较少,故在定性分析时通常用 R_f 较为方便。R_f 可用发电机频率的相对变化率来表示,也可用频率变化的百分比或特性曲线的斜率等来表示。

在发电机组的功频静特性曲线上任取两点 1 和 2,便得到

$$R_f = -\frac{f_2 - f_1}{P_2 - P_1} = -\frac{\Delta f}{\Delta P} \tag{3-8}$$

式中,负号是因为调频调差系数常取正值,而频率变化量与功率变化量两者符号相反。

取 1 点为空载工作点,2 点为额定工作点,便得到

$$R_f = -\frac{f_N - f_0}{P_{GN} - P_0} = \frac{f_0 - f_N}{P_{GN}} \tag{3-9}$$

发电机组功频静特性系数为

$$K_G = \frac{1}{R_f} = -\frac{\Delta P_G}{\Delta f} \tag{3-10}$$

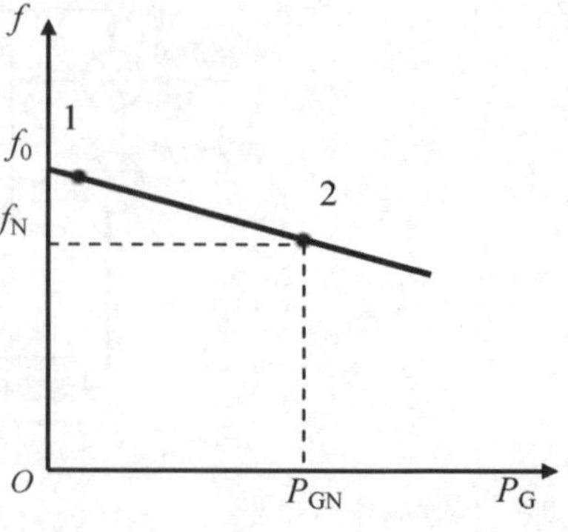

图 3-28 发电机组的功频静特性曲线

R_f 定量表明机组负荷改变时相应的转速(频率)偏移,K_G 表示频率发生单位变化时,发电机组输出功率的变化量。与前述负荷的频率调节效应系数不同,发电机组相关参数可通过调速器上的速度降旋钮进行整定。当 $R_f > 0$ 时,$f < f_0$,曲线呈下倾的频率调整特性;当 $R_f = 0$ 时,$f = f_0$,曲线呈水平的频率调整特性,为无差调整特性;$R_f < 0$ 时,$f > f_0$,曲线呈上翘的频率调整特性。

思考题

1. 请简述离心式调速器的转速调节原理。它的速度调节为什么是有差的?
2. 什么是调速器装置对发电柴油机的一次调节和二次调节?

任务四 并联运行发电机组间有功负荷的分配调整

一、有功负荷分配及频率调整的基础知识

1. 船级社对并联发电机组间有功负荷分配调整的要求

并联运行发电机组有功负荷的均匀分配与无功负荷分配一样,当分配极不均匀时,可能会发生并联运行中有的发电机因过载或逆功率而主开关跳闸,最终导致电网失电的事故。对此各船级社大多都规定:并联运行的各交流发电机组均应能稳定运行,且当负载在总额定负载的20%~100%范围内变化时,其负载分配应符合规定要求。

各机组所承担的有功负载与总负载按机组定额比例分配值之差,应不超过下列数值中的较小者:

(1)最大机组额定有功功率的±15%。

(2)各个机组额定有功功率的±25%。

船级社规范中的这个标准是针对原动机的调速特性而言的,即是发电机组一次调节的最低标准。在船舶实际管理时,功率分配差无论是手动的还是自动的,经二次调节后通常控制在±5%以内。

船级社对柴油发电机组调速器的调速特性的规定如下:

(1)当突然卸去额定负荷时,其瞬时调速率不大于额定转速的10%;稳定调速率不大于额定转速的5%。

(2)当在空负荷状态下突然加上50%额定负荷,稳定后再加上余下的50%负荷时,其瞬时调速率不大于额度转速的10%;稳定调速率不大于额定转速的5%;稳定时间(即转速恢复到波动率为±1%范围的时间)不超过5 s。

2. 发电机功角特性

在前面的发电机输出有功功率计算式(3-1)中,同步电抗 X_a、相数 m 是常数,当发电机电压 U 及无功功率不变时,即在 U、E_0 不变时,发电机输出功率 P 与 $\sin\theta$ 成正比。θ 是发电机电压相量与发电机电势相量间相位差角,发电机运行时 θ 的取值范围是0°~90°。θ 角大,发电机的输出功率也大;θ 角小,发电机输出功率也小,因此 θ 角称为功率角。

并联运行时,机组有功负荷承担不同,说明两台机组的电压(电网电压只有一个)与它们各自的电势间的相位差角 θ 不同,负荷承担多的机组 θ 角大。θ 角的物理含义是发电机定子与转子间的相对位置,即转子的励磁磁轴超前于定转子间气隙合成磁场(转子励磁磁场与定子电枢反应磁场迭加后的磁场)轴的空间角度。

二、发电机组功频静特性与有功负荷分配关系

1. 有差与无差功频静特性发电机组的并联运行

根据前述分析,调频调差系数为零或负的调速器装置因系统不稳定,不能在同一母线上并联运行,具体情况如下:

(1)当调差系数为负时,调整特性线上翘,无法稳定分配有功负荷。

(2)当两台具有无差频率调整特性的发电机并联运行时,因水平特性线上的所有点都可能是工作点,故此时有功负荷分配关系不确定,无确定的工作点,系统不能稳定地并联运行。

(3)有差和无差频率调整特性的发电机并联运行时,有差特性机组的输出有功功率始终不变,无差机组承担所有的负荷变化,虽稳定运行,但无法达到均分有功负荷的效果。

2. 有差功频静特性发电机组的并联运行

只有调频调差系数为正的调速器装置才能稳定地并联运行,它们之间有功功率分配与调频调差系数大小成反比,要达到稳定均分有功负荷的目的,必须空载频率和调差系数均一致,即特性线完全重合。

(1)空载频率相同时

如图3-29所示为空载频率 f_0 相同时两台机组并联运行时有功负荷分配情况。1号和2号机组的调频调差系数分别是 R_{f1} 和 R_{f2},$R_{f1} < R_{f2}$;在频率 f' 下两台机组各自承担 P_{G1} 与 P_{G2},$P_{G1} > P_{G2}$;负荷增加后,电网频率降至 f'',此时两台机组承担的有功分别为 P'_{G1} 与 P'_{G2},$P'_{G1} > P'_{G2}$。

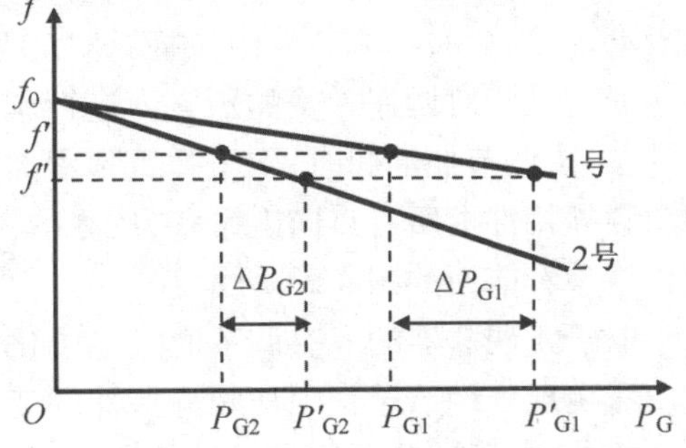

图3-29　空载频率相同时有功负荷分配

可见并联运行时在同 f_0 下调频调差系数较小者承担的有功较多，$\Delta P_{G1} > \Delta P_{G2}$。因此，并联运行时机组应有相同的频率调整特性，即调频调差系数 R_f 应尽可能相等。一般 $R_{f\%}$ 值整定在 4%～6%，通常船舶柴油机大多整定在 5%。一般空载至满载范围内，频率有 4%～6%的下降，即空载时频率为 $f_N = 50$ Hz，满载时 $f = 52～53$ Hz。

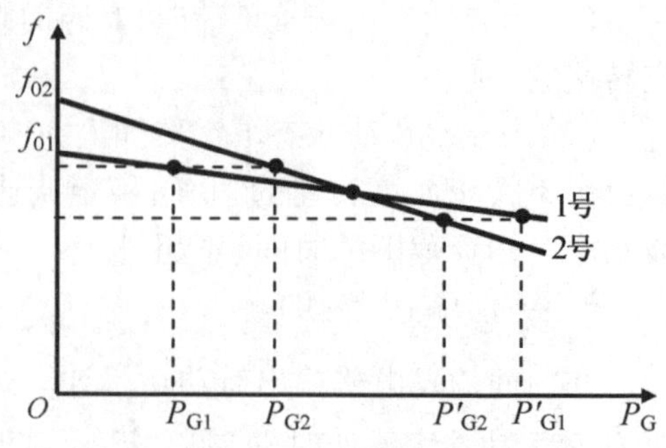

图 3-30　空载频率不同时有功负荷分配

(2)空载频率不一致

发电机空载频率不一致($f_{01} < f_{02}$)时有功负荷分配关系如图 3-30 所示。由图 3-30 可见当系统中有功负荷较小时 1 号机组承担的有功较少，$P_{G1} < P_{G2}$；当系统中有功负荷增加较大时 1 号机组承担的有功却较多，$P'_{G1} > P'_{G2}$。实船工况大多是这种情况，这是因为机舱管理中经常对发电机组的频率、功率做二次调节而导

致发电机组的空载频率 f_0 不一致。

(3)发电机组功频静特性的一次调节和二次调节

当发电机组调速器装置进行频率的一次调节时，其动作是自动进行的，发电机组的工作点在某一条功频静特性线上移动，但不离开这条线。调速器装置的二次调节可以使功频静特性线向上或向下平行移动，即发电机组的工作点可以不断地从一根功频静特性线过渡到另一根特性线上。

如图 3-31 所示为某发电机组的功频静特性二次调节(平移)情况。图 3-31 中可看到三条平行的特性线，当发电机输出功率相同时，三条特性所反映的频率是不相同的。特性线 2 表示发电机功率为 P_1 时，$f = f_N$；特性线 3 表示发电机组功频静特性由于经二次调节、转速控制机构动作而上移，在发电机满载 P_N 时，$f = f_N$；特性线 1 则表示由于经二次调节、转速控制机构动作使发电机功频特性下移，在空载时 $f = f_N$。

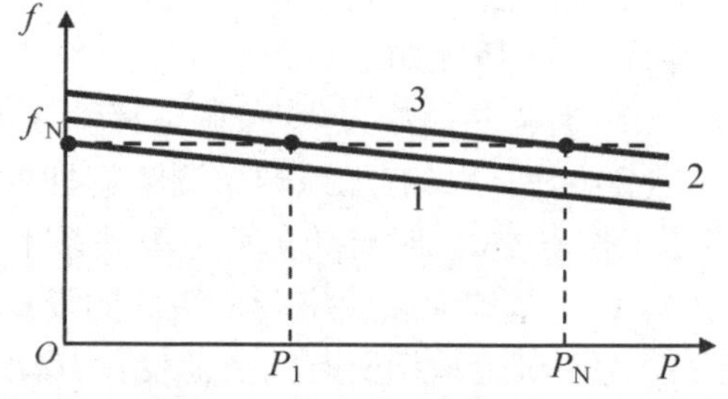

图 3-31　发电机组功频静特性的平移

对于机械式调速器，一次调节过程完全是通过“转速变化引起飞块的离心力变化，进而推动滑动套筒移动，再调节油门拉杆”来实现的，这个过程是有差的。二次调节则是通过“伺服马达的正反转对调速弹簧的预紧力进行调节，之后推动滑动套筒移动，再调节油门拉杆”来实现的：二次调节加油门时，由于弹簧预紧力增大，滑动套筒下移，开大油门，其结果是发电机组的功频静特性上所有点向上平移；反之减油门操作，功频静特性上所有点向下平移。具体动作过程请参看前面的图 3-23 所示。

电子式调速器的一次调节通过电子化的调节器装置实现，二次调解通过转速(油门)调整电位器实现。调节过程中功频静特性的变化情况与机械式相同。

此外，电子调速器还可以很方便地通过电位器调整调频调差系数 R_f，该系数在某些机械式调速器上也可以调节，如表盘式液压调速器，通过速度降旋钮可改变发电机组的功频静特性曲线的斜率，即改变调频调差系数。

三、电力系统的频率调整与有功负荷分配

1*. 单机运行时频率的一、二次调节

如图 3-32 所示，图中可见三条平行的功频静特性曲线，仅进行一次调节时，发电机组工作点在同一条特性线上移动。当发电机输出功率相同时，三条特性曲线所对应的频率是不相同

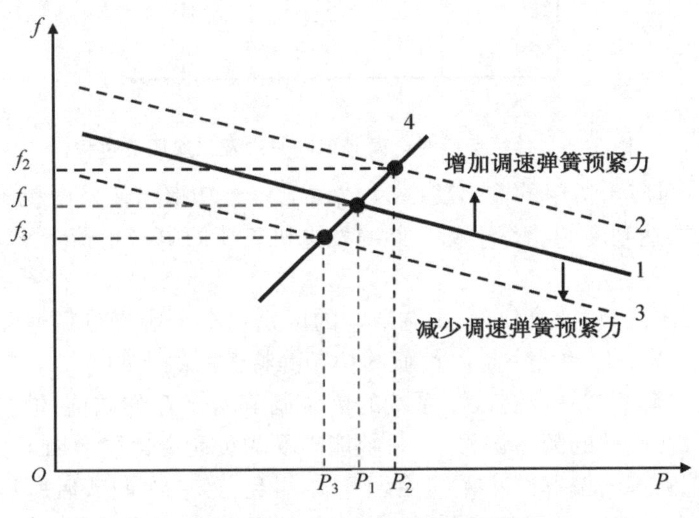

图 3-32　发电机组调速特性平移

的。三条线与电网负荷的功频静特性曲线 4 有三个交点，即为此发电机单独对电网供电时，经过二次调节后的三个不同的工作点。特性线 1 上的工作点表示输出功率为 P_1 时频率为 f_1；此时进行二次调节，增加调速弹簧的预紧力，转速控制机构动作使发电机特性线上平移，同时由于频率升高，根据电网负荷的功频静特性曲线 4 的特点，电网负荷也上升，系统在特性线 2 上的工作点达到新的平衡，在电网频率升高为 f_2 的同时，输出功率也增加至 P_2；同理在减小调速弹簧的预紧力时，系统在特性线 3 上的工作点达到新平衡，在电网频率降低为 f_3 的同时，输出功率也减少至 P_3。

根据前面的分析，电力系统因负荷变化引起频率与负荷分配的变化，仅依靠调速器的一次调节作用已不能保持频率在允许范围内时，需要对发电机组进行二次调节，使发电机组的功频特性上下平行移动来改变发电机的有功功率，以保持系统的频率不变或在允许范围之内，同时有功功率的分配也保持在合理的范围内。对于非自动化电站，通过主配电板发电机控制屏（或并车屏）上的调速开关（或按钮）控制调速器上伺服马达正反转来进行二次调节操作，为“手动调频”；自动化电站自动调频装置控制的称为“自动调频”。

如图 3-33 所示为单机运行时电网频率的一次及二次调节过程。设当发电机运行于发电机功频静特性曲线 1 时，负荷功率为 P_1，电网为额定频率 f_N，图 3-33 中工作点 a 为初始平衡点。若负载增加到 P_2，在调速器的一次调节下，机组将沿特性曲线 1 中的 a 点变化到 b 点（b 点为暂时平衡点），对应的频率为 $f_1<f_N$。为了保持电网频率额定，通过主配电板上调速开关或自动调频装置向加速的方向调整，经伺服马达使调速器执行二次调节，即发电机功频静特性曲线将上移至曲线 2，当机组转速还没有来得及改变时，电网的频率仍为 f_1，但这时已运行于特

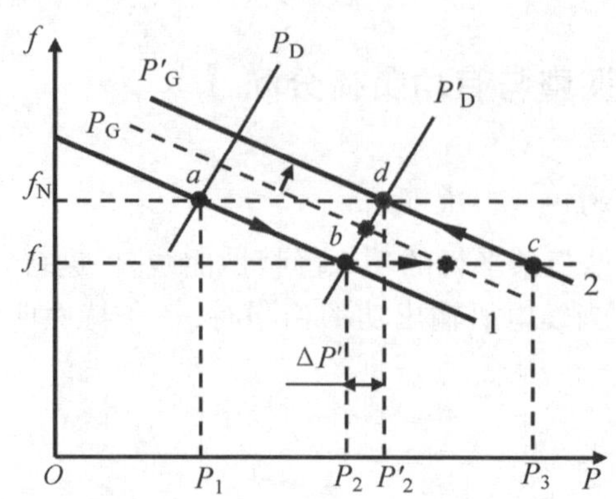

图 3-33　单机运行时电网频率的一次及二次调节过程

性曲线 2 上的 c 点,对应于机组的输出功率为 $P_3>P_2$,多余功率将使发电机组沿着特性线 2 加速,直至到达 d 点,即达到新的功率平衡。此时发电机负荷即电网负荷为 $P'_2>P_2$,电网频率保持在额定值 f_N 上。

由此可见,有二次调节时与仅有一次调节时的区别仅在于因操作调速器而增加发出了一个功率 $\Delta P' = P'_2 - P_2$,$\Delta P'$的大小是由负荷的功频静特性所决定的。

进行频率的二次调节时并没有改变系统的单位调节功率 K 的数值,但二次调节作用增加了发电机输出功率,在同样的频率偏移下,系统能承受的负荷变化量增加了,或者说,在相同的负荷变化量下,系统频率的偏移减小了。由图 3-31 可见,经二次调节后所得到的发电机组功率增量能完全抵偿负荷的初始增量,$\Delta f=0$,实现了无差调节。但是,如果二次调节作用不足,则不足的部分由负荷调节效应来抵偿,系统的频率就不能恢复到原来的值。

2. 并联运行时有功功率的分配与频率调整

发电机组并联运行时负荷的分配方案主要是按比例负荷分配法,此外,还有主调发电机法,对于具有废气透平发电机与轴带发电机的系统,则采用经济负荷分配法或称最佳负荷分配法。对于仅有柴油发电机组的船舶电站而言,都是采用比例负荷分配法,当机组容量相同时,这一方法也称为均功恒频操作法。图 3-34 表明了两台同容量发电机组并联运行时有功功率的分配与频率的调整情况。为图形清晰及叙说方便,在此忽略电网负荷的功频静特性的影响。

假设 1 号、2 号发电机组并联运行于额定频率 f_N 下,且有功负荷已均分,1 号机组运行于功频静特性曲线 1 上承担 P_1,2 号机组运行于功频静特性曲线 3 上承担 P_2,有 $P_1=P_2$。

随着电网负荷的增加,在各自调速器的一次调节作用下,系统达到稳定时,1 号机组承担 P'_1,2 号机组承担 P'_2,电网频率从 f_N 下降至 f_1。由于 1 号机组的调频调差系数 R_f^* 较 2 号机组的小,即 1 号机组的功频静特性曲线较 2 号机组的平坦些,故承担有功功率也较多些,此时 $P'_1> P'_2$。

通过伺服马达进行二次调节,使功频特性做上、下平移,可实现发电机组间负荷的转移与频率的调整。实际手动调节操作时,可分两步调节,即先做负荷的均分操作(功率承担较多的机组做功频特性下移的操作,功率承担较少的做上移操作,操作幅度应保持一致),然后做恒频操作(两台机组功频特性同时做上移或下移操作);也可一步到位调节,这时需对两台机组功频静特性向同方向做出不等量的调整幅度,这需要有一定的操作经验才可做到。在图 3-34 中,可同时上移两台机组功频静特性,只不过功率承担较多的 1 号机组上移少一点,特性曲线

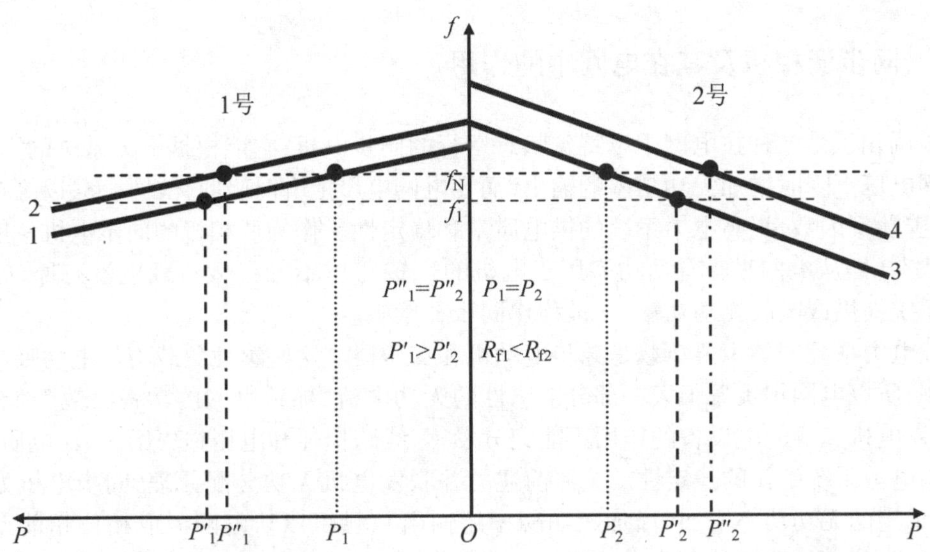

图 3-34　两台同容量发电机组并联运行有功分配与频率一、二次调节过程

从 1 移至 2;功率承担较少的 2 号机组上移多一点,特性曲线从 3 移至 4。此时电网频率恢复至额定值 f_N,1 号机组承担 P''_1,2 号机组承担 P''_2,有功负荷又达到均分状态,即 $P''_1 = P''_2$。

四、发电机组的功频静特性调整

并联运行中的船舶电站,常会发生负荷增加后某台机组承担的有功功率比其他机组多(或少)的现象,这说明该台机组的功频静特性曲线要比其他机组的特性曲线硬(软)一些。船舶柴油机调速器为液压调速器的较多,这可通过调整调速器上的速度降旋钮向数值大(小)的方向来调整,注意一般只需微动一点,即可实现调整功频静特性的斜率,使该机组的特性与其他机组的特性尽可能相一致,从而实现并联中有功功率分配趋于均衡。

在实际调试中发生改变速度降解决不了有功功率分配不合理的情况,这大多是由于机组的空载频率相差太大,以致对每台发电机组的功频静特性曲线的 R_f 值做出不正确的判断。这时需要 P-f 测量及算出每一台发电机组的功频静特性 R_f 值,经比较后对其中偏差较大的一台机组做出相应的调整即可。在测算 R_f 过程中,首先应将每台测试机组的空载频率调整在 52.5 Hz(当额定频率为 50 Hz 时)或为 63 Hz(当额定频率为 60 Hz 时),然后一点一点地加负荷,直至满负荷,需要注意的是在测试全过程中不要对机组作二次调节。

机械式调速器有失灵区($\varepsilon = \dfrac{\Delta f}{f_N}$),是由机构上的间隙、摩擦等造成的,而电子式或数字式调速器及自动调频器没有失灵区。失灵区产生的功率分配上的误差为

$$\Delta P = \frac{\varepsilon}{R_f} \tag{3-11}$$

由于功率分配误差 ΔP 与调频调差系数 R_f 成反比,并列运行的机组在分散地装有失灵区的调速器时,要想得到较好的功率分配稳定性,必须加大 R_f 值,但 R_f 值增大后,会使调频过程结束后频率稳态值的偏差增大。

五*、同步调相机及其在电网中的作用

同步调相机是一种在电网中以特殊状态运行的同步电机,它能根据电力系统的需要,自动地在电网电压下降时增加无功功率的输出,而在电网电压上升时吸收无功功率,以维持电网的电压,改善功率因数,提高电力系统的供电质量和稳定性。作为调相机的同步电机一般运行于电动机状态(即从电网吸收有功功率用于电机的运转),但不带机械负载也没有原动机,可以向电力系统提供或吸收无功功率,又被称作同步补偿机。

一般电力系统中的主要负载是异步电动机和变压器。这些感性负载均从电网吸收大量的无功功率,所以电网担负着很大一部分电感性的无功电流,导致电网的功率因数降低、电流增大,以致发电机和输配电设备的作用不能充分发挥、线路损耗和电压损失增大、输电质量变坏,甚至影响电力系统工作的稳定性。按照前述的并联发电机无功分配原理,同步电机处在过励状态时,承担的无功功率增加(增加无功功率的输出),且可以从电网汲取相位超前于电压的电容性电流,从而使电网总电流中的感性、容性分量抵消,起到减小电网电流、改善(即提高)功率因数的作用。

在电力系统中,常见的调相机应用有:

(1)在电网中的受电端装设同步调相机,根据电网负载情况的不同适当调节其励磁电流,即可改变调相机输出的无功功率,并与电网中其他感性负载吸收的无功功率相平衡,使电网的功率因数接近于1。

(2)在长距离输电线路中,线路电压降随负载情况的不同而发生变化。在输电线的受电端装同步调相机,在电网负载重时让其过励运行,从电网汲取超前的无功电流,可提高电网的功率因数而降低输电线电流,从而减少线路压降;在输电线轻载时让其欠励运行,从电网汲取滞后的无功电流,与前述作用相反,输电线电流增大,可防止电网电压上升。故此时的调相机可维持电网的电压在一定的水平上,有提高电力系统稳定性的作用。

(3)在船舶晶闸管式轴带发电机恒频系统中,也使用同步调相机与逆变器并联运行,在逆变器输出有功功率的同时,调相机输出无功功率,以满足船舶电力系统的有功、无功负荷要求。

同步调相机的结构基本上与同步电动机相同,由于它不带机械负载,转轴可以细些。如果它具有自启动能力,其转子可以没有伸出轴,以便于密封。同步调相机经常运行在过励状态下,励磁电流较大,损耗也较大,发热比较严重。容量较大的同步调相机常采用氢气冷却。随着电力电子技术的发展,调相机现已逐步被效率更高的静止无功补偿器SVC替代。

六、船舶发电机并联运行及负荷分配故障实例

(1)某杂货船电气设备相对老旧,在正常航行时,由一台发电机组供电,电站工作正常;停泊时,同样由一台发电机组供电,在无装卸货作业时,一切正常;但当进行装卸货(船用起货机为交流变极调速起货机)作业时,经常引起发电机主开关跳闸、全船断电。

分析其原因是发电机逆功率保护动作,但此时船舶发电机组为单机运行状态。由于交流变极调速起货机具有三级自动制动功能:第一级是高速或中速绕组转换到低速绕组并接通电源进行再生制动;第二级是在再生制动时间继电器断开前进行机械制动加再生制动;第三级是

在再生制动时间继电器断开后由电磁制动器进行单独制动直到停车。当发生再生制动时，起货机电动机运行于发电状态，将电能反馈至电网。这时如果电站的负荷太轻，不能吸收其全部反馈的电能，将使部分电能反馈至发电机，使发电机逆功率保护动作而引起主开关跳闸断电；其次，如果逆功率的整定值太小，也会使逆功率继电器动作而引起主开关跳闸。

解决方法是增加投入的负荷，或重新整定（增大）逆功率保护动作值。在机舱增加几台运转设备，上述故障现象消失，电站工作正常（逆功率保护的整定值经检查准确，无需调整）。

单机在网运行时出现逆功率故障，这是在特定条件下发生的特殊故障形式。根据电气制动中再生制动的特点分析和查找原因，故障得以解决。

（2）某船共有三台无刷发电机组，1 号发电机由于其励磁机电枢绕组短路烧毁而熔成铜块并进入发电机内部，进一步引起了发电机电枢绕组的损坏。经进厂大修后，试车过程中发现：进行空载试验时，一切正常。进行负载试验时，在自动调频均功状态下，1 号发电机组与 3 号发电机组并联运行，电网频率出现较大的波动，不能稳定工作，而且功率表显示 1 号发电机组的功率变化迟缓；2 号发电机组与 3 号发电机组并联运行，则一切正常。

自动调频调载装置利用频率转换器和有功功率变换器把电网的频率和各机组承担的有功功率变换为电压信号，送入运算环节进行运算，然后根据运算结果发出控制信号，由执行元件对原动机的油门进行自动调节从而保持电网频率恒定和各机组有功功率分配均匀。根据故障现象：2 号发电机组与 3 号发电机组并联运行，一切正常；而 1 号发电机组与 3 号发电机组并联运行，电网频率出现较大的波动，不能稳定工作，则可初步认为自动调频调载装置的共用部分是没有问题的，问题可能出现在：

①1 号发电机组大修之后依然存在问题。

②1 号发电机组有功功率检测环节可能有故障。

③1 号发电机组自动调频调载装置的执行元件有故障。

应先将 1 号发电机组伺服马达拆下检查，发现完全正常；观察 1 号发电机组原动机的各项运行指标，也完全正常；再对 1 号发电机组做运行试验发现，即使手动调节 1 号发电机组原动机进行加减速，也时常会出现调节不灵的情况，这说明有两种原因：调速器本身有故障；或伺服马达控制绕组输入的控制电压有问题，即线路可能虚接，把控制绕组的输入线路更换后故障消除。而线路出现虚接的原因极有可能是在对 1 号发电机组进行大修时，伺服马达控制绕组输入线路受到损伤。

思考题

两台并联运行的发电机组若能够稳定地均分有功功率，其调速器的调速特性需要满足哪些要求？

实训任务

1. 如何通过手动的二次调节进行并联运行发电机组有功功率的分配与频率调整？
2. 如何进行发电机组功频静特性的调整？

项目四　船舶轴带发电装置管理

项目描述

从节能、改善工作环境以及船舶安全航行的角度出发，越来越多的船舶电站发电形式已不再单一。除了柴油发电机组外，还有船舶轴带发电、废气涡轮发电和蒸汽透平发电等其他发电形式，此外，还有风能、太阳能等可持续能源发电形式，以实现船舶的节能减排。各种发电形式的经济效益和组合方式是船舶工程领域关心和研究的热点。

轴带发电装置是利用主机的功率余量来进行驱动的，可以获得更高的经济效益；此外还具有利于机舱其他设备布置，降低机舱噪声及温度，减少发电副机累计运行时间，降低其磨损损耗和维修费用等优点。轴带发电电动装置还可以在船舶发电机输出功率充足时吸收电网功率作为主推动力，达到进一步节能减排的目的。

但由于轴带发电装置的运行特点，一般仅在船舶海上定速航行期间才能由其供电，在进出港、停泊等工况时则由柴油发电机供电。因此轴带发电装置的起动，与柴油发电机组的并车、负荷转移、解列停机等是机舱电气管理的重要操作。

采用轴带发电装置的不足之处是初投资高，系统复杂程度高，管理维护也需要更高的技术水平等。

学习目标

1. 熟悉轴带发电机的基本概念；
2. 掌握轴带发电装置的系统组成及稳压恒频方法；
3. 掌握轴带发电机频率调整和负荷转移的基本原理；
4. 了解轴带发电电动装置的工作原理。

工作任务

1. 进行轴带发电装置的起动与停车操作；
2. 进行轴带发电装置的并车、均功调频与解列操作。

1. 根据项目学习目标，分析和研讨各工作任务要求，明确知识和技能部分的学习内容，并结合混合式教学，学习相关知识；

2. 拟定工作计划，分解工作任务，明确学习目标，制订项目实施计划；

3. 根据实船轴带发电装置操作说明书及规程，并结合实训室电站设备，在教师指导下展开工作任务；

4. 对项目完成情况进行评估，针对不足之处进行分析改进。

任务一 轴带发电装置认知

一、船舶主机轴带发电机的优缺点

船舶主机都有较大的功率储备（占其10%～15%的额定功率）没有得到充分利用，在低于75%～85%额定功率的低负荷下运行时，主机燃烧状况将变差，经济性将下降。尽管船舶主机和发电副机燃用相同型号的劣质燃油，但主机比副机转速低，热效率高，噪声小。采用主机轴带发电机装置有很多优点：有利于机舱布置，可改善机舱环境，减少燃油和滑油消耗，降低发电柴油机的维修保养费用，增强电源的有效性，降低轮机员的劳动强度等。随着电力电子技术和计算机控制技术的发展，带并网逆变器的船舶轴带发电机可在主机转速变动的情况下向船舶电网提供电压和频率恒定的三相电流，且可以与柴油发电机长期稳定并联运行。现代船舶主机的轴带发电电动装置采用的电机，既能从主机吸收能量发电回馈到船舶电网，又能用于从船舶电网吸收电能驱动螺旋桨，此时船舶轴带发电机既可部分或全部替代船舶电站中的柴油发电机组，又可在主机故障的情况下替代主机驱动螺旋桨低速航行。

采用轴带发电装置的不足之处是设备复杂、初次投资高、利用节能收益回收的周期长。应用先进的电力电子逆变技术的轴带发电装置系统更为复杂，需要使用和管理人员具备更高的技术水平。

二、船舶主机轴带发电机的类型

1. 按照电机类型分类

船舶轴带发电机按电机类型分为同步型和异步型，同步型还分为永磁式和励磁式，有的轴带发电机还采用双馈电机。如图 4-1 所示为 800 kW 直接连接式永磁同步轴带发电机。

2. 按轴带发电机与主机间的连接形式分类

按轴带发电机与主机间的连接形式分为直接连接与通过增速装置连接两种类型，具体连

图 4-1　800 kW 直接连接式永磁同步轴带发电机

接形式的分类如图 4-2 所示。图 4-3 所示为直接连接式永磁同步轴带发电机与主机艉轴的连接情况。

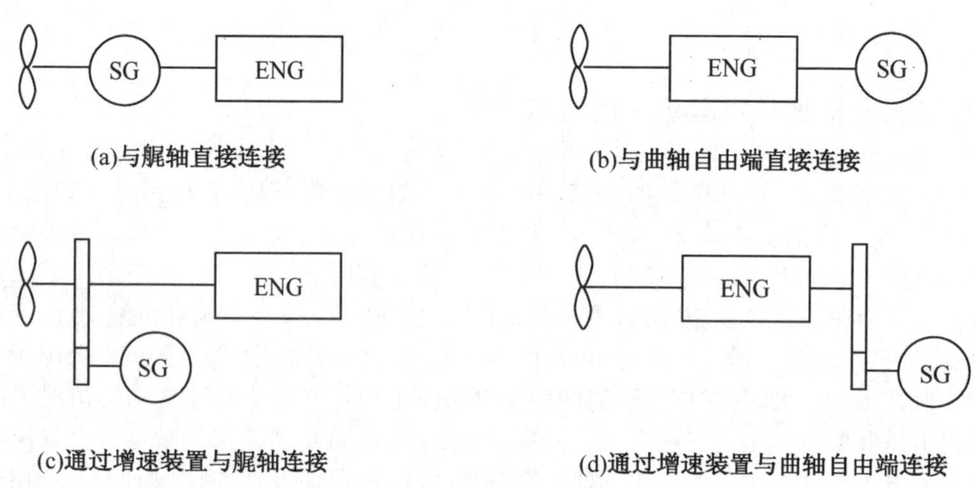

图 4-2　轴带发电装置连接形式

3. 按频率是否恒定分类

(1)频率变动型轴带发电装置

把普通发电机通过增速装置(或直接)接到主轴(或主机)上,由于不对发电机输出的电源频率做出相应调节,所以这种轴带发电装置输出的频率会随着主轴转速的变化而变化。由此可见这种形式的轴带发电装置只能在主机一定转速下使用,最好用于变距桨船上,用于定距桨船时频率变动大,需配置能适应频率大范围波动的拖动电机,且除航行在平静海况外,其他海况下不宜作为船内电源。

主机轴系存在扭振和螺旋桨叶片在水中会产生振动,因而船舶航行时会出现低频扰动,加上气候的影响和主机转速的变化,这一切都会使轴带发电装置产生频率变化,同时引起电压的波动。通常除恶劣气候外,外界干扰产生的频率变化,对定距桨船舶来说为 2~3 Hz,对变距桨船舶来说为 1~2 Hz。为在航行期间能充分利用轴带发电装置,这类船舶所配置的电气设施要求能适应一定的频率变动:对于电网频率原来为 60 Hz 的船舶,定距桨船为 53~63 Hz,变距桨

图 4-3 直接连接式永磁同步轴带发电机与主机艉轴的连接

船为 57~63 Hz。

变距桨转速相对稳定，但即使在静水中，螺旋桨的转速仍有±2%的波动，即轴带发电装置发出交流电的频率仍有±2%的波动。

频率变动型轴带发电装置均不能与柴油发电机组或其他类型发电机组长期并联运行。

(2)频率稳定型轴带发电装置

这种轴带发电装置在主机转速变化的情况下，输出交流电的频率仍能保持稳定，因此可以用在定距桨的船上。它按发电机转子的转速是否恒定又可以分为定速与非定速两大类：

①定速类

定速类轴带发电装置具有涡流联轴器式、油马达驱动式、油压多板离合器式、电磁转差离合器式、无级调速齿轮箱式等多种形式。这类轴带发电装置在主机转速较大范围变动的情况下仍能输出频率与电压比较稳定的交流电，故船舶基本都采用定距桨。由于存在较大的动力损耗，功率储备一般在 15%~45%，大多应用在中小型渔船上，无级调速齿轮箱式在大型远洋船舶上也有一定的应用。

这些轴带发电装置大多不能与柴油发电机组并联运行。

②非定速类

非定速类轴带发电装置主要有晶闸管变换器式、电动发电机式、异步发电机式等多种形式。这类轴带发电装置设有对频率的调节环节，具有调节发电机组功频静特性的功能，故能与柴油发电机组长期稳定并联运行。这种类型的轴带发电装置在定距桨、变距桨船上均可适用，但大多用在成本更低的定距桨船上，其中定距桨恒频轴带发电装置是目前船舶轴带发电装置的主要形式，下面进行详细的介绍。

三、定距桨恒频轴带发电装置

1. 晶闸管变换器式

如图 4-4 所示为晶闸管变换器式轴带发电装置示意图。由图可见，由于采用定距桨推进，这种方式中轴带发电机 SG 发出的是频率、电压均波动较大的交流电，经三相桥式整流装置整

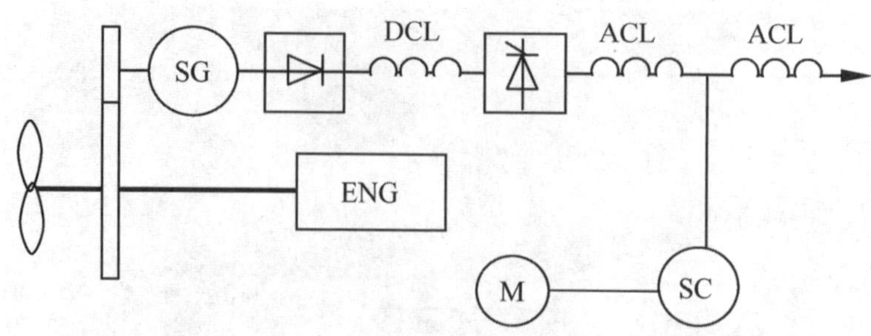

图 4-4　晶闸管变换器式轴带发电装置示意图

流、直流电抗器 DCL 滤波成平滑的直流电，再利用晶闸管逆变器将直流电逆变为阶梯型交流电，然后经二级交流平滑电抗器 ACL 及同步电抗器滤去高频成分，取出基波分量向电网供电。这就是利用所谓的“交直交”变频变压装置，达到输出交流电源恒压、恒频的目的。

电网上有功功率由轴带发电机 SG 提供，无功功率由同步调相机 SC 提供，SC 的调压器 AVR 是被调整在过励状态下运行的。同步调相机 SC 可采用普通同步发电机，但需一个小容量的电动机驱动其运转，当 SC 转速达到同步转速时，驱动电动机即可脱开，之后 SC 由逆变器侧交流电源驱动，即 SC 相当于运行在逆功率状态下。

晶闸管变换器式轴带发电装置的特点是：当主机转速在 60%～110%变动时，可以供给 100%功率的恒定频率、恒定电压的经济电力；采用静止的电气变换装置，可靠性较高，维护工作量小；当主机紧急停车或快速倒车等异常运转时，不会对系统产生不利的影响，并可把负荷转移到柴油发电机上；输出电压波形畸变率小；不需要特别的并车装置就能与柴油发电机并联运行，也能与其他轴带发电装置并联运行。

晶闸管变换器式轴带发电装置存在的缺点是：由于 SG 是通过逆变器输出，故不能向电网提供负荷所需的无功功率，因此需另外配置一台同步调相机 SC 提供系统所需的无功功率；同步补偿机 SC 所产生的功率损耗较大，尤其在系统额定输出功率低于 1 000 kW 时，经济性和效率都不是最佳的；若把柴油发电机作同步调相机使用，起动时必须先进行该柴油机组的起动；作同步调相机使用的柴油发电机组因长期运行，故增加了其磨损和维护保养工作量；必须有与轴带发电装置同容量的晶闸管元件及与之相配套的电子控制系统，因此系统复杂、价格昂贵；效率不太高，在额定工况时仅为 80%；晶闸管导通、关断时均会产生干扰电磁波，对电子设备、无线电通信有影响。

2. 电动发电机式

电动发电机式轴带发电装置中轴带发电机有直流发电机、交流同步发电机两种形式。

如图 4-5 所示为电动发电机式轴带发电装置示意图（SG 为同步发电机），这种方式中轴带

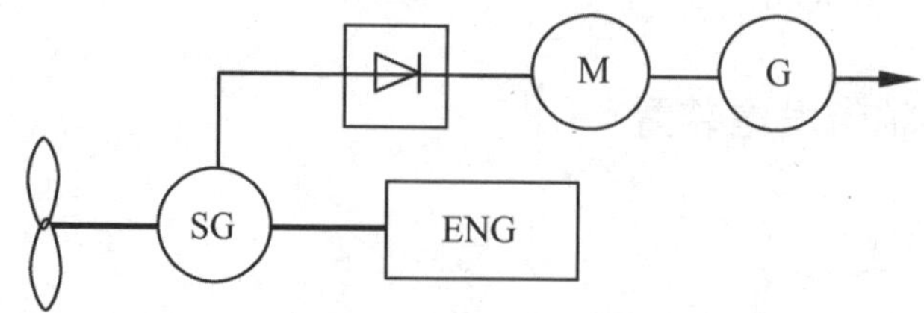

图 4-5　电动发电机式轴带发电装置示意图

发电机 SG 发出的是频率、电压波动较大的交流电，经三相桥式整流装置整流，整流后的直流电只供给直流驱动电动机 M，直流电机 M 带动交流同步发电机 G，发电机 G 发出的电向电网供电。电网频率调整是通过控制直流电动机的转速实现的，即电动机 M 是定速运行的。

电动发电机式轴带发电装置的特点：轴带发电机中间轴连接形式为励磁线圈直接装在中间轴上，即主轴的一部分构成了发电机的转子；省略增速齿轮和安装空间，无齿轮传动损耗，故效率较高；电网恒频控制实质上是采用较为简单的拖动发电机的直流电动机的恒速控制；在主机转速为 80%～110%能发出额定功率，在转速为 50%～80%发出的功率则与转速成正比；能与其他发电机长期并联运行。

3*. 异步发电机式

这类轴带发电装置有交流—直流—交流系统与直接供电系统两种形式。如图 4-6 所示为直接供电型异步发电机式轴带发电装置示意图。前述的船舶轴带发电装置均采用同步发电机。该类型柴油主机带动的是双馈感应异步发电机 SG。主机的转速虽然有很大的波动，但轴带发电机 SG 发出的却是恒定频率、恒定电压的电能向电网供电。由主机转速、电网负荷波动引起发电机电压、频率变化时，励磁系统根据检测到的这些变化信号，相应改变逆变器的逆变角及逆变频率，从而改变了 SG 的励磁电流的大小与励磁电流的频率，最终调整轴带发电机 SG 的电压与频率的恒定。

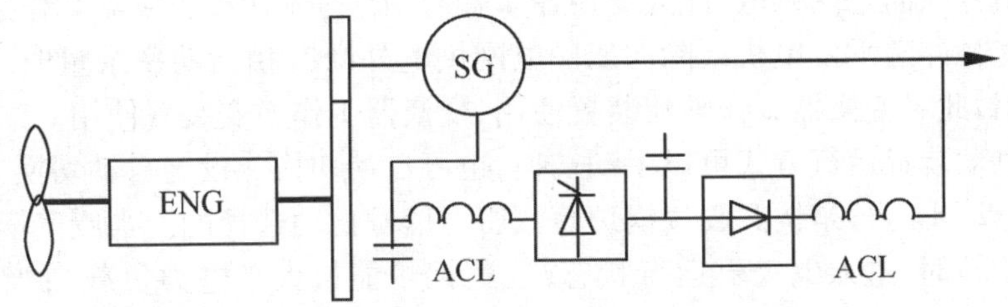

图 4-6 直接供电型异步发电机式轴带发电装置示意图

直接供电型异步发电机式轴带发电装置的特点是：异步发电机的交流励磁电流是由晶闸管逆变电流所产生的，励磁电流的大小、频率容易得到精确的控制，故 SG 能向电网供给恒定频率、恒定电压的电能；取消了同步调相机，从而使整个系统的损耗降低，装置成本和维修费用也都降低；由于晶闸管变换器是在励磁回路上，故容量较小；电压波形失真率小；能与其他发电机组长期并联运行；效率高，轴带发电机负荷率在 50%以上时效率可达 92%以上，齿轮装置传动机构功率损耗仅为 1.5%。

不足之处是异步发电机的转子需通入三相交流电流，所需滑环较大；一般这类轴带异步发电机的功率在 1 000 kW 以下，1 500 kW 以上基本上仍是晶闸管变换器式轴带发电装置。

四、轴带发电电动装置

轴带发电电动装置是向船舶电力系统供应电力，电能只能单向流动，轴带发电电动装置除了可以工作在轴带发电模式（PTO）外，还可以工作在电动机（PTI）模式，具有从船舶电力系统吸收有功功率、向船舶主轴提供推进动力的功能。如图 4-7 所示为轴带发电电动装置示意图。

配置轴带发电电动装置的船舶通常都具有蒸汽透平发电机组，船舶航行期间主要由透平

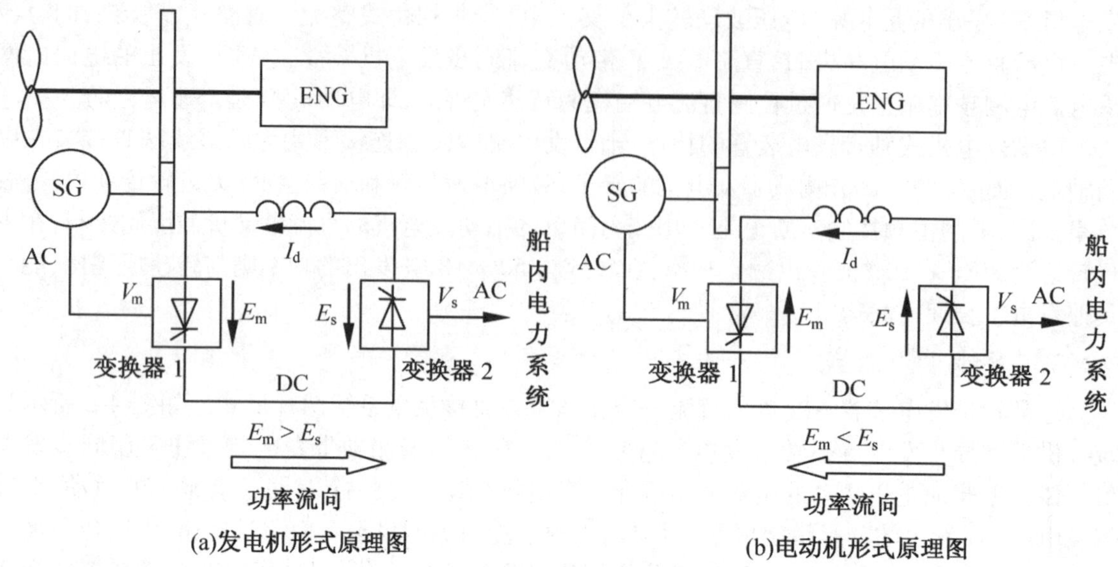

图 4-7 轴带发电电动装置示意图

发电机向船内电力系统供电，当主机废气量不充足致使透平机组供电不足时，轴带发电电动机与透平发电机组并联向电网供电，此处变换器 1 作整流装置使用，变换器 2 作逆变装置使用；当主机废气量充裕即透平发电机组除向船舶电网供电外尚有相当功率余量时，轴带发电电动装置作电动机用，此时变换器 2 作整流装置使用，变换器 1 作逆变装置使用。

轴带发电电动装置运行方式可以手动切换，也可自动切换。设定自动切换方式时，选择发电机运行还是电动机运行是按照废气锅炉蒸汽压力信号自动选择的。当废气锅炉蒸汽压力大于 p_1（如 0.6 MPa）时，进入电动机运行状态（废气锅炉能量大于电力负载）；当废气锅炉蒸汽压力小于 p_2（如 0.5 MPa）时，进入发电机运行状态（废气锅炉能量小于电力负载）；当废气锅炉蒸汽压力界于 p_1 与 p_2 之间时，进入无载运行状态。在自动切换方式下，当主机转速 n 小于某一设定值时（如 70 r/min）即自动进入发电运行状态，借以推迟废气锅炉的蒸汽压力的下降时间，延长透平发电机组的运行时间。

轴带发电电动装置的特点是：

（1）采用蒸汽透平发电机组供给船舶航行用电，在废气能量供不应求时可使用轴带发电电动装置补充电力不足部分，故在废气能量很小的主机中也可以将废气能量有效地加以利用。

（2）在废气能量大于船内耗电量时，可将多余的废气能量通过本装置作为驱动螺旋桨的动力使用。

（3）由于在采用检测废气锅炉蒸汽压力和主机转速等数据基础上，自动进行电力切换工作，操作简单，可以将废气能量百分之百地加以利用。

（4）可与其他类型发电机组长期并联运行。

（5）具有晶闸管变换器式轴带发电装置的其他优异性能。

（6）航行期间，当主机发生故障时，为保持船舶航向及船舶机动能力，可由柴油发电机组向船内电网供电，此时船内电网用电量较小，柴油发电机的电能主要可向处于电动机运行状态的轴带发电电动装置供电，作为应急航行电力推进动力。

五*、复合轴带发电装置

具有柴油发电机组、轴带发电机组和透平发电机组形式的系统叫作复合轴带发电装置系统(DG+SG+TG 系统),其中 SG 通常是能与 TG 及 DG 长期并联运行的轴带发电装置,实际系统中 SG 大多采用的是晶闸管变换器式轴带发电装置(早期)及轴带发电电动装置(后期)。所谓 SSG,就是超经济轴带发电装置,即轴带发电机既可由废气透平机驱动,又可由主机驱动的一种复合轴带发电装置。如图 4-8 所示为 SSG 系统的复合轴带发电装置的工作原理图。

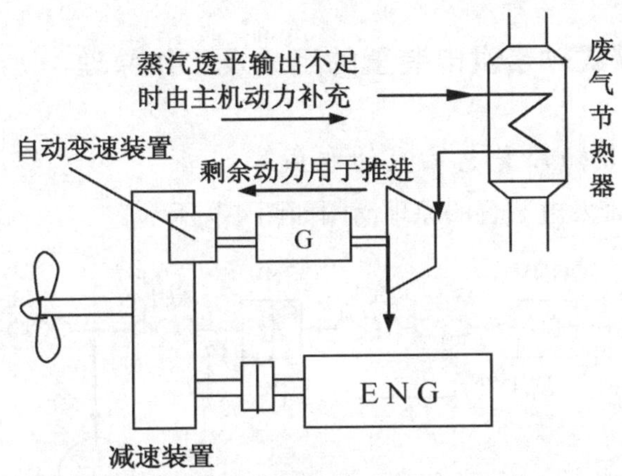

图 4-8　SSG 系统的复合轴带发电装置工作原理图

这种 SSG 类轴带发电装置中的轴带发电机(通常一般为高速运行发电机),在主机废气能量充裕即蒸汽足够的情况下,由透平机驱动,向全船电网供电;当废气能量不足时,除透平驱动外还需主机(中速机)经齿轮传动系统通过自动变速装置共同带动发电机运行,向全船电网供电。当蒸汽有多余时,其能源还可以用于船舶推进,即蒸汽透平机的动力经由发电机转子轴传递至自动变速装置,与主机共同驱动螺旋桨。

SSG 类复合轴带发电装置的特点是:

(1)可有效利用主机废热、节省燃料;若装于油船,在航行中可加热油舱内的货物油。

(2)由于齿轮传动系统采用了自动多级转换式变速装置,使用定距桨时,也可在较广功率范围内使用轴带发电装置。

(3)大幅度减少辅助柴油发电机组的维修时间。

这种复合轴带发电装置的电网频率波动较大,在 53~63 Hz 内,仅适用于大功率主机的船舶。

思考题

1. 现代船舶电站配备的轴带发电机装置有哪些优点和缺点?

2*. 请简述异步发电机式轴带发电装置的工作原理。这种装置有哪些优点和缺点?

3. 请简述轴带发电电动装置的工作原理。这种装置具有哪些特点?

任务二　轴带发电机装置的操作及管理

有关资料表明，在系统输出功率大于 1 200 kW 的船舶电站领域，定距桨晶闸管变换器式轴带发电装置仍在世界轴带发电机市场上占有主导地位。故下面我们以此类型的轴带发电装置为例，学习其操作和管理。

一、晶闸管变换器式轴带发电装置的组成及工作原理

1. 晶闸管变换器式轴带发电装置的组成

晶闸管变换器式轴带发电装置的原理简图如图 4-9 所示。

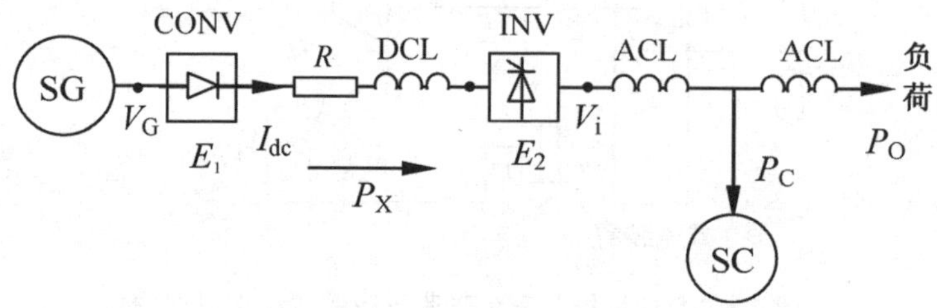

图 4-9　晶闸管变换器式轴带发电装置原理简图

V_G—轴带发电机的输出电压（V）；V_i—变换器交流端电压（V）；E_1—整流器直流端电压（V）；E_2—逆变器直流端电压（V）；P_X—变换器输出功率（kW）；P_O—轴带发电装置输出功率（kW）；P_C—同步调相机驱动功率（kW）；R—直流电路等效电阻（Ω）；I_{dc}—直流电路电流（A）

各主要组成部件为：

CONV：换流器（晶闸管整流器）。它由晶闸管半控桥式整流电路构成，在正常状态下晶闸管元件按二极管方式运行，将轴带发电机产生的三相交流电整流为直流电；电力系统发生短路时，快速封锁晶闸管触发脉冲，关断晶闸管。

INV：变换器（晶闸管逆变器）。它由晶闸管全控桥式整流电路构成，将整流电路输出的直流电压逆变为电压、频率恒定的交流电。

DCL：直流电抗器。直流滤波及限制短路电流。

ACL：交流电抗器。交流滤波，抑止谐波电流、改善波形及限制短路电流。

SC：同步调相机。它由小型异步电动机带动至同步转速后便作为同步补偿器运行。同步调相机在电气设计上与带 AVR 的普通同步发电机没有什么差别。

2. 同步调相机的功能

（1）维持电网电压的恒定

电网电压的波动主要是由负荷中的无功负荷引起的，通过调相机的自动电压调整器 AVR 自动调整调相机的励磁电流，即调节同步调相机的输出电压，保持调相机电压恒定。同步调相

机的输出电压就是电网的电压。

(2)同步调相机的另一个主要作用是向全船用电设备提供所需的无功功率及向晶闸管逆变电路提供所需的无功功率。

因系统中间是一个直流电路环节,故轴带发电机只能通过逆变器向船舶电网提供有功功率。正常状态下调相机与逆变器并联并输出无功功率,故此时逆变器工作在有源逆变状态。

(3)向电力系统中短路点提供短路电流

船舶电力系统发生短路时,在晶闸管逆变器交流侧电压突然下降,此时变换装置输出电压仍为额定值,所以在整流、逆变电路中将会出现很大的短路电流。由于晶闸管元件超负荷能力很低,为此在变换系统的交流、直流侧均接入电抗器用以限制短路电流;在短路的同时,控制系统快速封锁晶闸管的触发脉冲,关断整流、逆变两部分的所有晶闸管,用以截断短路电流。

根据船舶电力系统短路保护选择性的要求,短路故障发生时电源装置应能在短时间内向短路点提供足够的短路电流,以供短路保护装置切断短路故障,这一短路电流就是由同步调相机来提供的。同步调相机应能在 2 s 内,提供 3 倍于轴带发电装置额定电流的短路电流。

(4)同步调相机输出的电压用作逆变器的同步信号电压

由于逆变器的交流侧接入船舶电网,逆变器输出电压的频率、相位与相序必须与电网相一致,所以逆变电路的同步信号必须取自维持电网电压恒定的同步调相机的输出电压。

(5)限制谐波电流,改善电压波形

晶闸管元件是一种单向导通的电子阀,逆变器输出的电压、电流不是正规的正弦波。在直流端电感无限大,而交流端电抗(换流电抗)为零的理想情况下,其电流波形如图 4-10 所示。在一般轴带发电装置中,脉冲 $P=6$,所以产生一种 $n=5,7,11,13\cdots\cdots$ 的谐波。为了消除谐波分量,除采用交流平滑电抗器 ACL 外,同步调相机在降低谐波电流、改善电压波形上具有很重要的作用。因为同步调相机的谐波阻抗小,逆变器进入船舶电网的大部分谐波电流流向同步调相机,从而输出到电网的电压波形更接近于正弦波。同步调相机的谐波阻抗越小,改善波形的效果越显著。

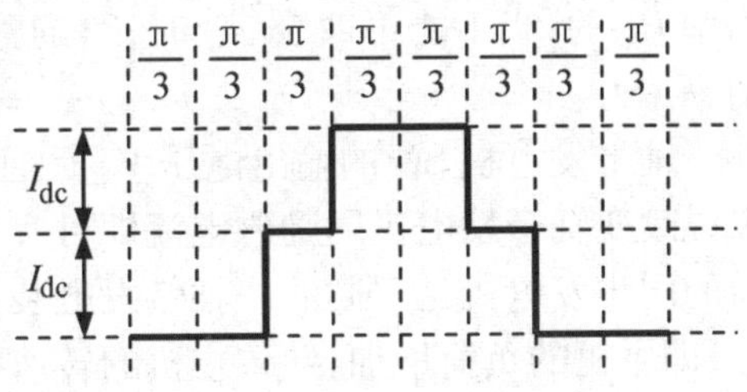

图 4-10 6 相连接的逆变器的交流电波形

(6)在电网有功负荷变化瞬间,在轴带发电装置输出有功功率尚未改变时,电网负荷的增加(或减少)量由同步调相机临时消化、吸收,即靠调相机转子动能的变化来实现。随着调相机转子动能的变化,电网的频率也就相应跟着变化,控制系统中的频率调节环节检测到这一频率变化,相应改变轴带发电机的励磁电流或整流器的晶闸管导通角,以达到调节轴带发电装置的输出功率与电网频率的目的。

(7)若同步调相机采用普通柴油发电机组,则轴带发电装置在不工作时,可作为柴油发电机组使用。这台作同步调相机使用的柴油发电机组,其柴油机与发电机一般采用电磁离合器连接。当需轴带发电装置供电时,先由柴油机驱动发电机运转到同步转速,然后切断电磁离合器;当轴带发电装置不工作时,接通电磁离合器,柴油机带动发电机运行,向船舶电网供电。这种方案可使船舶节省一台柴油发电机组,降低建造成本且有利于机舱布置。

3. 轴带发电装置频率与输出功率特性

(1)变换器的输出功率

如图 4-9 所示，变换器的输出功率 P_X 实质就是变换器直流环节中传递的功率，即

$$P_X = I_{dc}E_2$$

$$I_{dc} = (E_1 - E_2)/R$$

$$P_X = E_2(E_1 - E_2)/R \tag{4-1}$$

其中

$$E_1 = (3\sqrt{2}/\pi)V_G\cos\alpha$$

$$E_2 = (3\sqrt{2}/\pi)V_i\cos\beta$$

式中，α——晶闸管的触发角，作二极管整流时，$\alpha=0$；

β——晶闸管的逆变角。

轴带发电装置的输出功率：

$$P_O = P_X - P_C \tag{4-2}$$

在正常情况下，P_C 是驱动同步调相机 SC 所需的功率，即仅是克服同步调相机运转的摩擦转矩所需的功率。

由此可见，要控制变换器输出功率 P_X，只要控制 α、β、V_G、V_i 即可。由于 V_i 改变将直接影响到电网电压；逆变角 β 的改变将直接影响到逆变器的无功功率大小；对于正常工作时的整流，触发角 α 应等于 0；故一般是通过调节轴带发电机的输出电压 V_G 来控制变换装置的输出功率 P_X 的，当不能再改变 V_G 时，可通过改变逆变角 β 来进一步改变轴带发电装置的输出功率。

轴带发电机 SG 的输出电压 V_G 是通过改变 SG 的励磁电流实现的，因此对轴带发电装置来说改变轴带发电机的励磁电流即可实现改变轴带发电装置的输出功率与频率，这一点与普通的同步发电机是不同的。轴带发电装置是主机的另一个负载，轴带发电装置的输出功率增加，即主机的负荷增加，导致主机的转速下降，主机调速器检测到主机转速的下降，经调节后增加了主机的油门，从而主机的转速回到原来的给定值上，因此最终轴带发电装置的输出功率仍然是通过改变主机油门实现的。

(2)轴带发电装置的频率

晶闸管变换器式轴带发电装置的输出频率就是电网的频率，与作为无功功率提供源的调相机的转速成正比。在电力系统负荷增加 ΔP_O 瞬间，因轴带发电机 SG 尚未调整，即 P_X 还保持原来大小，此时 $P_X=P_O+P_C=P_O+\Delta P_O+P'_C$，故功率增加量 ΔP_O 由调相机 SC 临时供给，SC 的驱动功率由 P_C 降低至 $P'_C=(P_C-\Delta P_O)$，从而导致 SC 的转速 n 下降，即电网频率的下降。频率调节系统检测到电网频率下降，频率调节器对频率偏差信号经调节后增加了轴带发电机 SG 的励磁电流，从而达到增加轴带发电装置的输出功率为$(P_X+\Delta P_X)$，若功率增加值 $\Delta P_X=\Delta P_O$，则调相机的驱动功率从 P'_C 又恢复至 P_C，SC 的转速 n 也就上升至原有的转速值，电网的频率也就恢复至原来频率值。反之，当电力系统负荷减少时轴带发电装置调节过程与此相反，最后通过减少 SG 的励磁电流来实现。

(3)轴带发电装置的功频静特性

为使轴带发电装置能与其他发电机组长期并联运行，轴带发电装置的功频静特性是如图 4-11 所示方式进行设计制造的。与柴油发电机组相类似，轴带发电装置的调频调差系数 R_f 大多调整在 5%左右。这是通过在轴带发电装置控制系统的频率调节环节中频率给定值产生电路实现的，频率给定值电路实质上是一个斜坡函数发生器电路，即随着轴带发电装置所承担的

有功负荷的增加,其所给出的频率给定值信号是按图 4-11 所示线性减少的。在 f_N 不变时,调整频率调节系统中的空载频率给定值,可以改变轴带发电装置的功频静特性曲线的调频调差系数 R_f 值。

4. 轴带发电装置电压与无功调节

如前所述,晶闸管变换器式轴带发电装置的负载所需的有功功率和无功功率分别由两个通道提供。其中无功功率由同步补偿机提供,其自动调电器保证电压恒定,且调相机产生的无功功率满足全船无功负荷的要求。

轴带发电机与其他柴油发电机并联运行也要解决无功功率分配的问题。轴带发电机的调压特性可以由控制单元设定成有差的调压特性。

另外,当负载侧发生短路时逆变器的交流侧失去电压,因“无源”逆变器不再进行转换工作,控制单元立即关断可控整流器,使直流电压降低到 0 V。

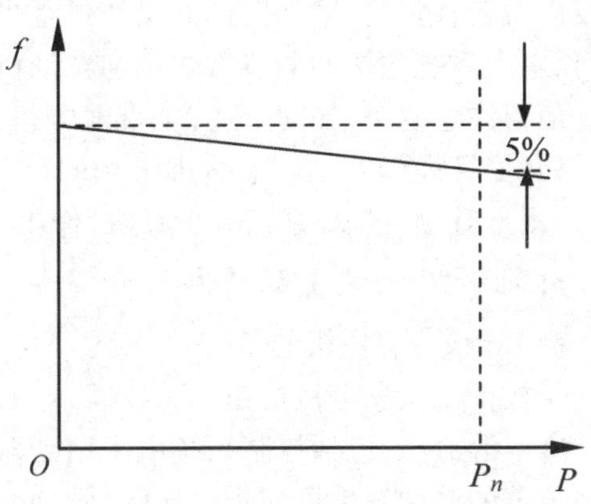

图 4-11 晶闸管变换器式轴带发电装置的功频静特性

这时短路点的电流完全由同步补偿机提供,以保证选择性保护动作断开短路点。当短路消除后可控整流器又恢复工作,逆变器又起动供电。

二、晶闸管变换器式轴带发电装置的运行操作与管理

1. 晶闸管变换器式轴带发电装置的起动

当船舶离港进入正常航行工况后,主机转速达到要求时,可投入轴带发电机系统。由于有源逆变器需要有交流电源才能工作,且同步补偿机由异步电动机带动起动,所以轴带发电装置必须在电网有电的情况下才能起动。具体操作按以下步骤进行:

(1)接通控制系统的电源。

(2)检查起动条件,当系统无故障报警和车钟在大于轴发允许最小转速(一般取>75%主机额定转速)位时,起动调相机(发出允许起动信号)。

(3)按下异步电动机的起动按钮(或自动控制起动),带动调相机起动并建立电压。

(4)检查调相机建立正常电压后,接通轴带发电机的励磁电路,发电机起压空载运行。

(5)给整流器、逆变器触发脉冲,逆变器开始向调相机输出功率,异步电动机断电。

(6)轴带发电机系统已经具备供电能力,起动成功。

2. 轴带发电机与柴油发电机的并联和转换

如果是手动并车,其整步合闸、负载转移和其他柴油发电机的操作相同。经频率预调,轴带发电装置主开关储能,处于待合闸状态。手动操作时选择待并机,观察整步表,在满足并车条件的时刻按下合闸按钮,主开关立即合闸,完成并车;之后用调速开关手动调节实现负荷转移。

轴带发电装置频率特性是可调的,故可以与其他发电机稳定并联运行。并联运行时,各机

组按容量比各自承担有功功率,并可由调速开关手动进行均功调频操作。船舶轴带发电机设自动并车及调频调载装置时,操作方法与其他柴油发电机相同。

在航行工况下,轴带发电装置的容量一般已能满足电力系统的需要。进行并联运行的柴油发电机转移负荷、解列操作的操作过程也与柴油机组并联时相同。之后轴带发电装置单机运行,电力系统频率的调节方式也与柴油机组相同。

值得注意的是,如前所述,轴带发电机的调速开关(或按钮)其实调整的是发电机励磁电流按钮,尽管操作方法与柴油机组相同,但在有些系统中两个调节方向标为"投磁"(增加励磁,作用是升频)、"灭磁"(减少励磁,作用是降频)。

3. 轴带发电装置的停机

(1)导致应急停机的条件

①按下了应急停机按钮。

②电源故障,包括控制系统电源熔断器断、控制系统电源开关断、自动调节系统电源断、励磁整流器的脉冲发生器同步电压断、脉冲分配板电源断、逆变器的脉冲发生器同步电压断、励磁整流器快速熔断器断等。

③运行故障,包括主机转速低于允许最小转速、系统频率高于 65 Hz 或低于 50 Hz、系统欠压或短路且频率低于 54 Hz、系统过电流、差动保护动作等(上述频率故障的参数值对应于额定频率为 60 Hz 的船舶电力系统)。

④电机绕组过热,包括同步补偿机起动电动机绕组过热、轴带发电机或同步补偿机绕组过热、轴带发电机冷却风扇电机绕组过热、励磁整流器冷却风扇电机绕组过热、各控制柜冷却风扇电机绕组过热等。

以上控制操作和故障信号由逻辑电路送至各控制环节,使轴带发电装置主开关跳闸、各晶闸管触发脉冲封锁,同时起动备用柴油发电机组。

(2)正常停机的操作

当船舶需要转入机动工况(如进出港等)时,因主机将进行减速、倒车、停车等操作,轴带发电机应停止工作。停机操作步骤如下:

①起动柴油发电机组,并切除次要负载。

②完成柴油发电机的手动或自动并车及转移负荷,之后才能操纵主机进行减速或倒车。

③当主机转速降低到额定转速的 40%以下时,轴带发电机励磁终止,主开关若未分闸则自动跳闸,逆变器也停止触发,轴带发电装置中止发电。

4. 轴带发电机运行中的注意事项及管理要求

船舶在整个航行过程中必然会遇到移泊、主机应急停机或应急倒车等情况。这些均涉及轴带发电机和柴油发电机的船舶电网不断电转换和并联运行问题。

船舶在机动航行和靠离码头时一般都不使用轴带发电机,而是使用柴油发电机;海上定速航行时,只用轴带发电机已满足全船供电的需要。因此轴带发电机一般不与柴油发电机长期并联运行,并车多用于发电机组的不断电切换,故在选用轴带发电机组时,一般不考虑轴带发电装置频率控制电路与其他发电机调速器具有相同特性的要求。

船舶在航行中需临时停车或在进出港时,必须考虑轴带发电装置与柴油发电机组进行不断电转换。转换必须在主机额定转速的 60%~110%内进行。主机在紧急停车和紧急倒车时,可以采用以下两种转换方法：一种是主机转速降到60%以下，采用电网失电转换；另一种是主机转速维持在额定转速60%，起动备用柴油发电机，不断电转换（一般需要60 s）后再迅速降低主机转速。若来不及不断电转换，就要求主机停车，电网失电后需要使用应急电源供电。

思考题

1. 请简述晶闸管变换器式轴带发电装置的组成及工作原理。

2. 在晶闸管变换器式轴带发电装置中，SC同步调相机的作用有哪些？

实训任务

1. 进行晶闸管变换器式轴带发电机的起动与柴油发电机的并车操作。

2. 进行晶闸管变换器式轴带发电机与柴油发电机并联运行状态下的均功调频操作。

3. 进行晶闸管变换器式轴带发电机与柴油发电机并联运行状态下的负荷转移及解列操作。

项目五　船舶应急电源系统管理

项目描述

对一艘现代化商船,电源的重要性不言而喻。能否保持供电的连续性是船舶电站的重要运行指标。船舶电站的电源包括主电源和应急电源,应急电源是主电源失电后的替补:当船舶发生主电源失电事故时,应急电源应及时对各种船舶应急设备恢复供电,以保障人员及船舶的安全。船舶应急电源包括小应急电源(蓄电池装置)和大应急电源(应急发电机组)两类,其管理、测试和维护保养是船舶电气管理的重要内容。

学习目标

1. 熟悉船舶应急电源的基本概念;
2. 掌握船用蓄电池的供电范围、要求和工作原理;
3. 掌握应急发电机及配电系统的概念;
4. 了解船用 UPS 装置的工作原理。

工作任务

1. 进行酸性、碱性蓄电池的测试、充放电与维护保养操作;
2. 进行应急发电装置的设置与测试。

实施方案

1. 根据学习目标,分析和研讨各工作任务要求,明确知识和技能部分的学习内容,并结合混合式教学,学习相关知识材料;

2. 拟定工作计划,分解工作任务,明确学习目标,制订项目实施计划;

3. 根据实船大、小应急电源装置操作说明书及规程等,并结合实训室电站设备,在教师指导下展开工作任务;

4. 对项目完成情况进行评估,针对不足之处进行分析改进。

任务一　船舶应急电源系统认知

一、船舶应急电源系统概述

对一艘现代化商船,电源的重要性不言而喻。能否保持供电的连续性是船舶电站的重要运行指标。船舶电站的电源包括主电源和应急电源,应急电源是主电源失电后的替补:当船舶发生主电源失电事故时,应急电源应及时对各种船舶应急设备恢复供电,以保障人员及船舶的安全。

1. 船舶应急电源的分类及供电

船舶应急电源可选用独立的蓄电池组或应急发电机组,或者两者兼备,其中蓄电池装置被称为小应急电源或临时应急电源,应急发电机组被称为大应急电源。

当船舶主电网故障失电之后,小应急电源会立即起用,对船舶应急照明和部分重要的自动控制、通信设备提供直流电源,以保障船上人员的安全撤离和船舶应急控制、通信。大应急电源应急发电机组起动、建压及合闸供电需要一定的时间,在船级社规定的时间内(各国船级社有所不同,一般在30~45 s)恢复对应急电网的交流供电,供电范围包括应急动力负载、应急照明、设备控制、通信导航等。在大应急电源供电之后,小应急电源会自动退出。当主电网排除故障恢复正常供电之后,大应急电源也会自动退出。

大应急电源功率更大,所带的都是交流负载,且这些应急负载在船舶主电网正常供电时可以作为正常负载使用;而小应急电源功率小,提供直流电,一般只能供给应急照明、控制、通信等少量负载。如交流应急照明灯安装于重要工作、生产场所,应急通道及出入口等处,数量更多一些,这些灯具上有专门的应急灯标志,且平时都作为正常照明灯使用;而蓄电池应急照明灯只安装于配电板、驾驶台等少数最重要部位,数量很少。

由于船舶设备计算机化、网络化程度的提高,为防止相关设备失电损坏计算机系统,现代化大型船舶的机舱监控系统、主配电板系统、卫星基站等会专门配备不间断电源UPS。该装置设有独立的蓄电池,在主电源失电后会迅速起动,一般是通过逆变获得交流电源供设备使用,可以有效地防止计算机设备故障失电。

2. 应急电源系统的组成

船舶的应急电源系统除包括大、小应急电源装置及配套的发电机或充放电控制、电能分配设备、监测及保护等设备外,还应包括做定期功能试验的一些设备。大应急电源系统中的具体设备通常有应急发电机组、应急配电板、柴油机控制箱及起动用蓄电池组(起动专用,区别于用作小应急电源的蓄电池组)等;小应急电源系统中的具体设备通常有蓄电池组(一般有两组互为备用,常被称为通用(蓄电池组)、充放电板等。

二、船级社对应急电源的要求

中国船级社《钢质海船入级规范》规定，客船及500总吨以上的货船在一般情况下应该配有应急电源。应急电源应该独立于主电源。如果应急电源是发电机组，则必须有蓄电池作为临时应急电源。

1. 应急电源的职能

当船舶主电源失去供电能力时，应急电源应向应急用电设备供电，应急电源必须独立于主电源，应急电源可供使用的功率应能充分供应在应急情况下为安全所需的所有重要设备（如必要的照明、救生、通信、消防等安全设施）的用电。

2. 对应急电源的连续供电时间和供电范围的要求

（1）小应急蓄电池组容量应能保证指定的供电负载正常工作30 min。

（2）大应急电源的容量应能保证对应急供电设备连续供电的时间如表5-1所示。

表5-1　大应急电源的供电时间　（单位：小时）

船舶种类 / 航线	客船	货船	
		5 000总吨及以上	1 000~5 000总吨
国际航线	36	6	3
国内沿海航线	3~12	2	2

（3）根据《钢质海船入级规范》规定，应急电源的供电范围是：

①航行灯及各种信号灯。

②应急照明：救生艇等救生设备存放处、登艇点及其舷外，梯道、出入口及脱险通道。超过16人的居住舱室和公共舱室，机器处所，集控室，主、应急电站，操舵间及海图室，无线电室，应急消防设备存储处。

③通信联络：探照灯、号笛、无线电设备、通用报警器、二氧化碳施放告警器。

④消防灭火：探火及火灾报警系统、手动失火报警按钮、应急消防泵、消防自动喷水系统。

⑤其他：固定式潜水泵、舵机、应急空压机。

思考题

现代船舶的应急电源分哪几类？在主电源失电故障发生时是如何进行应急供电的？

任务二　船用蓄电池及 UPS 装置

一、船用蓄电池的用途和防护

船舶配备的蓄电池有很多,电压、容量及作用也各不相同,其中作为小应急电源使用的蓄电池组主要用于船舶电网断电时短时提供必要的临时应急照明,以及向船舶重要自动化装置、报警装置、船内通信装置等提供备用电源。此外,一般还设有以下的专用蓄电池,用于:

(1)向发电机励磁绕组提供充磁直流电源。

(2)向无线电台等船舶通导设备提供工作电源或后备电源。

(3)应急柴油发电机组或救生艇柴油机等的起动电源。由于柴油机起动时间十分短促,仅为 2~5 s,因此要求蓄电池满足高速率、大电流放电的要求。应急发电柴油机起动多采用 24 V 蓄电池组,救生艇机多采用 12 V 蓄电池组。

(4)各处 UPS 装置的电源。

蓄电池组作为小应急电源使用时,一般设有专用的蓄电池间,充放电板及配电装置不允许安装于该蓄电池间内,且其内的照明灯等电器均为防爆式。酸性与碱性蓄电池不允许安装于同一蓄电池间内。单体电池的结构应能防止船舶倾斜达 40°时电解液外溢。蓄电池组(除柴油机起动用蓄电池外)均应设有短路保护,其保护电器应尽可能靠近蓄电池组;每一蓄电池充电器还应设有由于充电器电源电压的降低或丧失而导致蓄电池放电的保护。

二、船用蓄电池的类型

1. 酸性蓄电池

船用酸性蓄电池又称为铅酸蓄电池,包括三种类型:普通蓄电池、免维护蓄电池和干荷蓄电池。

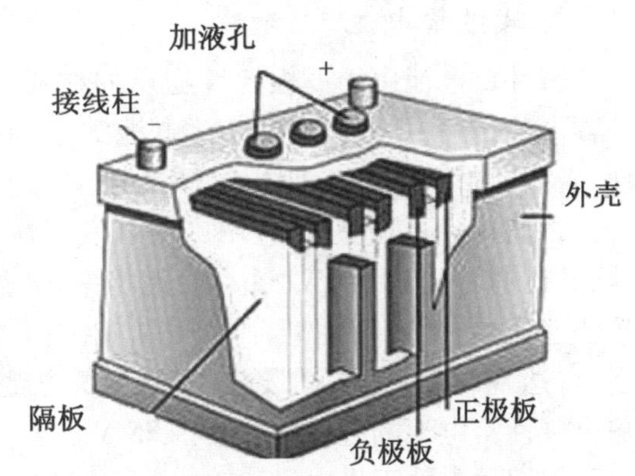

图 5-1　普通型铅酸蓄电池的结构

铅酸蓄电池是由外壳,接线柱,正、负极板,隔板和电解液等组成,如图 5-1 所示。其极板一般采用铅锑合金制成的栅格式,栅格中压入活性物质。正极板的活性物质是二氧化铅,负极板的活性物质是海绵状纯铅,电解液为稀硫酸。为了增大容量,蓄电池的正极板和负极板都制成好多片,分别并联在一起,接成两组,构成蓄电池的正极和负极。每一组正、负极板所组成的单电池的电压约为 2 V,在实际应用时常将 3 个或 6 个相同的单电池串接起来成为一组。蓄电池的负极板总比正极板多一块，每块正极板夹在两块负极板当中，使正极板两面都起化学反应，产生同样的膨胀和收缩，减少极板弯曲的机会，从而延长了极板使用寿命。

隔板的作用是使蓄电池的正、负极板互相绝缘，可用硬橡皮、塑料等制成。为了使电解液能自由地流通，隔板的构造应是多孔的，但是不能使脱落的活性物质经过隔板而与相邻极板接触。

由于图 5-1 所示为普通型铅酸蓄电池，在使用过程中由于过充会造成水分的电解，大量氧气和氢气分别从正、负极板上溢出，使电解液减少，所以需定期补充蒸馏水，结构上有加液孔并装有塑料帽。

免维护型蓄电池是用铅钙合金制造，由于蓄电池采用铅钙合金做栅架，所以充电时产生的水分解量少，水分蒸发量也低，加上外壳采用密封结构，释放出来的硫酸气体也很少，所以它与传统蓄电池相比，具有不需添加任何液体、对接线柱等部位腐蚀少、抗过充电能力强、起动电流大、电量储存时间长、使用寿命长等优点，在国内很受青睐。其外观与普通型蓄电池类似，但在每节电池上只有一个很小的透气孔。近些年，免维护型蓄电池还发展出胶凝态电解液的胶体蓄电池。

干荷蓄电池的主要特点是负极板有较高的储电能力，在完全干燥状态下，能在两年内保存所得到的电量。使用时只需加入电解液，等过 20～30 min 就可使用。

铅酸蓄电池系大容量稳定电池，其内阻小，适合于大电流放电，可反复充电 1 000 次以上，主要用于船舶柴油发电机组、救生艇机起动及各种需稳压直流电源的仪器。

铅蓄电池的优点是放电时电动势较稳定，缺点是比能量（单位重量所蓄电能）小，对环境腐蚀性强。铅蓄电池的工作电压平稳、使用温度及使用电流范围宽、储存性能好（尤其适于干式荷电储存）、造价较低，因而应用广泛。

2. 碱性蓄电池

碱性蓄电池由于极板活性物质的材料不同，分为铁镍蓄电池、镉镍蓄电池、银锌蓄电池等系列。船上主要使用镉镍碱性蓄电池，如图 5-2 所示。

图 5-2　镉镍碱性蓄电池（单节）

目前，镍镉蓄电池的应用广泛程度仅次于铅酸蓄电池，其比能量可达 55 W · h/kg，比功率超过 190 W/kg，可快速充电，循环使用寿命较长，是铅酸蓄电池的两倍多，可达到 2 000 多次，但价格为铅酸蓄电池的 4～5 倍。单个碱性蓄电池的电压一般为 1.25 V。

镉镍蓄电池正极由氧化镍粉、石墨粉制成，石墨主要是用来增强导电性，不参与化学反应；负极由氧化镉粉和氧化铁粉组成；氢氧化钾为电解质。掺入氧化铁粉的目的是使氧化镉粉具有较高的扩散性，防止结块，并增强极板的容量。正负极上的这些活性物质分别包在穿孔钢带中，加压成型后成为正、负极板。正、负极板间是用耐碱的硬橡胶绝缘棍隔开。为了排灌电解液,在蓄电池外盖上有一个注液口,注液口拧以密闭式的气塞,该气塞能使蓄电池内部气体排出而防止外部气体进入,并能保证当蓄电池短时翻转时不流出电解液。

碱性蓄电池具有体积小、机械强度高、抗振、工作电压平稳、使用寿命长等优点。缺点是价格高、维护保养复杂;由于内阻较大,不能大电流放电;镉镍蓄电池具有记忆效应,易造成充放电不良而降低可用容量。

三、蓄电池的充放电维护及电量确定

蓄电池充放电、电解液的配制、测量及判断状态是船舶电气管理人员的重要工作,对蓄电池进行正确的维护、保养和使用可以维持其正常工作状态并延长其使用寿命。对蓄电池的充放电是其维护保养的重要项目。

1.酸性蓄电池的充放电

(1)酸性蓄电池工作原理

酸性蓄电池采用比重为1.285的稀硫酸作为电解液,蓄电池充、放电化学反应方程式为:

$$P_bO_2 \quad + \quad 2H_2SO_4 \quad + \quad P_b \underset{\text{充电}}{\overset{\text{放电}}{\rightleftharpoons}} P_bSO_4 \quad + \quad 2H_2O \quad + \quad P_bSO_4$$

(正极)　(电解液)　(负极)　　(正极)　(电解液)　(负极)

负极 P_b:$P_b+SO_4^{2-}-2e^- \rightarrow P_bSO_4\downarrow$

正极 P_bO_2:$P_bO_2+4H^++SO_4^{2-}+2e^- \rightarrow P_bSO_4\downarrow+2H_2O$

正、负极板上活性物质的性质不同,当两种极板放置在同一硫酸溶液中时,各自发生不同的化学反应而产生不同的电极电位。从化学反应方程式可以看出,电解液稀硫酸在蓄电池充、放电中参与了化学反应。将蓄电池的化学能转换成电能的过程称为放电过程。将电能转换成蓄电池化学能的过程称为充电过程,它是放电反应的逆过程。

充电时使右式转化成左式,不仅电压升高,而且电解液中硫酸的浓度提高,因此电解液的比重上升;放电时使左式转化为右式,不仅电压降低,由于生成了水,故电解液中硫酸的浓度变小,也即电解液的比重下降。可见酸性蓄电池在充、放电过程中电压、电解液比重都在发生相应的变化,这也就给我们提供了判断蓄电池何时该充、放电的依据。通常电解液比重变化比电压变化明显,所以一般都用比重计来测量充、放电的程度,其经验公式为 $E=0.84+d$,E 为蓄电池电动势,d 为电解液比重。

充电时,正极板上的硫酸铅转变成棕褐色的二氧化铅,负极板上的硫酸铅转变成灰色的绒状铅;放电时,正、负极板上的活性物质均吸收硫酸根离子而变成了硫酸铅。在放电过程中,当正负极板上的活性物质都变成了同样的硫酸铅后,蓄电池的电压也就下降到不能再放电了。此时需对蓄电池进行充电,使其恢复成原来的二氧化铅和绒状铅。

如果正极板已全部转化成 PbO_2,负极板全部还原成 Pb 后,如果继续充电将不再发生上述化学反应,而是改成了电解水的反应

$$2H_2O+2H_2SO_4 \longrightarrow 2H_2SO_4+2H_2\uparrow+O_2\uparrow$$

(负极)(正极)

于是,在正负极分别有氧气(O_2)和氢气(H_2)大量逸出,电解液会有大量气泡翻出,并伴有酸液外溅。当看到电解液"沸腾"现象,则应立即停止充电。

①蓄电池充电结束的标志

20 ℃时,电解液的相对密度上升为 1.275~1.31(浓度 37%~40%)或单个电池电压变化:

A. 刚充电时电压即上升至 2.1 V。

B. 一段时间内(3~5 h)电压基本保持不变。

C. 继续充电,电压开始缓缓上升,至 10 h 电压约上升至 2.3 V。

D. 改用第二阶段电流充电 3~5 h,电压上升至 2.6 V 左右基本维持不变,说明此时电池已充满电。

②蓄电池放完电的标志

电解液的相对密度下降至 1.13~1.18 或单个电池电压的变化:

A. 刚放电时,电压即降至 1.95~2.0 V。

B. 一段时间内电压保持不变(视负荷大小而定)。

C. 随着放电时间的增加,电压缓缓降至 1.9 V。

D. 再继续放电时,电压很快降至 1.7~1.8 V,说明此时电池已放完电。

使用了一段时间的蓄电池参数达不到标准值,但也要求其电解液相对密度差值在充电前后达到 0.1 以上。

(2)酸性蓄电池充电

①初充电

新的或长期库存的蓄电池必须经过初充电后才能投入使用。对更换极板后的蓄电池要进行首次充电。可恢复蓄电池在存放期间极板上部分活性物质缓慢放电和硫化而失去的电量;铅酸蓄电池出厂,由于自放电等原因,投入运行前要做初充电和容量实验。补充充电应采用低压恒压充电方法,充电电压应按厂家使用说明书进行。初充电的特点是充电电流小,充电时间长,必须彻底充足。

初充电程序:

A. 将硫酸缓缓注入蒸馏水中,经充分冷却后再调整到相对密度为 1.285(35 ℃时)。

B. 然后将电解液注入蓄电池内,液面高于隔板约 15 mm。

C. 然后静置 2~3 h,待电解液充分渗透冷却,调整液面高度。

D. 将蓄电池的正负极板与充电电源的正负极对应连接好,然后按照厂家说明书要求的电流和时间进行初充电。

E. 第一阶段充电至单格电池电压 2.4 V 左右后,即改为第二阶段电流充电;以后判断是否充足的方法如前述一样。充电过程温度小于等于 35 ℃。

②补充充电

蓄电池使用后的充电,即补充充电。

补充充电程序:

A. 连接蓄电池,按照厂家说明书要求的电流和时间进行补充充电。

B. 先以第一阶段充电约 10 h 后,有气泡从电池内泛起,单格电池约 2.4 V。这意味着蓄电池基本上已充足,在电池内部正进行电解水的反应,因此应转入第二阶段充电。

C. 第一阶段充电电流大,可能极板深处的物质并未全部参与化学反应,在第二阶段以第一阶段充电电流的一半大小的电流进行充电,可使极板深处的反应比较彻底,为 3~5 h。

D. 调整相对密度为 1.285 左右,再以第二阶段电流继续充电 1 h。使蓄电池内的电解液相对密度上下均匀一致，充电过程即告结束。

常用的 Q 系列酸性蓄电池放电、初充电及经常充电的两阶段时间及电流值数据如表 5-2 所示。

表 5-2　Q 系列酸性蓄电池充、放电数据

<table>
<tr><th rowspan="3">型号</th><th rowspan="3">额定电压（V）</th><th rowspan="3">额定容量（AH）</th><th colspan="4">标准放电制</th><th colspan="4">初次充电</th><th colspan="4">经常充电</th></tr>
<tr><th colspan="2">10 小时放电率</th><th colspan="2">启动放电率（30 ℃）</th><th colspan="2">第一阶段</th><th colspan="2">第二阶段</th><th colspan="2">第一阶段</th><th colspan="2">第二阶段</th></tr>
<tr><th>时间（h）</th><th>电流（A）</th><th>时间（min）</th><th>电流（A）</th><th>时间（h）</th><th>电流（A）</th><th>时间（h）</th><th>电流（A）</th><th>时间（h）</th><th>电流（A）</th><th>时间（h）</th><th>电流（A）</th></tr>
<tr><td>3Q56/6Q56</td><td rowspan="10">6/12</td><td>56</td><td rowspan="10">10</td><td>5.6</td><td rowspan="10">5.5</td><td>170</td><td rowspan="10">25~35</td><td>4</td><td rowspan="10">20~30</td><td>2</td><td rowspan="10">10~12</td><td>5</td><td rowspan="10">3~5</td><td>3</td></tr>
<tr><td>3Q70/6Q70</td><td>70</td><td>7.0</td><td>210</td><td>5</td><td>3</td><td>6</td><td>3</td></tr>
<tr><td>3Q84/6Q84</td><td>84</td><td>8.4</td><td>250</td><td>6</td><td>3</td><td>8</td><td>4</td></tr>
<tr><td>3Q98/6Q98</td><td>98</td><td>9.8</td><td>295</td><td>7</td><td>4</td><td>9</td><td>5</td></tr>
<tr><td>3Q112/6Q112</td><td>112</td><td>11.2</td><td>335</td><td>8</td><td>4</td><td>11</td><td>6</td></tr>
<tr><td>3Q126/6Q126</td><td>126</td><td>12.6</td><td>380</td><td>9</td><td>5</td><td>12</td><td>6</td></tr>
<tr><td>3Q140/6Q140</td><td>140</td><td>14.0</td><td>420</td><td>10</td><td>5</td><td>14</td><td>7</td></tr>
<tr><td>3Q154/6Q154</td><td>154</td><td>15.4</td><td>460</td><td>11</td><td>6</td><td>15</td><td>8</td></tr>
<tr><td>3Q168/6Q168</td><td>168</td><td>16.8</td><td>505</td><td>12</td><td>6</td><td>16</td><td>8</td></tr>
<tr><td>3Q182/6Q182</td><td>182</td><td>18.2</td><td>545</td><td>13</td><td>7</td><td>17</td><td>9</td></tr>
</table>

2. 碱性蓄电池的充放电

（1）碱性蓄电池工作原理

碱性镉镍蓄电池采用氢氧化钾（KOH）作为电解液，蓄电池充、放电化学反应方程式为：

$$Cd+2KOH+2Ni(OH)_3 \underset{充电}{\overset{放电}{\rightleftharpoons}} Cd(OH)_2+2KOH+2Ni(OH)_2$$

（负极）（电解液）（正极）　　（负极）（电解液）（正极）

由化学反应方程式可看出，镉镍蓄电池极板的活性物质经充电后，正极板成为氢氧化镍 $Ni(OH)_3$，负极板成为金属镉 Cd；而放电终止时，正极板转化为氢氧化亚镍 $Ni(OH)_2$，负极板转化为氢氧化镉 $Cd(OH)_2$。充放电过程中，电解液虽然参与了化学反应，但只起传导氢氧根离子 OH^- 的作用，故而电解液氢氧化钾（KOH）的浓度不变，所以碱性蓄电池不能根据电解液的比重来判断充放电的程度，只能根据电压的变化来判断充放电的程度。

如果正极板全部转化成 $Ni(OH)_3$，负极板全部还原成 Cd，就不会再发生上述反应了，进一步充电也就成了电解水的反应，在正负极分别逸出氧气与氢气。所以，看到电解液“沸腾”也应立即停止充电。

正极板：$4OH^- \rightarrow 2H_2O+2O_2+4e^-$，氧分析出；

负极板：$4H_2O+4e^- \rightarrow 2H_2+4OH^-$，氢分析出。

①充电结束的标志

每个蓄电池电压上升到 1.4~1.8 V 时，且继续充电 1 h 内不变。

②放电终止时的标志

一般电压降至 1 V,当大电流放电时可降至 0.7 V;某些产品规格可达 0.5 V。

(2)碱性蓄电池充放电

①初次充电

碱性蓄电池的初充电比酸性蓄电池简单一些。先将配制好的相对密度为 1.25 的 KOH 电解液注入蓄电池,使其液面高于极板端面 5~12 mm,静置 2 h,再调整一次液面高度,即可进行初充电。

初充电按说明书规定的标准充电制电流充电 6~7 h;再用此电流的一半充电 6 h,然后用标准放电制的电流放电 4 h。如此 2~3 次充放电循环,最后按标准电制再次充电;静置 2 h 后,调整电解液比重和液面高度;最后注入无酸凡士林液体,使电解液与空气隔离,即可使用。

②经常充电

碱性蓄电池经常充电亦分两个阶段进行:第一阶段按标准充电制的电流充电 6~7 h,第二阶段用第一阶段充电电流的一半充电 2~3 h,然后校正电解液,充电过程即告结束。

GN 系列碱性镉镍蓄电池充放电时间及电流值数据如表 5-3 所示。

表 5-3　GN 系列碱性镉镍蓄电池充放电数据

<table>
<tr><th rowspan="3">型号</th><th rowspan="3">额定电压(V)</th><th colspan="5">标准放电制</th><th colspan="3">标准充电制</th></tr>
<tr><th rowspan="2">额定容量(AH)</th><th colspan="2">8 h 放电</th><th colspan="2">1 h 放电</th><th rowspan="2">时间(h)</th><th rowspan="2">电流(A)</th><th rowspan="2">充电电量(AH)</th></tr>
<tr><th>电流(A)</th><th>终止电压(V)</th><th>电流(A)</th><th>终止电压(V)</th></tr>
<tr><td>GN-2.25</td><td rowspan="6">1.25</td><td>2.25</td><td>0.28</td><td rowspan="6">1.0</td><td></td><td></td><td rowspan="6">6</td><td>0.56</td><td>3.36</td></tr>
<tr><td>GN-10</td><td>10</td><td>1.25</td><td></td><td></td><td>2.5</td><td>15</td></tr>
<tr><td>GN-22</td><td>22</td><td>2.75</td><td></td><td></td><td>5.5</td><td>33</td></tr>
<tr><td>GN-45</td><td>45</td><td>5.65</td><td>45</td><td>0.5</td><td>11.25</td><td>67.5</td></tr>
<tr><td>GN-60</td><td>60</td><td>7.5</td><td>60</td><td>0.5</td><td>15</td><td>90</td></tr>
<tr><td>GN-100</td><td>100</td><td>12.5</td><td>100</td><td>0.5</td><td>25</td><td>150</td></tr>
</table>

3. 蓄电池的充电方法

(1)恒压充电法

充电过程中充电电压始终保持不变。这种方法装置简单、方法容易。用这种方法刚开始充电时,充电电流大,随着蓄电池电压的上升,充电电流逐渐减小,到充电后期电流很小,会使极板深处得不到很好的还原,电能储藏不足,所以这种方法充电时间较长。若欲使充电后期电流不致太小,让极板深处得到充分的还原,则应提高充电电压,这样刚充电时充电电流将大大超过正常充电电流,容易造成极板弯曲,活性物质脱落。

①恒压充电的优点:充电电流会随着电动势的上升,而逐渐减小到零,使充电自动停止,不必人工调整和照管。

②恒压充电的缺点:充电电流的大小不能直接调整,所以不能保证蓄电池彻底充足电,也不能用于初充电和去硫化的过充电。这种充电方法对蓄电池寿命影响很大,很少直接使用。

(2)恒流充电法

充电过程中充电电流始终保持不变(通过调整电压,保证电流不变)。由于充电过程中电池电压逐渐升高,为保持充电电流不至于减小,充电电源的电压就必须不断提高。这种方法由于充电电流大,所以充电时间可以缩短。但在充电后期充电电流仍不变,会造成电解液中的水分解,形成很多气泡。

①恒流充电的优点:充电电流可任意选择,有益于延长蓄电池寿命,可用于初充电和去硫化过充电。

②恒流充电的缺点:需要经常调整充电电流,充电后期形成很多气泡,这不仅损失电能,且容易使极板上的活性物质过量脱落而损坏极板。

(3)分段恒流充电法

两阶段充电法。在充电初期,第一阶段蓄电池用较大电流充电,当蓄电池开始产生气泡,单格电池电压升到2.4 V左右(酸性蓄电池)时,充电电流减小一半进行第二阶段恒流充电,直到蓄电池完全充足电为止。这种方法充电较方便,既充电时间较短、电能节约,又可延长蓄电池使用寿命,因此有条件的船舶大都采用此法。

(4)浮充电法

蓄电池直接和直流电网并联,电网向其负载供电的同时也向蓄电池进行充电。当外负荷减小时,电网电压会略有升高,充电电流就会自动增加;反之,则自动减小。由于这种充电方法充电电流是浮动的,故称为浮充电法。电网一旦因故失电,蓄电池可立即向用户供电。

处于浮充状态的蓄电池组因充放电程度不能自行掌握,所以必须另设一套充电装置,过一段时间须用另一套充电装置进行一次充足→放光→再充足的保养。浮充电压需依照环境温度的变化而作相应调整,环境温度自25 ℃升或降1 ℃,每个电池端电压随之减或增3~4 mV方可保持浮充电流不变。

浮充工作特性:

①全浮充工作方式:蓄电池与整流器并联运行,蓄电池自放电引起的容量损失便在全浮充过程被补足,这时,蓄电池组起平滑滤波作用。因为电池组对交流成分有旁路作用,从而保证了负载设备对电压的要求。在中断或整流器发生故障时,由蓄电池单独向负荷供电,以确保不断电。

②浮充电流的选择:浮充电流应足以补偿每昼夜自放电损失的电量;当蓄电池单独放电后,能依靠浮充,很快地补足容量,以备下一次放电。

③浮充电压的选择:在理论上要求浮充电压产生的电流足以达到补偿电池的自放电损失及电池单独放电用量。实际工作还应考虑下列因素:选择在该充电电压下,电池极板生成的PbO_2较为致密,以保护板栅不至于很快腐蚀;尽量减少O_2与H_2析出,并减少负极硫酸盐化;电解液浓度对浮充电压的影响;板栅合金对浮充电压的影响。

④浮充电压的温度补偿:通常浮充电压是指环境25 ℃而言,所以当环境温度变化时,为使浮充电流保持不变,需按温度系数进行补偿,即调整浮充电压。在同一浮充电压下,浮充电流随温度升高而增大。

为了防止由于长期充放电不完全产生硫化故障,必须定期进行一次完全的放电及均衡充电,以维持其正常工作状态。

(5)快速充电法

快速充电法是在2~3 h(甚至更短)内将蓄电池充电充满的方法。这种方法是用大电流来充电的,因此蓄电池应处在冷却系统下充电;否则温度升高会导致极板弯曲而损坏。脉冲快速充电:以脉冲大电流充电来实现快速充电的方法。

(6)均衡充电法

蓄电池组在使用过程中,有时会产生比重、端电压等不均衡情况,为防止这种不均衡扩展成为故障电池,所以要定期进行均衡充电。

凡遇下列情况需进行均衡充电:浮充电压有两只以上单格电池低于2.18伏/节;搁置不用时间超过3个月;全浮充运行达6个月;放电深度超过额定容量的20%。

目前远洋船舶充放电板大多配置的是恒压充与浮充电相结合的设施。平时蓄电池处在浮充电状态下,一般一年做一次恒压充电,若船舶电网发生跳电时间较长,则电网恢复供电后,应及时采用恒压充电。对于额定容量为195 AH(或日本的200 AH)的蓄电池,恒压充电电压一般应调整在28.8 V(单个电池电压为2.4 V),充电24 h;浮充电电压调整在27.0 V(单个电池电压为2.25 V)。

4. 蓄电池过充电与蓄电池过充

蓄电池过充电与蓄电池过充是两个完全不同的概念,过充电是修复蓄电池的一种方法,过充是蓄电池的一种故障现象。

蓄电池过充的现象是电解液液面降低太快,常常需添加蒸馏水,在透气孔有电解液冒出。蓄电池过充会使电解液的温度过度升高,如不及时降温会因过热导致极板弯曲,同时因电解液沸腾使液面降低很快,若不及时添加蒸馏水将会使极、隔板露出液面而损坏极板。

蓄电池在使用过程中往往因长期充电不足,过放电或外部短路等原因使极板硫化,从而使充电电压和电解液的比重都不容易上升。为了使蓄电池良好运行,出现下列情况时必须进行过充电:

(1)蓄电池放电到极限电压以下。

(2)蓄电池放电后,停放1~2昼夜没有及时充电。

(3)蓄电池极板抽出过。

(4)以最大电流放电超过限度。

(5)电解液内混有杂质。

(6)个别电池极板硫化,充电时比重不易上升。

通常对长期担负工作的蓄电池,每月至少进行一次过充电。对负荷较轻的蓄电池,也应每2~3个月进行一次过充电。

酸性蓄电池过充电的方法是在正常充电之后,停止充电1 h,再改用正常充电率的一半电流充电,至冒气泡后停止1 h后再充,如此反复进行,直到充电装置刚一合闸蓄电池就发出强烈气泡为止。

5. 蓄电池容量的确定

所谓蓄电池的容量是指充满电的蓄电池用一定的电流放电至规定放电终止电压的放电量,采用如下两种方法表示:

①安时容量=放电电流×放电时间

②瓦时容量=安时容量×平均放电电压

通常采用第一种表示方法,所以在确定蓄电池组的容量时,应考虑放电电流的大小和放电时间的长短。所谓蓄电池放电率是指相对于蓄电池容量的放电电流的大小,通常用放电至终止电压时,可维持放电电流的时间表示。酸性蓄电池额定容量(AH)是指电解液温度为 25 ℃时,以 10 h 放电率的放电电流连续放电至终止电压时所输出的容量系数。碱性蓄电池额定容量则一般以 8 h 放电率确定。用大于标准放电率的电流放电时,蓄电池容量会降低,这可用蓄电池容量系数 K 来表征,不同蓄电池的系数 K 是不同的。Q 系列铅酸蓄电池容量系数如表 5-4 所示。

表 5-4　Q 系列铜酸蓄电池容量系数

以 10 h 放电率为标准		以 20 h 放电率为标准	
放电率(h)	容量系数(%)	放电率(h)	容量系数(%)
10	100	20	100
6	86	18	99
5	82	10	93
3	68	5	76
1	42	3	63
0.5	30	1	39
		0.5	28

电池放电电流过大,则达不到额定容量。因此,应根据设备负载、电压大小、后备时间、电流大小等因素来选择合适容量的电池及满足应用要求的电池。

四、蓄电池电解液的配制

在使用、维护蓄电池时需要配制电解液,配制时应当按照正确的操作方法和步骤进行。

1. 酸性蓄电池电解液的配制

酸性蓄电池的电解液是用蒸馏水稀释浓硫酸(5∶3)配制而成的。由于硫酸的吸水能力很强,氧化非常剧烈,人体、衣服以及铜、锌等金属和它接触,都会被腐蚀。因此,操作时,必须戴防护眼镜和胶皮手套,以免硫酸溅到皮肤或眼睛上。浓硫酸的相对密度为 1.835~1.84,而蓄电池电解液的相对密度为 1.285 左右。在将浓硫酸和蒸馏水混合,配制成所需的稀硫酸时,只可将硫酸缓慢注入水中搅拌,绝对不能将水倒入浓硫酸中;否则将会引起硫酸液面发生爆溅,甚至使容器炸碎,产生严重后果。硫酸在稀释过程中会放出热量使电解液温度升高,为防止损伤蓄电池极板和隔板,必须使配制好的电解液冷却到 35 ℃以下才能注入蓄电池内。如表 5-5 所示为不同温度下硫酸溶液的密度与百分浓度对照表。

表 5-5　不同温度下硫酸溶液的密度与百分浓度对照表

H_2SO_4(%)	0 ℃	10 ℃	15 ℃	20 ℃	25 ℃	30 ℃	40 ℃	50 ℃
1	1.007 4	1.006 8	1.006 0	1.005 1	1.003 8	1.002 2	0.998 8	0.994 4
2	1.014 7	1.013 8	1.012 9	1.011 8	1.010 4	1.008 7	1.005 0	1.000 6
3	1.021 9	1.020 6	1.019 7	1.018 4	1.016 9	1.015 2	1.011 3	1.006 7
4	1.029 1	1.027 5	1.028 4	1.025 0	1.023 4	1.021 6	1.017 6	1.012 9
5	1.035 4	1.034 4	1.033 2	1.031 7	1.030 6	1.028 1	1.024 0	1.019 2
6	1.043 7	1.041 4	1.040 0	1.033 5	1.036 7	1.034 7	1.030 6	1.025 8
7	1.051 1	1.048 5	1.046 9	1.045 3	1.043 4	1.041 4	1.037 1	1.032 1
8	1.058 5	1.055 6	1.053 9	1.052 2	1.050 2	1.043 1	1.043 7	1.038 6
9	1.066 0	1.062 8	1.061 0	1.059 1	1.057 1	1.054 9	1.050 3	1.045 1
10	1.073 5	1.070 0	1.068 1	1.066 1	1.064 0	1.061 7	1.057 0	1.051 7
11	1.081 0	1.077 3	1.075 3	1.073 1	1.071 0	1.068 6	1.063 7	1.058 4
12	1.088 6	1.084 6	1.082 5	1.080 2	1.078 0	1.075 6	1.070 5	1.065 1
13	1.096 2	1.092 0	1.089 8	1.087 4	1.085 1	1.082 6	1.077 4	1.071 9
14	1.103 9	1.099 4	1.097 1	1.094 7	1.092 2	1.089 7	1.084 4	1.078 8
15	1.111 6	1.106 9	1.104 5	1.102 0	1.099 4	1.096 3	1.091 4	1.085 7
16	1.119 1	1.114 5	1.112 0	1.109 4	1.106 7	1.104 0	1.098 5	1.092 7
17	1.127 2	1.122 1	1.119 5	1.116 8	1.111 4	1.111 3	1.105 7	1.099 8
18	1.135 1	1.129 8	1.127 1	1.124 3	1.121 6	1.118 7	1.112 0	1.107 0
19	1.143 0	1.137 5	1.134 7	1.131 8	1.129 0	1.126 1	1.120 2	1.114 2
20	1.151 0	1.145 3	1.142 4	1.139 4	1.136 5	1.133 5	1.127 5	1.121 6
21	1.159 0	1.153 1	1.150 1	1.147 1	1.144 1	1.141 0	1.134 9	1.128 2
22	1.167 0	1.161 9	1.157 9	1.154 8	1.151 7	1.143 6	1.142 4	1.136 2
23	1.175 1	1.163 8	1.165 7	1.162 6	1.159 4	1.156 3	1.150 0	1.143 7
24	1.183 2	1.176 8	1.173 6	1.170 4	1.167 2	1.164 0	1.157 6	1.151 4
25	1.191 4	1.184 8	1.181 6	1.178 3	1.175 0	1.171 8	1.165 3	1.158 8
26	1.199 6	1.192 9	1.189 6	1.186 2	1.182 9	1.179 6	1.173 0	1.166 5
27	1.207 8	1.201 0	1.197 6	1.194 2	1.190 9	1.187 5	1.180 8	1.174 2
28	1.216 0	1.209 1	1.205 7	1.202 3	1.198 9	1.195 5	1.188 7	1.182 0
29	1.224 3	1.217 2	1.213 8	1.210 4	1.206 9	1.203 5	1.196 6	1.189 8
30	1.232 6	1.222 5	1.222 0	1.218 5	1.215 8	1.211 5	1.204 6	1.197 7
31	1.240 9	1.233 8	1.230 2	1.226 7	1.223 2	1.219 6	1.212 6	1.206 7
32	1.249 3	1.242 1	1.238 5	1.234 9	1.231 4	1.227 8	1.220 7	1.213 7
33	1.257 7	1.250 4	1.246 8	1.243 2	1.239 6	1.236 0	1.228 9	1.221 8
34	1.266 1	1.258 8	1.255 2	1.251 5	1.247 9	1.244 3	1.237 1	1.230 4
35	1.274 4	1.267 2	1.263 6	1.259 9	1.256 3	1.252 8	1.245 4	1.238 3
36	1.183 1	1.275 7	1.272 0	1.268 4	1.264 7	1.261 0	1.251 8	1.246 6
37	1.291 7	1.284 3	1.280 5	1.276 9	1.273 2	1.269 5	1.262 2	1.255 4
38	1.300 4	1.292 9	1.289 1	1.285 5	1.281 8	1.278 0	1.270 7	1.263 5
39	1.309 1	1.301 6	1.297 8	1.294 1	1.290 4	1.286 6	1.279 3	1.272 0
40	1.313 7	1.310 3	1.306 5	1.302 8	1.299 1	1.295 3	1.284 0	1.280 8
41	1.326 8	1.319 1	1.315 3	1.311 6	1.307 9	1.304 1	1.296 7	1.289 3
42	1.335 7	1.328 0	1.324 2	1.320 5	1.316 7	1.312 9	1.305 5	1.298 1
43	1.344 7	1.337 0	1.333 2	1.329 4	1.325 8	1.321 8	1.314 4	1.307 0
44	1.353 8	1.346 1	1.342 3	1.338 4	1.334 6	1.330 8	1.323 4	1.316 0
45	1.363 9	1.365 3	1.351 5	1.347 6	1.343 7	1.339 9	1.332 5	1.325 1
46	1.372 4	1.364 8	1.360 8	1.356 9	1.353 0	1.349 2	1.341 7	1.334 3
47	1.381 0	1.374 0	1.370 2	1.364 3	1.362 4	1.358 6	1.351 0	1.343 5
48	1.391 5	1.383 5	1.379 7	1.375 8	1.371 9	1.368 0	1.360 4	1.352 8
49	1.401 2	1.393 1	1.380 3	1.385 4	1.381 4	1.377 5	1.369 9	1.362 5
50	1.411 0	1.402 9	1.399 0	1.395 1	1.391 1	1.387 2	1.379 5	1.371 9

2. 碱性蓄电池电解液的配制

碱性蓄电池的电解液是用固体氢氧化钾或氢氧化钠与蒸馏水配制而成的。碱与蒸馏水的配制比例如表5-6所示。

表5-6　碱与蒸馏水的配制比例

种类	相对密度	温度(℃)	电解液成分	碱：水
1	1.18±0.02	+45～+10	氢氧化钠+氢氧化锂	1：5
2	1.20±0.02	+35～-10	氢氧化钾+氢氧化锂	1：3
3	1.25±0.01	+10～-25	氢氧化钾	1：2
4	1.28±0.01	-15～-40	氢氧化钾	1：2

配制好电解液要静置4 h,取澄清液使用。保存时,为防止空气中的二氧化碳进入,应将容器密封。

由于二氧化碳不可避免地侵入到电解液中,而使电解液逐渐变质,一般在室温条件下,电解液每经过100次充放电循环后应当予以更换,并且一年不得少于更换一次。当蓄电池容量显著降低时,也应随时更换。

更换的方法是用8 h放电率进行放电,使每个电池电压降到1 V,倒出电解液,再用蒸馏水洗涤蓄电池数次,直至倒出的液体清洁为止。然后倒出全部剩余的洗涤液,再用新配制经过冷却的电解液注入电池内,盖上塞子,静置2 h后调整电解液的比重,使其达到规定值。最后加入适量凡士林油(液体),按初次充电方法进行充电。

3. 电解液比重的测量

在配制电解液和观察蓄电池充放电状况时,均要用比重计。将一定量的电解液吸入比重计内,使浮子处于吸管的中部,不能触及吸管的顶部、底部及玻璃壁,液面所在的刻度即为液体的比重值。或根据浮子上的红、绿、黄三色标签,粗略判断比重值的高低,红色区域为1.1～1.15,不能放电使用;绿色区域为1.15～1.25,可放电使用;黄色区域为1.25～1.30,充电结束。吸管式比重计的使用如图5-3所示。一般蓄电池中的电解液只高出极板顶部10～15 mm,电解液液面应始终保持在最大和最小之间。铅酸蓄电池电解液相对密度估算为:

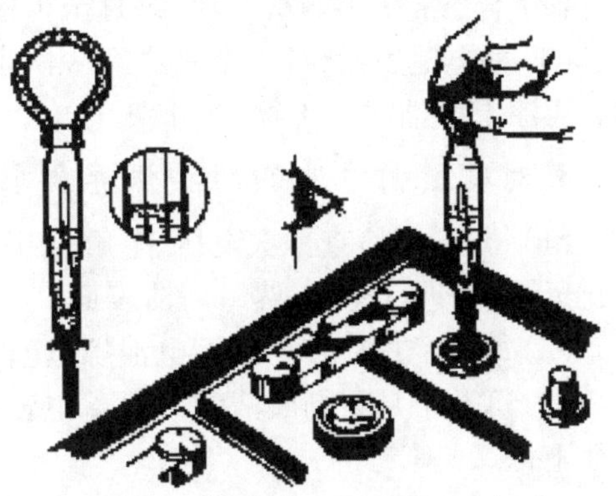

图5-3　吸管式比重计的使用

25 ℃相对密度=实测相对密度-0.000 7×(电解液温度-25)。

五、蓄电池的其他维护保养及要求

1. 蓄电池需检查的内容

(1)蓄电池外观的检查

用目测法检查蓄电池的外观有无漏液、变形、裂纹、污迹、极柱和连接条有无腐蚀及螺母是否松动等现象。

(2)蓄电池端电压及偏差

电压的均匀性有两个指标:一个为静态,另一个为动态。各单体电池开路电压最高与最低的差值应不大于 20 mV(2 V 电池)、50 mV(6 V 电池)、100 mV(12 V 电池)、200 mV(24 V 电池)。蓄电池处于浮充状态时,各单体电池电压之差应不大于 90 mV(2 V 电池)、240 mV(6 V 电池)、480 mV(12 V 电池)。

(3)蓄电池极柱压降

电池间的连接条和极柱的连接处有接触电阻存在,在电池充电和放电过程中连接条上将会产生极柱压降。接触电阻越大,充放电时产生的压降越大,结果造成受电端电压下降而影响使用,其次造成连接条发热,产生能耗。严重时甚至使连接条发红,电池壳体熔化等严重的安全隐患。

(4)蓄电池室环境对电池的影响

温度越高,浮充电流越大。蓄电池房间温度一般要求控制在 25 ℃,浮充电压为 2.25 伏/单节电池,浮充电流在 45 mA/100 AH 左右。为了能控制这个电流值,在不同温度时要求开关电源具有输出电压的自动温度补偿功能。使用地区气压较低时,蓄电池组应降低容量来使用。

2. 对酸性蓄电池的维护保养要求

(1)每 7 天左右检查一次电压、电解液高度及相对密度,并做好记录。如低于规定值应及时补充蒸馏水、进行充电,然后清洁表面。

(2)不经常使用的蓄电池,每月至少检查一次,并进行补充电。

(3)蓄电池表面,每 3 个月进行一次彻底清洁,清洁时先用干净布擦除接头处的氧化物,然后再涂上牛油或凡士林,防止氧化。

3. 对碱性蓄电池的维护保养要求

(1)每 15 天检查一次电压、电解液相对密度及高度,并做好记录。如低于规定值,应及时补充蒸馏水,进行充电,然后清洁表面。

(2)每 2 个月检查一次蓄电池螺丝塞和透气橡皮套管,如弹性失效应换新。

(3)每 6 个月要彻底清洁一次蓄电池的外表面,如有锈蚀,应用煤油擦光,再涂上一层无酸凡士林。

4. 蓄电池维护保养注意事项

(1)注意保持蓄电池表面清洁,不要有油渍、污垢在上面,决不允许在上面放置金属工具、物品,以防短路损坏蓄电池。

(2)保持极柱、夹头和铁质提手等处的清洁,如出现电腐蚀或氧化物等应及时擦拭干净,以保证导电的可靠性。平时应将这些零件表面涂上凡士林,防止锈蚀。

(3)平时注意盖好注液孔的上盖,以防船舶航行时电解液溢出或海水进入到蓄电池里。必须保持通气孔畅通。

(4)蓄电池放电终了,应及时按要求进行充电。

(5)蓄电池室内严禁烟火。

(6)保持蓄电池室通风良好。

(7)碱性蓄电池充电时,不要取下气塞,以防进入大量碳酸气而使电解液失效。一般每年或使用过 50~100 次充电循环,应更换一次电解液。要注意保持排气胶管畅通,定期打开气塞排气,防止气体聚集太多而造成蓄电池膨胀。

(8)做好工作中的腐蚀性电解液防护工作:工作中使用防护眼镜和胶皮手套等防护工具;补充蒸馏水和测量相对密度之后,使用的工具、量具应及时用蒸馏水冲洗;维护工作完成后及时清洁蓄电池表面的漏液。若在铅酸蓄电池维护中不慎将电解液倒在手上,如量较大,需立即用干布将硫酸吸除;少量接触无需用干布,立即使用大量冷水进行冲洗;在冲水后再用 $NaHCO_3$ 溶液涂于患处或用浓度为 0.01%的苏打水(或稀氨水)浸泡。切忌在接触稀硫酸处用力反复按、擦。若不慎将铅酸蓄电池电解液溅入眼睛中,应立即提起眼睑,用大量流动清水或生理盐水彻底冲洗至少 15 min,之后就医。

六、蓄电池充放电板

船用蓄电池用于小应急电源蓄电池组的充放电控制及相关电力系统的配电,是船舶 24 V 直流通用供电系统的配电中心,某船蓄电池充放电板面板如图 5-4 所示,其供电部分的线路如

图 5-4 某船蓄电池充放电板面板

图 5-5 所示。由于蓄电池充电过程中会有可燃气体产生,所以蓄电池间内的电器设备为防爆型的,且充放电板不允许安放于蓄电池间内。充放电板主要给全船的应急直流照明灯、部分航行信号灯、部分通信导航设备、自动化及报警设备、船内通信设备、应急水密门等供电,配电方式有两种:通过开关或保险丝来接通或断开设备的供电。蓄电池充放电板上还有电压表、电流表、直流电网的绝缘监测装置,如接地灯。

蓄电池充电是充放电板的重要功能。该船采用的是恒压充电与浮充电相结合的充电机构,设有电压调节装置,可以通过调整直流电源的变压器副边抽头匝数来手动调节充电电压。

七、蓄电池常见故障及处理方法

蓄电池维护、使用不当会降低其使用寿命和容量,甚至会受到损坏。使用中可以通过充放

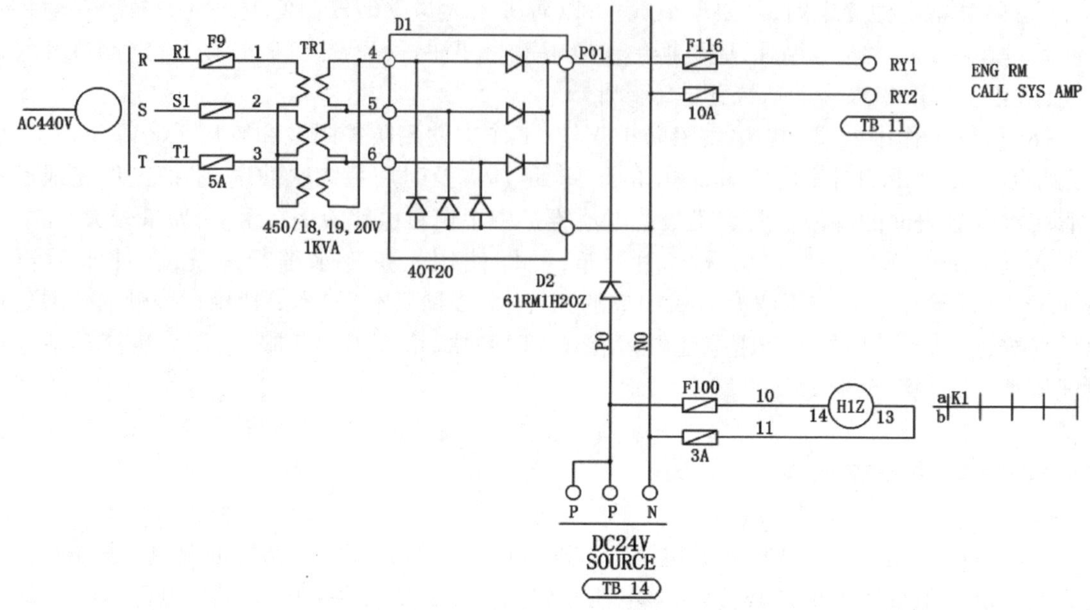

图 5-5　某船蓄电池充放电板供电部分线路

电情况及观察极板外观和容器底上是否有沉淀物来判断蓄电池是否正常。

蓄电池常见故障包括内部故障和外部故障。外部故障:外壳裂纹、极柱腐蚀、极柱松动、封胶干裂。内部故障:极板硫化、活性物质脱落、极板栅架腐蚀、极板短路、自放电、极板拱曲。

1. 酸性蓄电池的极板硫化

鉴于船舶条件的限制,能在船处理的蓄电池的常见故障就是极板硫化。

当发现蓄电池充电时冒气泡过早,或刚开始通电就有气泡;充电时电压太高,放电时电压降落很快,而且电解液的相对密度低于正常值;正极板呈褐色,还带白色时,说明极板已硫化。

所谓硫化就是在极板上形成一层粗大而又坚硬的硫酸铅再结晶体。极板硫化的故障特征是放电时内阻大,电压急剧下降,不能持续供给大电流。充电时内阻大,单格电池的充电电压高达 2.8 V 以上,密度上升慢,温度上升快,过早出现沸腾现象。

(1)极板硫化的原因

经常充电不足;放电电流过大;放电后没有及时充电;电解液不纯,含有杂质;电解液相对密度太高;电解液液面太低,致使极板上部硫化。

(2)蓄电池极板硫化形成过程

①硫酸铅的再结晶

若过放电或充电不足的蓄电池长期放置,极板上生成的细小晶粒状硫酸铅会有一部分溶解于电解液中,其溶解度随温度变化而变化。当温度升高时溶解度增大,此时极板上的硫酸铅会进一步溶入电解液中,直到饱和为止。当温度降低时溶解度减小。由于溶解度变小,电解液会出现过饱和现象。过饱和时,就有一部分硫酸铅从电解液中析出。

析出的硫酸铅会以极板上原有的硫酸铅晶粒为中心逐渐聚集起来,形成粗大的硫酸铅晶粒。充电时这些粗大晶粒硫酸铅不易还原为活性物质,放电时它又会妨碍极板里层的活性物质参与电化学反应,使蓄电池电荷量显著下降,此时即为硫化。

②负极板的强烈氧化

蓄电池使用过程中，电解液会逐渐减少。当电解液液面过低时，蓄电池极板就会有一部分裸露出液面。露出液面部分与空气接触后，负极板上的铅会剧烈氧化。当电解液由于晃动等原因与氧化部分接触，氧化铅就会迅速与硫酸起反应，生成粗晶粒硫酸铅，致使极板上露出液面部分出现硫化。

③蓄电池极板硫化

正常情况下，蓄电池正、负极上细小晶粒状的硫酸铅在充电时会分别还原成二氧化铅和海绵状纯铅。但是在有些情况下，蓄电池极板表面（其至活性物质孔隙内）会逐渐生成一层白色粗晶粒的硫酸铅。由于这层硫酸铅颗粒粗大，与电解液接触面积相对减小，导电性能又差，并堵塞极板上活性物质的孔隙，使电解液渗入困难，因而使蓄电池内阻增大、电荷量减小，同时又不易溶解于电解液，以至于充电时这些物质不能消失，成为蓄电池极板硫化。

（3）补救措施

①如果充电不足，可采用过充电的方法来恢复活性物质。

②如果电解液相对密度过高，可加蒸馏水调整相对密度。

③如果电解液中含有杂质，则应清除杂质或更换电解液。

2. 失水致酸性蓄电池失效

铅酸蓄电池中排出氢气、氧气、水蒸气、酸雾都是电池失水的方式和干涸的原因。失水的原因有从电池壳体中渗出水、板栅腐蚀消耗水、自放电损失水、免维护蓄电池气体再化合的效率低、安全阀失效或频繁开启等。

3. 蓄电池早期容量损失

蓄电池早期容量损失指电池初期进行容量循环时，每经过一次充放电循环，容量下降明显。

早期容量损失常容易在如下条件发生：

（1）不适宜的循环条件，诸如连续高速率放电、深放电、充电开始时低的电流密度。

（2）低速率放电时高的活性物质利用率、电解液高度过剩、极板过薄等。

（3）活性物质密度过低等。

4. 热失控致蓄电池失效

热失控致蓄电池失效指蓄电池在恒压充电时，充电电流和电池温度发生一种累积性的增强作用，并逐渐损坏蓄电池。热失控使电池迅速失水，隔膜内电解液很快干涸，最终使电池失效。

5. 板栅腐蚀与伸长致蓄电池失效

浮充电压过高，除引起水损失加速外，也引起正极板栅腐蚀加速。当合金板栅发生腐蚀时，产生应力，致使极板变形、伸长，从而使极板边缘间或极板与汇流排顶部短路。

此外，还有不可逆性极板硫化、容器损坏、活性物质脱落、沉淀物过多等故障，通常采取更换新电瓶来解决。

八*、不间断电源 UPS 装置

20 世纪 60 年代的旋转发电机发展到目前具有一定智能化程度的静止式全电子电路，随着电子技术特别是功率器件和自动控制技术的飞速发展而日趋成熟。由于船舶设备计算机化、网络化程度的提高，为防止主电网意外断电致使数据丢失，UPS 装置在船上的应用也日趋广泛。

1. UPS 装置的基本功能、分类与组成

如图 5-6 所示为船用 UPS 装置，在船舶电力系统中配备 UPS 的目的是当主电网故障中断供电时，能不间断地供交流电给部分重要设备。与前述的大小应急电源不同，临时应急电源蓄电池提供的是直流电源，应急发电机组虽提供交流电源，但由于机组需起动、建压和合闸供电，一般需要延迟几十秒才能恢复交流供电。

此外该装置还有提高交流电源的供电质量，达到稳压恒频，抑制浪涌、尖峰、电噪声，补偿电压下陷、长期低压等因素干扰的作用。

图 5-6　船用 UPS 装置

(1) 动态 UPS

早期产品，又称飞轮式，工作原理是飞轮动能的储存与释放。由电网的交流电驱动交流电动机，再带动同轴的惯性飞轮和交流发电机同速旋转运行，并由发电机向负载供电。当电网电压出现波动或某些尖峰干扰时，由于惯性飞轮储存动能的作用，较短时间的电压波动或干扰对其运转影响较小，从而保证了负载上电源电压的稳定性；一旦电网供电中断，电动机将停止运转，这时发电机依靠飞轮上储存的动能继续运转发电，使负载的供电时间得以延长。但由于飞轮动能储存有限，电网断电时的供电时间延长仅为数秒钟。

(2) 静态 UPS

动态 UPS 体积大、噪声大、效率低，现已基本淘汰。目前用得最多的是静态 UPS，现在一般讲的 UPS 也都是指这种形式。静态式 UPS 均采用蓄电池作为储能元件，并以逆变器为主要元件，主要由整流器、蓄电池、逆变器、切换继电器、手自动旁通电路等几部分组成。

2. 静态 UPS 的分类与工作原理

根据供电方式又可分为后备式或称离线式、在线式、在线互动式三类。

(1) 后备式 UPS

其工作原理是：在电网正常供电时，由电网电源通过简单稳压滤波输出供给用电设备，蓄电池处于充电状态。当电网停电时，逆变器工作，将电池提供的直流电转变为稳定的交流电输出给用电设备。由于平时电网供电正常时，逆变器是不工作的，只有在电网停电时蓄电池才放电开始工作，所以这种 UPS 被称为后备式，其工作原理如图 5-7 所示。

在电源断电时，这种 UPS 存在一个切换时间问题，因此不适合用在关键性供电不能中断的场合。但实际上这个切换时间很短，一般介于 2~10 ms，而计算机本身的交换式电源供应器在断电时应可维持 10 ms 左右，所以一般 PC 机系统不会因这个切换时间而出现问题。

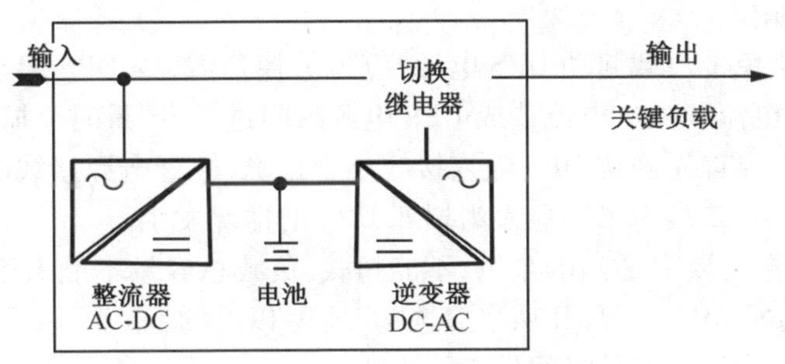

图 5-7　后备式 UPS 工作原理图

后备式 UPS 运行效率高、噪声低、价格相对便宜,主要适用于电网电源波动不大,对供电质量要求不高的场合。

(2)在线式 UPS

其工作原理是:在线式 UPS 逆变器一直处于工作状态,它首先通过电路将外部交流电转变为直流电,再通过高质量的逆变器将直流电转换为高质量的正弦波交流电输出给重要负载。在线式 UPS 在电网正常供电状况下的主要功能是稳压及防止各种电磁干扰;在电网停电时则使用备用直流电源(蓄电池组)给逆变器供电。由于逆变器一直在工作,因此不存在切换时间问题,适用于对电源有严格要求的工作场合。

在线式 UPS 电源的供电质量明显优于后备式 UPS,可以实现对负载的稳频、稳压供电,且在由电网供电转换到蓄电池供电时的转换时间为 0 s。

(3)在线互动式 UPS

这是一种智能化的 UPS,可自动侦测外部输入电压是否处于正常范围之内,如有偏差可由稳压电路升压或降压,提供比较稳定的正弦波输出电压,而且它与计算机之间可以通过数据接口(如 RS-232 串口)进行数据通信,通过监控软件,用户可直接从电脑屏幕上监控电源及 UPS 状况,简化、方便管理工作,并可提高电源系统的可靠性,其工作原理如图 5-8 所示。

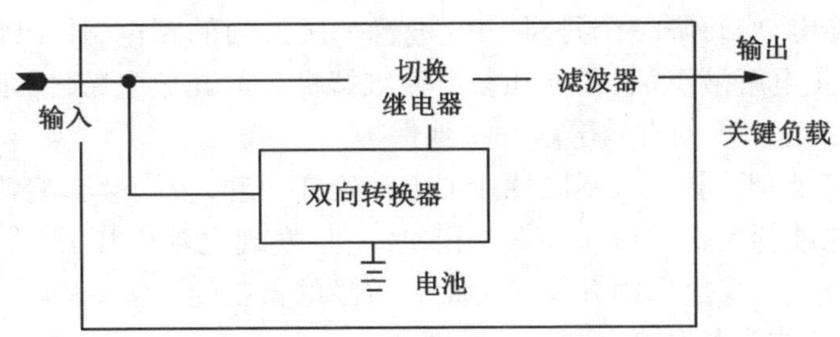

图 5-8　在线互动式 UPS 工作原理图

在线互动式 UPS 在电网供电正常时,电源利用率高,可达 98%以上。对输出负载电流波峰系数、浪涌系数、输出功率因数、过载等没有严格的限制。电网掉电时,输出有转换时间,但比后备式要小。由于它提供基本电压调节和更先进的通信能力,适合配置于中小型网络中用于关键工作站的保护。

3. UPS 的维护

(1)主机的维护

①保持 UPS 主机的工作环境清洁卫生,防止灰尘进入机箱造成局部电路过热、损坏元器

件并定期检查散热风扇。

②在断电时，应避免带负载起动 UPS 电源，应先关掉负载，等 UPS 起动后再接通负载；否则会有多负载的冲击电流和供电电流造成 UPS 电源瞬间过载，严重时会损坏变换器。

③在每次开机前，要首先确认 UPS 输入接线是否正确，检查电源接线的极性，这样做一是为了操作人员人身安全，二是为了避免人为损坏 UPS 的情况发生。

④UPS 在功率选配上要有适当的余量，不能超载，负载总容量不能大于 UPS 的额定功率，如为 800 W 的负载选配 UPS 电源，其功率应选购 1 kW 以上的。

⑤避免频繁的开关机，最好长时间处于开机状态。

⑥UPS 应工作在干燥、通风、清洁的环境中，避免热源、阳光直射。

（2）蓄电池的维护

在使用 UPS 时，我们应重视对蓄电池的使用及维护，因为蓄电池可以说是 UPS 的心脏。蓄电池的价格可以占到整个 UPS 价格的三分之一到二分之一，大型的 UPS，其电池组的价格比其他部件甚至可以高出好几倍。如果使用不当，将导致蓄电池损坏，就只能更换新的电池，造成不必要的损失。

①蓄电池对环境温度要求较高，工作环境一般要求在 20～25 ℃之间，低于 15 ℃时，其放电容量下降，温度每降低 1 ℃，其容量下降 1 %，而温度过高（大于 30 ℃）其寿命就会缩短。

②电池不宜放电至低于预定的终止电压；否则将导致过放电，而反复的过放电则会导致容量难以恢复。为达到最好的工作效率和最长的使用寿命，放电应在 0.05～3C（C 用来表示电池充放电能力倍率，1C 表示电池 1 h 完全放电时电流强度）之间。

③要避免大电流充放电；否则会造成电池极板膨胀变形，使得极板活性物质脱落，内阻增大，容量下降，寿命缩短。

④在电池连接过程中，要戴好防护手套，使用扭矩板手等金属工具时，应将金属工具进行绝缘包装，以防触电。绝对避免将金属工具同时接触到电池的正、负端子，造成电池短路。由于组合电池电压很高，存在电击危险，因此装卸导电连接条、输出线时应有安全保障。

⑤由于不经常停电，应每隔一个月对 UPS 进行一次人为的断电，让 UPS 电源在逆变状态下工作一段时间，防止电解液沉淀，以便让蓄电池维持良好的充放电特性，延长使用寿命。

⑥一定要注意保证 UPS 的有效屏蔽和接地保护。

⑦不能把不同容量、不同厂家、不同性能的电池连在一起；否则会影响整组蓄电池的性能。

⑧要定期对电池进行检查、测量，并做好记录；一旦发现电池电压异常、物理损伤、电解液泄漏、温度异常等现象，应找出原因并及时更换有故障的蓄电池。

（3）避免人为操作失误性故障

在日常工作中，由于维护人员的疏忽未及时发现故障隐患，或发现了却未及时采取相应措施而导致的 UPS 故障也很常见。UPS 运行时应按时对电池进行维护，发现有容量明显降低的电池，应立即更换。因为电池的损坏过程有的是逐渐积累造成的，也有的是瞬间发生的。实船工作中，在对蓄电池的维护中就曾遇到过下述情况：做月维护时个别电池虽然浮充电压稍低，但还未到完全不能使用的程度；而在当月船舶电网失电后，有一组电池就完全不能放电。所以一旦发现电池有故障时，要及时进行处理和更换，以免酿成事故。

综上所述，对 UPS 的维护应制定并严格遵循一套科学有效的工作方法，才能使 UPS 的故障率降低到最小程度，真正做到不间断地为设备提供安全、可靠的电源。

思考题

1. 船用蓄电池的充电方法有哪些？各有何特点？
2. 什么是蓄电池的过充电？什么情况下需要进行过充电？
3. 船舶常用的铅酸蓄电池的维护保养工作有哪些？
4. 静止式不间断电源 UPS 装置按照供电方式分类有哪些类型？各有什么工作特点？
5. 船舶 UPS 装置的维护保养主要有哪些工作？

实训任务

1. 进行蓄电池组的电压和相对密度测量，并判断其电量情况。

2. 进行蓄电池组的分段恒流充电和过充电操作。

任务三　船舶应急发配电系统

船舶应急发配电系统包括应急发电机组、应急配电板、应急照明变压器等设备，安装于船舶主甲板之上的应急发电机间。发电柴油机组燃用轻油，风冷式，设有两套起动装置互为备用：一般采用两组 24 V 蓄电池组（但无需装两台起动用电机），或设有一组蓄电池组加一套机械式储能起动装置。

一、应急配电板

应急配电板包括应急发电机控制屏、动力负载屏（含组合起动屏）和照明负载屏等，具有应急发电机控制、应急动力和照明负载配电、相关设备监视、报警及保护等功能。

1. 应急发电机控制屏

应急发配电系统的重要操作和测试都需要通过应急发电机控制屏上的操作和转换开关来完成。某船应急发电机控制屏上面板如图 5-9 所示，从上往下的主要仪表、指示灯、控制开关和设备包括：电流、功率、频率、电压表用于指示应急发电机或电网参数。由于船舶正常供电时

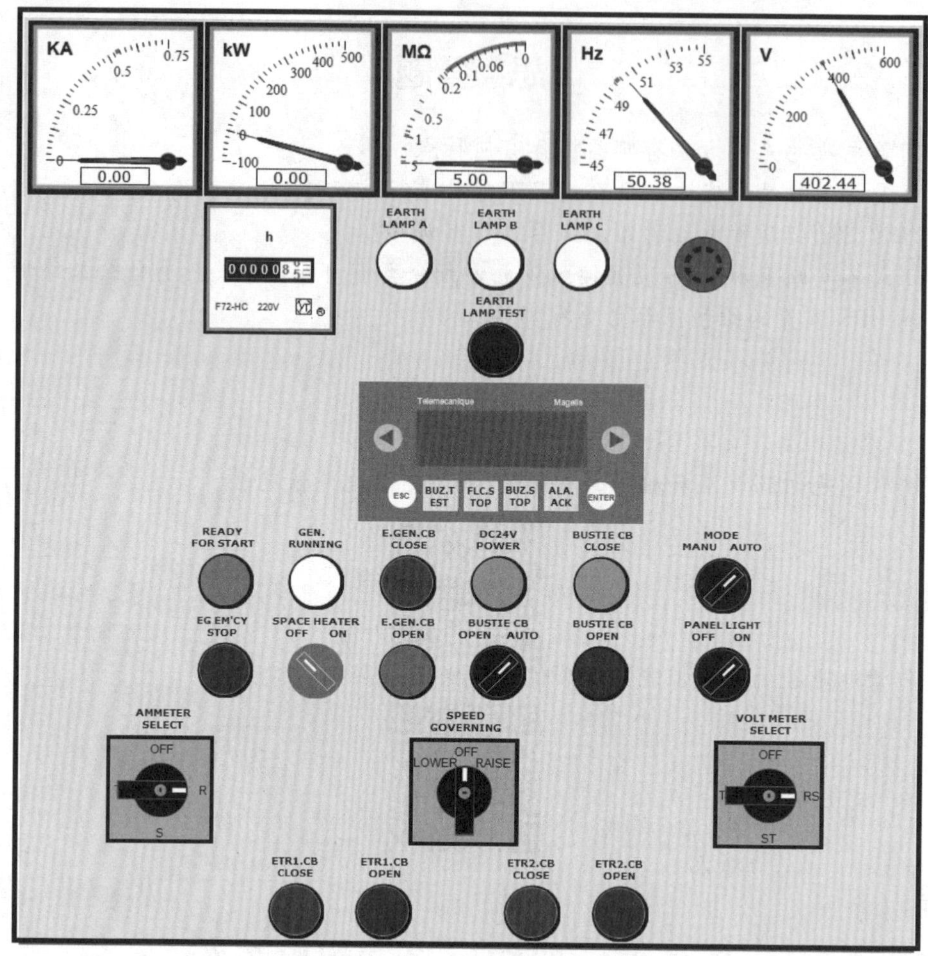

图 5-9　应急发电机控制屏上面板

应急配电板电源来自主电网,此时若进行应急发电机手动测试,发电机主开关不合闸,即发电机一直保持空载运行,为能用同一个电压、频率表显示出应急发电机和汇流排(主电网)的参数,这两个表一般需要通过转换开关进行“发电机侧”和“汇流排侧”两组测量参数的选择。兆欧表、地气灯用于应急电网绝缘监测。地气灯下面是应急电站功率管理单元(带计算机接口单元)的面板。再往下是发电机主开关合分闸按钮带灯(绿色及红色)、联络开关 BUSTIE CB 合分闸指示灯(绿色及红色)及模式选择旋钮开关(自动模式/强制分断)、发电柴油机的起动准备指示灯(黄色)、运行指示灯(白色)及应急停机按钮(红色带保护盖)、烘潮加热器旋钮开关带灯(桔色)、24 V 直流供电指示灯(绿色);第一排右侧的应急发电机控制模式选择旋钮开关有手动/自动两个位置,平时应置于自动位,进行手动测试时需置于手动位(此时船舶电站监视报警系统会发出报警),测试完毕应及时复原;第二排右侧是配电板照明灯的开关。再往下是电流表、电压表测量转换开关和原动机调速开关。最下面一排是两台应急照明变压器断路器的合分闸按钮带灯(绿色、红色)。

应急发电机主开关和联络开关多为塑壳式,且加装了电动合分闸操作装置,容量较大时也有采用框架式开关的。由于体积大,多装在发电机控制屏的内部或下半屏。在控制屏的内部还装有应急发电机自动起动试验开关、发电机调压电位器等。

2. 应急配电板的单线图

如图 5-10 所示为某船应急配电板的单线图,我们可以看到,该配电板分为 S1 应急发电机控制屏、S2 440 V 动力负载屏、S3 220 V 照明负载屏共三个部分。上部汇流排上有应急发电机主开关和主机联络开关两个自动开关,它们是互锁关系,不允许同时合闸;中部是应急动力负

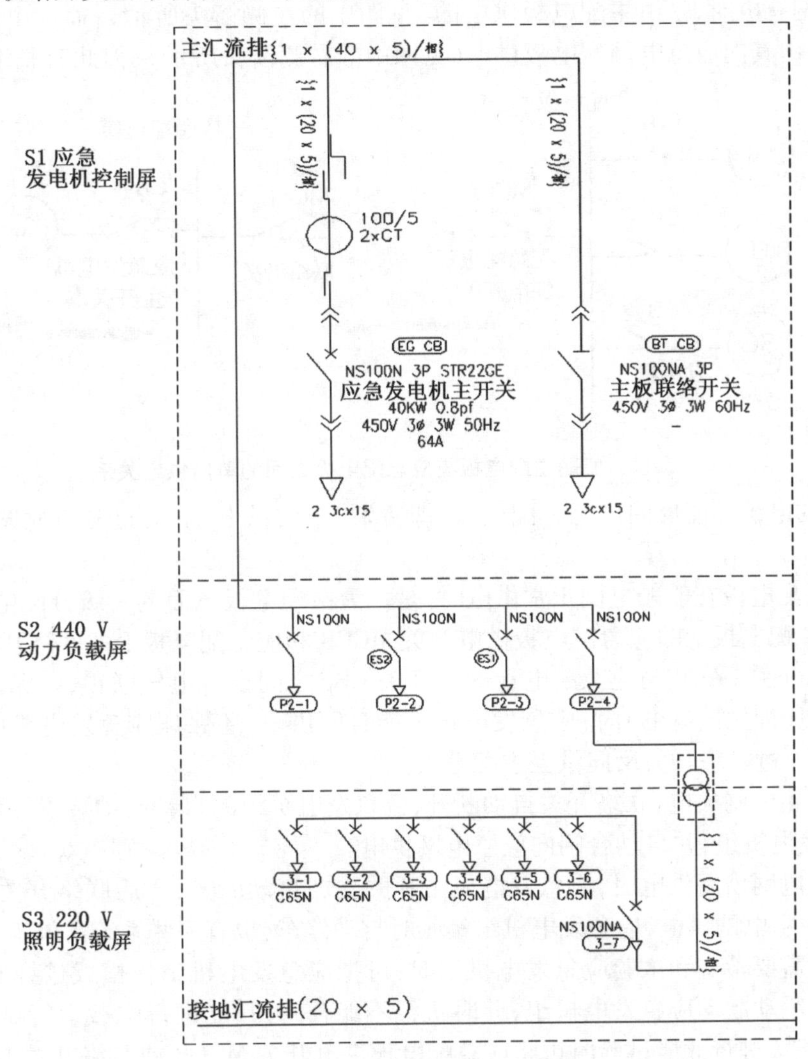

图 5-10　某船应急配电板的单线图

载的配电开关;下部是应急照明负载的配电开关,照明电压由应急照明变压器获得,照明变压器的供电则来自图中应急动力负载配电部分四个断路器中最右侧的一个。

应急配电板的照明负载一般包括:重要部位的应急照明、航行信号灯、通信导航设备、重要设备的控制系统等;应急动力负载包括:应急消防泵、一台舵机及控制系统、一台机舱通风机、应急空压机等。由于应急配电板平时由主配电板供电,它下面的应急负载在主发电机供电时也可作为正常负载使用。

二、应急电网的供电及切换

如图 5-11 所示为船舶主配电板与应急配电板之间的单向供电关系。如前所述，船舶应急电网在主电网有电时，是由主配电板供电的（见图中的左侧箭头所示）；而主电网失电后起动应急发电机，由其向应急电网配电板供电（见图中的右侧箭头所示），但此时联络开关已分断，

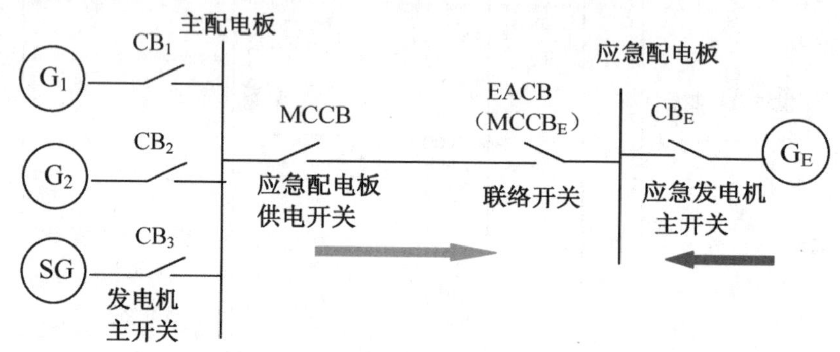

图 5-11　船舶主配电板与应急配电板之间的单向供电关系

应急发电机的电源不能反向供至主配电板，即所谓“单向供电”。通过分析此图，我们有以下结论：

（1）应急配电板在船舶电网正常供电时，是作为主配电板下面的一级分配电板使用的，供电路径经过主配电板上的应急配电板供电开关 MCCB 和应急配电板上的联络开关 EACB。

（2）联络开关 EACB 与应急配电板的主开关 CB_E 之间设有电气联锁，以保证主发电机向应急电网供电（即主网有电）时，应急发电机不能合闸供电；还保证应急发电机供电至应急配电板时，不会通过联络开关反向供至主配电板。

（3）一旦主电网失电，联络开关自动断开，应急发电机组的自动起动装置经延时确认后自动起动应急发电机组，并自动合闸向应急电网供电。

（4）当主电网恢复供电时，应急发电机主开关立即自动断开，之后联络开关自动闭合，应急电网恢复由主电网供电，应急发电机组经延时自动停车，也有一些系统需人工手动停车。

（5）平时需要检查和试验应急发电机组时，可把应急发电机工作模式选择开关置于手动（试验）位置，手动起动应急发电机组，此时机组不能合闸，只能进行空载运行试验，这就是所谓“手动测试”。进行效能试验时可将应急配电板供电开关 MCCB 或联络开关 EACB 分闸，使应急发电机组自动起动、并自动合闸向应急电网供电，这就是所谓“自动测试”。

有些采用自动管理的应急电站，只有在应急发电机组工作后应急电网才允许转换为由应急发电机供电，以免与主电网发生冲突。

三、应急发电机的手动试验和自动试验

1. 船舶应急发电机手动试验

手动起动柴油机但不合闸，主要测试起动用的蓄电池和电机的状态，以及柴油机和发电机的空载运行。试验时，首先将应急发电机控制模式开关打到手动状态；之后去应急发电机组控

制箱(一般设于机旁),利用其上的起动按钮起动机组。当机组起动成功、运行稳定后,去应急配电板查看发电机的三相电压和频率情况。由于其主开关不合闸,应急发电机空载运行。试验结束后,利用控制箱上的"STOP"按钮停机组,最后将控制模式扳回"AUTO"位。

2. 船舶应急发电机自动试验

自动试验比手动试验要复杂的多,先摸拟主配电板失电,应急发电机自动起动,建立电压成功后自动合闸,有时还要包括主电网恢复供电后应急发电机主开关自动分闸,联络开关再自动合闸恢复主配电板向应急配电板供电的过程。试验按钮或试验开关安装在应急配电板内部。

具体试验过程中,控制模式开关保持在"AUTO"位。当试验开关转到"TEST"位置后("TEST"开关在应急配电板发电机控制屏的内部),控制系统立即发出使应急配电板上联络开关跳闸的指令,应急配电板即失电;处于备用状态的应急发电机组自动起动,起动成功、电压建立后应急发电机主开关合闸向应急电网供电(此时船舶即处在主电站、应急电站同时供电状态,只不过现在这两个电网没有电的直接联系)。结束试验时,关闭"TEST"开关,解除试验状态,控制系统检测到主电网有电,应急发电机主开关先跳闸,之后联络开关合闸,应急配电板汇流排恢复由主电站供电。

应注意有些系统在试验完毕之后需要手动停发电柴油机,还有就是在试验过程中会有应急配电板的断电,为防止对配电板上重要负载的冲击,在试验前应先将它们关闭(如通导设备、电台等),并且应在船舶停航时进行试验。

四、应急发电机组的控制流程

如图 5-12 所示为 TERASAKI 应急发电机(交流 450 V 3 相, 125 kVA, 60 Hz)控制程序流程图中符合的含义。流程图中英文缩写的含义如下:M/S—机旁控制屏,MSB—主配电板,ESB—应急配电板,ECS—柴油机控制手柄,ECC—柴油机集控台,BCS—断路器控制手柄,TS—应急发电机试验开关,WL—白色灯,RL—红色灯,GL—绿色灯,V_{GEN}—应急发电机实际电压,V_{RAT}—应急发电机额定电压,UV—欠压。

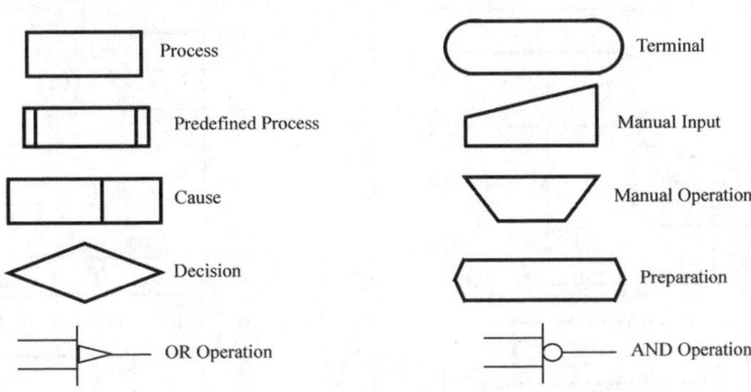

图 5-12　TERASAKI 应急发电机控制程序流程图中符号的含义

如图 5-13 所示为应急发电机手动操作流程图,在手动控制模式下,进行发电机组的起动、合闸、分闸、停机的全过程的流程图。如图 5-14 为应急发电机效能试验流程图,在自动控制模式下,进行发电机自动起动试验(效能测试)时,联络开关自动分闸、机组自动起动、建压及合

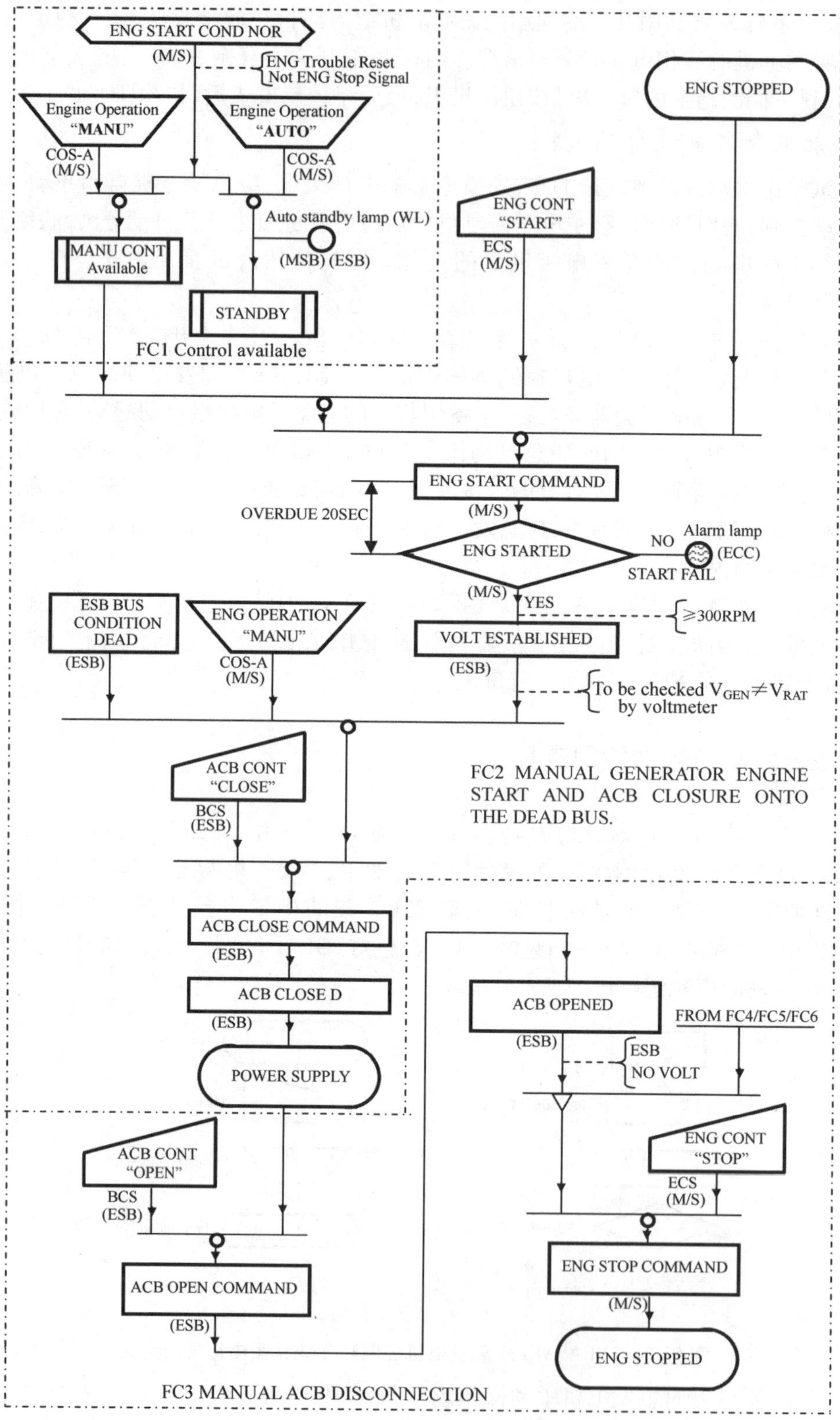

图 5-13　应急发电机手动操作流程图

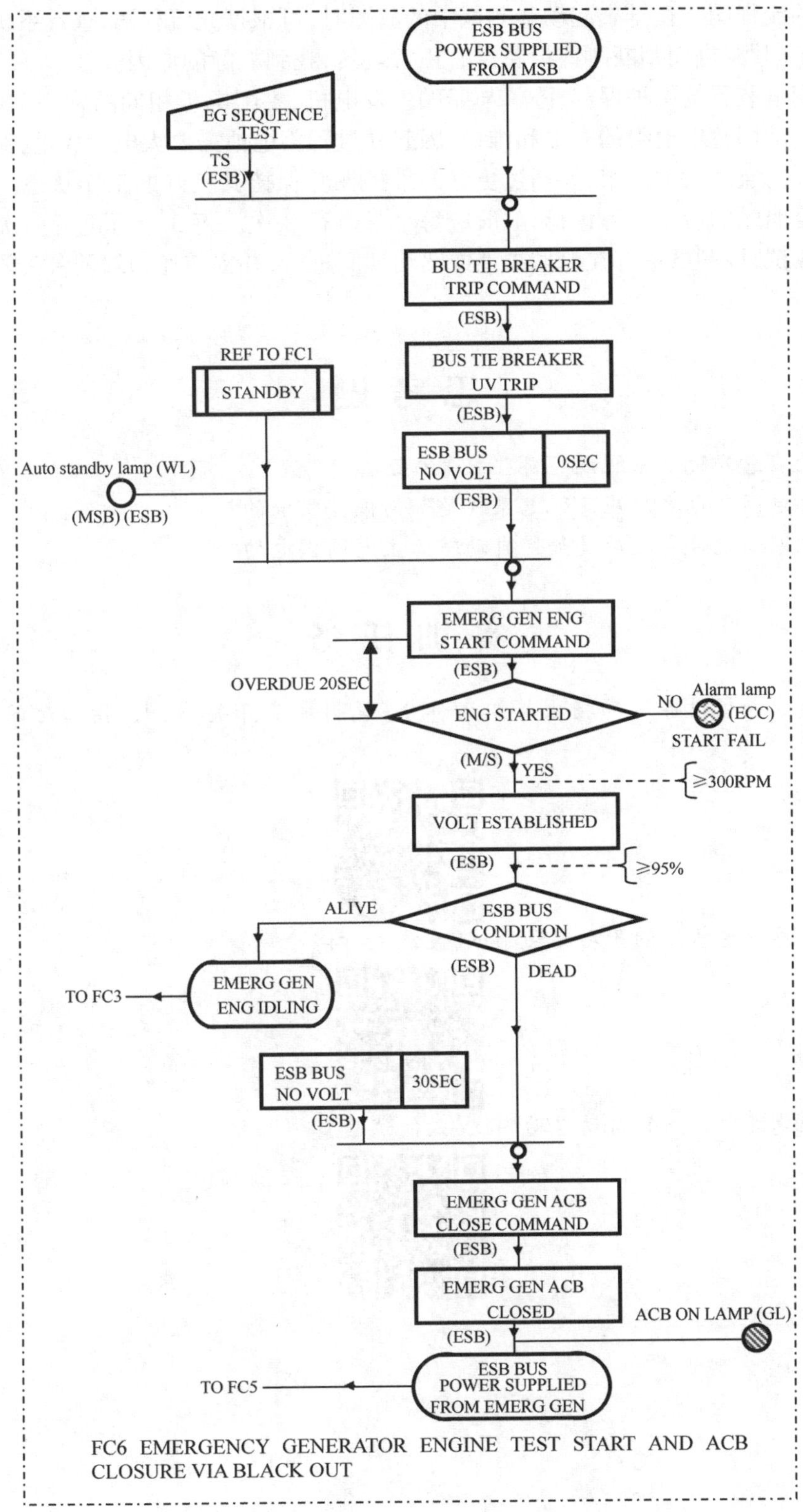

图 5-14　应急发电机效能试验流程图

闸供电过程的流程图。在排查起动或测试中的故障时,可根据此流程图,查看系统动作执行到哪一步出现了问题,进而判断哪些设备没有正常运转,找到故障的原因。

应急发配电装置的维护保养,除了与船舶主发电机、主配电板相同的常规项目外,还要注意首先做好起动用蓄电池组的充电和维护,因起动过程蓄电池需要大电流放电,对其状态的要求要高于前述的通用蓄电池组,要通过更好的维护保养保持其良好的工作状态。机组的手动测试可以配合船舶的应急演习进行,一般应每个月进行一次。每 3 个月进行一次模拟主电网失电的效能测试,该测试最好在船舶靠港或锚泊期间进行,并提前通知驾驶台关闭重要的通信导航设备。

思考题

1. 船舶的应急发配电系统设有哪些装置?
2. 船舶主电网断电之后应急配电系统是如何恢复供电的?
3. 当主电网供电恢复之后是如何自动转为主电网供电的?

实训任务

1. 在应急配电板设备现场指出其组成部分,说明主要开关、仪表、指示灯的操作方法或作用。

2. 进行应急发电机组的手动起动测试(空载运行试验)。

3. 进行应急发电机组的自动起动测试(效能试验)。

项目六　船舶电站自动化系统认知

项目描述

船舶电站自动化是轮机自动化和无人机舱的必要条件。船舶电站自动化系统可以完成船舶电站的自动化管理、控制和保护,主要功能包括发电机组的自动控制和保护,船舶电力系统的自动化管理,相关参数和状态的自动控制以及监测、报警和保护等。该系统可以保证船舶供电连续、安全可靠,提高电站运行的经济性和电能质量指标,提高设备控制和操作的快速性和精确性,以及改善船员劳动条件等。电站自动化控制可分为逻辑程序控制、参数(电压、频率、功率)连续调节的闭环反馈控制和系统运行的管理控制等方面。现代船舶电站一般均配有人机交互操作界面的发电机操控系统,微处理器式的电力管理系统,以及采用模块化设计且具有通信功能的智能化远程I/O单元,并通过现场总线连成一个全分布式的控制局域网,除了进行电站设备间的数据交换外,还可与机舱监控系统、船舶自动化系统进行通信,从而成为整个船舶自动化控制网络中的一个重要组成部分。

学习目标

1. 熟悉船舶电站自动化的基本概念;
2. 掌握船舶电站自动化系统常见类型的组成和特点;
3. 掌握船舶发电机组自动控制的概念和工作原理;
4. 掌握船舶电力自动管理的概念和工作原理;
5. 了解船舶电站自动化系统的技术发展趋势。

工作任务

1. 进行船舶电站自动化系统的设置、运行管理的功能测试操作;
2. 进行模块化的发电机操控装置(以PPU为例)的使用和参数查询操作。

实施方案

1. 根据学习目标,分析和研讨各工作任务要求,明确知识和技能部分的学习内容,并结合混合式教学,学习相关知识材料;

2. 拟定工作计划，分解工作任务，明确学习目标，制订项目实施计划；

3. 根据实船电站自动化系统的操作说明书及规程，并结合实训室电站设备，在教师指导下展开工作任务；

4. 对项目完成情况进行评估，针对不足之处进行分析改进。

任务一　船舶电站自动化认知

一、船舶电站自动化系统的发展历程及类型

船舶电站自动化是轮机自动化的重要组成部分，是实现无人机舱的必要条件。船舶电站自动化的发展经历了继电器控制、晶体管等分立元件控制、小规模模拟集成运算放大器控制到后来的中大规模集成数字、模拟电路控制等不同发展阶段之后，目前已经普遍采用计算机数字控制方式；而控制计算机系统也经历了从最初的微处理机集中控制 CCS，到 PLC 控制、集散式控制 DCS 及局域网控制的发展。目前双冗余 CAN BUS 现场总线控制系统 FCS 得到了普遍的应用，采用开放、灵活的网络拓扑结构，分布式处理模块与现场设备直接连接，信号双向传输，系统组合更加灵活且可靠性进一步提高。

1. 数字-模拟集成电路构成的船舶电站自动化系统

目前船舶非计算机控制的自动化电站系统主要是这种类型，属于硬件电路控制式。基于可靠性、灵活性及在控制系统局部发生故障时，从能最大限度地保留自动控制功能等情况出发，世界各生产厂家的产品大多是朝着模块化方向发展，且一般都采用总体控制的方式。

总体控制单元相当于人的“大脑”，把来自各台发电机组的机、电信息及主开关、汇流排与各大用户的必要信息加以综合分析、判断，然后发布相应命令，确保电力系统安全、可靠且经济运行，保证供电质量，总体控制型自动化电站结构方框图如图 6-1 所示。

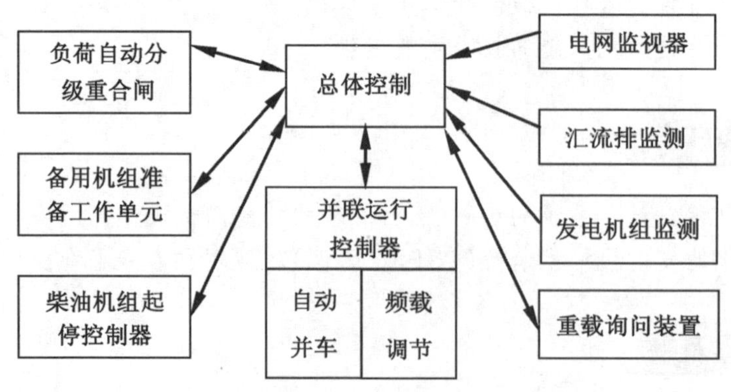

图 6-1　总体控制型自动化电站结构方框图

由图可见总体控制单元与各子单元间是直接联系的，而各子单元间是互不相连。系统中的主要功能单元包括：柴油发电机组的起、停控制器；并联运行控制器；汇流排监测；发电机组监视与电网监视器；备用机组准备工作单元；重载询问装置；重要负荷自动分级重合闸控制器等。

2. 基于一台微机(或 PLC)控制的船舶电站自动化系统

早期的计算机控制系统多采用单台机的集中控制形式。如图 6-2 所示为由一台微机控制的船舶电站自动化系统图，图中的微机部分包括：

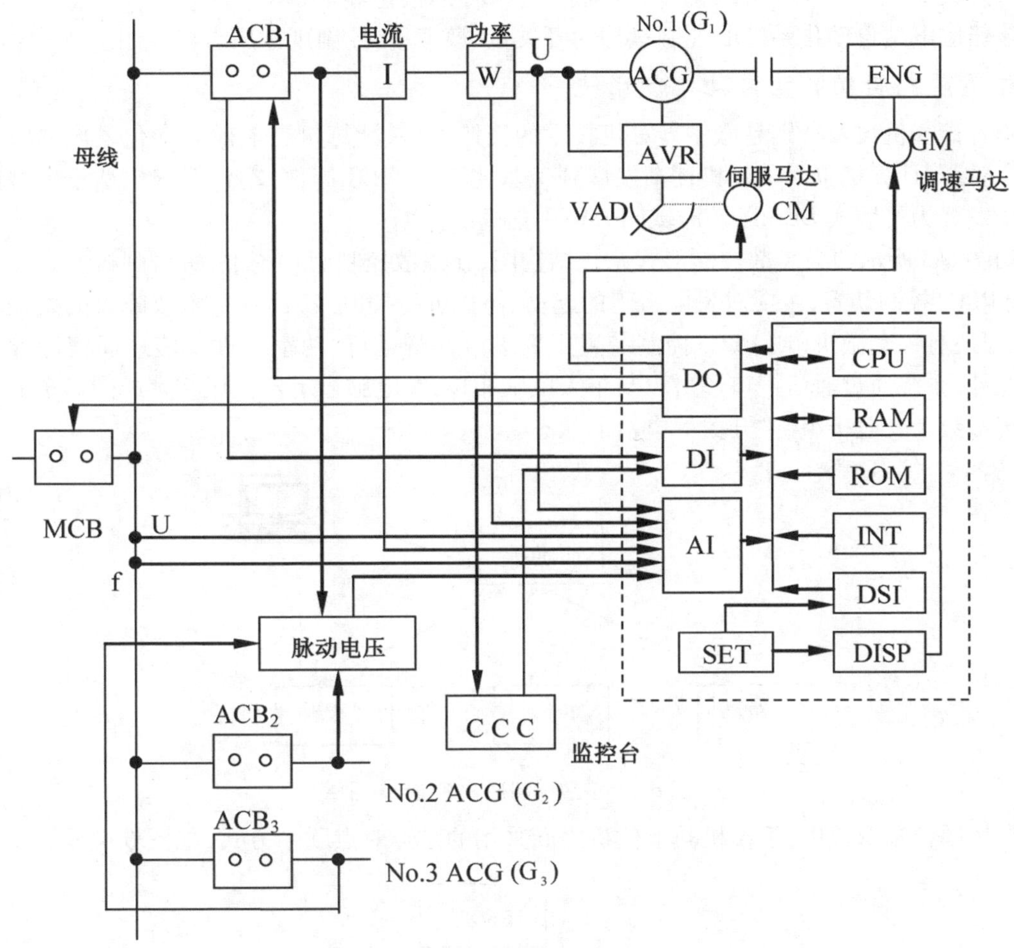

图 6-2　由一台微机控制的船舶电站自动化系统图

DO—数字量输出单元；DI—数字量输入单元；AI—模拟量输入变换器；SET—设定器；INT—中断输入单元；DISP—显示单元；DSI—数字量调节输入单元

检测元件包括：功率变换器 W；频率变换器 f；脉动电压检测器；电压、电流测量等。

执行机构包括：自动空气开关 ACB、MCB；继电器；伺服马达等。

该系统将来自检测元件的电站所需的控制信息，经 DI、AI 送入 RAM 中，然后根据存放在 ROM 中的设计人员编制的控制程序进行运算(算术或逻辑)，运算结果或存放在 RAM 中或直接刷新 DO，最后按时分原则由 DO 单元输出至控制系统的执行机构，实现对船舶电站的控制。

图 6-2 中 G_1、G_2、G_3 分别为三台发电机，原动机各带有调速器，其中调速马达 GM 由微机

输出 DO 控制,实现对船舶电站的电网频率、运行机组间有功功率分配及转移的控制。

发电机为无刷同步发电机,其励磁系统采用可控相复励自励恒压励磁系统,相复励部分为电流叠加,电压校正器 AVR 控制交流侧分流,既提高了静态调压精度,又满足了运行发电机组之间无功功率的合理分配。电压校正器 AVR 为电子式,专设了一个电压值设定电位器 VAD,它可由微机输出 DO 控制伺服马达 CM,以实现对发电机端电压、运行发电机组之间无功功率的合理分配与转移控制。

在其他 DO 信号控制下,还可以实现发电机主开关 ACB 的自动合分闸(并车及解列)、部分负载开关 MCB 的分闸(分级卸载)和监控台 CCC 的报警等。

该船舶电站自动化系统的控制量均为开关量、模拟量,控制规律属常规控制。

3. 集散式船舶电站自动控制系统

随着计算机技术特别是微型计算机技术的飞速发展,计算机在船舶自动化领域的应用越来越广,控制计算机也由单片机逐渐发展到工业控制机、PLC 等,自动化系统也从集中型计算机系统发展为集散式 DCS 以及局域网 LAN 控制系统。

如图 6-3 所示的为集散控制形式系统结构图,在集散控制制系统中,每台副机配置一套微机(或 PLC)控制装置,主要对发电机组的起动、停机进行控制及发生机、电故障时的处理等功能,上面还有一套微机(或 PLC)控制装置主要进行并联运行、功率管理及信息通信等管理控制。此外,系统通过通信接口还可以与个人电脑相连,在电脑显示器上用文字或图形来显示各种系统参数及发电机组、主开关等电器的状态。

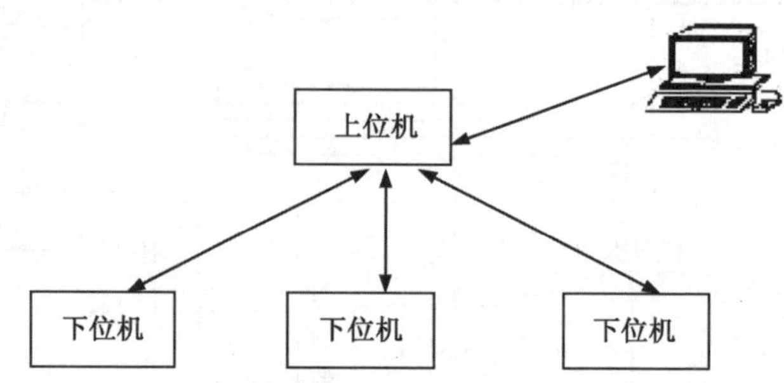

图 6-3　集散控制形式系统结构图

在集散控制形式中,下位机与上位机之间采用的是点对点联系方式,如图 6-4 所示为局域网数据总线控制方式,是采用数据总线形式的下位机与上位机之间构成局域网 LAN 的通信方式。通过此局域网,船舶电站、机舱集中监测报警及控制系统、主机遥控系统等各大控制系统

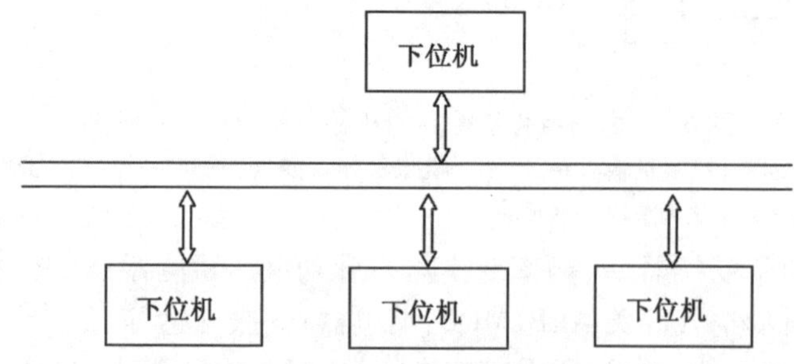

图 6-4　局域网数据总线控制方式

之间可以采用数据总线方式、构成一个资源共享控制网络，成为网络化的船舶自动化系统。

4. 现场总线式船舶电站自动控制系统

如图 6-5 所示为船舶电站现场总线自控系统，是基于双冗余 CAN BUS 的总线控制系统 FCS，属于现代船舶电站自动化系统中最先进的类型。系统中每套发电机组配一个 DEIF PPU 控制器，PPU 承担机组的所有管理功能，通过双冗余、热备用的双 CAN 总线构成一个独立的局部总线控制网络。

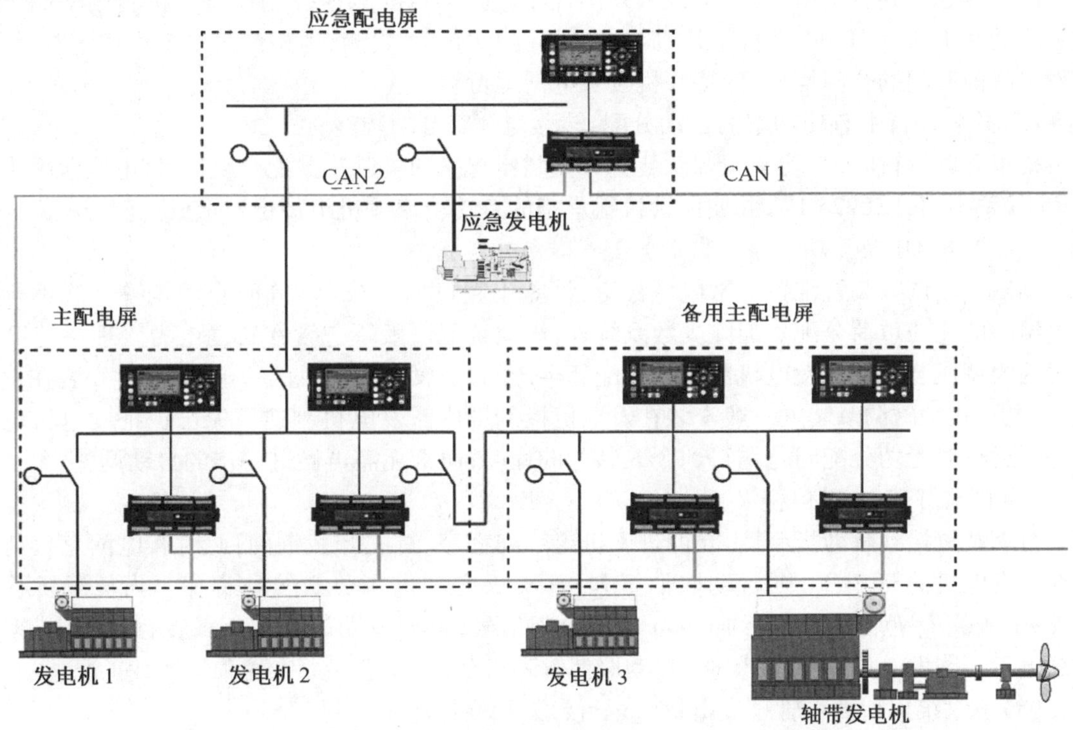

图 6-5　船舶电站现场总线自控系统

各台发电机组的控制计算机采用模块化 DEIF PPU 控制器，用于单台机组的自动控制，并可通过软件适用于不同类型的机组，其配置和控制策略也不同。CAN 总线用于通信，并使功能进一步扩展。每台 PPU 均带有人机界面 HMI，便于了解工作状态、参数调整和故障报警。由于每套机组的控制系统相对独立，且均可完成电站的全部管理功能，若某一机组的控制系统出现故障，则可由另一套机组的控制系统来同时完成它的功能，再加上双冗余的 CAN 总线，系统可靠性大为提高。

二、现代船舶电站自动化系统的功能

（1）船舶发电机组控制模式（Local/Remote、MANU/AUTO）的选择

机组起/停控制方式有机旁、遥控和自动三种，并且优先权按排列顺序，前者优先于后者。机组发生故障保护的情况下，会自行退出“AUTO”状态（即所谓“BLOCK”阻塞位），只有故障排除且“RESET”复位后，才能解除 “BLOCK”状态。

(2)发电机组的自动起/停控制

机组起/停指令的自动形成和转移,自动按顺序起/停机组和机组间的自动切换;能自动判断机组起/停所满足的条件,鉴别正常起/停、紧急起/停并按相应的逻辑程序起/停机组。

(3)发电机组停机状态下的自动预润滑、暖机和蓄电池充电,自动维持机组为"ready for start"随时可用状态。

(4)发电机组自动准同步并车控制

同步装置接到合闸指令,自动进入并车程序;通过升速/减速控制使待并机组频率高于电网频率的0.1~0.5 Hz;再进行待并机与电网相位差的自动检测,当相位角差$\delta < +10°$时,计算并发出超前时间的合闸信号,使待并机投入电网运行。

(5)并联运行中有功功率的自动分配、转移与频率自动调整

机组并联运行时,自动调频调载装置等控制器与原动机调速器配合工作,使电网频率维持恒定,偏差不超过±0.25 Hz,并使两台机组承担的有功功率按机组额定容量成比例分配。

(6)自动恒压及无功功率的自动分配

励磁自动调节装置维持电网电压稳定,误差不超过$\pm 2.5\% U_N$,同时自动调整并联运行发电机组间的无功负荷分配。但除少数系统外,该项功能一般不包含在自动电力管理系统PMS中。因为调压装置是由发电机制造厂家配套生产的,是属于发电机的一部分,通常安装在发电机上,电子式励磁调节装置一般安装在发电机控制屏内。发电机制造厂家已保证发电机电压及并联运行时无功分配问题均得到令人满意的程度,通常无需再做进一步的自动调整。

(7)自动解列、自动停机

自动装置接到解列指令后,立即进入机组解列程序,首先卸载询问,此时若电网总负荷大于在网发电机的$90\% P_N$,则自动取消解列指令;反之则进入负载转移程序。当负载转移到$(3\% \sim 10\%)\ P_N$范围时,延时约1 min发出分闸信号,解列成功。若在负载转移过程中,系统负载大于在网发电机的$90\% P_N$时,自动取消解列指令,重新进入原来的调频调载工况。

(8)按系统负荷大小管理发电机组运行台数和能量优化控制

(9)大功率负荷投入管理和重载询问

起动大负载时,应先询问电站功率裕量是否满足其用电和起动要求;若不满足,则应先起动备用发电机组并网后才允许起动该负载。

(10)自动分级卸载

系统负载超过电网额定负荷时,按运行设备的重要性,分一次卸载、二次卸载等,卸掉次要负载。

(11)重要负载分级按顺序起动

船舶电网失电后又获电时,为避免负载同时起动造成电流冲击,致使发电机ACB再次跳闸,自动电站能够对重要负载进行分级顺序起动,按照在紧急状况下各负载的重要性排好先后次序,并按其起动电流大小分组,然后按程序逐级起动,每两级起动之间的时间间隔为3~6 s。

(12)发电机组机电故障的自动处理与报警

(13)发电机组综合保护及故障预测、诊断

(14)发电机组运行状态的显示、记录和打印

(15)电站系统参数的监视与修改

网络式自动化电站控制系统的每一功能单元都有相对独立性,由上位机控制系统协调各

部分工作;当某部分出现故障时,仍可利用其他单元实现局部自动化或半自动化。

基于数字-模拟集成电路控制、微机控制、PLC 控制、单片机控制的船舶电站自动化系统形式多样,船舶的类型也有差异,但自动化电站各种功能的控制程序流程差别不大。

三、船舶柴油发电机组起动前的准备工作

停机状态下的备用机组应做好随时起动的准备工作。机组自动起动前的准备工作有:

1. 机组正常

机组非故障解列、机组或故障已排除且已复位。柴油机的燃油、滑油、冷却水三个系统正常,管路转换且阀开关正确。

2. 预润滑,避免发生干摩擦

(1)非周期性预润滑:只要柴油机一停,电动预润滑油泵就开始运转,润滑效果最好,但损耗大,增加维护工作量和维修成本。

(2)周期性预润滑:柴油机一停,电动预润滑油泵断续工作,运转时间为 2~5 min,停转时间为 30~120 min。间隔时间长短取决于进行一次预润滑后,滑油油膜在副机内保持时间。这种形式效果好、经济性最好,目前预润滑主要采用这种形式。

(3)一次注入式预润滑:适用于压缩空气起动的发电柴油机。副机起动时气动式柱塞滑油泵工作,类似于副机手动起动前的手摇泵泵油,要求油压≥0.1 MPa。该预润滑方式现已不再采用。

3. 预热

副机暖缸目的是便于起动,副机暖机以减少热应力。停机状态下,有的副机利用运转机组的冷却水来预热,有的副机本身带有电加热或蒸汽加热系统来预热,副机预热温度一般控制为 65~70 ℃。有些副机正常起动成功后,先以中速运转几分钟暖机,再加速到额定转速。

四、船舶柴油发电机组的自动起动控制

1. 起动方式

(1)压缩空气起动:副机需要有主起动阀、气缸起动阀和旋转式空气分配器,也有的副机利用气动马达起动。

(2)直流电动机起动:电动机功率≥(0.02~0.1)×副机额定功率,起动蓄电池组为 12~24 V、100~2 000 AH。副机起动用直流串励电动机,其优点是低速时起动转矩大,随着转速升高,其转矩逐渐减小。

2. 起动模式选择

副机能自动起动,其操纵部位和控制模式必须设置正确,即在机旁控制箱上 Local/Remote 开关置"遥控",在电站主配电板"自动/半自动/手动"开关置于"自动"位。

3. 起动指令形成

副机起动指令产生的原因有很多,主要包括:

(1)经延时判断,确认运行机组重载。

(2)经重载询问,储备容量不够。

(3)运行机组的滑油压力低。

(4)运行机组冷却水出口温度高。

(5)电网突然断电。

(6)要起动的备用机组阻塞。

(7)已起动的备用机组起动失败、建压失败或合闸失败。

4. 起动条件

(1)机电状态正常。

(2)选择“自动”模式。

(3)机组无“阻塞”,故障已排除且“复位”。

(4)副机盘车棒放在机旁的专用位置,位置开关闭合。

(5)燃油温度、压力正常,滑油和冷却水温度正常,起动空气压力正常,调速器手柄置“运转”位。

若起动条件不满足,则起动指令自动转移到下台备用机组,同时发出声光报警。

5. 起动控制

如图 6-6 所示为发电机组自动起动程序流程图。

(1)起动时适当控制起动油量,此时调速器不工作。

(2)一个起动指令,允许三次起动,压缩空气起动:一次起动时间≤5 s,重复起动间隔时间≥5 s;电起动:一次起动时间≤2 s,重复起动间隔时间≥5 s;连续使用≤3 次。若三次起动失败,则立即发出“起动失败”信号,“阻塞”该机组,起动指令自动转移至下一个备用机组。“起动成功”鉴别的标志是起动转速 n_s 达到点火转速 n_i,即 $n_s \geqslant n_i$,则起动指令自动撤消,之后副机的转速不会降下来。“起动失败”的情况有“点火失败”或“起动不可能”。

(3)“起动成功”

“正常起动”,可有升速控制,即“中速运行”和“加速”控制。若柴油机需要“暖机运行”,则油门控制在“暖机转速”一定时间(怠速运转 3~5 min),待时限到达后,再予以加速,直到接近额定转速。若不需暖机(机组已经预热),则直接加大油门,使转速迅速上升到额定转速附近。

对于“紧急起动”,则起动成功后直接加速到额定转速附近。

点火转速 n_i 约为额定转速 n_e 的 30%,为了确保起动成功,一般取 $n_i=(40\sim50)\%\ n_e$。

(4)电压建立

发电机电压大多在接近额定转速时即可建压,若发电机无任何故障,1~5 s 内即可建压,有的系统设定建压时间为 20 s。“建压成功”的标志是电压 $U \geqslant (90\sim98)\%\ U_e$(额定电压),则整个起动加速程序完成。然后自动切断本机预润滑系统,并经适当延时(约几十秒)后,对本机的滑油压力监视。由于副机自带滑油泵,润滑建立需要一定的时间,刚起动时,滑油压力尚未达到规定值,属正常现象。柴油机所需的其他监视无须延时。

6. 发电机组转速测量

在机组起动时,控制系统需判断机组起动是否成功、是否达到点火转速,该信号为一个开

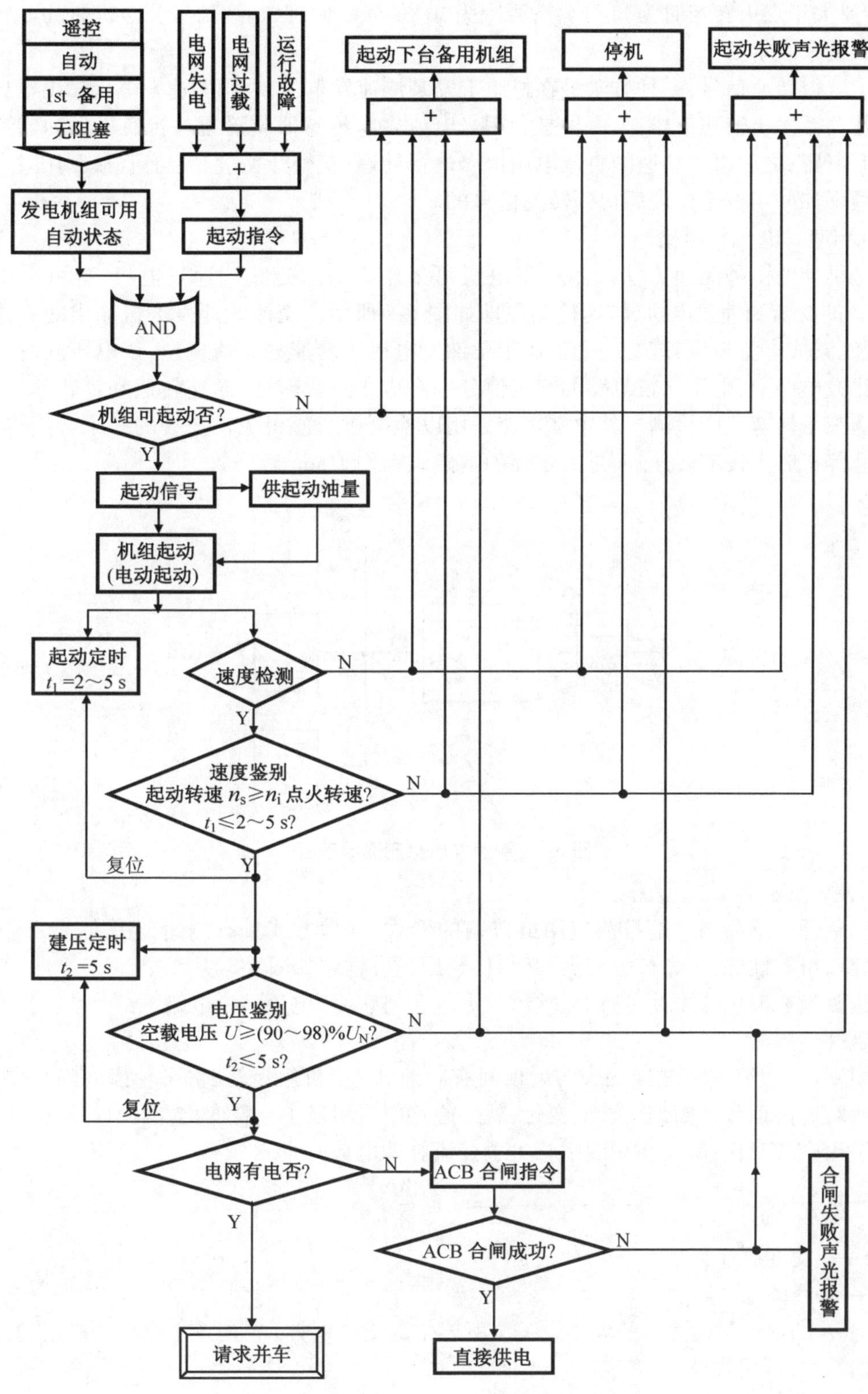

图 6-6　发电机组自动起动程序流程图

关量,转速大于点火转速时为"1"信号;否则为"0"信号。同理,超速信号及停机时的零转速也都用开关量来表示。

为了取得转速信号,一种方法是在机组上安装测速发电机,利用测速发电机输出电压和转速成线性关系发出转速信号;另一种是利用光电或磁电传感器装置通过转换得到和转速成比例的直流电压;之后再对转速的直流电压信号进行处理,获得开关量。也有直接利用发电机的交流电频率加一定技术处理后得到转速信号的。

(1)测速发电机转速检测

这是早期的一种测速方法。测速发电机可采用直流永磁式测速发电机,也可采用三相(或单相)的交流测速发电机,转速检测原理如图 6-7 所示。交流测速发电机输出的交流电压经整流、滤波成直流电压,这是一个正比于柴油发电机组转速的直流电压,该电压同时加到三个电压比较电路上,电压比较电路的给定值分别对应于点火转速、超速转速和零转速,从而实现了对这三个转速点的检测。其中零转速是用以检测机组停机成功与否的一个转速点,有些系统自动停机时不设零转速,而是设定停油电磁阀动作 1 min 后释放。

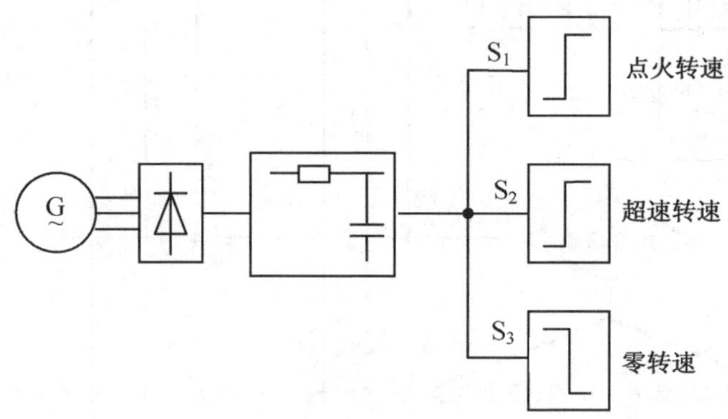

图 6-7 测速发电机测速原理图

(2)磁性传感器转速检测

运用磁性传感器测速是目前应用最普遍的形式,这种方式具有测速范围大、抗干扰能力强、精度高、可靠性好、寿命长等特点,其结构与原理方框图如图 6-8 所示。

转速测量环节包括磁性传感器、整形放大电路与频率-电压转换电路三部分。

①磁性传感器

如图 6-8(a)所示中,测速磁头与齿顶间有间隙 δ。当机组运转时,飞轮齿圈随之转动,由于磁头所对的齿顶和齿槽是交替地变化,就是磁路中磁阻发生交替变化,因而导致通过磁头的磁通也发生交替变化,所以在线圈中感生了交流脉冲电势 e,即

$$e = -W\frac{\mathrm{d}\Phi}{\mathrm{d}t}$$

式中,Φ——交变磁通;

W——线圈 3 的匝数。

磁通 Φ 的大小与间隙 δ 的大小有关。所感生的交流电势 e 的频率 f 取决于机组的转速与齿盘的齿数 Z,可用式(6-1)来表示:

$$f = \frac{Z \cdot n}{60} \tag{6-1}$$

式中，n——机组转速（转/分）。

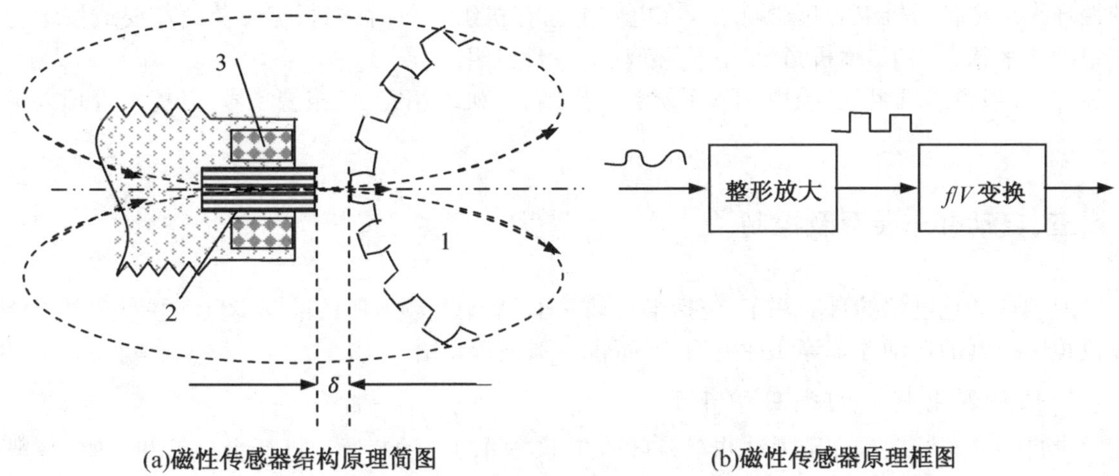

(a)磁性传感器结构原理简图　　(b)磁性传感器原理框图

图 6-8　磁性传感器结构与原理方框图

1—柴油机飞轮齿圈；2—永久磁钢；3—线圈

磁头与齿顶间隙 δ 是可以调整的，间隙 δ 值一般为 0.55~0.83 mm。间隙值调整时，应先把磁性传感器磁头的紧固螺母松开，将磁性传感器磁头转至同齿顶接触，然后再倒回 1/2±1/10 转，即可近似保证它的间隙在允许范围内。

②整形放大电路

由于磁性传感器线圈 3 中所感应的电势 e 是个微弱的、波形不太理想的交变信号，通过整形放大电路可把这一交变电势放大、整形成与其同频率的方波或脉冲信号。

③频率-电压变换电路

通过 f/V 变换器电路，获得的直流电压大小正比于输入的脉冲频率，即为转速电压信号。

7. 并网前的空载运行

PMS 自动对发电机组电压、频率等参数进行调节和监视，为并网做准备。

若柴油机转速超过额定值 $15\%n_e$ 时，延时 2~3 s 进行超速保护，又称飞车保护停机，同时发出超速报警信号，禁止该机组再次起动。

PMS 监控柴油机的燃油、滑油、冷却水压力及温度、排烟温度等，若热工参数不正常，发出声光报警，甚至停机，则“阻塞”该机组，起动下一个备用机组。

副机的自动起动、停机过程控制有“模拟试验”功能，船舶电气管理人员可使用此功能进行故障诊断。

柴油机起、停程序为三种基本原则：

(1)时间控制原则，按时间拟定控制程序。

(2)速度控制原则，直接按速度拟定控制程序。

(3)滑油压力控制原则，按不同转速时滑油压力的变化拟定控制程序。

一般采用综合方式控制，把以上三种控制原则都考虑利用。

8. 备用机组的起动顺序

船舶电力管理系统中对于备用机组的起动必须安排一个顺序，通常是在控制系统中设置自动起动的顺序，可按顺序依次循环。例如一个具有三台发电机组的船舶电站按 1—2—3—1 的循环来决定备用机组的起动顺序。在电网上已有机组运行时，当根据负荷的需要或按运行机组的技术状态产生“增机指令”，顺序起动下一台机组。

此外，当备用机组“已经用完”，系统会给出“备用机组用完”的报警型号，以提示管理人员注意。

五、自动并车装置及控制

船舶自动化电站的自动并车，包括半自动并车、基于差频电压的准同步自动并车和基于计算机程序控制的自动并车等几种类型，下面将分别进行介绍。

1. 船舶发电机组的半自动并车

半自动并车装置是介于手动并车与自动并车之间的一种装置。进行半自动并车时，一般需要进行手动的频率调整，当并车的频差条件满足时，该装置会考虑合闸提前时间、在同相位点前自动发出同步合闸脉冲，实现自动的并车。

F96-SM 型带并车指令的同步指示器就是一种半自动并车装置，如图 6-9 所示为 F96-SM 型半自动并车的控制电路。

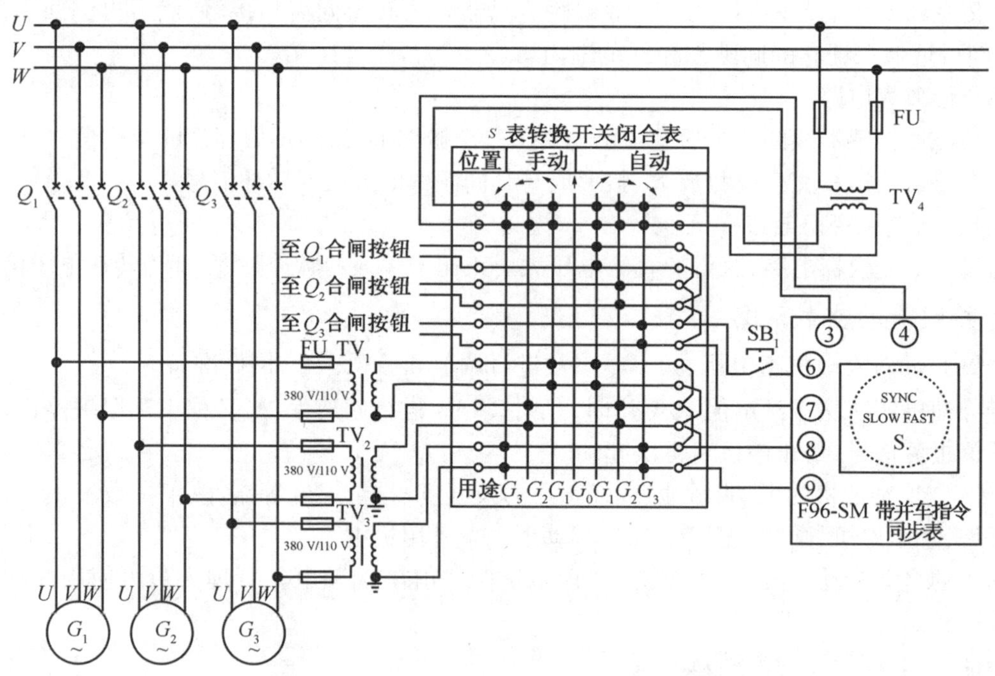

图 6-9　F96-SM 型半自动并车的控制电路

在该同步指示器的圆盘上均匀分布有 36 个红色的相位差发光二极管指示灯，正中 12 点钟处红色指示灯表示相位差在 ±5°之内，其他按次序每灯间隔为 10°。在表盘 12 点钟处亦设有“SYNC”绿色合闸指示灯。在待并发电机与电网之间频差小于某一设定值且相位差为 0 之前的某一瞬间（考虑合闸提前时间），合闸指示灯“SYNC”亮，并同时发出并车指令控制主开关合闸，实现待并发电机与运行发电机之间的自动同步。

该装置设有合闸超前时间设定开关 SW_1、频差设定开关 SW_2 以及校验按钮 SA_1。SW_1、SW_2 均可设置16种状态，分别对应16种整定值。合闸指令超前时间可在50~500 ms内整定，频差可在0.05~0.5 Hz内整定。SA_1 则用来检验合闸超前时间和额差设定是否正确。

G_1、G_2 分别是运行发电机和待并发电机。并车操作过程如下：

(1)当需要自动并车时，将转换开关转至"→"(G_2 机组自动并车)位置，触点1-2闭合，触点3-4闭合，F96-SM装置得电，电源指示灯亮，同时，触点21-22闭合，触点23-24闭合，待并发电机 G_2 的电压信号也送进F96-SM装置，此时F96-SM装置的36个发光二极管指示灯旋转点亮。

(2)当待并机 G_2 与运行机 G_1 的频差未满足设定要求时，可手动调节待并发电机 G_2 的转速，直至满足并车条件，"SYNC"绿色合闸指示灯点亮的同时，合闸脉冲也同时输出，这时即可按下合闸按钮 SB_1，将合闸脉冲送至 G_2 的主开关，实现半自动并车。

(3)将转换开关转至中间"↑"(同步指示器关闭)位置，使同步指示器退出工作。

如果并车系统需要手动合闸，应将转换开关转至手动位置，此时，转换开关的触点5-6至15-16均断开，则F96-SM装置不能发出合闸脉冲，只能作普通的同步表使用，应采用常规手动合闸线路进行合闸。

采用带并车指令的同步指示器并车要求发电机输出电压波形好，转速稳定；否则F96-SM装置的指示灯运转将不稳定，有时甚至不输出合闸脉冲信号。另外，采用本装置时，主配电盘上尚应备有手动并车同步指示灯(如灯光旋转法指示灯)，做手动并车的备用。

2. 基于差频电压的准同步自动并车

数字-模拟集成电路控制系统通过模拟量电压信号来进行调频及产生合闸信号，常用的就是差频电压信号。早期的计算机控制系统由于计算能力弱、速度慢，也经常采用这种并车方式，如图6-2所示。

(1)自动并车装置的基本功能

①检测待并发电机与网上的运行发电机的电压差、频率差和相位差，当任一条件不符合并车要求时，实现闭锁，不允许发出合闸指令。

②检测待并发电机电压与网上的运行发电机电压的频率差，并根据频差的大小和方向自动地对待并发电机组发出调频信号，使待并发电机组频率与网上的运行发电机频率接近，减小频差，创造合闸条件。

③当电压差、频率差在允许范围内时，要能计及发电机的ACB固有动作时间，相应地要提前发出合闸指令，实现自动准同步并车操作。

通常自动并车装置应由调压、调速和同步检测与合闸三部分组成，目前船用发电机自励恒压装置的调压精度都能保证在并车允许的范围内，所以在自动并车装置中没有必要再设置自动调压环节，只有电压闭锁环节。

(2)差频电压准同步自动并车装置的基本环节与组成

典型的差频电压准同步自动同步装置的原理框图如图6-10所示，自动并车装置主要由脉动电压形成环节、频差方向鉴别及调速脉冲控制电路、获取恒定超前相角或超前时间信号的环节、允许合闸频差检测环节、允许电压差检测及合闸"与"门环节等构成。

①差频电压及其获得

所谓差频电压是指待并发电机电压频率与电网电压频率不一致但差值不大，电压的幅值

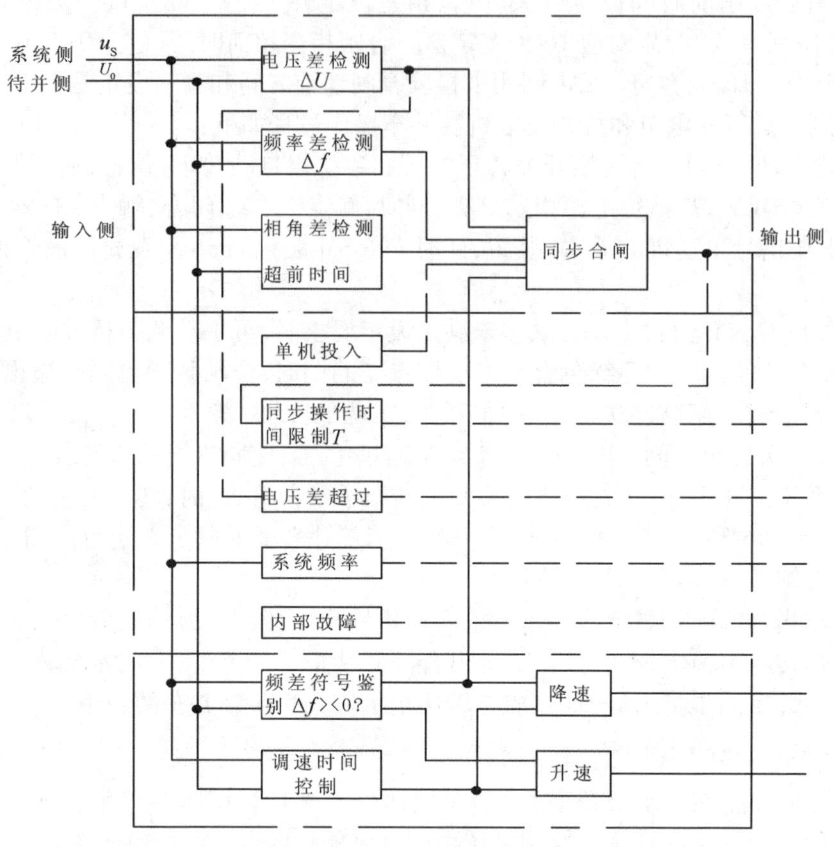

图 6-10　典型的差频电压准同步自动并车装置原理框图

相等或接近相等时,这两个交流电压的差值,又称"频差电压"或"脉动电压"。由于自动并车装置要利用差频电压的特性进行工作,因此需要设置差频电压形成环节。

如图 6-11 所示为一个简单的频差脉动电压获取电路及波形。把待并机电压与运行机电压(同名相)相减整流滤波就可得:

$$u_S = 2U_m \sin\frac{\omega_S + \delta_0}{2} \tag{6-2}$$

式中, U_m 为电压幅值,且 $U_{1m} = U_{2m} = U_m$; $\omega_S = \omega_1 - \omega_W$ 为角频差; $\delta_0 = \delta_{10} - \delta_\omega$ 为初相位差。图 6-11 中显示 δ_0 为 0 时图的波形, $u_S = 0$ 对应的是 $\delta = 0$, u_S 的周期 $T_S = \frac{1}{\Delta f}$。但这种直接通过电压合成得到差频正弦波电压 u_S 的方法,虽然电路简单可靠,但也有一个较大的缺点,即当两个电压不相等时,即使 $\delta = 0$,差频电压也不等于零,而等于电压差($\Delta u = u_2 - u_1$),它将影响并车装置对 $\delta = 0$ 的检测,因并车时,很难做到电压完全相等,因此,降低了装置的可靠性。为了克服这一缺点,把电压合成改为相位比较,由此得出的差频波与电压幅值大小的关系就比较不明显。例如采用差频锯齿波、差频三角波、差频梯形波等。

②频差方向鉴别及调速脉冲控制

频差方向鉴别及调速脉冲控制是对待并侧的发电机进行速度调节(调频操作),使待并侧的频率与电网侧一致。自动速度匹配调节部分主要由频差符号鉴别($\pm\Delta f$) 和调速控制电路

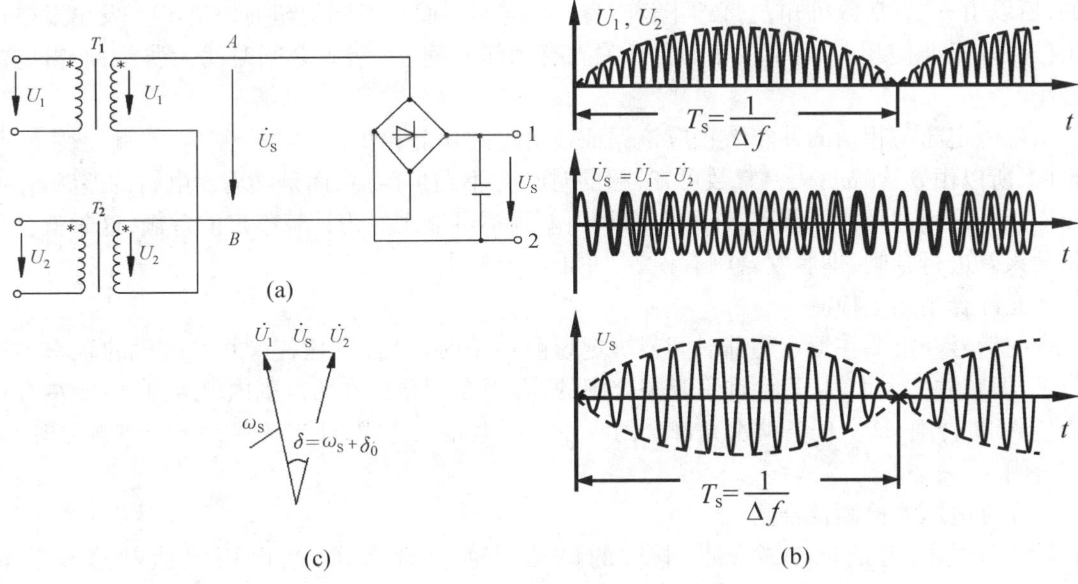

图 6-11　简单的差频脉动电压获取电路及波形

组成。

输入信号为电网侧电压和待并侧(发电机)电压;输出为升速或降速信号。输出为控制原动机调速器的伺服机构。如果采用电子调速器,则控制它的电动电位器。

频差符号鉴别是用待并发电机频率 f_b 与电网频率 f_g 进行比较,当 $(f_g - f_b) < 0$,为负频差 $-\Delta f$;$(f_g - f_b) > 0$,为正频差 $+\Delta f$。$-\Delta f$ 向待并发电机发出升速指令;$+\Delta f$ 发出降速指令。

频差 Δf 的倒数是频差周期 ΔT,即 $\Delta T = \dfrac{1}{\Delta f}$,例如 $\Delta f = 0.25$ Hz 则 $\Delta T = 4$ s。频差越小周期越长。

原动机速度从一个值整定到另一个值,需要一定的响应时间。手动调节是采用断续调节的方式,操作者按“点动”方式扳动调速开关,等待转速(频率)变化,然后再扳动。自动速度匹配调节也是以脉冲断续调节的方式进行的。

断续调节是输出调速触点闭合一段时间即调速脉冲宽度,间隔一段时间,再重复操作。脉冲宽度和间隔时间构成调节周期。调节周期(脉冲宽度或间隔时间)应随 Δf(ΔT)的变化而相应变化,这样可以缩短匹配调节的时间,又不会引起振荡。

同一时间只允许一台发动机组进行同步并联操作,同步合闸成功,自动装置即退出。电站中各台机组可以通过转换共用一台自动同步装置,也可以各自配置,单独使用。

③恒定超前相角或超前时间信号获取

当差频电压 $u_s = 0$,即 $u_2 = u_1$ 和 $\delta = 0$ 的要求得到满足的时刻,由于主开关在接到合闸信号到主触头闭合需要一定的动作时间(称固有动作时间),要使主开关在相角差 $\delta = 0$ 时闭合,就必须提前某一个相角或者提前某一个时间发出合闸信号,提前的相角或者提前的时间要求等于主开关的固有动作时间。于是有两种投入信号的超前量:“恒定超前时间”和“恒定超前相角”。超前时间 t_c 和超前相角 δ_c 的关系为 $\delta_c = |\omega_s| t_c$。

采用恒定超前时间的并车装置应该保证在给定的超前时间 t_c 发出合闸信号,此时 t_c 是恒定的，所以由 U'_{max} 常数可知，它必须随着差频 ω_s 的不同而在不同的超前相角 δ_c 下发出发电机合闸信号。只要使超前时间 t_c 等于主开关固有动作时间 t_g，装置合闸时就无误差，冲击电流为最小。

采用恒定超前相角的并车装置应该保证在给定的超前相角下发出合闸信号，此时因 δ_c 是恒定的，所以由 $\delta_c = |\omega_s| t_c$ = 常数可知，超前时间 t_c 不是恒定值，而是随着发电机的差频 ω_s 不同而变化。采用这种并车装置，在并车瞬间因差频不可能刚好为计算整定的差额，这时就会带着相角误差进行合闸，即装置合闸有误差，冲击电流较大。

④允许合闸频差检测

合闸信号一定要在恒定超前时间或恒定超前相角时发出，但是若待并发电机的频率不符合要求，即频差 f_s 太大，是不允许主开关合闸的，必须在频差允许的范围内（f_s = 0.3 Hz 左右），才能使 ACB 合闸，这一任务就由允许合闸频差检测电路来完成，即当频差大于允许频差时，不允许合闸。

⑤允许电压差检测及合闸

本环节的作用是自动检测发电机的电压是否符合要求，当电压差值超过允许值（$\pm10\% U_N$）时，不允许合闸信号输出，起闭锁作用，而当电压差在允许值之内时，则开放合闸通道，在其他两个条件满足的情况下，输出合闸信号。

⑥合闸“与”门电路

一般是由一只三端“与门”电路组成。在相位、频差、压差三个条件（三端“与门”）同时满足时，就送出合闸信号，主开关立即合闸。只要其中之一不满足，就不允许输出合闸信号。

由于船舶电站容量较小，频率又经常波动，为了保证发电机合闸的快速性，如有快速投入的开关配合就可在尽可能大的差频下合闸。实践中最大允许合闸差频为 0.65 Hz 时，能满足快速投入的要求。如果电网电压和频率因负载的波动而剧烈波动，这时，若一定要差频很小时合闸，就需要做长时间的调节，使得整步时间过长，甚至无法合闸。但如果允许的差频选得过大，也会使发电机 ACB 合闸后无法拉入同步。因此，为了使发电机 ACB 能既快速又可靠地合闸，就希望在发电机 ACB 合闸后能可靠地拉入同步的前提下，尽可能放宽允许合闸的差频。

⑦差频正弦波电压并车的问题及差频三角波电压的特点

脉动电压形成是在电压相等的前提下得到差频正弦波电压的。在实际并车操作中，待并发电机电压幅值往往不等于电网电压幅值，在相位差 $\delta=0$ 时，脉动电压 $U_S=\Delta U$ 而非是 0，因此不存在 $U_S=0$ 的时刻，所以即使在自动并车中为减小 ΔU 存在的影响而引入了一些措施，但仍不够理想。故而实际并车操作时往往需较长时间才能并上网，甚至出现不能并网。

针对这一问题可将电压简单合成方法得到的差频正弦波电压，改成采用由相位比较原理得到差频三角波电压，就可避免上述问题，即使存在电压差，差频三角波电压仍在 $\delta=0$ 时为零，故差频三角波电压并车更加准确，也是目前自动准同步并车时所用的类型。

（3）自动并车单元的其他功能

①单机投入

运行机组出现故障跳闸，船舶电网失电（跳电）时，船舶电站为自动模式情况下，则第一备用机组起动，发电机建压后，通过自动同步器合上主开关，发电机投入运行，此情况电网无电，不需进行同步操作。

自动化电站的自动同步器通常有“单机投入”功能，在电网无电压（低于 15%）和（或）所有发电机 ACB 都断开的情况下，直接发出备用机组合闸指令。

②允许同步操作时限

异常情况下自动装置有可能发不出合闸指令，例如装置有故障或机组运行不稳定，无法捕捉同步投入条件；或者 ACB 合闸电路有故障不能合闸等原因，则自动装置的工作时间要加以限制，这就是“允许同步操作时限”功能。自动装置投入工作后，在允许的时间内如果 ACB 还不合闸，则自动退出工作，发出声光报警，起动指令转移给下台备用机组。这段时限一般可整定在 60 s 左右。

③电压差超限报警

船舶电站采用的自动同步器一般不具有电压匹配（调压）功能。只具有电压差闭锁功能，电压差大于整定值时禁止合闸指令发出。该功能只在动态情况下有意义，也就是因电网波动引起电压超限时合闸指令将被闭锁；静态情况下，由于运行机组或待并机组电压整定不当引起电压超限，发不出合闸指令，又无法改变电压，自动同步操作失去意义，需要发出声光报警，召唤操作人员来处理。电压差超限报警一般可整定在 $10\%U_N$ 左右。

④内部故障检测

自动同步器使用时间短，多数时间处于不工作状态。经验表明，电子设备故障多发生在刚投入和退出工作的时刻。一种故障是不输出任何信号；另一种是误发操作信号。前者一般不会引起事故，由“允许同步操作时限”鉴别；后者有可能酿成事故。对于模拟式的，较简单实用的检测方法是采用内部与外部电路相结合的方式，数字式的多具有自诊断功能。

检测信号由三个操作输出（继电器）信号的常闭触点串联组成，内部发出，外部检测。检测是在装置刚投入工作时运行，如果装置一投入就发出操作信号，串联电路断开，作为内部故障输出；外部检测到电路断开即作为内部故障处理。

⑤呆滞扰动

采用以“差频周期为调节周期”的自动调速环节，调速信号是在相角重合时发出的。速度调节的效果有可能使频差很小，出现相角无法重合的呆滞现象。

“呆滞扰动”功能是在出现呆滞现象时发出一个扰动调速信号（通常是升速信号），增大频差，以增加相角重合的机会。目前多采用固定调速周期，自动装置不需要这个功能。

⑥正频差投入

只要满足同步条件，无论是从正频差或负频差进入相角重合，都允许发出合闸指令。所不同的是，正频差投入的发电机并网后利于迅速拉入同步；而负频差投入发电机可能会出现逆功状态。负载和逆功的程度由投入瞬间频差的大小决定，频差越大，功率的进出就越多。待并机在负频差情况下并车，如果不及时进行负载平衡调节，逆功保护可能会动作，使 ACB 跳闸发电机退出并联运行。

自动同步器具有“正频差投入”功能，该功能由控制器内部实现，与外部电路无关。在调试时需注意，具有这种功能的同步器，只有在正频差的情况下才会发合闸指令。

有些自动同步器采用两种频差限制，如 SELCO T 系列产品就有这种功能，正频差投入时频率差限制范围是按整定频差的 1/2，因为正负频差都有投入机会，如果是按负频差投入，则要求整定频差限制范围要小。

(4)轴带发电机的自动同步操作

轴带发电机多以额定转速运行，不需配电板提供调速手段，即使提供，考虑到主机对调速操作的响应缓慢，因此，对轴带发电机进行同步操作时，一般是调节在母线上运行的发电机。同步并车时，将轴带发电机的电压和频率作为系统的电压和频率输入自动同步器，以此作为恒频的基准频率进行同步调速。

如果船舶电网上的运行机是柴油发电机，待并机是轴带发电机，同步操作有两种控制方法：一种是轴带发电机与柴油发电机共用一台自动同步器；另一种是轴带发电机的自动同步器输出通过运行机的功率分配器进行调速。轴带发电机的同步操作是通过调节柴油发电机组来实现的。如果轴带发电机与柴油发电机共用一台自动同步器，轴带发电机没有调速伺服回路，同步调速操作已投入电网的运行机组。轴带发电机作待并机时，它要求升速操作对运行机来说是降速；反之则是升速。还要看轴带发电机的类型，有的轴带发电机不能与柴油发电机组长期并联运行，仅在转移负荷时短时间并车。

3. 基于计算机程序控制的自动并车

由于电站控制微机或 PLC 计算能力的增强，系统越来越多地通过采集电压等参数的基本数据，按一定的算法经计算后得出调频及合闸指令，即进行所谓“程序控制”并车。当待并机组起动成功且电压建立后，系统会首先鉴别电网是否有电，若电网无电，则 ACB 直接自动合闸供电；若电网有电，则自动进入并车程序。基于计算机程序控制的发电机组并车流程如图 6-12 所示。

(1)并车时间要求

执行自动并车程序，首先起动定时器(定时时间在 30~60 s 内整定)，并车过程必须在规定的时间内 ACB 成功合闸；否则发出“并车失败”声光报警，并“阻塞”该机组。

(2)调压程序

并车时，首先检测待并机与电网的电压差 ΔU 信号：$\Delta U \leqslant \pm(3\sim5)\% U_N$。若不是，则等待电压上升。待并机电压由励磁自动调节装置控制，不需电站 PMS 管理。

一般 ΔU 取 $5\% U_N$，主要考虑船级社对发电机的静态电压调整指标的要求，当然也可取较小值，如 $3\% U_N$。

(3)调频程序

首先检测待并机与电网的频率差 Δf 信号：$0.1\ \text{Hz} \leqslant \Delta f \leqslant 0.5\ \text{Hz}$。

采样待并机和电网的频率模拟量电压信号，然后相减得频差 Δf，当频差 Δf 在允许范围内，则进入合闸程序；否则进行调频。频差 Δf 允许的取值范围大，可缩短并车时间，但合闸瞬间冲击电流大；频差 Δf 允许的取值范围小，如上限可设定在 0. 3 Hz，下限可设定在 0. 15 Hz，则合闸瞬间冲击相对小些，但延长了并车时间。

(4)合闸程序

同样首先采样待并发电机和电网的频率模拟量电压信号，计算出当前的频差 Δf，然后根据频差 Δf 按一定的算法计算出待并机组到达同相点所需的时间，考虑到发电机主开关 ACB 的固有动作时间 t_{ACB}，所以合闸指令应该在同相点前 t_{ACB} 时刻发出。

$t-t_{ACB} \leqslant 0$ 的实际含义是只有在先有大于 0 的标志后，第一次出现小于等于 0 的时刻发合闸指令。因此，合闸误差仅仅只有一个采样周期(或一个扫描周期)再加上主开关本身的每次实际动作时间与厂家给出的平均动作时间之差。

微机控制系统的采样时刻往往是以电网电压波形从负半周至正半周的过零脉冲信号为标志的，也即微机系统的采样周期，50 Hz 的电网约为 20 ms，60 Hz 的电网约为 16. 66 ms。对于

PLC 控制系统，由于 PLC 按扫描原理工作，PLC 系统的运算周期就是 PLC 的扫描周期，用于并车控制的 PLC 采用高档 PLC 产品，运算速度在每千步逻辑指令为 1 ms 以内。

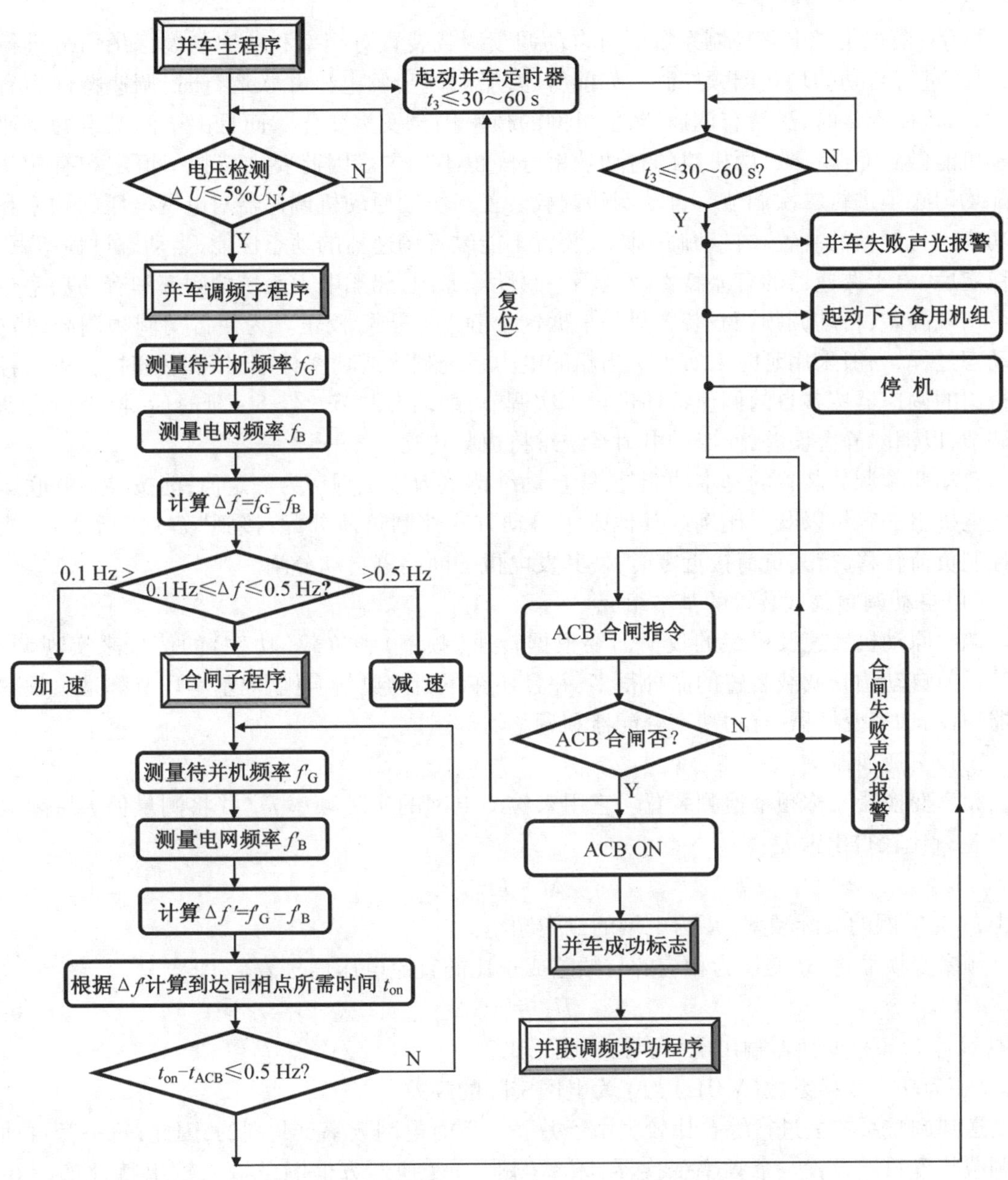

图 6-12　基于计算机程序控制的发电机组并车流程

六、船舶发电机组的有功功率与频率自动调整

1. 自动调频调载装置

数字-模拟集成电路控制系统通过自动调频调载装置对频率和功率的模拟量信号进行处理,进而进行自动的均功调频控制。如前所述,船舶同步发电机并联运行时,调速特性为有差特性,当负荷变化时,虽然有调速器,但电网的频率仍会发生变化。而且由于两机组的调速特性不可能做到完全一致,两机组的有功功率分配也不均匀。因此要维持频率恒定和有功功率分配均匀必须进行二次调节。自动调频调载装置是协助原动机调速器对电网电压的频率和有功功率进行调整的装置。自动调频调载装置不能改善调速器的动态性能,当动态过程结束,系统稳定后,由于调速器的有差特性及其不一致性等原因,船舶电力系统的频率和有功功率分配就会出现静差,自动调频调载装置只是根据这个静差来进行校正。为使自动调频调载装置避开动态过程,一般采用延时来实现。当船舶电力系统频率或功率分配出现偏差时,首先由各发电机组的调速器按各自的调速特性进行一次调节,即动态调节。经 5 s 延时后,再进行自动二次调节,以消除静态误差,使船舶电力系统维持恒频均功。

自动调频调载装置的基本功能是:能自动维持电力系统频率为额定值;能按参与并联运行各发电机组的容量以既定比例或其他既定自动方式控制负荷分配;接到“解列”指令时,能自动控制负荷转移,待其负荷接近零时,使其发电机的断路器自动分闸。

(1)自动调频调载装置的基本组成

调整原动机转速及机组的负荷需要根据转速(频率)和负载(功率)的信号来实现调节。尽管目前自动调频调载装置的品种很多,并且还在不断的更新换代,但基本环节都是由频率变换器、有功功率变换器、有功功率分配器和调整器等组成。

①频率变换器

频率变换器又称频率检测装置。它用来检测电网的实际频率 f ,并将测量值 f 与额定频率 f_e 进行比较得出偏差:

$$\Delta f = f - f_e$$

式中, f 为电网的实际频率; f_e 为电网的额定频率。

频率变换器将 Δf 变换为相应的与频差成正比的直流电压信号 $U_{\Delta f}$,即

$$U_{\Delta f} = K_{\Delta f}\Delta f \tag{6-3}$$

式中, $U_{\Delta f}$ 为频率变换器输出电压,与 Δf 成正比。

$K_{\Delta f}$ 为功率变换系数(V/Hz); Δf 为电网实际的频差。

送到调整系统去进行综合比较。由于并联运行时电网频率是共同的,因此,每一套自动调频调载装置只需设置一个频率变换器,频率(频差)变换器方框图及输入输出特性如图 6-13 所示。

②有功功率变换器

有功功率变换器是用来测量每一台发电机输出的有功功率 P ,并将它转换成与之线形相关的直流电压 U_P ,即

$$U_P = K_p P \tag{6-4}$$

式中，U_P 为有功功率变换器输出电压，与 P 成正比；

K_p 为功率变换系数（V/kW）；P 为发电机实际输出的有功功率。

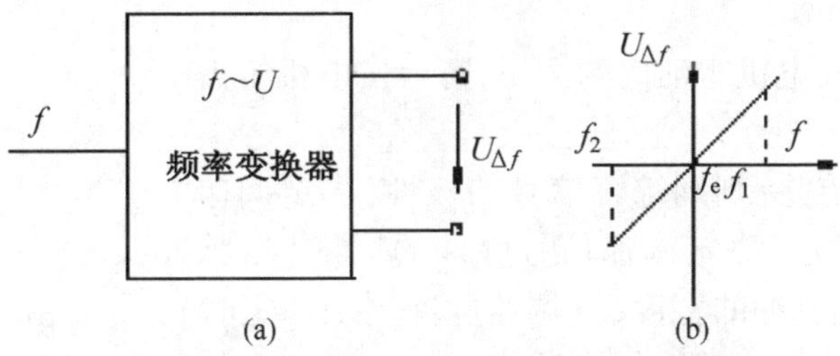

图 6-13　频率（频差）变换器方框图输入输出特性

功率变换器不仅能测出 U、I 的幅值，而且能测出 U、I 的相位差，使得 $U = K_p UI\cos\varphi = K_p P$。功率变换器方框图及其输入输出特性如图 6-14 所示，由于功率变换器需测量每台发电机的有功功率，因此，每台发电机都需要一个功率变换器。

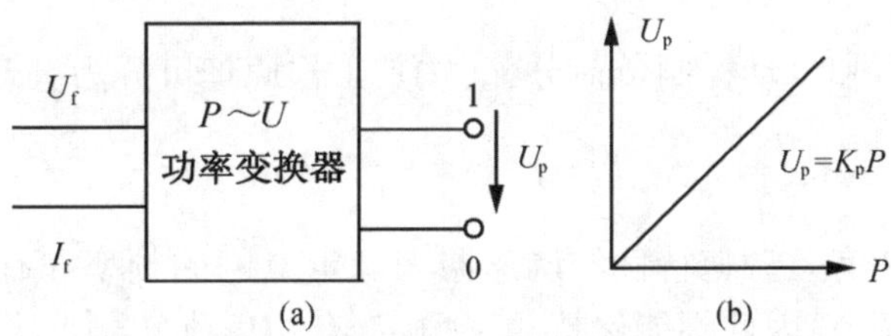

图 6-14　功率变换器方框图及输入输出特性

③有功功率分配器

有功功率分配器是一种有功分配运算电路，为实现按比例或均匀分配有功功率而设置的。运算环节主要由比较放大器和加法器组成，它的作用是根据电网总的功率，计算每台发电机应承担功率以及各台发电机实际承担的功率值与平均值之差。

$$P_p = \frac{1}{n}\sum P_i$$

式中，n 为并联运行的机组数；P_i 为第 i 台机组的输出功率，$i = 1,2,3,\cdots,n$。

功率分配偏差信号的计算值为：

$$\Delta P_i = P_i - \frac{1}{n}\sum_i^n p_i$$

则

$$U_{\Delta p} = K_P \Delta P_i = K_P\left(P_i - \frac{1}{n}\sum_i^n P_i\right) \tag{6-5}$$

有功功率分配器根据 $U_{\Delta p}$ 的大小和方向发出相应的调节信号。

④调整器

调整器接受频差和功差信号，根据它们的频差和功差信号的大小和极性，输出相应脉冲调整信号，控制伺服电动机正转或反转调节发电机油门的开度，使有功功率均匀分配，从而保持电网的频率恒定，调整器的方框图如图 6-15 所示。图中：

$$U_{sr} = U_{\Delta f} + U_{\Delta p} = K_f \Delta f + K_p \Delta P_i \tag{6-6}$$

$U_{sr}<0$ 时，调整器输出加速脉冲；

$U_{sr}>0$ 时，调整器输出减速脉冲；

$U_{sr}=0$ 时，停止调节。

由于要调整每台发电机组油门的大小，每台发电机组需配置一个调整器。

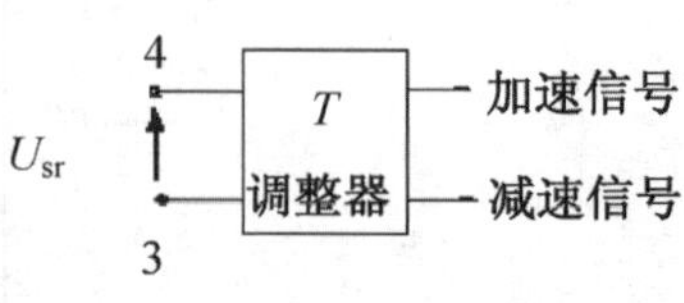

图 6-15　调整器方框图

调整器工作的特点是：判别综合信号的极性，决定调速方向，根据综合信号的大小，决定调速信号脉冲的周期（当脉冲宽度一定时）或者调速脉冲的宽度（当调速脉冲周期一定时）；使每个调节过程的第一个调整信号有适当（如 5 s 左右）的延时，避开动态过程；应有一定的不灵敏区。当输入未超过不灵敏区时，调整器不工作，这有利于防止系统过于频繁地工作。

加装自动调频调载装置后一般只要求功率分配之差在各发电机额定容量的±5%～±10%以内，频率差在电网额定频率的±1%以内。

（2）自动调频调载方法

电网频率的自动调节和自动控制负荷分配，按其工作原理可分为有差调节法、虚有差法和主调发电机法等。

①有差调节法

有差调节法是仅依赖有差调速特性的调速器来稳定电网的频率和有功负荷分配的方法。这种方法没有外加的再调节，因此不能保持频率恒定，有功负荷分配通常也不均匀。

②虚有差法

虚有差法是在并联运行的每一台发电机上，都装有对频差和功率差进行调整的控制系统。在它的控制下，电网的频率保持为额定值，电力系统的负荷按每台发电机的容量成比例进行分配。虽然每台发电机组安装的调速器的调差系数不尽相同，但不影响调节结果。因为并联运行的机组具有有差特性，能够保证稳定的有功分配，系统能自动再次调节使频率保持恒定，故为虚有差法。

虚有差调节的调频调载系统方框图如图 6-16 所示，设各机组容量相等，系统按平均分配

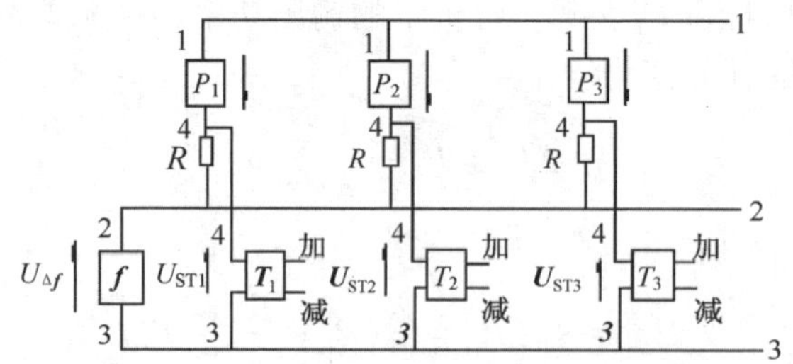

图 6-16　虚有差调节的调频调载系统方框图

有功功率的原则进行调整，这时各功率变换器的功率变换系数 K_p 均相同。各单元方框的输入输出方向如图 6-16 中箭头所示：当 $\Delta f=0$ 时，$U_{\Delta f}=0$；$\Delta f>0$ 时，$U_{\Delta f}>0$；$\Delta f<0$ 时，$U_{\Delta f}<0$。若 $U_{STi}>0$ 时，T_i 输出减速信号；$U_{STi}<0$ 时，T_i 输出加速信号。

③主调发电机法

主调发电机法是指在并联运行的发电机组中有一台机组上装有调频器，作为主调发电机，

其任务是当负荷变化而引起电网频率出现频差时，由它再次调节改变油门，维持电网的频率为额定值，并承担系统负荷的变化量。而其余的发电机则总是保持运行于接近额定值，称为基载发电机。

因此，调频调载装置仅作为主调发电机的调频器，它只检测电网的频差，并根据频差信号去调节主调发电机的调速特性来实现调频。而基载发电机的调速特性为有差特性，其工作点一次整定在额定频率，达到预定的负荷后，将不会再受调频器的控制。

2. 基于计算机程序控制的均功调频

在微机或 PLC 控制的自动化电站系统中，系统也是通过采集频率、功率等参数的基本数据，按一定的算法经计算后得出发电机二次调频指令，进行均功调频自动控制的。单机运行时只有频率的二次调节，不存在功率分配问题，单机恒频精度一般控制在±0.1 Hz 以内；并联运行时，既有功率分配，又有频率调整。对于大多数船舶电站而言，发电机组均为同规格、同型号的柴油机组，因此并联时采取均功恒频调整法。

基于微机的自动化控制技术，自动并车同步器和自动调频调载装置产品很多，如 SIEMENS 的 GENOP、ABB 的 SYN 系列、DEIF 的 PPU（MPU 和 GPU）、SELCO 的 SIGMA、GE & Power Master Marine 的 SYMAP© - ECG、WOODWARD 的 DSLC（2301D，如图 6-17 所示）和 EGCP 等、TAIYO 的 PWC-GM（PWC-PL）、GAC 的 LSM 和 SYC6714、Heinzmann 的 LMG11 和 SyG02 等等，这些专用控制器集成了控制和保护功能、接口多，具有效率高、功能强、成本低等特点，采用冗余配置，具有自诊断能力，有的内含三个微处理器，为发电机组提供全方位的监控和保护。

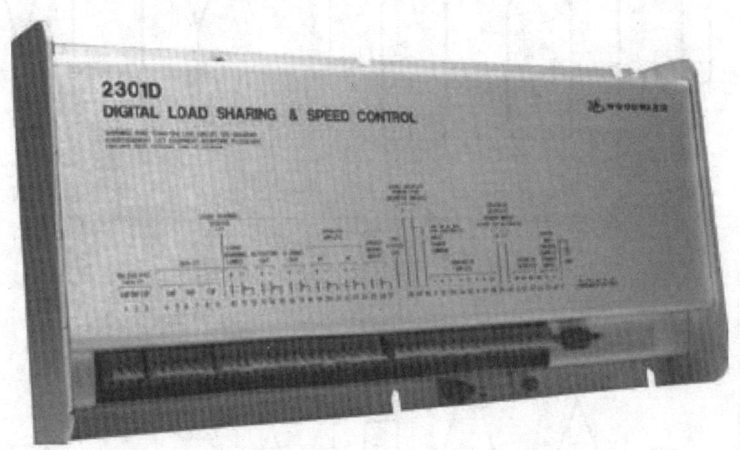

图 6-17　WOODWARD 负荷分配与速度控制器

自动同步与功率分配控制器一般有两种设置方式：一种是所有发电机共用一台控制器；另一种是各台发电机单独配置控制器。

如图 6-18 所示为单机调频与并联均功恒频调整的控制程序流程图。图中单机调频程序是按电网与发电机间的频率差进行调整的，并联运行是按频差、功差的综合信号进行调整的，图 6-18 中 A 值的大小决定了系统调节精度，应适当选定，一般按并联时频差小于±0.2 Hz、功差小于±5%（也可设定在±3%）的标准来设定。功差 ΔP 信号是发电机实际输出功率与应该承担的平均功率间的差。平均功率的获得，有的系统是采取测量每一台机组实际输出功率，然后

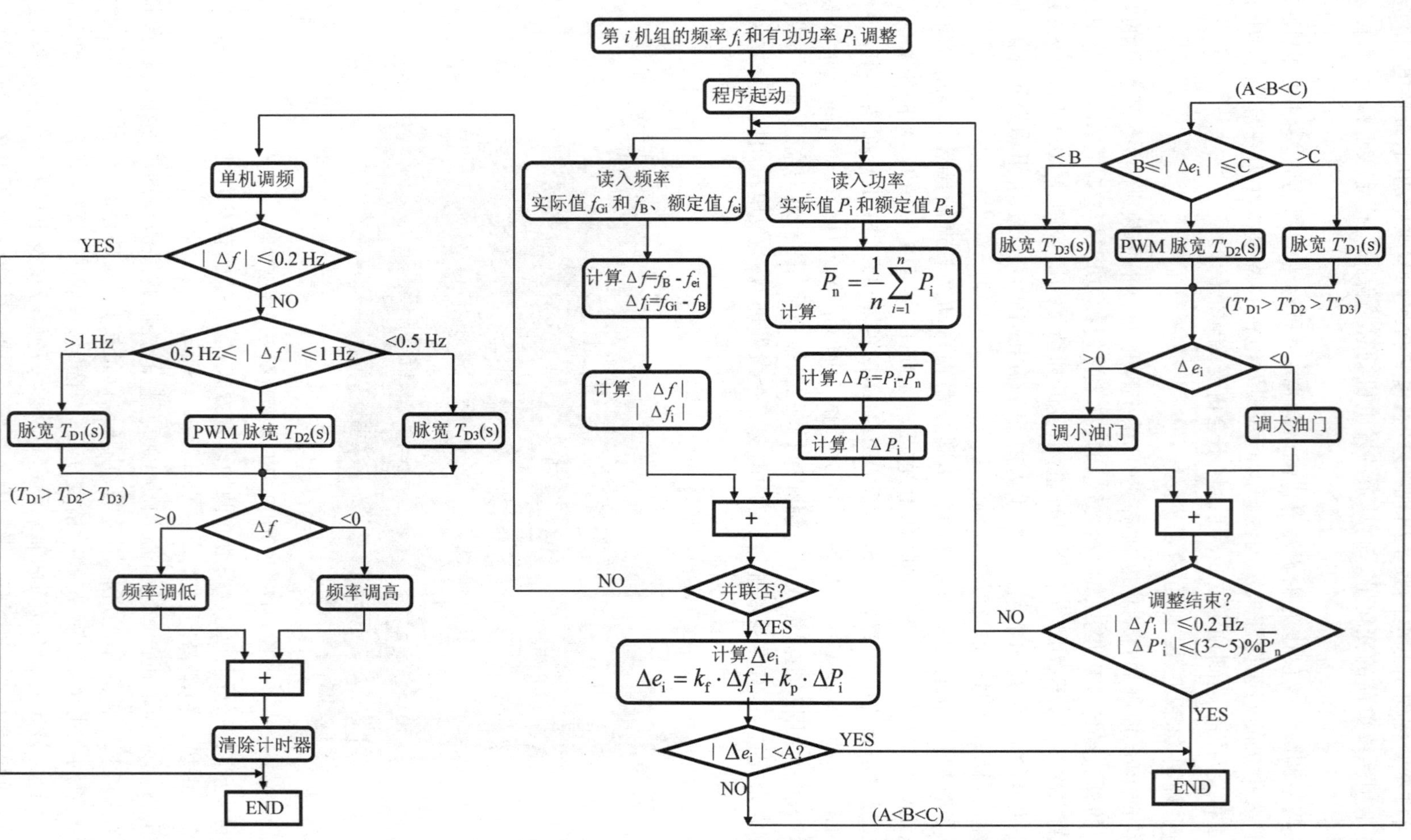

图 6-18　单机调频与并联均功恒频调整的控制程序流程图

加起来得到电网的总功率，再除以并联机组的台数得到平均功率值，有的则由硬件电路实现的。

发电柴油机调速器的伺服马达 GM 由计算机输出开关量(DO)进行正反转控制，实现对汇流排频率、并联运行时发电机有功负荷分配及转移的控制。

对电网频率进行定值自动调节时，各台柴油机的伺服马达 GM 向同一方向一齐转动。机组并车合闸后或并联运行中的有功负荷分配，负载重的机组 GM 向减少油门方向转动，同时负载轻的机组 GM 向增大油门方向转动，这样两机组的有功分配趋于平衡。解列前，被解列机组的 GM 减小油门，运行机组的 GM 增大油门，完成负荷转移。

如果并列机组有功率不平衡超过了 20%，且调节无效，则控制系统判断该机组有故障，自动解列故障机组。但并车合闸刚完成或有转移负载指令后，30 s 内不允许发出解列信号。调整器应使每个调节过程的第一个调整信号有适当的延时，以便避开动态过程。

七、发电机组减机、故障状态下自动解列、停机控制

发电机组停机可分成自动减机停机与故障应急停机两类。其中前者是指发电机组并联运行时随着电网负荷的减少而产生的自动减机操作。

1. 自动减机停机

在有船舶发电机组自动运行台数管理功能的系统中，在待停用机组上施加自动减机指令后，在给定时间内(一般不大于 60 s)执行负荷转移操作，就是被解列机组减负荷，留网机组加负荷，直至被解列机组的剩余功率小于 5%额定功率时，之后主开关跳闸；若给定时间到，负荷未能减至 5%，主开关也跳闸。作为正常停机，主开关跳闸后，柴油机需怠速空转一段时间进行部件润滑，之后再执行停机操作。停机过程中，停车电磁阀得电，供压缩空气给停油气缸，柴油机断油而停止运行。在给定时间内柴油机的转速降低到设定的零转速之下，说明停机成功，停车电磁阀断电，停机操作结束，刚停止运行的发电机组之后会进入备用状态。若在给定时间内柴油机转速无法下降至零转速之下，说明停机失败，停车电磁阀断电并发出停车失败报警。

2. 故障停机与发电机保护

(1)故障停机的处理方式

故障停机可分成发生严重故障与不太严重故障两种处理方式。

严重故障发生后，处理方案是立即跳闸停机：这时若原来为单机在网运行会造成全船失电，若原来为并联运行会对电网造成较大冲击，且由于电网的负载瞬时加在一台发电机组上，会造成其严重过载，之后也往往会跳闸，造成全船失电。

不太严重故障可以根据其具体情况再分成两级，发生一级故障时，由于严重程度更低一些，对船舶机电设备造成损害慢一些，所以系统有足够的时间先起动备用发电机组并车投入电网运行，然后解列故障机组；发生二级故障时，严重程度更高，对机电设备的损害更大，则先起动备用机组，待其起动及建压成功后，故障机立即跳闸，备用机组接着合闸供电。一级故障处理方案可以保证船舶电网供电连续，但切换时间长；二级故障的处理方案切换速度更快，但如果电网原为单机运行，则无法保证供电连续。之后的停机过程的处理方案基本类同于自动减机时的停机，就是同样停车电磁阀得电，在给定时间内柴油机的转速降低到设定的零转速之

下,说明停机成功。刚停止运行的发电机组由于有故障,不再进入备用状态。

(2)发电机保护与一级、二级故障

安全保护是船舶电站自动化系统的一个重要组成部分,这里的安全保护是指对发电机组的保护。根据前述内容,作为一个基本的船舶电站系统,按规范要求已对低压发电机的过载、外部短路、欠压、逆功率等故障设置了保护,但为了进一步提高供电品质与尽量保持电网连续供电,在自动化电站系统中,同样设有过载、短路、欠压、逆功率保护,即对船级社强制规定的这四项保护做了双重保护,使发电机运行得更安全。除此以外,自动化系统往往还设有欠频保护、超压保护、次要负荷的分级卸载等其他的故障保护形式和措施。

船舶电站的故障按照严重程度不同,可分为严重故障、不太严重的一级和二级故障等,故障是通过具体参数值进行分级的。

①电网电压过高(或过低)故障

我们知道:发电机由 AVR 保证的电压调整率要求在2.5%以内;作为电源的发电机电压应比设备额定电压高5%;电气设备应能在电压变化-10%~+6%的范围内正常运行。

电网电压超出 AVR 所保证的静态指标数据可认为就是电压故障。考虑到与设备承受能力的协调,一般把电压的监测值定在±5%,即电网电压超过+5%或低于-5%,并持续一段时间作为故障处理,确认的时间一般都定为5 s,处理的方式是报警、起动备用机组,此为电压过高(或过低)的一级故障;在此基础上,把电压二级故障值定在±10%,确认的时间也定为5 s。

②频率过高(或过低)故障

柴油机由调速器保证的静态调速率为5%,所对应的频率变化也是±5%;电气/电子设备应能在频率静态变化±5%的范围内正常工作。一般频率的监测值定在±2.5%,当频率超过这个检测值并持续一段时间时,作为一级故障处理,确认的时间一般定为5 s,处理的方式是报警及起动备用机组。在此基础上,把频率二级故障值定在±5%,确认的时间也定为5 s。

发生1级故障,备用机组起动,经自动同步操作投入并联运行,故障机组解列退出运行,实现不停电状况交换机组。发生二级故障,备用机组起动,故障机 ACB 分闸、备用机组 ACB 合闸投入运行,实现短时停电交换机组。

此外,若船舶电站发生不会危害机组的普通不正常现象,如无备用机组可用等,仅做报警处理。当发生短路至主开关 ACB 跳闸时,由于考虑到可能是主配电板汇流排发生短路,机组即从“自动”位自动转入“手动”位(自动控制功能闭锁)且发出报警;或主开关跳闸,之后起动备用发电机组合闸供电,若备用机组 ACB 合不上(合上即跳),系统立即从“自动”位转入“手动”位,并且发出报警,提示船舶电气管理人员进行人工的故障处理。

思考题

1. 船舶电站自动化系统有哪些不同的类型,各自的特点又是什么?

2. 船舶电站自动化系统的功能有哪些?

3. 船舶电站自动化系统是如何实现自动准同步并车的?

4. 船舶电站自动化系统是如何实现自动均功调频操作的?

5. 船舶电站自动化系统的一级、二级故障有什么不同?两者又分别是如何进行自动处理的?

实训任务

1. 进行船舶电站自动化系统的设置。
2. 进行发电机组的自动、半自动并车、均功调频和解列操作。

任务二　船舶电力管理系统

一、船舶电力管理系统认知

船舶电力管理系统(PMS)是以计算机为基础的现代船舶电力系统的综合自动化系统。“管理系统”指的是对不同的自动化模块的综合管理,其特征是以数字计算技术代替模拟计算技术,大部分功能由软件实现,这是现代船舶电力系统在自动化技术方面的一次飞跃。

PMS源于陆地电网能量管理系统的概念,由船舶电站自动化系统发展而来。早期的PMS仅对船舶电站主发电机功率进行调节和控制。随着船舶向大型化、现代化发展,对船舶电站的管理提出了更高的要求,特别是船舶电力推进系统的广泛应用及大型高性能设备的使用,具有一般意义的传统船舶电站自动化系统已不能适应这一发展的需求,而一个拥有PMS的大型船舶电力系统是这一变化发展的趋势。

PMS自动控制船舶电站电能的产生、分配及消耗,包括控制主发电机的起停,主开关合、分闸,负载功率的限制等,同时通过电子调速器、电子调压器保证船舶电站频率、电压的稳定,提高船舶电能的质量;PMS还可以实时地对船舶电站的状态进行监控,并通过人机界面显示,船舶操作人员通过人机界面可以操作船舶电站各设备并检查各设备的状态;如果船舶电站出现故障,PMS会自动检测并发出报警,并且通过保护系统自动地控制故障的扩大,最大限度地减少损失。PMS能够综合考虑并实现发电自动化、配电监控保护、用电设备监控管理、系统监测报警、综合优化船舶电力系统的经济性、可靠性及安全稳定性。PMS是船舶电站自动化的技术核心,它的功能越来越全面,已发展成为现代化船舶上船舶电站自动化系统的具体体现形式,为现代大型船舶提供了稳定、可靠、经济的电力能源。

PMS是一个集控、监测、保护和管理于一体的综合性系统。该系统包含了多项先进技术,如传感与变送技术、计算机与网络通信技术、控制与调节技术、信息处理与显示技术、系统决策与管理技术等。

PMS主要由发电系统管理模块、配电系统管理模块、用电设备管理模块、系统监测报警管理模块、电力优化分配和管理模块等组成。

狭义的PMS专指船舶发电控制和发电计划,其中船舶电力系统在线发电机台数管理、大功率负荷投入管理、负载的分级卸载及自动重合闸是其中的重要功能。

二、电力系统在线发电机台数管理

我们希望船舶电站在保证供电质量的前提下，能够在最经济的模式下运行，在网运行发电机组的类别及台数的管理就是在这一指导思想下产生的。

1. 仅有柴油发电机组的船舶电站

运行机组台数的管理，大致有两种方式：

(1)按每台发电机组的最大负荷率为一定值的方式管理

在这种管理方式中，增机时，最大负荷率 k 一般取 0.8～0.85。船舶电网功率因数较高者取较大值，若电网功率因数特别低，则负荷率 k 只能取 0.75 甚至更低的值，当然功率因数特别高，负荷率 k 可以取到 0.9。

减机时负荷率应比增机负荷率小 0.05～0.1。确切值需由船舶实际负荷来确定，其原则是，若原来单机运行，因增加某一较大负荷后引起增机并联运行，当该负荷停止运行后，应能确保会产生自动减机指令。如图 6-19 所示为按最大负荷率为一定值的方式进行管理的发电机组运行状态图，该图表示的是增机负荷率取 0.8、减机负荷率取 0.7 的运行状态图。

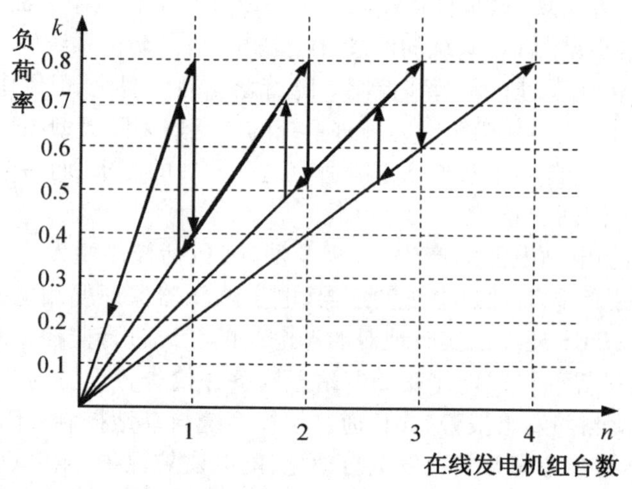

图 6-19　发电机组运行状态图

这种管理模式对需要并联运行机组的台数小于等于 3 台的情况下是较为经济的。

(2)按电站功率余量为一定值的方式管理

电站功率余量是指电网上运行机组应能发出的所有功率值与当前电网上总负荷功率之差叫功率余量。设定的增机功率余量数值是按电站装机数量及需最多并联机组的台数而定。一般在仅需两台机组并联时，可设定在 0.2 左右；需三台、四台机组并联时，可定在 0.3 左右。减机功率余量比增机功率余量略大些，一般取比增机功率余量大 0.1～0.2。

可见在这种管理模式中，若长时间并联运行机组台数越多，则越经济；否则经济性较差。

2*. 最佳负荷分配法

(1)最佳负荷分配原理

在装有废气透平发电机组 TG、轴带发电机组 SG 及柴油发电机组 DG 的船舶电站，在并联运行时负荷的分配若仍采用传统的比例分配法显然是不经济的，为了充分利用不消耗能量的透平机组及仅消耗廉价能量的轴带发电机组，负荷的分配采用一种称为最佳负荷分配的方法，这种方法的发电机组运行状态图如图 6-20 所示。

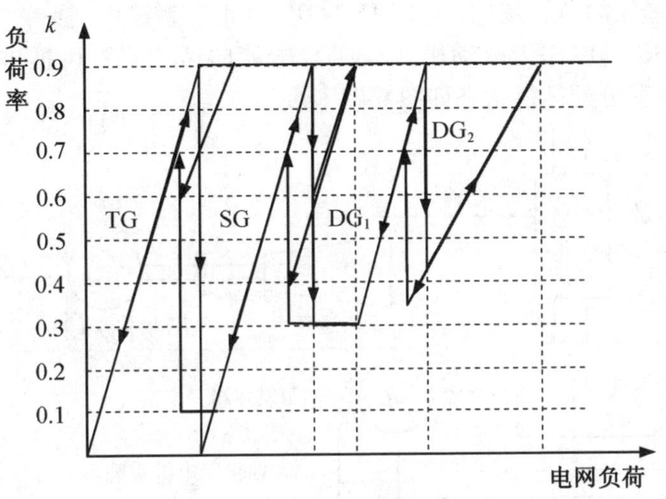

图 6-20　按最佳负荷分配的发电机组运行状态图

为方便起见，图 6-20 是按船舶航行期间以透平发电机组、轴带发电机、柴油发电机组的额定功率均相同且均能输出 100%额定功率画出的。考虑到柴油机在低负荷运行时（一般 30%额定负荷以下）雾化不良、燃烧效率低、油头容易积炭等因素，因此柴油机组一旦并上网运行，就给 DG 加上 30%的最小负荷，另外 SG 也设有最小负荷限值，这是为了防止在 TG 与 SG 并联运行中随着电网负荷减少，SG 可能会出现逆功率而设置。该运行状态图是按增机负荷率为 0. 9、DG 减机负荷率为 0. 7 方式管理的。

①发电机组增机管理

航行期间，由不消耗能量的透平发电机组 TG 向船舶电网供电；当 TG 供电不足时，即 TG 的负荷率达到 0. 9（也可设定 0. 95）时，起动轴带发电机 SG 投入电网并联运行，随着电网负荷的增加，TG 仍运行在 0. 9 的负荷率下，电网上负荷的增加量由 SG 来承担；当 TG 与 SG 并联供电仍发生不足时，即 TG、SG 的负荷率均达到 0. 9 时，起动一台柴油发电机组 DG_1 并入电网供电，DG_1 并入电网后，立即承担 30%最低负荷，此时 SG 的负荷率从 0. 9 下降至 0. 6，随着电网负荷的增加，TG 仍保持 0. 9 的负荷率，DG_1 也保持 0. 3 的负荷率，负荷的增加由 SG 来承担，直至 SG 的负荷率又达到 0. 9，之后 SG 保持在 0. 9 的负荷率下运行，电网负荷的增加量由 DG_1 来承担；当 TG、SG、DG_1 的负荷率均达到 0. 9 时，起动第二台柴油发电机组 DG_2 并入电网供电，两台柴油发电机组间仍采用比例负荷分配方案。

②发电机组减机管理

设初始时刻 TG、SG、DG_1、DG_2 的负荷率均达到 0. 9，由于电网总负荷的下降，两台柴油发电机组负荷率降低，但仍均分负荷，直至降低至 0. 35 时，停 DG_2，一号柴油机组 DG_1 负荷率为 0. 7（减机负荷率取 0. 7）；此时 TG、SG 负荷率仍保持为 0. 9。电网负荷继续降低，DG_1 负荷率继续下降，至 0. 3 的最低负荷率便保持不变；之后 SG 的负荷率由 0. 9 开始下降，当降至 0. 4 时停 DG_1，SG 负荷率变为 0. 7，此时 TG 的负荷率仍保持 0. 9。电网负荷继续降低，SG 负荷率继续下降,至0.1的最低负荷率便保持不变;之后TG的负荷率由0.9开始下降,当降至0.6时停SG,TG负荷率变为0.7。之后若电网负荷继续下降,则继续调整TG的负荷率。

(2)可逆型轴带发电机与透平发电机组合系统

为进一步实现船舶的节能减排,在TD+SG+DG的组合系统中,轴带发电机才可以用可逆式,即主机运行时,SG可以作为电动机,吸收TG电能向螺旋桨提供推进动力。该系统如图6-21所示,其最佳负荷分配运行状态如图6-22所示。

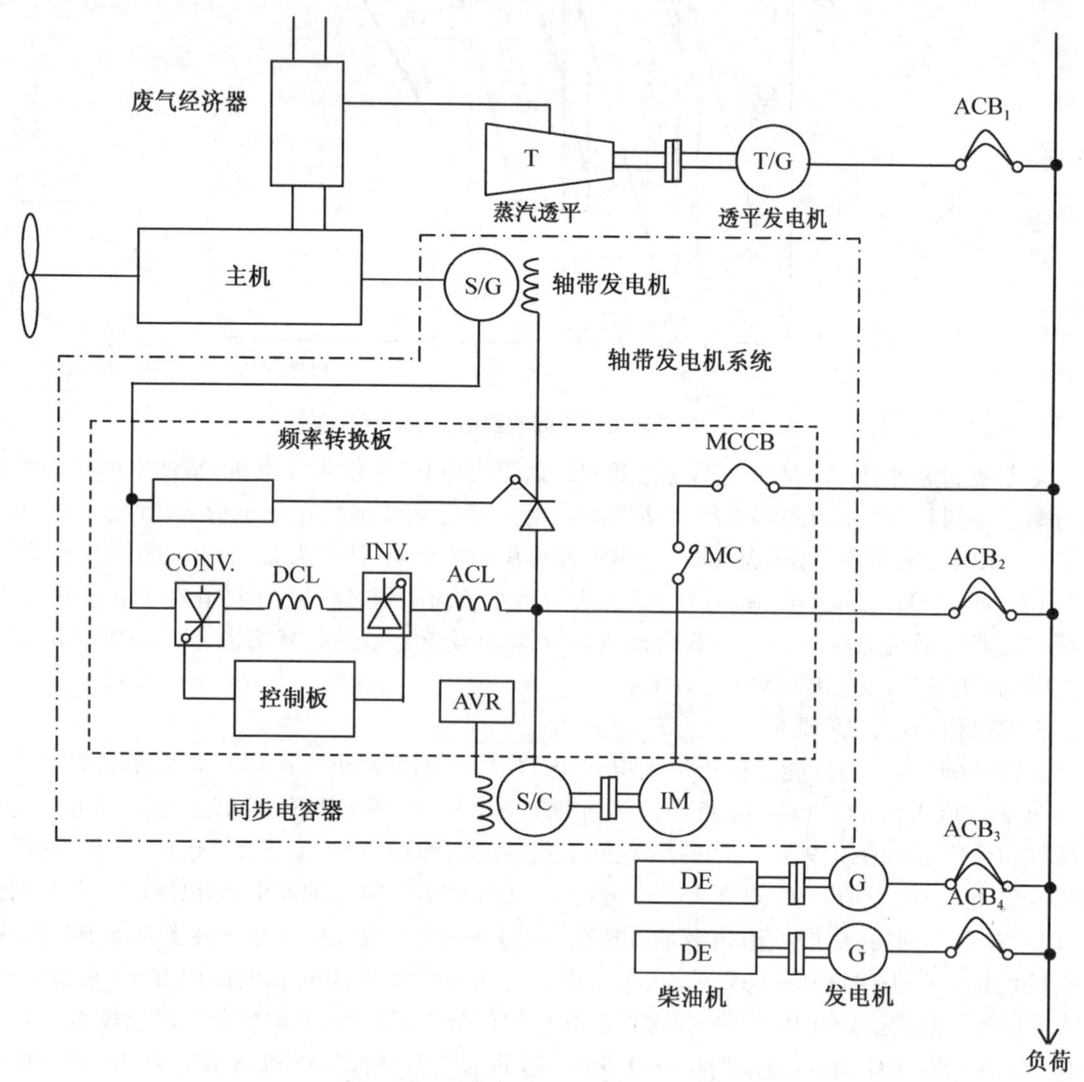

图6-21 可逆型轴带发电机与透平发电机组合系统

由于船舶主机与发电柴油机燃用同一种燃油,为达到节能减排目的,主机运行时由于TG发电量充足,SG作为电动机,通过配电盘吸收TG电能向螺旋桨提供动力。只有当DG有故障时,SG才作为轴带发电机用。

运行状态图6-22中,各负荷段含义如下:

负荷段A:TG单独运行,随着系统总负荷增加,TG负荷亦增加。当TG负荷增至PTG-H,且保持至给定时间(由定时器设定延时时间)后,自动起动备用DG,DG自动同步、并入电网与

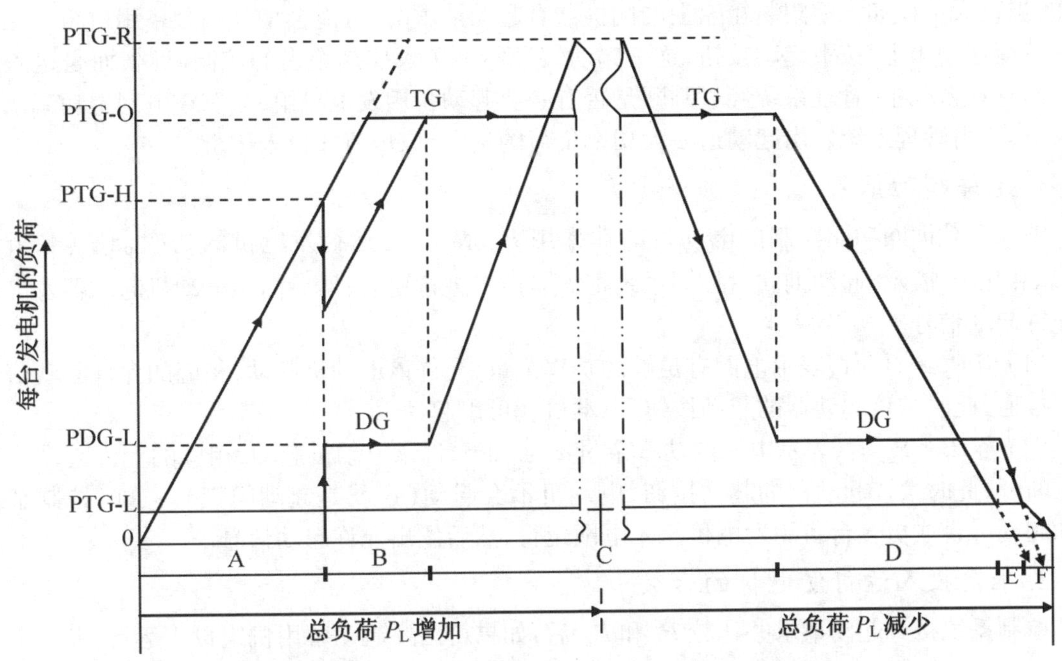

图 6-22 TG 和 DG 的最佳负荷分配运行状态图

PTG-R—TG 额定输出(kW);PTG-O—TG 正常运行时最大输出(kW);PTG-H—增备用机组功率点;PTG-L—TG 最小负荷限值(kW);PDG-L—DG 最小负荷限值(kW);总负荷 P_L—网上运行机组承担功率总量

TG 一起并联运行。

负荷段 B:DG 承担最小负荷 PDG-L,网上其余负荷由 TG 承担。

负荷段 C:当 TG 负荷增至 PTG-O 时,随着电网负荷 P_L 进一步增加,DG 最小负荷限值被取消,TG 承担的负荷保持在 PTG-O 上,网上其余负荷由 DG 承担。

负荷段 D:随着电网总负荷 P_L 的下降,DG 负荷跟着下降,TG 保持在最佳负荷 PTG-O 上;当 DG 的负荷下降至最小负荷限值 PDG-L 时,TG 的最佳负荷分配控制被取消,此后 DG 的输出保持在最小负荷限值 PDG-L 上,电网其余功率由 TG 承担,即随着电网负荷 P_L 的下降,TG 负荷随着下降。

负荷段 E:如 TG 的负荷减小到它的最小负荷限值 PTG-L 时,若电网负荷 P_L 进一步减少,则 DG 的最小负荷限值被取消,此后 TG 保持输出在最小负荷限值 PTG-L 上,而 DG 承担电网其余的负荷,防止 TG 发生逆功率。

负荷段 F:如 DG 承担的负荷的百分比率与 TG 的最小负荷限值 PTG-L 相等时,若电网负荷 P_L 进一步减少,TG 的最小负荷限值被取消,此后 TG 与 DG 均按比例负荷分配控制,防止 DG 发生逆功率。

三、大功率负荷投入管理

大功率负荷投入管理即重载询问,是指大功率负载投入电网时,必须首先判断电网中的功率是否允许直接进入,如功率不足会先进行自动的发电机组增机操作。列入大功率负荷管理的负荷是指在任何船舶工况下偶然使用的大功率负荷,如压载泵、消防泵等。对有特大负荷的船舶，当特大负荷如大型集装箱船上的侧推器有起动请求时，可能会增开两台备用机组。在大功率负荷起动箱上，按下起动按钮，这一起动信号不是送入控制箱内的控制电路，而是送入自动电站管理系统中，管理系统经过判断是否有必要起动备用发电机组，只有在电网上功率余量足够时，才由管理系统发出起动这一大功率负荷的指令，该负荷才投入运行。

1. 允许起动信号

纳入重载询问功能控制的电动机的功率用 P_m 表示，各运行发电机的功率余量（剩余功率）总和用 P_s 表示，起动询问时控制系统把 P_s 与 P_m 进行比较，然后向该电动机起动器发出是否允许起动信号。

（1）当 $P_s \geqslant P_m$ 时，表示电网有足够的功率余量，允许该电动机起动，相应的允许起动信号触点接通，此时按该起动器的起动按钮，电动机就可以起动。

（2）当 $P_s < P_m$ 时，表示电网的功率余量不足，不允许该电动机起动，相应的允许起动信号触点断开，此时按该起动器的起动按钮，电动机不会起动（这就是起动闭锁）。这时控制系统自动起动一台或更多台备用发电机投入电网运行，然后发出允许起动信号。

2. 确定投入运行发电机的台数

控制系统接到起动请求并比较 P_s 和 P_m 后，如果得出要起动备用机组投入运行，究竟是起动一台还是更多台，有的管理系统还可以做进一步判断。

当第一台备用发电机起动投入运行后，电网的功率余量增加了这台发电机的额定功率 P_{g1}，现以 P_{ss} 表示预期功率余量，则有 $P_{ss} = P_s + P_{g1}$，现在再用预期功率余量 P_{ss} 与 P_m 相比较。

（1）当 $P_{ss} \geqslant P_m$ 时，表示电网已有足够的功率余量，允许该电动机起动，相应的允许起动信号触点接通，此时按下该起动器的起动按钮，电动机就可以起动。

（2）当 $P_{ss} < P_m$ 时，表示电网的功率余量还是不足，应再起动一台备用发电机组。

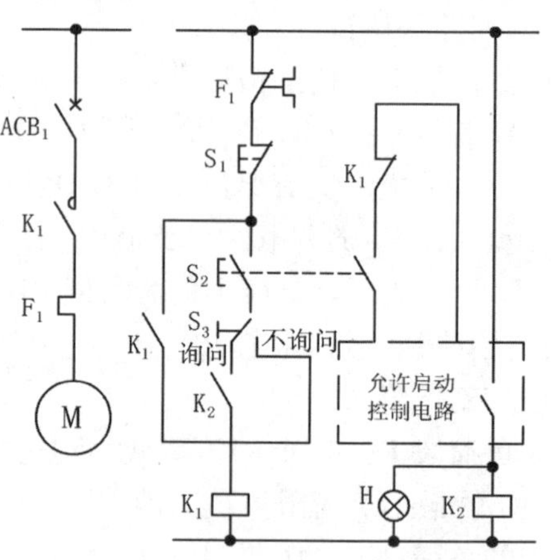

图 6-23　重载起动询问控制电路

3. 大功率电动机起动器的“起动询问”电路

起动询问电路如图 6-23 所示。在原来的起动线路中串入“允许起动”触点，这对触点可以直接采用自动控制系统提供的，也可以是通过继电器扩展的。考虑到一般自动控制系统只输出一对触点，所以在起动器中设一个扩展继电器 K_2。起动按钮 S_2 有两对常开触点，一对用于起动，一对用于起动询问。当询问选择开关 S_3 置于“询问”位时，按下 S_2，起动线路因 K_2 线圈未接通，接触器 K_1 不动作；询问线路接通，向自动控制系统发出起动询问。允许起动时自动控制系统的相应输出触点闭合，K_2 线圈得电动作，指示灯亮，表示可以起动，再按下起动按钮，K_1 线圈得电动作，电动机起动运转，同时 K_1 的辅助常闭触点动作断开询问线路，避免在运行的情况下再次询问。

4. 重载起动询问信号的处理

起动询问是在起动运行之前的操作，重载起动询问信号只是一对触点，没有具体数量，因此需要把触点信号转换成可以比较的数量信号，然后进行比较，判断是 $P_s \geqslant P_m$ 还是 $P_s < P_m$。

（1）模拟运算

执行“备用发电机组的起动需求”功能，自动控制系统需要测量并计算运行发电机的额定功率总和与实际负载功率总和，并计算出电网或发电机的实际功率余量。

纳入这个功能的每台起动器的询问按钮信号代表了一个确定的功率值，自动控制系统根据每个按钮所代表的电动机功率，设定一组模拟的功率值与之对应，起动询问时取出进行比较。通常有两种比较方法：一种是用对应的模拟功率值与测得的电网功率余量相比较；另一种是把对应的模拟功率值作为实际负载加入总和，得出模拟的实际负载功率与设定的允许值相比较。前者较经济，后者较可靠。

（2）负载限定

实际上，大多数船舶电站都是在一台发电机运行的情况下进行起动询问的，需要起动询问的大功率电动机数量也很少，同时起动几台大功率电动机的情况更少。有的电站采用对发电机的负载限定来实现起动询问功能。负载限定并不是限制发电机的负载，而是指负载在这个限定值以下允许起动，负载在这个限定值以上不允许起动，只有在待备用机组投入后才允许起动。

每台发电机设置一个功率继电器或电流继电器，它的动作值为：

功率动作值=发电机额定功率-设定功率余量-最大电动机功率或电流动作值

=发电机额定电流-设定电流余量-最大电动机电流

（3）运行台数判别

有些船舶选用的大功率电动机的容量几乎达到发电机容量的50%，必须在两台发电机并联运行工况下才允许这些电动机起动，起动询问可以判别是一台机运行还是两台机并联运行。询问信号输入时如果是一台机运行，则需起动备用机组投入并联运行后才允许电动机起动。

5. 需要起动询问的功率值

需要起动询问的电动机的容量由设定的电网负载余量决定。起动小于电网负载余量的电动机有可能引起起动备用机组，不会引起分级卸载或跳闸。起动大于电网负载余量的电动机应纳入起动询问。

例如，发电机对备用机组的起动要求负载为85%，则大于发电机额定容量15%的电动机起动应纳入起动询问，为了可靠起见也取大于10%。例如某船电站的发电机容量为440 kW，设定在85%起动备用机组，把两台55 kW压载泵电动机纳入起动询问。

四、负载的自动分级卸载及分级重合闸

1. 发电机自动分级卸载

发电机自动分级卸载，又称优先脱扣，是发电机过载保护的一种形式。

当发电机发生持续过载时，经延时，发电机过载保护动作，将造成发电机跳闸。要使发电机不中断供电且避免过载，当出现过载信号时，必须在长延时脱扣器的延时时间内，切除电网中正在运行的一些次要负载，使发电机脱离过载状态，从而保证电站对重要负载的连续供电，这就是发电机自动卸载。船舶电站一般将负载按重要程度及工作特点的不同，分成1~3级次

要负载,从而实现多次自动卸载,这称为发电机自动分级卸载。

显然,发电机自动分级卸载保护必须与发电机过载保护的延时特性相互配合。我国一般规定:对有分级自动卸载装置的发电机过载保护,当过载达110%~120%额定值时,延时5~10 s,使自动卸载装置动作,自动卸掉部分次要负载。当过载达150%额定值时,延时10~20 s,过载保护装置动作,使发电机自动跳闸。

根据船舶电站发电机的容量和台数,考虑非重要负载的性能和大小,也可以采用分级脱扣卸载,以求最大程度地给负载供电。各级脱扣是利用延时的时间差来实现的。例如,长延时脱扣器的延时为20 s,若分三级脱扣时,建议延时时间整定为:

①第一级脱扣延时:5 s;

②第二级脱扣延时:10 s;

③第三级脱扣延时:15 s。

2. 负载自动分级重合闸

具有自动电力管理系统的船舶电站,因具有功率管理功能,通常是不会发生分级卸载,但当发生诸如并联运行期间某台机组出现滑油失压或燃油调速系统故障引发逆功率保护跳闸时,系统会发生分级卸载。当备用机组投入电网运行后,已卸去的次要负荷不能同时投入,应分级、分批地投入。早期的自动电力管理系统带有负载自动分级重合闸功能,现代自动化船舶机舱具有一个新的机舱泵浦管理系统,这一负载的分级、分批投入功能就由机舱泵浦管理系统来承担的。

五、船舶电站运行监视报警及人机交互

完善的船舶电站自动化系统具有设备运行的集中监视、报警和控制功能。通过指示灯、仪表和CRT显示器、液晶显示屏可以显示船舶电站设备的运行状态、参数和图表等信息。液晶触摸屏除了显示功能外,还可通过屏上的开关、按钮等进行相关的操作,具有完善的人机交互功能。

1. 不同类型的显示设备

指示灯,早期采用指示灯泡,现在采用发光二极管。这种显示方式的好处是清晰明了、一目了然,同时可显示各种各样信息状态,其缺点是占用的地方较大。作为一种经典显示方式,现系统中仍保留有部分的重要设备及状态的指示灯(均采用小型发光二极管)。

CRT显示方式在早期微机或PLC控制的船舶电力自动管理系统中有一定应用。由于屏幕大,显示信息丰富,且在屏幕上显示出主配电板、发电机组、主开关等的线路、设备状态图,使电站设备监视更清晰、更直观。

小型的单色液晶屏一般只能显示文本信息,而大尺寸液晶触摸屏的使用极大地方便了人机交互。除了CRT的显示功能外,不同的显示界面中设置有操控用的按钮、开关等,具有灵活多变的操作功能。

2. 系统给定参数的查询与修改

在微机控制的船舶电站自动化系统中,给定参数的设置查询与修改相对比较方便。

传统的微机控制系统只能做到系统参数的在线监视及离线修改。PLC等控制系统则可真

正做到系统参数的在线监视与在线修改,这是由于 PLC 将设计编制的控制程序及各种信息参数均存放在随机存取存储器 RAM 中,所以可以很方便地通过编程器进行在线修改。现代化的网络控制系统,也可以很方便地通过人机界面 HMI 进行系统参数设置的查询及修改。当然系统中只能修改设计者给定的部分控制参数,且在具体数值方面一般均预设有一定的修改范围。

思考题

1. 在仅有柴油发电机组的船舶电站系统中,如何进行在网发电机台数的自动管理?

2. 船舶电力管理系统 PMS 是如何进行大功率负载投入管理的?

3*. 在配备可逆型轴带发电机与透平发电机的组合系统中,如何通过最佳负荷分配法达到更加节能减排的目的?

任务三* 基于 DEIF PPU 和 PLC 的 PMS 实例

网络化、模块化是现代船舶电站自动化系统的发展趋势。在商船 PMS 系统中,各种微机化的发电机并车及保护专用控制模块由于其价格低、使用可靠、便于集成等特点得到了广泛的应用。下面介绍的船舶 PMS 系统的实例中就使用了三台 DEIF PPU 控制器,此外还使用了一台西门子 S7 300PLC。基于 PLC 和 DEIF PPU 的 PMS 系统构成如图 6-24 所示。

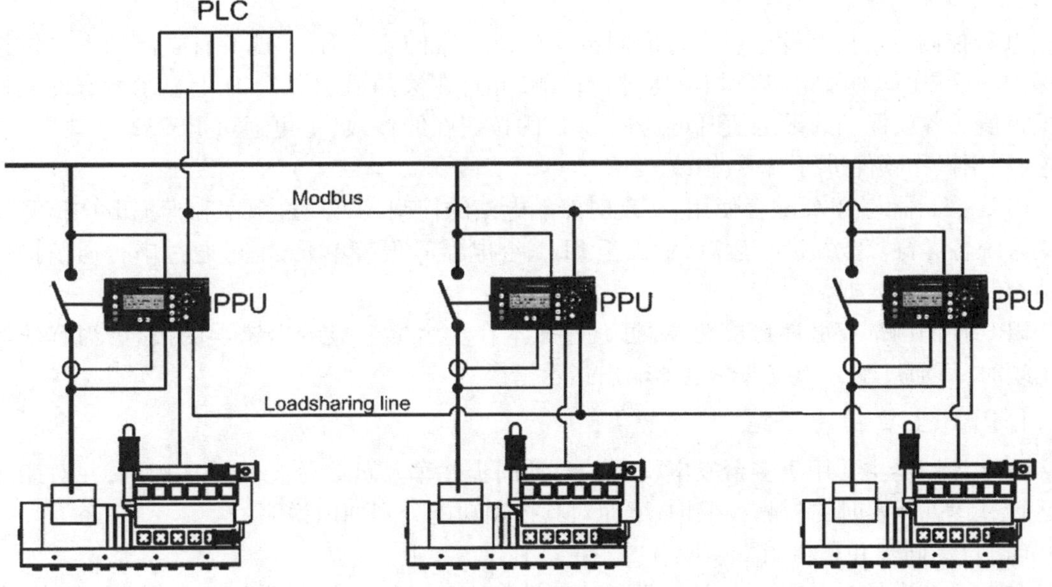

图 6-24　基于 PLC 和 DEIF PPU 的 PMS 系统构成

一、基于 DEIF PPU 和 PLC 的 PMS 系统

在该系统的主电网中有三台柴油发电机组，每台机组配有一台 DEIF PPU 控制器，此外整个电站系统共用一台 PLC，它们的功能是：PPU 承担各自机组的并车、保护和负荷管理功能，PLC 完成整个电站系统的逻辑程序控制功能。三台 PPU 及 PLC 通过串口通信或现场总线的形式进行数据的传递，便于一些复杂的综合控制的展开。

这种 PLC 与 PPU 相结合的系统方案在现代船舶电站设计中具有很强的竞争力，并得到广泛应用。每台发电机组配置了一个控制器，用于单台发电机组的自动控制，通过控制器的设置可使其适用于不同类型的发电机组，配置和控制策略也各不相同。PMS 系统中与电站整体相关的功能采用 PLC 控制，通过 PLC 编程便于功能的二次开发，系统的开放性好、可靠性高、互换性强、安装费用低、维护也很方便；系统中带有 PPU 面板等 HMI 人机界面，便于电气设备管理人员了解电站设备的工作状态，进行参数调整；每一套机组的控制器相对独立，若某一机组的控制器出现故障，不会影响其他机组的正常控制功能。

二、典型船舶电站核心控制器 PPU 的应用

丹麦 DEIF 公司生产的发电机并车及保护核心控制器 PPU 是一个基于微处理器(16 位单片机 HBS/2655)实现发电机并联运行及保护功能的船舶电站核心控制器，目前广泛应用于船舶电站自动化系统中。如果仅具有发电机并联运行控制器功能，则称为 GPC。

PPU 控制器一般由主体和 LCD 显示及控制单元两部分组成，之间连有一条 9 针的串口通信线。

PPU 控制器可控制发电机进行准同步并车，并在同步运行后实现所有必需的发电机控制和保护功能，比如对发电机三相电压进行检测，并且在液晶显示屏 LCD 上显示所有的测量值和报警值。各项保护的设定值既可通过 LCD 的按钮在线修改，也可通过 RS232 串口与 PC 机相连，利用操作软件进行编写、修改。

PPU 控制器与 PLC 配合使用，实现对船舶电站的控制。可通过数字和模拟 I/O 检测端口采集系统各运行参数并进行运算，输出至 PLC、继电器等报警单元，也可通过串行通信接口与其他控制器交换数据。

PPU 控制内部有循环自检功能，可通过文本在显示屏上显示出错误的信息，当有任何错误出现时，可通过配置相应的继电器输出指示错误。

1. PPU 主要功能介绍

PPU 控制器主要用于多台发电机组的自动同步并车及负载分配和转移控制，并对船舶电站运行过程进行实时的检测和保护，下面对其控制功能分别加以说明：

(1)自动同步并车功能

自动同步并车功能是 PPU 控制器的主要功能之一。PPU 控制器可以自动进行频率、电压调节，并可通过专用软件程序进行编程，设定发电机主开关的固有动作时间，以使待并发电机与电网在同步时刻准确合闸，实现自动控制船舶发电机准同步并车操作。

(2)功率和频率控制功能

PPU 控制器可以按照四种模式控制发电机的功率和频率,模式的选择可通过二进制数字输入,也可通过串行通信选择,从而实现在各种不同的应用环境下对发电机进行适当的控制,具体可分为:

模式一:恒频率模式,即控制发电机的频率保持恒定(适用于单机运行状态)。

模式二:恒功率模式,即控制发电机的负载保持恒定(适用于发电机与大电网并联运行状态)。

模式三:频率下倾模式,即控制发电机负载变化时频率的变化值,以保证负载变时频率的基本恒定。

模式四:负载分配模式(适用于发电机之间并联或解列运行时进行负载分配和转移),这也是一般船舶电站的控制模式。

(3)保护及显示功能

PPU 控制器具有标准的发电机保护功能,如过流保护、逆功率保护等,这些标准保护功能均可设置成反时限特性,并可通过对相应的继电器输出进行配置,实现报警或断开主开关等功能。

此外,还可通过上位机软件选择发电机及汇流排进行过压、欠压、过频、欠频等其他保护功能。

PPU 控制器可以通过串行通信将检测到的系统运行参数从主体部分送至 LCD 液晶显示屏,使得电气管理人员在操作的过程中可实时获取和监测系统运行参数。

2. PPU 硬件电路及外部接线

(1)PPU 的硬件电路

PPU 控制器采用模块化的设计思想,其主体部分内部硬件电路包括 10 块印刷电路板(S1-S10)和 1 块底部连接电路板。其中标准配置电路板为:S1 为电源及继电器配置板;S2 为负载分配、工作点设定及继电器控制板;S3 为发电机电流检测及通信串口板;S4 为电压检测及核心控制板;S6 为通信模块板;S7 为发电机电压、转速控制输出板。PPU 控制器还具有许多扩展功能,如输出 PWM 信号至转速控制器、扩展 I/O 端口等。如若需要实现这些扩展功能,则需在内部配置相应的印刷电路板(即 S5、S8、S9、S10 板)。每块印刷电路板均完成各自不同的功能,彼此又可通过底部印刷电路板相连,进行内部信号的传输。选择不同的印刷电路板进行组合,PPU 控制器能够实现各种所需完成的功能。

PPU 控制器的核心控制单元是瑞萨(RENESAS)公司生产的 16 位单片机 HBS/2655 系列,该系列单片机具有 16 个 16 位的内部寄存器,最大时钟频率可达 20 MHz,可以很好地实现实时控制。

(2)PPU 外部接线端子

PPU 外部接线端子主要由 8 个插槽组成,各插槽的具体连接分布为:

插槽 1(包括接线端子 1-28):与电源及继电器配置板 S1 相连。

插槽 2(包括接线端子 29-36):与通信模块板 S6 相连。

插槽 3(包括接线端子 37-64):与负载分配、工作点设定及继电器控制板 S2 相连。

插槽 4(包括接线端子 65-72):与发电机电压、转速控制输出板 S7 相连。

插槽 5(包括接线端子 73-89):与电压检测及核心控制板 S4 相连。

插槽 6(包括接线端子 90-97):模拟量输出端子。

插槽 7(包括接线端子 98-125):用于检测柴油机运行参数的端子。

插槽 8(包括接线端子 126-133):输出增加、减小电压的控制信号端子。

(3)PPU 外部接线

①PPU 主要三相交流量测量电路

PPU 具有检测发电机及电网的电流信号的功能,检测到的电压、电流信号用于控制、显示、保护等。

如图 6-25 所示为 PPU 测量发电机电压、发电机电流以及电网电压的外部接线图。其中,接线端子 73-78 的输入信号分别是发电机三相电流经过三个电流互感器转换的电流信号;接线端子 79-84 的输入信号是发电机三相电压信号,其电压可以在 100~690 V 范围内变化;接线端子 85-89 的输入信号是电网三相电压信号,电压范围同样为 100~690 V;而接线端子 14-18 的输出信号是控制主开关分闸、合闸动作的控制信号。

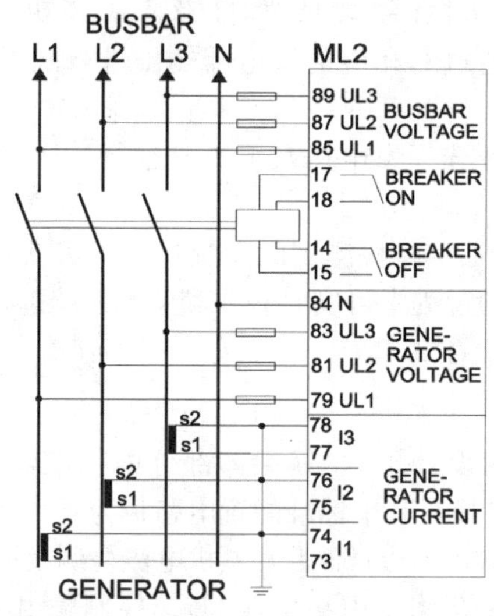

图 6-25　PPU 测量发电机电压、发电机电流以及电网电压的外部接线图

值得注意的是,作为发电机的控制和保护器件,PPU 并未直接输入发电机和电网运行参数(如有功功率、频率等)的模拟量直流电压值,而是直接输入了三组三相的交流电压和电流信号,在相应的线路板中进行处理,并经过微处理器的计算,从而获得电网三相电压和该发电机的三相电流、电压、频率、有功和无功功率、功率因数等各种自控所需参数,并可以在 LCD 显示屏上指示,并根据参数值进行相应的控制与保护。如微处理器计算出发电机的有功功率后,即可根据该数值判断机组是否出现逆功率、逆功是否达到动作值等,并可以在需要保护时通过输出继电器发出主开关跳闸信号。

②PMS 实例中 PPU 外部接线及工作原理简要分析

在前述的船舶 PMS 实例中,采用了 PPU 控制器作为船舶电站的核心控制器,进行船舶同步发电机自动并车操作及船舶电站的保护管理。

船舶电站有三台柴油发电机,在主配电板每台发电机的控制屏上均装有一台 PPU 控制器作为船舶电站核心控制器,相应地实现每台发电机的检测、控制和保护,并可通过串行通信接口与 PLC 进行通信,从而实现船舶电站的自动化管理。

在该船舶电站自动化系统中,由 PPU 控制器与 PLC 配合进行自动控制。PPU 控制器利用微处理器将检测到的电路的各个参数进行运算,获得控制信号后,通过数字和模拟 I/O 端口输出到 PLC 和继电器等处,PLC 即可根据接收到的三台发电机运行参数,进行进一步的船舶电站自动控制。

如图 6-26 所示为 PMS 系统实例中 PPU 的外部接线简图。由此图可知发电机三相电流、三相电压及电网三相电压、发电机主开关 GCB 状态等均作为输入量输入 PPU。由于该系统为使用 PPU 的自动调压及无功分配功能,输出量中包括柴油机调速器控制信号、输出报警信号及 GCB 合分闸信号。

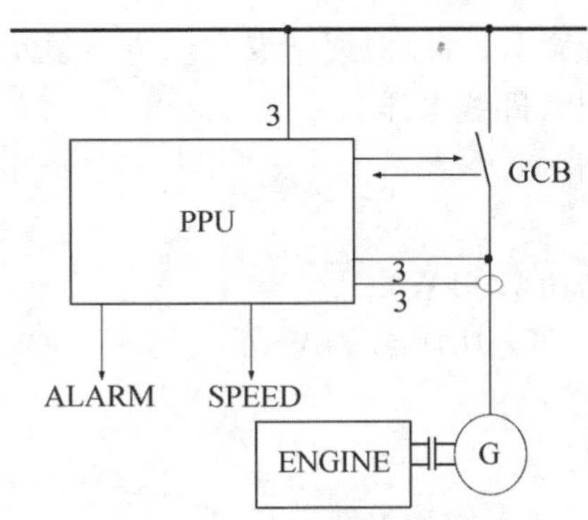

图 6-26 PPU 的外部接线简图

三、PPU 装置的操作

在 PMS 系统实例的使用中,船舶电气管理人员可以根据 PPU 显示器的指示,通过对显示及控制单元面板(如图 6-27 所示)的操作,查看系统的运行参数、状态和记录,并查询及修改系统中的一些设定参数和设定状态。当然,为保证系统的正常运行,参数和状态设定都设有密码保护。实际工作中,若设定的参数和状态被进行错误的修改,将造成系统无法正常运行。

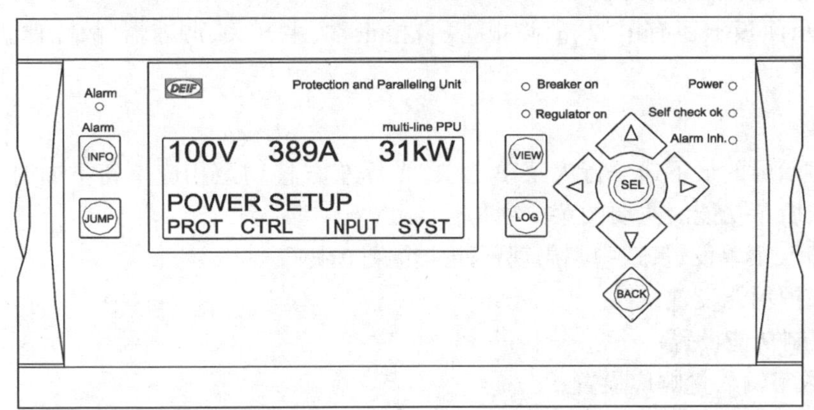

图 6-27 PPU 的显示及控制面板

PPU 的显示面板上设有单色的液晶显示器 LCD,其显示数字或信息最多为四行。面板通过九针插孔连接主体部分,进行通信并得到工作电源,此插孔可与控制器本体直接配合,故显示面板可直接安装在控制器本体上;如果显示面板与控制器分离安装,可用两端分别为阴/阳插头的标准九芯计算机延伸线进行连接。

1. 面板上的功能按键及指示灯

面板上有以下十个功能键：

INFO：切换显示器下面三行到报警显示（在报警清单中最多可有30条报警记录）。

JUMP：直接输入菜单号码进行选择。所有的设定点都有一个特定的号码，利用JUMP可允许用户直接输入设定点号码调阅并进行设定，而不需要再通过方向键"↑""↓"来选择设定点号码。

VIEW：切换显示器第一行显示，可以对以下参数值进行显示：

—发电机三相电压（相对相，即线电压）；

—汇流排三相电压（相对相）；

—发电机三相电流；

—发电机功率因数和有功功率（kW）；

—发电机视在功率（VA）和无功功率（kVar）；

—发电机L1相频率和电压；

—汇流排L1相频率和电压；

LOG：切换显示器下面三行到操作和报警记录显示。

←：将光标向左移动。

↑：增加选择设定点的值（在设置菜单中）；或在日常使用中切换显示器第二行发电机值的显示。

SEL：用于确认所选的功能（在最下边一行光标所示功能中进行选择）。

↓：减少选择设定点的值（在设置菜单中）；或在日常使用中切换显示器第二行发电机值的显示。

BACK：跳转到上一级菜单。

→：将光标向右移动。

另外，显示面板上还有电源、故障报警、自检正常、主开关、调速器、故障休止等数个LED指示灯。

2. 菜单选项

在液晶显示屏的最下边一行为菜单选项，光标左右移动至相应字符下面时，按SEL即为选中该菜单项所示功能。主要的菜单项是：

（1）SETUP，菜单设置，选中则出现下面4个菜单项：

PROT，保护功能设置；

CTRL，控制功能设置；

INPUT，数字输入量响应设置；

SYST，系统参数设置。

（2）在某通道具体参数设置中，一般会出现下列菜单选项：

SP，保护动作值设置；

DEL，响应时间设置；

OA，输出继电器A设置；

OB,输出继电器 B 设置;

ENA,使能设置,设置为 off 则该功能关闭;

C,保护特性设置。

(3)在参数修改之后,由以下几个菜单项:

ENTER,确认;

RESET,取消修改;

SAVE,确认并保存修改。

3. 系统运行参数的显示

通过对 PPU 控制器主工作界面上的菜单 V1、V2、V3 进行操作,可以查阅船舶电力系统的运行参数,其中包括发电机、电网的三个相电压、三个线电压、三相电流、有无功功率、功率因数等重要参数,进而对船舶电力系统的运行状态有更加全面的了解。可以观察到的船舶电力系统运行参数包括:

发电机相电压、电流(G-L1, I-L1, I-L2, I-L3)

电网相电压(B-L1)

发电机相电压的频率(f-L1, f-L2, f-L3)

发电机线电压(U-GEN L1L2, L2L3, L3L1)

电网线电压(U-BUS L1L2, L2L3, L3L1)

发电机有功功率、无功功率、视在功率以及功率因数(P, Q, S, P-factor)

发电机电能(E)

电网与发电机电压的相位差(Angle Bus-Gen)

发电机两相电压之间的相位差(Angle L1 L2)

电网两相电压之间的相位差(Angle Bus L1 L2)

电站运行时间(Run Time)

主开关操作次数(CB operations)

4. 系统保护参数的查询及在线修改

系统保护参数的查询及在线修改是通过菜单进入,之后即可查询参数设置;第一次进入参数修改界面时需输入操作密码,之后即可对系统各项保护参数进行在线修改。下面介绍逆功率保护参数的显示、在线修改操作步骤,其他保护参数的显示、在线修改与此类似。

(1)按通电源,使 PPU 控制器得电工作,此时显示面板上为主工作界面。

(2)按动操作面板上的"←""→"功能选择键,使光标选中"SETUP",按下"SEL",即可进入功能设置界面。

(3)移动光标选择"PROT"保护功能,按下"SEL"进入保护功能设置界面,按动操作面板上的"↑""↓"功能选择键,选择"1010 Reverse Power"逆功保护设置,即进入了逆功率保护功能设置界面。

(4)此时最下面一行的六个菜单选项对应着逆功率保护的六个不同的参数设置,移动光标即可进行设置参数或状态的查询;第一次进入参数修改界面时需要输入操作密码四位数"* * * *",按动"↑""↓"功能键输入正确的密码,按下"SEL"即进入参数修改界面,可对各个参数进行设置:

“SP”保护动作值设置，选择进行设置，进入其设置界面，显示保护动作值的设置范围是-50.0%~0.0%，按动“↑”“↓”功能键可以改变其动作设定值，例如设置为-10.0%，将光标移至“SAVE”，再按动“SEL”，新的设置将被保存。如果改变了动作值，但没有进行保存确认，则设置值仍为原始值。如果将光标移至“RESET”，再按动“SEL”，新的设置将被取消。

“DEL”响应时间设置，与动作值的设置方法类似。进入“DEL”设置界面以后，可以通过“↑”“↓”选择键改变动作时间，例如设置为 5 s，之后将光标移至“SAVE”，再按动“SEL”，新的设置将被保存；将光标移至“RESET”，再按动“SEL”，新的设置将被取消。

“OA”“OB”输出继电器设置，该设置对应着两个输出继电器，其中一个进行报警指示，另一个进行报警响应动作，进入“OA”“OB”的设置界面后，可以通过“↑”“↓”键选择某一继电器（R0-R16），之后按“SAVE”“SEL”确认保存。

“ENA”使能设置，进入“ENA”菜单后，可选择“ON”使能有效或“OFF”使能无效，来控制系统是否对逆功率进行保护。

“C”保护特性设置，进入“C”界面后，通过“↑”“↓”键选择“Inverse”反时限特性或“Definite”正时限特性，对逆功率保护的时限特性进行设置

此外，在进行逆功保护参数查询及设置时，可以通过按下“JUMP”键，按动“↑”“↓”键输入通道号 1010，再按下“SEL”确认键的方法直接进入该通道，这样更加快捷。由于该系统的设定参数及状态值较多，使用者可以通过 PPU 使用手册，查询需要设置的通道号码，以提高工作的效率。

应注意的是，系统中的以下几个设定点只能通过 JUMP 键进入：

密码设定：通道号 4976。

服务菜单：通道号 4980。

应用菜单：通道号 6100。

四、PPM 300 保护和功率管理控制器

DEIF 公司近年推出了新型的保护和功率管理控制器 PPM 300，如图 6-28 所示。该设备基于“适用”理念打造，兼具船舶电站系统的各种控制、保护和监测功能，应用范围涵盖了柴油发电机（包括应急柴油发电机）、轴带发电机、岸电和汇流排联络开关的控制和保护，以及客户化的功率管理解决方案等。

PPM 300 的基本功能主要包括：

（1）发动机保护。

（2）发电机保护（电流、电压、频率、功率）。

（3）汇流排保护（电压、频率）。

（4）发动机起停控制。

（5）自动同步与解列。

（6）负荷分配（基于以太网通信）。

（7）客户化控制功能 Custom Logic。

（8）应用监测。

（9）仿真功能等。

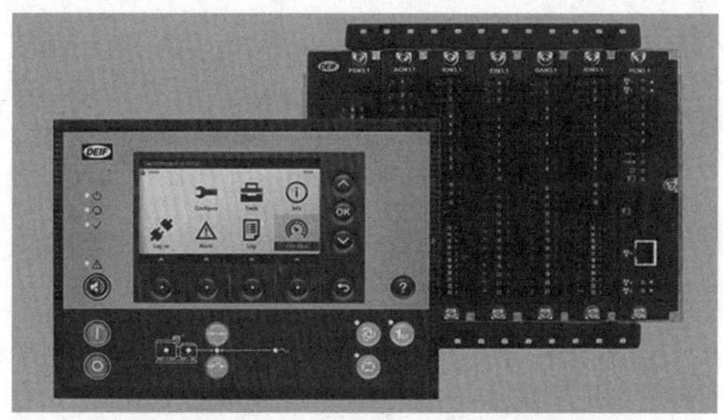

图 6-28　PPM 300 的控制面板及主体部分

PPM 300 可以控制和监测船舶电站系统的状态，保证其按设定的功率稳定运行。PPM 300 的原动柴油机控制可采用配电盘控制（PPM 300 不执行调节和控制功能，调速和调压的控制由外部设备执行，只保留保护功能）、半自动模式（调速、调压由 PPM 300 进行控制，并接受外部控制信号来控制起、停机及合、分闸）、自动模式（PPM 300 自动参与并执行功率管理系统的指令）。由于柴油机控制采用了燃油优化技术，使其运行更加节能环保。

控制器的显示单元采用一块 5 英寸、800×480 像素的彩色图形显示器，可设置中文界面，从而快速、直观地读取实时数据，并可轻松访问、处理报警和进行控制器的设置。PPM 300 可通过多达 4 级（Admin. /Operator/Service/Designer）的用户权限级别来设置不同的权限和功能。在网络通信方面，PPM 300 控制器配有 5 个 RJ45 端口，具备交换机功能，并能够自动识别连接设备类型。通过环网连接构成可靠性更高的冗余控制网络，当通信线路出现故障，可以在 100 ms 之内完成切换。通过广播功能，可以将一台控制器中的参数、I/O 配置等通过网络通信广播至其他控制器，且广播内容及接受控制器均可进行选择，极大方便了系统的设置和管理。

PPM 300 的模块化设计支持现场更换处理器以及通信、测量和输入输出模块等。借助自动识别功能，可快速、轻松地进行运行维护、排故修理和系统升级。厂家还提供了 PC 机中运行的 PICUS 调试软件。

思考题

1. DEIF PPU 的功能有哪些？一般是如何用在船舶电站自动化系统中的？

2. 逆功率保护是船舶发电机的重要保护形式，如何通过 PPU 装置进行这种保护？

实训任务

进行 PPU 装置逆功率保护设定参数的查询和含义解释。

第二篇

船舶高压电力系统

项目七* 高压电气基础

随着船舶吨位的增加和电气化程度的提高，特别是电力推进技术的逐步推广，船舶电站的总负荷不断增加，发电机及电动机的功率也随之大幅增加。目前大型船舶电力系统的总容量已高达 15~20 MVA，大型豪华邮轮更高达 70 MVA。已经被广泛采用半个多世纪的船舶低压交流电力系统已无法满足现代化大型船舶电力系统容量的要求，船舶高压电力系统的应用日趋广泛，并给船舶电力系统带来一系列的重大变化。

中国船级社《钢质海船入级规范》对船舶低、高压系统的定义是：低压系统指工作于额定频率为 50 Hz 或 60 Hz、最高电压不超过 1 000 V 的交流系统，或在额定工作条件下最高瞬时电压不超过 1 500 V 的直流系统；高压系统指额定频率为 50 Hz 或 60 Hz、额定电压大于 1 kV 但不超过 15 kV 的交流系统，或在额定工作条件下最高瞬时电压超过 1 500 V 的直流系统。

由于高压电导电形式、绝缘材料及介质耐压、过电压保护等与传统的低压电有很大不同，在学习船舶高压电力系统的管理、维护修理前，必须先学习这些相关的基础知识。

1. 掌握气体的放电理论及提高气体间隙击穿电压的措施；
2. 掌握固体电介质的基本概念、高压绝缘击穿的原因和防止措施；
3. 了解高压绝缘材料的结构及电场电应力的概念；
4. 掌握过电压的产生及保护方法；
5. 了解电力系统电压扰动的原因及消除方法。

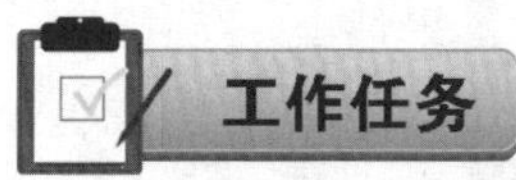

了解高压电缆连接中应力锥的使用。

1. 根据项目学习目标，分析和研讨工作任务要求，明确理论知识部分的学习内容，并结合混合式教学，学习相关知识材料；

2. 拟定工作计划,分解工作任务,明确学习目标,制订项目实施计划;

3. 根据实船电站高压电设备操作说明书、船舶高压电力系统图等,并结合实训室电站高压电设备,在教师指导下展开工作任务;

4. 对项目完成情况进行评估,针对不足之处进行分析、改进。

任务一　气体放电基本理论

在船舶电力系统中,最常见的绝缘介质就是空气。在高电压作用下,空气若被击穿将造成严重的短路、触电,甚至电弧光爆炸等严重事故。因此,我们先来学习一下气体放电理论和气体间隙的击穿机理、提高气体间隙击穿电压的各种措施。

一、气体放电的形式

干燥气体通常是良好的绝缘体,但当气体中存在自由带电粒子时,它就变为电的导体。这时如在气体中安置两个电极并加上电压,就有电流通过气体,这个现象称为气体放电。常见的气体放电形式有以下几种:

1. 辉光放电

辉光放电发生在低气压、均匀电场的条件下,是气体的击穿状态,特点是放电电流密度较小、放电区域通常占据放电电极间的整个空间。此时管端电压较高,不具有短路的特性。我们常见的霓虹管中的放电即这种形式,如图 7-1 所示。

图 7-1　辉光放电

2. 火花放电

火花放电发生在常压或高压下,是气体的击穿状态,特点是由于外电路的阻抗很大,限制了放电电流,出现贯穿两极的断续的明亮细火花;火花会熄灭后又会突然产生,放电过程不稳定。自然界的雷电即这种形式,如图 7-2 所示。

图 7-2　火花放电

3. 电弧放电

电弧放电即弧光放电，发生在常压或高压下，需要电源有足够大的功率。我们在前面学习过这种放电形式。其特点是放电电流密度极大，出现非常明亮的连续弧光；电弧的温度极高。这种放电具有短路的性质。工程上常用的电弧焊就是这种形式。

4. 电晕放电

电晕放电由于气体间隙极不均匀，在电极电场最强处出现发光层，放电电流小，气体间隙大部分未被击穿，尚未丧失绝缘性能，间隙仍能耐受电压作用。

5. 刷状放电

在电场极不均匀的情况下发生电晕放电，如果电压继续升高到一定程度时，从电晕电极伸展出许多较明亮的细小放电通道，称为刷状放电。

之后如果电压再升高，根据电源功率而转入火花放电或电弧放电，最后整个气体间隙被击穿；如电场稍不均匀，则可能不出现刷状放电，而由电晕放电直接转为击穿。

二、气体在强电场下的放电

1. 气体在强电场下放电特性

气体在正常状态下是良好的绝缘体，在 1 cm^3 体积内仅含几千个带电粒子；但在高电压下，气体内部从仅存在少量电荷状态下，会突然产生大量的电荷，从而失去绝缘能力而发生放电现象。而一旦电压解除后，气体电介质就能自动恢复绝缘状态。

2. 气体中带电质点的产生与消失

中性的气体分子无法导电。在气体被击穿导电和恢复绝缘的过程中，发生了如下的变化：

(1)激发

激发指原子在外界因素作用下，其一个或几个电子跃迁到能量较高的状态，转移到离核较远的轨道上去。

(2)游离

游离指原子在外界因素作用下，其电子脱离原子核的束博而形成自由电子和正离子，所需

能量称为游离能 W_i。

(3)游离的方式

①碰撞游离

当带电质点具有的动能积累到一定数值后,在与气体原子(或分子)发生碰撞时,可以使后者产生游离,这种由碰撞而引起的游离称为碰撞游离。引起碰撞游离的条件是:

$$\frac{1}{2}mv^2 \geqslant W_i \tag{7-1}$$

②光游离

由光辐射引起气体原子(或分子)的游离称为光游离。此时的光子可来源于外界,也可由气体放电过程本身产生。产生光游离的条件是:

$$hv \geqslant W_i \tag{7-2}$$

式中,h—普朗克常数;

v——光的频率。

③热游离

气体在热状态下引起的游离过程称为热游离。其实质是热状态下碰撞游离和光游离的综合。产生热游离的条件是:

$$\frac{3}{2}KT \geqslant W_i \tag{7-3}$$

式中,K——波茨曼常数;

T——绝对温度。

④金属表面游离

电子从金属电极表面逸出来的过程称为表面游离。

(4)去游离

由于去游离作用,带电粒子会消失,其三种途径是:

①扩散,是指带电质点从高浓度区域向低浓度区域运动,进而逸出气体放电空间。

②复合,是指正离子与负离子或电子相遇而互相中和还原成中性原子。

③附着效应,是指电子与原子碰撞时附着原子上形成负离子,负离子的形成并未使气体中带电粒子的数目改变,但却能使自由电子数减少,可对气体放电的发展起抑制作用。

3. 自持放电与非自持放电

(1)非自持放电是指如去掉外游离因素的作用后放电随即停止的放电。

(2)自持放电是指不依赖外界游离条件,仅由外施电压作用即可维持的一种气体放电。气体自持放电的特征与气体的种类、压强、电极的材料、形状、温度、间距等诸多因素有关,而且往往有发声、发光等现象伴随发生。自持放电因条件不同,而出现不同的形式,即前述的辉光放电、电弧放电、火花放电、电晕放电等。

如图 7-3 所示为气体外加电压与放电电流之间的关系曲线。通过此曲线,我们来分析一下气体随着外加电压升高的放电过程。

①在 OA 阶段,间隙中的电流随着电压的升高而逐渐增加。其原因在于电压上升,电场增加,带电质点的运动速度加快,复合的概率减小,故更多的带电质点落入到极板间,所以电流上升。

②在 AB 阶段,电流基本保持不变。其原因在于,这时间隙中几乎所有的带电质点都落入到了极板中,而外界游离因素单位时间内产生的自由电子数是一定的,所以电流并不随电压的增加而增加。

③在 BC 阶段,电流随着电压的上升而上升。此时出现了新的游离因素,因为此时的电压已经较高,在高场强下产生了碰撞游离,产生了新的带电质点,所以电流增加。

④C 以后阶段,电流急剧增加,这时由于外加的电场强度很高,间隙发生了击穿,放电达到了自持。

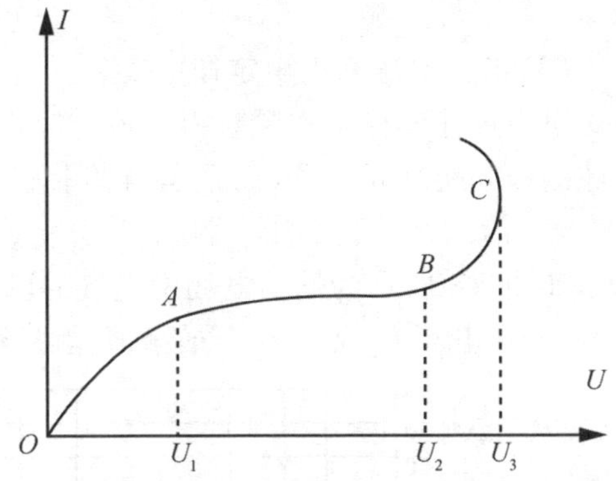

图 7-3　气体外加电压与放电电流之间的关系曲线

三、气体放电的两个理论

1. 汤逊(Townsend)放电理论

汤逊放电理论由实验获得,适用于均匀电场、低气压、短间隙[$p \cdot d<26.66$ kPa · cm(200 mmHg · cm),其中,p 为气压值;d 为间隙的极间距离]的气体放电。该理论的要点是电子碰撞游离和正离子撞击阴极产生的金属表面游离是使带电质点激增并导致击穿的主要因素。击穿电压大体上是 $p \cdot d$ 的函数。

(1)电子崩

当外界游离因素在阴极附近产生一个初始电子,若空间的电场强度足够大,该电子在向阳极运动时就会引起碰撞游离,产生出一个新电子,初始电子和新电子继续向阳极运动,又会引起新的碰撞游离,产生出更多的电子。依次类推,电子数将按几何级数不断增多,像雪崩似的发展,这种急剧增大的空间电流被称为电子崩,即在电场作用下电子从阴极向阳极推进而形成的一群电子。

与此同时,空间内的正离子向阴极推进,其撞击阴极表面产生二次自由电子,而这些二次电子同样可引起气体空间的游离。

(2)产生自持放电的条件

在均匀电场中,如果电压(电场强度)足够大,初始电子崩中的正离子在阴极上产生出来的新电子数能够等于或大于阴极表面由于外界游离因素而产生的自由电子数,那么即使除去外界游离因素的作用放电也不会停止,即放电仅仅依靠已经产生出来的电子和正离子(它们的数目取决于电场强度)就能维持下去,这就变成了自持放电。

其实际物理意义是:一个电子从阴极到阳极途中因电子崩而造成的正离子数为 $e^{\alpha d}-1$,而这批正离子在阴极上造成的二次自由电子数应为 $\gamma(e^{\alpha d}-1)$,如果它等于 1,就意味着那个初始电子有了一个后继电子,从而使放电得以自持。式中 α 是电子的空间碰撞系数,即一个电子在电场作用下在单位行程里所发生的碰撞游离数;γ 是正离子的表面游离系数,指一个正离子到达阴极、撞击阴极表面产生游离的电子数。故自持放电条件可表达为:

$$\gamma(e^{\alpha d}-1)\geqslant 1 \tag{7-5}$$

(3)击穿电压和巴申定律

巴申定律同样由实验获得。该定律指出气体间隙的击穿电压 U_b 不仅与气压 p 有关还与间隙的极间距离 d 有关,而且是两者乘积的函数,即:

$$U_b=f(p\cdot d) \tag{7-4}$$

如图 7-4 所示为均匀电场中空气的巴申曲线。通过该曲线分析我们发现,随 $p\cdot d$ 值由小变大,击穿电压 U_b 先减小至最小值,然后逐渐增大。

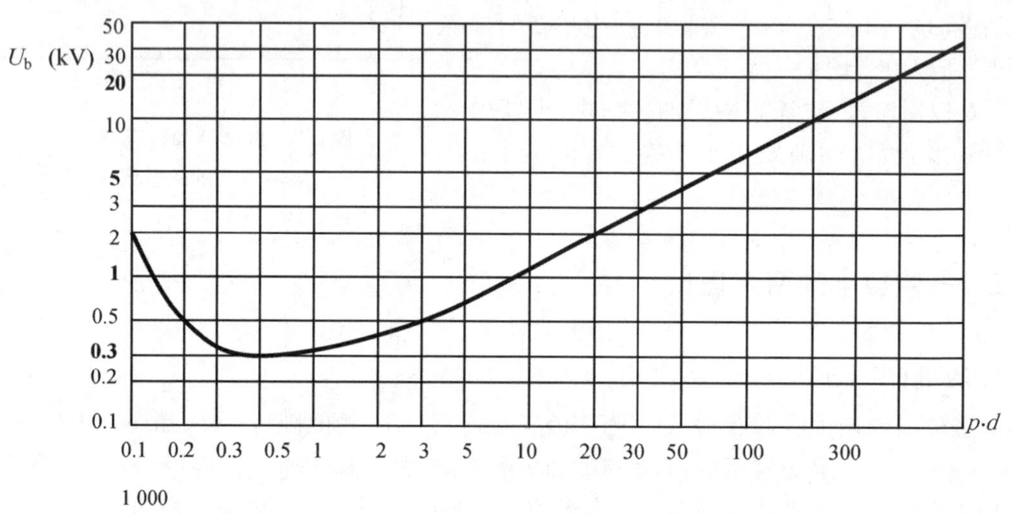

图 7-4 均匀电场中空气的巴申曲线

①假设 d 保持不变

A. 当 p 很大时,电子的平均自由行程缩短了,相邻两次碰撞之间电子积聚到足够动能的概率减小了,故 U_b 必然增大。

B. 当 p 很小时,电子在碰撞前积聚到足够动能的概率虽然增大了,但气体很稀薄,电子在走完全程中与气体分子相撞的总次数却减到很小,所以 U_b 也会增大。

由上可知,采用高真空和高气压可提高气体间隙的击穿电压,该原理应用于真空断路器和压缩空气断路器。

②假设 p 保持不变

A. 当 d 增加时,场强 E 降低,因此碰撞游离减弱,故 U_b 必然增大。

B. 当 d 很小时,自由电子直接从阴极运动到阳极(工程中不会用到)。

由上可知,增加气体间隙的距离可提高气体间隙的击穿电压。

(4)汤逊气体放电理论的局限性

按汤逊理论,气体间隙的放电是均匀连续发展的,但在大气中的气体击穿时,会出现有分枝的明亮通道(发光)。

实际测得的大气击穿过程所需的时间比按汤逊理论计算的时间小得多(要小 1/10~1/100)。

按汤逊理论,气体间隙的放电与阴极材料有很大关系;而实测的情况表明,大气压力下的气体放电几乎与阴极材料无关。

基于以上的原因，依据大量的实验观察，在汤逊气体放电理论的基础上又提出了流注放电理论。

2. 流注放电理论

流注放电理论适用于均匀电场、高气压、长间隙[$p \cdot d > 26.66$ kPa · cm(200 mmHg · cm)]的气体放电。该理论认为，电子碰撞游离及空间光游离是维持自持放电的主要因素，并强调了空间电荷畸变电场的作用。

(1)流注理论对放电过程的描述

如前所述，气体中的带电粒子在足够大的外加电场作用下，高速运动并不断加速，出现强烈的碰撞游离，形成电子崩。由许多电子崩产生的大量正负带电质点混合而成的离子通道即为流注，当流注把气体间隙的两极接通时，整个间隙随之被击穿。

①初始电子崩

在外加电场作用下，电子崩由阴极向阳极发展，阳极侧电子崩数目更多，且在电子到达电极之后，空间的正电荷加强了原电场并使其畸变，同时向周围放射出大量光子。

②二次电子崩

光子使附近的气体因光游离而产生二次电子，它们在已经加强和畸变了的局部电场作用下，又形成新的电子崩，即二次电子崩。

③流注的形成及发展

二次电子崩汇集到由阳极生长的放电通道，并帮助它的发展，形成由阳极向阴极前进的流注(正流注，其形成过程如图 7-5 所示)，流注的速度比碰撞游离快，同时，光辐射是指向各个方向的，光子产生的地点也是随机的，这说明放电通道是曲折进行的。

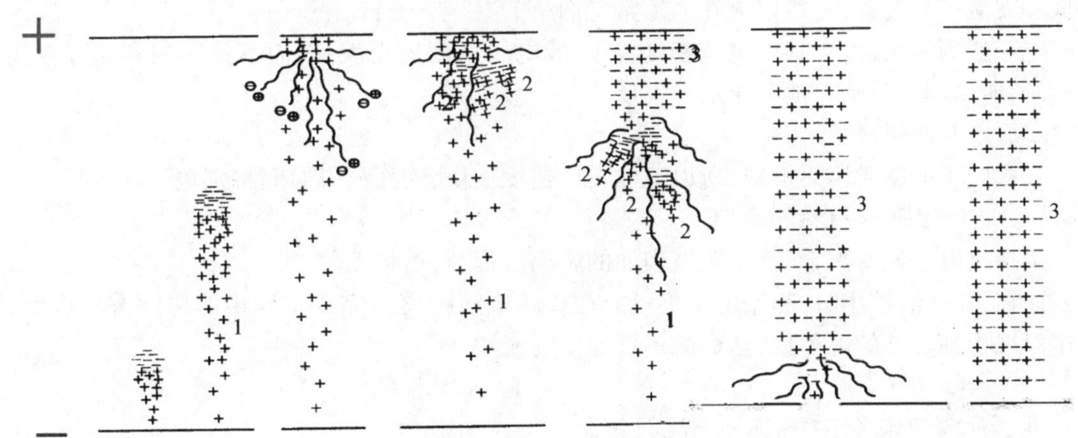

图 7-5　正流注的形成过程

1—初始电子崩；2—二次电子崩；3—流注

如果所加电压超过临界击穿电压(过电压)，电子崩游离加强，虽然电子崩还没有发展到阳极附近，但在间隙中部也产生了许多光电子及二次电子崩，它们汇集到主电子崩中，加速放电的发展，增加放电通道的电导率，即形成由阴极发展的流注(负流注，其形成过程如图 7-6 所示)。

④间隙气体击穿

当正流注达到阴极时或负流注达到阳极时，正负电极之间形成一个导电的通道，可以通过大的电流，即间隙被击穿。

(2)产生自持放电条件

根据流注理论，形成流注需要较多的初始电子崩及足够的空间光游离，进而产生自持放电；如果电场均匀，间隙就将被击穿。所以流注形成的条件就是自持放电条件，在均匀电场中也就是导致击穿的条件。形成流注的条件是电子崩发展到足够的程度后，电子崩中的空间电荷足以使原电场明显畸变，大大加强崩头和崩尾处的电场，即电子崩积累到一定的数量，其量化指标是：

$$e^{\alpha d} \geqslant 常数(10^8) \tag{7-6}$$

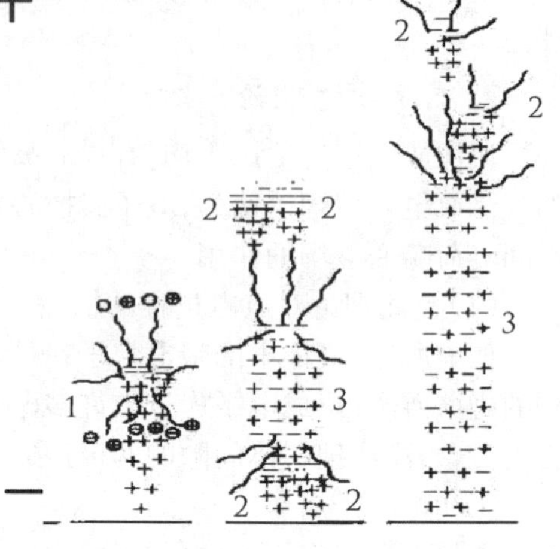

图 7-6　负流注的形成过程

1—初始电子崩；2—二次电子崩；3—流注

电子崩中电荷密度很大，所以复合频繁，放射出的光子在这部分很强，电场区很容易成为引发新的空间光游离的辐射源，二次电子主要来源于空间光游离。

气隙中一旦形成流注，放电就可由空间光游离自行维持。

(3)流注理论对高气压、长间隙($p \cdot d$ 很大)放电现象的解释

①放电外形具有通道形式

流注前方随着其向前发展而更为增强，多流注之间互相抑制发展。二次电子崩在空间的形成和发展带有统计性，所以火花通道常是曲折的并带有分枝。

电子崩则不然，由于其中电荷密度较小，故电场强度还很大，因而不致影响到邻近空间内的电场，所以不会影响其他电子崩的发展。

②放电时间短

二次电子崩由光游离形成，所以流注发展速度极快，因而放电时间特别短。

③放电不受阴极材料的影响

维持放电靠光游离，而不是阴极表面的游离过程，与材料无关。

而在 $p \cdot d$ 值较小时，起始电子不可能在穿越极间距离后完成足够多的碰撞游离次数，因而难以聚积到足够的电子数，这样就不可能出现流注。

四、不均匀电场中气体的击穿过程

前述两个放电理论对应的均匀电场是一种少有的特例，在实际电力设施中常见的是不均匀电场。

为了描述各种结构电场的不均匀程度，引入一个新的参数电场不均匀系数 f，表示为：

$$f = \frac{E_{max}}{E_{av}} \tag{7-7}$$

式中，E_{max} 为最大电场强度，E_{av} 为平均电场强度。

$$E_{max} = \frac{U}{d} \tag{7-8}$$

（1）当 $f < 2$ 时，为稍不均匀电场，如放电球间隙电场。

（2）当 $f > 4$ 时，为极不均匀电场，一般高压输电缆的电场就属于这种形式。

（3）当电场不均匀系数 f 处于 2~4 时，极间电场为稍不均匀到极不均匀的过渡情况。

极不均匀电场气隙中，因间隙距离大，击穿电压主要取决于间隙距离，而与电极形状关系不大。一般常以棒-棒电极或棒-板电极作为研究极不均匀电场放电特性的典型电极，其中前者代表对称的不均匀电场，后者代表不对称的不均匀电场，如图 7-7 所示。

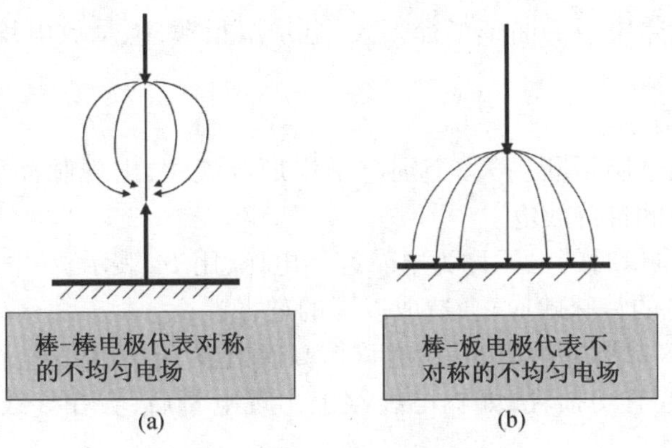

图 7-7　棒-棒及棒-板电极

1. 电晕放电的产生

极不均匀电场中，间隙中的最大场强比平均场强大得多。外加电压比较低的时候，曲率大（曲率半径较小）的电极附近电场强度已足够大、可引起强烈的游离，在这局部的强场区形成放电。这种仅仅发生在强场区的局部放电称为电晕放电，如图 7-8 所示。在电晕放电过程中产生薄薄的淡紫色发光层，称为电晕层。此外电晕放电还伴有“嗞嗞”放电声、发出臭氧气味等现象。

图 7-8　电晕放电

电晕放电时产生的效应主要有：

①电晕电流具有高频脉冲性质，会对无线电通信产生干扰。

②电晕使空气发生化学反应，产生 O_3、NO、NO_2。

③会产生能量损耗。电晕损耗是超高压输电线路设计时必须考虑的因素，坏天气时电晕损耗要比好天气时大得多。

电晕放电是极不均匀电场特有的自持放电形式，通常把能否出现稳定的电晕放电作为区分极不均匀电场和稍不均匀电场的标志。

发生电晕放电时，气体间隙的大部分尚未丧失绝缘性能，放电电流很小，间隙仍能耐受电压的作用。

（1）电晕放电的形式

①电子崩形式

外施电压较低，起晕电极的曲率半径很大，电晕层很薄，电晕放电均匀、稳定，属于电子崩性质的自持放电。

②流注形式

随着电压升高，电晕层不断扩大，个别电子崩形成流注，出现脉冲放电现象，转变为不均匀、不稳定的流注性质的自持放电。

我们把开始出现电晕时的电压称为电晕起始电压，用 U_c 表示。

（2）由于电晕放电的特殊效应，会造成以下的危害：

①电晕电流具有高频脉冲性质，且含有许多高次谐波，会对无线电通信产生干扰。

②电晕电流会引起有功损耗，如输电线路上出现电晕后，会在导线和地之间形成电晕电流，消耗电场能量。

③电晕使空气发生化学反应，形成 O_3、NO、NO_2 等有害气体，对金属和有机绝缘物有氧化和腐蚀作用。

（3）消除电晕放电的方法是根据其出现的原因，从根本上设法限制和降低电极表面的电场强度：

①改进电极的形状，减小电极的曲率。

②变压器、断路器等许多电气设备的出线电极采用空心、扩大尺寸的球面或旋转椭圆面等形式，超高压输电线路采用分裂导线等。

2. 极性效应

在极不均匀电场中，放电一定从曲率半径较小的那个电极表面开始，与该电极极性无关。

对于电极形状不对称的不均匀电场气隙，如棒-板间隙，当棒电极的极性不同时，间隙的起晕电压 U_c 和击穿电压 U_b 的大小也不同，这种现象称为极性效应。

产生极性效应的原因是：棒电极的极性不同时，间隙中的空间电荷对外电场的畸变作用不同。

（1）正棒-负板间隙

根据前述原因，电晕放电从棒极开始。当电子崩发展到棒极时，电子进入带正电的棒极中；正离子留在棒极附近，以较慢速度向带负电的板极运动，这些正空间电荷使紧贴棒极附近的电场减弱，不易形成流注，放电难以自持，故起晕电压 U_c 高。而正空间电荷加强了朝向板极的电场，有利于流注向负板发展，故击穿电压 U_b 较低。

（2）负棒-正板间隙

电晕放电同样从棒极开始，阴极表面游离产生的电子通过强场区形成电子崩，电子向带正电的板极运动进入弱场区后不再引起游离，并大多形成负离子。因其浓度小，对电场影响小，正空间电荷加强了棒极附近的电场,易形成自持放电,故起晕电压 U_c 低。朝向板极方向的电场被减弱,流注不易发展,故击穿电压 U_b 较高。

根据以上分析,得出极性效应的结论:在气体间隙的距离 d 相同时,正棒-负板时的起晕电压更高,而负棒-正板时的击穿电压更高,即:

$$U_{c(+)} > U_{c(-)}$$

$$U_{b(+)} < U_{b(-)}$$

棒-棒电极间隙的气体击穿由于没有极性效应,击穿电压 U_b 介于极性不同的棒-板电极之间。

3. 不均匀电场气体击穿的发展过程

根据前述分析,因为正棒-负板击穿电压低于负棒-正板的击穿电压,所以工程中不对称,不均匀电场气隙的绝缘距离应根据棒-板间隙在棒为正极性电压下的击穿特性来确定。

(1)长间隙不均匀电场中的放电过程

长间隙一般电极的距离 $d>1$ m。随着外加电压的升高,气体击穿经历了四个过程:

①非自持放电阶段

由于正棒处空间电场强度最强,此处有电子崩产生,电子进入棒极后,在阳极空间积聚了大量的正电荷。

②流注发展阶段

以上的正空间电荷加强了朝向板极的电场,使头部电场增强,产生了新电子崩,有利于流注向板极方向的发展。

③先导放电阶段

大密度的流注产生大密度的电流,造成其内部温度迅速升高,出现了强烈的热游离,进而生成更多带电粒子,形成了炽热的等离子体通道,具有高温、高电导、高电位的特性,被称作先导通道(具有热游离过程的通道),且不断向阴极延伸。

④主放电过程

当先导通道头部即将达到板极时,小间隙中的高场强引起强烈游离,带电粒子大量产生;此后强游离区迅速向阳极传播,这就是主放电过程。当主放电通道贯穿电极间隙时,间隙接近于短路状态,气隙完全丧失了绝缘性能,即被击穿。值得注意的是,由于前述的场强极大,主放电通道是温度更高、电导更大、轴向电场更小的等离子体火花通道,其发展速度也远大于先导通道。

(2)短间隙不均匀电场中的放电过程

短间隙一般电极的距离 $d<1$ m。短间隙的放电没有先导放电阶段,只分为电子崩、流注和主放电三个阶段。

由于长间隙放电时,炽热的导电通道是在放电发展的过程中建立的,而不是在整个间隙被流注通道贯穿后建立的,极间距离越大,先导过程与主放电过程就发展得越充分,所以长间隙的平均击穿场强远小于短间隙的平均击穿场强。

五、提高气体间隙击穿电压的措施

为了缩小电力设施的尺寸,总希望将气隙长度或绝缘距离尽可能取得小一些,为此就应采

取措施来提高气体介质的电气强度。从实用角度出发,要提高气隙的击穿电压不外乎采用两种途径:

1. 改善气隙中的电场分布,使之均匀

(1)改进电极形状以改善电场分布

①增大电极曲率半径。

②改善电极边缘(消除毛刺、棱角)。

③使电极具有最佳外形(对称电场,如棒-棒类型)。

(2)利用空间电荷畸变电场的作用

极不均匀电场中击穿前先发生电晕放电,所以在一定条件下,可以利用放电自身产生的空间电荷来改善电场分布,提高击穿电压。

(3)极不均匀电场中屏障的作用

在电场极不均匀的气体间隙中,放入薄片固体绝缘材料(例如纸或纸板),在一定条件下,可以显著提高间隙的击穿电压。屏障一般采用很薄的固体绝缘材料,其本身的击穿电压很低,所以屏障效应不是由于屏障分担电压的作用而造成的。

2. 设法削弱和抑制气体介质中的游离过程

(1)高气压的采用

提高气压可以减小电子的平均自由行程,削弱游离过程,从而提高气体的介电强度。

(2)高电气强度气体的采用

有一些含卤族元素的强电负性气体电气强度特别高,如六氟化硫 SF_6、氟利昂 CCl_2F_2、四氯化碳 CCl_4 等,因而可称之为高电气强度气体。采用这些气体来替换空气,可以大大提高气隙的击穿电压,甚至在空气中混入一部分这样的气体也能显著提高其电气强度。

(3)高真空的采用

目前高真空仅在真空断路器中得到实际应用,真空不但绝缘性能较好,而且还具有很强的灭弧能力,所以用于高压配电网中的真空断路器是很合适的。

六、大气条件下气体间隙击穿电压的影响因素

船舶高压电气设备除作为断路器的主触点外,大多数仍采用空气作为绝缘材料。分析大气条件下气体间隙击穿电压的影响因素,对船舶高压电气设备的管理具有实际的指导意义,其中的主要影响因素包括相对密度、湿度和海拔高度等。

一般气隙的击穿电压随大气密度的增加而升高。

关于湿度的影响,对均匀或稍不均匀电场,湿度的增加会使击穿电压略有增加,但程度极微,可以不考虑;对极不均匀电场,由于平均场强较低,湿度增加后水分子易吸附电子而形成质量较大的负离子,运动速度减慢,游离能力大大降低,使击穿电压增大。

海拔高度的影响,一般是随着高度增加,空气逐渐稀薄,大气压力及空气相对密度下降,间隙的击穿电压也随之下降。

七、高电气强度气体六氟化硫 SF_6 的介绍

1. 优点及应用

SF_6 气体属强电负性气体，容易吸附电子成为负离子，从而削弱了游离过程。SF_6 提高压力后可相当于一般液体或固体绝缘的绝缘强度。它是一种无色、无味、无臭、无毒、不燃的不活泼气体，化学性能非常稳定，无腐蚀作用。它具有优良的灭弧性能，其灭弧能力是空气的 100 倍，故极适合用于高压断路器中。

目前 SF_6 不但应用于单一的高压电气设备，如 SF_6 断路器、气体绝缘变压器等，还被广泛采用于封闭式气体绝缘组合电器 GIS 和充气管输电线等高压电气装置中。所谓 GIS 是由断路器、隔离开关、接地刀闸、互感器、避雷器、母线、连线和出线终端等部件组合而成，全部封闭在内部充满 SF_6 的金属外壳中，如图 7-9 所示。由图可见，在该六氟化硫 SF_6 封闭式组合电器 GIS 上布设了大量的局部放电和 SF_6 气体检测传感器，构成密集的传感网，可精细监测 GIS 装置性能的变化。

图 7-9 SF_6 封闭式组合电器 GIS

采用 SF_6 气体绝缘，一方面可有效减小电气设备的占地面积和体积，例如 500 kV 的 GIS 体积只有敞开式配电装置的 1/50 左右；另一方面，SF_6 气体绝缘与变压器油相比具有防火、防爆的优点。

2. 使用注意事项

纯净的 SF_6 气体是无毒惰性气体，180 ℃以下时它与电气设备中材料的相容性与 N_2 相似。但 SF_6 的分解物有毒，并对材料有腐蚀作用，因此必须采取措施以保证人身和设备安全。

（1）毒性分解物

使 SF_6 气体分解的原因是电子碰撞、热和光辐射等。在高压电气设备中引起分解的原因主要是前两种，它们均因放电而出现。大功率电弧（断路器触头间的电弧或 GIS 等设备内部的故障电弧）的高温会引起 SF_6 气体的迅速分解，而火花放电、电晕或局部放电也会引起 SF_6

气体的分解。

针对 SF_6 气体毒性分解物的措施，通常采用吸附剂，一般是活性氧化铝和分子筛，放置量不小于 SF_6 气体重量的 10%。吸附剂除了可吸附分解物，还可吸附水分。

(2)含水量控制

水分是 SF_6 气体中危害最大的杂质，其影响主要体现在：

①低温时引起固体介质表面凝露，使闪络电压急剧降低。

②与 HF 形成氢氟酸，引起材料的腐蚀与导致机械故障。

控制气体含水量的措施是：

①避免在高湿度气体条件下进行装配工作。

②安装前所有部件都要经过干燥处理。

③保证良好的密封；否则会使设备内的 SF_6 气体泄漏到大气中去，而大气中的水汽也会渗入设备内。

八、静态电压和脉冲冲击电压下气体的绝缘特性

1. 静态电压下的气体绝缘击穿特性

(1)均匀电场的击穿特性

均匀电场只有一种，那就是消除了电极边缘效应的平板电极之间的电场。工程中一般极间距离 d 都不大。

在均匀电场的气体击穿中，有以下特性：

①两个电极形状完全相同且对称布置，因而不存在极性效应。

②均匀电场中各处的电场强度均相等，击穿所需的时间极短。

③在直流、工频电压，甚至包括冲击电压作用下的击穿电压实际上都是相同的。

击穿电压的分散性很小，伏秒特性很快就变平，冲击系数 $\beta=1$。

(2)极不均匀电场的击穿特性

如前所述，我们一般分析“棒-棒”气隙，即完全对称性的不均匀电场和“棒-板”气隙，即最大不对称性的不均匀电场间隙两种典型的击穿放电形式。此时直流、工频电压及冲击击穿电压间的差别比较明显，分散性较大，且极性效应显著。实际工程中遇到的各种极不均匀电场气隙，其气隙的击穿特性在两种典型气隙的特性之间。

稍不均匀电场的击穿特性在均匀和极不均匀电场的特性之间。

2. 在脉冲冲击电压下的气体绝缘击穿特性

在高压电力系统中，一方面应采取措施限制电气设备过电压，另一方面也应保证其能耐受一定水平的过电压。在过电压分析和试验中，我们选取了两种典型的形式：

(1)雷电过电压是一种持续时间极短的脉冲电压，在这种电压作用下绝缘的击穿具有与静态电压下击穿所不同的特点。

(2)操作冲击电压是模拟电力系统中的操作过电压，如电流线圈突然断电时产生的感应电压等，其持续时间比雷电冲击电压要长。

无论哪种形式，完成气隙击穿有三个必备条件：

(1)足够大的电场强度或足够高的电压。

(2)在气隙中存在能引起电子崩并导致流注和主放电的有效电子。

(3)需要有一定的时间,让放电得以逐步发展并完成击穿。

对其中的第三个条件而言,完成击穿所需放电时间是很短的(微秒级),直流电压、工频交流等持续作用的电压满足该条件不成问题;但对所加电压变化速度很快、作用时间很短的冲击电压,因有效作用时间短,是以微秒计,故放电时间就变成了一个影响绝缘特性的重要因素。

如图 7-10 所示为气隙冲击击穿所需时间的示意图,其中:

t_1——气隙在持续电压下的击穿电压为 U_b,t_1 为所加电压从 0 上升到 U_b 的时间。

t_s——从外施电压达 U_b 的时刻起,到出现一个能引起击穿的初始电子崩所需的第一个有效自由电子所需的时间,称之为统计时延。

t_f——从出现第一个有效自由电子的时刻起,到放电过程完成所需的时间,也就是电子崩的形成和发展到流注、主放电等所需的时间,称为放电形成时延。

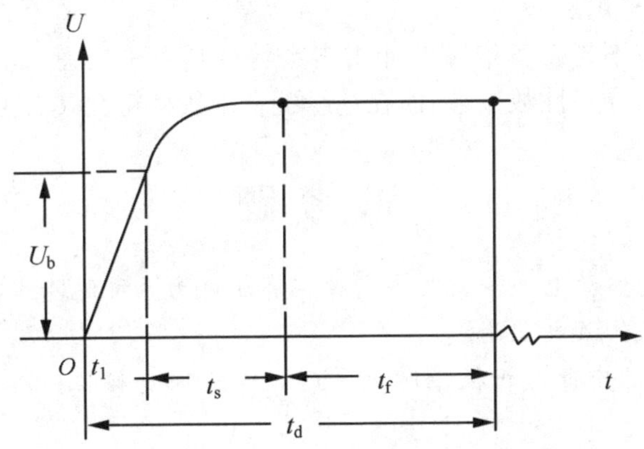

图 7-10　气隙冲击击穿所需时间的示意图

因此,总放电时间:

$$t_d = t_1 + t_s + t_f \tag{7-9}$$

后面两个分量之和称为放电时延:

$$t = t_s + t_f \tag{7-10}$$

t_d 和 t 都具有统计性。放电时间 t_d 和放电时延 t 的长短都与所加电压的幅值 U 有关,总的趋势是 U 越高,放电过程发展得越快,t_d 和 t 越短。

(1)50%冲击击穿电压及冲击系数

由于放电时延 t 服从统计规律,因此冲击击穿电压具有一定的分散性。一般的规律是,放电时延越长,则冲击击穿电压的分散性越大,也就是说低概率击穿电压与 100%击穿电压的差别越大。

在工程中广泛采用击穿百分比为 50%时的电压 $U_{50\%}$ 来表征气隙的冲击击穿特性。一般若施加 10 次电压中有 4~6 次击穿了,这一电压即可认为是 50%冲击击穿电压。

$U_{50\%}$ 与 U_{ss} 静态击穿电压的比值称为冲击系数 β

$$\beta = \frac{U_{50\%}}{U_{ss}} \tag{7-11}$$

均匀和稍不均匀电场下,放电时延短,击穿的分散性小,冲击击穿通常发生在波峰附近,$\beta \approx 1$。

极不均匀电场中,冲击击穿电压的分散性也较大,放电时延长,冲击击穿常发生在波尾部分,$\beta > 1$。

(2)伏秒特性

所谓"伏秒特性",是将放电间隙击穿电压值与放电时间联系起来以表征间隙击穿特性的一种方法,其定义是绝缘间隙在冲击电压作用下击穿时,间隙上出现的电压最大值和放电时间的关系。

气体间隙伏秒特性的曲线形状取决于电极间电场分布。不均匀电场由于平均击穿电场强度较低,而且流注总是从强场区向弱场区发展,放电速度受到电场分布的影响,所以放电时延更长、分散性更强,其伏秒特性曲线在放电时间还相当大时便随时间减小而明显地上翘,曲线比较陡;均匀或稍不均匀电场则相反,由于击穿时平均场强较高,流注发展较快,放电时延较短,其伏秒特性曲线较平坦。

伏秒特性对于比较不同设备绝缘的冲击击穿特性具有重要意义。伏秒特性比50%击穿电压提供了更完整的击穿特性数据,因而在绝缘配合中伏秒特性具有更加重要的意义。

思考题

1. 简要叙述汤逊气体放电理论。巴申定律在高压电力系统绝缘中有哪些应用?
2. 简要叙述流注气体放电理论。
3. 为什么棒-板间隙中棒为正极性时电晕起始电压比负极性时略高,但击穿电压反而略低?
4. 为什么高压电力系统经常采用 SF_6 作为气态绝缘材料使用?
5. 在高压电力系统中,提高气体间隙击穿电压的措施有哪些?

任务二　固体电介质

绝缘的概念是指将不同电位的导体分开,使之在电气上不相连接。具有绝缘作用的材料称为电介质或绝缘材料。电介质按状态分为气体、液体和固体三类,我们前面已经学习过气体电介质。

电介质可根据化学结构分为非极性或弱极性电介质、极性电介质和离子性电介质。

在工程中常用的固体电介质包括属于天然材料的木材、云母、石棉、橡胶等,属于人造材料的电瓷、玻璃、电木、塑料等,其中橡胶、电木等属于有机物,云母、电瓷、玻璃等属于无机物。一般用固体电介质作为绝缘材料时具有电气强度高、可兼作支撑材料、不受外界影响、击穿后不可自恢复、会逐渐老化等特点。

一、电介质的基本概念

在电场作用下电介质会产生极化、电导、游离、损耗和击穿放电等物理现象，正确理解和认识这些现象，对我们进行绝缘结构的合理设计、绝缘材料的合理利用以及对绝缘性能的准确评估有着非常重要的意义。

1. 电介质的极化

(1)定义

无论何种结构的电介质，在没有外电场作用时，内部的正、负电荷处于相对平衡状态，整体上对外没有极性。

当有外电场作用时，均匀介质内部各处仍呈电中性，但在介质表面要出现异号电荷(靠近正极板的表面出现负电荷，靠近负极板的表面出现正电荷)，这种电荷不能离开电介质到其他带电体，也不能在电介质内部自由移动，我们称它为束缚电荷，它不像导体中的自由电荷能够用传导的方法引走。这种在外电场作用下，电介质表面出现束缚电荷的现象称为极化。

(2)分类

极化的形式包括：电子式极化、离子式极化、偶极子极化、夹层极化等。

电子式极化：是由于原子中被束缚的电子发生相对位移而产生的极化。其特点是形成所需的时间短，弹性极化，无能量损耗。温度对极化影响极小。电子式极化存在于一切电介质材料中。

离子式极化：是由于介质内正负离子位移而发生的极化。其特点是形成所需的时间短，弹性极化，几乎无能量损耗。温度对极化有一定的影响，极化随温度升高而增强。离子式极化仅存在于离子性介质中。

偶极子极化：在外电场作用下，介质内的极性分子或电偶极子(是指相距很近、符号相反的一对电荷)沿电场方向转动，做较有规则的排列，因而显出极性，也称为转向极化。特点是形成所需的时间较长，非弹性极化，有能量损耗。温度对极化影响很大，温度很高和很低时，极化均减弱。偶极式极化存在于极性介质中。

夹层极化：电场加在多层介质上，各层介质发生极化、电荷重新分配，在两层介质的交界面处产生电荷积累，产生夹层极化。特点是形成时间很长，非弹性极化，有能量损耗。当绝缘受潮时，由于电导增大，极化完成时间将大大缩短。夹层极化一般存在于不均匀夹层介质中。

如图 7-11 所示为双层介质的夹层极化原理和示意电路图，设两层的电容分别为 C_1、C_2，电导为 G_1、G_2，在外加电源 U 的作用下，电压分别为 U_1、U_2。

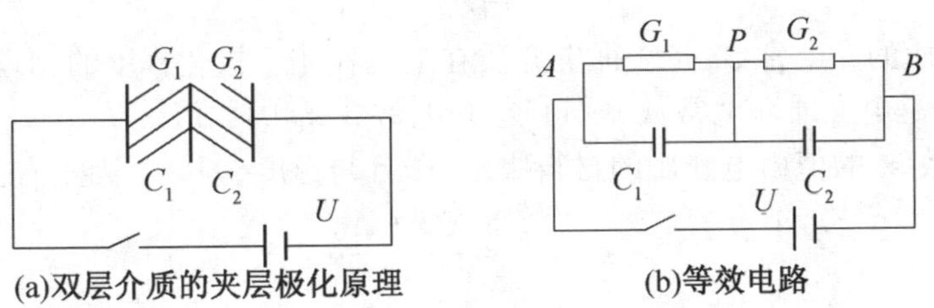

(a)双层介质的夹层极化原理　　(b)等效电路

图 7-11　双层介质的夹层极化原理和示意电路图

则 $t=0$ 时，有：

$$\frac{U_1}{U_2}=\frac{C_2}{C_1}$$

$t=\infty$ 时，有：

$$\frac{U_1}{U_2}=\frac{G_2}{G_1}$$

而由于

$$\frac{C_2}{C_1}\neq\frac{G_2}{G_1}$$

在 $t=0$ 至 ∞ 的过程中，电荷会重新分配，在两层介质的交界面处有积累电荷，这种极化形式就是夹层介质界面的极化。夹层界面上电荷的堆积是通过介质电导 G 完成的，高压绝缘介质的电导通常都很小，且这种性质的极化只有在低频时才有意义。

不同类型极化的特点如表 7-1 所示。

表 7-1　不同类型极化的特点

极化种类	产生场合	所需时间	能量损耗	产生原因
电子式极化	任何电介质	10^{-15} s	无	原子束缚电子运行轨道的偏移
离子式极化	离子性电介质	10^{-13} s	几乎没有	离子的相对偏移
偶极子极化	极性电介质	$10^{-10}\varepsilon_r 10^{-2}$ s	有	偶极子的定向排列
夹层极化	多层电介质的交界面	10^{-1} s~数小时	有	带电质点的移动

(3)电介质的介电常数

如图 7-12 所示为介电常数含义的示意图，在该图中，当电容极板间为真空时，有：

$$C_0=\frac{Q_0}{U}=\frac{\varepsilon_0 S}{d} \tag{7-12}$$

式中，S 为极板面积，ε_0 为真空的介电常数，取 8. 86×10^{-14} F/cm。

当极板间充满某种电介质后，在电场作用下，电介质发生极化，且积累的电荷与邻近极板上的电荷相反。为维持电场恒定，极板上的电荷必然会增加，增加的电荷用以抵消极化电荷所产生的反电场，有：

$$C=\frac{Q_0+\Delta Q}{U}=\frac{\varepsilon S}{d} \tag{7-13}$$

式中，ε 为该电介质的介电常数，是表征电介质在电场作用下极化程度的物理量。工程中常用相对介电常数 ε_r，是电介质介电常数 ε 与真空介电常数 ε_0 的比值。

相对介电常数 ε_r 的值由电介质的材料决定，并且与温度、频率等因素有关。

$$\varepsilon_r=\frac{\varepsilon}{\varepsilon_0}=\frac{Q_0+\Delta Q}{Q_0} \tag{7-14}$$

①气体电介质因密度很小，极化程度很弱，因而一切气体的 ε_r 应用时都可看作 1。

②对于液体电介质，非极性和弱极性电介质，如石油、苯、四氯化碳、硅油等 ε_r 数值不大，

在1.8~2.5范围内,介电常数和温度的关系和单位体积中的分子数与温度的关系相似。

极性电介质,如蓖麻油、氯化联苯等,ε_r 数值在2~6范围内,其还能用作绝缘介质。

强极性电介质,如酒精、水等,$\varepsilon_r>10$,此类液体电介质用作电容器浸渍剂,可使电容器的比电容增大,但通常损耗都较大。

③对于固体电介质,非极性和弱极性固体电介质,聚乙烯、聚丙烯、聚四氟乙烯、聚苯乙烯、石蜡、石棉、无机玻璃等都属此类。电介质只有电子式极化和离子式极化,ε_r 不大,通常在2.0~2.7范围内。介电常数与温度的关系也与单位体积内的分子数与温度的关系相近。

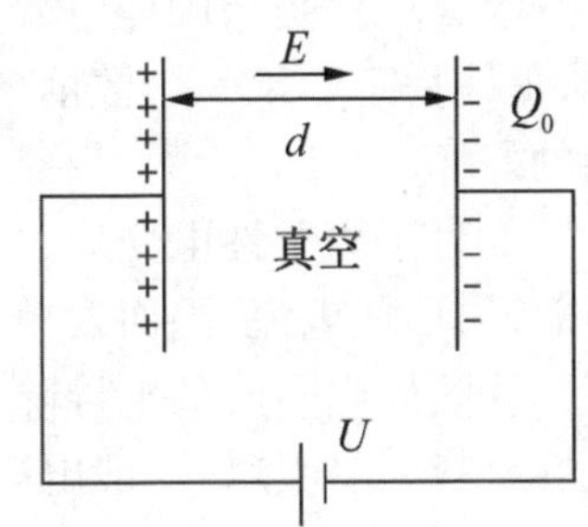

图7-12　介电常数含义示意图

极性固体电介质,如树脂、纤维、橡胶、虫胶、有机玻璃、聚氯乙烯和涤纶等,ε_r 较大,一般为3~6,还可能更大。

离子性电介质,如陶瓷、云母等,相对介电常数 ε_r 一般为5~8。

(4)电介质极化性能在工程中的意义

选择电介质时应注意相对介电常数 ε_r 的大小,用作电容器的绝缘介质时,希望 ε_r 大些好;用作其他设备的绝缘介质时,一般希望 ε_r 小些好。

几种绝缘介质组合在一起使用时,应注意 ε_r 的配合,ε_r 小的电介质其电气强度应高些。介质损耗是影响绝缘劣化和热击穿的一个重要因素。一般极性介质的 ε_r 大,往往其损耗也大。

在绝缘试验中,夹层极化现象可用来判断绝缘受潮情况。例如,水分侵入电介质后,使材料的 ε_r 增大,同时水分能增强夹层式极化作用,因此,通过测量材料的相对介电常数就能判断电介质的受潮程度。

在使用电容器等大容量设备时,须特别注意吸收电荷对人身安全的威胁。

2. 电介质的电导

(1)概述

电介质在电场作用下,使其内部联系较弱的带电粒子做有规律的运动形成电流,即泄漏电流,这种物理现象称为电导。表征电导过程强弱程度的物理量为电导率 γ,或者用它的倒数电阻率 ρ。

电介质的电导包含电子电导和离子电导两种形式:

离子电导是介质在电场或外界因素影响下(紫外线辐射)本身产生游离,正负离子沿电场方向移动,形成电导电流。

电子电导是介质在高电场作用下,离子与电介质分子碰撞游离,激发出电子;这些电子在电场作用下移动形成电子电导电流。当电子电导电流出现时,电介质已经被击穿。

电介质的电导一般指离子电导。

与导体的电导相比,电介质电导具有以下特点:

①主要载流子是离子。

②电导率随温度升高而按照指数规律上升。

(2)固体电介质电导的特点

①固体电介质中电流的吸收现象比较明显。

吸收现象是指固体电介质在直流电压作用下，可观察到电路中的电流从大到小随时间衰减，最终稳定于某一个数值的现象。介质干燥和潮湿时，吸收现象不一样，据此可判断绝缘性能的好坏。

②对于离子性电介质，电导的大小和离子本身的性质有关。单价小离子（Li^+、Na^+、K^+）束缚弱，易形成电流，因而含单价小离子的固体电介质电导较大。

③固体电介质的电导除了和微观结构有关外，还和材料的宏观结构有关，纤维性材料或多孔性材料因易吸水，一般电阻率较小。

④固体介质的表面电导情况

固体介质除了体积电阻外，还存在表面电导。干燥清洁的固体介质的表面电导很小，表面电导主要由表面吸附的水分和污物引起。介质吸附水分的能力与自身结构有关，所以介质表面电导也是介质本身固有的性质。

如图 7-13 所示为固体绝缘材料在空气中与水接触时能被水润湿的情况，表现为憎水性和亲水性。前者材料不能被水润湿；而后者能被水润湿。

图 7-13　固体绝缘材料在空气中与水接触时能被水润湿的情况

润湿就是水被材料表面吸附的过程。材料分子与水分子之间的相互作用的内聚力大于水分子之间的内聚力时，水分子能很快在材料表面铺散开来，此时，在材料、水和空气的交点处，沿水滴表面的切线与材料表面所成的夹角（称润湿角）$\theta>90°$，材料呈现憎水性；若 $\theta \leqslant 90°$，材料呈现亲水性。润湿角越小，则材料润湿性能越好。

一般常用固体介质的电阻率情况如下：

a. 结构紧密、洁净的离子性电介质，电阻率为 $10^{17} \sim 10^{19}\ \Omega \cdot cm$；

b. 结构不紧密且含单价小离子的离子性电介质的电阻率为 $10^{13} \sim 10^{14}\ \Omega \cdot cm$；

c. 纯净介质的电阻率为 $10^{17} \sim 10^{19}\ \Omega \cdot cm$；

d. 偶极性电介质，因本身能解离。此外，还有杂质离子共同决定电导，故电阻率较小，较佳者为 $10^{15} \sim 10^{16}\ \Omega \cdot cm$。

（3）介质中的电流

固体电介质的电压-电流特性如图 7-14 所示，该特性曲线分三个区域：

a. 区域 1 符合欧姆定律，也称低场强领域；

b. 区域 2 电流随场强非线性增加；

c. 区域 3 出现破坏先导电流；

区域 2、3 也称高场强领域，和液体、气体不同，固体介质电压-电流特性无饱和状态。

如图 7-15 为固体电介质在外加电压 u 作用下的等效电路，图中的各电压、电流参数均以相量表示。在外加电场的作用下，流过介质的电流 i 由三个分量组成：

①电容电流 i_g

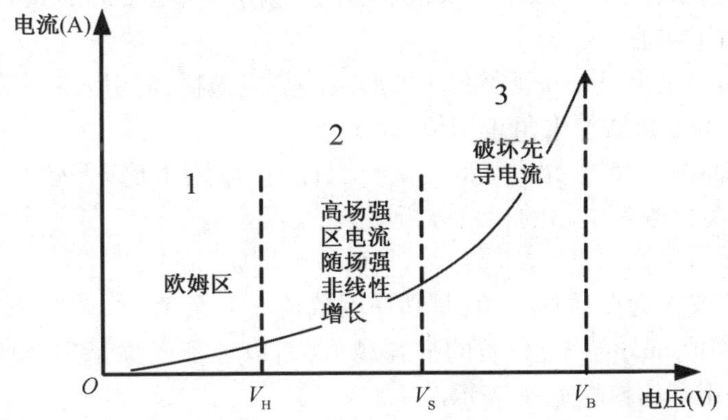

图 7-14　固体电介质的电压-电流特性

在加压最初的瞬间介质中的电子式极化和离子式极化过程所引起的电流无损耗，存在时间极短。

②吸收电流 i_p

有损极化所对应的电流，即夹层极化和偶极子极化时的电流，它随时间而衰减。

③泄漏电流 i_{lk}

绝缘介质中少量离子定向移动所形成的电导电流，它不随时间而变化。

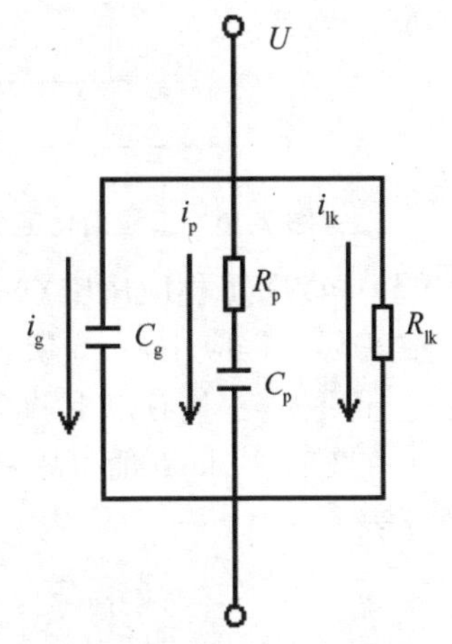

图 7-15　电介质等效电路

有图可得

$$i = i_g + i_p + i_{lk} \tag{7-15}$$

(4)讨论电导的工程意义

介质的电导可以作为绝缘预防性试验的理论依据，在进行预防性试验时，可以利用绝缘电阻、泄漏电流及吸收比判断设备的绝缘状况。

直流电压下分层绝缘时，各层电压分布与电阻成正比，选择合适的电阻率，可以实现各层之间的合理分压。

在工程中还要注意环境湿度对固体介质表面电阻的影响，注意亲水性材料的表面防水处理，以维持良好的绝缘状态。

3. 电介质能量损耗及介质损失角正切值

电介质能量损耗是指其在外电场作用下，将电能转换成热能、产生有功功率损耗的过程。介质损耗会使其升温，导致老化加速，严重情况下可引起热击穿。

(1)损耗的形式

①电导损耗

电导损耗是由泄漏电流引起的损耗，交直流下都存在。

②极化损耗

极化损耗是由偶极子与夹层极化引起的损耗，在交流电压下极为明显。

③游离损耗

游离损耗指气体间隙的电晕放电以及液、固体介质内部气泡中局部放电所造成的损耗。

(2)介质损失角正切值

电介质在交流电压作用下，由于存在三种形式的能量损耗，需引入一个新的物理量来表征介质损失的特性，这就是介质损失角正切值 tamδ。

如图 7-16 是前面图 7-15 电介质等效电路在工程中的简化，可以等效为 R、C 的并联电路。如图 7-17 所示为该简化等效电路的相量分析图。

$$P = UI\cos\varphi = UI_c\tan\delta = U^2\omega C\tan\delta \tag{7-16}$$

在图 7-17 中，定义 δ 为介质损失角，是功率因数角 φ 的余角。

介质损失角正切值 $\tan\delta$ 越大，介质的损耗越大，所以表征介损是用介质损失角的正切值 $\tan\delta$ 来表示，而不是用有功损耗 P 来表示。

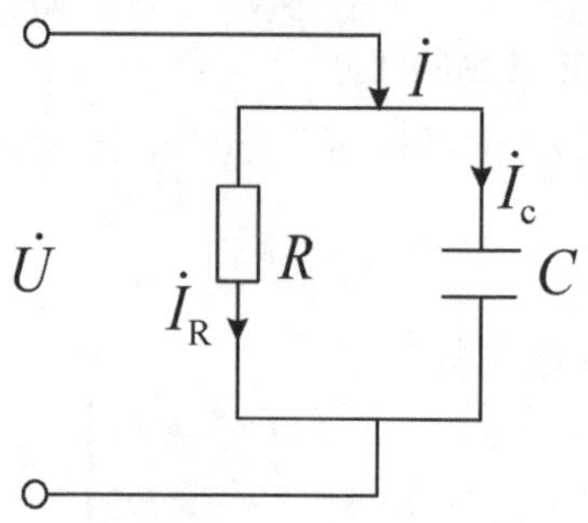

图 7-16　工程简化电介质等效电路

图 7-17　简化等效电路相量图

(3) $\tan\delta$ 在工程应用中意义

在实际工程应用中，介质损耗通常都是用介质损耗角的正切 $\tan\delta$ 来表示的。用 $\tan\delta$ 值来研究电介质损耗，具有以下两个明显的优点：

①在工程中，$\tan\delta$ 值可以和介电常数 ε 同时测量得到，如图 7-18 所示为电介质参数自动测量仪表。

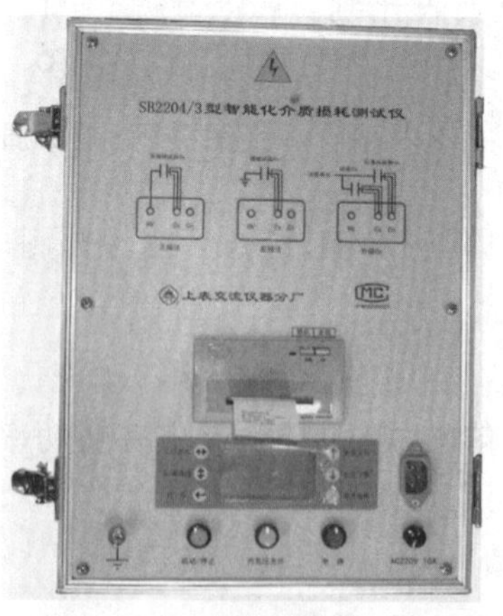

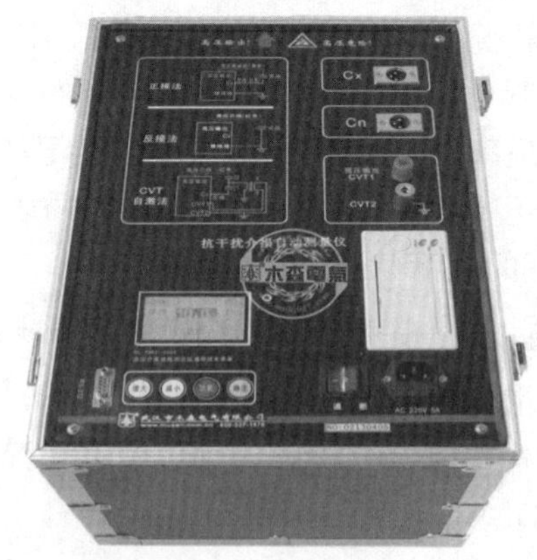

图 7-18　电介质参数自动测量仪表

②$\tan\delta$ 值与电介质的大小和形状都无关，是电介质自身的属性，并且在许多情况下，$\tan\delta$ 值比 ε 值对介质特性的改变要敏感得多。

$\tan\delta$ 越大，交流下的发热越严重，这不仅使介质易劣化，严重时还会导致热击穿。

绝缘受潮时其 tanδ 会增大，绝缘中存在气隙或大量气泡时在高电压下 tanδ 也会显著增大。因此通过测量 tanδ 或 tanδ –U 曲线可发现绝缘是否存在受潮、开裂等缺陷问题。

(4) 影响 tanδ 的因素

影响介质损失角正切值 tanδ 的因素如图 7-19 所示：

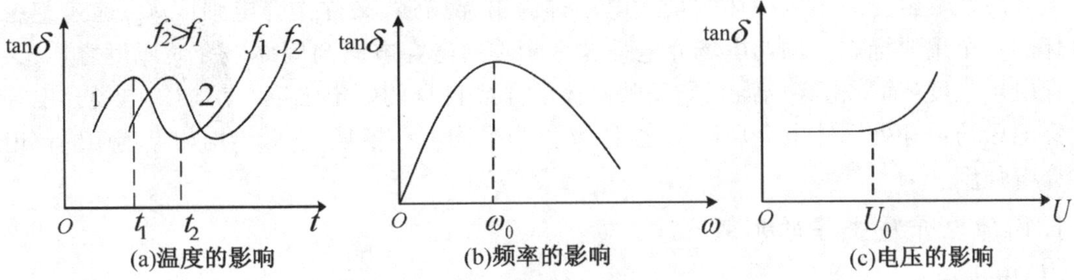

图 7-19 影响介质损失角正切值 tanδ 的因素

①温度的影响

在图 7-19(a) 中，有不同频率下的两条特性曲线，随温度变化每条均有波峰和波谷两个点，对应的温度值分别是 t_1、t_2。

a. 当 $t < t_1$ 时，极化损耗、电导损耗都上升；

b. 当 $t_1 < t < t_2$ 时，极化损耗减弱，电导损耗上升，极化损耗减小大于电导损耗的增加，总损耗下降；

c. 当 $t > t_2$ 时，极化减弱，电导损耗上升，电导损耗占主导，总损耗上升。

当 f 增加时，极化程度降低，因此需要提高温度才能达到介质损失波峰值。

②频率的影响

当频率不太高时，随 f 增加，偶极子转向加快，损耗增加；当频率大过某一值后，偶极子来不及转向，损耗减小。

③电压的影响

在电场强度不很高时，tanδ 不变；在电场强度较高时，tanδ 随电场强度升高而迅速增大。

(5) 电介质损耗的减少及应用

为减少电介质损耗、防止过热造成材料老化甚至击穿，当绝缘材料用于高电场强度或高频的场合时，应尽量采用介质损耗因数（即电介质损耗角正切值 tanδ）较低的材料。

电介质损耗可被应用作为一种电加热手段，即利用高频电场（一般为 0.3~300 MHz）对电介质损耗大的材料（如木材、纸、陶瓷等）进行加热。频率高于 300 MHz 时，可达到微波波段，即可以进行微波加热，家用微波炉即据此原理工作。

二、固体电介质的击穿过程

固体电介质击穿是指在强电场的作用下，固体电介质丧失电绝缘能力，而由绝缘状态突变为良导电状态。

从击穿电场强度来看，E_b(固体) > E_b(液体) > E_b(气体)。

固体介质击穿的特点是：

①击穿场强与电压作用时间有很大关系。

②固体介质的击穿为永久性破坏,如分解、融化、烧焦等,无法自行恢复绝缘。

因此击穿标志着电介质在电场作用下保持绝缘性能的极限能力,是决定电力设备、电子元器件最终使用寿命的重要因素。

我们将导致电介质击穿的最低临界电压称为击穿电压,用 U_b 表示。

电介质能够经受而不致损坏的最大电场称为击穿场强,又称作介电强度 E_c,这是绝缘性能好坏的一个重要标志。均匀电场介电强度是介质的击穿电压与固体电介质厚度之比,又称为击穿电场强度(简称击穿场强),它反映固体电介质自身的耐电强度。不均匀电场介电强度是击穿电压与击穿处固体电介质厚度之比,又称为平均击穿场强,它低于均匀电场中固体电介质的介电强度。

1. 固体电介质击穿的形式

(1)电击穿

电击穿是取决于固体电介质中碰撞游离的一种击穿形式。电场使电介质中积聚起足够数量和足够能量的自由电子,导致电介质丧失绝缘性能。

电击穿本质上是介质在强电场作用下,被击发出自由电子而引起的。电介质中存在的少量传导电子在强外电场加速下得到能量。若电子与点阵碰撞损失的能量小于电子在电场加速过程中所增加的能量,则电子继续被加速而积累起相当大的动能,足以在电介质内部产生碰撞游离并形成电子雪崩现象。结果介质的电导急剧上升,最后导致击穿。

电击穿的特点是击穿电压 U_b 几乎与周围环境温度无关;击穿与电压作用时间关系不大;介质发热不显著;电场的均匀程度对击穿电压 U_b 有显著影响。

(2)热击穿

固体电介质的热击穿发生在高频、高压下。热击穿的核心问题是散热。

热击穿本质上是在电场作用下,固体电介质承受的电场强度虽不足以发生电击穿,但固体电介质内部在电场作用下、因电导和极化损耗等因素而发热致使热量积累、温度过高而导致失去绝缘能力,从而由绝缘状态突变为良导电状态。

固体电介质热击穿电压 U_{OC} 随环境温度升高而降低,但大致不随介质的厚度而变化。

未受潮的良好绝缘介质在直流电压下很少发生热击穿;而随着交流电压频率增高时,热击穿的可能性比工频时大很多。

(3)电化学击穿

电化学击穿的本质是在电场、温度等因素的作用下,固体电介质因缓慢的化学变化,而引起其电气性能逐渐劣化,最终由绝缘状态突变为良导体状态的过程。其击穿过程包括两个部分:因固体电介质发生化学变化而引起的电介质老化及与老化有关的击穿过程。电介质中强电场产生的电流在某些条件下,例如高温等可以引起电化学反应,进一步引发电化学击穿。

温度越高,电压作用时间越长,化学形成的击穿也越容易发生。

2. 影响固体电介质击穿的因素

一种电介质中发生何种形式的击穿取决于不同的外界因素。随着击穿过程中固体电介质内部的变化,击穿过程可以从一种形式转变为另一种形式。

(1)电压作用时间

对于多数固体电介质,其击穿电压随电压作用时间的延长而显著下降,明显存在临界点。

如图 7-20 所示为固体电介质 3 种击穿形式的击穿场强与作用时间的关系曲线。

(2)电场均匀程度与介质厚度

对均匀电场,在电击穿区,击穿场强与介质厚度无关;在热击穿区,击穿场强随介质厚度增加而减小。

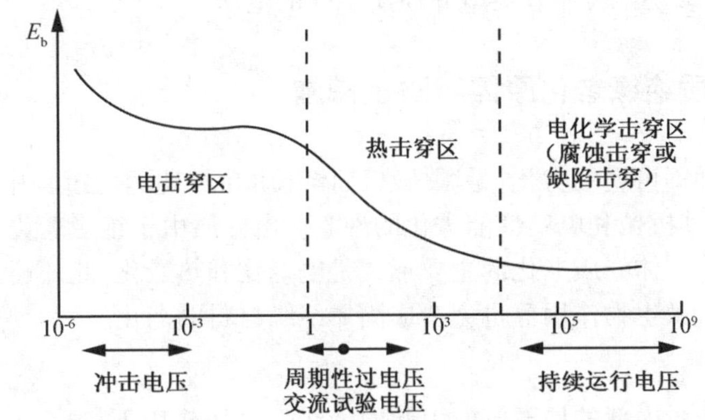

图 7-20　固体电介质 3 种击穿形式击穿场强与作用时间的关系曲线

对不均匀电场,介质厚度增加将使电场更加不均匀,在电击穿区,击穿电压并非随介质厚度增加而线性增加;当厚度增加到使散热困难,达到热击穿时,增加厚度便无意义了。

(3)电压种类

直流电压作用下的击穿电压要高于工频交流作用下的击穿电压;工频交流击穿电压要高于高频交流击穿电压;冲击电压作用时间短,其击穿电压要高于工频交流击穿电压。

(4)电压作用的累积效应

不完全击穿具有累积效应,即介质的击穿电压随着过去曾经承受过的不完全击穿次数的增加而降低。

(5)受潮

有吸水性的介质易引起热击穿,击穿电压明显下降。

固体电介质 3 种击穿形式影响因素特点如表 7-2 所示。

表 7-2　固体电介质 3 种击穿形式影响因素特点

影响因素	电击穿	热击穿	电化学击穿
温度	低	高	高
电压作用时间	短	长	很长
电场局部不均匀性	大	小	大

3. 提高固体电介质击穿电压的措施

根据固体电介质的击穿形式及影响击穿电压的因素,提高固体电介质击穿电压的主要措施有:

(1)改进制造工艺,尽可能清除介质中的杂质,可以通过精选材料、改善工艺、真空干燥、加强浸渍等方法，以防止吸潮并提高局部放电起始电压。

(2)改进绝缘设计，尽可能使电场均匀，如电极边缘的固体电介质表面涂半导电漆。

(3)改善运行条件，注意防潮、尘污及臭氧等有害物质侵蚀，加强散热冷却，以提高热击穿电压。

(4)合理地调整多层绝缘中各层电介质所承受的电压。

三、固体电介质绝缘老化原因和防止措施

绝缘老化是一种不可逆的劣化，是固体和液体介质在长期运行过程中会发生一些物理变化和化学变化，导致其机械和电气性能劣化的现象。电介质由于绝缘老化，以致最终出现击穿造成绝缘永久失效。固体介质老化的主要形式是电老化和热老化，此外还有机械应力作用，水分、氧化和射线作用，微生物作用等也会造成固体绝缘材料的老化。

1. 电老化

电老化是由电介质内部的局部放电引起的。在强电场作用下，电介质中存在的气隙等杂质发生局部放电。这种局部放电属非完全击穿，并不立即形成贯穿性放电通道，但在持续电压的作用下局部放电逐步发展，最后导致击穿。

局部放电引起电介质老化损伤的机理如下：

带电粒子不断撞击电介质表面，破坏分子结构，使分子裂解→放电产生的热能引起电介质局部温度上升，高温使材料产生热裂解，还可能因气隙膨胀而使材料开裂→局部放电产生的活性气体 O_3、NO、NO_2 等强氧化剂和腐蚀剂，能使高分子材料发生化学腐蚀→在局部放电区，由于强烈的离子复合放射高能辐射线，引起材料分解、分子结构发生变化，出现电树枝，但非完全击穿→树枝形成通道并逐渐生长，最终在局部放电、腐蚀、电老化等共同作用下，电介质击穿。

无机绝缘材料具有很好的耐局部放电能力，而有机绝缘材料则相关性能较差。

2. 热老化

热老化是指电介质在长期受热的情况下，其性能逐渐发生不可逆转的劣化，如绝缘漆膜、橡皮层逐渐发脆、开裂等。热老化的原因是内部发生分子热裂解、氧化裂解，产生交联、低分子挥发物逸出等过程；其外在主要表现为机械强度降低，电介质失去弹性、变脆，绝缘性能降低。

电介质热老化的程度主要取决于温度及热作用时间。温度越高，电介质的热老化速率越高，寿命也越短。在一定温度下，电介质不发生热损坏的时间称为电介质的寿命。在确定的寿命条件下，电介质不发生热损坏的最高容许温度即是它的长期耐热性，温度过高会引起热击穿和寿命的急剧下降。因此，耐热性是绝缘材料的一个十分重要的指标，电气设备绝缘电介质的工作温度是由其耐热性能决定的。

对不同绝缘等级的材料，分别按照不同的规则工作，如 A 级是 8 ℃规则，B 级是 10 ℃规则，H 级是 12 ℃规则。其具体含义是，如 8 ℃规则意味着绝缘材料的使用温度超过极限温度时会迅速劣化，其工作寿命大为缩短，若此时温度上升 8 ℃，工作寿命则缩短至原来的一半。

3. 防止固体电介质绝缘老化的措施

(1)通过提高局部放电电压的措施，控制电老化

尽量消除介质中的气隙或者尽量减小气隙尺寸，因气隙的击穿场强随气隙厚度的减小而

明显提高;设法提高固体介质中空穴的击穿场强,即用液体介质或者压缩气体填充空穴。

(2)改进绝缘设计,采用合理绝缘结构,改善电极形状,以控制合适的工作场强;改进制造工艺,尽可能消除介质中的杂质。

(3)严格管理电气设备运行,保持过流保护装置的可靠工作状态,防止过载、短路等故障的发生。改善电气设备运行条件,加强对其散热冷却并注意防潮、防霉、防尘污及臭氧等有害物质侵蚀,防止过度日晒,防止绝缘材料承受过大的机械应力。

(4)定期测试电气设备的绝缘电阻,并在设备检修中认真观察绝缘材料的外观情况,发现问题及时处理。

思考题

1. 什么是电介质材料的极化?有哪几种极化的形式?

2. 电介质损耗角正切值的含义是什么?在电介质的管理中这个参数有什么意义?

3. 固体电介质的击穿形式有哪几种?如何采取有效措施防止固体电介质绝缘材料击穿的发生?

4. 固体电介质绝缘材料发生老化的原因和防止措施各是什么?

任务三 高压电气绝缘系统的强度、结构和电场应力

电气绝缘系统是用于电器设备的、由两种或两种以上的绝缘材料组成的紧密组合体。在经过广泛的测试之后,证明这些绝缘材料组合在一起,在长期承受不超过该绝缘系统等级所限定的温度时,都不会发生绝缘性能的明显减弱。

通常用到电气绝缘系统的主要是各种电机、变压器、电感器、继电接触器、镇流器等线圈类电器产品。

一、船舶高压电气绝缘系统的绝缘强度

1. 船舶高压电气绝缘系统和电介质高压绝缘击穿强度的区别

对电介质而言,其击穿强度又称介电击穿强度,表示这种绝缘材料在高压外电场作用下,避免被破坏(击穿)所能承受最高的电场强度;通常用试样击穿电压值与其厚度(两电极板间试样平均厚度,涂料为漆膜)之比表示,单位为 kV/m 或 kV/mm。

绝缘强度是指绝缘系统本身耐受电压的能力,当作用在绝缘系统上的电压超过某临界值时,绝缘将损坏而失去绝缘作用。通常在船舶高压电力系统中,电气设备的绝缘强度用击穿电压表示,单位是 kV。

2. 内绝缘和外绝缘

船舶高压电气绝缘强度一般包括内绝缘和外绝缘两个部分。

(1)内绝缘

内绝缘是指电力设备内部的绝缘。包括固体介质、液体介质或气体介质的绝缘以及由不同介质构成的组合绝缘。外部大气条件对内绝缘基本没有影响,但材料的老化、高温、连续加热以及受潮等因素对内绝缘的绝缘强度有不利的影响。内绝缘若发生击穿,一般说来,它的绝缘强度是不能自行恢复的。

(2)外绝缘

外绝缘是指在直接与大气相接触的条件下工作的电工设备的各种不同形式的绝缘,包括空气间隙和电力设备固体绝缘的外露表面。外绝缘在放电停止后,其绝缘强度通常能迅速地完全恢复,并与重复放电的次数无关。

外绝缘的绝缘强度和外部大气条件密切相关,受大气温度、压力、湿度等气象条件和脏污状况等多种因素的影响。国际电工委员会 IEC 规定标准大气状态为:气压为 1 013 mbar (1 bar = 105 Pa),温度为 20 ℃,绝对湿度为 11 g/m^3,并规定了大气状态不同时的外绝缘放电电压相互间的换算方法。非标准大气状态下的实测电压值,应换算到标准大气状态下的电压值;反之,应用标准大气状态下的电压值时,应换算到试验或运行中大气状态下的电压值。

二、船舶高压电气绝缘系统的绝缘结构

绝缘结构是指一种或几种绝缘材料的组合。在工程中,一般是根据电气设备的特点和尺寸要求,将绝缘结构与导体部件设计成为一个整体,用以隔绝有电位差的导电部分。一台电气设备中允许有几种不同的绝缘结构。在低压电气设备中,经常采用单一的一种电介质作为绝缘材料,这是一种均匀的单层结构;影响绝缘强度的因素取决于该种介质在当前条件下的绝缘强度。在高压电气设备内部绝缘结构中常采用各种组合绝缘;组合绝缘强度不仅取决于所用介质的绝缘强度,还与介质的互相配合有关。

1. 电介质的组合

(1)介质的组合原则

当各层绝缘所承受的电场强度与电气强度成正比时,整个组合绝缘的电气强度最高,每层绝缘材料得到了最充分、最合理的利用。

(2)直流电压下的电介质组合

在直流电压下,绝缘等效为绝缘电阻,各层绝缘分担的电压与其绝缘电阻(电导)成正比(反比),应当将电气强度高、电导率大的材料用在电场最强的地方。

(3)交流电压下的电介质组合

在交流和冲击电压下,绝缘等效为电容,各层绝缘分担的电压与其电容成反比,应当将电气强度高、介电常数大的材料用在电场最强的地方。

2. 油纸绝缘的耐电特性

油纸绝缘是由浸透绝缘油的纸层和纸层间缝隙内的油层组成的组合绝缘,它由液体和固体介质构成,是高压电力系统中常见的组合绝缘形式。其特点是固体介质纸为绝缘的主体,在油中起屏蔽作用,油则填充了纸中的空隙,击穿强度极高;缺点是散热困难、耐热性差,易受潮而影响绝缘。

影响油纸组合绝缘击穿电压的主要因素如下：

(1)电压作用时间的长短。电压作用时间对油纸绝缘的电气强度的影响很大，在 2 h 以内，随作用时间的缩短，击穿电压显著升高。

(2)介质厚度。单纯增加介质厚度对提高绝缘的电气强度的收效是有限的，因为增厚绝缘层(一般增加纸的层数)后，绝缘上的平均场强降低，并且纸中弱点重合机会减少，从而使击穿电压得到提高；但极间距离的增大使边缘效应更严重，且对散热更加不利，这样使击穿电压的提高遭到部分抵消，过度增厚绝缘实际上会因热性能变劣而适得其反。

(3)油压。适当提高油压可以提高油纸组合绝缘在工频长时间作用下的电气强度。

(4)局部放电。局部放电对油纸组合绝缘的长期电气强度有很大影响，必须通过改善电场结构和减少杂质含量(特别是含水量)来降低局部放电量。

(5)温度的影响。在其他条件相同的情况下，介质的温度越高，粒子的能量越大，越容易被击穿。

(6)介电系数的影响。增大油介质的介电系数，可以提高绝缘结构的耐电性。

3. 油纸组合绝缘在交直流电压作用下的不同特点

对油纸绝缘，直流电压下短时击穿场强约为交流时两倍以上，其长时间击穿场强则为交流时三倍以上。原因是直流电压下，油与纸中的场强分配比交流时合理，且在电压长时间作用下，油纸绝缘直流局部的危害性比交流时小。故对同一油纸绝缘，直流的耐电强度明显高于交流，用于交流的油纸绝缘一定能用于直流；反之则不然。

4. 组合绝缘的吸收现象

一层介质的电阻向另一层介质的电容充电，在两层介质交界面上积累有过剩的自由电荷，称为吸收电荷。电气设备的绝缘一般都是多层的，这些多层绝缘体在外加直流电压下，电流逐渐减小，而趋于某一恒定值(泄漏电流)就是吸收现象，即绝缘介质在充电过程中逐渐吸收电荷的现象。均匀介质时不存在吸收现象，且吸收现象是可逆的。

5. 船舶高压绝缘结构实例

下面我们以常用的船舶高压电缆为例，来学习一下高压绝缘系统的结构实例。我们在前面学习过船用低压电力电缆及电线的结构，由于工作电压低，经常采用一种电介质作为绝缘材料，这是一种均匀的单层结构，但高压电缆电力的绝缘结构有很大的不同。

根据输电电压的不同，船舶电力电缆有低压电缆(电压 1 kV 以下)和中压电缆(电压 6~35 kV)两类。

根据绝缘分类，则船舶电力电缆有挤包绝缘电力电缆(橡塑电缆)和油浸纸绝缘电力电缆两类，后者常见形式有普通黏性油浸纸绝缘电缆、不滴流油浸纸绝缘电缆、充油电缆、气压油浸纸绝缘电缆等。

电力电缆的基本结构包括：导体(线芯)、绝缘层、屏蔽层和护层四部分。

(1)电力电缆的线芯

电力电缆的线芯用来输送电能。材料要导电性能好、机械性能高、资源丰富，如铜铝。芯数一般有单芯、二芯、三芯、四芯、五芯电缆 5 种形式。形状有圆形、椭圆形、中空圆形和扇形线芯四种。10 kV 以上电缆一般采用圆形线芯，绝缘内部电场均匀分布；10 kV 及以下的油纸电缆中采用扇形线芯。扇形线芯只能用于中低压电缆，因曲率半径较小处电场集中，造成局部场强过大。中空圆形是充油电缆的线芯所特有的一种形状，中空处是油道。椭圆形绞合导体用于外充气钢管电缆，椭圆形导体较圆形导体能更好地经铅护套向绝缘传送压力。

每种形状中还有紧压形与非紧压形之分。紧压目的是减小线芯部分因采用多股绞合线形式而引起的外径变大；减少绝缘层和外护层的使用量，减少造价和整体重量减轻，利于施工；有利于电缆线芯的阻水和降低集肤效应的影响。

(2)电力电缆的基本结构——绝缘层

①作用

将线芯与地及不同相的线芯间在电气上彼此隔离，从而保证在输送电能时不发生相对地或相间击穿短路。

②绝缘材料要求：

A. 耐压强度高。由于船舶高压电缆导电部分的相间距离及其对地距离都较小，绝缘层承受着很高的电场强度，一般在 1~5 kV/mm 之间，且电压等级越高，对绝缘材料的耐压强度的要求越高。

B. 介质损耗角正切值低。运行于交流电场中的绝缘介质，绝缘层中将会有泄漏电流通过，使绝缘层(介质)发热，造成介质损耗。电压等级越高，介质损耗越大，发热就越严重，老化也会加速。

C. 耐电晕性能好。绝缘层中的气泡或内外表面的凸起在很高电场下易被电离而产生电晕放电现象，放电时产生的臭氧对绝缘层具有破坏作用。

D. 化学性能稳定。化学性能不稳定的材料在外来因素的作用下，其性能易改变。

E. 耐低温。电缆线路的施工经常需在气温很低的情况下进行安装，一旦变脆很易损坏，就无法安装。

F. 耐热性能好。电缆的最高允许运行温度取决于绝缘材料的耐热性能，即在绝缘材料的物理性能和化学性能不发生变化时的最高允许温度越高越好。

G. 机械加工性能好。具有一定的柔性和机械强度，才有利于生产制造和施工安装。

H. 使用寿命长。绝缘材料经过一段时间，均会发生老化现象，性能下降甚至无法运行。要求经久耐用。目前电缆的使用寿命一般不少于 30 年。

③常用的船舶高压电缆绝缘材料及特点：

A. 固体电介质

油浸纸：耐压强度高；介质损耗角正切值低；价格便宜；耐电晕性能好；耐热性能较差，长期允许运行温度 65 ℃；使用寿命长。

橡胶：具有高的电气性能；弹性好；气体、水(潮气)对其的渗透性低；在 65 ℃以下时热稳定性能良好。

聚氯乙烯：电气性能较高；机械加工性能好；不延燃；价格便宜；介质损耗角正切值大；运行温度不能高于 65 ℃。

聚乙烯：耐压强度高；介质损耗角正切值低；耐低温；机械加工性能好；耐电晕性能差；耐温性能差，65 ℃以上时，其耐压强度急剧降低；易燃、易熔和易产生环境应力而开裂。

交联聚乙烯：新型高压绝缘材料。耐压强度高；介质损耗角正切值低；耐电晕；耐环境应力开裂性能较聚乙烯好；耐热性能好，长期允许运行温度可达 90 ℃，且能承受短路时的 250 ℃的瞬时高温。

B. 液体电介质

浸渍剂指供 35 kV 及以下浸渍纸绝缘电缆使用的，是光亮油和松香等的混合物，目前，合成微晶蜡逐步代替了松香。浸渍剂包括黏性浸渍剂和高压电缆油两类。黏性浸渍剂也有两种：普通黏性浸渍剂、不滴流浸渍剂。

普通黏性浸渍剂用于油浸纸绝缘电缆，在工作温度下浸渍剂是流动的，所以必须限制电缆的敷设落差。

不滴流浸渍剂用于不滴流电缆，在工作温度下浸渍剂是不流动的，所以电缆不受敷设落差的限制。在工艺温度时具有良好的流动性，以保证电缆绝缘纸得到充分的浸渍，但在电缆运行温度范围内，它不能流动而成为塑性固体。

高压电缆油：主要用作充油电缆，浸渍剂为矿物油和合成电缆油。高压电缆油要求黏度低，具有良好的流动性。主要用作充油电缆浸渍剂的是矿物油和合成电缆油。

(3) 电力电缆的屏蔽层

①分类及作用

6 kV 及以上的电缆一般都有导体屏蔽层和绝缘屏蔽层，也称为内屏蔽层和外屏蔽层。

内屏蔽层(导体屏蔽层)的作用是消除导体表面的不光滑(多股导线绞合会产生的尖端)所引起导体表面电场强度的增加，使绝缘层和电缆导体有较好的接触。

外屏蔽层(绝缘屏蔽层)的作用是使绝缘层和金属护套有较好的接触。

半导电屏蔽层具有抑制树枝生长和热屏障的作用。当导体表面金属毛刺直接刺入绝缘层时，或者在绝缘层内部存在杂质颗粒、水气、气隙时，将引起尖端产生高电场而引发树枝。半导电屏蔽将有效地减弱毛刺附近的场强，从而提高耐电树枝放电特性。此外半导电屏蔽层有一定热阻，当线芯温度瞬时升高时，高温不会立即冲击到绝缘层，使绝缘层上的温升下降。

②材料及要求

油纸电缆的导体屏蔽材料一般用金属化纸带或半导电纸带；绝缘屏蔽层一般采用半导电纸带。

塑料、橡皮绝缘电缆的导体或绝缘屏蔽材料分别为半导电塑料和半导电橡皮。

对于无金属护套的塑料、橡胶电缆，在绝缘屏蔽外还包有屏蔽铜带或铜丝。

金属化纸：在厚度为 0.12 mm 的电缆纸的一面，贴有厚度为 0.014 mm 的铝箔。

半导电纸：在一般电缆纸浆中，掺入胶体碳粒所制成的纸，电阻率在为 $1\times10^{7}\sim10^{9}\ \Omega\cdot m$。

半导电塑料、半导电橡皮：电阻率 $1\times10^{8}\ \Omega\cdot m$ 以下。

(4) 电力电缆的护层

①作用

密封保护电缆免受外界杂质和水分的侵入，防止外力直接损坏电缆绝缘层，有些电缆的外护套还具有阻燃的作用。

②材料及要求

护层材料的密封性和防腐性必须良好，并且有足够的机械强度，适当考虑空气中敷设电缆外护套材料的阻燃性能。

③组成结构及种类

一般电缆的护层是由内护套、内衬层、铠装层和外被层(或外护套)等几个部分有选择地组合而成，充油电缆的护层必须有加强层。

A. 内护套作用是密封和防腐。其分为以下几种类型：

铅护套(铅包)：特点是易焊接、耐腐蚀、易加工，弯曲性能较好。缺点是电阻率较高，重量重，易造成土壤和水资源污染，使用时间长后容易龟裂。

铝护套(铝包)：易腐蚀、密封连接困难，但重量轻、资源丰富，机械强度比铅护套大。一般的铝护套都制成波纹状。缺点是容易腐蚀，需要外护套保护。

铜护套：对于短路容量要求大的大截面电缆，可采用铜护套，为了增加弯曲性能，可加工成波纹状铜护套。

聚氯乙烯护套：主要用于聚氯乙烯和交联聚乙烯绝缘电缆。它的缺点是耐热性和耐寒性都差，但阻燃性能好，燃烧过程中产生的浓烟有毒。

聚乙烯护套：其绝缘强度比聚氯乙烯高，耐热性能和耐寒性能比聚氯乙烯的好，抗渗水性也比聚氯乙烯强，但阻燃性能差。

B. 外护层又可分成以下几个部分：

内衬层，在内护套和铠装层之间，其作用是为了防止内护套受腐蚀和防止电缆在弯曲时被铠装损坏。它主要是由麻布或塑料带等软性织物涂敷沥青后包绕在内护套上的材料。

外被层或外护套用在铠装层外，是电缆的最外层，其作用是为防止铠装层受外界环境的腐蚀。它的材料有聚氯乙烯或聚乙烯等。

加强层，这层结构是充油电缆所特有的，它是直接包绕在内护套外，以增强内护套承受电缆油压的机械强度，它应有足够的机械强度、柔韧性，不易腐蚀，一般用铜带或不锈钢带作为材料。

(5)交联聚乙烯绝缘电力电缆

主绝缘层是由交联聚乙烯绝缘材料挤出制成的，具有电场分布均匀、没有切向应力、重量轻、载流量大的特点，已用于 500 kV 及以下的电缆线路中。

当额定电压为 6 kV 以上时，线芯表面和绝缘表面均有半导电屏蔽层，同时在绝缘屏蔽层外面还有金属带组成的屏蔽层。如图 7-21 为 6~35 kV 三芯交联聚乙烯钢丝铠装电力电缆结构图。

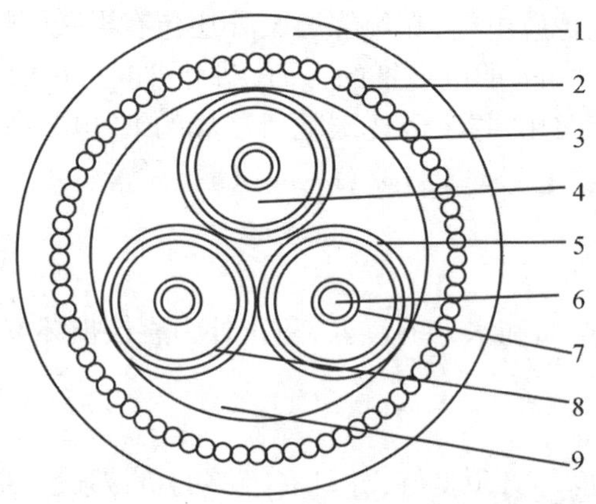

图 7-21　6~35 kV 三芯交联聚乙烯钢丝铠装电力电缆结构图

1—外护套；2—钢丝；3—内护层；4—交联聚乙烯；5—软铜带；6—导体；7—内半导电屏蔽；8—外半导电屏蔽；9—填料

(6)统包型油浸纸绝缘电力电缆

如图 7-22 所示为黏性浸渍纸绝缘统包扇形导体电力电缆结构图。

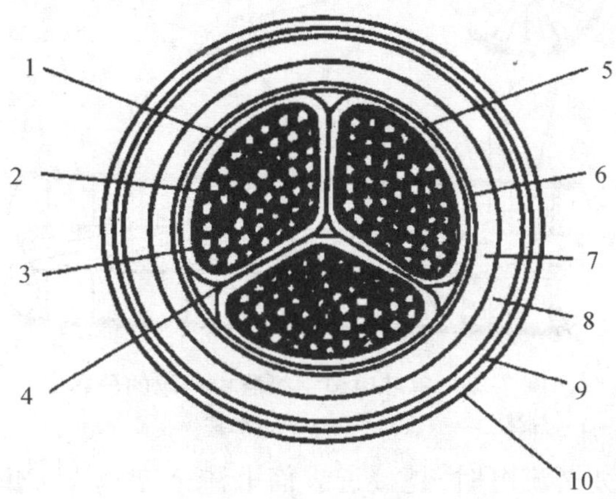

图 7-22　黏性浸渍纸绝缘统包扇形导体电力电缆结构图

1—扇形导体;2—内半导电屏蔽;3—油浸纸绝缘;4—填充物;5—统包油浸纸绝缘;6—外半导电屏蔽;7—金属护套;8—垫层;9—铠装层;10—塑料外扩套

该电缆运行温度降低时,浸渍剂体积缩小,填料气隙易产生气体游离,导致绝缘损坏。当敷设有较大落差时,浸渍剂会沿电缆向下流动,易使低端护套内压力加大,造成低端电缆终端漏油,高端绝缘干涸,绝缘水平下降。因此其只适用于 10 kV 及以下的电压等级。

三、高压绝缘结构中电场电应力的形成和性质

下面我们仍以常用的船舶高压电缆为例,来分析一下高压绝缘结构中的电场电应力的形成和性质。

1. 船舶高压电缆绝缘层电场分布及电应力情况

如图 7-23 所示为单芯电缆绝缘层中电场的分布图。由图可见,绝缘材料中电场的电力线均沿径向分布且均匀分布,在圆周方向电力线密度、电场强度、电应力相同;越接近导体则电力线密度和电场强度越大,绝缘材料更易发生击穿,电应力大。

电场强度是用来表示电场的强弱和方向的物理量。实验表明,在电场中某一点,试探点电荷(正电荷)在该点所受电场力与其所带电荷的比值是一个与试探点电荷无关的量。于是以试探点电荷(正电荷)在该点所受电场力的方向为电场方向,以前述比值为大小的矢量定义为该点的电场强度,常用 E 表示。按照定义,电场中某一点的电场强度的方向可用试探点电荷(正电荷)在该点所受电场力的电场方向来确定,电场强度的单位为 V/m 或 N/C(牛顿/库仑,这两个单位实际上意义相同)。从图 7-23 所示看,电力线越密集,电场强度越大,电应力越大。

利用系数是指绝缘层中的平均电场强度与最大电场强度之比。利用系数愈大,说明电场分布愈均匀,也就是说绝缘材料利用得愈充分。

多芯电缆绝缘层中电场的分布情况是:当导体为圆形时,统包型电缆的最大电场强度在线芯中心连接线与线芯表面交点上。

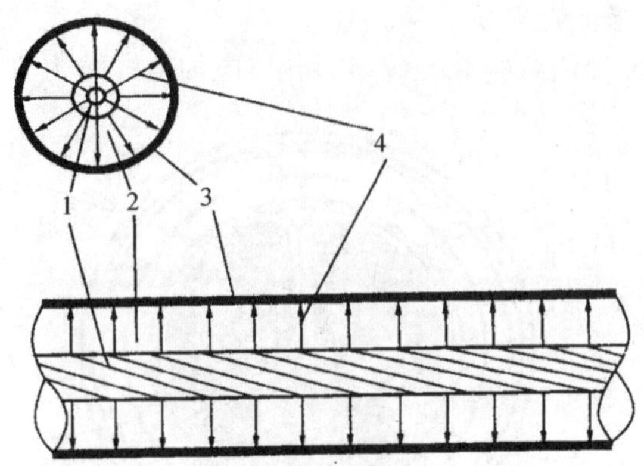

图 7-23 单芯电缆绝缘层中电场的分布

1—导体;2—绝缘;3—外半导电屏蔽;4—径向电力线

集肤效应:导线中流过交流电时,越接近表面电流密度越大。集肤效应增加了导体的电阻,减小了内电感。

邻近效应:导体之间电磁场的相互作用影响了导体中传导电流分布的现象。

集肤效应和邻近效应的存在将使电缆线芯的交流电阻(也叫有效电阻)增大,允许载流量减小。

集肤效应系数的大小主要与线芯的结构有关,为了降低集肤效应,大截面电缆可采用分裂导体结构线芯。

邻近效应系数的大小主要与线芯的直径和间距有关,为了降低邻近效应,可增加电缆间的距离,但必须结合路径综合考虑。

2. 电场电应力调整的方法

(1)组合绝缘结构的电场电应力调整方法

在工程中,可以用分阶绝缘的方法来降低电力电缆缆芯附近的场强,减小电应力。

在不同绝缘厚度处夹入不同长度的导电箔作为电容极板,调整电场分布使之更均匀,还可使用电容套管。此外常用方法还有改变绝缘材料的形状以改善电场分布等。

(2)控制电场应力实例

在高压电缆头制作中,由于存在电缆切口破坏屏蔽层,造成电场强度的突变,大大增加了电应力,使该部位极易发生击穿事故。

在该部位电场应力形成的原因是高压电缆每一相线芯外均有金属屏蔽层,导电线芯与屏蔽层之间形成径向分布的电场;正常电缆的电场只有从铜导线沿半径向铜屏蔽层的电力线分布,没有芯线轴向的电场,电场分布是均匀的。在做电缆头时,由于剥去了屏蔽层,改变了电缆原有的电场分布,将产生对绝缘极为不利的切向电场(沿导线轴向的电力线)。在剥去屏蔽层芯线处的电力线向屏蔽层断口处集中。因此屏蔽层断口处就是电缆最容易击穿的部位。如图 7-24 所示为 35 kV 预制式户内电缆终端工频耐压试验时主绝缘击穿情况。

通过对电场应力产生原因的分析,我们从以下几个方面对电缆头处的电应力进行控制。

①采用应力锥

应力锥是常见的方法,从电气的角度上来看也是最可靠、最有效的方法。应力锥通过将绝缘屏蔽层的切断处进行延伸,使零电位形成喇叭状,改善了绝缘屏蔽层的电场分布,降低了电

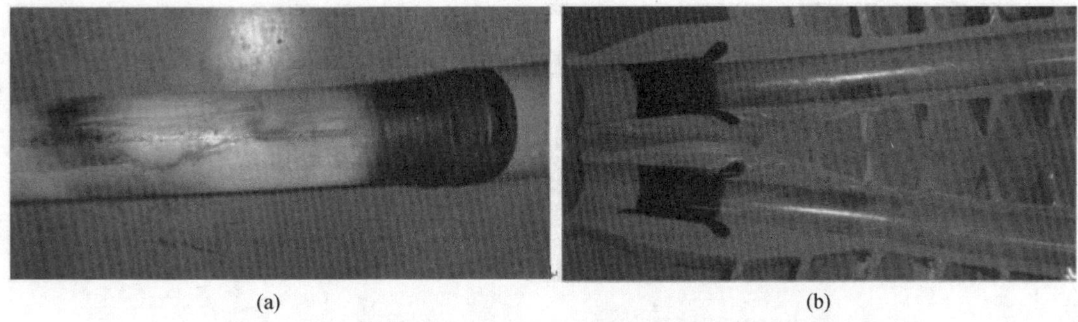

(a)　　　　(b)

图 7-24　35 kV 预制式户内电缆终端工频耐压试验时主绝缘击穿情况

晕产生的可能性,减少了绝缘的破坏,保证了高压电缆的运行寿命。

如图 7-25 所示为高压电缆头部位应力锥改善电场应力情况,应力锥的弧形设计可以改善绝缘屏蔽层切断处的电场分布,电场强度分布相对均匀,避免了电场应力的集中。

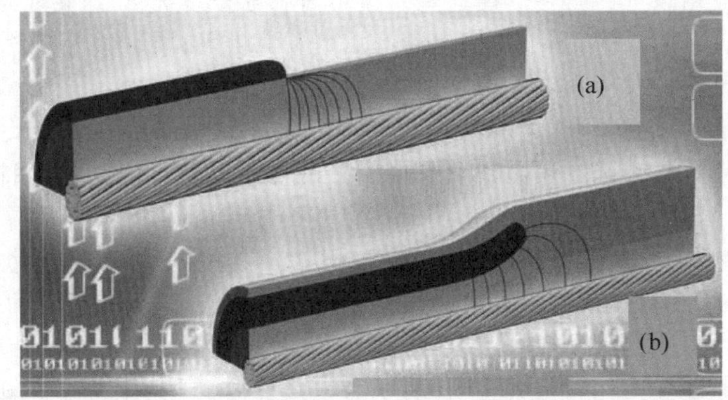

(a)外半导层切断后电场分布示意图　(b)加装应力锥后电场分布示意图

图 7-25　高压电缆头部位应力锥改善电场应力情况

②参数控制法

采用高介电常数材料的应力控制层,其原理是采用合适的电气参数的材料复合在电缆末端屏蔽切断处的绝缘表面上,以改变绝缘表面的电位分布,从而达到改善电场的目的。也可以增大屏蔽末端绝缘表面电容,从而降低这部分的容抗,也能使电位降下来,容抗减小会使表面电容电流增加,但不会导致发热,由于电容正比于材料的介电常数,也就是说要想增大表面电容,可以在电缆屏蔽末端绝缘表面附加一层高介电常数的材料。

在应力控制材料的使用方面,要兼顾应力控制和体积电阻两项技术的要求。

思考题

1. 船舶高压绝缘系统有哪几种结构形式？其绝缘强度取决于什么因素？

2. 船舶高压电力电缆的基本结构有哪几个组成部分？其作用又各是什么？

3. 高压绝缘材料中的电场应力集中有什么危害？该怎样减小电场应力？

4. 船舶高压电力电缆中电应力分布有什么特点？在其切割断口处会有什么变化？在工程中是如何解决这个问题的？

项目八　船舶高压电气设备及安全保护

船舶大型化、现代化的发展使船上用电负荷和输电距离不断增大，传统的低压电力系统已经无法满足船舶电站供电的需要。船舶电站采用高压电力系统之后，由于电压的提高，能够承载更大容量的电力负荷；可以直接为大容量高压电负载供电；减小了大容量发电机、电动机、电缆和变压器导电芯线的尺寸和电流值，进而有助于降低电气设备的尺寸和重量；输送电流和预期短路电流都将大大减小，通断电流更可靠，提高了船舶电力系统安全性。

随着船舶高压电力系统在大型现代化船舶上的使用日趋广泛，对船舶高压电气设备的操作、测试和维护修理已成为船舶电气管理工作的重要内容。

根据高压电的特点，船舶高压电气设备的工作原理、使用管理与传统的低压电气设备存在很大的不同，因此需要对船舶高压电力系统的组成和特点、高压电气设备的管理维护进行细致的学习，以满足对电气管理人员的相关理论知识和实践技能要求。尤其船舶高压电气设备的安全保护对电力系统安全运行至关重要，要采取的保护措施也远复杂于低压设备，是这一部分学习的重点。

1. 了解促进高压电在船上应用的因素；
2. 掌握船舶高压电力系统的组成和特点；
3. 掌握各种船舶高压电气设备和装置的结构、组成和工作原理；
4. 熟悉船舶高压开关柜的五防保护；
5. 掌握船舶高压电气设备的主要保护形式和保护方法、保护措施；
6. 了解船舶高压电力系统的中性点接地技术。

1. 掌握主要船舶高压电气设备的安全操作、管理维护；
2. 熟悉船舶高压开关柜的安全操作。

实施方案

1. 根据项目学习目标，分析和研讨工作任务要求，明确理论知识部分的学习内容，并结合混合式教学，学习相关知识材料；

2. 拟定工作计划，分解工作任务，明确学习目标，制订项目实施计划；

3. 根据实船电站高压电设备操作说明书、船舶高压电力系统图，并结合实训室电站高压电设备，在教师指导下展开工作任务；

4. 对项目完成情况进行评估，针对不足之处进行分析改进。

任务一 船舶高压电力系统认知

一、促进高压电力系统在船上应用的因素

随着船舶的大型化、电气化和自动化程度的提高，特别是由于电力推进装置的应用，船舶电站的功率逐渐增加，传统的低压电力系统已经无法满足船舶电站供电的需要，高压电在船上的应用也越来越广泛。如图 8-1 所示为某半潜船高压发配电及主推进电力系统图，其电站即采用了 6.6 kV、60 Hz 的高压电力系统。该船电力系统中共设有 4 台高压发电机，主配电板分为左、右两段，分别给两台推进变压器和调速变频装置供电，带动两台高压同步电动机作为主推进动力。

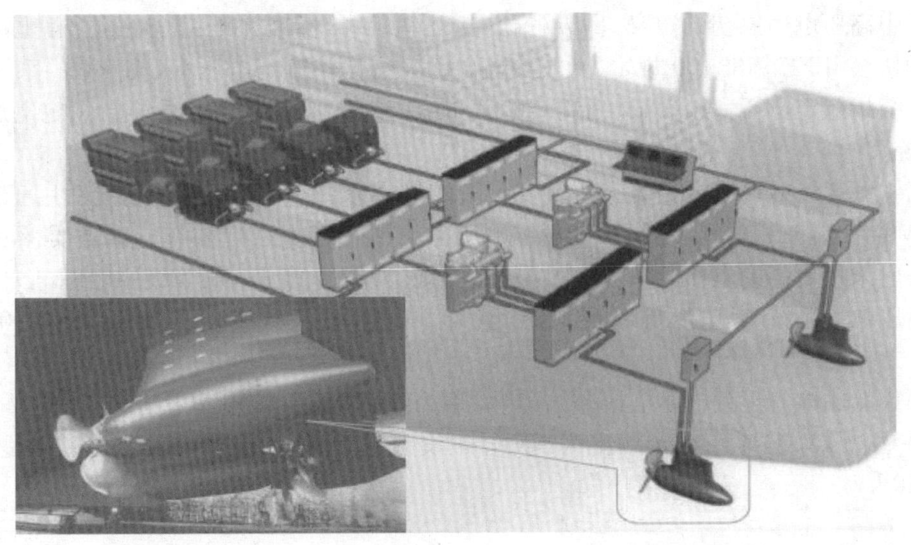

图 8-1 某半潜船高压发配电及主推进电力系统图

促进船舶电站采用高压电力系统的主要因素是:

(1)船舶低压工频发电机的设计容量上限为2~2.5 MW,接近或超过这个极限的低压发电机在设计技术上是困难的,在经济上也不合算。如今很多大型船舶的电站容量已达到十几甚至几十兆瓦,而常规船用低压发电机的单机容量一般不超过1.5 MW(1 500 kW),按此条件将在一艘船上安装十几甚至更多的发电机组,这显然是不合理的,实船上也无法实现。

(2)低压短路器所能开断的极限容量约为125 kA,汇流排所能承受的瞬间最大峰值短路电流约为330 kA。随着船舶用电设备的增多,船舶电站容量随之增大,当船舶电力系统发生短路故障时短路电流也大幅度增加。如果采用低电压等级的船舶电力系统,大幅度增加的短路电流已使目前所能生产出的开关电器与保护装置的断流容量无法满足要求。

(3)若输送大功率电能仍采用低电压等级,船舶电缆的截面会很粗,并需多股并联,造成电缆的发热量增大、线路传输损耗严重,使得布线与安装更加困难。随着电压等级的提高,输送同一功率采用高电压等级时电缆规格与数量都会大为下降。特别是在船舶条件下,由于敷设工作量降低所带来的效益更是不可低估,在船舶电缆的选择上,采用高电压等级的优越性最为显著。

(4)一般而言,选择电动机是否采用高压电力标准的传统功率值分界点是450 kW,现在大型集装箱船上的侧推器电动机功率就已远超该数值,达到近3 000 kW。

高压电站应用到现代船舶上并取得了很好的效果,船舶高压电站可以降低线路损耗、减少发电机组数量、提高电站容量,满足船舶飞速发展的用电需求,必将越来越多地应用在未来大型船舶电站之中。

船舶高压电力系统现已成为大型客船、集装箱船、油船、电力推进船舶及某些特殊工程船船等的必然选择,是今后船舶电站的主要发展方向。

二、船舶高压电力系统的电压等级

有关中高压电力系统的定义,世界各国在不同领域的标准并不完全一致。美国电气和电子工程师协会IEEE标准100规定,低压交流电力系统是指额定电压小于1 kV的系统,中压交流电力系统指额定电压大于1 kV、小于10 kV的系统,高压交流电力系统指额定电压大于10 kV的系统。

根据中国船级社(CCS)交流高压电气装置特殊要求:交流高压电气装置适用于额定电压超过1 kV的交流三相电气装置;系统额定电压应不超过15 kV,但如有特殊需要,经中国船级社同意可以采用更高的电压。可见,中国船级社规定,超过低压电压等级的船舶电力系统就称为船舶高压电力系统,其电压等级在1 kV至15 kV之间,大致相当于IEEE标准100的中压等级。

从现代船舶电气工程技术实际看,额定频率为60 Hz的交流电力系统,电压的额定值一般是3.3 kV、6.6 kV、11 kV;额定频率为50 Hz的交流电力系统,电压的额定值一般是3.0 kV、6.0 kV、10 kV。

三、船舶高压电力系统的组成特点和系统配置要求

1. 船舶高压电力系统的配电网络结构

船舶高压电力系统的配电网络结构主要分两种:放射形网络和环形网络。传统低压电力系统由于系统容量小,电网结构比较简单,用电负荷也相对较少,对动力负载一般采用放射形网络结构;现代船舶高压电力系统依据自身容量及对供电要求的不同,放射形和环形两种网络结构都有采用。

图 8-2 所示为典型的放射形供电网络单线图如,由图可见其系统呈发散形传输,操作较为简单,控制相对容易,能达到很高的自动化程度;由于断路器成串联结构,因此在负载端发生故障时,可进行选择性断开,在系统结构比较简单时保护方案相对容易制定,并且具有较好的选择性;此外,它还具有容易扩充的特点,通过简单的插槽连接即可增加新的配电板,可以扩充多个负载接入点。但是随着现代船舶电力系统容量的不断增大,使得船舶电力系统的结构日趋复杂,此时放射形网络越来越多地暴露出了其自身的弱点:一是对复杂供电网络要制定高效的选择性保护方案比较困难;二是放射形供电网络的结构缺乏冗余,一旦某馈电支路发生故障,则其后所有负载将失电。

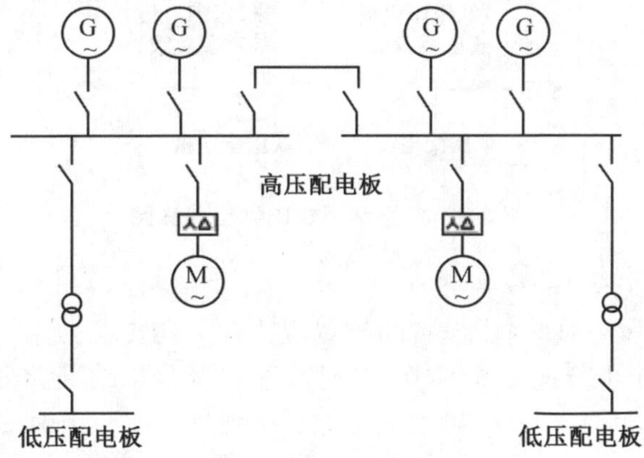

图 8-2 典型的放射形供电网络单线图

如图 8-3 所示为典型的环形供电网络单线图,由图可见其电力通过分配电板连接成环形输送,所有重要负载至少有两条供电路径,可很好地保证系统供电的可靠性。对系统保护来说,如果故障发生在负载端,则只需将输出端电路切断;如果分站发生故障,则将该分站从系统切除,其余分站将继续运行,环形打开。

从理论上讲此结构能以最经济的运行方式向系统内的所有负荷供电,在任何工况下都能很好地保证各负荷供电的连续性和可靠性。因为在任何情况下,只需改变在网发电机组的数量就能保证系统所有负荷的供电,因此只要能制定适当的控制策略,总能以最少的发电机组满足系统运行的要求。此外,对系统内的任一负荷,环形网络至少能提供两条不同的供电路径,能保证供电的连续性和可靠性。因此环形供电网络相对放射形网络在供电的经济性、连续性及可靠性方面具有非常明显的优势。但由于环形供电网络的系统结构往往过于复杂,实际运行时电流的路径很难确定,给系统保护方案的制定带来了极大的困难。

值得注意的是,图 8-2、图 8-3 中的高压配电板均分为左右两段,之间设两个连接断路器。

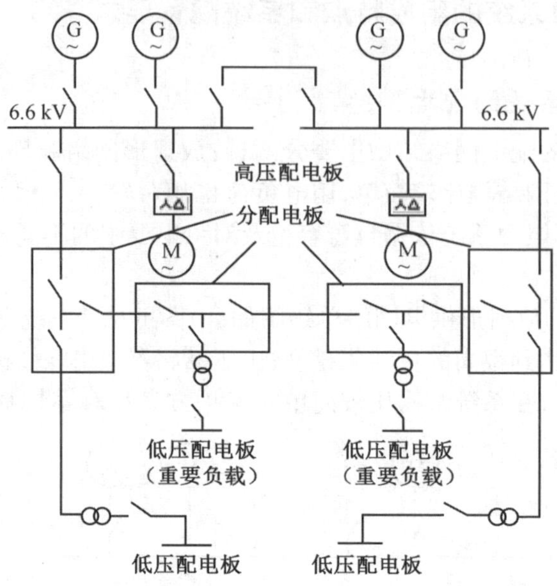

图 8-3　典型环形供电网络单线图

2. 船舶高压电力系统的配置要求

船舶高压电力系统及电气装置、设备的配置应符合下列要求:

(1)应将主配电板至少分成 2 个独立的分段,通过至少 1 个断路器或其他合适的隔离设备分隔开,每 1 分段至少由 1 台发电机供电。如 2 个独立配电板由电缆进行连接,则在电缆的每一端应设有断路器。双套设备应分开连接至不同的分段上。

(2)当采用中性点接地系统时,接地故障电流既不大于配电板上或配电板分段上最大 1 台发电机的满载电流,又不小于其接地故障保护电器最小动作电流的 3 倍。不论采用何种方式供电,都应保证至少有一个电源中性点接地。中性点直接接地的电气设备或其他中性点接地系统中,应能承受单相接地故障电流,直至其接地故障保护电器脱扣所需的时间为止。

(3)每台发电机均应设有将其中性点接地连接切断的措施,以便于在切断中性点接地连接后进行维修和测量绝缘电阻。

(4)所有接地电阻器都应与船体相连接,其与船体连接中的任何环流都不会对无线电、雷达、通信和控制设备电路产生干扰。

(5)在中性点接地的系统中,主配电板每一个独立分段都应将中性点与船体相连接。

(6)电压超过 1 kV 的高压电气设备和低压电气设备不应组合在同一个外壳内,除非采取隔离或其他合适的措施,以确保人员能够无危险地接近低压电气设备。

(7)高压电气设备的最小电气间隙应符合如表 8-1 所示的要求,且通常对未经型式试验的设备,其非绝缘部件间的相对相和相对地之间的电气间隙应不小于表中的规定值;如电压为所列额定电压的中间值,则应取电压高的这一挡次值;如电气间隙低于表中所列值,则应进行相应的冲击电压试验;带电部件之间及带电部件与接地金属部件之间的爬电距离应符合相关国际电工委员会 IEC 出版物关于系统的额定电压、绝缘材料特性和开关及故障时产生瞬间过电压的规定。

表 8-1　船舶高压电力系统中最小电气间隙

额定电压(kV)	最小电气间隙(mm)
3 (3.3)	55
6 (6.6)	90
10 (11)	120
15	160

有开关设备的汇流排分段上的非标准部件，最小爬电距离应至少为 25 mm/kV，在限流设备后为 16 mm/kV。

3. 船舶高压电力系统的防护要求及 IP 等级

船舶高压电气设备的外壳防护等级均应与其安装场所相适应，除至少应符合外壳防护等级的最低要求外，还应满足下列要求：

(1)旋转电机的外壳防护等级至少应为 IP23，其接线盒的防护等级至少应为 IP44，安装在非专职人员可以到达处所的电动机其外壳防护等级至少为 IP4X，以防止人员接近或触及电机的带电或转动部分。

(2)变压器的外壳防护等级至少应为 IP23，如安装在非专职人员可以到达的处所时，则其外表防护等级至少为 IP4X。

(3)具有金属外壳的控制设备、配电设备组件和静止变换器的外壳防护等级至少应为 IP23，如安装在非专职人员可以到达的处所时，则其外壳防护等级至少为 IP4X。

(4)由于功率大，损耗的绝对值也大，加上机舱压力水雾灭火系统对船舶发电机防护性能的要求，所以船舶高压发电机大多采用空气-水冷却方式，防护等级一般为 IP54 以上，可满足 IP44 的最低要求。至于冷却水用淡水还是海水视具体船舶设计而定，但不论何种水质，空气-水冷却器均应做成双管式，具有泄漏传感器报警装置。

4. 对高压电力系统保护的要求

(1)应设有保护装置，以对发电机至主配电板之间的连接电缆出现相间故障和发电机内部绕组出现故障进行保护。该保护电器应能使发电机断路器脱扣，并自动对发电机进行灭磁。在中性点接地的配电系统中，相对地间故障也应按上述要求处理。

(2)系统中任何接地故障应有视觉和听觉报警。在低阻抗或直接接地的系统(有效接地的系统，其接地系数小于 0.8)中，应设有能自动切断故障电路的保护设备。在高阻抗接地系统(非有效接地的系统，其接地系数大于 0.8)中，如发生接地故障时输出电源未断开，则设备的绝缘应按相对相电压来设计。

(3)电力变压器应设有过载和短路保护。如变压器需并联运行，则其初级侧保护电器的脱扣应能自动分断连接于次级侧的开关。

(4)电压互感器在次级侧应设置过载和短路保护。

(5)不应用熔断器作过载保护。

(6)通过变压器从高压系统获得供电的低压系统应设有过电压保护，可采取的接地方式为：低压系统直接接地；适当的中性点电压限制器；变压器初级和次级绕组间的接地屏蔽。

四、船舶高压电力系统实例的结构组成

如图 8-4 所示为某集装箱船交流电力系统单线原理图。图中,交流电力网由三个层次组成:一是 6.6 kV 的高压主系统,二是 450 V 的辅助低压系统,三是 450 V 的应急系统。

1. 6.6 kV/60 Hz 高压主电力系统

高压主电力系统的电源是 4 台 2 760 kW、6.6 kV、60 Hz 的主发电机组,可以单独或者并联向高压电网供电。高压配电板分为 MM1、MM2 两段,之间通过断路器 HBT 连接。高压汇流排上有 5 个负载,分别是:

日用变压器 1、2,将高压电网的 6.6 kV 的电压降压为 450 V,供辅助低压电网使用;设有两台互为备用,单台容量为 4 000 kVA。

冷藏变压器 1、2,将高压电网的 6.6 kV 的电压降压为 450 V,供电给冷藏集装箱配电板 RC1、2,供全船的冷藏集装箱使用;这两台变压器还有隔离冷藏集装箱低压供电网与船舶辅助电压电网的作用,防止前者影响后者的重要负载正常工作。

安装布置侧推器电动机一台,异步电动机,额定功率为 3 000 kW。

此外高压配电板上还有高压岸电开关 SC,安装于岸电接收屏上。图 8-4 中左上角是高压岸电连接屏 SC。另外,24 V 直流不间断电源控制柜也安装在高压配电板的控制室内。

2. 450 V/60 Hz 低压辅助电力系统

该低压辅助电力系统的电源来自由高压系统供电的日用变压器,负载包括动力和照明两大类,照明电压由动力电压经主照明变压器 1、2 降压而得。在这一层电网上没有发电机,若锚泊期间船舶电网总负荷很小时,可以切换应急发电机组为“停泊发电机”的工作模式,这时就可以由该低压发电机组供电给低压辅助电网的负载了。

低压辅助电力系统的负载包括:常规船舶运行时需要供电的各种设备,例如淡水循环泵、燃油传输泵、滑油传输泵、冷却淡水泵、海水泵、通风机、燃油锅炉、空压机、锚机、消防泵、甲板液压起货机、照明电力配电板、航海仪器分配电板、机舱监控系统的供电等。

3. 450 V/60 Hz 应急电力系统

应急电力系统的电源有两个来源:通常,电源来自 450 V 的辅助供配电系统,此时图 8-4 中连接辅助电力系统和应急电力系统的断路器 LME、ELM 都处于合闸位置。应急时,电源来自 1 台 300 kVA、450 V、60 Hz 的应急发电机组。

应急电力系统的负载包括:常规船舶应急时需要供电的各种设备,例如电池充放电板、应急照明、航行灯、雷达、电罗经、一台机舱通风机、消防系统、应急消防泵、电话、总报警系统、机舱监控系统等的供电。

在上述的电网三层结构中,一般是上一层可以给下层供电,但不允许反向供电。

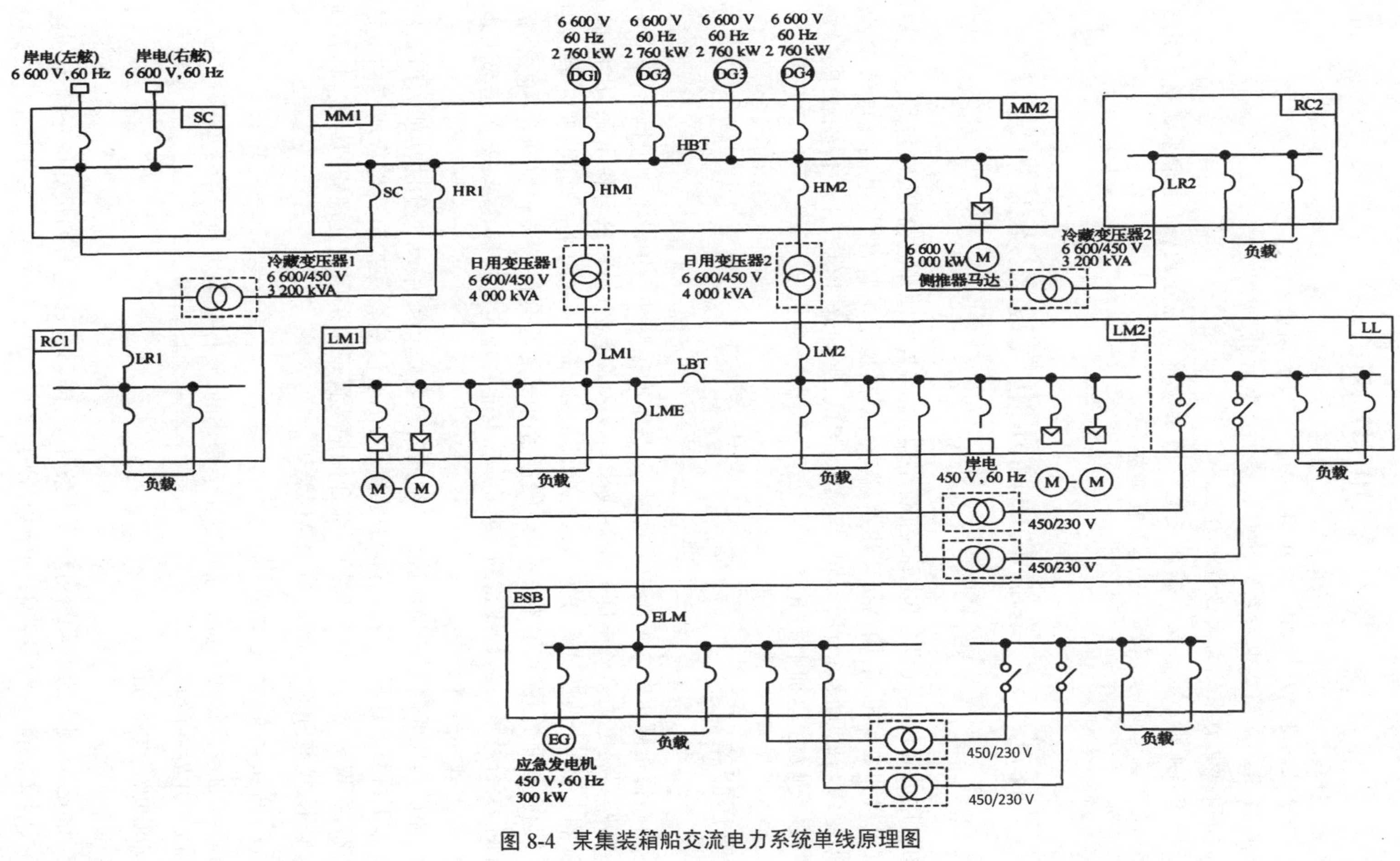

图 8-4　某集装箱船交流电力系统单线原理图

思考题

1. 简要叙述促进高压电力系统在船上推广应用的因素。

2. 一般民用船舶高压电力系统的电压等级是怎样的?

3. 船舶高压电力系统需要设置哪些保护?

4. 根据图8-4所示的某集装箱船交流电力系统单线原理图,说明该系统有哪几个层次的供电网络,及每层电网的主要电气设备有哪些。

任务二　船舶常用高压电气设备及保护装置

船舶常用的高压电气设备包括高压断路器、隔离与接地开关、高压熔断器、船用避雷器、船用高压发电机和电动机、船用高压变压器等。由于高压电的特性,这些高压电气设备的结构、工作原理、绝缘与低压设备有所不同,其操作、测试、维护修理也有一些特殊要求,这些正是船舶高压电气管理人员培训中的重点。

一、高压断路器

高压断路器是高压电力系统中最重要、最基本的控制和保护设备。根据电网运行的需要,使用高压断路器将电力系统中部分设备或线路投入或退出运行,这种作用称为“控制”。高压断路器还可以在电力线路或设备发生故障时将故障部分从电网快速切除,保证电网中无故障部分正常运行,这种作用称为“保护”(一般通过外部的综合保护装置实现)。总之,高压断路器能够开断、关合及承载运行线路的正常电流,也能在规定的时间内承载、关合及开断规定的异常电流,如过载和短路电流。

通常,船舶高压断路器的操作机构必须同时具备电动和手动操作的功能。但高压断路器本体不像低压断路器那样自身带有保护装置,而是通过综合保护装置综合所有的保护功能来控制断路器,实现对电力系统的保护。综合保护装置现多采用微处理器的形式,具有强大的测量、计算、显示、控制和通信功能,简称综保装置。

1. 高压断路器的电气性能

电力系统的运行状态和负载性质是复杂变化的,要保证电力系统的安全运行,高压断路器必须满足以下几方面的要求:

(1)一般电气性能方面

①电压

高压断路器在规定的正常使用和性能条件下,能够连续运行的最高电压称为断路器的额定电压。我国交流高压断路器的额定电压有以下等级:3.6 kV、7.2 kV、12 kV、40.5 kV、72.5 kV、126 kV、252 kV、363 kV和550 kV等。

断路器工作时还应耐受高于额定电压的各种过电压作用,而不会导致绝缘损坏。标志这方面性能的参数有 1 min 工频耐受电压、雷电冲击耐受电压和操作冲击耐受电压。

②电流

高压断路器长期通过工作电流时,各部分的温度不得超过允许值,以保证高压断路器的工作可靠。断路器在关合位置通过短路电流时,不应因电动力而受到损坏,各部分温度也不应超过短时工作的允许值,触头不应发生熔焊和损坏。

标志这方面性能的参数是额定电流、额定峰值耐受电流(又称额定动稳定电流)、额定短时耐受电流(又称额定热稳定电流)和额定短路持续时间(又称额定热稳定时间)。

(2)开断、关合电路方面

①开断短路故障

高压断路器开断有电流的电路时,触头间会产生电弧,只有使电弧熄灭,电路才算开断。可靠地开断短路故障是高压断路器最主要也是最困难的任务。

额定短路开断电流是标志高压断路器开断短路故障能力的参数,它是指断路器在规定条件下能保证正常开断的最大短路电流。

②快速开断

电力系统发生短路故障后,要求保护系统尽快动作,高压断路器开断得越快越好,以减轻短路电流对电力设备造成的危害,提高电力系统的稳定性。因此开断时间是高压断路器的一个重要参数。开断时间 t_b 是指断路器从接到分闸指令的时刻起到所有各相中电弧最终熄灭的时间间隔;分闸时间 t_o 为断路器从接到分闸指令的时刻起到所有各相中触头分离瞬间的时间间隔;燃弧时间 t_a 是指从某相中首先起弧瞬间起到各相中电弧最终熄灭的时间间隔。显然,有 $t_b = t_o + t_a$。

③关合短路故障

电力系统中的电气设备或配电线路在未投入运行前就已存在绝缘故障,甚至处于短路状态,这种故障称为“预伏故障”。当断路器关合有预伏故障的电路时,在关合过程中,常在动、静触头尚未接触前,在电源电压作用下,触头间隙击穿(称为预击穿),随即出现短路电流。在关合过程中出现短路电流,会对断路器的关合造成很大的阻力,这是由于短路电流产生的电动力造成的。有的情况下,甚至出现动触头合不到底的情况。此时在触头间形成持续电弧,会造成断路器的严重损坏甚至爆炸。为了避免出现上述情况,断路器应具有足够的关合短路故障的能力。标志这一能力的参数是断路器的额定短路关合电流。

额定短路关合电流是指断路器在额定电压以及规定的使用和性能条件下,能保证正常关合的最大短路峰值电流。

关合时间 t_{pm} 也是断路器的重要参数,它是指断路器从接到合闸指令时刻起到任一相中首先通过电流瞬间的时间间隔。

合闸时间 t_c 是指断路器从接到合闸指令时刻起到所有相触头都接触瞬间的时间间隔。

预击穿时间 t_{pa} 是指关合时,从任意一相中首先出现电流到所有相中触头都接触瞬间的时间间隔。显然,有 $t_{pm} = t_c - t_{pa}$。

2. 船舶高压断路器的分类

在高压断路器的组成中,开断元件是用来进行关合、承载和开断正常工作电流和故障电流的执行元件,它包括触头、导电部分和灭孤室等部件。触头的分合动作是靠操动机构来带动的。高压断路器常用的有电磁操动机构、弹簧操动机构、压缩空气气动操动机构和液压操动机构等。

（1）按典型结构的分类

在断路器的结构中，将开断元件放在绝缘支柱上，使处于高电位的触头、导电部分及灭弧室与地电位绝缘，绝缘支柱则安装在接地的基座上。这类结构的断路器称为绝缘支柱式。

另一类结构的高压断路器称为落地罐式，是将开断元件放在接地的外壳之中，其间的绝缘依靠气体（SF_6 或压缩空气）或液体（变压器油）来承担。在这种结构中，导电部分经绝缘套管引入落地罐，结构比较稳定，常用于额定电压高的高压和超高压系统。

（2）按高压断路器灭弧原理分类

断路器主要有油断路器、压缩气断路器、真空断路器、SF_6 断路器、磁吹断路器和（固体）产气断路器等。

目前船舶高压电力系统中使用较多的高压断路器类型主要是可靠性高、维护保养相对简便的真空断路器和 SF_6 断路器。

3. 真空断路器

利用真空作为触头间绝缘与灭弧介质的断路器称为真空断路器。

真空一般是指气体稀薄的空间。凡是绝对压力低于正常大气压力的状态都可称为真空状态。绝对压力等于零的空间称为绝对真空。

（1）VCB 的组成和结构

如图 8-5 为真空断路器的结构图和真空灭弧室的剖面图。

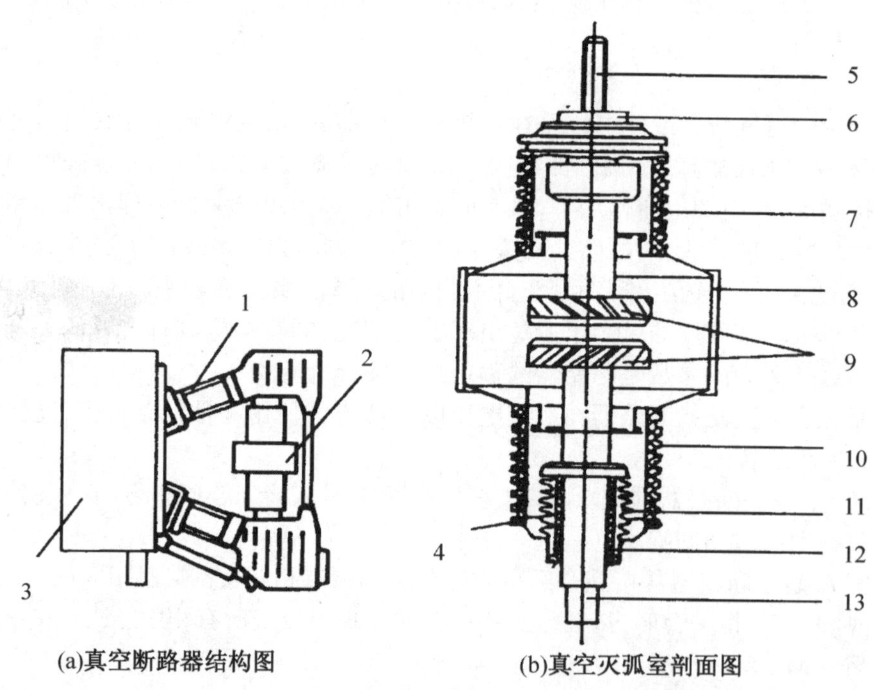

图 8-5　真空断路器结构图和真空灭弧室的剖面图

1—绝缘子；2—真空灭弧室；3—操动机构；4—动法兰盘；5—定导电杆；6—静法兰盘；7—瓷管；8—屏蔽罩；9—静、动触头；10—瓷管；11—波纹管；12—导向套；13—动导电杆

真空断路器主要由操动机构、支撑用的绝缘子和真空灭弧室组成。真空灭弧室的结构很

像一个大型的真空电子管:其外壳由玻璃或陶瓷制成,动触头运动时的密封靠波纹管,波纹管在允许的弹性变形范围内伸缩,要求有足够高的机械寿命(10 000 次以上)。动、静触头的外围装有屏蔽罩,它起着吸收、冷凝金属蒸气,均匀电场分布的作用。对某些结构的灭孤室,屏蔽罩还起到保护玻璃或陶瓷外壳的内表面不受金属蒸气的喷溅、防止降低内表面绝缘性能的作用。

(2)VCB 的特点和使用注意事项

真空灭弧室的绝缘性能好,触头开距小(12 kV 真空断路器的开距约为 10 mm,40.5 kV 真空断路器约为 25 mm),要求操作机构提供的能量也小,电弧电压低、能量小,开断时触头表面烧损轻微。因此,真空断路器机械和电气寿命都很高。通常其机械寿命和开合负载的寿命都可达 10 000 次以上。允许开合额定短路开断电流的次数少则 8 次,多的可达 50 次或更多,特别适用于要求操作频繁的场所。这是其他类型的高压断路器无法与之比拟的。

真空灭弧室是密封的,工作状态与外界大气条件无关,其开断性能既不受外部环境的影响,也不会像油断路器那样,在开断短路电流时产生喷油和排气,给外界带来污染,更不会像 SF_6 断路器那样,在开断短路电流时电弧的高温会使 SF_6 气体分解产生有毒物质而需要妥善处理。真空开关使用中,灭孤室无需检修,也不存在油断路器的换油复杂操作,维护保养工作量小,特别适合船用。其开断过程中不会产生很高的压力,爆炸危险性小,开断短路电流时也没有很大的噪声,使用起来更加安全可靠。

当然,在使用中该断路器真空灭弧室保持密封的问题显得特别重要;否则会导致开断失败,造成事故。

与低压断路器不同的是,由于断路器连接的高压电无法用于内部控制电路,真空断路器的操作电源需要外接,考虑到电网失电时的操作要求,一般系统中还配有不间断电源 UPS,可在电网失电时提供交流操作电源。

考虑到断路器检修的安全方便,真空断路器多采用非固定式连接,在断路器分闸后,可以通过专用的摇柄将本体部分(手车)沿轨道拉出。由于真空断路本体部分体积和重量均较大,为方便检修时的搬运,会专门设有移动断路器用的小车。拉出的断路器本体直接放在小车上,可以很方便、轻松地进行移动。在拉出断路器本体前,需要先按操作要求装好小车。我们将这种断路器称为手车式。如图 8-6 所示就是船舶高压开关柜中手车式 VCB 本体拉出放在小车上时的状态。

图 8-6 高压开关柜中的手车式 VCB(拉出状态)

如图 8-7 所示为 VS1 型手车式真空断路器前面板,可以看到面板上有合分闸按钮,合分闸状态及储能弹簧状态指示器,合分闸计数器,储能摇把插孔,断路器拉出手柄插孔等。放在面板上方的是断路器控制电路插头,在拉出开关本体时应将其从断路器框架上的插座中拔出。

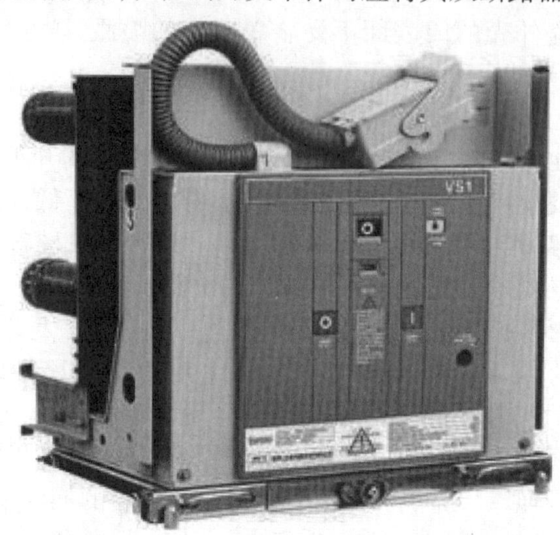

图 8-7　VS1 型手车式真空断路器前面板

如图 8-8 所示为手车式真空断路器本体部分后视图,中间可见 3 个真空灭弧室,上下有 6 个主电路连接头用于与框架部分主电路导体的连接。

图 8-8　手车式真空断路器本体部分后视图

4. 六氟化硫 SF_6 断路器

利用六氟化硫(SF_6)气体作为触头间的绝缘与灭弧介质的断路器称为六氟化硫断路器。如图 8-9 所示为六氟化硫断路器外观。该断路器属于落地罐式结构。其灭弧装置的工作原理是:当断路器分闸时,装有动触头和绝缘喷嘴的气缸由断路器操动机构通过连杆带动,离开静触头,造成气缸与活塞的相对运动,压缩 SF_6 气体,使之通过喷嘴吹弧,从而使电弧迅速熄灭。

SF_6 是目前高压电器中最优良的灭弧和绝缘介质。它无色、无味、无毒,不会燃烧,化学性

图 8-9 六氟化硫断路器外观

能稳定，常温下与其他材料不会发生化学反应。

SF_6 气体的密度是空气的 5 倍，SF_6 气体如有泄漏必将沉积于低洼处，如电缆沟中。其浓度过大会出现使人窒息的危险。

为了保证工作人员的安全，应采取一些预防措施：

所有安装有 SF_6 电气设备的场所内应装有良好的自然通风或强制通风装置。配备合适的保护衣服和鞋袜手套、防毒面具和有活性过滤器的呼吸保护装置等。严格按照国家或制造厂的有关规程进行工作，确保 SF_6 电气设备安全可靠、工作人员人身安全。

二、高压接地开关

高压接地开关和隔离开关一般安装于高压开关柜内，通过正确的操作，确保高压电气设备维护修理过程中操作人员的安全。由于系统配置的不同，有些高压开关柜仅设置有接地开关，有些则设置有接地开关和隔离开关两种不同的保护开关，而且高压开关柜的每一屏均设有保护开关。

1. 高压接地开关结构

船舶高压接地开关外观如图 8-10 所示。组成部件包括支持底座、导电部分、绝缘子、传动机构、操动机构、外接的操作手柄（图中没有）等，该断路器有三个高压进线端子，在开关的另一侧被铜棒短接并通过接地线接船壳。

2. 高压接地开关的作用及设置、操作要求

为了保证维修操作人员的人身安全，确保他们接触的线路无残余电荷存在，不同于传统的船舶低压电站，船舶高压电站供配电线路上安装了多处的接地开关。接地开关的一端与母线（线路）或高压电气设备（发电机、电动机、变压器等）的线圈相连，另一端与接地点可靠相连。高压接地开关没有灭弧装置，且通电即意味着短路，故不能带负荷分合闸。

在停电维修某段线路和设备时，应合上相应的接地开关，以保证被维修线路和设备可靠的接地，防止线路上积累的电荷对维修操作人员的影响；在断路器意外合闸时，由于线路三相接

图 8-10　船舶高压接地开关外观

地，造成三相电源短路，使断路器立即跳闸。

检修完成后，首先应打开接地开关，才能合上船舶高压隔离开关，最后才可以进行相应的断路器合闸操作。

三、高压隔离开关

1. 高压隔离开关结构

船舶高压隔离开关外观如图 8-11 所示。组成部件包括支持底座、导电部分、绝缘子、传动机构、操作机构、外接的操作手柄（图中没有）等，该断路器有 6 个高压进出接线端子。有些隔离开关设有锁扣装置，可以将其所在分断开，以确保维修操作的安全。

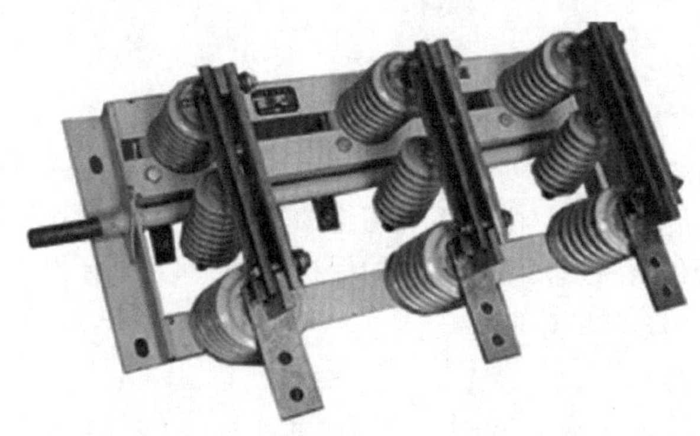

图 8-11　船舶高压隔离开关外观

2. 高压隔离开关的作用及设置、操作要求

高压隔离开关的作用是在高压电气设备检修中隔离高压，确保操作人员的安全。

由于断路器的断开点在外部是看不见的，船舶高压电力系统为了保证在维修时操作人员的人身安全，在船舶高压主发电机断路器与高压汇流排之间，在分断高压汇流排的断路器两端，以及在高压电动机、变压器等负载的断路器与高压汇流排之间都串联了隔离开关。隔离开关是具有可见断开点的开关，只要确保其处于断开位，即使断路器误合闸也可以保证高压电不会被引入维修线路，从而确保操作人员安全。此外通过隔离开关，还可以保证在维修设备时断开断路器后，将维修线路与高压汇流排上的高压电完全隔离，确保人员与带高压电部分有足够安全距离,不会发生电弧触电。

与高压接地开关相同,由于隔离开关没有灭弧装置,因此不能带负荷进行分合闸操作。由于有机械或电气的联锁,操作船舶高压隔离开关时,要与断路器的分合闸操作相配合,只有在断路器断开后,才能进行断开船舶高压隔离开关的操作。断路器在合闸位置时,无法分断船舶高压隔离开关。同样,必须先合上船舶高压隔离开关,之后才允许合上断路器。

四、高压熔断器

1. 高压熔断器特性

熔断器是最简单和最早使用的保护电器。熔断器可以开断故障电流,但一般不能用来切断和接通正常负荷电流,其在电力系统中熔断器是与其他电器(隔离开关、接触器、负荷开关等)配合使用的。

熔断器有结构简单、价格低廉、维护方便、使用灵活等优点;缺点是容量小、保护特性不稳定。

在 3~110 kV 的高压电气装置中,高压熔断器主要作为小功率电力线路、配电变压器、电力电容器、电压互感器等设备的保护电器。高压熔断器以安装地点分为户外和户内两类:船用皆属于户内型;户外型主要用于架空输电线路和室外的变压、配电设备,常见形式的户外高压熔断器外观如图 8-12 所示。

(a) RTF-3 型 11 kV 跌落式熔断器

(b) RW10-35 户外高压限流式熔断器

图 8-12　常见形式的高压熔断器外观

2. 高压熔断器的基本结构

高压熔断器的基本结构与低压有所不同,一般分为灭弧装置(熔管)、金属熔件(又称熔体)、支持熔件的触头(或刀)、绝缘底座(支持件)等几个部分。

RN1 型户内熔断器常用于交流电力线路及配电变压器等的保护,属于限流式熔断器,其结构如图 8-13 所示。瓷熔管内有金属熔件,并通过金属管帽安装于安装卡座之上,当熔体烧断后,可以拆下来换新。

3. 高压熔断器的参数

(1)熔断器的额定电压

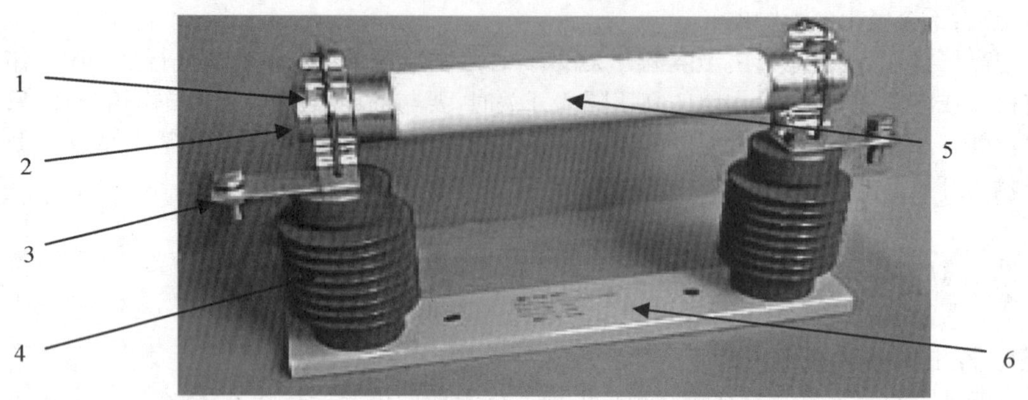

图 8-13　户内高压限流熔断器结构图

1—安装卡座;2—金属管帽;3—接线端子;4—绝缘子;5—瓷熔管;6—熔断器底座

熔断器的额定电压是从安全使用角度确定的,它是熔断器处于安全工作状态时所安装电路的最高工作电压,即熔断器只能安装在工作电压小于或等于其额定电压的电路中;否则在熔断时会出现持续飞弧和绝缘被电压击穿等危害电路的现象。高压熔断器的额定电压要考虑其绝缘电压等级,以及熔断时允许的灭弧电压等级。

(2)熔断器的额定电流

熔断器的额定电流是指一般环境温度(不超过 40 ℃)下熔断器壳体的载流部分和接触部分允许通过的最大持续电流有效值。

(3)熔体的额定电流

熔体的额定电流是指允许长期通过熔体不致发生熔断的最大有效值电流,该电流可小于或等于熔断器的额定电流,但不能超过。

(4)熔断器的开断电流

熔断器的开断电流是熔断器允许切断的最大有效值电流,由熔断器的灭弧能力决定。

4. 高压限流熔断器

高压熔断器按限流特性可分为:限流式(通常户内使用)和非限流式(通常户外使用)两大类。当熔断时间(包括熄弧时间)小于短路电流达到最大的时间,可认为熔断器限制了短路电流的发展,此种熔断器称为限流式熔断器。限流式熔断器灭弧能力强、开断时间短,其开断时间可小于短路冲击电流出现的时间 0. 01 s,达到限制短路电流发展的作用。

目前常用的户内高压熔断器均为填充石英砂的限流型熔断器,高压熔件常用材料是铜或银,石英砂用于固体介质狭缝熄弧。

限流式熔断器在熔断时会发生截流及截流过电压。所谓截流是指熔断器中电弧的熄灭不是在电流自然过零时发生,而是通过熔断进行的强行开断。截流过电压是指当发生截流时,由于电流被强行切断,在电感性电路中会产生感应的过电压。这是该类熔断器使用中应注意的问题。

五、船用防雷装置和避雷器(过电压保护器)

雷电是一部分带电的云层与另一部分带异种电荷的云层之间或者是带电的云层对大地之

间迅猛的放电,此过程中会产生强烈的闪电并伴随巨大的声音,就是闪电和雷鸣。其中云层对大地的放电,对建筑物、电气、通信设备和人、畜有严重危害;若雷击发生在船上,对船体结构、通信设备和人员同样危害极大。为了保护船体及大桅上的通信天线等设备,防止雷击损坏,船上一般也安装有相应的避雷针等防雷装置,用于截获闪电并将雷电流向海水泄散。这就是下面讲的外部避雷措施。

避雷器(SPD)就是过电压保护器。在陆地高压电力系统中,由于雷击过电压和操作过电压均可能引起电力系统绝缘损坏,造成严重事故,故在电气开关柜内采用过电压保护器进行保护。因为船上没有户外架空输电线,高压电力电缆也不太长,并多数敷设在船体内,直接被雷击的可能性几乎没有,但船舶高压开关柜内每一路主电路一般也设有过电压保护器(如氧化锌避雷器)用于操作过电压的保护,这就是下面讲的内部避雷措施。

1. 船用防雷装置

众所周知,雷电具有极大的破坏性,其电压高达数百万伏,瞬间电流可高达数十万安培。雷击所造成的破坏性后果体现于下列三种层次:

①通信传输或储存的信号、数据(模拟或数字)受到干扰或丢失,甚至使电子设备产生误动作而系统暂时瘫痪或完全停顿。

②电气和通信设备损坏或降低设备及元器件寿命。

③造成人员伤亡或引发火灾、爆炸事故。

(1)三种形式的雷电

雷电对船舶及其电气、通信设备的破坏主要由直击雷、传导雷、感应雷等造成。

①直击雷

直击雷即我们通常所说的闪电。直击雷具有热效应、电效应和机械效应三大效果,且雷电能量巨大,可瞬间造成被击物折损、坍塌等物理损坏和电击损害。

②传导雷(雷电波侵入)

雷电击中地面物体尤其是建筑物时,雷电流泄放过程中经进出建筑物的金属管道、电源和信号线路向外传导(约为全部雷电流的50%),从而对其内的线路及设施造成危害。

③感应雷(雷电波感应)

雷云形成过程中,由于其中电荷的聚积及闪电发生时雷云中电荷的急剧减少,会形成大范围的静电感应和电磁感应现象,从而造成雷电影响范围内(闪电发生处半径为2 km内)的金属导体出现高电位(强电压)和瞬间冲击电流(电涌)。可能造成的主要危害是由于电位差使相邻导体产生电火花,电涌致使电源及信号线路发生击穿现象,引发线路短路并侵入用电设备造成设备损坏。在船上尤其是对通信系统危害极大。

若船舶被雷击中,由于船壳皆是导体,因此雷电流会经由船壳流过,进入海水放电,并不会进入船体内部伤害电力网络和人员;但强电流所形成的磁场,对船上的电子或电气系统会有影响,另外通信天线也可能将雷电流引入设备内部造成损害。

(2)雷害的防护

针对雷电的危害,避雷措施分为外部避雷措施和内部避雷措施两方面:

外部避雷措施主要有安装接闪器(如避雷针、避雷带、避雷网等)、引下线和接地装置。接闪器用于截获闪电,避免被保护物受到闪电直接雷击;接地装置用于雷电流向大地的泄散,并有接地电阻要求;引下线用于连接接闪器和接地装置。目前,船上与陆地建筑一样,也在使用传统的避雷针等防雷装置,经实践证明对防止直接雷击是经济和有效的。

内部避雷措施包括:屏蔽、合理布线、安装避雷器、等电位连结、接地。屏蔽和合理布线可减少静电感应和电磁感应对线路和设备的影响;避雷器的安装可限制线路上的电涌电压并引导雷电流的泄散;等电位连接可避免相邻金属物及线路间出现反击;接地是屏蔽及避雷器发挥作用的重要保障。

(3)接闪器

不同形式的接闪器外观如图 8-14 所示,就是专门用来接收直接雷击(雷闪)的金属物体。接闪器的金属杆,称为避雷针;接闪器的金属线,称为避雷线或架空地线;接闪器的金属带、金属网,称为避雷带。所有接闪器都必须经过接地引下线与接地装置相连。

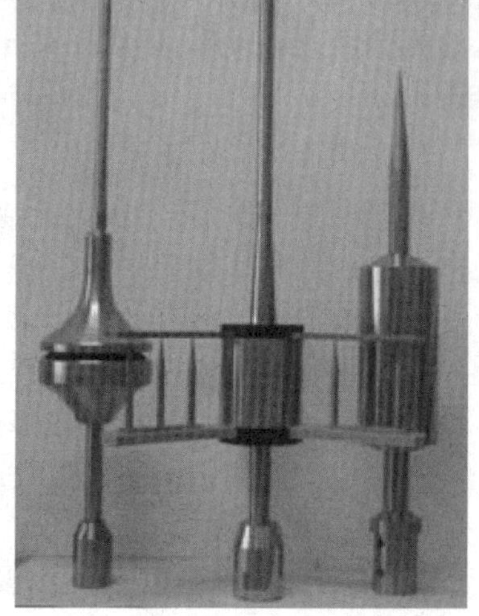

图 8-14 不同形式的接闪器外观

(4)规范对船舶防雷装置的要求

按照中国船级社《钢质海船入级规范(第四册)》,对船舶防雷装置防止直接结构损坏的要求如下:

2.13.1 防止直接结构损坏

2.13.1.1 对金属结构船舶,由于其桅、构件和船体构成固有的对地低电阻通路,故不需另设避雷系统。

2.13.1.2 对具有较多非金属构件的船舶,则应设有避雷系统。

2.13.1.3 避雷系统应由接闪器、引下线和接地端子组成。

2.13.1.4 金属桅杆和金属构件可作为避雷系统的一部分或全部。

2.13.1.5 金属桅索,如支索、侧支索等的末端应可靠接地。

2.13.1.6 引下线的连接应以铜铆钉或夹钳的方式进行,并应易于接近和在布置上加以考虑或具有保护以能减小意外的损坏。夹钳可以是铜、铜合金或与引下线相同的材料,并应有锯齿状的接触类型和有效的锁紧装置。不应采用软焊连接。

2.13.1.7 接闪器与接地端子间的电阻不应超过 0.02 Ω。

2.13.1.8 当船舶在干船坞或船台上时,应有适当的措施确保船舶的避雷系统或金属船体与岸地相连。连接到岸地的整个电缆应位于船舶的外部。

2.13.1.9 避雷系统中的接闪器应符合下列要求:

①在每一非金属桅杆上应安装接闪器。

②接闪器应以直径不小于 12 mm 的铜或铜合金导电杆组成,并应至少高出桅顶 300 mm。也可采用其他材料,如不锈钢、铝合金、经防锈处理的铁杆等,但应符合 2.13.1.7 的要求。所有这些材料均应耐海水腐蚀。

③对液货船,位于桅杆顶端或其附近的可燃气体通风口应由接闪器进行保护,接闪器应高出通风口至少 2 m。如钢桅高出通风口 2 m,则可作为接闪器。

2.13.1.10 避雷系统中的引下线应符合下列要求:

①引下线应由铜或铜合金带或铜缆组成,为防止表面放电,铜缆应有绝缘且呈圆形。也

可以采用其他材料，如不锈钢、铝合金或钢条，但应符合 2.13.1.7 的规定。这些材料均应耐海水腐蚀。

②铜引下线的截面积应不小于 70 mm^2，并应牢固固定在船体结构上。在接闪器与接地体间引下线应尽可能敷成直线，如必需弯曲，则弯曲半径至少为导体等效直径的 10 倍。

2.13.1.11 引下线末端应可靠地连接至其附近船体金属结构的接地端子上。如有必要应采取措施防止发生电化腐蚀。

2. 避雷器及过电压保护

在高压电气设备中，避雷器通常接于带电导线和地之间，与被保护设备并联。当过电压值达到规定的动作电压时，避雷器立即动作而流过电荷，限制过电压幅值，保护设备绝缘不被损坏；当电压值正常后，避雷器又迅速恢复原状，以保证系统正常供电。

(1)避雷器的发展过程

如图 8-15 所示，电力用避雷器发展过程可概括为四个阶段：

在远距离输电中，输变电设备会受到各种过电压的威胁。输电电压较低时，决定输变电系统绝缘水平的主要因素是雷电过电压，可采用单纯的图 8-15(a)火花间隙避雷器加以保护。

后来改用碳化硅(SiC)等非线性电阻阀片串联间隙的方法，发展出图 8-15(b)碳化硅阀式避雷器，既能限制远雷过电压，又能限制近雷过电压。

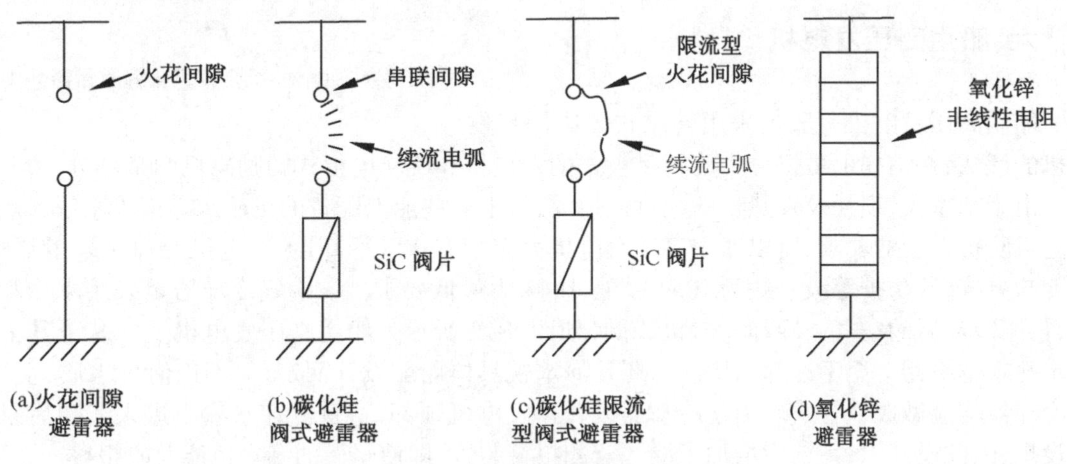

图 8-15　避雷器的发展过程

随着输电电压向高压、超高压和特高压发展，操作过电压逐渐成为决定输变电系统绝缘水平的主要因素，因而相应地发展出图 8-15(c)所示的碳化硅限流型阀式避雷器、磁吹阀式避雷器等，达到具有限制雷电过电压和操作过电压的目的。

20 世纪 70 年代初，随着对氧化锌(ZnO)非线性电阻元件的研究和应用，成功研制出图 8-15(d)氧化锌避雷器，氧化锌电阻片(MOR)具有优异的非线性特性、极好的通流能力等优点。在近几年，氧化锌避雷器得到迅速发展，现已形成低压、中压、高压、超高压各个等级的系列产品，并正向压比小、梯度高、能量大的方向发展。氧化锌避雷器已成为避雷器发展的主导方向。

(2)金属氧化锌避雷器

现代电力系统中的避雷器是一种既能释放雷电或兼能释放电力系统操作过电压能量、保护电气设备免受瞬时过电压危害，又能截断续流、不致引起系统接地短路的电器装置。金属氧化锌避雷器又称凌雷金属氧化物避雷器，其电阻片是以氧化锌为基体，添加少量的其他金属氧化物(如氧化钴、氧化锰等)在高温(1 000 ℃以上)下烧结而成的非线性电阻体，具有比碳化硅好得多的非线性伏安特性，在持续工作电压下仅流过微安级的泄漏电流，动作后无续流。如图8-16所示为10 kV级金属氧化锌避雷器外观。

在系统运行电压下，它的电阻很大，通过的电流很小，阻性分量为10~15 μA，这样小的电流不会烧坏阀片，可以不用串联间隙来隔离工频运行电压。因此金属氧化锌避雷器不需要火花间隙，从而使结构简化，并具有动作响应快、耐多重雷电过电压或操作过电压作用、能量吸收能力大、耐污秽性能好等优点。

由于金属氧化锌避雷器保护性能优于碳化硅避雷器，已在逐步取代碳化硅阀式避雷器，广泛用于交、直流系统，保护发电、变电设备的绝缘，尤其适合中性点有效接地的110 kV及以上电网。

图8-16　10 kV级金属氧化锌避雷器外观

六、船用高压发电机

船用高压发电机一般也采用转磁式无刷同步发电机的形式，在结构上可以分为旋转磁极式的发电机和旋转电枢式的励磁机两个部分。

由于功率大、损耗及发热量的绝对值也大，加上有些船上配备的机舱水雾灭火系统对船用发电机防护性能的要求，所以船用高压发电机大多配有空气冷却器，在电机冷却时采用空气-水冷却方式，其防护等级一般为IP54以上，IP44为最低要求。该空气冷却器是采用水冷却空气，再用冷却后的空气去冷却发电机线圈，如图8-17所示为船用高压发电机及安装于其上部的水冷式空冷器。至于冷却水用淡水还是海水视具体船舶设计而定，但不论何种水质，空气-水冷却器均应做成双管式。由于冷却器设置在发电机顶部，一旦冷却水漏出进入线圈后果不堪设想，因此设计上，系统中增加了漏水监测报警装置，即使轻微的漏水也能及时报警。

1*. 高压线圈绝缘结构

由于工作电压高，所以高压电机的线圈绝缘与低压电机有所不同，这是我们在高压电机管理中要注意的问题。线圈绝缘包括股间、匝间、排间和对地绝缘，以及引出线绝缘等。不同的绝缘材料组合方式与工艺方法形成不同的绝缘结构。

(1)高压电机绝缘设计的特点及主要材料

由于电机存在高速旋转部分，不能浸在油中，所以无法采用液体绝缘。此外，气体电气强度低还带来了电晕问题。线圈槽内空间小，增加绝缘厚度、降低槽满率困难，散热差，易导致热击穿。船用高压电机额定电压一般为3~11 kV，耐压要求高。

工程中高压电机主要绝缘材料是云母制品，该材料具有很高的电绝缘性、很低的介质损耗，抗电弧、耐电晕性优良。

图 8-17　高压发电机及空冷器

(2)高压电机绝缘分类及绝缘结构

高压电机线圈(如图 8-18 所示)的绝缘按照结构形式分为套筒式和连续式,高压电机的绝缘具体分为以下几部分:

图 8-18　高压电机线圈外观

①股间、匝间和排间绝缘

多股换位编织线圈导线之间的绝缘,一般所用导线本身绝缘已足够,不必另加绝缘。匝间绝缘在制造和运行过程中,易因机械力和热胀冷缩的作用而受损伤,因此要求它具有足够的机械强度和韧性。

设计匝间绝缘时,应考虑雷击过电压或操作过电压的陡波作用,相端首匝绝缘按前述过程中受到的最大过电压来考虑。

双排线圈还需考虑排间绝缘,排间最大电压等于一个线圈的工作电压,同样也受到冲击过电压作用。因此对弓形排列者匝间绝缘要适当加强(如提高一个电压等级);N 形和 U 形排列者则用柔软云母板作为排间绝缘,并且须在端部鼻子交叉处加垫薄膜或柔软云母垫条。

②对地绝缘

线圈对地绝缘是绝缘结构的主要部分,故又称主绝缘。在选择主绝缘厚度时,必须考虑足够的安全系数。由于绝缘结构型式、绝缘材料和绝缘工艺各不相同,因此,主绝缘的系统计算比较复杂。一般可根据电机额定电压 U_N 和该绝缘结构的瞬时击穿电场强度求得,并留有 7~

9 倍的裕度,对于运行条件欠佳的电机,其主绝缘厚度还应适当增加。

对线圈端部间隙,除须保证通风散热和嵌装间隙的需要外,还必须保证在额定电压下两相线圈边之间无电晕,并保证电机在耐压试验时无闪络现象。

(3)电晕现象及防晕措施

在高压电机绝缘结构中,以下几个部位易出现电晕放电现象:槽部主绝缘和槽壁之间的空隙,绝缘层与空气层串联;线圈在靠近通风沟处,存在尖锐边缘,电场特别集中;线圈出槽口套管型结构;线圈端部相邻线圈的空隙中。

槽部防晕措施及结构:制造线圈时绝缘层外包半导体材料;下线前槽内涂半导体漆;下线后槽楔压紧,空隙过大用半导体材料或波纹板塞紧。

端部防晕措施及结构:在线圈表面加半导体层;绝缘中加内屏蔽极板。

2. 高压发电机管理和检修注意事项

由于与传统低压发电机存在区别,在高压发电机的管理和检修中,应注意以下几个方面:

(1)严格的接地放电程序

由于定子线圈或励磁线圈的残余电场会释放出大量电荷,安全隐患极大。所以,停机维护保养定子线圈或励磁线圈前,必须严格执行接地放电程序,确认接地可靠、充分放电后,才能开始检修。

(2)注意发电机的绝缘

高压发电机电枢电压高,温升大,绝缘要求高,定期测量和保持线圈绝缘极为重要,对于 6 600 V 系统,应定期用 10 000 V 的绝缘表测量系统绝缘状况。检修中应注意防止损坏绝缘。值得注意的是对于中性点接地系统,应该在接地线路开断之后再进行绝缘测量。

(3)注意漏水报警装置

在高压发电机检修中,应进行漏水报警的效能检验,并将其编入船舶设备检查周期表,严格执行;及时发现和排除异常,保证其工作正常。

(4)检修完毕严格执行恢复程序

检修完毕,必须严格执行恢复程序。按照正确顺序恢复各开关、设备的状态,做好运行的准备。曾有过由于检修完毕恢复程序出错而酿成重大事故的案例,因此需严格执行恢复程序。

七、船用高压电动机

船用高压电动机包括异步电动机和同步电动机两大类,一般作为辅助机械或侧推装置拖动时使用异步电动机,作为主推进装置时使用同步电动机。

船舶侧推器装置的拖动电机采用异步机,一般无需对电动机进行调速,而是配有可调螺距桨用于侧推控制。

电推船舶的主推进电机常采用永磁式高压同步电动机,该电机的定子通电产生旋转磁场,转子由永磁材料制成。永磁同步电动机能够在比较恶劣的工作环境下运行,且常与变频装置配合实现方便的起动和调速。永磁同步电动机具有结构简单、体积紧凑、效率高、功率因数高等优点。变频装置的应用,取消了机械式的调速装置,如图 8-19 所示即为高压永磁式同步直驱电动机。

图 8-19 高压永磁式同步直驱电动机

八、高压变压器

1. 船用高压变压器认知

常见的船用高压变压器均为降压变压器,一般用于由高压电网的高压电经变压获得低压电,给船舶低压电网供电(日用变压器)、冷藏集装箱配电板供电(冷藏变压器)等。在早期部分低压供电的集装箱船上,还设有升压的高压变压器,用于由低压电网升压获得高压电,供给侧推器的高压电机使用。此外,在电力推进船上,也设有高压的推进变压器用于交流电源的变压及调相。

船舶高压变压器功率大(可达数千 kW),其散热除采用自然风冷的方式外,还可使用前述水冷式的空冷器。如图 8-20 所示为国产 2 800 kW 船舶电力推进用系统高压移相变压器,采用箱式结构,图中左侧即为水冷式空冷器。

图 8-20 国产 2 800 kW 船舶电力推进用系统高压移相变压器

2*. 高压变压器的预充磁

船舶高压变压器是电力系统重要设备,其安全性和稳定性对整个系统的运行十分重要。

但当高压变压器在断电状态下空载投入电网时，由于变压器铁芯磁通的剧增以及铁芯材料的磁饱和性，合闸瞬间会在变压器线圈中产生很大的励磁涌流。由于高压变压器容量大，可能与船舶高压发电机相当，所以其空载合闸冲击电流可达到短路保护的级别，引起发电机跳闸。

为了防止这种现象发生，高压变压器往往采用预充磁方式合闸，以减少冲击电流，在延时若干秒后再接通高压变压器的主供电断路器，类似于电动机降压起动时的限流电路，先被接通，再被旁路切换。

船舶高压变压器预充磁通常有三种方式：

(1)高压变压器初级绕组先通过限流电阻接至高压配电盘母线，经延时后与其并联的高压变压器主真空断路器接通，电阻被旁路切换，然后再断开电阻电路。

(2)从低压电网接通一台等压变比的小型变压器与高压变压器的次级绕组相联，高压变压器的初级绕组会感应出一个相应的高电压；经延时后，高压变压器主真空断路器合闸，然后再断开小型变压器，低压侧等压变比小型变压器预充磁方式工作原理如图 8-21 所示。该小型变压器即为预充磁变压器。

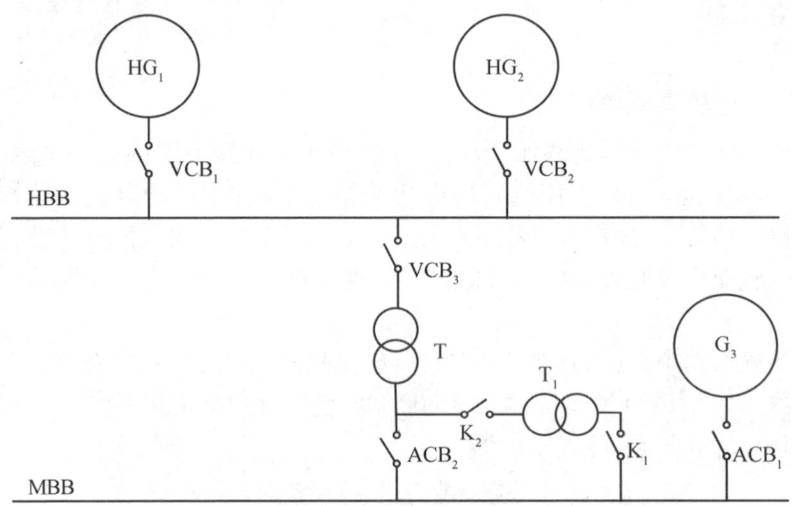

图 8-21　低压侧等压变比小型变压器预充磁方式工作原理

HG_1、HG_2—船舶高压发电机；G_3—船舶低压发电机；T—船舶高压日用变压器；T_1—给高压变压器预充磁用的低压侧等压变比为 1 的小型变压器；HBB—船舶高压汇流排；MBB—船舶低压汇流排；VCB_1、VCB_2、VCB_3—船舶高压真空断路器；ACB_1、ACB_2—船舶低压空气断路器；K_1、K_2—预充磁变压器开关

高压日用变压器 T 投入运行前，HBB 船舶高压汇流排和 MBB 船舶低压汇流排均应有电(分别由船舶高压发电机和低压发电机供电)。K_1、K_2 首先合闸，通过等压变比为 1 的小型变压器 T_1，给高压日用变压器 T 的次级绕组提供低电压，这样 T 的初级绕组会感应出一个高电压。经延时后，按发电机准同步并车操作，高压日用变压器 T 的主真空断路器 VCB_3 合闸；经延时后 ACB_2 合闸，再断开 K_1、K_2，预充磁结束，此时高压日用变压器 T 正式投入运行。这样，可以断开 ACB_1 并停掉船舶低压发电机 G_3，船舶低压汇流排 MBB 就完全由高压日用变压器 T 提供电能了。

(3)从高压电网接通一台与高压变压器同变比的小型降压变压器再与高压变压器的次级绕组相联，高压变压器的初级绕组会感应出一个相应的高电压，经延时后，高压变压器主断路器合闸,然后再断开小型变压器,高压侧接与高压变压器同变比小型降压变压器的预充磁方式工作原理如图 8-22 所示。该小型降压变压器也是预充磁变压器。

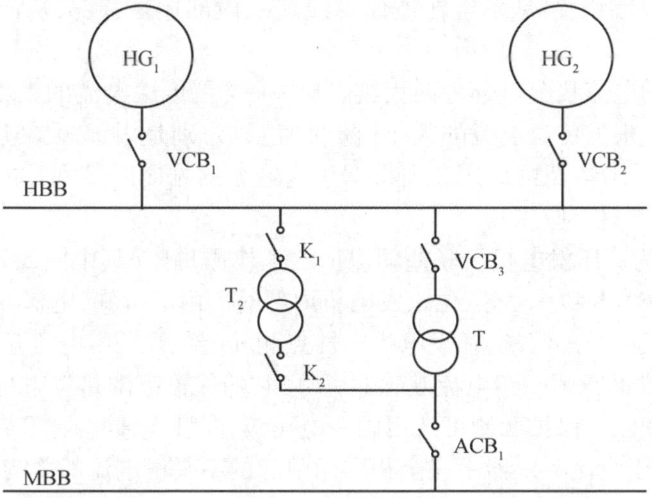

图 8-22　高压侧接与高压变压器同变比小型降压变压器的预充磁方式工作原理

图 8-22 中,T_2 为预充磁用的与高压变压器同变比的小型降压变压器。

高压日用变压器 T 投入运行前,HBB 船舶高压汇流排和 MBB 船舶低压汇流排亦均应有电(分别由船舶高压发电机和低压发电机供电)。K_1、K_2 首先合闸,通过与高压变压器同变比的小型降压变压器 T_2 给高压日用变压器 T 的次级绕组提供低电压,这样 T 的初级绕组会感应出一个高电压。经延时后,按发电机准同步并车操作,高压日用变压器 T 的主真空断路器 VCB_3 合闸;经延时后 ACB_1 合闸,再断开 K_1、K_2,预充磁结束,此时高压日用变压器 T 正式投入运行。这样,可以将船舶低压汇流排 MBB 上原来的船舶低压发电机解列并停机,MBB 就完全由高压日用变压器 T 提供电能了。

九、船舶高压电力系统继电保护装置

1. 高压发电机的保护内容

船舶高压电力系统与传统的低压电力系统的电压等级相差几倍甚至几十倍,所以对高压电力系统的可靠性和安全性要求更高。除传统的外部短路、过载、失欠压、逆功率等保护外,还需要对电力系统,特别是核心部件高压发电机进行更加全面的保护,不但要保护外部故障,还要保护低压发电机一般不考虑的内部故障。一般来说,高压发电机的内部故障主要是由定子绕组及转子绕组绝缘损坏而引起的,常见的故障有:高压发电机内部定子绕组相间短路、高压发电机内部定子绕组同一相的匝间短路、高压发电机内部定子绕组的单相接地、高压发电机内部转子绕组的一点接地或两点接地等。船舶高压电力系统的继电保护装置针对船舶高压发电机内部可能出现的故障,均设有高压发电机的纵联差动保护、定子绕组的零序电压保护、转子接地保护等。

2. 高压发电机纵联差动保护

对高压发电机相间短路的主保护,不但要求能正确区别发电机内、外故障,还要求无延时地切除内部故障。船舶高压发电机采用纵联差动保护作为对高压发电机内部相间短路的主保护。纵联差动保护,就是将被保护线路一侧的电流状况与经过导引线传送过来的另一侧的电流状况进行比较,以辨别短路是发生在被保护线路的内部还是外部,从而判断保护是否应该动作。

导引线所传送的电流状况可分为两大类,其中一类是传送电流的大小(瞬时值),另一类是传送电流的方向。根据传送电流的大小(瞬时值)以辨别是内部短路还是外部短路的保护比较简单,目前获得十分广泛的应用。而根据传送电流的方向以辨别是内部短路还是外部短路的保护则比较复杂,目前应用较少。

如图 8-23 所示为高压发电机纵联差动保护的工作原理图,其中图 8-23(a)为短路点位于发电机外部时,图 8-23(b)为短路点位于发电机内部时。由图可知,电流互感器安装于被保护高压发电机定子绕组的内外两端,在发电机中性点侧 n 端装设一组电流互感器,在发电机引出线靠近断路器侧 m 端装设另一组电流互感器,所以它的保护范围是发电机定子绕组及其引出线。由于发电机纵联差动保护两侧可选用同一电压级、同型式、同变比及特性尽可能一致的电流互感器,可减小由于电流互感器不完全相同而引起的不平衡电流的影响。

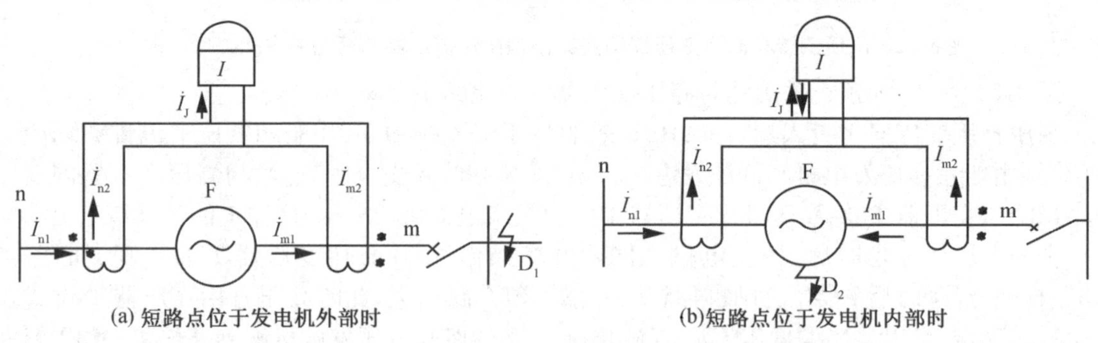

图 8-23 高压发电机纵联差动保护的工作原理图

在图 8-23(a)中,当系统正常工作或断路器外部 D_1 点短路(在两电流互感器所包围的范围以外)时,内外两端的电流互感器中流过的一次电流同相且大小相等,在理想条件下,两端电流互感器的二次电流大小也相等,方向如图 8-23(a)所示,这样,流入继电器 I 线圈的电流为:$\dot{I}_J=\dot{I}_{n2}-\dot{I}_{m2}=0$,故继电器 I 不动作。

在图 8-23(b)中,当被保护高压发电机内部绕组出现短路故障(如 D_2 点短路)时,短路电流会由线路两端(或一端,视线路两端连接发电机组或负载情况而定)流入短路点,此时,一次电流 $\dot{I}_{n1}$ 方向不变,而一次电流 $\dot{I}_{m1}$ 方向与外部短路时的方向正好相反,所以流入电流继电器 $\dot{I}$ 的电流为:

$\dot{I}_J=\dot{I}_{n2}+\dot{I}_{m2}$,大于继电器 I 动作电流而使其吸合,故外部短路保护动作,故障发电机跳闸、灭磁并停机。

3*. 高压发电机定子绕组单相接地保护

船舶高压发电机最常见的故障之一是定子绕组的单相接地(定子绕组与铁芯间绝缘破坏)。由于船舶高压发电机中性点是经高阻接地的,所以定子单相接地故障并不引起大的故障电流,相应的定子接地保护通常只发报警信号而不是立即跳闸、停机。

对于船舶高压发电机，由于它在系统中的地位重要、造价昂贵，而且结构复杂、检修困难，所以对其定子单相接地电流的大小和保护性能提出了严格的要求。

首先，发电机定子接地故障电流必须限制在很小的范围内，这对发电机定子铁芯的安全来说是十分有利的。

为确保发电机的安全，不使单相接地故障发展成相间或匝间短路，应该使单相接地故障处不产生电弧或者接地电弧瞬间熄灭。这个不产生电弧的最大接地电流被定义为发电机单相接地的安全电流，其值如下：

(1)6.3 kV 及以下为 4 A；

(2)10.5 kV 为 3 A；

(3)13.8～15.75 kV 为 2 A；

(4)18 kV 及以上为 1 A。

在以上的安全电流下，因定子绕组单相接地不致扩展成为匝间短路或相间短路，因此可允许发电机继续运行一段时间。在这段时间后停机，铁芯不用检修。所以，定子绕组单相接地保护动作后不要求立即停机，而是作用于报警信号。这样，发电机可继续向系统供电，使系统免受大的冲击。大型发电机发生单相接地后，宜迅速平稳转移负荷后停机。

通常在船舶高压发电机端装设反映基波零序电压的定子接地保护，高压发电机定子接地保护线路图如图 8-24 所示。

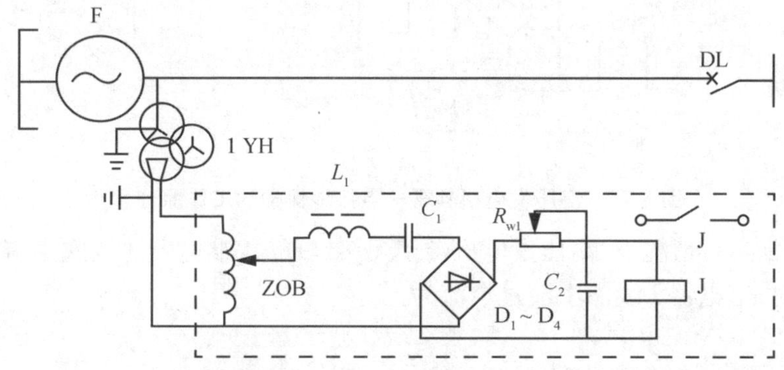

图 8-24　高压发电机定子接地保护线路图

零序电压保护的电压继电器 J 的整定值，要躲开正常运行时的不平衡电压及三次谐波电压。为此，继电器的动作回路中接入了由电感 L_1、电容 C_1 组成的 50 Hz 基波串联谐振电路，以减小三次谐波电压对保护的影响，提高保护的灵敏度。

输入到自耦变压器原边绕组的电压信号，是电压互感器二次开口三角侧的输出电压。如果电机定子接地，则开口三角侧的输出电压为 100 V，经自耦变压器降压，加到串联谐振电路，整流后加到电压继电器线圈上，使电压继电器 J 动作，发出船舶高压发电机定子接地报警信号。

4*. 高压发电机转子接地保护

(1)高压发电机励磁回路常见故障及其后果

高压发电机励磁回路最常见的故障是转子绕组的一点接地故障。正常运行时，励磁回路与地之间有一定的绝缘电阻，转子发生一点接地故障时，不会形成故障电流的通路，对发电机不会产生直接危险。但此时是非正常工作状态,当一点接地之后,如果又发生第二点接地时,即形成了短路电流的通路,不仅可能把励磁绕组和转子烧坏,还可能引起机组强烈振动,产生严重的后果。

高压发电机转子接地保护的任务就是当高压发电机转子绕组发生一点接地故障时,保护装置发出报警信号;当高压发电机转子绕组发生两点接地故障时,保护装置动作停机,以保护高压发电机。

船舶高压电力系统都装有备用高压发电机组,因此,当在网船舶高压发电机的转子绕组发生一点接地故障时,保护装置发出报警信号,手动或自动起动备用高压发电机组,并联运行后可将故障高压发电机组解列、停机。故船舶高压电力系统一般只装高压发电机的转子一点接地保护装置。

(2)高压发电机转子一点接地保护

高压发电机转子一点接地保护的工作原理如图 8-25 所示。叠加直流电压源 U_0 由交流电压源 $U_{\sim}$ 经变压器 YB 隔离和变换及整流后得到,继电器 J 的线圈与转子绕组 FLQ 串联,构成了叠加直流电压式一点接地保护电路。

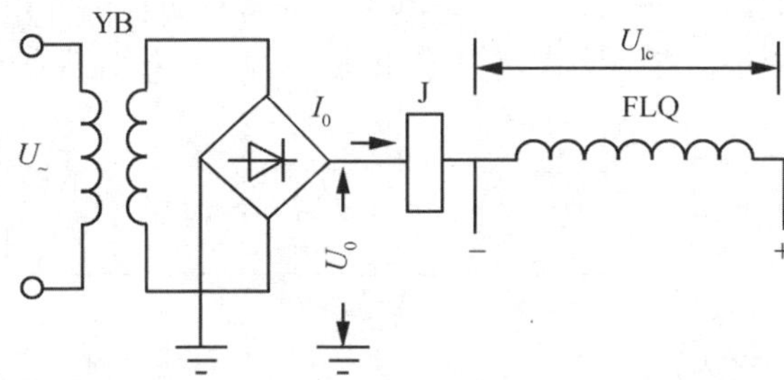

图 8-25 高压发电机转子一点接地保护的工作原理

在发电机正常运行情况下,高压发电机转子无接地现象,继电器 J 线圈中流过的电流 I_0 = 0。当负极接地时,继电器 J 线圈中流过电流为

$$I_{J-} = \frac{U_0}{R_J} \tag{8-1}$$

式中,R 为继电器 J 线圈的内阻。

当正极接地时,继电器 J 线圈中流过的电流为

$$I_{J-} = \frac{(U_0 + U_{1c})}{R_J} \tag{8-2}$$

式中,U_{1c} 为励磁电源电压。

显然,当负极接地时,继电器 J 的线圈中流过的电流 I_{J-} 小于当正极接地时继电器 J 线圈电流 I_{J+},为了保证保护装置无死区且具有足够的灵敏度,要求继电器 J 的动作电流 I_{dzJ} 小于负极接地时继电器线圈电流 I_{J-} 且保证

$$\frac{I_{J-}}{I_{dzJ}} \geqslant 1.5 \tag{8-3}$$

这样,只要高压发电机转子有一点接地故障,继电器 J 就会动作、发出报警信号。

这种保护装置的特点是没有死区,也能监视停止运行的发电机励磁回路的绝缘情况,其灵

敏度不受励磁回路对地电容的影响，但在 FLQ 的各点发生接地时灵敏度不同，接地点由负极向正极移动时灵敏度逐渐增强。

5*. 高压发电机继电保护装置实例

根据船舶高压电力系统安全运行管理和保护的要求，需要对系统，特别是核心部件高压发电机进行电弧光保护、内部短路的纵联差动保护、绕组温度监视与保护、谐波测量与监视、定转子接地保护等，高压断路器内一般未设保护功能，故需要配备功能完善的综合保护装置，即前面学习过的继电保护装置。

(1)施耐德 VAMP 系列综合保护继电器在船舶高压电力系统的应用

施耐德电气生产的 VAMP 系列综合保护继电器是一种基于微处理器的高压电力系统综合保护器件，集成了馈线、发电机、变压器及负载的各种保护功能，且具有自动重合闸和故障点判断功能。

操作员(VAMP 高压保护系统集成、开发人员)可通过 VAMP 系列保护产品的专用管理软件 VAMPSET，进行整定设定值、设置参数、配置保护，且装置参数、配置以及数据记录都可以在操作员的计算机和 VAMP 保护器之间通过数据连接线进行上传和下载。VAMP 装置具有通信功能，全线支持 IEC61850 通信协议，且通信规约适合不同的保护和通信情况。装置还具有几个可编程的功能，如电弧光(可选)保护、过热保护、跳闸回路监视和断路器失灵保护等。由于装置采用模块化设计，编程、通信方便，非常利于进行高压电力系统综合保护的集成开发。

数字式的 VAMP 装置带有操作及显示屏，可通过上面的按键和显示屏进行人机交互，便于使用者(船舶高压系统管理人员)操作，这就是所谓的人机界面 HMI。

在现代化的船舶高压电力系统中，常采用 VAMP 50、VAMP 200 系列的保护继电器来进行系统的电弧光、差动等故障的保护及其他的逻辑控制。如图 8-26(a)所示为 VAMP 52 保护继电器前面板，加装弧光传感器之后，可对开关柜进行电弧光保护；如图 8-26(b)所示为 VAMP 265 差动保护继电器前面板，用于内部短路保护。

(2)VAMP 系列高压电力系统综合保护继电器的主要特性

该装置的主要特征是：

①全数字信号管理，强大的微处理器和精确的 A/D 转换技术使该装置在整定范围内具有很高的测量精度。

②具有丰富完善的高压电力系统线路、发电机、变压器和电动机的保护功能。

③装置能匹配不同的应用需求，且具有灵活的控制和闭锁功能，可以通过数字量信号控制输入(DI)和输出(DO)。

④通过装置中灵活的信号组矩阵，很容易适应不同的电站和监视报警系统。

⑤可以从装置的 HMI 或数据采集与监控系统 SCADA 进行系统中对象(例如断路器、隔离开关等)的自动化控制。

⑥能够通过编程自由配置 HMI 六个测量值显示、自由编辑 HMI 单线图显示，自由配置互锁方案用于基本逻辑控制功能。

⑦事件和故障值被记录在寄存器中，可通过 HMI 或安装 VAMPSET 软件的 PC 机读取；且所有的事件、指示、参数和波形可存储在不易丢失的存储器中。

⑧通过 HMI 或 VAMPSET 软件很容易配置参数和读取信息。

⑨具有通信功能，备有多样性的串口连接和支持多种可能的通信协议，易于连接到电站的

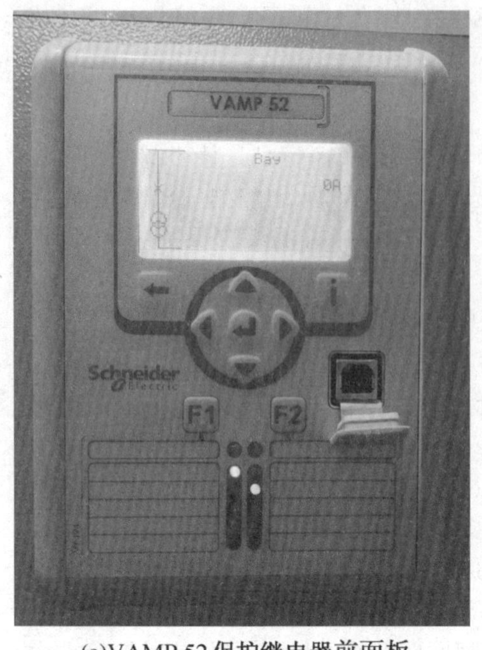

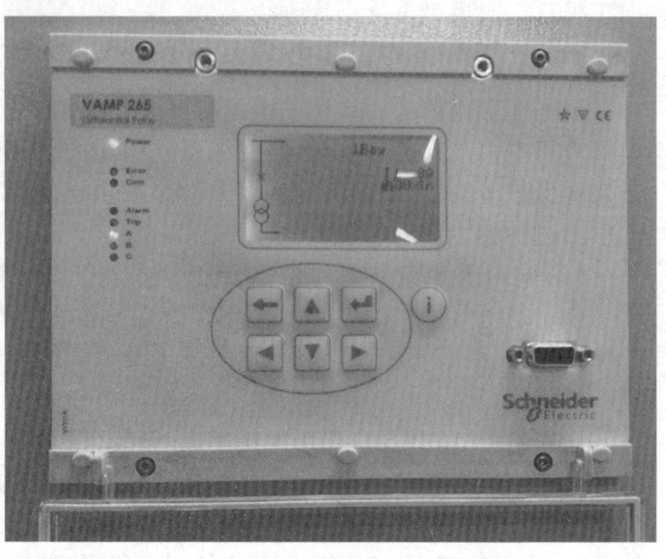

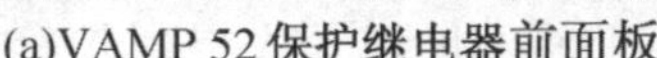
(a)VAMP 52 保护继电器前面板　　(b) VAMP 265 差动保护继电器前面板

图 8-26　VAMP 系列数字式高压电力系统综合继电保护装置

自动控制系统。

⑩配备内置可自动调节的 DC/DC 转换器用于辅助电源，范围为 40～265 V 的直流或交流电；可替换的辅助电源范围为 18～36 V 的直流电。

该装置的保护是完全通过数字技术设计的，这意味着所有信号滤波、保护和控制功能都是通过数字处理完成的。用在该装置中的数字技术主要基于适合的快速傅里叶变换（FFT），通过快速傅里叶变换 FFT 乘法和附加的计算，过滤出合理的测量值。

通过使用测量信号（电压或电流）的同步采样和 $2n$ 倍数的采样率，FFT 技术只需用到 16 位微处理器，而不必使用单独 DSP（数字信号处理器）的解决方案。

除 FFT 计算外，某些保护功能也需要对称分量计算以获得测量值的正序、负序和零序分量。例如，不平衡负荷保护段是基于电流的负序分量。

（3）VAMP 52 电弧光保护继电器的应用

传统的保护系统由于时间级差或基于保护配合原理的闭锁，往往不能对高压电力系统故障进行快速反应。此外，高阻接地故障会使接地故障保护动作时间延长，从而释放巨大的弧光能量，这些情况会对工作人员和设备造成巨大的伤害。通过快速的电弧光保护系统可将危险大大降低。VAMP 系列保护装置集成了一套具有全电流测量功能的电弧光保护系统，并且保护装置可通过弧光传感器（选配）及其相应的通道监视整个开关柜。当开关柜发生弧光故障时，电弧光保护系统可以提供一个非常快速的跳闸输出跳开断路器，在 7 ms 之内发出跳闸命令，故障部分被迅速隔离，从而避免人员的伤亡和经济财产的损失。每个 VAMP 50 系列保护装置最多可连接三个弧光传感器，该装置还可对传感器进行持续的自检。

此外，VAMP 52 还具有短路、接地故障、过负荷、电压过高及过低等保护功能。

VAMP 50 系列保护装置的前面板上有 LCD 显示屏、LED 指示灯及操作按钮、USB 通信接口等，如图 8-26(a)所示，这就是该装置的人机界面 HMI，其中带背光的 128×64 LCD 显示屏能同时显示八行，每行 21 个字符，显示内容有：可以自行编辑的电力系统单线图，并附有对象状态，包括自由选择最多 6 个测量值等；也可显示装置的配置和参数值，需要通过菜单操作按钮进行选择。VAMP52 装置面板 LED 指示灯含义如表 8-2 所示。

表 8-2　VAMP 52 装置面板 LED 指示灯含义

LED 指示灯	含义	备注
Power LED 亮	辅助电源接通	正常工作状态
Error LED 亮	内部故障，与自检输出继电器一起动作	装置尝试重起[Reboot]。如果 Error LED 一直亮，则需要维护
A~H LED 亮	应用相关的状态指示	具体指示内容需要进行配置
F1/F2 LED 亮	相应功能按键/启动	依配置到 F1/F2 按钮的功能确定

与 VAMP 保护装置配套的 VAMPSET 专用软件可用于配置和设置 VAMP 装置，它安装于 PC 机内，其功能包括：VAMP 装置的在线参数设置；从计算机中下载装置软件；读测量值，将值和事件保存到计算机；连续监视所有值和事件等。

在 VAMP 52 中使用一个 USB 口用来连接安装有 VAMPSET 软件 PC 及 VAMP 装置，需要使用标准的 USB-B 电缆。

(4) VAMP 265 差动保护继电器的应用

对发电机、变压器等电源设备的短路保护，要求能正确区别内、外部故障，为此需要采用纵联差动保护，实例中被保护的对象是高压变压器，保护器件是 VAMP 265，其差动保护线路图如图 8-27 所示。

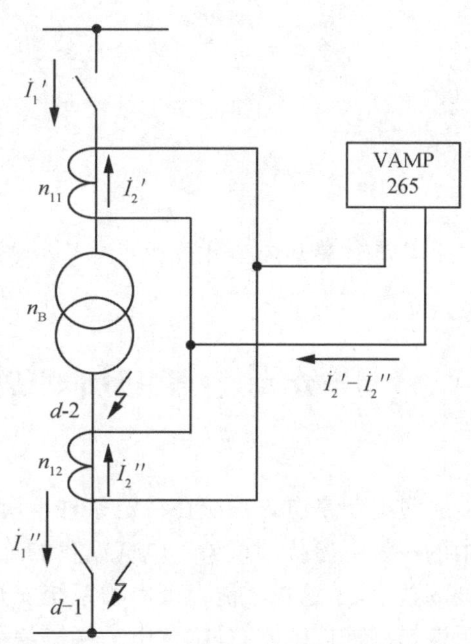

图 8-27　VAMP 265 差动保护线路图

为配合此保护功能，在高压变压器 n_B 的一次侧、二次侧分别设有一组电流互感器 n_{11}、n_{12}，两者输出电流均送入 VAMP 265，根据这两个电流的情况进行比较，以辨别短路是发生在被保护线路的内部或是外部，从而判断保护是否应该动作。VAMP 265 根据输入电流的大小(瞬时值)来判断短路点的位置，流入 VAMP 保护继电器的电流为两个输出电流之差。选择两个电流互感器合适的变流比，使二次侧电流互感器 n_{12} 的变流比 k_{12} 比一次侧电流互感器 n_{11} 的 k_{11} 增加 k 倍(k 为高压变压器一次侧与二次侧的变比)，则如果变压器正常运行或发生外部短路(短路点在 d-1)时，两个输出电流互相抵消，保护继电器的输入电流为 0 A，不动作；如果变压器发生内部短路(短路点在 d-2)时，两个输出电流无法互相抵消，保护继电器的输入电流不为 0 A，保护动作。

思考题

1. 高压断路器如何进行分类,船舶高压断路器一般采用哪些类型?

2. 在船舶高压电力系统进行维护修理之前,应如何操作接地开关和隔离开关?维修后又该如何进行复原操作?

3. 船舶外部防雷装置包括哪几个组成部分?

4*. 在船舶高压开关柜中也会配备氧化锌避雷器,其作用是什么?

5. 在船用高压发电机的管理和维护过程中的注意事项有哪些?

6*. 船用高压变压器预充磁的目的是什么?有哪几种方式?

7. 船舶高压电力系统是如何进行发电机的内部短路保护的?请画单线图并进行说明。

8*. 船舶高压电力系统是如何进行发电机的定子、转子接地保护的?

9*. VAMP 高压电力系统继电保护装置有哪些特点?

实训任务

1. 进行手车式真空断路器的合分闸及拉出、推入操作。

2. 进行船舶高压开关柜中接地开关、隔离开关的合分操作。

任务三　过电压、电压扰动防护和中性点接地技术

过电压是电力系统在特定条件下所出现的超过工作电压的异常电压升高,属于电力系统中的一种电磁扰动现象。电气设备的绝缘长期承受着工作电压,同时还必须能够承受一定幅度的过电压,这样才能保证电力系统安全可靠地运行。研究各种过电压的起因、预测其幅值并采取措施加以限制,是确定电力系统绝缘配合的前提,对于电气设备制造和电力系统运行都具有重要意义。

一*、船舶高压电力系统的过电压及其防护

由于电力系统中的操作、事故或雷击等原因,使系统中某些电气设备和线路承受的电压短时间内大大超过正常运行值,这种危及电力系统绝缘的电压异常升高称为过电压。

过电压分为内部和外部两类:内部过电压是由电力系统内部原因引起的过电压,如断路器投切引起的操作过电压等;外部过电压是由电力系统外部的雷电引起的过电压,也称为雷电过

电压。由于船上没有架空电力输电线,故船舶高压电力系统极少发生雷电过电压。船舶电力系统的过电压防护对象也主要是内部过电压。

1. 常见的过电压形式及其防护

(1)工频过电压及其防护

工频过电压是指正常送电状态下突然失去负荷和在线路受端有接地故障情况下突然失去负荷时,可能产生的幅值较高的过电压。如在中性点不接地系统中发生单相接地,可使健全相对地相电压升高至$\sqrt{3}$倍。工频过电压具有时间长、过电压倍数不高、对绝缘危险不大的特点。但它可能诱发其他事故,形成新的过电压并与之共同作用造成绝缘损害。

工频过电压对220 kV以上系统的影响很大,主要的影响有:

①工频暂态过电压是操作过电压的强制分量,其幅值愈高对应的操作过电压也愈高。

②工频暂态过电压决定了系统中所配避雷器的灭弧电压或额定电压。

③工频暂态过电压会提高断路器开断时的恢复电压,恶化开断条件。

④工频暂态过电压持续时间较长,对电力设备绝缘及运行性能有影响。

220 kV及以下系统一般不采取特殊措施限制工频过电压。330 kV及以上系统一般采用在线路上安装并联电抗器的措施限制工频过电压。

(2)谐振过电压及其防护

谐振过电压产生的原因包括:消弧线圈补偿网络和传递过电压的线性谐振、线路断线和电磁式电压互感器饱和引起的铁磁谐振及发电机同步或异步自励磁引起的参数谐振。

防止谐振过电压的措施是对消弧线圈采用过补偿方式,超高压线路并联电抗器的中性点串小电抗,选用不发生非全相拒动的断路器,电磁式电压互感器中性点接阻尼电阻或防谐装置等,同时可通过安排合理运行方式和操作程序来减少谐振过电压的发生。

(3)操作过电压及其防护

操作过电压是指在进行操作或发生故障时,电网中的电容、电感等储能元件由于工作状态发生突变,将产生充电及再充电或能量转换的过渡过程,电压的强制分量叠加以暂态分量形成的过电压。

操作过电压的原因包括开断电容器组、空载长线路、空载变压器、并联电抗器和高压电动机等,在解列过程中也可能产生过电压,同时间歇电弧也会产生。

操作过电压是船舶高压电力系统中过电压防护的重点。

空载线路分闸过电压是控制220 kV及以下系统操作过电压绝缘水平的主要依据。220 kV及以下系统中,由于绝缘水平较高,能承受可能出现的操作过电压,一般不采取限制措施。

线路合闸和重合闸过电压是控制220 kV以上系统操作过电压绝缘水平的主要依据。220 kV以上系统中,应采用限制操作过电压的措施。限制合闸和重合闸过电压的措施有:采用金属氧化物避雷器保护,安装在出线断路器线路侧的避雷器称为线路避雷器,安装在电站侧的避雷器称为电站避雷器。常用的是金属氧化锌避雷器现已逐步取代了传统的碳化硅阀式避雷器。

2. 电力系统中过电压防护的几种常用方法

为了经济合理地设计输电线路和电气设备绝缘,电力系统中一般采取专用设备和装置以限制过电压,这就是过电压防护。

通常可采用高压并联电抗器、静止无功补偿器限制工频电压升高的数值;用快速继电保护减小工频电压升高及其持续时间。

在超高压电力系统中,空载线路合闸与重合闸时可以产生比较高的过电压,而且出现频繁,对电力系统的绝缘水平一般起决定性的作用。改善断路器的性能,采用合闸并联电阻,缩小三相闭合的不同期等都有很好的效果;通流容量较大的金属氧化物避雷器,也可用来作为防护操作过电压的装置。

高压电力系统绝缘配合则是根据对过电压防护要求而综合制定的,合理的绝缘配置是主要的过电压防护措施之一。

3. 高压电力系统开关过电压的产生及防护

真空断路器作为高压电力系统的配电开关应用十分广泛。由于真空断路器灭弧能力强,开断时引起过电压造成事故的事情时常发生。该过电压属于工作过电压,真空断路器操作过电压的基本类型有3种:截流过电压、反复重燃过电压和三相同时开断过电压。截流过电压出现的概率大,后两种虽然出现的概率小,但危害性更大。

(1)截流过电压

真空断路器很好的灭弧性能使其在开断时,可以使小电流真空电弧在过零前就熄灭。由于电流被突然中断,截流电流在感性绕组L中的残余电磁能必然向绕组的束散电容 C_0 充电,转变为电容电场能量。因 C_0 很小,所以此时电压 U 可达很高的值,这就是截流过电压。

其特点是过电压的大小与断路器的截流值大小有关,截流电流值越大,过电压值越高;截流一般发生在开断小电流时;磁能与电能相互转换的振荡频率很高,高频率必然伴随着高的电压陡度。

(2)反复重燃过电压

真空断路器三相的一相在过零前开断,触头一侧为工频电源,另一侧为高频振荡的电磁能量,触头的恢复电压为两者之和。在触头开距小、触头间耐压不充分时将发生第一次重燃,电源向回路的电容进行充电,回路参数决定了重燃时流过的高频电流达 $10^5 \sim 10^6$ Hz,充放电的振荡过程决定了重燃过电压高于截流过电压。在第一次重燃又熄灭后,断路器恢复电压上升更高,因为是高频熄弧,在极短时间内触头开距不够大的情况下,很可能又会发生第二次重燃,再熄又重燃,出现反复多次重燃现象。每次重燃都是在前一次熄弧后的基础上发生的,多次充放电振荡,触头间的恢复电压和负载端的电压不断上升,直至触头间介质恢复强度的速度超过电压恢复速度,恢复电压小于触头间隙的介质间电压,重燃过程终止。

其特点是陡度大,幅值高,对设备绝缘造成损坏;由于负载绕组的电压分布与过电压陡度和频率关系极大,在波头时间小于1 ms时,靠近电源侧第一匝的电压比末端中性点侧高出8~9倍,所以对匝间绝缘威胁最大。

(3)三相同时开断过电压

真空断路器首先开断的相弧产生重燃时,流过该弧隙的高频电流引起其余两相弧隙中的工频电流迅速被强制过零,使得未开断的两相随之同时被切断。此两相被截断的工频电流往往比首相截流值大,从而产生比首相开断截流过电压高的操作过电压。

其特点是最大过电压总是发生在后两相的开断时刻;在开断中小容量电机或轻负载情况下,容易出现三相同时截断。

(4)对应的防护装置及措施

①采用低熔点金属触头断路器

真空断路器一般触头材料的饱和蒸气压力越高,截流水平越低。因此采用含低熔点金属的触头材料容易达此目的。但触头材料的饱和蒸气压力又不能过高,过高将降低触头间隙介质恢复速度,降低断口间绝缘水平,容易发生反复重燃过电压。采用铬铜合金作为触头材料,可降低截流值,并随之降低截流过电压,即降低操作过电压。改进真空断路器的触头材料后,仅能降低部份截流值,并不限制反复重燃过电压和三相同时开断过电压。因此,改进触头材料仅能改善并不能解决操作过电压问题。

②采用氧化锌避雷器

通常来讲,过电压保护器就是无间隙避雷器。在高压电力系统中常采用氧化锌避雷器作为操作过电压保护装置。考虑到常规氧化锌避雷器的安全,一般均有一定的残压存在,其过高的残压会与被保护设备特别是电机的绝缘水平配合不当。因此其对高压电机对地绝缘的保护比较勉强,对相间绝缘保护作用不大。避雷器存在的另一问题是持续运行电压值偏低,仅为相电压,在中性点不接地或经消弧线圈接地电网中,当发生单相接地故障时健全相电压升至线电压,并允许运行 2 h,这种情况将使避雷器严重过热而损坏。同样在系统产生谐振过电压时也将使避雷器损坏。大量的事故迫使生产厂提高其额定电压和允许持续运行电压,结果增加了阀片数量和残压,导致旋转电机这种弱绝缘设备不能配合,起不到保护作用。

③采用阻容吸收装置

把电容与电阻串联接在负载进线端后,当真空断路器切断负荷时,形成 R-L-C 振荡回路。突然断弧使存储在负载电感中的能量以一个较低频率作衰减振荡,安全地把操作过电压限制住并逐步释放掉。接入阻容吸收装置,不仅使操作过电压幅值降低,而且也使过电压频率降低,限制了过电压的上升陡度,同时对抑制重燃过电压也起作用。另外阻容吸收装置不受系统中性点接地方式的限制。

④绝缘配合

绝缘配合是考虑到前述各种过电压,在电力系统中用以确定输电线路和电气设备绝缘水平的原则、方法和规定。研究绝缘配合的目的在于综合考虑电工设施可能承受的作用电压、过电压防护装置的效用以及设备的绝缘材料和绝缘结构对各种作用电压的耐受特性等因素,并且考虑经济上的合理性以确定输电线路和电气设备的绝缘水平。

在高压电力系统中,确定绝缘水平的方法主要有惯用法、统计法、简化统计法等。简化统计法与惯用法同样简单易行,并有现成曲线可查,虽然故障率的数值不一定很准确,但便于在工程上作方案比较,因而应用很广泛。

二*、电压扰动原因及消除方法

1. 电力系统的电压扰动

电力系统的电压扰动是指交流工频电压的频率、幅值、波形偏离正常状况的电气现象。船舶电力系统常见的扰动形式包括电压暂降、短时中断等。

过大的电压扰动降低了电能质量,是损坏电气设备和影响其正常工作的一个重要原因,尤其是对信息技术设备影响更大。

(1)电压扰动故障的原因及危害

造成船舶电力系统电压扰动的原因分故障性质与非故障性质两大类,前者包括:高压电力系统发生短路等故障,切除后再恢复供电;高压电力系统发生绝缘闪络;高压电力系统重合闸且重合成功等。后者包括:备用设备自动投入或应急切断装置动作;重负载起动或大量电机同时再起动等。

(2)低压敏感负荷及影响

船舶低压敏感负载主要包括:开关电源类负载,如 PLC、DCS、控制计算机等;电磁线圈类负载,如接触器、继电器等;电力电子类负载,如变频器、软起动器等。

电压扰动一般是十几至几百毫秒,但是引起的后果和经济损失是无法估量和难以承受的,同时,我们从上面的电压扰动原因来分析,电压扰动有些情况是根本无法避免的(如电力系统短路等故障的切除及恢复等)。因此需要以最小的代价和成本将供电系统在经历了短暂的电压波动后,迅速地起动起来或抗击这种波动。解决问题的关键就是解决好低压敏感元件如接触器、变频器等(PLC、DCS 等控制计算机有些配有 UPS,无需考虑)的防电压扰动问题。

2. 电力系统的抗电压扰动措施

(1)低压敏感负荷的抗电压扰动措施

对于接触器,主要受电压扰动影响的是电压暂降和中断。电气控制系统中,接触器的一般技术特性是吸合电压为 $0.8U_N$ 额定电压,释放电压约为 $(0.3\sim0.7)U_N$,释放时间为 4~20 ms。即如果电压跌落到 $0.7U_N$,持续时间达到 4 ms,接触器就有释放的可能。

接触器防电压波动解决方案有:采用 UPS,从电源侧进行处理;采用防晃电接触器,从接触器本身处理;失压再起动,从二次控制上进行弥补;采用辅助控制模块,晃电保持,掉电释放。目前工程中,采用失压再起动的较多,时间再早一些的采用防晃电接触器也很多;采用 UPS 供电或辅助控制模块是效果较好的推荐方式。

目前采用的防止电压扰动变频器停车的技术方案包括:

①变频器失压自动复位,即利用变频器自身自动复位功能,使故障输出继电器自动返回。

②动能缓冲功能 PRT,是利用电机的动能反馈抵抗电压短时降低。

③直流支撑,是按负载的 1.1 倍容量配蓄电池组,作为交流电压降低过大时的支撑电源。

④控制电失压再起动,是指控制电压短暂跌落引起意外停机时恢复正常后可自动起动变频器恢复运行。

(2)提高电力系统电压稳定性的措施

研究电压稳定问题最终的目的是要针对电力系统的实际情况,提出分析电压稳定性的实用方法,及时预报发生电压扰动的危险,找出改善电压稳定性的措施以便防止电压崩溃事故的发生。

①根据电力系统不同的状态,保持各区域内的无功功率供需平衡

A. 扩大发电机的相位滞后和相位超前的容量

在电站设计上,应采取提高发电机的励磁电流容量以降低额定的功率因数,使之在发生系统异常时,能提供需要的无功功率。当然,发电机会随着额定功率因数的降低而增加了重量、提高了价格,经济性方面需要与并联电容器的增加费用进行综合性的比较研究。

B. 足够的调相设备

不仅是正常运行中系统内需要配备足够的调相设备,即使故障后的电力系统,为了在各个

区域系统内保持无功功率供需上的平衡,也应合理地分散配置调相设备。

②改善输电系统的电压和无功功率特性

A. 采用多回路的输电线路和环网状系统;

B. 采用高电压。

③电力系统运行方面预防电压崩溃事故的措施

电力系统正常运行时,采用电压和无功功率控制等措施以使电压运行维持在目标值上。为了使电源或输电线路发生故障被停用后,系统电压波动仍能保持在允许值以内,应进行系统结构的更改和限流操作,并进一步适当投入电压和无功功率的调整设备。当预测到电压出现异常下降时,必须早期采取无功功率平衡的措施,以对系统电压异常下降防患于未然。如果电压已开始异常下降,为把它限制在局部范围内应进行负荷的紧急切除。

三、船舶高压电力系统的中性点接地技术

所谓接地,就是用接地线将电气设备的某些部分与接地极或接地网相连接。通俗地说就是将电力系统或系统中电气装置、设施的某些导电部分,经接地线连接至地(即接地极,在船上的地一般就是船壳)。接地线是连接电气装置、设施的接地端子与接地极用的金属连线或导体。

按用途的不同,接地有四种不同类型:工作(系统)接地、保护接地、防雷接地和防静电接地。

电力系统的中性点运行方式是指作为电源的发电机或变压器中性点采用什么方式接地。船舶高压电力系统中性点的运行方式主要有三种:中性点不接地运行方式、中性点经消弧或限流装置接地运行方式和中性点直接接地运行方式。前两种属于小接地电流系统,第三种属于大接地电流系统。中性点此时的接地属于工作(系统)接地。

电力系统中性点的接地方式是一项综合性技术问题,必须考虑以下几个方面的因素:电力系统供电的安全性、连续性和可靠性;过电压保护和绝缘技术措施的配合;保护的构成和断路器跳闸方式;配电网和线路的结构;人身和设备的安全等。

1. 中性点不接地系统

这就是船舶低压电力系统中使用的三相绝缘系统。如图 8-28 所示,当发生单相接地故障(C 相接地)时,非故障相(A、B 相)对地电压值升高至相电压的 $\sqrt{3}$ 倍,变为线电压;而中性点对地电压由 0 V 升至相电压。设备的相对地绝缘要按线电压来考虑,从而提高了设备的绝缘成本,故该类系统不适用于 110 kV 及以上的超高压电网。

由于不接地方式的中性点对地绝缘比较安全、可靠;当电力系统发生单相接地故障时,不会影响三相电压各相之间的对称关系,单相接地也不会形成短路,可以继续带接地故障运行 2 h,供电连续性好。中性点不接地电力系统中单相接地电流由电力系统对地分布电容电流决定。对于配电线路距离较近的低压电力系统,配电线路各相对地的电容较小,因此接地故障电流也很小,瞬时性故障往往自动消除。因接地电流小,对通信线路的干扰也小。中性点不接地方式的缺点是当一相接地时,另外两相对地电压升高至相电压的 $\sqrt{3}$ 倍,易使绝缘薄弱处击穿造成两相接地短路。

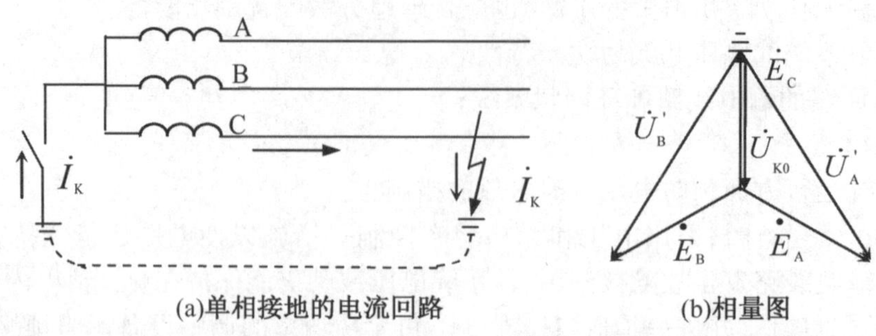

图 8-28　发生单相接地的中性点直接接地系统

对高电压长距离配电线路,单相接地的电容电流一般很大,该电容电流超前电压 90°,当故障点的电容电流在第一个半波过零熄弧时,加在故障点上的电压正好为峰值,若电容电流过大,空气游离严重,极易将故障点重新击穿,这种重燃有时难以避免。在接地处容易发生电弧周期性的熄灭与重燃,出现所谓间歇电弧,引起电网产生高频振荡,形成间歇性弧光过电压,可能击穿设备绝缘,造成短路故障。为避免发生间歇电弧,要求 3~10 kV 电网单相接地电流小于 30 A,35 kV 以上电网单相接地电流小于 10 A。因此中性点不接地方式对高电压、长距离配电线路不适宜。

船舶低压电力系统一般采用中性点不接地方式。

2. 中性点经消弧线圈接地

中性点经消弧线圈接地后,当系统发生单相接地时,如图 8-29 所示为流过接地点的总电流是接地电容电流 $\dot{I}_C$ 与流过消弧线圈的电感电流 $\dot{I}_L$ 的相量和。$\dot{I}_C$ 和 $\dot{I}_L$ 在接地点互相补偿后,可使接地电流小于最小起弧电流,从而消除接地点的电弧以及由此引起的各种危害,故此时的接地线圈被称为消弧线圈。

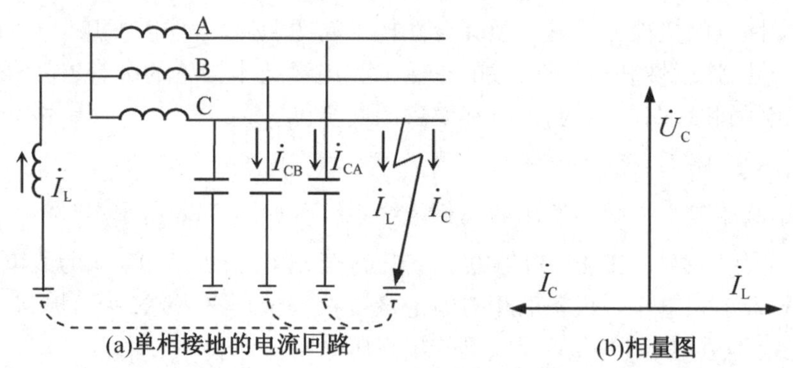

图 8-29　发生单相接地的中性点经消弧线圈接地系统

消弧线圈有三种补偿方式:

(1)完全补偿:使电感电流等于接地电容电流,接地处电流为零。在正常运行时的某些条件下可能形成串联谐振,产生谐振过电压,危及系统的绝缘。

(2)欠补偿:使电感电流小于接地的电容电流,系统发生单相接地故障时接地点还有电容性的未被补偿的电流。在欠补偿方式下运行时,若部分线路停电检修或系统频率降低等原因都会使接地电流减少,又可能变为完全补偿。故装在变压器中性点的消弧线圈,以及有直配线的发电机中性点的消弧线圈，一般不采用欠补偿方式。

(3)过补偿：使电感电流大于接地的电容电流，系统发生单相接地故障时接地点有剩余的电感性电流。消弧线圈选择时留有一定的裕度，即使电网发展使电容电流增加，仍可以继续使用，故过补偿方式在电力系统中得到广泛的应用。

这种系统构成较复杂，设备初始投资也较大。

3. 中性点经高电阻接地

中性点经消弧线圈接地系统中，电感电流的滞后性使得电弧间歇接地过电压仍会短时存在，随电网的参数变化，调整消弧线圈的补偿容量响应速度较慢，仍会造成过电压的出现。因此，现在船舶电站中高压发电机的中性点大多都是采用高电阻接地方式。

高电阻接地方式的最大特点是当电力系统发生单接地故障时，可以继续带接地故障运行近 2 h，当然也可以选择定时或快速跳闸。

高电阻接地系统的设计应符合中性点接地电阻小于或等于电力系统各相对地分布电容的总容抗，即 $R_N \leqslant X_{CO}$ 的准则，以限制由于电弧接地故障产生的瞬态过电压。

电力系统采用电阻接地方式的目的是给接地故障点注入阻性电流，使接地故障电流呈阻容性质，减小接地故障电流与电压的相位差角，降低故障点电流过零熄弧后的重燃率。当阻性电流足够大时，重燃将不再发生，这样可以防止间歇性弧光接地过电压和谐振过电压；电力系统中性点采用高电阻接地还可以限制单相接地故障电流，而且电阻电容性电流大于电容性电流还可以提高零序保护灵敏度，以在需要时使断路器跳闸，满足保护的要求。

4. 中性点直接接地系统

中性点直接接地系统中发生单相接地时，相间电压的对称关系被破坏，但未发生接地故障的两个完好相的对地电压不会升高，仍维持相电压，不存在间歇电弧造成的过电压危险，因此可降低整个电力系统的绝缘水平。这对于 110 kV 及以上的超高压电网降低造价尤为重要，因此 110 kV 及以上电网普遍采用直接接地方式。另外中性点直接接地系统单相接地时短路电流很大，可使保护装置迅速准确地动作，提高保护的可靠性，但由于短路电流过大，需要选择容量较大的开关及设备，并有造成系统不稳定和对通信线路造成强烈干扰等缺点。

5. 发电机中性点接地方式的选择

(1)125 MW 及以下的发电机内部发生单相接地故障不要求瞬时切机，且单相接地故障电流小于允许值时，中性点采用不接地方式。

(2)接地故障电流大于允许值的 125 MW 及以下的发电机，或者 200 MW 及以上的大机组要求能带单相接地故障运行时，中性点采用经消弧线圈接地方式。

(3)200 MW 及以上发电机中性点宜采用经高阻接地方式。

思考题

1*. 船舶高压电力系统中常见的过电压有哪几种形式？可采取哪些对应的防护措施？

2*. 真空断路器开关过程中产生的过电压属于操作过电压，有哪几种形式？可采取哪些防护措施？

3*. 造成船舶高压电力系统电压扰动的原因有哪些？扰动的主要表现形式又是什么？

4. 船舶高压电力系统的中性点运行方式是什么？最常采用的是哪一种方式？其有什么优点？

5. 近年来，为什么船舶高压电力系统逐渐摒弃了发电机或变压器中性点不接地的绝缘系统？

任务四　高压开关柜及五防保护

一、船舶高压开关柜认知

按照习惯，一般将高压电力系统中的配电板（屏）称为开关柜。由于绝缘及安全操作、防电弧爆炸等的特殊要求，高压开关柜与低压配电板在结构和使用上有较大的不同。

1. 船舶高压电力系统的开关柜结构

（1）高压开关柜按结构的分类

高压配电用开关柜也称为中置柜，全称为铠装型移开中置式金属封闭开关设备，其结构一般分为三层结构：上层为母线和仪表室（相互隔离），中间层为断路器室，下层为电缆室。由于断路器在中间层，所以称为铠装型移开中置式金属封闭开关设备，简称中置柜。

按照柜体结构分类，高压开关柜有高低结构（前侧柜体较高，后侧较低）、等高结构（前后高度一致）两类。等高结构比高低结构有更大的内部安装空间，也便于制作和运行维护。开关柜内的母线有品字形布置和垂直一字形布置两类方式。低压的仪表室有模块化的独立结构、可拆卸，以及与柜体为一体的整体结构。

按照高压开关柜的接地开关安装方式分类，有后置和中置两种结构。接地开关后置进行电缆施工或维护时，必须从柜体的前侧下柜门进入，不便于施工，且开关柜的前后门都要与接地开关进行“五防”联锁。接地开关中置时，电缆施工或维护从后侧下柜门进入；通常柜的下部前后两侧用铁板隔开，前侧无带电导体，后门与接地开关进行“五防”联锁。

（2）船舶高压开关柜结构实例

如图 8-30 所示为某船 10 kV 级船舶高压电力系统开关柜结构图。该开关柜（配电屏）是等高柜体，接地开关中置。全套开关柜由完全标准化的金属铠装柜体排列组成，每个柜（屏）都被分成各种隔室，各隔室之间用金属板隔开，其内部有电力设备（主母线、馈电线、真空断路器 VCB、电压及电流互感器、接地及隔离开关等部件）和辅助设备（仪表、继电保护装置、内部连线的电缆导管等）。每个隔室模块由各自独立钢板所构成，通过螺栓连接成一个开关柜整体（即为配电板中的一个屏），相邻开关柜互相独立，之间通过隔板形成双层分隔。柜体上采用合适的闭锁机构（机械联锁、电磁锁等）来保证操作的正确执行，以确保对人身和设备提供最可靠的安全保护。另外，柜体上设有机械式位置指示器和装钢化玻璃的检查窗口，便于电气管理人员掌握设备运行状态。开关柜内的发电机、母排连接及断路器除手动操作外，均可由电站管理系统 PMS 控制、提供遥控及自动化操作和远程监控系统接口，便于进一步的智能化开发。开关柜门和两侧端板进行环氧树脂防锈处理，其他所有隔板进行镀锌处理。各个完全封

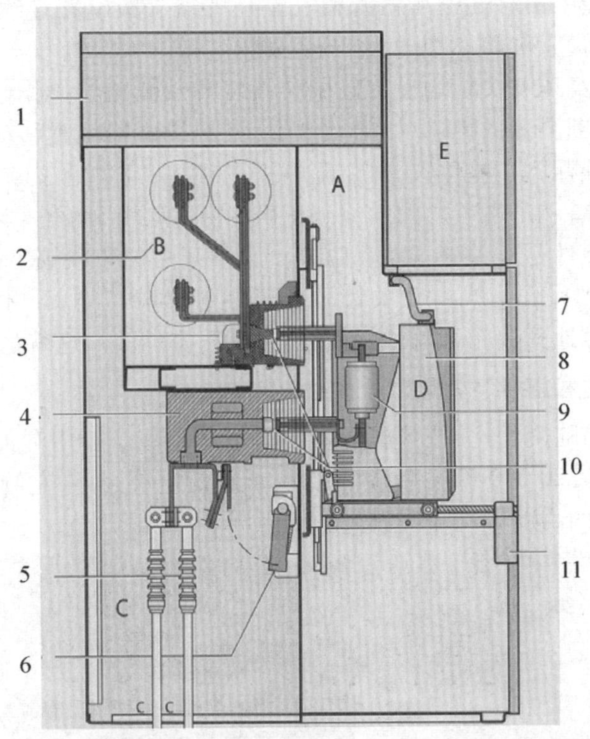

图 8-30　某船 10 kV 级船舶高压电力系统开关柜结构图

A—主开关隔室；B—母线隔室；C—电缆隔室；D—手车式 VCB；E—低压隔室；1—压力释放通道；2—母线；3—绝缘子；4—电流互感器；5—电缆连接；6—接地开关；7—低压插座；8—VCB 操作及联锁；9—真空灭弧室；10—动静触头；11—接地开关操作及联锁

闭和分隔的小室模块及其面板之间通过金属接地，实现 LSC2B 最高连续运行等级和 PM 最高人身安全分隔等级（IEC 62271-200 标准）。

具有 LSC2B 连续运行等级的配电板允许接触某个隔室而不影响其他隔室的工作。如图 8-30 所示，例如当打开某个配电屏的 A 主开关隔室时，该屏的 B 母线隔室、C 电缆隔室（又称馈线隔室）及相邻的配电屏仍可保持正常工作。模块化设计可方便对开关隔室、电缆连接隔室等进行更换，如 C 电缆隔室出现燃弧故障损坏时就可单独进行更换。一旦出现高压隔室内部的燃弧故障（弧光爆炸），隔室之间的隔板及隔室门板都具有抗冲击压力的能力，产生的高热高压气体不会损坏到相邻的隔室，也不会伤及站在开关柜前的操作人员，所有压力必须从配电板顶部释放，柜体顶面有压力释放通道 1，配有气体减压活门，用来减轻电弧放电等故障造成损坏。E 低压隔室（又称仪表隔室）主要放置指示仪表和指示灯、继电保护装置、操作开关、按钮等低压电器设备。

PM 分隔等级确保只有各个隔室的金属板接地后才能触摸。

面板内的辅助接线采用标准的铜导线、聚氯乙烯绝缘黑色电缆，其横截面积相应为：

①1 mm^2 的线径用于电路断路器的操作机构内的连线及从电路断路器的多极插头（连线经过一个柔软的导管）到安装于前部 E 低压隔室内的接线板的连线。

②1.5 mm^2 的线径用于所有其他的控制连线。

③2.5 mm^2 的线径用于对电压互感器和电流互感器次级电路连线。根据 IEC332-3C 标准，所有的接线都是无卤素和阻燃型的。

为确保操作安全，高压开关柜均设有机械联锁装置及断路器操作联锁条件要求。在该开关柜操作中，当手车式断路器的推进/拉出操作中，将其从试验位置移动到工作位置的前提条件是开关装置沿导轨插回到试验位置，并在配电板上锁住；开关处于断开位置；馈线接地开关处于断开位置；开关设备和配电板之间的编码正确；高压室的门已经关闭。将其从工作位置移动到试验位置的前提条件是开关处于断开位置。当主开关位于联锁末端位置（工作或试验位置）时，才能进行合分闸操作。当主开关装置位于联锁试验位置时，才能操作馈线的接地开关。当主开关隔离且接地开关闭合时，才可以打开高压室的门。这就是后述的五防保护。

2. 船舶高压开关柜按照功能的分类

船舶高压开关柜与陆用相比，技术规格和结构基本类似。船用开关柜需要满足船用的要求。如图 8-31 所示为某 20 000 箱集装箱船的高、低压配电屏，其中左侧为低压屏，右侧为高压屏。由图可见，高压屏的高度等尺寸明显大于低压屏。

图 8-31 某 20 000 箱集装箱船的高、低压配电屏

按照功能的不同，船舶高压开关柜主要可分为以下几类：

(1)发电机屏

每台发电机屏包含发电柴油机的控制及保护装置、发电机并车控制装置及继电保护装置等。真空断路器可以沿导轨拉出，并由专用的小车移走，安装在发电机屏的中部；断路器配备电动储能合闸机构用于遥控操作，还配备应急手动储能装置。电缆连接隔室位于发电机屏的下部后侧。输出回路配备接地开关进行接地保护。每相配备两绕组电流互感器，其一组用于测量，另一组用于差动保护；每相配备电压互感器；配备零序电流互感器用于选择性接地故障测量；这些互感器安装在电缆连接隔室，用于运行数据的测量。发电机组的控制、保护和监测装置（如 SIEMENTS SIPROTEC 7UM6、DEIF PPU 等）安装在低压隔室内（在开关柜下部前侧）。每台发电机屏配备的监视及控制设备有：电流表、电压表及转换开关，有功功率表，频率表，各种指示灯，控制开关和按钮，包括手-自动转换开关、本地/遥控选择开关、合/分闸按钮、升速/降速开关、防潮加热器开关等。如图 8-32 所示为某集装箱船高压开关柜发电机屏的低压隔室面板(下半屏)。

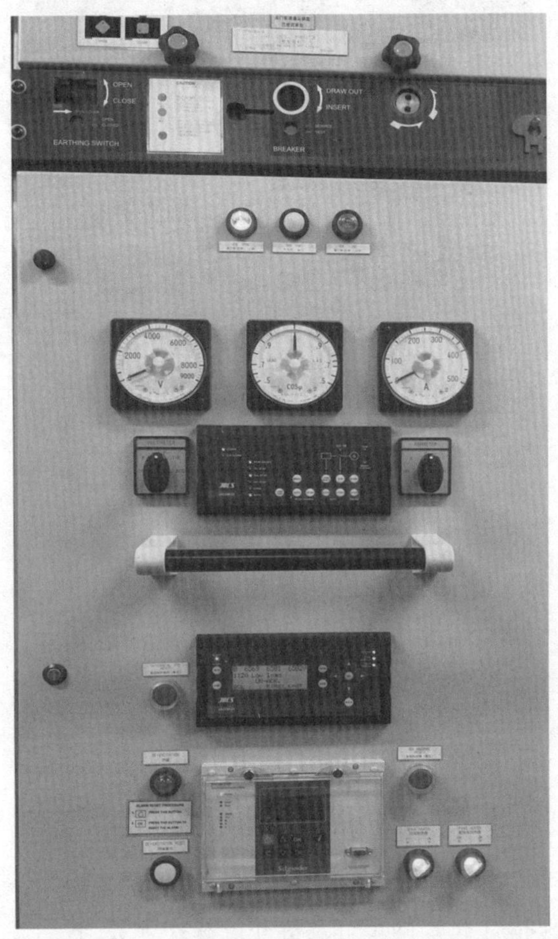

图 8-32　某集装箱船高压开关柜发电机屏的低压隔室面板(下半屏)

(2)母排分段屏

由于高压配电板是分段的,可以通过母排联络开关屏(母联屏)和母排起升屏将两段配电板连接在一起,这些均属于母排分段屏。除了无发电机的操作、控制部分外,母排分段屏的组成及功能与发电机屏基本相同。

每段母排均配有测量和接地单元。每段母排配备一只电压互感器和母排接地开关。母排电压信号被送到其他配电屏(如母排耦合屏、发电机屏)用于监视、保护和同步,接地开关用于母排接地。电压互感器和接地开关安装在配电板顶部的附加隔室内。

(3)高压岸电屏

由于高压岸电可以与船舶发电机并车,所以高压岸电屏除了无发电机的操作、控制部分外,其组成及功能与发电机屏基本相同。如图 8-33 所示为某集装箱船高压岸电 AMP 屏的低压隔室面板(下半屏),在最下部安装有一块计量用电量的电度表。

(4)并车屏

并车屏面板与低压电力系统类似。如图 8-34 所示为某集装箱船高压开关柜并车屏的面

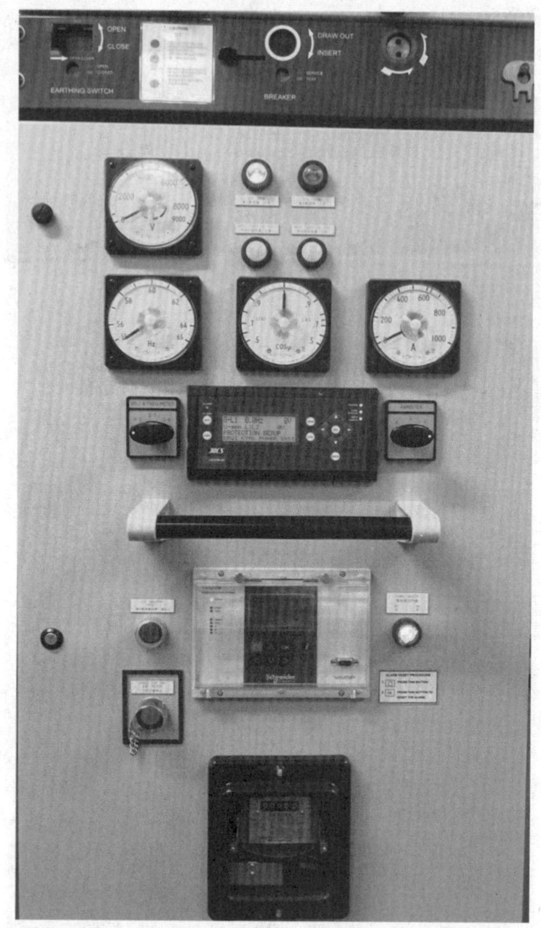

图 8-33 某集装箱船高压岸电 AMP 屏的低压隔室面板(下半屏)

板,在上半屏设有同步表(指针式)、同步灯及待并机选择开关,各台发电机的油门调节手柄及合分闸按钮等。由于需要进行岸电与船电的并车操作,所以在下半屏面板上还设有岸电并车专用同步表(LED 式)及操作装置。

(5)馈电屏

馈电屏即负载屏。与低压负载屏不同的是,每个高压馈电屏只装有一台真空断路器 VCB,只为一台高压负载进行配电。此外还配备了与供电负载相关的监视、控制和保护装置(如 SIEMENTS SIPROTEC 7SJ6、VAMP 40 等),并将其安装在馈电屏的低压隔室内。如图 8-35 所示为某集装箱船 2 号侧推器馈电屏面板。在该屏的中间部位,设有真空断路器 VCB 及接地开关的操作装置,从左至右依次为接地开关合分闸操作装置及合分状态指示器、VCB 推拉用摇柄插孔及位置指示器,VCB 应急切断操作装置。

3. 高压开关柜的测试和技术标准

测试高压开关柜时,需要外观检查校核,且开关柜的材料和结构应符合合同规定。在额定电压下,检查电气联锁及操作顺序;信号传感器显示正确;电流传感器原边电流正确注入比率测试和保护继电器的设置。测试过程中,在客户和船级社见证下,现场通过模拟信号输入的方式进行实际测试和设置;船级社将在 FAT(工厂验收试验)中对设备进行测试验收。下述内部

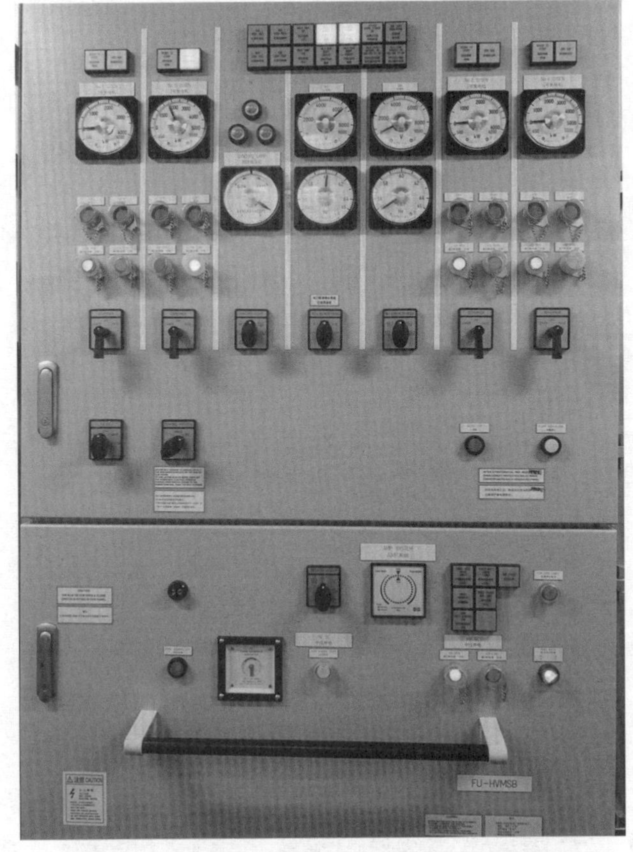

图 8-34 某集装箱船高压开关柜并车屏的面板

测试必须在 FAT 前完成:确保正确的接线、信号和报警显示,功能和联锁测试,工频电压下对主电路和辅助电路进行绝缘测试,主电路和辅助电路绝缘电阻测量。

船用高压开关设备需要满足船级社规范,另外还有引用的 IEC 标准。

(1)IEC 标准

IEC 62271—200—2003 及 GB 3906—2006 这些新版标准与旧版的 IEC 标准相比,最显著的变化之一是去掉了旧版标准中有关金属铠装、隔室、开关设备类别等内容,而新版标准的设备等级的分类原则是基于用户的观点,按照用户对电站的期望和要求,重点考虑了设备从安装到退出运行并拆除的过程中的维护和服务。按照以上原则,原来的金属铠装开关设备可定义为如下内容:

①联锁控制的可触及隔室

按照制造厂的规定,内部装有的高压部件可以打开进行正常的操作和维护,触及受到开关设备和控制设备总体设计控制的隔室。

②基于程序的可触及隔室

按制造厂的规定,内部装有的高压部件可以打开进行正常的操作和维护,触及受适当的程序结合锁具控制的隔室。

③运行连续性的丧失类别

主开关室、母线室和电缆室相互隔离。

图 8-35　某集装箱船 2 号侧推器馈电屏面板

LSC2：打开功能单元任意一个可触及隔室（例外情况为单母线开关设备和控制设备的母线隔室），其他所有功能单元仍旧可以继续带电正常运行的开关柜。LSC2 包括两个子类，其中 LSC2B 为打开功能单元的其他可触及隔室，该功能单元的电缆隔室仍旧可以带电的 LSC2 类金属封闭开关设备和控制设备。

④隔板的分类 PM

主回路的带电部件和打开的隔室之间的分隔是金属隔板和/或活门，且是连续并接地的状态。针对新标准的内容，船用高压开关柜需设置成每台开关设备包括主开关室、电缆室和母线室。每台开关柜还包括一个低压室，所有二次元件、二次电缆等都装在低压室内。如有需要，开关柜上还可装设泄压通道，用于在产生内部燃弧时泄放燃弧气体。

各功能隔室之间通过金属隔板和活门相互隔离。

(2)中国船级社标准

根据中国船级社《钢质海船入级规范(2009)》第4篇第1章第2节中规定,船用高压配电板还需满足的环境条件为:

①环境温度:0~+45 ℃。

②倾斜度:不大于25°。

③船舶正常营运中产生的振动和冲击:1 mm的振幅,频率范围为:2~13.2 Hz;0.7 g加速度所对应的振幅,频率范围为:13.2~100 Hz。

④存在潮湿空气、盐雾、油雾、霉菌的情况。

二、高压开关柜的五防保护

随着船舶高压电力系统的不断发展,特别是控制技术的不断更新,电力系统的防误装置也得到不断改进和完善。防误装置的设计原则是:凡有可能引起误操作的高压电气设备,装设防误装置和相应的防误电气闭锁回路。为保证安全及各联锁装置可靠动作、不至损坏,必须按照联锁防误操作程序进行操作;否则保护联锁装置动作、操作无法完成。

五防联锁机构是高压开关柜的重要保护装置,五防保护用以确保开关设备的正确、安全操作,防止人身和设备危害的发生。所谓五防保护是指为确保人身及设备安全,对高压电气设备应具备的五种防误操作功能的简称,包括:防止误分、合高压断路器,防止带负荷分、合隔离开关,防止带电挂(合)接地线(接地开关),防止带接地线(接地开关)接通高压断路器和防止误入带电间隔。此高压开关柜的五防联锁机构基本功能主要通过机械联锁和程序锁实现,主要保护形式和内容如下:

1. 防止误分、合高压断路器

对高压断路器分、合闸按钮做防护设计,防止在正常运行下误分闸操作或不具备合闸条件下误合闸。

2. 防止带负荷分、合隔离开关

隔离开关无灭弧装置,因此不能带负荷分、合隔离开关。隔离开关与相应的高压断路器有机械或者电气的联锁,只有高压断路器分闸后,才能分、合隔离开关。

3. 防止带电挂(合)接地线(接地开关)

仅当相应的高压断路器分闸且被拉出至试验、断开位置(此时VCB与带电汇流排的主电路连接已断开)时,接地开关才能进行合闸操作,实现了防止带电挂合接地开关。

4. 防止带接地线(接地开关)接通高压断路器

仅当接地开关处于分闸位置时,相应的高压断路器才能从试验位置推回至工作位置,防止接地开关处于闭合位置时接通高压断路器。

5. 防止误入带电间隔

接地开关处在分闸位置时,高压开关柜的下门及后门都无法打开,防止人员误入带电间隔发生触电事故。

在实际设备的维护保养过程中,需要打开电缆室柜门对内部的高压设备进行检修,操作中注意此柜门、断路器手车与接地开关的联锁保护关系：首先必须断开断路器，通过摇柄将其拉出至试验位，此时接地开关操作孔上的盖板才能打开；插入接地开关操作手柄合上此开关，则开关柜后侧电缆室柜门上的程序锁保护解除，此门方可打开。

思考题

1. 船舶高压开关柜的结构可分为哪几个组成部分？
2. 按照功能分类，船舶高压开关柜有哪几种屏？其作用分别是什么？
3. 何为高压开关柜的五防保护？一般又是如何实现这些保护的？

实训任务

进行高压开关柜高压馈线隔室门的开启操作，并说明其中有哪些五防保护措施。

任务五　高压岸电系统

十八大以来，随着生态文明建设的开展，“绿水青山就是金山银山”理念已成为全党、全国人民的共识。习近平总书记在党的二十大报告指出，“中国式现代化是人与自然和谐共生的现代化”，进一步明确了我国新时代生态文明建设的战略任务，总基调是推动绿色发展，促进人与自然和谐共生。报告在充分肯定生态文明建设成就的基础上，从统筹产业结构调整、污染治理、生态保护、应对气候变化等多元角度，全面系统阐述了我国持续推动生态文明建设的战略思路与方法，并对未来生态环境保护提出一系列新观点、新要求、新方向和新部署。船舶靠港作业时，发电机组的废气、颗粒物和噪音等是对周边环境的重要污染源，近年来随着船舶高压岸电技术的推广，此类污染已经得到有效的治理。

一、高压岸电系统认知

1. 新型岸电技术的发展

随着环保要求的提高，越来越多的码头和船舶采用了新型的岸电系统，可以在船舶正常靠港作业期间停用船上的发电机组，而改为岸电供电。这种新型岸电在近些年里有不同的名称，例如 onshore power supply（OPS）、shore-side electricity、shore connected electricity supply、shore power、high voltage shore connection（HVSC）、ship to shore、cold ironing、alternative maritime power（AMP）等，都是指采用陆地的电源对靠港船舶供电的技术。

近年来,我国大力推进"以电带油",通过采取行政要求、标准规范、试点示范等一系列措施,推进码头岸基供电设施改造,使靠港船舶用岸电替代燃油发电,有效减少大气污染物排放。早在2010年,交通运输部在我国港口开展的岸电应用示范一期工程中,连云港港口集团率先建成了全国首套高压岸电系统,供1.5万吨"中韩之星"客货船使用。到目前为止,我国沿海、内河港口码头已建成近百项岸电项目,为我国绿色航运发展以及实现双碳战略奠定了基础。

国家非常重视高水平的科研创新对高压岸电发展的引领作用,近年来提出的变频岸电电源协同工作模式和控制方法均适用于大型集装箱码头岸电系统,集成研发的快速插接、柔性供能、分布式级联等岸电应用技术大大提升了大容量船舶岸电设施的灵活便捷性、适应性和响应速度。在此基础上,一系列国家标准、行业标准和技术指南的推出,为岸电推广发挥了关键作用。2020年3月,由交通运输部水运科学研究院牵头编制的《国际航行船舶岸电安全操作导则》在国际海事组织大会通过审议,为国际航行船舶安全使用岸电提供了中国方案。

2. 岸电系统组成

虽然各岸电方案的组件略有差异,但设计上大体可分为三个部分:岸上供电系统、电缆连接设备和船舶受电系统:

(1)岸上供电系统:岸上供电系统使电力从高压变电站供应到靠近船舶的连接点。

(2)电缆连接设备:连接岸上连接点及船上受电装置间的电缆和设备,且电缆连接设备必须满足快速连接和储存的要求,不使用的时候储存在船上、岸上或者驳船上。

(3)船舶受电系统:在船上固定安装受电系统,可能包括电缆绞车、船上变压变频装置和相关电气管理系统等。

3. 岸电供电方式

目前,世界上已有的岸电供电方法都是港口电网向船舶电网直接供电,按上船的岸电电压来分,主要分为低压上船和高压上船两种方式。

(1)低压上船:比较典型的是洛杉矶港,洛杉矶港中压供电电压为34.5 kV,经降压后在码头边提供6.6 kV的埋地式电箱。对于配电电压为440 V的低压电船舶,采用了一艘配备缆绳绞车和变压器的驳船连接岸上和船舶系统,驳船上的变压器使岸上6.6 kV的电压降为440 V(配电电压为高压6.6 kV的高压电船舶不需要驳船连接)。由于440 V低压供电,电流值大,使用了9根电缆连接。这就是后面讲到的AMP系统。

(2)高压上船:比较典型的是哥德堡港,其在岸边提供了10 kV的连接点,10 kV高压接入船舶后经船用变压器变压降到船舶所用电压。由于高压供电,只需使用1根电缆连接。

二、AMP系统的认知

为解决港口的环境污染问题,近年来美国率先提出:凡是新建码头,船舶靠港期间均要停止使用船上的发电机,改用岸电供电,以期减少环境污染。目前AMP(Alternative Marine Power)码头高压岸电技术已在美国的洛杉矶的集装箱码头等处得到广泛的推广应用。国内航运企业和港口也顺应这一趋势,积极参与到岸电项目中。早在2004年,中海集运"新扬州"号就实现了在靠泊洛杉矶码头时使用AMP岸电系统。河北远洋集团于2010年研发成功全球首套高压变频数字化船用岸电系统,并安装在新建船舶"富强中国"上。

由于低压上船与传统意义上岸电没有太大区别,故下面的学习内容均为额定电压在 1 kV 以上、15 kV 以下的交流高压岸电系统,且以 AMP 系统为例。

1. 高压岸电 AMP 系统的组成

如图 8-36 所示为高压岸电系统的组成,在高压供电船舶上的岸电 AMP 系统一般由高压岸电电缆绞车、岸电连接屏(内设高压岸电接头)、岸电接收屏(内设 VCB 真空断路器)、电缆等组成。按照陆地电压等级标准,高压岸电系统又常称作中压岸电系统。

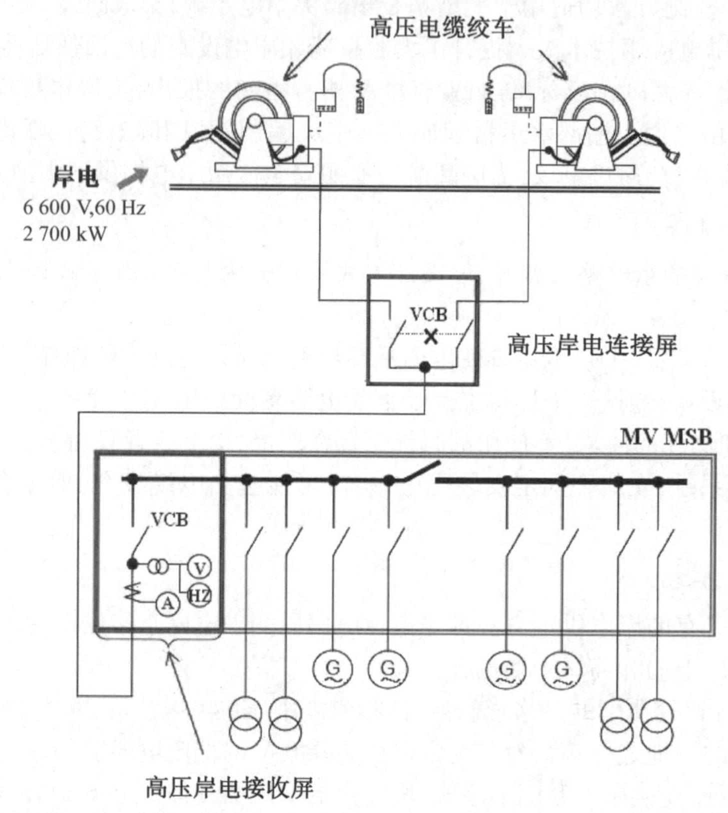

图 8-36 高压岸电系统的组成

2. 使用高压岸电的优点

(1)节能

将船舶的自备发电机发电与岸电相比,可发现船舶发电机发电效率低、发电成本高昂。以港口电网供电代替船舶柴油发电机供电,显著提高了港口的能效,节约了有限的石油资源。

(2)减排

重油或柴油在燃烧过程中会产生大量的烟尘、氮氧化物 NO_x 和硫化物 SO_x 及其他各种污染物。国际海事组织 IMO 的研究数据表明:NO_x 和 SO_x 是燃烧过程中产生的主要污染物,污染物通过大气作用可以传播至 1 000 km 以外的地区。采用岸电对于港口的实际意义在于降低废气减排。

(3)降噪

船舶使用柴油发电机产生的噪声也会对环境造成噪声污染。接用岸电后,可以消除靠港船舶发电机组运行的噪声污染,也给船员带来了舒适安静的环境。

码头高压岸电的容量一般与一台船舶高压发电机的容量相当,如洛杉矶港的高压 AMP 电源规格为"6 600 V、60 Hz、2 700 kW"。

三、高压岸电 AMP 系统的安全管理

1. 高压岸电 AMP 系统的安全换接操作

高压岸电 AMP 系统的操作是在轮机长的领导指挥下,由轮机部和甲板部共同完成的。船长负责对外联系岸电供应事项并记录码头上的电度表在本船使用岸电前的读数。待船离开码头时,在码头的耗电记录簿上签字。

在转接高压岸电的准备及操作过程中,轮机长应负责现场指挥和监督执行。整个操作过程必须有两名以上专业人员参加,电子电气员具体操作,一名轮机员协助。现场人员必须配备对讲机,保持船舶内部指挥协调以及与岸上人员的沟通联络,在向轮机长确认准备工作完成并得到同意后方可切换岸电,以确保操作安全、顺利,确保人员、设备的安全。

高压岸电系统的换接操作又称接驳操作(如图 8-37 所示),其主要包括以下步骤:

图 8-37 高压岸电 AMP 接驳操作

①船舶 AMP 岸电系统接地放电

接岸电前,码头 AMP 服务工程师上船接洽,并要求船舶 AMP 岸电系统进行接地放电。在码头 AMP 服务工程师见证下,船员在高压连接屏上完成接地放电程序。

②电缆的送岸连接

连接岸电时,用专用手柄转动丝杆移门,将门开至最大。然后将液压电缆搁架上的液压转换手柄 IN/OUT 放在 OUT 位置,用手柄泵油,将搁架向船舷放出。需要注意只有在搁架向船舷方向完全放出时(搁架底边框触及限位开关),才能进行下一步电缆绞车的操作。

操作按钮,通过马达转动电缆绞车将电缆徐徐放到码头上。待码头 AMP 服务工程师将高压岸电电缆插头(如图 8-38 所示)与码头上的岸电插座相连,且将套在电缆插头处的钢丝网编织绳固定在码头上。岸电绞车的操作完毕。

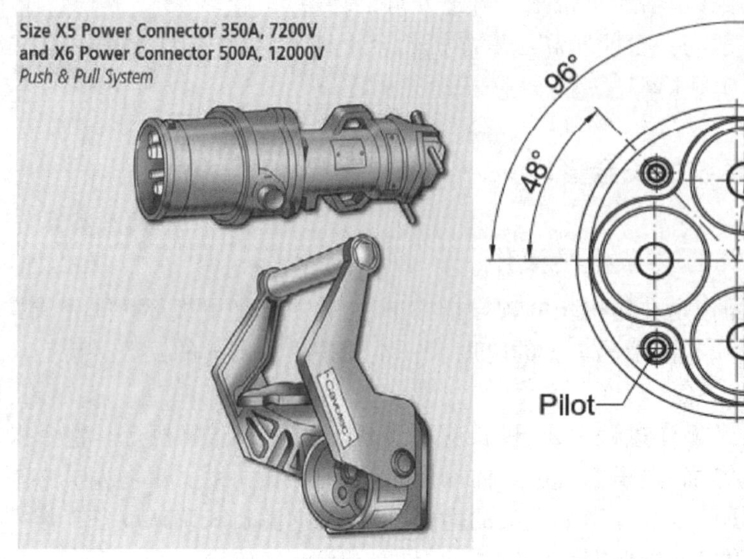

(a)高压岸电插头外观 (b)高压岸电插头的主电路及控制极(pilot)

图 8-38 高压岸电电缆插头

将遥控按钮盒上的“手动/自动”开关置放在“自动”位置。电缆绞车有自动收放功能(类似自动绞缆机),在码头装卸货物或潮涨潮落时,能够保持电缆在设定张力下伸出一定的长度,间隔一定时间自动收绞一次,可有效保护电缆不受外力损坏。必要时可适当调节电缆绞车自动力矩和设定的绞缆时间,调定后电缆应该是不吃紧也不松弛外溜,十分钟左右自动绞缆十秒钟。如果原设定的自动力矩偏大、时间设定偏长等,均有必要调小和调短。当电缆的张力超过整定值时,马达将向电缆放松的方向转动。

③AMP 应急断电线路的连接、试验和送电

AMP 应急断电线路的工作原理是将各应急停止控制触点接入 AMP 高压岸电真空断路器的脱扣控制回路(电源电压为交流 110 V),当按下任何一个“应急停止 AMP 系统”按钮或 AMP 电缆绞车上仅存最后一圈电缆时,自动断开高压岸电开关,起到应急保护的作用。

A. 码头 AMP 服务工程师接妥高压电缆插头后,提供应急断电线路电源(为交流 110 V)。

B. 船员配合,在艉岸电箱、SC 岸电连接屏、MM 高压配电板上的岸电控制屏等三处,按照岸上人员指挥操作应急断电按钮,做应急断电试验。

C. 码头 AMP 服务工程师确认试验成功,就完成了 6 600 V 高压电 AMP 的全部供电准备工作,随时可通知岸上合闸供电。

④同步检验

接到码头 AMP 服务工程师“已送电”的通知后,电子电气员在岸电连接屏检查岸电相序是否正确。若不对,则通知码头 AMP 工程师换相。电子电气员还应分别检查高压岸电的电压、频率等参数。在上述参数均为正常的情况下,手动合上岸电连接屏上的高压岸电开关,将 6 600 V 的电源送至主配电板上。

⑤高压配电板合闸送电

可通过以下两种方式来接通岸电电源:

A. 断电方式

断开船上大容量的用电设备,按下发电机分闸按钮全船失电,接着按下 AMP 的合闸按钮接通岸电电源,恢复船舶供电。

B. 不断电方式

在确认岸电相序正确后进行并车操作,并车的条件包括:船舶主发电机单机运行;电压相等;频率相等;相位相等。并车方式(手动或自动准同步)可以通过同步屏上的转换开关进行选择。

需要注意的是:船舶电网中并联运行的发电机必须在降低负荷后改为单台发电机运行,否则不能进行并车操作。

a. 手动准同步

并车操作可按发电机的并车操作规程进行,但在并车过程中只能调节船舶发电机的电压、频率和相位。

b. 自动准同步

若选择"AUTO"方式,电力管理系统将视岸电为另一台船舶发电机,进行岸电和船电的自动并车、负荷转移、发电机自动解列及自动停车的控制。自动并车和负荷转移的过程延续约 10 s,10 s 后发电机的 VCB 将自动分闸。

按下 AMP 合闸按钮后,经过自动准同步并车后,船舶发电机自动进行负载转移、分闸,机舱在不断电的情况下完成岸电供应转换(类似发电机组的转换操作)。

上述两种准同步的操作可按主配电板的发电机并联操作规程来进行。当负荷增加到最大值或岸电突然消失的时候,应立即起动一台船舶发电机。实际操作中出于安全的考虑,岸方一般都要求船舶断电后接通高压岸电。

2. 岸电供电结束时的恢复程序

船舶离码头前 2 h,停止岸电电源的供应。船长应与码头 AMP 服务工程师联系。轮机长指示轮机员将一台副机手动起动达额定转速。在将岸电电源退出电网前需将负载降至一台发电机容量的 90%以下。按手动或自动同步方式,选择确定并车方法和模式。将起动成功的发电机并入电网,然后转换成船舶发电机供电。

若选用不断电自动同步模式,只要按下待并发电机的合闸按钮,自动同步并车后岸电负荷自动转移到船舶发电机,岸电开关再分闸,机舱在不断电的情况下完成岸电供应转换(类似发电机组的转换操作)。

若选用断电模式,则在起动船舶发电机后,应先将岸电开关分闸,全船失电,接着按下发电机的合闸开关,恢复船舶供电。

记下电度表的读数,以便结算电费。

接着在高压岸电连接屏上分闸,并依次进行:

(1)通知码头 AMP 服务工程师停止供电,断开码头上的岸电开关(当然,船舶此时也可按下应急断电按钮,遥控岸上分闸断电)。

(2)配合岸上码头 AMP 服务工程师脱开电缆连接。

(3)在确认岸电无电的情况下,操纵 6 600 V 高压电缆绞车将岸电电缆从码头上收回。

(4)操纵收起液压导缆托架,收回液压电缆搁架。

(5)用专用手柄转动丝杆移门,将移门关闭,上紧门上的四颗花篮螺栓。

3. 转接高压岸电 AMP 系统时船方的准备工作

转接高压岸电前船方的准备工作包括：靠泊时驾驶员应注意船尾岸电箱与码头的岸电标记对齐；发电机机组全部置于手动模式，日用变压器置于手动模式；机舱内电气设备全部置手动模式，并将不用的电气设备的电源切断，以防止送电时产生的瞬间峰值电压打坏印刷线路板；通知当值驾驶员，在靠妥码头后关闭驾驶台所有通信导航系统设备的电源，以防止送电时产生瞬间峰值电压打坏通信导航系统设备。

电子电气员要提前检查岸电机架、限位开关和岸电接头（船方为雌头），检查高压电缆绝缘；用万用表检查岸电接头（PILOT）的电阻，分别测量三处按下分闸按钮时的电阻。

记下电度表的读数，以便离港结算电费。

提前 5 min 全船广播告知即将转接岸电，请各部门密切注意安全。

4. 高压岸电连接后的运行管理

高压岸电连接后，由于该岸电系统的容量为一台发电机的容量，轮机长、电子电气员应严格控制船舶负荷的使用，避免岸电过载。

码头馈电时，主配电板/应急配电板的自动手动开关应放在手动位置。一旦岸电系统出现故障一时不能修复，船舶不能长时间处于停电状态，应立即使用船舶发电机供电。

当发电机负荷转移至岸电系统且发电机退出电网时，起动相关的辅助设备，主机保持暖缸，燃油黏度计保持设定值。副机预供油泵等为副机服务的泵处于工作状态。

虽然岸电接收屏上有真空断路器 VCB、接地开关、相序指示仪、数字式多功能表（可进行电压、频率、电流和功率指示）等，并通过数字式继电器实现岸电的过电流保护（长延时、短延时）和欠压/断相保护，但是岸电接收屏发生问题时，这些参数都送不到机舱集中报警系统中进行报警。使用岸电时，机舱人员按正常的值班制度进行值班，机舱和甲板的值班人员应对整个岸电系统的设备进行固定时间的巡回检查，重点检查岸电绞车及其电缆的状况（包括装卸及潮涨潮落等）是否正常，电缆是否过紧或过松。

思考题

1. 码头高压岸电系统与传统岸电有什么不同？其主要的优点有哪些？
2. 高压岸电 AMP 系统中有哪些安全保护措施？
3. 如何进行高压岸电 AMP 系统的安全换接操作？

项目九　船舶高压电安全操作维护

船舶高压电力系统的电压等级虽然很高,可能造成初次接触该电力系统设备操作、管理和维护的人员产生畏惧心理,但相关的电气设备都符合规范要求且具有很高的防护等级,高压电气工作中也配备了相应的个人防护设备PPE;各种设备的操作、管理和维护、修理都有明确的操作规程,这些操作规程有的由设备生产商制订,有的由船舶管理者制订,具有很高的科学性。船舶高压电气管理、维护人员只要严格按照这些操作规程进操作,小心谨慎、科学管理并及时总结经验,在安全生产的基础上不断完善各种高压电气设备的操作规程,船舶高压电力系统一定会安全、可靠、高效地运行。

按照高压电气设备安全操作规程,在工作之前需要采取对应的安全预防措施。为确保高压设备安全运行,电气设备的绝缘监测和试验十分重要。高压个人防护设备PPE(包括绝缘手套、护目镜、绝缘棒、绝缘靴、接地电缆、高压检测器等)的正确使用及有效性检查,对高压电气工作人员的人身安全也是非常重要的。

1. 掌握船舶高压电力系统安全预防措施及相关技术要求;
2. 掌握高压个人防护设备PPE的有效性检查和使用方法;
3. 熟悉高压安全操作及维护程序。

1. 掌握使用固定、便携式仪表对高压电机、电缆及其他设备进行绝缘电阻测量的方法;
2. 熟练使用常见的高压个人防护设备PPE。

1. 根据项目学习目标,分析和研讨工作任务要求,明确理论知识部分的学习内容,并运用混合式教学,学习相关知识材料;

2. 拟定工作计划,分解工作任务,明确学习目标,制订项目实施计划;

3. 根据实船电站高压电设备操作说明书、船舶高压电气设备操作规程等，并结合实训室电站高压电设备和相关测量仪表、电工工具和个人防护设备，在教师指导下展开工作任务；

4. 对项目完成情况进行评估，针对不足之处进行分析、改进。

任务一　船舶高压电力系统安全预防措施及技术

一、高压触电

与低压电力系统中发生的单线、双线触电不同，高压电力系统的电压高达几千伏甚至几十万伏，远远超出安全电压的范围，接触它一定会发生触电事故，而不接触只是靠近它也会发生触电事故，高压触电可分为高压电弧触电和跨步电压触电两类。

1. 高压电弧触电

当人体靠近高压带电体，到一定的距离时，高压带电体和人体之间会发生放电现象，这时就有较大的电流通过人体，发生高压电弧触电。

2. 跨步电压触电

当高压输电线落在地面上，地面上与电线断头不同距离的各点间存在着电压，当人走在断头附近时，两脚前后位于离断头远近不同的位置上，两脚前后间有了电压，这时就有电流通过人体，形成了跨步电压触电。

因此，电力系统中安全用电原则是：不接触低压带电体，不靠近高压带电体。

二、常用高压电气安全用具的使用及检查

下面我们对常用电气安全用具的使用及注意事项、保存、检查等进行学习，通过对这些常用电气用具的了解，就能够在船舶高压电气工作中正确使用它们，以提高工作的安全系数。

1. 船舶高压电气安全用具的分类

电气安全工具是用来保护电气工作人员人身安全的基本用具，可分为绝缘安全用具和一般防护安全用具两大类。

(1)绝缘安全用具

绝缘安全用具是指用来防止工作人员直接触电的用具。绝缘安全用具又分为基本绝缘安全用具和辅助绝缘安全用具两类。

基本绝缘安全用具是用具本身的绝缘足以抵御工作电压(即可以接触带电体)的用具。其中高压设备的基本绝缘安全用具有高压绝缘杆、绝缘夹钳和高压验电器等，分别如图 9-1(a)、(b)和(c)所示。

辅助绝缘安全用具是用具本身的绝缘不足以抵御工作电压(即不可以接触带电体)的用具，高压设备的辅助绝缘安全用具包括绝缘手套、绝缘靴及绝缘垫、绝缘台等，后两个分别如图

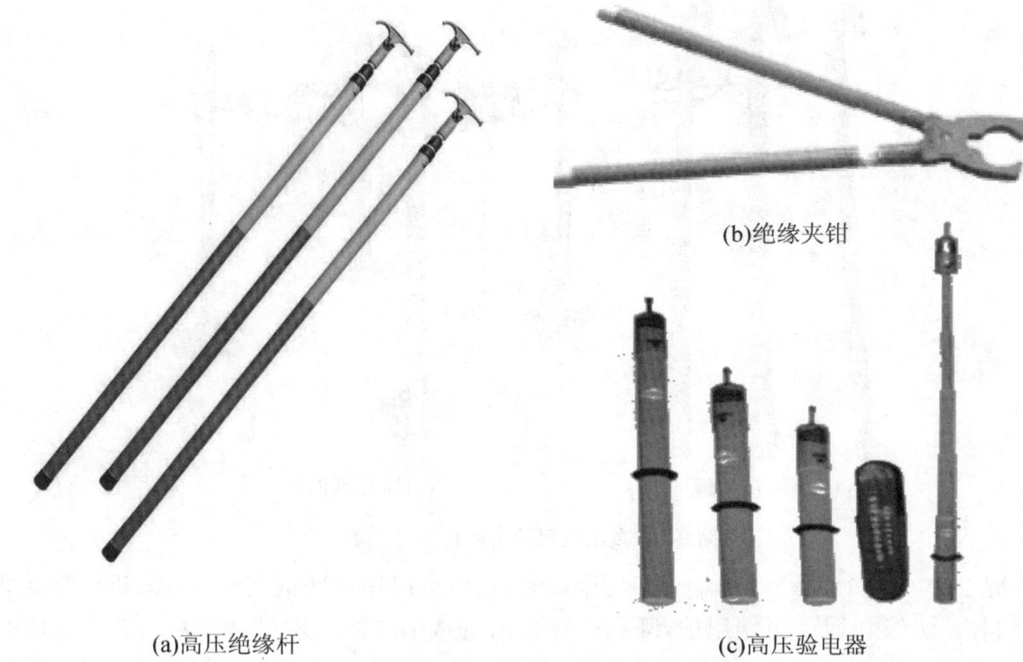

(a)高压绝缘杆　(b)绝缘夹钳　(c)高压验电器

图 9-1　高压电气设备基本绝缘安全用具

9-2(a)和(b)所示。

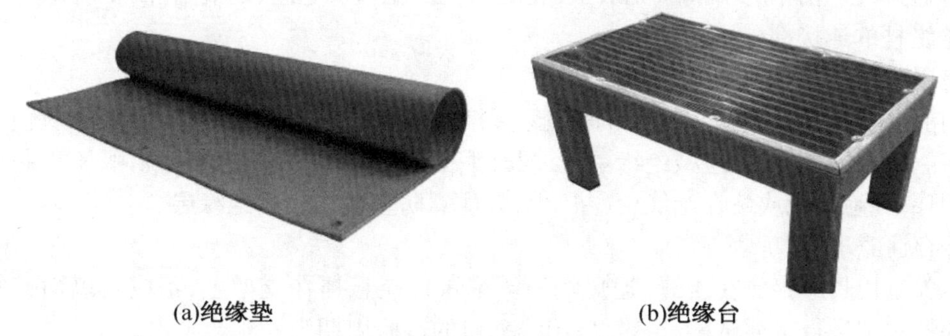

(a)绝缘垫　(b)绝缘台

图 9-2　高压电气设备辅助绝缘安全用具

(2)一般防护安全用具

一般防护安全用具是指电气工作中应配置的保护人身安全和防止误入带电间隔以及防止误操作的安全用具。其包括临时接地线[如图 9-3(a)所示]、临时遮栏[如图 9-3(b)所示]、标示牌、警告牌、防护目镜、安全带、安全帽和脚扣等,用于防止工作人员触电、电弧灼伤、高空坠落等,其本身一般不是绝缘物。

前述的绝缘手套、绝缘靴和防护目镜、安全带、安全帽和脚扣等用于电气工作人员个人的安全防护,故又称为个人防护设备 PPE。

2. 绝缘安全用具的检查与使用

(1)高压绝缘杆的正确使用

高压绝缘杆又称为绝缘、操作棒或绝缘拉杆。它主要用于断开或闭合高压隔离开关、跌落式熔断器、安装和拆除携带型临时接地线、进行带电测量和试验工作等。绝缘杆由工作端、绝

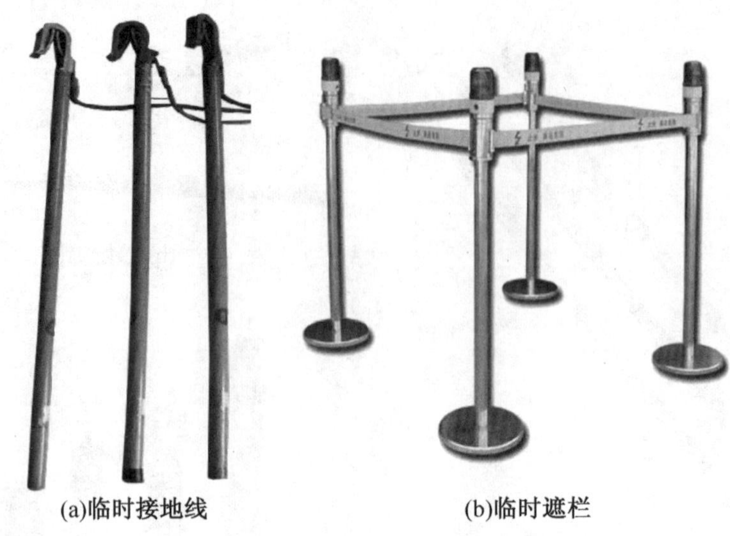

(a)临时接地线　　(b)临时遮栏

图 9-3　高压电气设备检修安全用具

缘端和握手端三部分组成,工作端一般用金属制成,也可以用玻璃钢或具有较大机械强度的绝缘材料制成;绝缘和握手两端用护环隔开,它们由浸过绝缘漆的木材、硬塑料、胶木或玻璃钢制成。

①使用前的检查

A. 检查外观应清洁,无油垢、无灰尘,表面无裂纹、断裂、毛刺、划痕、孔洞及明显变形等。

B. 绝缘杆的连接部分应拧紧。

②使用注意事项

使用前,棒面应用清洁的干布擦净;型号规格应符合规定;雨雪天气室外操作应使用防雨型令克棒。使用绝缘杆时,应戴绝缘手套,同时手握部分应限制在允许范围内,不得超出防护罩或防护环,穿绝缘靴或站在绝缘台(垫)上,并注意防止碰伤表面绝缘层。

③保存注意事项

高压安全用具应存放在干燥、通风场所。绝缘杆应悬挂在支架上,不应与墙面接触或斜放。需要按规定进行定期试验,绝缘杆、绝缘夹钳的试验周期为一年。

(2)绝缘夹钳的正确使用

绝缘夹钳主要是在 35 kV 及以下的电气设备拆装熔断器时使用。绝缘夹钳由工作钳口、绝缘和握把三部分组成,钳口要保证夹紧熔断器,各部分所使用的材料与绝缘棒相同。

使用中的注意事项有:

操作前,夹钳表面应使用清洁的干布擦净;操作时戴绝缘手套、穿绝缘靴及戴护目镜,并必须在切断负载的情况下进行操作;雨雪或潮湿天气操作应使用专门的防雨夹钳。

妥善保存并按规定进行定期试验。

(3)高压验电器的正确使用

验电笔分为高压和低压两类,低压验电器又称为试电笔,其主要作用是检查电气设备或线路是否带有电压;高压验电器还可以用于测量高频电场是否存在。验电器的构成是由绝缘材料制成一根空心管子,管子上端有金属制的工作触头,管内装有氖光灯和电容器。另外,绝缘和握手部分用胶木或硬橡胶制成。

低压验电器除用来判断电气设备或线路是否带电外，还可以用来区分相线（火线）和地线（零线），氖光灯泡发亮是相线，不亮的是地线。此外，还能区分交流电和直流电，交流电通过氖光灯泡时，两极都发亮，而直流电流通过时仅一个电极发亮。

①使用高压验电器前的检查

A. 验电器必须电压等级合适，经试验合格，试验期限有效，试验周期为 6 个月。

B. 验电器应无灰尘、油污、裂纹、断裂等现象。

C. 验电前和验电后应将验电器在带电的设备上测试，确认信号良好。

D. 验电器各连接部位应牢固。

E. 应对绝缘手套作检查（按相关内容进行检查）。

②高压验电器使用注意事项

为确保高压电器维修安全，需要使用高压验电器进行检验，以确保线路无电。当检修的电气设备停电时，在悬挂临时接地线之前，必须用验电器检查有无电压。应在施工或检修设备的进出线的各相分别进行验电。联络用的断路器或隔离开关检修时，应在其两侧验电。表示设备断开的常设信号或标志，表示允许进入间隔的信号以及接入的电压表指示无电压和其他无电压指示，只能作参考，不能作为设备无电的根据，必须用验电器进行确认。

A. 为确保设备或线路不再带有电压，应按该设备或线路的电压等级选用相应的验电器进行验电。

B. 验电前先检查验电器外观无损坏，再在带电设备上进行试验，确认验电器完好后方可使用。

C. 验电时，不要用验电器直接触及设备的带电部分，应逐渐靠近带电体，至灯亮或风轮转动或语音提示为止。应注意验电器受邻近带电体影响。

D. 验电时，必须三相逐一验电，不可图省事。

验电过程中，要注意带电体与剩余电荷的区分。对带电体，良好的验电器在距带电体约 100 mm 时即可发出信号，接触到带电体后信号不减弱；而剩余电荷只有在验电器接触到导体时才发出信号，并且信号是逐渐减弱的。

（4）绝缘台、绝缘垫、绝缘毯

绝缘台、绝缘垫和绝缘毯均系辅助安全用具。

绝缘台用干燥的木板或木条制成，其站台的最小尺寸是 0.8 m×0.8 m，四角用绝缘子作台脚，其高度不得小于 10 cm。

绝缘垫和绝缘毯由特种橡胶制成，其表面有防滑槽纹，厚度不小于 5 mm。绝缘垫的最小尺寸为 0.8 m×0.8 m，绝缘毯最小宽度为 0.8 m，长度依需要而定，它们一般用于铺设在高、低压开关柜前、后，做固定的辅助安全用具。

3. 一般防护安全用具的检查与使用

（1）临时接地线的使用和检查

临时接地线又称携带型接地线，是由短路各相和接地用的多股软铜线，将多股软铜裸线固定在各相导电部分和接地极上的专用线夹组成，一般要求多股软铜线的截面积不小于 25 mm^2（现市场供应的临时接地线，有一种在导线外加无色透明塑料绝缘，其目的是保护软铜导线不易断线、不散股，可视为裸线）。

①检查临时接地线，应该无背花、无死扣。接地线与接地棒的连接应牢固，无松动现象。

接地棒绝缘部分无裂缝，完整无损。接地线卡子或线夹与软铜线的连接应牢固，无松动现象。

②挂、拆临时接地线的操作要求

A. 接地线必须使用专用的线夹固定在导体上，严禁用缠绕的方法进行接地或短路。

B. 接地线在每次装设以前应详细检查。损坏的接地线应及时修理或更换。禁止使用不符合规定的导线作接地或短路之用。

C. 对于可能送电至停电设备的各方面或可能产生感应电压的停电设备都要装设接地线，所装接地线与带电部分应符合安全距离的规定。

D. 检修部分若分为几个在电气上不相连接的部分（如分段母线以隔离开关、刀闸或断路器、开关隔开分成几段的），则各段应分别验电并接地短路。接地线与检修部分之间不得连有断路器（开关）、熔断器（保险丝）。

E. 装设接地线必须由两人进行。装设接地线必须先接接地端，后接导体端，且必须接触良好。拆接地线的顺序与此相反。装、拆接地线，应做好记录，交接班时应交待清楚；装、拆接地线均应使用绝缘棒和戴绝缘手套。

F. 在室内配电装置上，接地线应装在该装置导电部分的规定地点，这些地点的油漆应刮去，并划下黑色记号。

G. 每组接地线均应编号，并存放在固定地点。存放位置亦应编号，接地线号码与存放位置号码必须一致。

（2）标示牌

高压电力系统的标示牌是用干燥的木材或其他绝缘材料制成，不得用金属材料制成，其悬挂处所，也应根据规定要求而定。

标示牌的用途分为警告、允许、提示和禁止等四种类型。警告类如“止步，高压危险！”；允许类如“在此工作！”“由此上下！”；提示类如“已接地！”；禁止类如“禁止合闸，有人工作！”“禁止合闸，线路有人工作！”“禁止攀登，高压危险！”等。

除此以外，还有一些悬挂在特定地点的其他标示牌，如“禁止推入，有人工作！”“有电危险，请勿靠近！”等。

高压电力系统中常见标示牌如图 9-4 所示，其具体的悬挂场所和样式如表 9-1 所示。

标示牌对悬挂数量的要求是：禁止标示牌的悬挂数量应与参加工作的班组数相同；提醒类标示牌的悬挂数量应与装设接地线的组数相同；警告类和准许类标示牌的悬挂数量可视现场情况适量悬挂。

传递安全信息含义的颜色，包括红、蓝、黄、绿四种颜色：红色表示禁止、停止、危险以及消防设备的意思；蓝色表示指令，要求人们必须遵守的规定；黄色表示警告、提醒人们注意；绿色表示给人们提供允许、安全的信息。此外，还用到对比色，是使安全色更加醒目的反衬色，包括黑、白两种颜色等。

(a)警告类

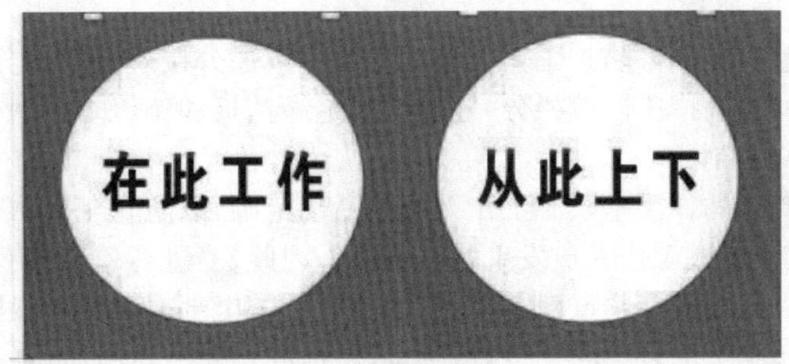

(b)允许类

(c)提示类

(d)禁止类

图 9-4　高压电力系统中常见标示牌

表 9-1　高压电力系统标示牌的悬挂场所和样式

序号	名称	悬挂场所	样式		
			尺寸(mm)	颜色	字样
1	禁止合闸，有人工作！	一经合闸即可送电到施工设备的断路器（开关）和隔离开关（刀闸）操作把手上	200×100 和 80×50	白底	红字
2	禁止合闸，线路有人工作！	线路断路器（开关）和隔离开关（刀闸）把手上	200×100 和 80×50	红底	白字
3	在此工作！	室外和室内工作地点或施工设备上	250×250	绿底，中有直径 210 mm 白圆圈	黑字，写于白圆圈中
4	从此上下！	工作人员上下的铁架、梯子上	250×250	绿底，中有直径 210 mm 白圆圈	黑字，写于白圆圈中
5	止步，高压危险！	施工地点临近带电设备的遮栏上；室外工作地点的围栏上；禁止通行的过道上；高压试验地点；室外构架上；工作地点临近带电设备的横梁上	250×200	白底红边	黑字，有红色箭头
6	已接地！	悬挂在已接接地线的隔离开关操作手柄上	240×130	白底红边	红字
7	禁止攀登，高压危险！	工作人员上下的铁架临近可能上下的另外铁架上，运行中变压器的梯子上	250×200	白底红边	黑字，有红色箭头

(3)遮栏

遮栏是用来防护工作人员意外触碰或过分接近带电部分或作检修部位距离带电体不够安全时的隔离措施。遮栏分一般遮栏、绝缘挡板和绝缘罩三种。遮栏一般用干燥的木材或其他绝缘材料制成。

遮栏的作用是限制工作人员的活动范围,以防止工作人员在工作中造成对带电设备的危险接近,造成工作人员发生触电事故。因此,当进行停电工作时,如对带电部分的安全距离小于10 kV时为0.7 m时,应在工作地点和带电部分之间装设临时性遮栏。实际上,检修工作范围大于0.7 m以上时,一般现场也设置临时遮栏,这时所设的遮栏的功用是防止检修人员随便走动以致走错位置或外人进入、接近带电设备,从而避免触电事故的发生。

室内与室外停电检修设备使用临时遮栏的差别如下:

室内用临时遮栏将带电运行设备围起,在遮栏上挂标示牌,牌面向外;配电屏后面的设备检修,应将检修的屏后网状遮栏门或铁板门打开,其余带电运行的盘应关好,加锁。配电屏后面若无铁板门或网状遮栏门时,应在左右两侧屏安装临时遮栏。

室外用临时遮栏将停电检修设备围起(但应留出检修通道),在遮栏上挂标示牌,牌面向内。

三、高压电气设备的测量及绝缘试验技术

1. 高压电流互感器及电压互感器

高压电流互感器及电压互感器是进行电气参数测量时使用的重要部件,也是高压电气管理中的重点设备。

(1)高压电流互感器

高压电流互感器将高压的大电流按一定比例变成小电流,以便进行测量、监控。由于互感器都是双绕组的,可以使二次侧与一次侧隔离,降低了对测量仪表和保护继电器的绝缘强度要求,一般均降低为低压等级。10 kV级高压电流互感器如图9-5(a)所示。

在高压电气管理中,高压电流互感器巡视检查内容主要是检查与其相连的二次仪表指示是否正常,其一、二次侧引线连接点有无过热及打火现象、冒烟及异常气味,绝缘件有无放电闪络现象,内部有无放电声或其他噪声。

若电流互感器发生二次开路,二次侧绕组及开路两点间产生很高的尖峰波电压(可达几千伏),威胁设备绝缘和人身安全。限于高压的安全距离,此时人员不能靠近,必须在停电以后才能维修处理。

电流互感器二次回路接线要求不允许有开关、保险丝和接头,导线为截面不得小于2.5 mm^2的独股铜导线。

(2)高压电压互感器

高压电压互感器将高电压按一定比例变成低电压,以便进行测量、监控。由于互感器都是双绕组的,可以使二次侧与一次侧隔离,降低了对测量仪表和继电器的绝缘强度要求,一般均降低为低压等级。10 kV级高压电压互感器如图9-5(b)所示。

运行中的高压电压互感器的巡视和管理方法与高压电流互感器相同。注意保持设备清洁,每一至两年进行一次预防性试验。使用中注意避免二次侧发生短路故障。

(a)10 kV 级高压电流互感器

(b)10 kV 级高压电压互感器

图 9-5　高压电流互感器及电压互感器外观

(3)电压互感器绝缘监视装置

在三相绝缘系统中,可以采用电压互感器绝缘监视装置,用于监视一次线路发生的接地故障。

10 kV 中性点不接地电力系统正常运行时,三相对地电压对称,零序电压等于零,三相电压表指示值基本相等。开口三角形接线的二次辅助绕组两端电压不大于 10 V。当系统任何一相发生金属性接地故障时,开口三角形接线的二次辅助绕组两端出现约为 100 V 的零序电压;如果是非金属性接地故障,则开口三角形接线的二次辅助绕组两端出现小于 100 V 的零序电压,通常与其串接的保护电压继电器动作电压整定值为 25~40 V,这时该电压继电器就会动作,发出接地故障报警信号。

高压一相接地后系统可以继续运行,但不应超过 2 h。在此期间要尽快地排除故障,恢复正常运行,如不尽快排除故障,有可能使非接地相因为电压升高造成绝缘被破坏,形成两相或三相断路的重大事故。高压一相接地后对低压用户没有影响,可以继续用电,三个相电压、三个线电压均不会改变。

2. 高压电气设备绝缘试验技术

在船舶高压电力系统的试验中,最常见的是电气设备及线路的绝缘测试。运行状态下的设备多采用固定式(配电盘式)仪表进行绝缘测量,断电设备则采用便携式仪表,即兆欧表、吉欧表进行测量。常见的便携式兆欧表(如图 9-6 所示)分为手摇式和电动式两类,均属于绝缘电阻测试仪,是能够简便、快速地测量高电阻的直读式仪表,可用来测量电路、电机绕组、电缆、电气设备等的绝缘电阻。

常用的手摇式兆欧表由一个手摇发电机、一个表头和三个接线柱组成。试验时接线必须正确无误,兆欧表有三个接线桩,“E”接地、“L”接被测线路和“G”接保护环或叫屏蔽端子。保护环的作用是消除表壳表面“L”与“E”接线桩间的漏电和被测绝缘物表面漏电的影响。在测量电气设备对地绝缘电阻时,“L”用单根导线接设备的待测部位,“E”用单根导线接设备外壳;如测电气设备内两绕组之间的绝缘电阻时,将“L”和“E”分别接两绕组的接线端;当测量电缆的绝缘电阻时,为消除因表面漏电产生的误差,“L”接线芯,“E”接外壳,“G”接线芯与外壳之间的绝缘层。

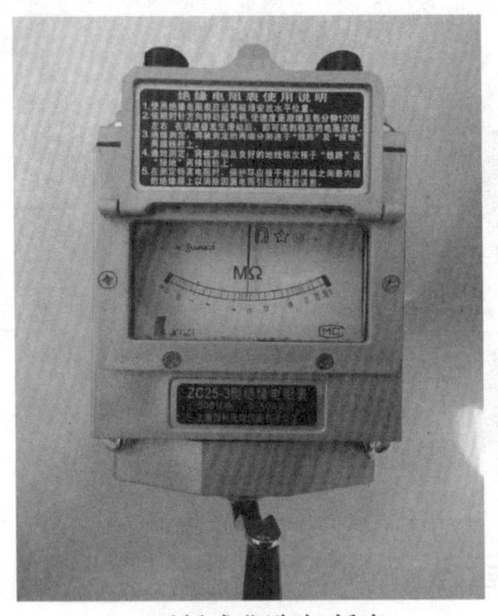

(a)手摇式兆欧表(摇表)

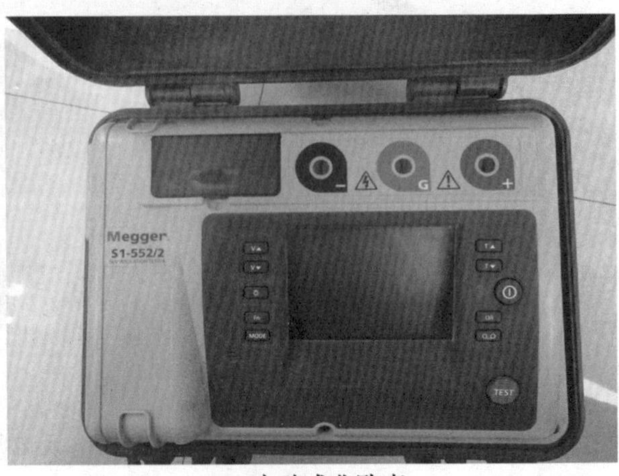

(b)电动式兆欧表

图 9-6　常用的便携式兆欧表

(1)绝缘电阻、吸收比及极化指数的测量

在使用兆欧表进行绝缘试验时,除了测量绝缘电阻,还需要测量吸收比和极化指数。因为某一个时刻的绝缘电阻值是不能全面反映试品绝缘性能优劣的,有以下两方面原因:

①同样性能的绝缘材料,体积大时呈现的绝缘电阻小,体积小时呈现的绝缘电阻大,即绝缘性能高低不能完全反映在绝缘电阻大小上。

②绝缘材料在加上高压后均存在对电荷的吸收和极化过程,造成绝缘电阻在测量过程中的变化,而该变化与绝缘受潮和缺陷情况密切相关。

所以,一般高压电力系统要求在主电机、变压器、电缆等许多场合的绝缘测试中测量吸收比,即 $R_{60\ s}$ 和 $R_{15\ s}$ 的比值,还有极化指数,即 $R_{10\ min}$ 和 $R_{1\ min}$ 的比值,并以此数据来判定绝缘状况的优劣。

①兆欧表测得 60 s 的绝缘电阻值 $R_{60\ s}$ 与 15 s 时的绝缘电阻值 $R_{15\ s}$ 之比称为吸收比。

测量吸收比的目的是发现绝缘受潮,此外还能反映绝缘的整体缺陷和局部缺陷。由于给设备加直流电压的时间长短不同,对设备的潮湿等状况的影响不同,因此比较以上两个时刻的绝缘电阻值可以判断设备是否是因为潮湿等原因影响了绝缘电阻:绝缘受潮时吸收比最小值为 1,干燥时吸收比均大于 1。吸收比应该和设备所处的具体环境相结合来考虑,一般要求在常温下不低于 1.3。吸收比试验通常用于电容量较大的电气设备如电机、变压器等,但不适合电容量较小的如绝缘子等。一般 6 kV 以上的高压电机(包括变压器)都要求测吸收比。

②要想反应局部绝缘缺陷,最好要测极化指数,即 10 min 和 1 min 的绝缘电阻 $R_{10\ min}$ 和 $R_{1\ min}$ 的比值。一般要求极化指数在常温下不低于 1.5。预试时可不测量极化指数,当测得的吸收比不合格时增加测量极化指数,二者之一满足要求即可。

吸收比和极化指数都与绝缘电阻有关。当给被试物施加一定的直流电压后,在直流电压的作用下,流过被试物绝缘介质的电流通常由电容电流、介质吸收电流和电导(泄漏)电流三部分组成。其中,电容电流是由绝缘介质弹性极化引起的,主要由外加电压的高低、电源内阻的大小、绝缘材料的材质、几何尺寸、结构等因素决定,与介质的绝缘能力无关;而电导泄漏电流的大小取决于绝缘材料的状况。当介质受潮、老化、表面脏污或有其他缺陷(如有裂缝、灰化、气泡等)时,电导电流增大,使绝缘电阻明显降低,该电阻在测量中的变化也就不明显了,即吸收比、极化指数均降低了。

③吸收比和极化指数的测量。下面我们以高压变压器吸收比测量为例,学习吸收比和极化指数测量的具体操作过程。

A. 检查兆欧表或绝缘测定器本身及测量线的绝缘是否良好。检查方法是将兆欧表或绝缘测定器的接地端子与地线相连,测量端子与测量线一端相连,测量线另一端悬空,接通绝缘测定器的输出开关或摇动兆欧表至额定转速,绝缘电阻的读数接近无穷大,瞬时短接的绝缘电阻的读数为零。

B. 将被试变压器高、中、低各绕组的所有端子分别用导线短接,测量前对被测量绕组对地和其余绕组进行放电。

C. 接通绝缘测定器的输出开关或摇动兆欧表至额定转速,将测量绕组绝缘电阻的回路迅速接通,同时记录接通的时间。

D. 当时间达到 15 s 时,立即读取绝缘电阻值 $R_{15\,s}$,60 s 时再读取 $R_{60\,s}$ 值。如需要测量极化指数时,则应继续延长试验时间至 10 min,并应每隔 1 min 读取一个值,同时准确做好记录。

E. 到达结束时间,从变压器绕组上取下测量线,并将测量线与地线相连进行放电。

F. 改变接线,分别完成上述程序对各绕组绝缘电阻的测量。

(2)高压电机绝缘试验技术要求

高压电机的定子绝缘试验周期为 1 年或小修时在大修前、后。

试验要求为:测量定子绕组的绝缘电阻、吸收比或极化指数。要求的绝缘电阻值自行规定;若在相近试验条件(温度、湿度)下绝缘电阻值降低到历年正常值的 1/3 以下时,应查明原因。各相或各分支绝缘电阻值的差值不应大于最小值的 100%。吸收比或极化指数要求:沥青浸胶及烘卷云母绝缘吸收比不应小于 1.3 或极化指数不应小于 1.5;环氧粉云母绝缘吸收比不应小于 1.6 或极化指数不应小于 2.0。

额定电压为 1 000 V 以上者,采用 2 500 V 兆欧表,量程一般不低于 10 000 MΩ。

转子绕组及励磁回路所连接的设备的的绝缘电阻与定子要求类似,一般要求绝缘电阻值在室温时一般不小于 0.5 MΩ。前者采用 1 000 V 兆欧表测量;后者小修时用 1 000 V 兆欧表,大修时用 2 500 V 兆欧表。

交流电动机的绝缘电阻一般要求额定电压为 3 kV 以下者,室温下不应低于 0.5 MΩ;额定电压 3 kV 及以上者,交流耐压前,定子绕组在接近运行温度时的绝缘电阻值不应低于 U_n MΩ(取 U_n 的千伏数,下同);投入运行前室温下(包括电缆)不应低于 U_n MΩ。转子绕组不应低于 0.5 MΩ。

(3)高压电缆绝缘试验技术要求

高压电缆的主绝缘试验周期:重要电缆为 1 年;一般电缆,3.6/6 kV 及以上为 3 年,3.6/6 kV 以下为 5 年。0.6/1 kV 电缆用 1 000 V 兆欧表;0.6/1 kV 以上电缆用 2 500 V 兆欧表;6/6 kV 及以上电缆也可用 5 000 V 兆欧表。

电缆外护套、内衬层绝缘电阻试验周期与前者相同。试验要求每千米绝缘电阻值不应低于 0.5 MΩ 。测量采用 500 V 兆欧表。当每千米的绝缘电阻低于 0.5 MΩ 时应判断外护套是否进水,本项试验只适用于三芯电缆的外护套。

思考题

1. 高压触电的形式有哪些？应该如何进行预防？

2. 船上常用的高压电气安全用具分为哪几类？主要有哪些用具？其主要作用是什么？

3. 什么是吸收比和极化指数测量？这些测量有什么作用？

实训任务

1. 正确使用高压验电笔进行线路带电测试。

2. 使用兆欧表进行船舶高压变压器吸收比和极化指数的测量。

任务二　高压个人防护设备

个人防护用品(PPE)，也称为个人防护设备，一般包括安全帽、安全面罩、安全眼镜/护目镜、安全帽、安全带、安全手套、安全鞋、听觉保护器、呼吸器；以及大量的呼吸防护设备、防护服等。PPE 主要用于保护工作人员免受由于接触强电、高温高压、辐射、化学腐蚀、电磁辐射，或电动、机械及人力等设备，或在一些危险工作场所而引起的严重的工伤或疾病。

一、个人防护用品的正确使用

1. 绝缘手套和绝缘靴

绝缘手套[如图 9-7(a)所示]可以使人的两手与带电体绝缘，是用特种橡胶(或乳胶)制成的，分 12 kV(试验电压)和 5 kV 两种。绝缘手套是不能用医疗手套或化工手套代替使用的。绝缘手套一般作为辅助安全用具，在 1 kV 以下电气设备上使用时可以作为基本安全用具看待。

绝缘靴[如图 9-7(b)所示]采用特种橡胶制成，作用是使人体与大地绝缘，防止跨步电压，分 20 kV(试验电压)和 6 kV 两种。它的高度不小于 15 cm，而且上部另加 5 cm 的高边。绝缘鞋有高、低腰两种，多为 5 kV，在明显处标有“绝缘”和耐压等级，可作为 1 kV 以下辅助绝缘用具，1 kV 以上禁止使用。

(1)使用前的检查

①检查外观应清洁，无油垢、无灰尘，表面无裂纹、断裂、毛刺、划痕、孔洞及明显变形等。

②绝缘手套还应做充气试验，检验并确认其无泄漏现象。

③绝缘靴底无扎伤现象，底部花纹清晰明显，无磨平迹象。

(2)使用注意事项

①绝缘靴是电工必备的个人安全防护用品，主要用于防止跨步电压的伤害，也辅助用作防止接触电压电击。高压绝缘靴应每 6 个月做一次耐压试验，使用之前应检查是否在上次试验

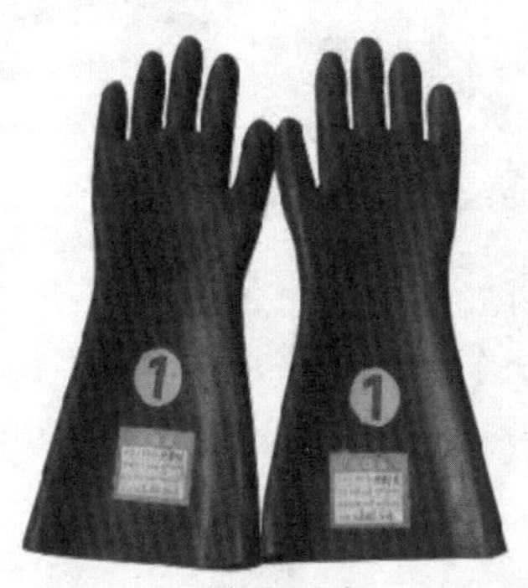

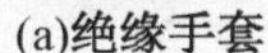

(a)绝缘手套

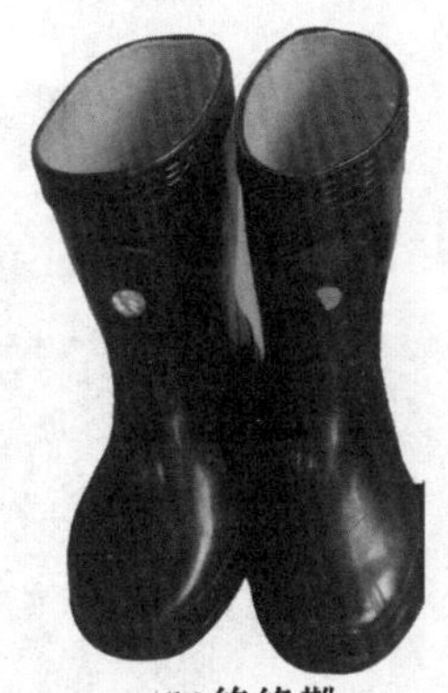

(b)绝缘靴

图 9-7　高压个人防护设备-1

的有效期内,靴底花纹是否磨平、扎伤。绝缘靴严禁作为雨靴使用。穿用绝缘靴要防止硬质尖锐物体将底部扎伤。

②缘手套可以防止触电的伤害,使用绝缘手套还可以直接在低压电气设备上进行带电作业,它是一种低压基本安全用具。手套应有足够的长度,一般为 30~40 cm,至少应超过手腕 10 cm 。

绝缘手套每 6 个月应做一次耐压试验,每次使用前需认真检查表面是否清洁、干燥,是否有磨损、划伤或有孔洞,绝缘手套充气检查方法是将手套伸直用力卷起,使内部空气不能外漏,在卷到一定程度时内部压力增大,手指部位鼓起,即可查看是否有漏气现象。如有漏气则说明手套已有孔眼或破损,不能继续使用。

(3)保存注意事项

①安全用具应存放在干燥、通风场所。

②绝缘手套应存放在密闭的橱内,应与其他工具、仪表分别存放,不可接触油污。

③绝缘靴应放在橱内,不准代替雨靴使用,只限于在操作现场使用。

2. 安全帽

安全帽[如图 9-8(a)所示]是一种重要的安全防护用品,凡有可能会发生物体坠落的工作场所,或有可能发生头部碰撞、劳动者自身有坠落危险的场所,都要求佩戴安全帽。它是电气作业人员的必备用品。

用于防止工作人员误登带电杆塔用的无源近电报警安全帽,属于音响提示型辅助安全用具。当工作人员佩戴此安全帽登杆工作中误登带电杆塔,人员对高压设备距离小于《电业安全工作规程》规定的安全距离时,安全帽内部的近电报警装置立即发出报警音响,提醒工作人员注意,防止误触带电设备造成人员伤亡事故。

带安全帽时必须系好带子。

3. 安全带

安全带[如图 9-8(b)所示]多采用锦纶、维纶、涤纶等根据人体特点设计而成防止高空坠落的安全用具。

《电业安全工作规程》中规定凡在离地面 2 m 以上的地点进行工作为高处作业,高处作业时,应使用安全带。在电气作业中,正确地使用安全带对防止人员触电后的坠落伤害尤为

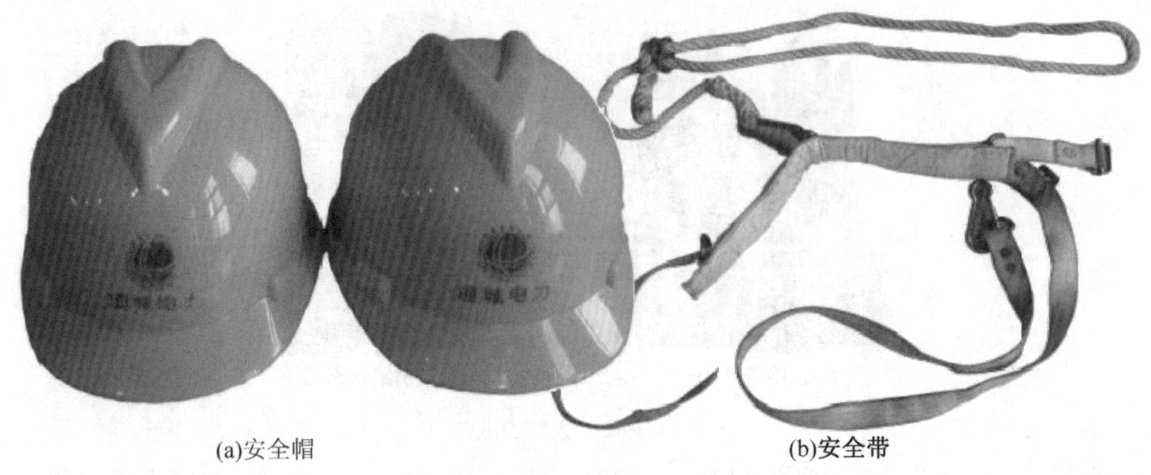

(a)安全帽　　　(b)安全带

图 9-8　高压个人防护设备-2

重要。

每次使用安全带时,必须做一次外观检查,在使用过程中,也注意查看,在半至一年内要试验一次,以主部件不损坏为要求。如发现有破损变质情况及时反映并停止使用,以确保操作安全。

二、个人防护设备及其他安全用具的试验周期

船舶高压电力系统中,常用的个人防护设备及其他安全用具的试验周期如表 9-2 所示。

三、个人防护设备的认证要求

个人防护设备是由个人穿着或持有的设备或装置,其目的是防止一个或多个安全危害的发生。为确保产品可靠有效,PPE 产品投入市场之前需要按照相关法规由专业机构进行认证,并获得相关标志。

例如在欧洲,PPE 产品的入市即受到欧盟 PPE 指令(89/686/EEC)的监管,该项法规涉及用于生活以及专业用途的大多数安全产品。按照 89/686/EEC 指令,其所涵盖的所有产品,必须满足在 PPE 指令附件Ⅱ中所列举和描述的基本健康和安全要求 BHSR。

89/686/EEC 指令根据产品意图防护的风险等级将 PPE 分为三类:

(1)第Ⅰ类 PPE,仅用于防护轻度风险。

(2)第Ⅱ类 PPE,用于防护中度风险。

(3)第Ⅲ类 PPE,用于防护重度风险。

表 9-2　常用的个人防护设备及其他安全用具的试验周期

序号	名称	电压等级（kV）	周期	交流耐压(kV)	时间（min）	泄漏电流（mA）	附注
1	绝缘杆	6~10	每年1次	44			
		35~154		四倍相电压			
		220		三倍线电压			
2	绝缘挡板	6~10	每年1次	30	5		
		35（20~44）		80	5		
3	绝缘罩	35（20~44）	每年1次	80	5		
4	绝缘夹钳	35及以下	每年1次	三倍线电压	5		
		110		260			
		220		440			
5	验电笔	6~10	每6个月1次	40	5		发光电压不高于额定电压的20%
		20~35		105			
6	绝缘手套	高压	每6个月1次	8	1	≤9	
		低压		2.51		≤2.5	
7	橡胶绝缘靴	高压	每6个月1次	15	1	≤7.5	
8	核相器	6	每6个月1次	6	1	1.7~2.4	
	电阻管	10		10		1.4~1.7	
9	绝缘绳	高压	每6个月1次	105/0.5 m	5		

所有类别的 PPE 都要根据相应标准进行测试，以证明符合 PPE 指令的要求。其中第Ⅰ类 PPE 产品，制造商可对其进行自行认证；第Ⅱ类和第Ⅲ类 PPE 产品还要通过由指定机构进行实施 EC 型检验。经认证后，制造商可在合格产品上贴上 CE 标志。

CE 标志具有强制性，只有取得该标志的 PPE 产品才能在欧盟国家内销售。故在船舶高压电气管理及维护工作或相关设备、装置的采购、验收中，查验 PPE 有无相关认证标志是非常重要的。

思考题

1. 船舶高压电力系统中使用的个人防护用品有哪些？
2. 绝缘手套和绝缘靴的作用是什么？使用中有哪些注意事项？

任务三　高压安全操作及维护程序

一、船舶高压电力系统的安全操作

对于船舶高压电力系统，由于高压放电的特点，操作人员即使没有直接接触带电设备，若不慎距离带电设备太近或小于规定的安全操作距离，也可能发生严重的触电事故。船舶高压电力系统的变压器、电流互感器、电压互感器、断路器等高压设备一般要求安装在完全封闭的开关柜隔室中。当需要带电操作某些设备时，要严格按照安全操作规程，戴绝缘手套、穿绝缘鞋，并正确地使用专用的绝缘工具进行作业。

1. 船舶高压发电机的检修操作规程

船舶高压发电机只有在做备用机时才能进行检修，以保证船舶电站供电的连续性。检修船舶高压发电机前，必须将发电机组控制模式选择开关打到“手动”位置，防止发电机组误起动；断开船舶高压发电机主开关，关闭励磁电源，且合上接地开关之后，才能进行检修。如果需要测量船舶高压主发电机绕组的绝缘，必须将发电机中性点接地电阻断开。

检修时，操作人员必须戴绝缘手套、穿绝缘靴。

2. 船舶高压主开关检修操作规程

高压配电盘通常分为左右两侧，分别放置在不同的高压配电室中。高压配电室都配有高压绝缘地面，并且高压配电盘都具有非常高的防护等级，以保证操作人员的安全。船舶高压开关检修的流程为：将船舶高压主开关分断并使用摇柄拉出至“分断”位置，断开相应的隔离开关，闭合接地开关，打开开关柜，方可检修船舶高压主开关。检修完毕后，首先关闭开关柜，断开接地开关，闭合相应的隔离开关，并将船舶高压主开关推回至“工作”位置。主开关、隔离开关与接地开关和柜门之间都有电气或机械联锁以防止误操作，尽管如此，操作人员也要严格按照操作流程逐步进行操作。

3. 船舶高压隔离和接地开关操作规程

船舶高压隔离和接地开关操作规程及步骤、注意事项在前面已经学习过，在这里就不再重复了。

4. UPS 管理操作规程

不间断电源(UPS)是高压电站控制系统的应急供电设备，如果 UPS 不能正常工作，在船舶失电后，高压电站控制系统将不能工作，将导致高压自动电站处于瘫痪状态。因此，在船舶电气管理中，对 UPS 的操作和管理应予以足够的重视。同时 UPS 系统的功能试验也是高压电力系统的船舶必检内容。

平时应保持电瓶间整洁，并确保通风良好。保持电瓶及接线柱清洁，确保接线紧固。日常定期检查 UPS 设备各参数是否正常，平日 UPS 设备采用浮充电工作模式，每月充分放电一次，然后手动充足，再转浮充。检修 UPS 时应将其他电源代替 UPS 供电，以保证高压电站控制系统的供电。UPS 装置的蓄电池应每 5 年更换 1 次。

二、船舶高压电力系统管理

船舶高压电力系统管理的内容主要包括:系统参数的监测记录、系统中各设备的检查与维护、定期的系统功能试验和报警试验等。

1. 船舶高压电力系统参数的监测记录

船舶电力管理系统将各设备的运行参数采集到主控制单元,通过人机界面集中显示,操作人员可以直观地观测到系统各设备的运行状态,如高压电力系统的电压、电流、频率、功率等。

如表 9-3 所示为某船舶高压电站参数监测记录表。

表 9-3　某船舶高压电站参数监测记录表

设备名称	参数值							
船舶主发电机	电压	电流	功率	绕组温度	冷却水温度	冷却风温度	驱动端轴承温度	自由端轴承温度
主变压器	原边电压	副边电压	电流	绕组温度	冷却水温度	冷却风温度	—	—
推进电机	电压	电流	转速	功率	绕组温度	—	—	—
艏侧推电机	电压	电流	功率	绕组温度	—	—	—	—

表 9-3 列出了高压电力系统主要设备的运行参数,船舶电气维护、管理人员每天应按时对主要设备的参数进行记录并做好比较,通常系统各主要设备的状态可通过参数直接显现出来,对参数的分析可以帮助船舶电气维护、管理人员提前对设备的故障进行预判,有效地减少故障的发生。例如某船舶电气管理人员在记录高压电站主变压器电流参数时,突然发现变压器副边电流出现变化,经过检查主变压器后发现变压器副边绕组接线接触不良,有打火现象,他应立即降低变压器负荷,直至更换备用日用变压器,有效避免该故障后果的扩大。

2. 船舶高压电力系统各设备的检查与维护

船舶高压电力系统各设备的检查与维护是船舶电气维护、管理人员对高压电站管理的主要内容。船舶电力系统与陆地电力系统相比,最大的不同为船舶电气设备所处的工作环境更加恶劣、船舶空间更加狭小、船舶航行产生的振动加上高压电站的谐波都对电气设备影响较大,因此对电气设备的检查维护,首先要检查其硬件安装的固定情况及接线紧固情况,只有设备的稳定安装才能保证当船舶出现大的晃动或振动时,电气设备能够稳定地运行,同时电缆接线的紧固连接保证了电气设备采集或传输信号的正确。根据经验,船舶电气设备故障及系统的误报警接近 40%是由于接线的松动导致。此外,随着船舶电气设备集成化程度的提高,其对环境和空气清洁度的要求也越来越高,所以操作人员在对高压电站日常维护保养过程中,要保持系统设备工作环境的清洁。另外对各设备的散热系统应重点检查和维护,电气设备运行的温度比允许温度每升高 10 ℃,其使用寿命就会缩短近一半,因此对船舶高压电站设备的散热和冷却系统的检查成为了船舶高压电站管理的重要内容。

如表 9-4 所示列出了高压电力系统主要设备日常检查与维护内容，其中保养周期 C 代表月度检查维护，D 代表季度检查维护，E 代表半年检查维护，F 代表年度检查维护。依据各设备的重要性和检查内容的不同，设置不同的检查维护周期，以实现对高压电力系统的最优化管理。

表 9-4　高压电力系统主要设备日常检查与维护内容

设备名称	检查维护内容	周期
主发电机	1. 检查高压接线是否松动，检查地线是否牢固，视情处理； 2. 检查轴承的润滑情况、是否漏油，视情处理； 3. 检查冷却系统的工作情况，清洁冷却系统，保持通风量正常； 4. 测量定子绕组和转子绕组的绝缘电阻值； 5. 检查气隙是否正常； 6. 检查、清洁励磁机，测量励磁机的绝缘； 7. 更换轴承滑油	F
高压变配电盘	1. 检查各仪表接线和紧固螺丝的状态并进行清洁； 2. 检查主开关接线和紧固螺丝的状态并进行清洁； 3. 清洁高压变配电盘	F
主变压器	1. 检查主电缆连接螺丝，检查主电缆铠甲接地，检查各接线是否松动； 2. 检查冷却风扇，检查散热条件是否恶化； 3. 试验联锁功能； 4. 检查主变压器的固定是否牢固	F
主控制单元及 PLC	1. 检查接线及接线端子是否松动； 2. 检查散热设施是否完好； 3. 检查系统各硬件的固定是否牢固； 4. 检查并视情更换 PLC 电池	E
电子调速器	1. 测量、检查绝缘程度； 2. 检查所有的接线和固定螺栓是否松动； 3. 清洁和检查电缆、电线的固紧情况	F
电子调压器	1. 测量、检查绝缘程度； 2. 检查所有的接线和固定螺栓是否松动； 3. 清洁和检查电缆、电线的固紧情况	F
报警系统	1. 检查、试验报警系统效用，检查各开关、按钮、警铃，确保其功能正常； 2. 清洁报警控制箱，检查线路接头是否松动	D
UPS	1. 检查进网电压、内部电路电压、电池电压、输出电压； 2. 系统功能检查	C
UPS	1. 检查接线及接线端子是否松动； 2. 检查散热设施是否完好； 3. 检查 UPS 稳压电源装置的固定是否牢固； 4. 按 3~5 年间隔期更换电池，按 5 年间隔期更换风扇	F

（续表）

设备名称	检查维护内容	周期
蓄电池	1. 作应急蓄电池组在额定工况下进行充放电的试验记录； 2. 检查电瓶液控制阀及系统，视情保养维护； 3. 蓄电池组外表清洁维护	D
各控制箱	1. 控制箱内部清洁，检查接线是否紧固，测量绝缘； 2. 检查继电器、接触器，确认其动作正常，主、副触点良好，各指示灯、按钮完好； 3. 检查过载保护装置的动作是否灵敏，检查调整设定值	F

3. 船舶高压电力系统定期的功能试验和报警试验

除了上面介绍的高压电力系统日常维护保养项目外，船舶电气维护、管理人员还应该对船舶电力系统的功能及报警进行定期的试验。

(1) 主要功能试验项目

①应急手动并车装置进行检查和效用试验。

②模拟试验电网失电时，发电机能否在规定时间内自动起动并合闸供电。

③在网运行的发电机剩余功率不足时，船舶电力管理系统 PMS 是否在规定时间内起动备用机组并合闸供电。

④试验在网运行的发电机剩余功率不足且没有备用机组可用时，船舶电力管理系统是否会实现次要负载分级卸载功能。

(2) 主要报警试验项目

①模拟发电机组应急停车报警，滑油压力低、冷却淡水温度高、发电机组转速过大的报警。

②模拟发电机过载、短路、逆功率、欠压、过压、超频、欠频等报警。

③模拟各温度传感器温度过高报警。

④模拟高压发电机冷却水泄漏报警等。

对船舶高压电力系统定期进行功能试验，可以保证船舶高压电力系统的功能处于随时可用状态。如模拟试验电网失电、发电机能否在规定时间内自动起动合闸供电，定期试验此功能的状态，可以有效地防止当高压电力系统突然失电时、系统不能自动恢复供电，从而导致更严重事故的发生。

高压电力系统定期的报警试验同样是船舶高压电力系统管理的重要内容，如果报警系统功能不可用，当系统出现故障后，船舶电力管理系统不能立刻报警，有可能导致设备损坏，甚至出现更严重的事故。保证高压电力系统各报警功能的正常，可以及时发现系统的故障，保证船舶电力系统的安全运行。

三*、高压作业的许可和配合

建立安全作业许可体系，可以确保设施（设备）包括高压电气设备的安全作业。作业许可本身不能保证作业的安全，而只是对作业之前和作业过程中所必须严格遵守的规则及所满足的条件做出规定,但是该体系的有效运行可以促进该项作业的所有监督、隔离及作业人员更好地按章办事,避免违章。

由于口头指令可能引起误解或出现传达错误,因而对作业状况的描述必须以书面材料下达,以保证准确无误。作业许可必须由富有工作经验的权威人员签发,签发者需明确该项作业所涉及的问题或危害。每个从事该项作业的员工必须明白并且遵守作业许可及伴随在证明上规定的所有指令。

在安全许可体系中,采用了五种不同类型的作业许可,每一种都有其固定的色彩标志。此外安全许可体系还根据许可的性质采用了六种不同证明,不同的证明用不同色彩的彩色花边加以区分。在实际工作中,办理一个“作业许可”可能会涉及相关的“隔离证明”,如“电作业许可”可能会涉及“电隔离证明”。

1. 电作业许可(黄色)

电作业许可用作任何与电气设备和电力系统相关的作业。电作业许可与隔离证明配合使用,也即两者结合后可用于任何一种电作业许可申请。

2. 电隔离证明(黄色)

当需要进行维修或有其他原因,必须对设备、电气、机械装置或工艺流程进行隔离时,就需办理隔离证明,隔离证明可以起到安全隔离、锁封及标识的作用,同时还可以把其所处的“隔离”状态传达给相关人员。

电隔离证明是用来隔离与电气相关的所有作业,如切断电动机以对机泵进行维修等。在某些情况下,对于一项特殊作业既需电隔离证明又需机械隔离证明。高级授权电气人员/授权电气人员负责进行电隔离许可的申请,受过专门培训的操作人员采取诸如关闭电动机控制板上的断路器、加装锁封等措施。当涉及高压或超高压电气作业时,电隔离证明只有高级授权电气人员才能签发。

3. 高级授权电气人员和授权电气人员

高级授权电气人员负责进行电作业许可的申请,可指派授权的或称职的电气人员进行电气作业,当作业完成之后,他要负责在作业许可单的相关部分进行签字以示作业的结束。高级授权电气人员为高压或超高压作业许可的唯一发布人员。

授权电气人员除不能发布高压或超高压作业许可之外,与高级授权电气人员在其他方面的具有相同的职责。

思考题

1. 按照高压电力系统操作规程,如何安全地进行船舶高压发电机的维护保养?
2. 如何进行船舶高压电力系统中 UPS 装置的维护保养操作?

附　录

附录 1　船舶电子电气技术专业“船舶电站与高压电力系统”课程标准

一、课程的性质与任务

本课程是船舶电子电气技术专业的专业必修课程，也是本专业的专业核心课程之一。本课程的学习使学生掌握现代船舶电站及自动化设备的操作、维护及修理知识和技能，达到人才培养方案中本课程所涉及的知识、能力与素质要求，以满足现代船舶对电子电气员理论与实践技能的要求。

二、课程的教学目标

1. 知识目标

(1)掌握船舶电源(同步发电机及应急电源，包括蓄电池)、配电装置、电网与线缆、船舶电力负载、自动空气断路器、电力系统的继电保护等的基础知识。

(2)掌握同步发电机及其自动调压器、电压和无功功率自动调节、频率及有功功率自动调节的基础知识。

(3)掌握并车操作及并联运行的基础知识。

(4)掌握船舶电站自动化的基础知识及自动控制单元的基础知识。

(5)掌握高压电力系统及安全管理的基础知识。

2. 能力目标

(1)能运用所学的基础理论，分析解决生产实际中出现的问题，学会从实际的工作中抽象出理论并解决工程问题。

(2)能理论联系实际，对船舶电站的一般故障进行分析、判断和处理。

3. 素质目标

(1)培养学生的创新意识，能动脑思考，运用所学知识分析问题、解决工作中实际问题的能力。

(2)培养学生的吃苦耐劳、认真探索的敬业精神、职业道德和敬业精神。

(3)培养学生的组织协调能力、团队协作能力。

(4)培养学生的集体荣誉感、社会责任心。

三、参考学时

60 学时。

四、课程学分

4 学分。

五、课程内容和要求

序号	教学项目	教学内容与教学要求	活动设计建议	参考学时
1	任务一:配电板和电气设备	1. 基本参数、过程及环境影响 1.1 电气设备的典型参数:标称电压、空载电压、测试电压、防护等级、额定电流、峰值电流、功率因数等 1.2 电气设备的工作方式:连续负载、断续负载、短时负载 1.3 电弧产生过程及电弧防护装置 1.4 短路形成的原因及其后果,描述短路电流特性 1.5 电气设备的短路耐受能力 1.6 船上电气设备的工作环境 2. 船舶电力系统Ⅰ(配电板) 2.1 船舶电力系统的组成/特点及参数,在船上使用三相三线制中性点绝缘系统的优点 2.2 船舶电力系统单线图和照明系统单线图(符号/位置等) 2.3 配电系统的组成部件:馈电线、配电屏、开关板、母线连接器断路屏 2.4 配电板的结构(含现场课 2 课时) 2.5 保护设备的选择性 3 船舶电力系统Ⅱ(配电设备) 3.1 配电设备的结构/工作原理/功能/主要特性:熔断器/自动断路器/隔离开关/避雷器/保护继电器(过流、热过载、欠压等)/绝缘监视设备 3.2 短路保护和过载保护主要参数的确定 3.3 发电机主开关:结构、功能、原理、铭牌参数及其含义、设定(含现场课 2 课时) 4 船舶电力系统Ⅲ(电缆) 4.1 船舶电缆的结构、分类及常用电缆的型号 4.2 船舶电缆的载流量及电缆的选择(类型及截面积) 4.3 电力系统线路压降的计算 4.4 船舶电缆安装主要规则 4.5 电缆屏蔽的用途及规则	1. 多媒体结合板书; 2. 结合案例教学法; 3. 现场教学	16

（续表）

序号	教学项目	教学内容与教学要求	活动设计建议	参考学时
2	任务二：发电机和配电系统的操作	1. 发电机的并联、负荷分配及切换 1.1 熟悉船舶同步发电机并联运行：并车条件手动并车方法及仪表，粗同步并车，半自动并车，自动并车的基本原理与操作（含课内实训 2 课时） 1.2 熟悉同步发电机电压及无功功率调节：调压原理及调压器的结构；自励起压原理；相复励的种类及基本原理；无刷励磁系统的结构；并联运行的无功分配和自动控制基本原理（含现场课 1 课时） 1.3 船舶电力系统频率及有功调节原理 1.4 船舶电力系统保护的内容/要求/原则 1.5 同步发电机保护的内容、要求 1.6 发电柴油机的起动控制逻辑 1.7 轴带发电机概念及其稳频、稳压方法及换电操作 1.8 自动电站的功能、能量管理系统 2 配电板和配电屏间的并联和切断 2.1 主配电屏及应急配电屏和配电屏的结构、设备及功能 2.2 主配电屏、应急配电屏和配电屏上测量仪表的基本工作原理和使用：电压表、电流表、功率表、频率表、同步表、功率因数表、接地故障表 2.3 主配电板左右母排的连接与分断控制 2.4 主配电屏和应急配电屏间的连接及分断控制（含现场课 2 课时） 2.5 应急配电屏供电范围 2.6 船电转岸电的操作要求与程序（含现场课 1 课时）	1. 多媒体结合板书； 2. 结合案例教学法； 3. 现场教学	26

（续表）

序号	教学项目	教学内容与教学要求	活动设计建议	参考学时
3	任务三：1 000伏特供电系统的操作和维护	1. 高压电技术 1.1 通用结构、层状结构和高压绝缘结构中电场电应力的形成和性质 1.2 气体放电基本理论 1.2.1 气体放电的主要形式 1.2.2 低气压下均匀电场自持放电的汤逊理论和巴申定律 1.2.3 高气压下均匀电场自持放电的流注理论和不均匀电场气体击穿的发展过程 1.2.4 提高气体间隙击穿电压的措施 1.2.5 静态电压和脉冲冲击电压下空气的绝缘特性 1.3 固体电介质 1.3.1 固体电介质的极化、电导与损耗等基本知识 1.3.2 固体电介质的击穿过程 1.3.3 影响固体电介质击穿电压的主要因素 1.3.4 船上绝缘系统和高压绝缘系统的击穿强度区别 1.3.5 固体电介质电气绝缘老化原因和防止措施 1.4 促进高压电力系统在船上应用的因素 1.5 高压设备的结构、原理和操作：断路器、熔断器等过流保护设备；电动机、发电机和变压器等电气设备；配电屏；电压、电流互感器、高压测试仪等测试仪器 1.6 过电压 1.6.1 开关过电压产生的原理：电力系统切除小电感负荷、小电容负载、短路电流、小感性电流等过程中产生内部过电压的原理 1.6.2 过电压保护方法，包括常用保护设备、避雷器、绝缘系统配合等 1.6.3 电压扰动原因及消除方法 1.7 熟悉船舶高压电力系统的中性点接地技术 2. 安全预防措施和技术 2.1 常用高压保护措施：遮拦、隔离、安全距离、绝缘胶垫、绝缘材料、限制靠近、标志和警告牌、高压设备接近监视和上锁等 2.2 电气设备绝缘试验技术：使用固定和便携式高压测量和控制仪器对高压电机、电缆及其他设备进行绝缘电阻测量 2.3 高压验电器的检查和使用方法 2.4 船舶高压电力系统的保护 2.5 船舶高压电力系统的“五防”措施及操作规范（含现场课2课时） 3. 高压系统的安全操作和维护 3.1 高压个人防护设备（PPE）的使用，包括绝缘手套、护目镜、绝缘棒、绝缘靴、接地电缆、高压检测器等 3.2 个人防护设备认证的要求及检查 3.3 高压安全程序，包括高压作业的许可和配合，查看说明、警告和保护措施，高压作业辅助设备，设备带电检查等	1. 多媒体结合板书； 2. 结合案例教学法； 3. 现场教学	18

六、教学建议

1. 教学方法

课程学习过程中主要采用任务驱动法、小组讨论法、案例引导法。

任务驱动法：以项目为载体设计学习情境，将项目按照工作流程分解成任务。每个教学单元完成一项任务，以“学生为主体”，通过工作任务驱动，加强学生主动探究和自主学习能力的培养。让学生能够在“学中做、做中学”的过程中得到职业能力和职业素质的锻炼。

小组讨论法：任务教学采用分组学习，在小组讨论中成员可以彼此分享个人意见和独到的见解，并鼓励内向性格的同学多表现、多沟通，这种分组讨论法更有利于培养学生自信和团队精神、创新精神。

案例引导法：将实际船舶案例引入教学过程，在调动学生学习兴趣的同时，提高其利用所学知识处理解决船舶实际问题的能力，为真正动手操作奠定理论基础。

2. 评价方法

教学评价采用形成性考核和终结性考核相结合的方式进行。形成性考核注重对项目、任务、环节的过程考核，一般占总成绩的30%及以上；终结性考核灵活采用笔试、上机考试、课程设计、论文、线下项目等多种形式进行，一般占总成绩的70%及以下。

3. 教学条件

本课程使用船舶电站实训室、电站主开关实训室开展理实一体化教学。

在线课程资源：依托混合式教学在线学习平台，本课程建立课程网站和教学资源库，并积累了较多的教学资源，包括教学课件、教学录像、实训项目、自测题库等，确保学生使用效果。

4. 教师任职条件

(1)专任教师

教师应具备船舶电子电气或自动控制相关专业的相关理论知识，并满足教育部对高校教师及国家海事局对750 kW及以上海船电子电气员培训教学人员的相关要求。教师须满足下列条件之一：

①船舶电气本科毕业、中级及以上职称，不少于2年的教学经验，海上服务资历不少于12个月。

②不少于2年的电子员服务资历，具有不少于2年的教学经验。

③具备讲师及以上职称，从事船员适任培训电气及自动化教学5年以上。

④具有讲师及以上职称，不少于1年的无限航区轮机部管理级船员或电机员任职资历。能够灵活采用任务驱动法、小组讨论法、案例引导法等教学法开展教学。

(2)兼职教师

①航运企业从事船舶电气相关工作的专业人员。

②具备船舶电子电气或自动控制等方面的知识和技能，具有1年以上的工作经验。

③具有良好的沟通技巧和一定的授课水平。

5. 教材

(1)高兴斌主编. 船舶电站与高压电力系统，大连海事大学出版社，2019年。

(2)吴志良编著.船舶电站,大连海事大学出版社,2012年。

(3)姜锦范编著.船舶电站及自动化(第二版),大连海事大学出版社,2016年。

(4)中国海事服务中心组织编写.船舶电气(电子电气员考试指南),大连海事大学出版社,2012年。

附录2 轮机工程技术专业 “船舶电站操作与维护(理实一体)”课程标准

一、课程的性质与任务

本课程是轮机工程技术专业的专业必修课程之一,并且是本专业的专业核心课程之一。通过本课程的学习,使学生能够理论联系实际,利用船舶技术资料对船舶电站及自动化设备进行正确操作和维护、一般性故障分析、判断和相应的处理。

二、课程的教学目标

1. 知识目标

(1)掌握船舶电站及自动化的基础知识。

(2)掌握船舶电站的组成、功能及调整的工作原理。

(3)了解高压电力系统的基础知识。

2. 能力目标

(1)初步掌握船舶电站设备电路图的看图方法,能进行一般线路的连接、调试。

(2)能理论联系实际,对船舶电站进行有效的维护保养。

(3)能对常见故障在正确地进行理论分析、判断的基础上,根据具体情况采取相应的处理措施。

(4)能运用所学的基础理论,分析解决生产实际中出现的问题,学会从实际的工作中抽象出理论并解决工程问题。

3. 素质目标

(1)培养学生的创新意识,能动脑思考,运用所学知识分析问题、解决工作中实际问题的能力。

(2)培养学生的吃苦耐劳、认真探索的敬业精神和职业道德。

(3)培养学生的组织协调能力、团队协作能力。

(4)培养学生的集体荣誉感、社会责任心。

三、参考学时

30 学时。

四、课程学分

2学分。

五、课程内容和要求

序号	教学项目	教学内容与教学要求	活动设计建议	参考学时
1	任务一：船舶电力系统及配电装置	1. 船舶电力系统基础知识及典型供配电系统（含2理实一体化学时）； 2. 发电机的控制及保护； 3. 船用自动空气断路器（含2理实一体化学时）； 4. 逆功率继电器； 5. 船舶电网绝缘监测； 6. 船用电缆及绝缘材料； 7. 全船停电原因判断及其应急处理	1. 该部分的重点是船舶配电装置以及船舶电力系统保护。尤其是船舶电力系统保护，包括自动空气断路器，还有同步发电机的保护等。基本教学方法是多媒体结合板书，利用理实一体化的教学模式，并利用网络教学等信息化手段进行课外辅助教学； 2. 采用混合式教学法，课前课后学生依托清华在线学习平台自主学习	10
2	任务二：船舶同步发电机自动电压调节器	1. 自动电压调节器概述； 2. 不可控相复励自励恒压装置； 3. 可控相复励恒压装置； 4. 船舶无刷发电机励磁系统； 5. 船用发电机及其维护保养	1. 重点是各种调压器的工作原理分析，难点是自励起压原理分析。基本教学方法是多媒体结合板书，并利用网络教学等信息化手段进行课外辅助教学； 2. 采用混合式教学法，课前课后学生依托清华在线学习平台自主学习	5
3	任务三：船舶同步发电机组的并联运行	1. 船舶同步发电机组的并车（含2理实一体化学时）； 2. 并联运行发电机组间无功负荷的自动分配； 3. 并联运行发电机组间的有功负荷的自动分配及频率的调整	1. 重点是同步发电机的运行特性以及船舶同步发电机组的并车与解列；难点是船舶电站的自动并车与调频调载装置的原理以及船舶电站的有功功率平衡和频率调节的原理。基本教学方法是多媒体结合板书，并利用网络教学等信息化手段进行课外辅助教学； 2. 采用混合式教学法，课前课后学生依托清华在线学习平台自主学习	5

（续表）

序号	教学项目	教学内容与教学要求	活动设计建议	参考学时
4	任务四：船舶应急电源与岸电电源	1. 船舶应急电源系统概述； 2. 船用铅酸及碱性蓄电池基础知识、管理与维护； 3. 船舶应急配电系统操作与管理（含 2 理实一体化学时）； 4. 船舶岸电系统	1. 船用蓄电池、船舶岸电系统是该部分的重点，而船舶应急配电系统是该部分的难点，基本教学方法是多媒体结合板书，利用理实一体化的教学模式，并利用网络教学等信息化手段进行课外辅助教学； 2. 采用混合式教学法，课前课后学生依托清华在线学习平台自主学习	5
5	任务五：高压电力系统	1. 高压电力系统与设备的电气参数、特性及特点； 2. 高压电力系统与设备的安全常识（含 1 理实一体化学时）； 3. 中性点不接地（绝缘系统）与中性点接地系统 ； 4. 高压电力系统的高阻接地及接地故障	该部分以概念、规则及注意事项的学习为主，需要在理解的基础上加以记忆，基本教学方法是多媒体结合板书	3
6	任务六：船舶电站自动化	船舶电站自动化概述（含 1 理实一体化学时）	该部分以概念、流程图的学习为主，需要在理解的基础上加以记忆，基本教学方法是多媒体结合板书	2

六、教学建议

1. 教学方法

课程学习过程中主要采用任务驱动法、小组讨论法、案例引导法。

任务驱动法：以项目为载体设计学习情境，将项目按照工作流程分解成任务。每个教学单元完成一项任务，以“学生为主体”，通过工作任务驱动，加强学生主动探究和自主学习能力的培养。让学生能够在“学中做、做中学”的过程中得到职业能力和职业素质的锻炼。

小组讨论法：任务教学采用分组学习，在小组讨论中成员可以彼此分享个人意见和独到的见解，并鼓励内向性格的同学多表现、多沟通，这种分组讨论法更有利于培养学生自信和团队精神、创新精神。

案例引导法：将实际船舶案例引入教学过程，在调动学生学习兴趣的同时，提高其利用所学知识处理解决船舶实际问题的能力，为真正动手操作奠定理论基础。

2. 评价方法

教学评价采用形成性考核和终结性考核相结合的方式进行。形成性考核注重对项目、任务、环节的过程考核，一般占总成绩的 30%及以上；终结性考核灵活采用笔试、上机考试、课程设计、论文、线下项目等多种形式进行，一般占总成绩的70%及以下。

3. 教学条件

本课程使用船舶电站实训室开展理实一体化教学。

在线课程资源：依托混合式教学在线学习平台，本课程建立课程网站和教学资源库，并积累了较多的教学资源，包括教学课件、教学录像、实训项目、自测题库等，确保学生使用效果。

4. 教师任职条件

（1）专任教师

教师应具备船舶电子电气或自动控制相关专业的相关理论知识，并满足教育部对高校教师及国家海事局对750 kW及以上船舶二/三管轮培训教学人员的相关要求。

能够灵活采用任务驱动法、小组讨论法、案例引导法等教学法开展教学。

（2）兼职教师

①航运企业从事船舶电气相关工作的专业人员。

②具备船舶电子电气或自动控制等方面的知识和技能，具有1年以上的工作经验。

③具有良好的沟通技巧和一定的授课水平。

5. 教材编选

（1）高兴斌主编. 船舶电站与高压电力系统，大连海事大学出版社，2019年。

（2）姜锦范编著. 船舶电站及自动化（第二版），大连海事大学出版社，2016年。

（3）张桂臣编著. 现代船舶电站，大连海事大学出版社，2012年。

（4）中国海事服务中心组织编写. 船舶电气与自动化（船舶电气），大连海事大学出版社，2012年。

参考文献

[1] STCW 公约马尼拉修正案[S]. IMO,2010.
[2] 海船船员培训大纲(2021 版)[S]. 中华人民共和国海事局,2021.
[3] 中华人民共和国海船船员适任考试和发证规则[S]. 中华人民共和国交通运输部,2012.
[4] 姜锦范. 船舶电站及自动化[M]. 大连:大连海事大学出版社,2005.
[5] 吴志良. 船舶电站[M]. 大连:大连海事大学出版社,2012.
[6] 张桂臣. 现代船舶电站[M]. 大连:大连海事大学出版社,2009.
[7] 高兴斌. 现代船舶电站操作与维护[M]. 大连:大连海事大学出版社,2012.
[8] 中国海事服务中心. 船舶电气与自动化(船舶电气分册)[M]. 大连:大连海事大学出版社,2012.
[9] 中国船级社. 钢质海船入级规范 2018(第 4 分册)[M]. 北京:人民交通出版社,2018.
[10] 张一尘. 高压电技术[M]. 3 版. 北京:中国电力出版社,2015.
[11] 梁曦东,周远翔,曾嵘. 高电压工程[M]. 2 版. 北京:清华大学出版社,2015.
[12] 邱永椿. 高压电气试验[M]. 北京:中国电力出版社,2016.
[13] 高兴斌. 新型全功能船舶高压配电训练与评估装置的开发[R]. 山东省教育厅,2012.
[14] 刘运新,高兴斌. 轮机部高压电管理人员培训、考试标准研究[R]. 山东省海事局,2014.
[15] 陈爱玲,高兴斌. 高等职业学校船舶电子电气技术专业教学标准[R]. 中华人民共和国教育部,2022.